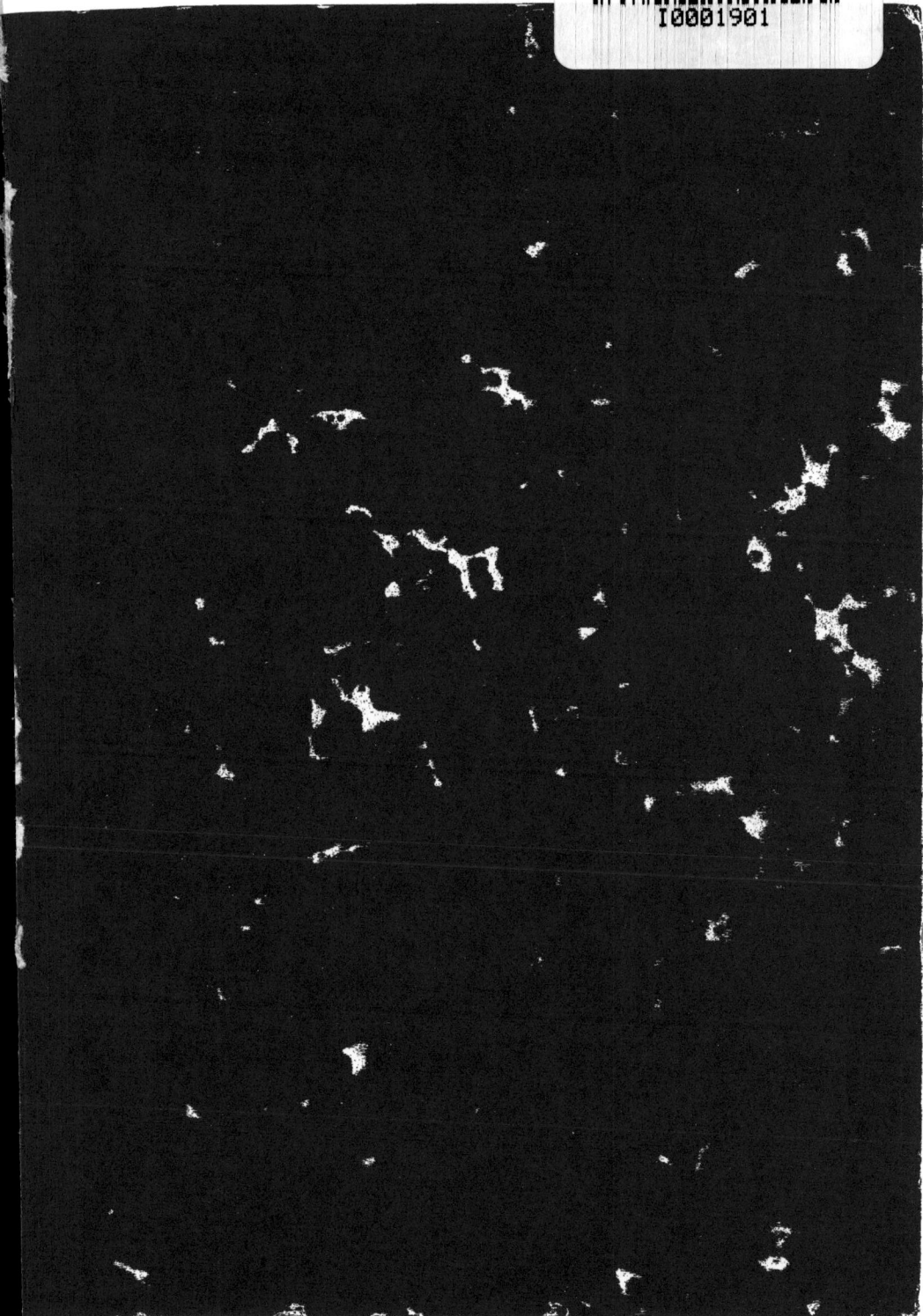

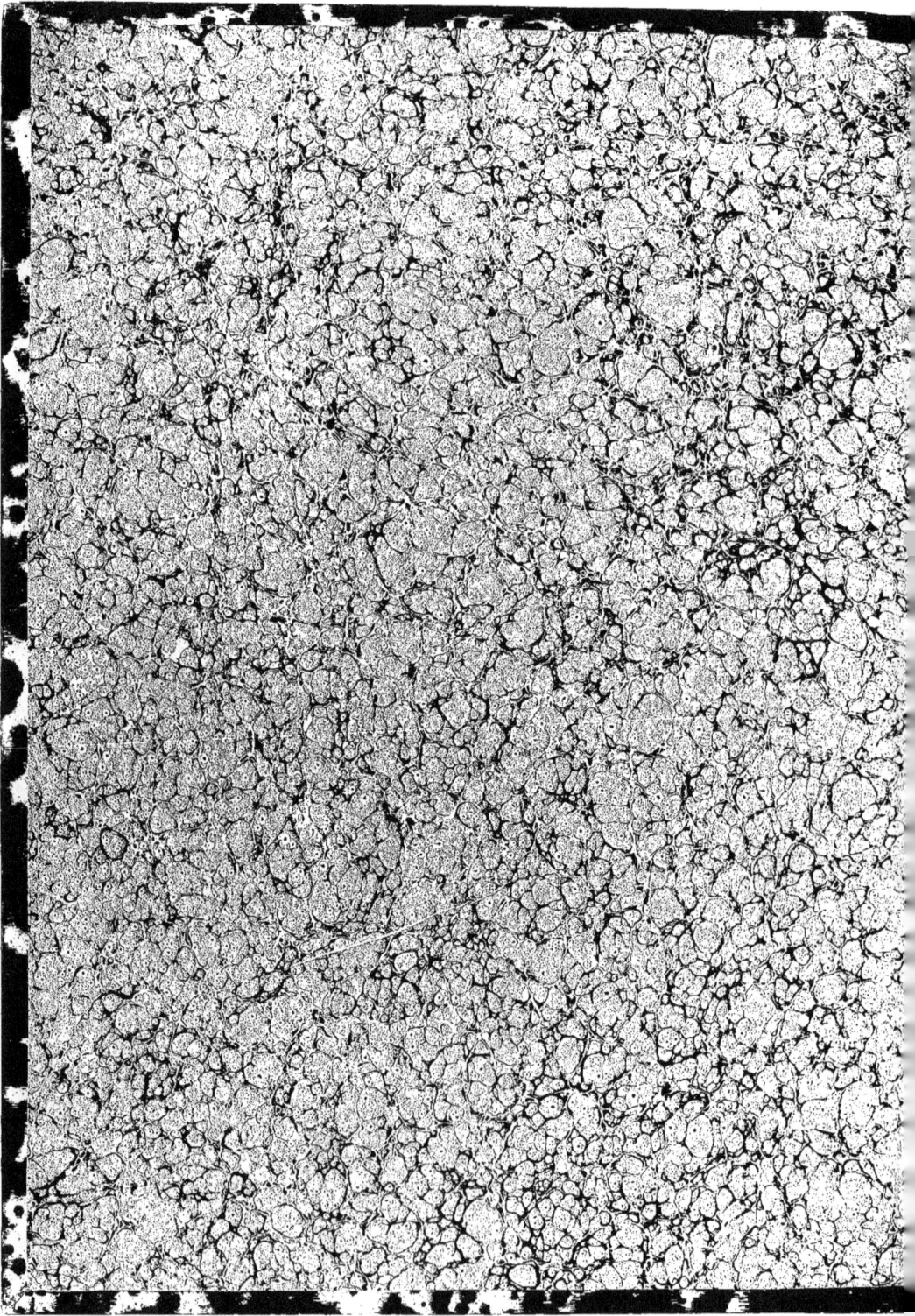

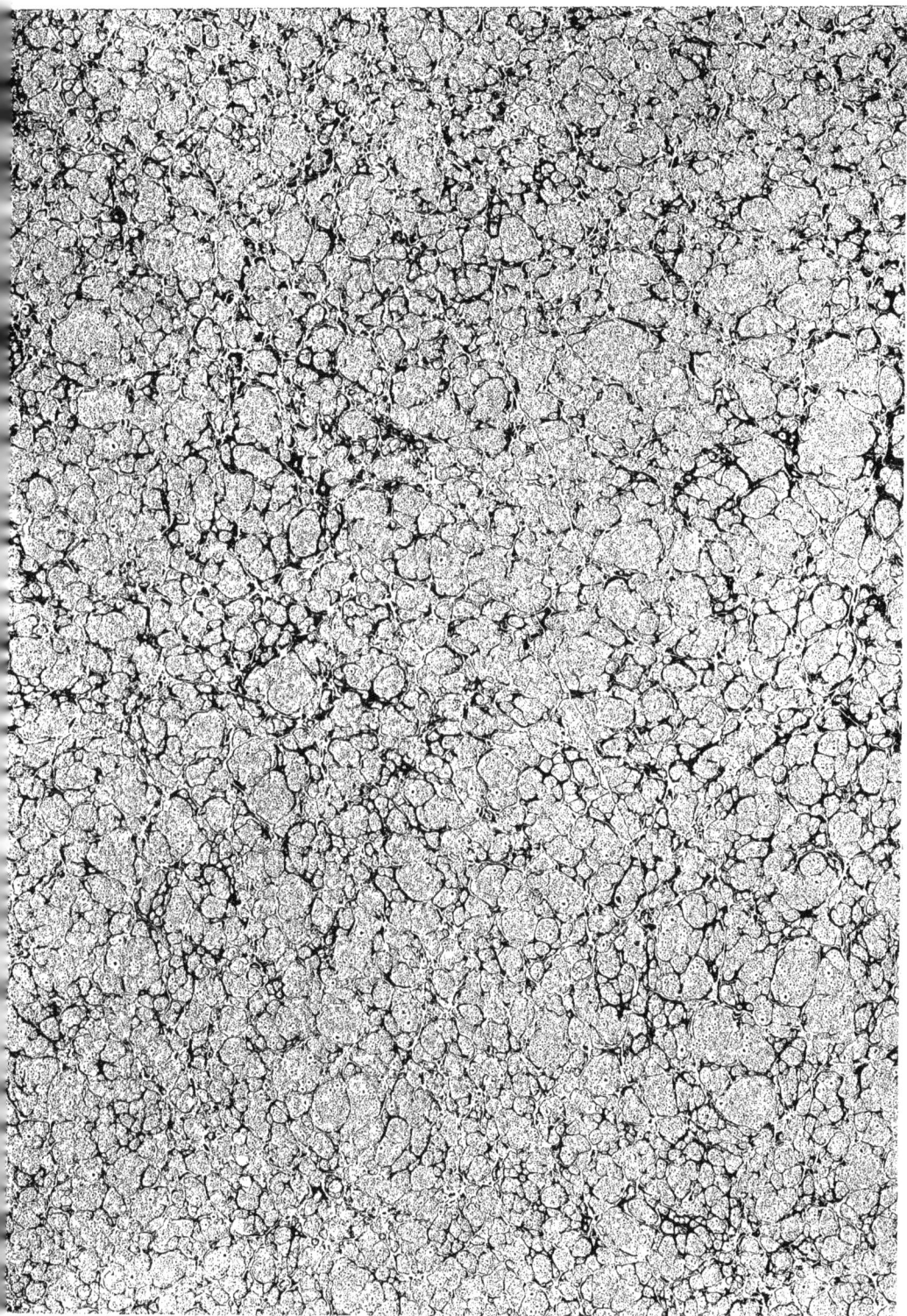

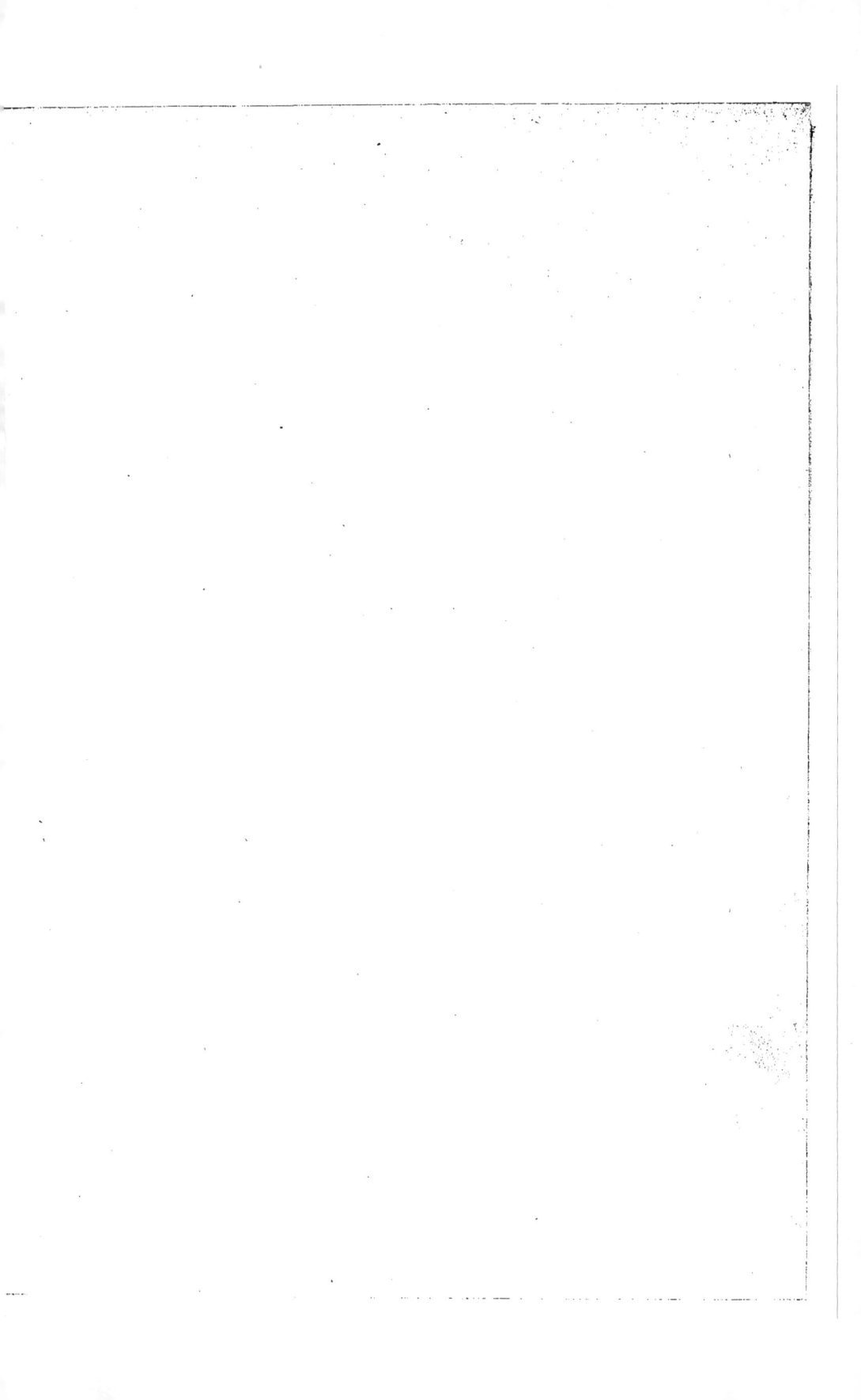

MATIÈRES

DU

CODE PÉNAL,

PAR ORDRE ALPHABÉTIQUE;

AVEC DES NOTES EXTRAITES DES MOTIFS DONNÉS PAR LE CONSEIL D'ÉTAT, ET DES RAPPORTS FAITS AU NOM DE LA COMMISSION DE LÉGISLATION.

Par Louis-Raimond-Antoine GRANIER, Greffier en Chef du Tribunal de première Instance de l'Arrondissement de Forcalquier, ex-Secrétaire général et ex-Administrateur du Département des Basses-Alpes.

OUVRAGE UTILE

A TOUS LES MAGISTRATS, FONCTIONNAIRES PUBLICS, AVOCATS, AVOUÉS, NOTAIRES, ET AUX CITOYENS QUI DÉSIRENT CONNAITRE LES DEVOIRS QUE LA SOCIÉTÉ LEUR IMPOSE.

Ad salutem Civium, vitamque et quietam et beatam.
Cic. de leg.

A AVIGNON;

Chez GUICHARD Aîné, Imprimeur-Libraire, rue Puits de la Reille.

1811.

A MONSIEUR

ARNAUD DE PUIMOISSON,

CHEVALIER,

PROCUREUR GENERAL PRÈS LA COUR IMPÉRIALE D'AIX.

MONSIEUR,

En vous appelant aux fonctions importantes de Procureur général près la Cour Impériale d'Aix, Sa Majesté l'Empereur vous a donné une nouvelle preuve d'une confiance aussi honorable que méritée.

A cette confiance du Souverain, se joint la considération générale que le respect et l'affection inspirent de concert, et dont vous jouissez, depuis tant d'années, comme du fruit des vertus et des talens qui vous distinguent.

Vous dédier mon Ouvrage, c'est m'assurer une approbation universelle : Chacun va croire que je paye pour tous le tribut de la reconnaissance ; que mon hommage est le sien.

Ce n'est pas le mérite de cet Ouvrage qui m'a enhardi à vous en offrir la Dédicace ; mais l'importance de la partie de notre législation qui en est l'objet.

Mon intention n'a pas été de commenter la Loi ; trop souvent on en a altéré, ainsi, la pureté, en substituant à sa volonté, l'opinion interprétative du Commentateur : j'ai voulu seulement faciliter la recherche et la connaissance de ses dispositions et des motifs qui les ont Dictées, en présentant le tout comme en un seul tableau ; et je m'estimerai heureux, si, en remplissant ce but, je ménage à la Société, quelques-uns de ces instans si précieux, que vous consacrez à sa sureté ou à son bonheur.

Puissiez-vous , Monsieur le Procureur général , pour ce Double objet De votre sollicitude paternelle , exercer , pendant longues années , les fonctions augustes qui vous sont confiées ! C'est le vœu de tous ceux qui ont l'honneur de vous connaître , et le mien en particulier.

J'ai l'honneur D'être avec Respect ,

MONSIEUR LE PROCUREUR GÉNÉRAL,

Votre très-Dévoué Serviteur ,

Le Greffier en Chef Du Tribunal de première
Justance de l'Arrondissement Communel
de Forcalquier ,

GRANIER.

AVERTISSEMENT.

Mon seul mérite, dans cet Ouvrage, est l'intention où je suis d'être utile.

J'ai mis, par ordre alphabétique, les mots génériques adoptés par le Code Pénal : sous ces mots génériques, j'ai placé les Articles de ce Code ; je les ai numérotés en tête et les ai ensuite indiqués par le chiffre qu'ils portent : ce chiffre est à la fin de chaque Article.

Toutes les matières du Code, distribuées aussi par ordre alphabétique, sont renvoyées aux dispositions textuelles de la loi, par des numéros correspondant à ceux placés au commencement de chaque Article. Un exemple va faire sentir combien cet ordre facilite les recherches.

Si l'on veut connaître la peine appliquée au crime d'empoisonnement, on cherche *Empoisonnement*, où l'on trouve : *Voy.* Homicide, n°⁵. 7 et 8. Ce n°. 7, sous le mot *Homicide*, est l'Article 301 du Code, qui définit l'empoisonnement ; et le n°. 8 est l'Article 302 qui applique la peine.

Aucun des mots nécessaires pour conduire facilement aux recherches, n'a été omis ; et l'on trouve, à l'instant, les matières dont on veut prendre connaissance.

Les notes extraites des motifs donnés par le Conseil d'Etat et des rapports faits au nom de la Commission de Législation, sont placées au bas des pages qui portent les Articles de la loi et correspondent parfaitement à ces Articles.

Bien des personnes pourront regretter de ne pas reconnaître, dans mon travail, l'ensemble du Code ; mais il m'est facile de ne leur rien laisser à désirer à cet égard, par le tableau analytique qui suit.

Ce Code est divisé en quatre Livres.

LIVRE Ier. (1).

Il énonce les peines établies par la loi ; il prescrit le mode de leur exécution, et il en règle les effets.

Ce premier Livre est précédé de cinq Articles qui contiennent des dispositions préliminaires.

Ces cinq Articles se trouvent sous les mots, *Dispositions préliminaires ;* ils sont aussi rappelés sous les mots *Contravention, Délit, Crime.*

Après les Dispositions préliminaires, viennent six Articles qui précèdent les quatre Chapitres composant le premier Livre. Ces six Articles se trouvent sous le mot *Peines*, depuis le n°. 1 jusqu'au n°. 6 inclusivement (2).

(1) Loi du 12 Février 1810.   (2) Ce sera toujours *inclusivement* : ce mot ne sera plus répété.

(1) Loi du 13 Février 1810.　　　　(2) Loi du 15 Février 1810.

CHAPITRE II. *Des Crimes et des Délits contre les Constitutions de l'Empire.*

Section première. *Crimes et Délits relatifs à l'exercice des Droits civiques.*

Cette Section se trouve sous les mots *Droits civiques.*

Section II. *Attentats à la Liberté.*

Cette seconde Section est sous les mots *Liberté individuelle.*

Section III. *Coalition des Fonctionnaires publics.*

Sous les mots *Fonctionnaires publics* depuis le n°. 1 jusques au n°. 4.

Section IV. *Empiètement des Autorités administratives et judiciaires.*

Sous le mot *Empiètement.*

Suite du LIVRE III et du Tit. I (1). *Crimes et Délits contre la chose publique.*

CHAPITRE III. *Crimes et Délits contre la paix publique.*

Section première. *Du Faux.*

§. I. *Fausse Monnaie.*

Ce premier §. se trouve sous le mot *Monnaie.*

§. II. *Contrefaction des Sceaux de l'Etat, des Billets de banque, des Effets publics, et des Poinçons, Timbres et Marques.*

Ce second §. est sous le mot *Contrefaction.*

§. III. *Des Faux en Écritures publiques ou authentiques, et de Commerce ou de Banque.*

Ce troisième §. se trouve sous le mot *Faux* depuis le n°. 1, jusques au n°. 5.

§. IV. *Du Faux en écriture privée.*

Sous le même mot *Faux* depuis le n°. 6 jusques au n°. 8.

§. V. *Des Faux commis dans le Passeports, Feuilles de route et Certificats.*

Sous le même mot depuis le n°. 9 jusques au n°. 18.

Dispositions communes.

Sous le même mot depuis le n°. 19 jusques au n°. 21, qui est le dernier.

Section II. *De la Forfaiture et des Crimes et Délits des Fonctionnaires publics dans l'exercice de leurs fonctions.*

Trois Articles concernent la Forfaiture : ils sont sous le mot *Forfaiture.*

§. I. *Des Soustractions commises par les Dépositaires publics.*

Ce premier §. se trouve sous les mots *Dépositaires publics.*

§. II. *Des Concussions commises par des Fonctionnaires publics.*

Ce second §. se trouve sous le mot *Concussions.*

§. III. *Des Délits des Fonctionnaires qui se seront ingérés dans des Affaires ou Commerces incompatibles avec leur qualité.*

(1). Loi du 16 Février 1810.

Ce troisième §. est sous le mot *Fonctionnaires publics* depuis le n°. 5 jusques au n°. 6.

§. I V. *De la Corruption des Fonctionnaires publics.*

Sous les mêmes mots *Fonctionnaires publics*, depuis le n°. 7 jusques au n°. 13.

§. V. *Des Abus d'autorité.*

Première Classe. *Des Abus d'autorité contre les particuliers.*

Cette première classe se trouve sous les mêmes mots *Fonctionnaires publics*, depuis le n°. 14 jusques au n°. 17.

II.ᵉ Classe. *Des Abus d'autorité contre la chose publique.*

Sous les mêmes mots *Fonctionnaires publics*, depuis le n°. 18 jusques au n°. 21.

§. VI. *De quelques Délits relatifs à la tenue des Actes de l'état civil.*

Sous les mêmes mots *Fonctionnaires publics*, depuis le n°. 22 jusques au n°. 25.

§. VII. *De l'Exercice de l'Autorité publique illégalement anticipé ou prolongé.*

Sous les mêmes mots *Fonctionnaires publics*, depuis le n°. 26 jusques au n°. 27.

Dispositions particulières.

Sous les mêmes mots *Fonctionnaires publics*, n°. 28.

Section III. *Des Troubles apportés à l'ordre public par les Ministres des Cultes dans l'exercice de leur ministère.*

§. I. *Des Contraventions propres à compromettre l'état civil des Personnes.*

Ce premier §. est sous les mots *Ministre de culte*, depuis le n°. 1 jusques au n°. 2.

§. II. *Des Critiques, Censures, ou Provocations dirigées contre l'Autorité publique dans un discours pastoral prononcé publiquement.*

Ce second §. se trouve sous les mêmes mots *Ministre de culte*, depuis le n°. 3 jusques au n°. 5.

§. III. *Des Critiques, Censures ou Provocations dirigées contre l'Autorité publique dans un écrit pastoral.*

Sous les mêmes mots *Ministre de culte*, depuis le n°. 6 jusques au n°. 8.

§. IV. *De la Correspondance des Ministres des cultes avec des Cours ou Puissances étrangères sur matière de religion.*

Sous les mêmes mots *Ministre de culte*, depuis le n°. 9 jusques au n°. 10 qui est le dernier.

Section IV. *Résistance, Désobéissance et autres Manquemens envers l'Autorité publique.*

§. I. *Rebellion.*

Ce premier §. se trouve sous le mot *Rebellion.*

§. II. *Outrages et Violences envers les Dépositaires de l'Autorité et de la chose publique.*

Ce

Ce second §. est sous les mots *Fonctionnaires publics*, depuis le n°. 29 jusques au n°. 40 qui est le dernier.

§. III. *Refus d'un Service dû légalement.*

Cette Section est composée de trois Articles. Le premier est sous le mot *Commandant de la Force publique*; le second sous le mot *Conscription militaire*; et le dernier sous le mot *Témoins.*

§. IV. *Evasion de Détenus, Recèlement de Criminels.*

Ce quatrième §. se trouve sous le mot *Evasion* jusques à son dernier Article. Ce dernier Article regardant le Recèlement des Criminels, est sous le mot *Recèlement.*

§. V. *Bris de Scellés et enlèvement de Pièces dans les Dépôts publics.*

Ce cinquième §. se trouve sous le mot *Scellé.*

§. VI. *Dégradation de Monumens.*

Sous le mot *Monumens.*

§. VII. *Usurpation de Titres ou Fonctions.*

Sous le mot *Fonctions publiques.*

§. VIII. *Entraves au libre Exercice des Cultes.*

Sous le mot *Cultes.*

SECTION V. *Association de Malfaiteurs, Vagabondage et Mendicité.*

§. I. *Association de Malfaiteurs.*

Ce premier §. se trouve sous le mot *Malfaiteurs.*

§. II. *Vagabondage.*

Sous le mot *Vagabondage.*

§. III. *Mendicité.*

Sous le mot *Mendicité*, depuis le n°. 1 jusques au n°. 3.

Dispositions communes aux Vagabonds et Mendians.

Ces dispositions sont sous le même mot *Mendicité*, depuis le n°. 4 jusques au n°. 9.

SECTION VI. *Délits commis par la voie d'Ecrits, Images ou Gravures, distribués sans nom d'Auteur, Imprimeur ou Graveur.*

Cette Section est sous le mot *Ecrits.*

Dispositions particulières.

Ces dispositions sont au dernier n°. du mot *Ecrits.*

SECTION VII. *Des Associations ou Réunions illicites.*

Sous les mots *Associations illicites.*

AVERTISSEMENT.

Suite du LIVRE III.

TITRE II. *Crimes et Délits contre les Particuliers.*

CHAPITRE PREMIER. *Crimes et Délits contre les Personnes.*

SECTION PREMIÈRE. *Meurtres et autres Crimes capitaux, Menaces d'attentat contre les Personnes.*

§. PREMIER. *Meurtre, Assassinat, Parricide, Infanticide, Empoisonnement.*

Ce premier §. se trouve sous le mot *Homicide*, depuis le n°. 1 jusques au n°. 10.

§. II. *Menaces.*

Sous le mot *Menaces.*

SECTION II. *Blessures et Coups volontaires non qualifiés Meurtre, et autres Crimes et Délits volontaires.*

Sous le mot *Blessures.*

SECTION III. *Homicide, Blessures et Coups involontaires; Crimes et Délits excusables, et cas où ils ne peuvent être excusés; Homicide, Blessures et Coups qui ne sont ni Crimes ni Délits.*

§. I. *Homicide, Blessures et Coups involontaires.*

Ce premier §. se trouve sous le mot *Homicide*, depuis le n°. 11 jusques au n°. 12.

§. II. *Crimes et Délits excusables et cas où ils ne peuvent être excusés.*

Sous le même mot *Homicide*, depuis le n°. 13 jusques au n°. 18.

§. III. *Homicide, Blessures et Coups non qualifiés Crimes ni Délits.*

Sous le même mot *Homicide*, depuis le n°. 19 jusques au n°. 21, qui est le dernier.

§. IV. *Attentats aux Mœurs.*

Ce quatrième §. se trouve sous le mot *Mœurs.*

SECTION V. *Arrestations illégales et Séquestration de Personnes.*

Cette cinquième Section se trouve sous les mots *Arrestations illégales.*

SECTION VI. *Crimes et Délits tendant à empêcher ou détruire la preuve de l'état civil d'un Enfant ou à compromettre son existence. Enlèvement de Mineurs. Infraction aux Lois sur les Inhumations.*

§. I. *Crimes et Délits envers l'Enfant.*

Ce premier §. se trouve sous le mot *Enfant.*

§. II. *Enlèvement de Mineurs.*

Sous le mot *Mineurs.*

§. III. *Infraction aux Lois sur les Inhumations.*

Sous le mot *Inhumations.*

Section VII. *Faux Témoignage, Calomnie, Injures, Révélation de Secrets.*

§. I. *Faux Témoignage.*

Ce premier §. se trouve sous le mot *Témoignage.*

§. II. *Calomnie, Injures, Révélation de Secrets.*

Tout ce §. se trouve sous le mot *Calomnie*, à l'exception du dernier Article qui se trouve sous le mot *Secret.*

Suite du LIVRE III.

Titre II. (1) *Crimes et Délits contre les Particuliers.*

CHAPITRE II. *Crimes et Délits contre les Propriétés.*

SECTION PREMIÈRE. *Vols.*

Cette première Section se trouve sous le mot *Vols.*

SECTION II. *Banqueroutes, Escroqueries et autres espèces de Fraude.*

§. I. *Banqueroute et Escroquerie.*

Tout ce §. se trouve sous le mot *Banqueroute*, à l'exception du dernier Article qui est sous le mot *Escroquerie.*

§. II. *Abus de Confiance.*

Sous le mot *Confiance*, à l'exception du dernier Article qui se trouve sous le mot *Soustraction.*

§. III. *Contravention aux Règlemens sur les Maisons de Jeu, les Loteries et les Maisons de Prêt sur Gages.*

Ce §. se trouve sous les mots *Jeux de hasard* et *Prêt.*

§. IV. *Entraves apportées à la liberté des Enchères.*

Sous le mot *Enchères.*

§. V. *Violation des Règlemens relatifs aux Manufactures, au Commerce et aux Arts.*

Les Articles 1, 5 et 6 de ce §. sont sous le mot *Manufactures.*
Les Articles 2, 3 et 4, sous le mot *Ouvriers.*
Les Articles 7, 8, 9, 10, 11 et 12, sous le mot *Commerce.*
Les Articles 13, 14, 15, 16 et 17 qui terminent ce §., sous le mot *Contrefaçon.*

§. VI. *Délits des Fournisseurs.*

Ce §. se trouve sous le mot *Fournisseurs.*

SECTION III. *Destructions, Dégradations, Dommages.*

Les trois premiers Articles de cette Section se trouvent sous le mot *Incendie.*
Tous les autres Articles, sous le mot *Destruction.*

(1) Loi du 17 Février 1810.

Dispositions générales.

Ces dispositions sont sous les mots *Dispositions générales* , n°. 1ʲ

LIVRE IV. (1)

Contraventions de Police et Peines.

CHAPITRE PREMIER. *Des Peines.*

Ce Chapitre se trouve sous le mot *Peines* , depuis le n°. 65 jusques au n°. 71 , qui est le dernier.

CHAPITRE II.

SECTION PREMIÈRE.

PREMIÈRE CLASSE.

Ce Chapitre est sous le mot *Contraventions* , depuis le n°. 4 jusques au n°. 7ʲ

SECTION II.

SECONDE CLASSE.

Sous le même mot depuis le n°. 8 jusques au n°. 11.

SECTION III.

TROISIÈME CLASSE.

Sous le même mot *Contraventions* , depuis le n°. 12 jusques au n°. 15.

Dispositions communes aux trois Sections ci-dessus.

Sous le même mot *Contraventions* , n°. 16 qui est le dernier.

Dispositions générales.

Sous les mots *Dispositions générales* , n°. 2 , qui est le dernier.

(1) Loi du 20 Février 1810.

MATIÈRES
DU CODE PÉNAL.

A B A

ABAISSEMENT. Celui des salaires des Ouvriers. Coalition pour le forcer injustement et abusivement. *Voy.* OUVRIERS , n°. 1.

ABANDON. *Voy.* ENFANT.

ABANDONNÉ. Homme perdu de libertinage et de débauche. Imputation calomnieuse. *Voy.* CALOMNIE , n°ˢ. 9 et 10. CONTRAVENTIONS, n°. 4, §. XI, n°ˢ. 7 et 16.

ABANDONNÉE. *Voy.* PROSTITUÉE.

ABBÉ. *Voy.* MINISTRE DE CULTE. CULTES.

ABJECTION. *Voy.* MÉPRIS.

ABRIS. Les Parcs mobiles destinés à contenir du bétail dans la campagne , qui tiennent aux cabanes mobiles ou autres Abris destinés aux gardiens , sont réputés dépendans de maison habitée. *Voy.* Vols. , n°. 14.

ABUS. *Voy.* Autorité. Pouvoir. Confiance.

ACADÉMIE. *Voy.* Associations illicites.

ACCAPAREMENT. *Voy.* Commerce.

ACCIDENT. Ceux qui , dans ce cas , refusent d'obéir aux réquisitions, *Voy.* Contraventions , n°. 8, §. XII, n°ˢ. 11 et 16.

Espérance ou crainte d'un accident. *Voy.* Escroquerie.

ACCOMPLISSEMENT. Celui d'un service quelconque empêché ou suspendu par l'effet de délibérations prises par des Fonctionnaires publics. *Voy.* Fonctionnaires publics, n°. 4.

ACCORD. *Voy.* Convention.

ACCOUCHEMENT. Ceux qui y ayant assisté n'ont pas fait la déclaration prescrite par l'art. 56 du Code Napoléon , et dans le délai fixé par l'art. 55 du même Cod. *Voy.* Enfant, n°. 2.

La femme enceinte , condamnée à mort , ne subira sa peine qu'après son accouchement. *Voy.* Peines, n°. 22.

A C C

ACCUSATION. Peine contre les Procureurs généraux ou impériaux , leurs Substituts , les Juges ou les Officiers publics qui auront traduit un Citoyen devant une Cour d'assises, ou une Cour spéciale , sans qu'il ait été préalablement mis légalement en accusation. *Voy.* Liberté individuelle , n°. 9.

Les Ministres , les Membres du Sénat , du Conseil d'Etat ou du Corps Législatif , ne peuvent être mis en accusation , sans les autorisations prescrites par les Constitutions. *Voy.* Liberté individuelle , n°. 8.

ACCUSÉ. Celui âgé de moins de seize ans , qui sera acquitté pour avoir agi *sans discernement* , sera remis à ses parens suivant les circonstances , ou conduit dans une Maison de correction. *Voy.* Peines , n°. 55.

Peines qui seront prononcées contre lui , s'il est décidé qu'il a agi *avec discernement*. *Voy.* Peines , n°ˢ. 56 , 57 et 58.

Peines qu'on ne peut infliger à l'Accusé âgé de soixante-dix ans. *Voy.* Peines , n°. 59.

Remplacement de ces peines à son égard. *Voy.* Peines, n°. 60. Bris de scellés apposé à des papiers et effets d'un individu accusé d'un crime , ou condamné. *Voy.* Scellés , n°. 2.

Juge ou Juré , qui s'est laissé corrompre en faveur ou au préjudice de l'Accusé. *Voy.* Fonctionnaires publics, n°ˢ. 11 et 12.

Accusés qui se réunissent avec ou sans armes , exercent des violences ou font des menaces contre l'autorité. *Voy.* Rebellion , n°. 11 , §. III , n°. 12 , et n°. 10.

Faux témoignage contre ou en faveur de l'Accusé. *Voy.* Témoignage , n°. 1.

Voy. Evasion de détenus.

Acheteurs. Sont privés de toute action contre les vendeurs qui les auront trompés par l'usage de poids ou de mesures prohibés, et peines qu'ils encourent. *Voy.* Commerce, n°. 6.

Peines de la fraude. *Voy. le même n°.*

Ceux de suffrage. *Voy.* Droits civiques, n°. 5.

Acquit. *Voy.* Quittance, Décharge.

—— de Condamnation pécuniaire. *Voy.* Amende. Frais. Emprisonnement.

Acquittement. Il a lieu à l'égard des accusés âgés de moins de seize ans, qui ont agi *sans discernement. Voy.* Peines, n°. 55.

Actes. *Voy.* Faux.

Critique ou Censure des Actes de l'autorité publique. *Voy.* Ministre de culte, n°ˢ. 3, 6 et 7.

Si la désobéissance à ces Actes est provoquée. *Voy.* Ministre de culte, n°ˢ. 4, 5, 7 et 8.

Soustraction, destruction et enlèvement de ceux contenus dans des Archives, Greffes et dépôts publics. *Voy.* Scellés, n°ˢ. 6, 7 et 8. Dépositaires publics, n°. 5.

Ceux qui auront extorqué par force, violence ou contrainte, la signature ou remise d'un Acte contenant ou opérant obligation, disposition ou décharge. *Voy.* Vols, n°. 22.

Ceux qui sont déchus du droit d'être témoins dans les Actes. *Voy.* Peines, n°. 23. Les Tribunaux correctionnels peuvent interdire ce droit. *Voy.* Peines, n°ˢ. 37 et 38.

Agens du Gouvernement qui prennent ou reçoivent quelque intérêt que ce soit dans les Actes dont ils sont chargés. *Voy.* Fonctionnaires publics, n°. 5.

Contrainte ou corruption pour obtenir des Actes favorables, d'un Fonctionnaire public. *Voy.* Fonctionnaires publics, n°ˢ. 9 et 10.

Peines contre ceux qui, par des Actes non approuvés, exposent à des représailles. *Voy.* Etat, n°. 11.

Ceux qui, sans titre, se seront immiscés dans des fonctions publiques, civiles ou militaires, ou auront fait les Actes d'une de ces fonctions. *Voy.* Fonctions publiques, n°. 1.

Celui qui, dans un Acte authentique et pu-

blic, impute des faits qui, s'ils existaient, exposeraient la personne contre laquelle ils sont articulés, à des poursuites criminelles ou correctionnelles, ou même l'exposeraient seulement au mépris ou à la haine des citoyens. *Voy.* Calomnie, n°. 1.

La preuve légale pour asseoir la vérité des faits imputés, ne peut résulter que d'un Jugement ou de tout autre Acte authentique. *Voy.* Calomnie, n°. 4.

Celui qui, abusant d'un blanc seing, aura frauduleusement écrit au-dessus un Acte qui peut compromettre la personne ou la fortune du signataire. *Voy.* Confiance, n°. 2.

Actes originaux de l'Autorité publique brûlés ou détruits d'une manière quelconque. *Voy.* Destruction, n°. 3.

S'il s'agit de toute autre pièce. *Voy.* Destruction, n°ˢ. 3 et 26.

Actes de cautionnement. *Voy.* Caution.

—— de Mariage, *Voy.* Ministre de culte, n°ˢ. 1 et 2. Fonctionnaires publics, n°ˢ. 23 24 et 25. —— De l'état civil écrit sur feuille volante. *Voy.* Fonctionnaires publics, n°ˢ. 22 et 25.

Manifestation d'une tentative de crime par des Actes extérieurs. *Voy.* Dispositions préliminaires, n°. 2.

Actes contraires aux Constitutions de l'Empire. *Voy.* Liberté individuelle.

S'ils sont faits d'après une fausse signature. *Voy.* Liberté individuelle.

Actes de violence. *Voy.* Blessures.

Actes de violence exercés par des Mendians ou Vagabonds. *Voy.* Mendicité, n°ˢ. 6 et 9.

Actes arbitraires. Ceux attentatoires, soit à la liberté individuelle, soit aux droits civiques, soit aux Constitutions de l'Empire. *Voy.* Liberté individuelle, n°ˢ. 1, 4 et 5.

S'ils sont faits d'après une fausse signature. *Voy.* Liberté individuelle, n°. 5.

Ceux faits ou ordonnés par un Ministre qui a refusé ou négligé de les faire réparer. *Voy.* Liberté individuelle, n°. 2.

Actes de barbarie, *Voy.* Homicide, n°. 9.

Acteur. *Voy.* Directeur de Spectacle.

Action. Quels sont ceux qui sont complices

d'une Action qualifiée crime ou délit. *Voy.* Complices.

Peines contre ceux qui, pouvant disposer de la force publique, en ont dirigé l'Action contre la levée des gens de guerre. *Voy.* Etat, nos. 15 et 23, jusques au n°. 29.

Action contre l'exécution d'une loi. *Voy.* Fonctionnaires publics, nos. 18, 19, 20 et 21.

Action. *Voy.* Combat.

Action. *Voy.* Contestations judiciaires.

Action publique. Celle pour punir l'emploi de poids et de mesures prohibés et la fraude qui peut en résulter. *Voy.* Commerce, n°. 6. *Voy.* Empiètement.

Actions hostiles. Celles non approuvées par le Gouvernement, lorsqu'elles exposent l'Etat à une déclaration de guerre. *Voy.* Etat, n°. 10.

Actrice. *Voy.* Directeur de Spectacle.

Addition. Faux commis par addition à des actes. *Voy.* Faux, nos. 1, 3, 4, 19, 20 et 21.

Adjoints de Maire. *Voy.* Maire.

Les Aubergistes sont obligés de leur représenter les registres qu'ils doivent tenir. *Voy.* Contraventions, n°. 8, §. II, nos. 11 et 16.

Adjudications. Fonctionnaires, Administrateurs ou Surveillans qui y reçoivent quelque intérêt. *Voy.* Fonctionnaires publics, n°. 5.

Contrainte ou corruption pour en obtenir. *Voy.* Fonctionnaires publics, nos. 9 et 10. *Voy.* Enchères.

Adjudications. *Voy.* Restitutions. Dommages-intérêts. Frais. Indemnités.

Administrateurs. Soustraction de titres dont ils sont dépositaires. *Voy.* Dépositaires publics, n°. 5.

Ceux chargés de la Police administrative qui auront refusé ou négligé de déférer à une réclamation légale tendant à constater les détentions illégales et arbitraires. *Voy.* Liberté individuelle, n°. 6.

Juges, Procureurs généraux ou impériaux qui ont permis ou ordonné de citer des Administrateurs, pour raison de l'exercice de leurs fonctions. *Voy.* Empiètement, n°. 1, §. II.

Administrateurs qui entreprennent sur les fonctions judiciaires. *Voy.* Empiètement, n°. 5.

Qui se sont immiscés dans l'exercice du pouvoir législatif, ou qui intiment des ordres à des Cours ou Tribunaux. *Voy.* Empiètement, n°. 4.

Administrateurs des maisons de jeux de hasard ou de loterie. *Voy.* Jeux de hasard.

—— d'association. *Voy.* Associations illicites, nos. 2 et 3.

—— des Postes. *Voy.* Postes.

Voy. Préfets. Administration. Autorité administrative.

Administration. Les Tribunaux correctionnels peuvent en interdire les emplois aux délinquans, lorsqu'ils y seront autorisés par la loi. *Voy.* Peines, n°. 37, §. III, et n°. 38.

Ceux qui, au mépris des défenses de l'Administration, auront laissé communiquer avec d'autres, leurs animaux ou bestiaux infectés de maladie contagieuse. *Voy.* Destruction, nos. 24, 25 et 26.

Voy. Autorité administrative. Administrateurs.

Administration. Celle des biens des condamnés. *Voy.* Biens.

Tout Fonctionnaire, Officier public ou Agent du Gouvernement qui prend ou reçoit quelque intérêt que ce soit dans les Adjudications, Entreprises ou Régies dont il a l'Administration. *Voy.* Fonctionnaires publics, n°. 5.

Administration de la Justice. Fonctionnaires publics qui, par délibération, ont arrêté de donner des démissions pour empêcher ou suspendre l'Administration de la Justice. *Voy.* Fonctionnaires publics, n°. 4.

Administration publique. Peines contre ses Agens ou Préposés, qui auront agréé des offres ou promesses, ou reçu des dons ou présens, pour faire un acte de leurs fonctions non sujet à salaire, etc. *Voy.* Fonctionnaires publics, nos. 7, 8, 9 et 10.

Ses règlemens relatifs aux produits du travail des détenus pour délits correctionnels. *Voy.* Peines, n°. 36.

Aux armes prohibées. *Voy.* Blessures, n°. 6.

Violation de ses règlemens relatifs aux Manufactures, etc. *Voy.* Manufactures, n°. 1.

Individu détenu hors des lieux déterminés

par cette Administration. *Voy.* Liberté individuelle , n°. 9.

Voy. Autorité publique. Agens.

ADMINISTRATION DES POSTES. *Voy.* Postes.

ADMISSION. *Voy.* Preuve légale.

—— à fournir caution. *Voy.* Surveillance.

ADOUCISSEMENS. Partie des produits du travail des Détenus pour délit correctionnel, servira à leur procurer quelques adoucissemens. *Voy.* Peines , n°. 36.

ADRESSE. Blessures ou coups qui résultent du défaut d'adresse. *Voy.* Homicide , n°. 12.

ADULTÈRE. L'homicide commis , dans ce cas , par l'époux sur l'épouse et son complice , est-il excusable ? *Voy.* Homicide , n°. 16.

L'Adultère ne peut être dénoncé que par le Mari. *Voy.* Mœurs , n°. 7.

Cas où le Mari ne le peut pas. *Voy.* Mœurs , n°. 10.

Peines contre la femme convaincue d'Adultère et son complice. *Voy.* Mœurs , n°s. 8 et 9.

Preuves admissibles contre ce complice. *Voy.* Mœurs , n°. 9.

ADULTÈRE. Homme ou Femme adultère. Imputation calomnieuse. *Voy.* Calomnie.

AÉROMANCIE. Divination par le moyen de l'air. *Voy.* Devin.

AFFAIRE. Juges qui procèdent au Jugement d'une affaire portée devant eux, avant la décision de l'autorité supérieure , malgré la revendication formelle de l'Autorité administrative. *Voy.* Empiètement , n°. 2.

Administrateurs qui entreprendront sur les fonctions judiciaires , en s'ingérant à connaître de droits et intérêts privés du ressort des Tribunaux , et qui , après la réclamation des parties , ou de l'une d'elles , auront néanmoins décidé l'Affaire , avant que l'Autorité supérieure ait prononcé. *Voy.* Empiètement , n°. 5.

Fonctionnaires publics qui se seront ingérés dans des Affaires ou commerces , incompatibles avec leur qualité. *Voy.* Fonctionnaires publics , n°s. 5 et 6.

Dans les cas de responsabilité civile qui pourront se présenter dans les Affaires criminelles, correctionnelles ou de police, les Cours et Tribunaux se conformeront aux

dispositions du Code Napoléon. *Voy.* Peines, n°. 63.

AFFICHES. *Voy.* Associations illicites , n°. 3. Calomnie , n°. 1. Ecrits. Arrêts. Afficheurs.

AFFICHEURS. Ceux d'Ecrits sur lesquels ne se trouve pas l'indication vraie des noms et demeure de l'Auteur, ou de l'Imprimeur. *Voy.* Ecrits , n°s. 1 et 4.

Réduction de la peine s'ils font connaître la personne de laquelle ils tiennent l'Ecrit imprimé. *Voy.* Ecrits, n°s. 2 et 4. Contraventions , n°. 8 , §. XIII, n°. 10, §. III, n°s. 11 et 16.

Peine qu'ils encourent , si les Ecrits contiennent quelques provocations à des crimes ou délits. *Voy.* Ecrits , n°. 3.

Réduction de cette peine en cas de révélation. *Voyez le même n°.*

Les Afficheurs doivent être autorisés par la Police. *Voy.* Ecrits , n°. 8.

Peines contre eux s'ils exposent ou distribuent des chansons , pamphlets, figures ou images contraires aux bonnes mœurs. *Voy.* Ecrits , n°. 5.

Cas où ces peines sont réduites. *Voy.* Ecrits , n°. 6. Contraventions , n°. 8 , §. XIII, n°. 10, §. III , n°s. 11 et 16.

AFFILIÉS. Ceux d'une maison de jeux de hasard. *Voy.* Jeux de hasard.

AFFRANCHISSEMENT. Celui d'un service public. Fabrication d'un faux certificat de maladie ou d'infirmité, pour obtenir cet Affranchissement. *Voy.* Faux , n°s. 15 , 19 et 20.

AFFRONT. *Voy.* Injures. Outrages.

AGATE. Pierre précieuse. *Voy.* Commerce, n°. 5.

AGE. *Voy.* Accusé. Carcan. Bannissement. Mineur. Vieillard. Mœurs. Enfant.

AGENS d'une Administration publique. Peine contre les Citoyens qui auront contraint ou tenté de contraindre un Agent ou Préposé d'une Administration publique , par voies de fait ou menaces ; l'auront corrompu ou tenté de le corrompre par promesses, offres, dons ou présens , pour obtenir une opinion favorable , etc. *Voy.* Fonctionnaires publics , n°s. 9 et 10. Administration publique.

AGENT

Agens de l'Administration des Postes. S'ils commettent ou facilitent la suppression ou l'ouverture de lettres confiées à la Poste. *Voy.* Fonctionnaires publics, n°. 17.

Agens de Change. S'ils font faillite. *Voy.* Banqueroute, n°. 3.

Agens du Gouvernement. S'ils ont détruit ou soustrait des titres qui leur étaient confiés. *Voy.* Dépositaires publics, n°. 5.

S'ils ont commis des crimes ou délits dans l'exercice de leurs fonctions, ils ne peuvent être poursuivis sans autorisation. *Voy.* Empiètement, n°. 3.

S'ils ont pratiqué des machinations ou entretenu des intelligences avec ceux des Puissances étrangères. *Voy.* Etat, n°s. 2 et 5.

S'ils leur livrent le secret d'une négociation ou d'une expédition. *Voy.* Etat, n°. 6.

S'ils leur livrent les plans des fortifications, etc. dont ils sont dépositaires. *Voy.* Etat, n°. 7; ou aux agens d'une Puissance ennemie, neutre ou alliée. *Voy. le même n°.*

S'ils prennent quelque intérêt dans les affaires dont ils sont chargés. *Voy.* Fonctionnaires publics, n°. 5.

S'ils font un acte attentatoire à la liberté individuelle, aux droits civiques ou aux Constitutions de l'Empire. *Voy.* Liberté individuelle.

S'ils agréent des offres ou reçoivent des dons ou présens, pour faire un acte de leurs fonctions, même juste, non sujet à salaire, ou pour s'en abstenir. *Voy.* Fonctionnaires publics, n°s. 7, 8 et 10.

S'ils usent ou font user de violence envers les personnes, dans l'exercice ou à l'occasion de l'exercice de leurs fonctions. *Voy.* Fonctionnaires publics, n°. 16.

S'ils commettent ou facilitent la suppression ou l'ouverture de lettres confiées à la Poste. *Voy.* Fonctionnaires publics, n°. 17.

S'ils requièrent l'action de la force publique contre l'exécution d'une loi ou tout ordre émané de l'autorité légitime. *Voy.* Fonctionnaires publics, n°s. 18, 19, 20 et 21.

S'ils ont aidé les fournisseurs à faire manquer le service des armées de terre ou de

mer. *Voy.* Fournisseurs, n°s. 3 et 6.

S'ils s'ingèrent dans des affaires ou commerces incompatibles avec leur qualité. *Voy.* Fonctionnaires publics, n°. 5.

Outrages faits aux Agens dépositaires de la force publique par paroles, gestes ou menaces, coups et blessures. *Voy.* Fonctionnaires publics, n°s. 31, 32, 34, 37, 38, 39 et 40.

A ceux chargés d'un ministère de service public. *Voy.* Fonctionnaires publics, n°s. 37, 38, 39 et 40.

Agens des maisons de jeux de hasard. *Voy.* Jeux de hasard.

Agens de la police administrative ou judiciaire. *Voy.* Rebellion. Violences.

Agneaux. *Voy.* Bêtes.

Agrément. Celui du Gouvernement pour les associations de plus de vingt personnes. *Voy.* Associations illicites, n°s. 1 et 2.

Agresseur. *Voy.* Homicide. Blessures.

Agriculture. Rupture de ses instrumens. *Voy.* Destruction, n°s. 15, 19 et 26.

Voy. Instrumens.

Aide. *Voy.* Complices.

Vol commis à l'aide d'un bris de scellés. *Voy.* Scellés, n°. 5.

Aïeul. *Voy.* Ascendans.

Aïeule. *Voy.* Ascendans.

Alignement. Celui des édifices. *Voy.* Dispositions générales, n°. 2 et la note.

Alimens. Avortement causé par ce moyen. *Voy.* Blessures, n°. 9.

La confiscation générale est grevée de leur prestation à qui il en est dû de droit. *Voy.* Peines, n°. 33.

Allégation. Celle d'une fausse excuse de la part de Témoins et Jurés. *Voy.* Témoins.

Alliés. Ceux de l'Etat. *Voy.* Etat.

Alliés. Soustractions commises par des Alliés au préjudice de leurs Alliés aux degrés indiqués par le n°. 2 du mot Vols. *Voy. le même n°.* *Voy.* Recèlement. Révélation.

Aloi. *Voy.* Commerce.

Altération. Celle d'actes, écritures ou signatures par des Officiers publics. *Voy.* Faux, n°s. 1, 19 et 20.

Celle d'écritures ou de signatures en actes

3

authentiques et publics ou en écritures de commerce ou de banque , par toute autre personne. *Voy.* Faux , nᵒˢ. 3 , 19 , 20 et 21.

Celle de Vins ou de toute autre espèce de liquide ou de marchandises, par les voituriers, bateliers ou leurs préposés , chargés du transport , par le mélange de substances malfaisantes. *Voy.* Vols , nᵒ. 9.

S'il n'y a pas eu mélange de substances malfaisantes. *Voy. le même nᵒ.* 9.

Voy. Monnaie. Clef.

Ambassadeur. *Voy.* Etat. Gouvernement.

Amende. Peine commune aux matières criminelles , correctionnelles et de police. *Voy.* Peines , nᵒ. 4 , §. III , nᵒˢ. 6 et 65.

L'exécution des condamnations à l'Amende pourra être poursuivie par la voie de la contrainte par corps. *Voy.* Peines , nᵒ⁴. 47 et 68.

Durée de l'emprisonnement d'un condamné insolvable après l'expiration de la peine afflictive ou infamante , lorsque des Amendes et des frais ont été prononcés au profit de l'Etat. *Voy.* Peines , nᵒ. 48.

Durée de l'emprisonnement , s'il s'agit d'un délit , sauf à reprendre la contrainte par corps, s'il survient au condamné quelque moyen de solvabilité. *Voy. le même nᵒ.*

Les restitutions et les dommages-intérêts ont la préférence sur l'Amende. *Voy.* Peines , nᵒˢ. 49 et 69.

Les condamnés pour un même crime ou délit en sont tenus solidairement. *Voy.* Peines, nᵒ. 50.

Cas où elle peut être réduite par les tribunaux au-dessous de seize francs. *Voy.* Peines, nᵒ. 64.

Quotité de l'Amende pour contravention et à qui applicable. *Voy.* Peines , nᵒ. 67.

La contrainte par corps a lieu. Durée de l'emprisonnement en cas d'insolvabilité. *Voy.* Peines , nᵒ. 68.

Les restitutions et indemnités dues à la partie lésée sont préférées à l'Amende. *Voy.* Peines , nᵒ. 69.

Dans quel cas on peut prononcer une Amende pour fait de rebellion. *Voy.* Rebellion, nᵒ. 10.

Peines contre les ouvriers qui prononcent

des Amendes contre les directeurs d'ateliers et entrepreneurs d'ouvrages. *Voy.* Ouvriers , nᵒ. 3.

Si le fils qui a frappé ses père ou mère légitimes , naturels ou adoptifs , ou autres ascendans légitimes , a encouru la peine de l'emprisonnement et de l'amende, il subira celle de la réclusion. *Voy.* Blessures, nᵒ. 4.

Délits auxquels la peine de l'amende est appliquée. *Voy.* Peines , nᵒˢ. 52 et 53. Etat, nᵒ. 26. Droits civiques, nᵒ. 5. Liberté individuelle , nᵒ. 7. Empiètement , nᵒˢ. 2 , 3 et 5. Monnaie , nᵒ. 4. Faux , nᵒ. 20. Dépositaires publics , nᵒ. 4. Concussions. Fonctionnaires publics , nᵒˢ. 5, 6 , 7 , 9 , 11 , 14 , 15 , 16, 17 , 22 , 23 , 24 , 25 , 26 , 27 , 28 et 31. Ministre de culte , nᵒˢ. 1 et 9. Rebellion, nᵒ. 10. Témoins. Scellés , nᵒ. 6. Monumens. Culte, nᵒˢ. 2 et 3. Ecrits , nᵒˢ. 5 , 6 et 7. Associations illicites , nᵒˢ. 2 , 3 et 4. Homicide, nᵒˢ. 11 et 12. Mœurs , nᵒˢ. 1 , 5 , 9 et 10. Enfant , nᵒˢ. 2 , 3 , 4 , 5 , 6 , 8 et 9. Inhumations , nᵒˢ. 1 , 2 et 3. Calomnie , nᵒˢ. 5 , 7 , 9 et 10. Secrets. Vols, nᵒˢ. 9 , 21 et 23. Escroquerie. Confiance , nᵒˢ. 1 . 2 et 3. Soustraction. Jeux. Prêt. Enchères. Ouvriers , nᵒ. 1. Manufactures , nᵒˢ. 1 , 2 et 3. Commerce , nᵒˢ. 1, 2 , 3 , 5 et 6. Contrefaçon, nᵒˢ. 3 et 4. Fournisseurs , nᵒˢ. 1 , 2 et 4. Incendie , nᵒ. 3. Destruction , nᵒˢ. 1 , 2 , 3 , 4, 6 , 7 , 16 , 19 , 20 , 21 , 22 , 23 , 24 , 25 et 26. Dispositions générales , nᵒ. 1. Contravention, nᵒˢ. 4 , 8 et 12. Menaces , nᵒˢ. 2 et 3. Blessures , nᵒˢ. 3 , 6 et 10.

Voy. Restitutions.

Améthyste. Pierre précieuse. *Voy.* Commerce , nᵒ. 5.

Ane. *Voy.* Bêtes. Animaux.

Anéantissement. *Voy.* Destruction.

Anesse. *Voy.* Bêtes. Animaux.

Animaux. Peines contre ceux qui les ont tués ou blessés, ou qui auront causé les mêmes accidens. *Voy.* Contraventions , nᵒ. 12, §. II, III et IV , nᵒ. 13 , §. I , nᵒˢ. 15 et 16.

—— soupçonnés d'être infectés de maladie contagieuse. *Voy.* Destruction , nᵒˢ. 23 , et 26.

Si on les laisse communiquer avec d'autres. *Voy.* Destruction , nᵒˢ. 24 et 26.

Si de cette communication il résulte une contagion parmi les autres animaux. *Voy.* Destruction , nᵒˢ. 25 et 26.

Ceux qui laissent divaguer des animaux malfaisans ou féroces. *Voy.* Contraventions , nᵒ. 8 , §. VII , nᵒˢ. 11 et 16.

Ceux qui , par l'effet de cette divagation, ou de celle des foux ou furieux , ou par la rapidité ou chargement excessif des voitures, chevaux , bêtes de trait, de charge ou de monture , auraient occasionné la mort ou la blessure des Animaux ou Bestiaux appartenant à autrui. *Voy.* Contraventions, nᵒ. 12 , §. II , et nᵒˢ. 15 et 16.

Ceux qui ont laissé passer des Bestiaux, Animaux de trait , de charge ou de monture, sur le terrain d'autrui , avant l'enlèvement de la récolte. *Voy.* Contraventions, nᵒ. 4 , §. XIV et nᵒˢ. 7 et 16.

Ceux qui ont fait ou laissé passer des Bestiaux, Animaux de trait , de charge ou de monture, sur le terrain d'autrui ensemencé ou semé d'une récolte , en quelque saison que ce soit, ou dans un bois taillis. *Voy.* Contraventions, nᵒ. 8 , §. X, et nᵒˢ. 11 et 16.

Ceux qui auront occasionné la mort ou la blessure des Animaux ou Bestiaux appartenant à autrui , par l'emploi ou l'usage d'armes, sans précaution ou avec mal-adresse, ou par jet de pierres ou d'autres corps durs. *Voy.* Contraventions, nᵒ. 12 , §. III , nᵒ. 13 , §. I , nᵒˢ. 15 et 16.

Ceux qui auront occasionné le même accident par la vétusté , le défaut d'entretien des maisons , ou par l'encombrement ou l'excavation dans ou près les rues , etc. *Voy.* Contraventions , nᵒ. 12 , §. IV , et nᵒˢ. 15 et 16.

ANIMAUX DOMESTIQUES. Ceux qui les ont tués , sans nécessité , dans un lieu dont celui à qui ces Animaux appartenaient , est propriétaire , locataire ou fermier. *Voy.* Destruction , nᵒˢ. 18 , 19 et 26,

Voy. Bêtes. Bestiaux.

ANNONCE. *Voy.* Affiches. Colporteurs. Crieurs. Afficheurs.

ANNULATION. Magistrats de l'ordre judiciaire qui , ayant permis de citer des Administrateurs

pour raison de l'exercice de leurs fonctions, auraient persisté dans l'exécution de leurs jugemens ou ordonnances, nonobstant l'Annulation qui en aurait été prononcée , ou le conflit qui leur aurait été notifié. *Voy.* Empiètement , nᵒ. 1 , §. II.

ANTIDATE. *Voy.* Faux.

APOTHICAIRE. *Voy.* Pharmacien.

APPAREILLEUSE. Imputation calomnieuse. *Voy.* Calomnie.

APPAREILS. Confiscation de ceux de jeux de hasard ou loterie, établis dans les rues, etc. *Voy.* Jeux. Contraventions , nᵒ. 10 , §. I.

Les corps des suppliciés délivrés à leur famille , seront inhumés sans aucun Appareil. *Voy.* Peines , nᵒ. 9.

APPARTEMENT. Vol commis dans celui habité ou servant à l'habitation ou ses dépendances. *Voy.* Vols , nᵒ. 3 , §. IV.

On ne peut accorder ni consentir l'usage de son Appartement, pour la réunion des membres d'une Association même autorisée , sans la permission de l'Autorité municipale. *Voy.* Associations illicites , nᵒ. 4.

Le meurtre, ainsi que les blessures et les coups sont excusables , s'ils ont été commis en repoussant , pendant la nuit , l'entrée d'un Appartement habité. *Voy.* Homicide , nᵒ. 14.

Homicide commis, blessures faites ou coups portés en repoussant , pendant la nuit , l'entrée d'un Appartement habité, sont compris dans les cas de nécessité actuelle de légitime défense. *Voy.* Homicide, nᵒ. 21. *Voy.* Effraction. Escalade. Maison. Edifice.

APPARTENANCE. *Voy.* Dépendances.

APPAT. *Voy.* Escroquerie.

APPLICATION. Celle des indemnités ne peut être prononcée en faveur d'une œuvre quelconque. *Voy.* Peines , nᵒ. 46.

Celle du produit du travail des condamnés à la réclusion ou à l'emprisonnement , sera réglée par le Gouvernement. *Voy.* Peines , nᵒˢ. 16 et 36.

Ceux qui auront appliqué à leur profit tout ou partie des objets volés par des maris à leurs femmes , etc. *Voy.* Vols, nᵒ. 2.

Voy. Marque. Sceau. Timbre.

APPOINTEMENS. *Voy.* Traitemens. Concussion.

APPRÉCIATION. *Voy.* Estimation.

APPRENTI. *Voy.* Vols, n°. 8.

APPROBATION. *Voy.* Agrément. Autorisation.

APPROVISIONNEMENS. *Voy.* Fournisseurs. Bandes. Etat.

APPUI. *Voy.* Complices.

ARBRES. Ceux d'autrui, qu'on abat. *Voy.* Destruction, n°ˢ. 9, 14, 19 et 26.

Ceux qu'on mutile et qu'on écorce. *Voy.* Destruction, n°ˢ. 10, 14, 19 et 26.

Ceux plantés sur les lieux publics, comme places, routes, chemins, etc. *Voy.* Destruction, n°ˢ. 12, 14, 19 et 26.

Déplacement ou suppression de ceux plantés ou reconnus pour bornes. *Voy.* Destruction, n°ˢ. 20 et 26.

ARCHIVES. Soustraction, destruction et enlèvement de ce qu'elles contiennent. *Voy.* Scellés, n°ˢ 6, 7 et 8. Dépositaires publics, n°. 5.

ARCHIVISTES. *Voy.* Archives.

ARGENT. Ceux qui pratiquent des manœuvres pour en fournir aux ennemis. *Voy.* Etat, n°ˢ. 3 et 5.

Faux témoins qui en ont reçu. *Voy.* Témoignage, n°. 4.

Contrefaction ou altération des monnaies d'Or ou d'Argent. *Voy.* Monnaies, n°. 1 et 4. Faux, n°. 19.

Ceux qui ont participé à l'émission ou exposition de ces monnaies. *Voy. les mêmes n°ˢ.*

Ceux qui ont eu connaissance d'une fabrique ou dépôt de monnaies d'Argent, contrefaites ou altérées. *Voy.* Monnaie, n°. 5. Faux, n°. 20.

Ceux qui auront contrefait ou falsifié le poinçon ou les poinçons servant à marquer les matières d'Argent. *Voy.* Contrefaction, n°. 2. Faux, 20 et 21.

Ceux qui auront fait usage desdits poinçons. *Voy.* Contrefaction, n°. 3. Faux, n°ˢ. 20 et 21. Sans le savoir. *Voy.* Faux, n°. 19.

Ceux qui abusent des besoins, des faiblesses ou des passions d'un mineur, pour prêt d'argent. *Voy.* Confiance, n°. 1.

Ceux qui trompent sur le titre de l'argent. *Voy.* Commerce, n°. 5.

Menaces faites avec ordre de déposer une somme d'argent dans un lieu indiqué. *Voy.* Menaces, n°. 1.

Voy. Deniers. Monnaie. Révélation. Marque.

ARMÉES. Déporté saisi dans des pays occupés par les Armées françaises. *Voy.* Peines, n°. 12.

Ceux qui sont déchus du droit de servir dans les Armées de l'Empire. *Voy.* Peines, n°. 23.

Commandans qui auront tenu leur armée rassemblée après le licenciement. *Voy.* Etat, n°ˢ. 14 et 23 jusques au n°. 29.

—— *Voy.* Forces françaises. Commandant. Commandement. Fournisseurs.

ARMES. Fabricateurs ou débitans d'Armes prohibées. *Voy.* Blessures, n°ˢ. 6 et 7. Ceux qui en portent. *Voy. les mêmes n°ˢ.*

Ceux qui laissent des Armes dans des endroits publics ou dans les champs. *Voy.* Contraventions, n°. 4, §. VII, n°ˢ. 5, 7 et 16.

Français qui les portent contre l'Etat. *Voy.* Etat, n°. 1.

Ceux qui pratiquent des manœuvres pour en fournir aux ennemis. *Voy.* Etat, n°ˢ 3 et 5. Pour seconder les progrès de leurs armes. *Voy. les mêmes n°ˢ.*

Ceux qui en fournissent aux troupes levées sans autorisation. *Voy.* Etat, n°ˢ. 13 et 23, jusques au n°. 29.

Ceux qui en fournissent aux bandes pour l'envahissement de propriétés nationales ou publiques. *Voy.* Etat, n°ˢ. 17 et 23, jusques au n°. 29.

Toutes machines, tous instrumens ou ustensiles tranchans, perçans ou contondans, sont compris dans le mot ARMES. *Voy.* Etat, n°. 22.

Les couteaux, les ciseaux de poche, les cannes simples sont réputés Armes, lorsqu'il en aura été fait usage pour tuer, blesser ou frapper. *Voy. le même* n°.

Mendiant ou Vagabond qui en sera porteur. *Voy.* Mendicité, n°ˢ. 4 et 9.

Les condamnés aux travaux forcés, au bannissement, à la réclusion ou au carcan, sont déchus du droit de port d'Armes. *Voy.* Peines, n°. 23.

Les tribunaux correctionnels peuvent interdire ce droit aux délinquants, lorsqu'ils y sont autorisés par la loi. *Voy.* Peines, n°s. 37 et 38.

Coupables de vol ou l'un d'eux porteurs d'Armes apparentes ou cachées. *Voy.* Vols, n°s. 3, 4, 7 et 8. Menaçant d'en faire usage. *Voy. le même* n.° 3.

Ceux qui en procurent pour servir à une action qualifiée *crime* ou *délit*, sont complices de cette action. *Voy.* Complices, n°. 2.

Rebellion avec Armes. *Voy.* Rebellion.

Peines contre les personnes qui, faisant partie d'une troupe ou réunion non réputée armée, se trouvent munies d'Armes cachées. *Voy.* Rebellion, n°. 7.

Contre l'attentat ou le complot dont le but sera d'exciter la guerre civile, en armant ou en portant les citoyens à s'armer. *Voy.* Etat, n°s. 12, 18, 23, jusques au n°. 29;

De prendre les Armes contre l'Autorité impériale. *Voy.* Empereur, n°. 2.

Contre ceux qui fournissent des Armes pour favoriser l'évasion de détenus. *Voy.* Evasion, n°. 7.

Contre ceux qui en fournissent aux bandes de malfaiteurs. *Voy.* Malfaiteurs, n°. 4.

Contre ceux qui auraient tué ou blessé des

bestiaux par l'usage d'Armes sans précaution ou avec mal-adresse. *Voy.* Contraventions, n°. 12, §. III, n°. 13, §. I, n°s. 15 et 16.

Les personnes qui, faisant partie de bandes, s'en sont retirées sans opposer de résistance et sans Armes, n'encourent aucune peine. *Voy.* Etat, n°. 21. Elles ne seront punies que des crimes particuliers qu'elles auraient personnellement commis. *Voy. le même n°.*

Voy. Rebellion. Bandes. Port d'Armes.

ARMOIRES. L'effraction aux armoires est une effraction intérieure. *Voy.* Vols, n°. 18.

ARMURIER. *Voy.* Armes.

ARQUEBUSE. *Voy.* Armes.

ARRESTATIONS. Les coupables de complots ou d'autres crimes attentatoires à la sureté intérieure ou extérieure de l'Etat, qui procurent l'Arrestation des auteurs ou complices de ces complots ou crimes. *Voy.* Etat, n°. 29.

Ceux qui auront contrefait des monnaies d'or, d'argent, de billon ou de cuivre, et qui auront procuré l'Arrestation des autres coupables. *Voy.* Monnaie, n°. 7.

Celle des individus renvoyés sous la surveillance de la haute police, qui désobéissent aux ordres du Gouvernement. *Voy.* Peines, n°. 40.

***

ARRESTATIONS ILLÉGALES. (a)

Seront punis de la peine des travaux forcés à temps, ceux qui, sans ordre des autorités constituées et hors les cas où la loi ordonne de saisir les prévenus, auront arrêté, détenu ou séquestré des personnes quelconques.

Quiconque aura prêté un lieu pour exécuter

(a) « Il ne s'agit point ici de celles commises par des fonctionnaires publics. (1) Les dispositions actuelles n'ont trait qu'aux attentats à la liberté, commis par des particuliers. On peut-être arrêté par toute personne, lorsqu'on est surpris commettant un crime ou délit que toute personne a le droit de dénoncer. On peut aussi être arrêté par celui qu'une loi autorise à cet

(1) Voyez pour ce cas, LIBERTÉ INDIVIDUELLE.

effet, ou qui est porteur d'ordres de l'autorité compétente. Hors ces cas, celui qui se permet de faire une arrestation, est coupable de crime. » *Motifs.*

« L'obéissance à l'autorité légitime est un devoir social; mais celui qui, sans droit et sans caractère légal, arrache un citoyen à son domicile, se permet de l'arrêter, de le détenir, de le séquestrer sa personne, insulte à l'autorité dont il usurpe les attributions.

la détention ou séquestration, subira la même peine. 341 (*b*). *Voy.* le n°. 4 ci-après.

2°. Si la détention ou séquestration a duré plus d'un mois, la peine sera celle des travaux forcés à perpétuité. 342.

Voy. le n°. 4, ci-après.

3°. La peine sera réduite à l'emprisonnement de deux ans à cinq ans, si les coupables des délits mentionnés en l'art. 341 (ci-dessus), non encore poursuivis de fait, ont rendu la liberté à la personne arrêtée, séquestrée, ou détenue, avant le dixième jour accompli depuis celui de l'arrestation, détention ou séquestration. Ils pourront néanmoins être renvoyés sous la surveillance de la haute police, depuis cinq ans jusques à dix ans. 343. (*c*). *Voy.* le n°. 4 ci-après.

4°. Dans chacun des trois cas suivans :

1°. Si l'arrestation a été exécutée avec le faux costume, sous un faux nom, ou sous un faux ordre de l'autorité publique;

2°. Si l'individu arrêté, détenu ou séquestré, a été menacé de la mort;

3°. S'il a été soumis à des tortures corporelles;

. Les coupables seront punis de mort. 344. (*d*)

Voy. Liberté individuelle.

∼∼∼∼∼∼∼∼∼∼∼∼∼∼∼∼∼∼∼

Arrêt. (Maison d') *Voy.* Geolier. Concierge.

Arrêté. Négligence ou refus d'exécuter ceux concernant la petite voirie. *Voy.* Contraventions, n°. 4, §. V, et n°s. 7 et 16.

Arrêtés généraux. Ceux des Préfets, Sous-Préfets, Maires et autres Administrateurs, tendant à intimer des ordres ou de défenses quelconques à des Cours ou Tribunaux. *Voy.* Empiètement, n°. 4.

Arrêts. Ceux qui porteront des peines afflictives et infamantes, ou seulement des peines infamantes, seront imprimés par extrait: ils seront affichés : lieux où ils le seront. *Voy.* Peines, n°. 31. Ils indiqueront le lieu où doit

---

Après les attentats à la vie et aux mœurs, la privation illégale de la liberté est le plus grand crime. *Rapport par M. de Monseignat.*

(*b*) « Celui qui prête un lieu pour exécuter une détention illégale, s'associe à cet acte arbitraire et en devient complice. » *Même rapport.*

(*c*) » La loi se relâche de sa rigueur envers le coupable, commue la peine en faveur de son repentir, et veut bien supposer que sa faute a été plutôt le résultat de l'irréflexion du moment, que d'une préméditation tenant à des combinaisons criminelles; mais, passé le dixième jour, elle ne doute plus de la perversité de l'intention et devient inflexible. » *Motifs.*

(*d*) Des attentats qui blessent l'ordre public à un tel degré, ne peuvent être trop sévèrement réprimés; ils doivent être mis au même rang que les plus grands crimes contre la paix publique. » *Mêmes motifs.*

se faire l'exécution. *Voy.* Peines , n°. 22. Un Huissier fait lecture au peuple de l'arrêt de condamnation du parricide. *Voy.* Peines , n°. 5.

ARRONDISSEMENS COMMUNAUX. Plan concerté pour empêcher l'exercice des droits civiques dans un ou plusieurs arrondissemens communaux. *Voy.* Droits civiques, n°. 2.

ARSENAUX. Ceux qui pratiquent des manœuvres pour les livrer à l'ennemi. *Voy.* Etat, n°s. 3 et 5. Ceux qui en livrent le plan. *Voy.* Etat , n°. 7.

—— Incendiés par l'explosion d'une mine. *Voy.* Etat, n°s. 16 et 23 , jusques au n°. 29.

Ceux qui tentent de s'en emparer. *Voy.* Etat , n°s. 17 et 23 , jusques au n°. 29.

ARTIFICE. Pièces d'artifice. Ceux qui ont violé la défense d'en tirer en certains lieux. *Voy.* Contraventions , n°. 4 , §. II , n°s. 5 , 6 , 7 et 16.

Négligence ou imprudence de ceux qui les tirent , causant un incendie. *Voy.* Destruction , n°s. 22 et 26.

ARTIFICES. Ceux qui , par artifices coupables , ont provoqué à une action qualifiée crime ou délit , en sont complices. *Voy.* Complices, n°. 2. *Voy.* Escroquerie.

ARTISANS. *Voy.* Commerce.

ARTISTES. *Voy.* Directeurs de spectacles. Commerce.

ARTS. *Voy.* Manufactures. Ouvriers. Contrefaçon.

ASCENDANT. Ceux qui usent de leur Ascendant , pouvoir , ou autorité pour corrompre la jeunesse. *Voy.* Mœurs , n°s. 4 , 5 et 6.

ASCENDANS. L'Empereur pourra disposer des biens confisqués en faveur des Ascendans du condamné. *Voy.* Peines , n°. 34.

Le meurtre de tout Ascendant légitime est qualifié parricide. *Voy.* Homicide , n°. 5.

Ascendans qui favorisent la prostitution ou

la corruption de leurs petits-enfans , âgés de moins de 21 ans. *Voy.* Mœurs , n°s. 5 et 6.

Blessures faites ou coups donnés à des Ascendans. *Voy.* Blessures , n°s. 4 et 5.

Ascendans qui recèlent leurs enfans poursuivis pour crimes. *Voy.* Recèlement.

Ils ne sont pas tenus à la révélation de complots formés ou crimes projetés par leurs descendans, contre la sureté intérieure ou extérieure de l'Etat. *Voy.* Etat , n°. 28.

Ils ne sont pas aussi tenus de révéler la contrefaction des monnaies , dont sont coupables leurs descendans. *Voy.* Monnaie, n°. 6.

Soustractions commises par des Ascendans au préjudice de leurs descendans , et par ceux-ci au préjudice de ceux-là. *Voy.* Vols , n°. 2.

ASILE. Celui donné aux malfaiteurs. *Voy.* Complices , n°. 3. Aux bandes armées. *Voy.* Etat, n°s. 20 et 23 , jusques au n°. 29.

ASSASSINAT. *Voy.* Homicide , n°s. 2 , 8 et 9. Menaces.

ASSEMBLÉES. *Voy.* Associations illicites.

ASSEMBLÉES ÉLECTORALES. *Voy.* Droits civiques.

ASSEMBLÉES PUBLIQUES. Ministre de culte qui y prononce un discours , contenant la critique ou censure du Gouvernement , etc. *Voy.* Ministre de culte , n°. 3.

Si le discours contient une provocation directe à la désobéissance aux lois, etc. *Voy.* Ministre de culte , n°s. 4 et 5.

ASSISES. *Voy.* Cour d'assises.

ASSISTANCE. *Voy.* Complices.

—— à l'exercice d'un culte , contrainte ou empêchée. *Voy.* Cultes.

ASSOCIATION D'ARTISTES. Celle qui a fait représenter sur son théâtre des ouvrages dramatiques , au mépris des lois et règlemens relatifs à la propriété des Auteurs. *Voy.* Contrefaçon , n°s. 4 et 5.

∿∿∿∿∿∿∿∿∿∿∿∿

ASSOCIATIONS ILLICITES. « Nulle association de plus de vingt personnes , dont le but sera de se réunir tous les jours ou à certains jours marqués pour s'occuper d'objets religieux, littéraires, politiques ou autres , ne pourra se former qu'avec l'agrément du Gouvernement et sous les conditions qu'il plaira à l'autorité publique d'imposer à la société.

Dans le nombre de personnes indiqué par le présent article ne sont pas comprises celles domiciliées dans la maison où l'association se réunit. 291. (*a*)

2°. Toute association de la nature ci-dessus exprimée qui se sera formée sans autorisation, ou qui, après l'avoir obtenue, aura enfreint les conditions à elle imposées, sera dissoute.

Les chefs, directeurs ou administrateurs de l'association seront en outre punis d'une amende de seize francs à deux cents francs. 292.

3°. Si, par discours, exhortations, invocations ou prières, en quelque langue que ce soit, ou par lecture, affiche, publication, ou distribution d'écrits quelconques, il a été fait, dans ces assemblées, quelques provocations à des crimes ou à des délits, la peine sera de cent francs à trois cents francs d'amende, et de trois mois à deux ans d'emprisonnement, contre les chefs, directeurs et administrateurs de ces associations; sans préjudice des peines plus fortes qui seraient portées par la loi contre les individus personnellement coupables de la provocation, lesquels, en aucun cas, ne pourront être punis d'une peine moindre que celle infligée aux chefs, directeurs et administrateurs de l'association. 293. *Voy.* Dispositions générales, n°. 1.

4°. Tout individu qui, sans la permission de l'autorité municipale, aura accordé ou

---

(*a*) » Le droit absolu et indéfini qu'aurait la multitude de se réunir pour traiter d'affaires politiques, religieuses ou autres de cette nature, serait incompatible avec notre état politique actuel.

» Mais si le Gouvernement monarchique doit être assez fort pour repousser ce qui pourrait lui nuire, il est aussi dans son essence de n'admettre aucunes rigueurs inutiles : il n'interviendra donc point, hors les cas qui l'intéresseraient spécialement, dans ces petites réunions que les rapports de famille, d'amitié ou de voisinage peuvent établir sur tous les points d'un si vaste empire ; et lorsqu'il ne se passera rien dans ces petites réunions,

de contraire au bon. ordre, l'autorité publique, qui ne saurait être tracassière, ne leur imposera aucune obligation spéciale, eussent-elles pour objet, la lecture en commun de journaux ou autres ouvrages.

» Cette obligation spéciale de se faire connaître de l'autorité et d'obtenir son assentiment commencera là seulement où le nombre des sociétaires serait tel qu'il pût devenir un juste sujet de surveillance plus particulière.

» C'est alors que de telles associations ne pourront exister qu'avec l'autorisation du Gouvernement, et sous les conditions qui leur seront imposées. » *Motifs.*

consenti

consenti l'usage de sa maison , ou de son appartement, en tout ou en partie , pour la réunion des membres d'une association même autorisée , ou pour l'exercice d'un culte , sera puni d'une amende de seize francs à deux cents francs. 294.

ASSOCIATIONS DE MALFAITEURS. *Voy.* Malfaiteurs. Bandes.

ATELIERS. Ceux qui auront contraint ou empêché de les ouvrir ou de les fermer , pendant certains jours. *Voy.* Cultes, n°s. 1 et 5.

Vol commis dans un atelier , par un ouvrier , compagnon ou apprenti. *Voy.* Vols, n°. 8 , §. III.

Coalition de la part des ouvriers pour faire cesser le travail dans un atelier. *Voy.* Ouvriers , n°. 2.

Peines contre les ouvriers qui prononcent des amendes , des interdictions , etc. contre les directeurs d'ateliers. *Voy.* Ouvriers, n°. 3.

Ceux qui auront de faux poids ou de fausses mesures dans leurs ateliers. *Voy.* Contraventions , n°. 12 , §. V et VI , n°. 13 , §. II et III , n°. 14 , §. I , n°s. 15 et 16.

Voy. Commerce. Dispositions générales , n°. 2 et la note.

ATELIERS PUBLICS. Les réunions des ouvriers ou journaliers dans les ateliers publics sont punies comme réunions de rebelles. *Voy.* Rebellion , n°. 11 , §. I , n°s. 10 et 12.

ATTAQUE. Celle avec violence et voies de fait envers ceux qui agissent pour l'exécution des lois , des ordres ou ordonnances de l'autorité publique , est qualifiée , selon les circonstances , crime ou délit de rebellion. *Voy.* Rebellion.

Ceux qui se mettent à la tête de bandes armées ou y auront exercé une fonction ou commandement pour faire attaque envers la force publique , agissant contre ceux qui tentent d'envahir des domaines publics , etc. *Voy.* Etat, n°s. 17 , 23 , 24 , 25 , 26 , 27 , 28 et 29.

ATTENTAT. Celui contre la vie ou la personne de l'Empereur. *Voy.* Empereur , n°. 1.

———— contre la vie ou la personne de la famille impériale ; pour détruire ou changer le gouvernement ou l'ordre de successibilité au

trône ; pour exciter les citoyens à s'armer contre l'autorité impériale. *Voy.* Empereur, n°.2.

Ce qui constitue l'attentat. *Voy.* Empereur, n°. 3.

ATTENTAT tendant à exciter la guerre civile , à porter la dévastation , le massacre et le pillage dans une ou plusieurs Communes. *Voy.* Etat , n°s. 12 , 18 , 23 , 24 , 25 , 26 , 27 28 et 29.

———— Contre les personnes. *Voy.* Menaces , n°. 1.

———— à la pudeur et aux mœurs consommé ou tenté avec violences ou autrement. *Voy.* Mœurs , n°s. 2 , 3 , 4 , 5 et 6.

———— à la liberté individuelle , aux droits civiques ou aux constitutions de l'Empire. *Voy.* Liberté individuelle.

———— à la vie d'une personne par l'effet de substances qui donnent la mort. *Voy.* Homicide , n°. 7.

ATTESTATION. Celle dans des actes publics , constatant comme vrais des faits faux ou comme avérés des faits qui ne l'étaient pas. *Voy.* Faux , n°s. 2 , 19 et 20.

Celle de deux Citoyens connus est nécescessaire à l'Officier public qui délivre un passeport à une personne qu'il ne connaît pas personnellement. *Voy.* Faux , n°s. 11 , 19 et 20. *Voy.* Certificats.

ATTIRAIL. *Voy.* Appareil.

ATTOUCHEMENT. *Voy.* Mœurs.

ATTRIBUTION. La confiscation générale est l'attribution des biens d'un condamné au domaine de l'Etat. *Voy.* Peines, n°. 32.

Celle de titres impériaux qui n'auraient pas été légalement conférés. *Voy.* Fonctions publiques, n°. 2.

ATTROUPEMENS tendant à empêcher l'exercice des droits civiques. *Voy.* Droits civiques, n°s. 1 et 2.

Voy. Rebellion. Sédition.

Auberge. Vol qui y est commis par ceux qui y sont reçus. *Voy.* Vols, n°. 8 , §. IV. Par les Aubergistes. *Voy. les mêmes* n°. et §.

Aubergistes. Obligés à l'éclairage. *Voy.* Contraventions , n°. 4, §. III, et n°s. 7 et 16.

A tenir registre de ceux qu'ils logent. Forme de ce registre. *Voy.* Contraventions , n°. 8 , §. II, n°s. 11 et 16.

Leur responsabilité par défaut d'inscription sur ce registre, si ceux qu'ils ont logés plus de vingt-quatre heures , commettant un crime ou un délit. *Voy.* Peines , n°. 62.

Peines contre les Aubergistes qui inscriront sciemment sur leurs registres, sous des noms faux ou supposés, les personnes logées chez eux. *Voy.* Faux , n°s. 10 et 20.

S'ils volent tout ou partie des choses qui leur étaient confiées. *Voy.* Vols , n°. 8 , §. IV.

Voy. Fausses-clefs. Dispositions générales , n°. 2 et la note.

Audience. *Voy.* Cours. Tribunaux. Juges.

En quel cas l'offenseur pourra-t-il être condamné à faire réparation à la première Audience ? *Voy.* Fonctionnaires publics , n°s. 33 et 34.

Augmentation. Celle du prix des denrées. *Voy.* Commerce.

—— des salaires des ouvriers. *Voy.* Ouvriers.

Aumônier. *Voy.* Ministre de culte. Cultes.

Auteurs. *Voy.* Contrefaçons. Écrits. Indemnités.

Auteurs de sédition. *Voy.* Blessures, n°. 5. Menaces.

—— de coalition entre fonctionnaires. *Voy.* Fonctionnaires publics , n°. 2.

—— de bandes. *Voy.* Malfaiteurs , n°. 3.

—— d'une action qualifiée crime ou délit , aidés ou assistés. *Voy.* Complices , n°. 2.

—— de vols ou pillages exécutés avec violence. Si, en se défendant contre eux, on les a tués , blessés ou frappés , il n'y a ni crime ni délit. *Voy.* Homicide, n°. 21.

—— de complots. *Voy.* Complots. Révélation. Déclaration.

—— de proposition tendante à l'un des

crimes énoncés au n°. 2 , sous le mot *Empereur*. *Voy.* Empereur ; n°. 5.

Auteurs de provocations même sans effet , à des crimes et délits contre la sureté de l'État. *Voy.* État , n°s. 23 et 29.

—— de concert entre les autorités civiles et militaires ou leurs chefs , pour prendre des mesures contraires aux lois. *Voy.* Fonctionnaires publics , n°s. 2 , 3 et 4.

—— du crime de fausse-monnaie. Cas où les coupables du même crime qui les révèlent sont exempts de peines. *Voy.* Faussemonnaie , n°. 7.

—— de tentatives de contrainte ou corruption envers les Fonctionnaires publics. *Voy.* Fonctionnaires publics , n°s. 9 et 10.

—— d'imputation calomnieuse. *Voy.* Calomnie.

Les complices de crime ou délit sont punis comme les auteurs, sauf certains cas. *Voy.* Complices, n°. 1.

Peines contre les auteurs des crimes et délits commis pendant le cours et à l'occasion d'une rebellion. *Voy.* Rebellion , n°s. 8 et 10.

Tentative de *crime* qui n'a manqué son effet que par des circonstances fortuites et indépendantes de la volonté de l'auteur. *Voy.* Dispositions préliminaires , n°. 2.

Autorisation. Celle du Gouvernement est nécessaire pour la réunion des associations de plus de vingt personnes. *Voy.* Associations illicites , n°s. 1 et 2.

Celle prescrite par les Constitutions est nécessaire pour poursuivre un ministre, un membre du Sénat, du Conseil d'État ou du Corps législatif. *Voy.* Liberté individuelle , n°. 8.

Juges qui , après une réclamation légale des parties intéressées ou de l'autorité administrative , auront, sans autorisation du Gouvernement , rendu des ordonnances ou décerné des mandats contre ses agens ou préposés, prévenus de crimes ou délits commis dans l'exercice de leurs fonctions. *Voy.* Empiètement , n°. 3.

Les ministres des cultes ne peuvent entretenir, sur des matières religieuses , une correspondance avec une Cour étrangère , sans autorisation du Ministre chargé de la surveillance des cultes. *Voy.* Ministre de culte , nᵒˢ. 9 et 10.

Destruction de monumens élevés avec l'autorisation de l'autorité publique. *Voy.* Monumens.

Crieurs ou afficheurs d'écrits imprimés , dessins ou gravures , sans autorisation. *Voy.* Écrits , nᵒ. 8.

Ceux qui , sans l'autorisation préalable de l'Officier public , dans le cas où elle est prescrite , auront fait inhumer un individu décédé. *Voy.* Inhumation , nᵒ. 1.

Les Tribunaux correctionnels ne pourront interdire l'exercice des droits civiques , civils ou de famille , que d'après une autorisation particulière de la loi. *Voy.* Peines , nᵒ. 38.

Engagement ou enrôlement de soldats , ou fournitures d'armes et munitions , sans autorisation du pouvoir légitime. *Voy.* Etat , nᵒˢ. 13 et 23 jusques au nᵒ. 29.

Autorisation de la part des ministres d'actes contraires aux constitutions de l'Empire. *Voy.* Liberté individuelle , nᵒ. 3.

Voy. Loterie. Prêt sur gages.

AUTORITÉ. Ceux qui , par abus d'autorité , ont provoqué à une action qualifiée crime ou délit , en sont complices. *Voy.* Complices , nᵒ. 2.

Abus d'autorité contre les particuliers. *Voy.* Fonctionnaires publics , nᵒˢ. 14, 15, 16 et 17.

Celui contre la chose publique. *Voy.* Fonctionnaires publics , nᵒˢ. 18 , 19 , 20 et 21.

Coupables de viol ou de tout autre attentat à la pudeur , qui ont autorité sur la personne qui a été l'objet du crime. *Voy.* Mœurs , nᵒˢ. 4, 5 et 6.

Commerce fait par les Commandans des divisions militaires , etc. Préfet ou sous-Préfet , dans l'étendue des lieux où ils ont droit d'exercer leur autorité. *Voy.* Fonctionnaires publics , nᵒ. 6.

Déplacement de mineurs des lieux où ils étaient mis par ceux à l'autorité desquels ils étaient soumis. *Voy.* Mineurs.

AUTORITÉ ADMINISTRATIVE.

Ceux qui faisant partie de bandes se sont

retirés au premier avertissement de cette Autorité. *Voy.* Etat , nᵒ. 21.

Révélation à lui faire des circonstances de complots formés ou crimes projetés contre la sureté intérieure ou extérieure de l'Etat. *Voy.* Etat , nᵒˢ. 24 , 25 , 26 , 27 , 28 et 29.

Magistrats de l'ordre judiciaire qui s'immiscent dans les matières attribuées à l'Autorité Administrative. *Voy.* Empiètement , nᵒ. 1 , §. II ;

Qui , ayant permis ou ordonné de citer des Administrateurs pour raison de l'exercice de leurs fonctions , auraient persisté dans l'exécution de leurs jugemens ou ordonnances , nonobstant l'annulation qui en aurait été prononcée ou le conflit qui leur aurait été notifié. *Voy.* le même nᵒ.

Juges qui , malgré la revendication de l'Autorité Administrative , d'une affaire portée devant eux , auront procédé au jugement avant la décision de l'Autorité supérieure. *Voy.* Empiétement , nᵒ. 2 ;

Qui , après une réclamation légale de l'Autorité Administrative , auront , sans autorisation du Gouvernement , rendu des ordonnances ou décerné des mandats contre ses agens ou préposés , prévenus de crimes ou délits commis dans l'exercice de leurs fonctions. *Voy.* Empiétement , nᵒ. 3.

Révélation à faire aux Autorités Administratives d'une fabrique ou d'un dépôt de monnaie d'or , d'argent , billon ou cuivre. *Voy.* Monnaie , nᵒ. 5.

Négligence ou refus d'obéir à la sommation de ces Autorités de réparer ou démolir les édifices menaçant ruine. *Voy.* Contraventions , nᵒ. 4, §. V, nᵒˢ. 7 et 16.

Réunions d'ouvriers , etc. avec violences ou menaces contre l'Autorité Administrative, dans quel cas punies comme réunions de rebelles ? *Voy.* Rebellion , nᵒˢ. 10 , 11 et 12.

Voy. Autorité civile. Autorité constituée ; Légitime ; Municipale ; Publique ; Supérieure. Faux costume. Administration. Fonctionnaires publics. Déni de justice. Police. Concert. Rebellion.

AUTORITÉ CIVILE. Commandant, Officier ou

sous-Officier de la force publique qui refuse d'obéir aux réquisitions légales de cette Autorité. *Voy.* Commandant de la force publique.

Voleur qui s'est revêtu du costume de cette Autorité. *Voy.* Vols, n°. 3 , §. IV.

Concert de mesures contraires aux lois entre l'Autorité civile et l'Autorité militaire. *Voy.* Fonctionnaires publics , n°⁵. 2 , 3 et 4.

Voy. Autorité Administrative ; Constituée ; Légitime ; Militaire ; Municipale ; Publique ; Supérieure. Faux costume. Administration. Concert. Déni de justice. Fonctionnaires publics. Police. Rebellion.

AUTORITÉ CONSTITUÉE. Ceux qui auront contrefait le sceau , timbre ou marque d'une Autorité quelconque , qui auront fait usage des sceaux , timbres ou marques contrefaits , ou qui , s'étant indûment procuré les vrais sceaux , timbres ou marques , en ont fait un usage préjudiciable aux droits ou intérêts de cette Autorité. *Voy.* Contrefaction , n°⁵. 4 et 5. Faux , n°⁵. 19, 20 et 21.

Ceux qui auront fait usage desdits sceaux, etc. sans le savoir. *Voy.* Faux , n°. 19.

Ceux qui , sans ordre de cette Autorité et hors les cas où la loi ordonne de saisir des prévenus , auront arrêté des personnes quelconques. *Voy.* Arrestations illégales.

Dans quel cas les coupables du crime de fausse-monnaie , qui en ont donné connaissance aux Autorités constituées et leur en ont révélé les auteurs, sont-ils exempts de peines ? *Voy.* Monnaie , n°. 7.

Voy. Autorité Administrative ; Civile ; Légitime ; Militaire ; Municipale ; Publique ; Supérieure. Faux costume. Administration. Concert. Déni de justice. Fonctionnaires publics. Police. Rebellion.

AUTORITÉ IMPÉRIALE. Attentat ou complot dont le but sera d'armer les Citoyens contre elle. *Voy.* Empereur , n°. 2. État , n°⁵. 18 , 23 , 24 , 25 , 26 , 27 , 28 et 29.

AUTORITÉ JUDICIAIRE. *Voy.* Empiétement. Fonctionnaires publics. Déni de justice. Police. Autorité constituée ; Civile ; Légitime ; Publi-

que ; Supérieure. Faux costume. Révélation.

AUTORITÉ LÉGITIME. Il n'y a ni crime ni délit lorsque l'homicide , les blessures et les coups ont été commandés par cette Autorité. *Voy.* Homicide , n°. 19.

Voy. Autorité Administrative ; Civile ; Constituée ; Militaire ; Municipale ; de Police judiciaire ; Publique ; Supérieure. Faux costume. Administration. Concert. Déni de justice. Fonctionnaires publics. Police. Rebellion.

AUTORITÉ MILITAIRE. Ceux qui faisant partie de bandes se sont retirés au premier avertissement de cette Autorité. *Voy.* État , n°⁵. 21 et 23.

Voleur qui s'est revêtu du costume de cette Autorité. *Voy.* Vols , n°. 3 , §. IV.

Voy. Autorité légitime ; Publique ; Supérieure ; Concert. Autorité civile. Commandant de la force publique.

AUTORITÉ MUNICIPALE. On ne peut accorder l'usage de sa maison ou de son appartement pour la réunion des membres d'une association , sans la permission de l'Autorité Municipale. *Voy.* Associations illicites, n°. 4.

Voy. Autorité Administrative ; Constituée ; Civile ; Légitime ; Publique. Faux costume. Concert. Déni de justice. Fonctionnaires publics. Police. Rebellion.

AUTORITÉ DE POLICE JUDICIAIRE. *Voy.* Officiers de Police. Autorité constituée ; Légitime ; Publique ; Supérieure. Faux costume. Concert. Déni de justice. Fonctionnaires publics. Police. Rebellion.

AUTORITÉ PUBLIQUE. Arrestation sous un faux ordre de cette Autorité *Voy.* Arrestations illégales , n°. 4.

Censure ou critique des actes de cette Autorité. *Voy.* Ministre de culte , n°⁵. 3 et 6.

Provocation directe par les Ministres des cultes à la désobéissance à ces actes. *Voy.* Ministre de culte , n°⁵. 4 , 5 , 7 et 8.

Exercice de l'Autorité publique illégalement anticipé ou prolongé. *Voy.* Fonctionnaires publics , n°⁵. 26 et 27.

Concert de mesures contraires aux lois de la part des corps dépositaires d'une partie de cette Autorité. *Voy.* Fonctionnaires publics, nᵒˢ. 1, 2, 3 et 4.

Résistance à cette Autorité. *Voy.* Rebellion.

Désobéissance. *Voy.* Commandant de la force publique. Témoins. Jurés.

Outrages et violences envers ses dépositaires. *Voy.* Fonctionnaires publics, nᵒˢ. 29, 30, 31, 32, 33, 34, 35, 36, 37, 38, 39 et 40.

Ceux qui faisant partie de bandes se sont retirés au premier avertissement de cette Autorité. *Voy.* Etat, nᵒ. 21. Rebellion, nᵒ. 5.

Destruction ou mutilation de monumens élevés par cette Autorité ou avec son autorisation. *Voy.* Monumens.

Actes de cette Autorité brûlés ou détruits. *Voy.* Destruction, nᵒ. 3.

Conditions qu'il plaira à cette Autorité d'imposer à une association de plus de vingt personnes. *Voy.* Associations illicites, nᵒ. 1.

Fausse feuille de route pour tromper la surveillance de cette Autorité. *Voy.* Faux, nᵒˢ. 12, 19, 20 et 21.

Voy. Administration. Autorité Administrative ; Civile ; Constituée ; Judiciaire ; Légitime ; Militaire ; Municipale ; de Police judiciaire. Faux costume. Rebellion. Fonctionnaires publics. Concert. Déni de justice.

AUTORITÉ SUPÉRIEURE. Dénonciation à lui faire des détentions illégales et arbitraires. *Voy.* Liberté individuelle, nᵒ. 6.

Juges qui, avant sa décision, auront procédé au jugement d'une affaire portée devant eux, malgré la revendication formelle de l'Autorité supérieure. *Voy.* Empiétement, nᵒ. 2.

Administrateurs qui entreprendront sur les fonctions judiciaires en s'ingérant à connaître de droits et intérêts privés du ressort des Tribunaux, et qui, après la réclamation des parties ou de l'une d'elles, auront néanmoins décidé l'affaire avant que l'Autorité supérieure ait prononcé. *Voy.* Empiétement, nᵒ. 5.

Voy. Administration. Autorité Administrative ; Civile ; Constituée ; Légitime ; Municipale ; de Police judiciaire ; Publique. Faux costume. Concert. Déni de justice. Fonctionnaires publics. Police. Rebellion.

AVANTAGES. Dans quel cas ceux accordés aux pères et mères par le code Napoléon, sur les biens de leurs enfans, sont-ils perdus ? *Voy.* Mœurs, nᵒ. 6.

AVARE. Imputation calomnieuse. *Voy.* Calomnie, nᵒˢ. 9 et 10. Contraventions, nᵒ. 4, §. XI, nᵒˢ. 7 et 16.

AVENTURINE. Sorte de pierre précieuse. *Voy.* Commerce, nᵒ. 5.

AVERTISSEMENT. Ceux qui faisant partie de bandes se sont retirés au premier avertissement des Autorités civiles ou militaires. *Voy.* Etat, nᵒ. 21. Rebellion, nᵒ. 5.

Juge ou Tribunal, Administrateur ou Autorité administrative qui, sous quelque prétexte que ce soit, dénie de rendre la justice, après en avoir été requis et qui aura persévéré dans son déni, après avertissement ou injonction de ses supérieurs. *Voy.* Fonctionnaires publics, nᵒ. 15.

—— à donner au Maire de la commune par tout détenteur ou gardien d'animaux ou de bestiaux soupçonnés d'être infectés de maladie contagieuse. *Voy.* Destruction, nᵒˢ. 23 et 26.

AVEU. Gens sans Aveu. *Voy.* Vagabondage.

AVEUGLE. *Voy.* Mendicité.

AVIS. Ceux où ne se trouvera pas l'indication vraie de l'Auteur ou de l'Imprimeur. *Voy.* Ecrits.

AVIS DE FAMILLE. Dans quel cas nécessaire pour conserver à un père la tutelle ou curatelle de ses enfans ? *Voy.* Peines, nᵒˢ. 23 et 37, §. VI.

AVOCATS. Imputations calomnieuses et injures qui seraient contenues dans leurs écrits ou dans leurs plaidoyers. *Voy.* Calomnie, nᵒ. 11.

Voy. Dépositaires publics, nᵒ. 5. Soustraction.

AVOINE. *Voy.* Grains.

AVORTEMENT. Peine contre celui qui l'a procuré à une femme enceinte. *Voy.* Blessures, nᵒ. 9 ;

Contre la femme qui se l'est procuré à elle même. *Voy.* le même nᵒ ;

Contre les Médecins, Chirurgiens et autres Officiers de santé, ainsi que contre les Pharmaciens qui auront indiqué ou administré les moyens d'avortement. *Voy. le même* n°.

Avoués. *Voy.* Avocats.

BAC

Bac. *Voy.* Bateau.

Baguette. *Voy.* Devin. Armes. Rabdomance.

Baïonnette. *Voy.* Armes.

Baisse. Ceux qui, par coalition ou moyens frauduleux, ont opéré celle du prix des denrées ou marchandises, ou des papiers et effets publics. *Voy.* Commerce, n°ˢ. 1, 2, 3 et 4.

Ballots. L'enlèvement de ceux sous toile et corde est compris dans les effractions intérieures. *Voy.* Vols, n°. 18.

Ban. Ceux des vendanges ou autres. *Voy.* Contraventions, n°. 8, §. I, n°ˢ. 11 et 16.

Bandes. *Voy.* Blessures, n°. 5. Pillage, dégât de denrées, etc. Commis en réunion ou Bande. *Voy.* Destruction. n°ˢ. 4, 5 et 6.

—— armées. Ceux qui se seront mis à leur tête, y auront exercé leur fonction ou commandement, soit pour envahir des propriétés publiques ou nationales ou celles d'une généralité de Citoyens, soit pour faire attaque ou résistance envers la force publique, agissant contre les auteurs de ces crimes. *Voy.* Etat, n°ˢ. 17, 23, 24, 25, 26, 27, 28 et 29.

Ceux qui les ont organisées ou qui leur ont fourni des armes ou subsistances. *Voy. les mêmes* n°ˢ.

Ceux qui ont eu des intelligences avec les directeurs ou commandans. *Voy. les mêmes* n°ˢ.

Ceux qui ont dirigé l'association. *Voy. les mêmes* n°ˢ.

Ceux qui en font partie sans avoir exercé aucun commandement ni emploi, et qui auront été saisis sur les lieux. *Voy.* Etat, n°ˢ. 19, 23, 24, 25, 26, 27, 28 et 29.

Ceux qui connaissant leur but et leur caractère, leur auront, sans contrainte, fourni des logemens, lieux de retraite ou de réunion. *Voy.* Etat, n°ˢ. 20, 23, 24, 25, 26, 27, 28 et 29.

Ceux qui s'en seront retirés au premier avertissement ou même depuis, et qui n'y auront exercé aucun commandement, ni rempli aucun emploi ni fonction. *Voy.* Etat, n°. 21. Rebellion, n°. 5.

Bandes de malfaiteurs. *Voy.* Malfaiteurs.

Crimes désignés aux n°ˢ. 1 et 2 sous le mot Empereur et au n°. 12 sous le mot Etat, commis par une Bande. *Voy.* Etat, n°ˢ. 18, 23, 24, 25, 26, 27, 28 et 29.

L'organisation de Bandes établit l'association de malfaiteurs. *Voy.* Malfaiteurs, n°. 1.

Commandant en chef ou en sous-ordre des Bandes de malfaiteurs. *Voy.* Malfaiteurs.

Voy. Rebellion.

Bandit. Imputation calomnieuse. *Voy.* calomnie.

Bandoulier. Brigand. Imputation calomnieuse. *Voy.* Calomnie.

Banni. Celui qui rentre, sera déporté. *Voy.* Peines, n°. 28. *Voy.* Bannissement.

Bannissement. Peine infamante. *Voy.* Peines, n°. 3, §. II.

Ceux qui y auront été condamnés ne pourront jamais être jurés, ni experts, ni être employés comme témoins. *Voy.* Peines, n°. 23.

Ils seront incapables de tutelle et de curatelle, si ce n'est de leurs enfans.

Ils seront déchus du droit de port-d'armes et de servir dans les armées. *Voy.* Peines, n°. 23.

Le condamné au Bannissement sera transporté hors du territoire de l'Empire. *Voy.* Peines, n°. 27. Durée du Bannissement. *Voy. le même* n°.

Elle se compte du jour où l'arrêt est devenu irrévocable. *Voy.* Peines, n°. 30.

Le Banni qui rentre, est déporté. *Voy.* Peines, n°. 28.

Les arrêts qui portent cette peine seront imprimés par extrait et affichés. *Voy.* Peines, n°. 31.

Dans quel lieu seront-ils affichés. *Voy. le même* n°.

Ceux qui y seront condamnés seront, de plein droit sous la surveillance de la haute-police. Pendant quel temps? *Voy.* Peines, n°. 43.

Peine contre celui qui , condamné pour crime , en aura commis un second emportant la peine du Bannissement. *Voy.* Peines, n°. 51.

Peine contre le mineur âgé de moins de seize ans qui a encouru le Bannissement, lorsqu'il est décidé qu'il a agi *avec discernement.* *Voy.* Peines , n°ˢ. 56 et 57.

Crimes auxquels on applique le Bannissement. *Voy.* Etat, n°ˢ. 4 , 7 , 10, 11 et 23. Empereur , n°. 5. Liberté individuelle, n°. 2. Fonctionnaires publics , n°ˢ. 2 et 36. Faux , n°ˢ. 11 , 12 , 13 et 14. Ministre de culte , n°ˢ. 4 , 5 et 10. Mendicité , n°. 8. Droits civiques , n°. 2.

BANQUE. Altération d'écritures ou de signa-

tures de Banque. *Voy.* Faux, n°ˢ. 3 , 19 et 21.

Effets de Banque brûlés ou détruits d'une manière quelconque. *Voy.* Destruction, n°. 3.

Billets de Banque contrefaits ou falsifiés. *Voy.* Contrefaction , n°. 1. Faux , n°. 19.

Contrefaction du sceau , timbre ou marque d'un établissement particulier de Banque. Usage de ces sceaux , timbres ou marques contrefaits. *Voy.* Contrefaction , n°. 4. Faux n°ˢ. 19, 20 et 21.

Usage des vrais sceaux, timbres ou marques de cet établissement , préjudiciable à ses intérêts. *Voy.* Contrefaction , n°. 5. Faux , n°ˢ. 19 et 20.

Voy. Jeux de hasard.

~~~~~~~~~~~~~~~~~~~~~

BANQUEROUTE. Ceux qui , dans les cas prévus par le Code de commerce , seront déclarés coupables de banqueroute , seront punis ainsi qu'il suit :

Les Banqueroutiers frauduleux seront punis de la peine des travaux forcés à temps (*a*). *Voy.* l'art. 593 du Code de commerce (1).

———————

(*a*) « La peine est sévère. La morale publique , l'intérêt général et privé , une foule de considérations du premier ordre , réclament une punition capable d'effrayer les vues cupides et basses qui amènent toujours la banqueroute frauduleuse. Quand on songe à la défaveur, à l'espèce d'opprobre que ce crime , quand il se renouvelle souvent , répand sur le commerce dont il bannit toute sureté ; aux abus énormes qu'on en a fait , et qu'on pourrait tenter d'en faire encore , pour élever des fortunes scandaleuses , au prix des larmes et du désespoir de tant de citoyens recommandables ; quand on réfléchit sur le discrédit et déconsidération dont la fraudulence des banqueroutes suffit pour frapper toute une nation aux yeux de l'étranger ; on ne peut regarder les travaux forcés à temps comme trop forts pour punir un tel crime , ou , ce qui vaudrait mieux , pour le prévenir. » *Rapport par M. Louvet.*

(1) Art. 593 du Code de commerce. « Sera déclaré banqueroutier frauduleux tout commerçant failli qui se trouvera dans un ou plusieurs des cas suivans , savoir :

1°. S'il a supposé des dépenses ou des pertes , ou ne justifie pas de l'emploi de toutes ses recettes ;

2°. S'il a détourné aucune somme d'argent , aucune dette active , aucunes marchandises , denrées ou effets mobiliers ;

3°. S'il a fait des ventes , négociations ou donations supposées ;

4°. S'il a supposé des dettes passives et collusoires entre lui et des créanciers fictifs , en faisant des écritures simulées , ou en se constituant débiteur , sans cause ni valeur , par des actes publiés ou par des engagemens sous-signature privée ;

5°. Si , ayant été chargé d'un mandat spécial , ou constitué dépositaire d'argent , d'effets de commerce , de denrées ou marchandises , il a , au préjudice du mandat ou du dépôt , appliqué à son profit des fonds ou la valeur des objets sur lesquels portait soit le mandat , soit le dépôt ;

6°. S'il a acheté des immeubles ou des effets mobiliers , à la faveur d'un prête-nom ;

7°. S'il a caché ses livres. »

Les Banqueroutiers simples seront punis d'un emprisonnement d'un mois au moins, et de deux ans au plus. 402. (*b*). *Voy.* les art. 586, 587 et 592 du Code de commerce. (2)

2°. Ceux qui, conformément au Code de commerce, seront déclarés complices de banqueroute frauduleuse, seront punis de la même peine que les banqueroutiers frauduleux. 403. (*c*) *Voy.* les art. 597, 598 et 599 du Code de commerce. (3)

(*b*) Cette peine est assez légère, et elle doit l'être pour un fait que la négligence, l'imprévoyance, l'inconsidération dans les démarches, ont, il est vrai, toujours plus ou moins occasionné, mais auquel, du moins, la perversité, l'esprit de rapine, des calculs coupables, ont été étrangers. *Même Rapport.*

On conçoit que l'amende ne pouvait, pour ce délit, être ajoutée à l'emprisonnement ; car, comment serait-il possible d'obtenir le paiement d'une amende de celui qui n'est pas en état de s'acquitter envers ses créanciers ? *Motifs.*

(2) Article 586 du Code de commerce. « Sera poursuivi comme banqueroutier simple, et pourra être déclaré tel, le commerçant failli qui se trouvera dans un ou plusieurs des cas suivans, savoir :

1°. Si les dépenses de sa maison qu'il est tenu d'inscrire, mois par mois, sur son livre journal, sont jugées excessives ;

2°. S'il est reconnu qu'il a consommé de fortes sommes au jeu ou à des opérations de pur hasard ;

3°. S'il résulte de son dernier inventaire, que son actif étant de cinquante pour cent au-dessous de son passif, il a fait des emprunts considérables, et s'il a revendu des marchandises à perte ou au-dessous du cours ;

4°. S'il a donné des signatures de crédit ou de circulation, pour une somme triple de son actif, selon son dernier inventaire. »

Art. 587. « Pourra être poursuivi comme banqueroutier simple, et être déclaré tel :

Le failli qui n'aura pas fait au greffe la déclaration prescrite par l'art. 440.

Celui qui, s'étant absenté, ne se sera pas présenté en personne, aux Agens et aux Syndics dans les délais fixés, et sans empêchement légitime ;

Celui qui présentera des livres irrégulièrement tenus, sans néanmoins que les irrégularités indiquent de fraude, ou qui ne les présentera pas tous ;

Celui qui, ayant une société, ne se sera pas conformé à l'art. 440. »

Art. 440. « Tout failli sera tenu, dans les trois jours de la cessation des paiemens, d'en faire la déclaration au greffe du Tribunal de commerce : le jour où il aura cessé ses paiemens sera compris dans les trois jours.

En cas de faillite d'une société en nom collectif, la déclaration du failli contiendra le nom et l'indication du domicile de chacun des associés solidaires. »

Art. 592. « Le Tribunal de police correctionnelle, en déclarant qu'il y a banqueroute simple, devra, suivant l'exigence des cas, prononcer l'emprisonnement pour un mois au moins, et deux ans au plus.

Les jugemens seront affichés, en outre, et insérés dans un journal, conformément à l'art. 683 du Code de procédure civile. »

(*c*) Cette disposition conforme d'ailleurs au droit commun, se justifie d'elle-même. *Rapport par M. Louvet.*

(3) Art. 597. « Seront déclarés complices des banqueroutiers frauduleux, et seront condamnés aux mêmes peines que l'accusé, les individus qui seront convaincus de s'être entendus avec le banqueroutier, pour receler ou soustraire tout ou partie de ses biens meubles ou immeubles ; d'avoir acquis sur lui des créances fausses, et qui, à la vérification et affirmation de leurs créances, auront persévéré à les faire valoir comme sincères et véritables. »

Art. 598. « Le même jugement qui aura pro-

3°.

3°. Les Agens de change et Courtiers qui auront fait faillite , seront punis de la peine des travaux forcés à temps : s'ils sont convaincus de banqueroute frauduleuse , la peine sera celle des travaux forcés à perpétuité. 404. (d). *Voy.* les art. 85 , 86 , 87 et 89 du Code de commerce. (4)

wwwwwwwwwwwww

BANQUEROUTIERS. *Voy.* Banqueroute. Imputation calomnieuse. *Voy.* Calomnie.

BANQUIERS. Ceux des maisons de jeux. *Voy.* Jeux.

Voy. Banque.

BARBARE. Homme ou femme sans humanité. Imputation calomnieuse. *Voy.* Calomnie, nᵒˢ. 9 et 10. Contraventions , n°. 4 , §. XI , nᵒˢ. 7 et 16.

BARBARIE. *Voy.* Actes de barbarie.

noncé les peines contre les complices de banqueroutes frauduleuses , les condamnera :

1°. A réintégrer à la masse des créanciers , les biens , droits et actions frauduleusement soustraits ;

2°. A payer , envers ladite masse , des dommages-intérêts égaux à la somme dont ils ont tenté de la frauder. »

Art. 599. « Les arrêts des Cours de justice criminelle contre les banqueroutiers et leurs complices , seront affichés , et de plus insérés dans un journal , conformément à l'art. 683 du Code de procédure civile. »

(d) « Les Agens de change sont bornés au simple rôle d'intermédiaires entre le vendeur et l'acheteur. En se renfermant dans cette mission , condition fondamentale sous laquelle leurs fonctions leur ont été confiées , ils ne peuvent jamais être exposés , même à la faillite ; s'ils la font , c'est évidemment qu'ils ont violé leurs devoirs , et manqué à la foi publique. Une punition sévère doit donc leur être infligée ; et , quand à ce premier délit il se joint un caractère plus grave , comme le dol ou la fraude , l'intensité de la peine doit s'accroître : c'est un Fonctionnaire public qui a abusé de ses fonctions , pour mieux tromper les citoyens ; il est , sans contredit , plus coupable qu'un simple particulier. » *Rapport par M. Louvet.*

« Il est expressément établi par les art. 85 et 86 du Code de commerce , qu'un Agent de change ou Courtier , ne peut , dans aucun cas , ni sous aucun prétexte , faire des opérations de commerce ou de banque pour son compte ; qu'il ne peut s'intéresser directement ni indirectement , sous son nom ou sous un nom interposé , dans aucune entreprise commerciale ; qu'il ne peut recevoir ni payer pour le compte de ses commettans ; qu'enfin , il ne peut se rendre garant de l'exécution des marchés où il s'entremêt. »

« S'il est absolument défendu à l'Agent de change ou Courtier de faire le commerce , il ne peut donc faire faillite qu'en prévariquant. »

« Passons ensuite à l'art. 89 du même Code : il porte « qu'en cas de faillite , tout Agent de change ou Courtier est poursuivi comme banqueroutier. » L'Article n'avait pas besoin d'ajouter le mot *frauduleux ;* car , la disposition relative à la banqueroute simple , ne peut évidemment s'appliquer à un cas de prévarication , dans l'exercice de fonctions si importantes et si délicates ; à un cas de prévarication dont les effets peuvent être si désastreux pour les maisons de commerce. Il résulte de-là que l'Agent de change ou Courtier , s'il est en état de faillite , doit être puni comme le banqueroutier frauduleux ; et , que s'il est en état de banqueroute frauduleuse , il doit être puni d'une peine plus forte que celle établie pour les cas ordinaires. » *Motifs.*

(4) Les dispositions des art. 85 , 86 et 89 se trouvent dans la note (d) ci-devant.

Art. 87. « Toute contravention aux dispositions énoncées dans les deux articles précédens , entraîne la peine de destitution , et une condamnation d'amende , qui sera prononcée par le Tribunal de police correctionnelle , et qui ne peut être au-dessus de trois mille francs , sans préjudice de l'action des parties en dommages-intérêts. »

BARON. Ceux qui usurpent ce nom. *Voy.* Fonctions publiques , n°. 2.

BARQUE. *Voy.* Bateau.

BARES. BARREAUX. Ceux qui en laissent dans des endroits publics. *Voy.* Contraventions, n°. 4, §. VII, n°s. 5, 7 et 16.

Voy. Armes.

BARRIQUE. *Voy.* Vols , n°. 18.

BASSE-COUR. *Voy.* Cour. Effraction extérieure , Escalade.

Voy. Vols , n°s. 12 , 17 et 19.

BASSETTE. Jeu de hasard. *Voy.* Jeux de hasard.

BATEAUX. Ceux qui y ont mis volontairement le feu , ou qui les ont détruits par l'effet d'une mine.

Voy. Incendie , n°s. 1 et 2.

Voy. Batelier.

BATELIER. S'il vole tout ou partie des choses qui lui étaient confiées à ce titre. *Voy.* Vols, n°. 8, §. IV.

S'il altère par le mélange de substances malfaisantes toute espèce de liquide et de marchandises, dont le transport lui était confié. *Voy.* Vols, n°. 9.

S'il n'y a pas eu mélange des mêmes substances. *Voy.* le même n°.

BATIER. *Voy.* Commerce , n°. 5.

BATIMENT. *Voy.* Destruction , n°. 1.

—— réputé maison habitée , ainsi que ses dépendances. *Voy.* Vols, n°. 12.

Ceux qui auront tué, sans nécessité, des chevaux, etc. , dans un bâtiment , dont le maître de l'animal tué, est propriétaire , locataire, colon ou fermier. *Voy.* Destruction, n°s. 17, 18, 19 et 26.

Incendie causé par des feux allumés dans les champs, à moins de cent mètres des bâtimens. *Voy.* Destruction, n°s. 22 et 26.

Voy. Édifices. Effraction. Escalade.

BATIMENS de l'État. *Voy.* Édifice.

BATIMENS de guerre.

Ceux qui pratiquent des manœuvres pour les livrer. *Voy.* État, n°s. 3 et 5.

Ceux qui les commandent sans motif légitime. *Voy.* État , n°s. 14 , 23 , 24 , 25 , 26 , 27, 28 et 29.

Ceux qui les ont incendiés. *Voy.* État,

n°s. 16 , 23 , 24 , 25 , 26 , 27 , 28 et 29.

Ceux qui se sont mis à la tête des bandes armées pour les envahir. *Voy.* État, n°s. 17 , 23 , 24 , 25 , 26 , 27 , 28 et 29.

BATON. *Voy.* Armes.

BEAU-FILS. *Voy.* Alliés.

BEAU-FRÈRE. *Voy.* Recèlement. Révélation.

BEAU-PÈRE. *Voy.* Alliés.

BÉLIER. *Voy.* Bestiaux Parc. Bêtes. Animaux. Bétail.

BÉLITRE. Imputation calomnieuse. *Voy.* Calomnie.

BELLE-FILLE. *Voy.* Alliés.

BELLE-MÈRE. *Voy.* Alliés.

BELLE-SŒUR. *Voy.* Recèlement. Révélation.

BÉNÉFICES. Contrainte ou corruption pour obtenir des bénéfices quelconques, des fonctionnaires publics. *Voy.* Fonctionnaires publics , n°s. 9 et 10.

—— Illégitimes. Dans tous les cas où la peine du faux n'est point accompagnée de la confiscation des biens, il sera prononcé contre les coupables, une amende dont le *maximum* pourra être porté jusqu'au quart du bénéfice illégitime que le faux aura procuré ou était destiné à procurer. *Voy.* Faux, n°. 20.

BERGER. *Voy.* Gardiens.

BERGERIE. *Voy.* Dépendances. Vols.

BESOINS. Ceux qui abusent de ceux d'un mineur. *Voy.* Confiance , n°. 1.

BESTIAUX. Ceux qui les ont tués ou blessés. *Voy.* Contraventions, n°. 12 , §. II , III et IV. n°. 13 , §. I et n°. 15.

—— Rupture de leur parc. *Voy.* Destruction , n°s. 15 , 19 et 26.

—— Empoisonnement de ceux à corne. *Voy.* Destruction , n°. 16 , 19 et 26.

S'ils sont tués sans nécessité. *Voy.* Destruction , n°s. 17 , 18 , 19 et 26.

—— soupçonnés d'être infectés de maladie contagieuse. *Voy.* Destruction, n°s. 23 et 26.

Si on les laisse communiquer avec d'autres. *Voy.* Destruction , n°s. 24 et 26.

Contagion communiquée aux autres animaux. *Voy.* Destruction, n°s. 25 et 26.

—— gros et menus. Leur vol dans les champs. *Voy.* Vols , n°. 10.

Ceux qui laissent passer leurs bestiaux de trait , de charge ou de monture sur le terrain d'autrui , avant l'enlèvement de la récolte. *Voy.* Contraventions , nᵒˢ. 4 , §. XIV , nᵒˢ. 7 et 16.

Ceux qui font ou laissent passer leurs bestiaux sur le terrain d'autrui , ensemencé ou semé d'une récolte , en quelque saison que ce soit , ou dans un bois taillis. *Voyez* Contraventions , nᵒ. 8 , §. X , nᵒˢ. 11 et 16.

Voy. Animaux. Bétail. Bêtes.

Bétail. Les parcs mobiles destinés à en contenir dans la campagne, sont réputés enclos. *Voy.* Vols , nᵒ. 14.

Voy. Bestiaux.

Bêtes. Celles de charge , de trait ou de monture , doivent être suivies de près. On ne doit ni les faire , ni les laisser courir. *Voy.* Contraventions , nᵒ. 8 , §. III et IV , nᵒˢ. 9, 11 et 16.

Empoisonnement de celles de voiture, de monture et de charge, et si elles sont tuées sans nécessité. *Voy.* Destruction , nᵒˢ. 16 , 17, 19 et 26.

Vol de bêtes dans les champs. *Voy.* Vols, nᵒ. 10.

Celles de trait , de charge ou de monture , qu'on laisse passer sur le terrain d'autrui , avant l'enlèvement de la récolte. *Voy.* Contraventions , nᵒ. 4, §. XIV , nᵒˢ. 7 et 16.

Ceux qui font ou laissent passer les mêmes bêtes sur le même terrain ensemencé , ou semé d'une récolte , en quelque saison que ce soit , ou dans un bois taillis. *Voy.* Contraventions , nᵒ. 8 , §. X , nᵒˢ. 11 et 16.

Mauvaise direction, ou chargement de bêtes de trait , de charge ou de monture, occasionnant la mort ou la blessure des animaux ou bestiaux appartenant à autrui. *Voy.* Contraventions , nᵒ. 12, §. II , nᵒˢ. 15 et 16.

Voy. Animaux. Conducteurs. Bestiaux.

Biens. Ceux des condamnés à la peine des travaux forcés à temps ou de la réclusion , seront administrés par un curateur. *Voy.* Peines, nᵒˢ. 24 , 25 et 26. *Voy.* Curateur.

confisqués. *Voy.* Confiscation générale.

Biens d'autrui. *Voy.* Vols.

Ceux insuffisans du condamné. *Voy.* Amende. Restitutions. Frais. Confiscation générale. Confiscation spéciale.

Bienveillance. Faux certificat de bonne conduite pour appeler la bienveillance du gouvernement. *Voy.* Faux , nᵒˢ. 17, 19 et 20.

Bière. *Voy.* Boissons.

Bigamie. *Voy.* Mœurs , nᵒˢ. 11 et 12.

Bigot. *Voy.* Calomnie, nᵒˢ. 9 et 10. Contraventions , nᵒ. 4 , §. XI , nᵒˢ. 7 et 16.

Bijouteries. *Voy.* Commerce , nᵒ. 5. Dispositions générales , nᵒ. 2 en la Note.

Bijoutier. *Voy.* Commerce , nᵒ. 5.

Billets. Ceux qui ont détourné des billets qui leur avaient été remis à titre de dépôt. *Voy.* Confiance , nᵒ. 3.

Destruction volontaire de Billets. *Voy.* Destruction , nᵒˢ. 3 et 26.

Ceux qui , abusant des besoins , des faiblesses ou des passions d'un mineur , lui font souscrire des billets à son préjudice. *Voy.* Confiance , nᵒ. 1.

Voy. Scrutateurs. Escroquerie. Droits liquides. Ecritures privées. Faux , nᵒˢ. 6, 19 et 20.

—— de Banque. *Voy.* Contrefaction , nᵒ. 1. Faux , nᵒ. 19.

Billon. Contrefaction ou altération des monnaies de billon. *Voy.* Monnaie , nᵒ. 2. Faux , nᵒˢ. 19 et 20.

Ceux qui ont eu connaissance d'une fabrique ou d'un dépôt de monnaies de billon , altérées ou contrefaites. *Voy.* Monnaie , nᵒ. 5.

Biribi. Jeu de hasard. *Voy.* Jeux de hasard.

Blanc. Registre à tenir sans aucun blanc , par ceux qui tiennent des maisons de prêt sur gages. *Voy.* Prêt sur gages.

Par les Aubergistes. *Voy.* Aubergistes.

Blanc-seing. Ceux qui abusent d'un blanc-seing qui leur aura été confié, pour compromettre la personne ou la fortune du signataire. *Voy.* Confiance , nᵒ. 2.

Blatier. *Voy.* Commerce.

Blé. *Voy.* Grains.

BLESSURES (a). 1°. Sera puni de la peine de la réclusion, tout individu qui aura fait des blessures ou porté des coups, s'il est résulté de ces actes de violence une maladie ou une incapacité de travail personnel, pendant plus de vingt jours. 309. (b)

2° Si le crime mentionné au précédent article, a été commis avec préméditation ou guet-à-pens, la peine sera celle des travaux forcés à temps. 310. (c)

3°. Lorsque les blessures ou les coups n'auront occasionné aucune maladie ou incapacité de travail personnel, de l'espèce mentionnée en l'art. 309 (ci-dessus), le coupable sera puni d'un emprisonnement d'un mois à

(a) « Il est difficile d'apprécier dans cette partie, comme dans beaucoup d'autres faits criminels, la juste mesure de la gravité du crime et de la perversité de son auteur ; le nombre des peines est borné ; les nuances des crimes sont aussi variées que celles des caractères. Il y a sur cette matière beaucoup à dire et beaucoup à supposer ; il ne faudrait rien laisser à supposer, et il est impossible de tout dire.

« Dans cette pénible alternative, commandée par la nature du sujet et les bornes de l'esprit humain, il faut poser quelques jalons sur une route impossible à tracer, et rattacher les espèces et leurs innombrables variétés à quelques points fixes, à quelques principes généraux : la conscience des jurés et les lumières des juges feront le reste. » Rapport de M. de Monseignat.

« On doit observer que lorsque les blessures ou les coups seront susceptibles d'être qualifiés tentatives d'assassinats, les dispositions relatives à ces blessures ou ces coups ne seront plus applicables : il faudra se reporter aux tentatives de crime. Si le cas d'attaque à dessein de tuer a été l'objet d'une disposition spéciale dans la loi de 1791, c'est parce que cette loi ne contenait aucune disposition générale sur les tentatives. » Motifs.

(b) « La gravité du crime doit se déterminer par les effets ou par l'intensité des blessures, ou le résultat des violences ; et cette intensité ne peut se mesurer que par le nombre de jours que la personne maltraitée a été malade ou empêchée de vaquer à un travail corporel. Sans doute, il serait à désirer qu'on pût graduer les peines du coupable sur les degrés de souffrance de sa victime. L'Assemblée Constituante, entraînée par cette séduisante idée, avait assigné des peines différentes, alors que la personne maltraitée avait eu u nou deux bras, une ou deux jambes, ou une ou deux cuisses cassées ; qu'elle avait perdu l'usage des deux yeux ou d'un seul, ou éprouvé une mutilation quelconque ; elle avait, pour ainsi dire, fractionné le corps humain, et tarifé la privation de chacune des parties qui le composent. »

« Le nouveau Code embrasse ces différentes espèces dans un seul principe général, en punissant de la réclusion l'auteur des violences qui ont occasionné une maladie ou une impuissance de travail personnel, pendant plus de vingt jours. » Même rapport.

(c) « Le Code de 1791 punissait de mort l'auteur des blessures qui avaient occasionné une maladie de plus de quarante jours, lorsqu'elles avaient été commises avec préméditation ou de guet-à-pens ; le nouveau Code ne porte l'augmentation de la peine, à raison de cette circonstance, qu'aux travaux forcés à temps. »

« Cette détermination est plus sage, puisque l'auteur des violences trouve alors un intérêt à ménager sa victime. »

« Mais si la mort attend le coupable, quel que puisse être le résultat de son aggression, il donnera la mort ; car la loi invite au meur-

deux ans, et d'une amende de seize francs à deux cent francs. (d)

S'il y a lieu à préméditation ou guet-à-pens, l'emprisonnement sera de deux ans à cinq ans, et l'amende de cinquante francs à cinq cent francs. 311. (e)

Voy. Dispositions générales, n°. 1, et le n°. 7 ci-après.

4°. Dans les cas prévus par les art. 309, 310 et 311 (ci-dessus), si le coupable a commis le crime envers ses père ou mère, légitimes, naturels ou adoptifs, ou autres ascendans légitimes, il sera puni ainsi qu'il suit :

Si l'article auquel le cas se référera, prononce l'emprisonnement ou l'amende, le coupable subira la peine de la réclusion ;

Si l'article prononce la peine de la réclusion, il subira celle des travaux forcés à temps ;

Si l'article prononce la peine des travaux forcés à temps, il subira celle des travaux forcés à perpétuité. 312. (f)

5°. Les crimes et les délits prévus dans la présente section et dans la section précédente (1), s'ils sont commis en réunion séditieuse, avec rebellion ou pillage, sont imputables aux chefs, auteurs, instigateurs et provocateurs de ces réunions, rebellions ou pillages, qui seront punis comme coupables

tre, quand le meurtre n'aggrave pas la peine. »
Rapport de M. de Monseignat.

(d) « Cette latitude, laissée aux magistrats, met dans leurs mains, le remède de la loi, et supplée à une classification impossible. »

« La loi du 22 juillet 1791, différenciait les violences commises contre les vieillards, les femmes, les enfans ; celles qui sont dirigées contre leurs maîtres par les apprentis, les compagnons, les domestiques ; celles qui ont été suivies d'effusion de sang : dans toutes ces circonstances, l'emprisonnement, porté à six mois pour les cas ordinaires, pouvait, dans ceux-ci, s'élever à un an. En doublant la latitude de cette peine, le nouveau Code a voulu plus sûrement atteindre toutes les variétés d'une même espèce de délit, distinguées, classées par les lois antérieures et toutes celles plus nombreuses encore que ces lois n'avaient pu comprendre

dans une nomenclature essentiellement insuffisante. » *Même rapport.*

(e) « L'Assemblée Constituante n'avait pas prévu ce cas. Cependant en matière de violences et de mauvais traitemens, la préméditation, le guet-à-pens n'annoncent-ils pas toujours dans leurs auteurs, un caractère de méchanceté calculée, de perversité réfléchie, qui donnent à leur action une teinte plus criminelle, et doivent motiver une augmentation dans la peine ? » *Même rapport.*

(f) « Coupables envers la nature et la loi, ces enfans ingrats subiront la peine, immédiatement supérieure à celle qu'ils auraient encourue sans cette double offense. Malheur à celui qui ne trouverait pas dans son cœur, le motif de cette pieuse disposition ! » *Même rapport.*

(1) Cette section se trouve sous le mot *Menaces.*

de ces crimes ou de ces délits, et condamnés aux mêmes peines que ceux qui les auront personnellement commis. 313. (g)

6°. Tout individu qui aura fabriqué ou débité de stilets, tromblons, ou quelque espèce que ce soit d'armes prohibées par la loi ou par des règlemens d'administration publique, sera puni d'un emprisonnement de six jours à six mois.

Celui qui sera porteur desdites armes, sera puni d'une amende de seize francs à deux cent francs.

Dans l'un et l'autre cas, les armes seront confisquées ;

Le tout, sans préjudice de plus forte peine, s'il y échet, en cas de complicité de crime. 314.

Voy. Dispositions générales, n°. 1., le n°. 7 du mot BLESSURES (ci-après).

7°. Outre les peines correctionnelles mentionnées dans les articles précédens, les tribunaux pourront prononcer le renvoi, sous la surveillance de la haute police, depuis deux ans jusqu'à dix ans. 315. (h)

8°. Toute personne coupable du crime de castration, subira la peine des travaux forcés à perpétuité.

Si la mort en est résultée avant l'expiration des quarante jours qui auront suivi le crime, le coupable subira la peine de mort. 316. (i)

(g) « Cette solidarité semble, au premier moment, en opposition avec le grand principe qui veut que tous les crimes et les délits soient personnels. Mais lorsqu'il s'agit d'attroupemens, de réunions assez nombreuses pour pouvoir y reconnaître les caractères d'une sédition, les auteurs et les provocateurs sont les plus criminels : la multitude, qui suit l'impulsion qu'elle reçoit, est l'instrument à l'aide duquel le chef a frappé médiatement les coups qui ont été portés ; et dès-lors, il est de toute justice qu'il subisse la peine du crime ou du délit qu'il a fait commettre. » *Rapport de M. de Monseignat.*

(h) « Ce renvoi, purement facultatif, confié à la sagesse des magistrats, et dont ils feront usage avec le discernement et la prudence qui les distinguent, ne saurait présenter des inconvéniens : il peut être la source de plusieurs avantages. » *Même rapport.*

(i) « Comment parler de cette mutilation, qui, lors même qu'elle n'ôte pas la vie, prive des moyens de la transmettre ! Et comment la passer sous silence ! Le Législateur n'a pas dû prendre en considération les motifs du coupable ; sa cruauté n'est-elle pas la même, soit qu'elle ait été excitée par la jalousie, provoquée par la vengeance, ou même inspirée par le seul désir d'ajouter, dans nos temples ou sur nos théâtres, aux charmes de la mélodie.

On remarquera, dans la suite, le seul cas où la pudeur aux prises avec l'audace, peut rendre un tel crime excusable » (1)

(1) *Voy.* Homicide, n°. 17.

9°. Quiconque , par alimens , breuvages , médicamens , violence , ou par tout autre moyen , aura procuré l'avortement d'une femme enceinte , soit qu'elle y ait consenti ou non , sera puni de la réclusion.

La même peine sera prononcée contre la femme qui se sera procuré l'avortement à elle-même , ou qui aura consenti à faire usage des moyens à elle indiqués ou administrés à cet effet , si l'avortement s'en est ensuivi.

Les médecins , chirurgiens et autres officiers de santé , ainsi que les pharmaciens qui auront indiqué ou administré les moyens , seront condamnés à la peine des travaux forcés à temps, dans le cas où l'avortement aurait eu lieu. 317. (*k*)

10°. Quiconque aura vendu ou débité des boissons falsifiées , contenant des mixtions nuisibles à la santé , sera puni d'un emprisonnement de six jours à deux ans, et d'une amende de seize francs à cinq cent francs.

Seront saisies et confisquées les boissons falsifiées , trouvées appartenir au vendeur et débitant. 318. (*l*)

Voy. Dispositions générales , n°. 1. Contraventions , n°. 8, §. VI , n°. 9 ; n°. 10 , §. II , n°s. 11 et 16.

(*k*) « Cet article offre plusieurs modifications importantes. La nécessité de punir le crime dont il s'agit , n'a pas besoin d'être démontrée. La loi de 1791 ne l'avait pas oublié ; mais elle punissait de la même peine indistinctement toute personne qui s'en rendait coupable. Une peine plus rigoureuse a lieu contre les médecins , chirurgiens et autres officiers de santé , parce qu'ils sont plus coupables que la femme même , lorsqu'ils font usage , pour détruire , d'un art qu'ils ne doivent employer qu'à conserver. Le chancelier Daguesseau rapporte à ce sujet qu'Hippocrate , dans le serment qu'on trouve à la tête de ses ouvrages , promet solennellement de ne jamais donner à une femme grosse , aucun médicament qui puisse la faire avorter. Son serment , dit-il , est suivi d'imprécations qui prouvent que ce crime était considéré comme un des plus grands qu'un médecin pût commettre. En effet , si la femme ne trouvait pas tant de facilité à se procurer les moyens d'avortement , la crainte d'exposer sa propre vie , en faisant usage de médicamens qu'elle ne connaîtrait pas , l'obligerait souvent à différer son crime , et elle pourrait être ensuite arrêtée par ses remords. » *Motifs.*

« La tentative de l'avortement n'est pas punie , parce que ce crime porte souvent sur des craintes ; et quand il n'est pas consommé , outre que la société n'éprouve aucun tort , c'est qu'il est fort difficile de constater légalement une intention presque toujours incertaine , une tentative trop souvent équivoque , surtout dans la supposition de l'impuissance de sa cause et de la nullité de ses résultats. » *Rapport de M. de Monseignat.*

(*l*) « Empoisonneurs publics , qui , par des oxides métalliques , cherchent à donner la saveur

Voy. Destruction , n°. 1. Vols , nᵒˢ. 4 et
7. Animaux.

BLESSURES faites par défaut d'adresse ou
de précaution. *Voy.* Homicide , n°. 12.

—— Excusables. *Voy.* Homicide , nᵒˢ. 13,
14 et 17.

Voy. Enfans , n°. 7. Fonctionnaires publics,
nᵒˢ. 35 , 36, 37 , 38 , 39 et 40.

Cas où les blessures ne sont ni crime ni
délit. *Voy.* Homicide , nᵒˢ. 19 , 20 et 21.

Recèlement du cadavre d'une personne
morte des suites de blessures. *Voy.* Inhumation , n°. 2.

BŒUF. *Voy.* Animaux.

BOHÉMIENS. *Voy.* Vagabonds. Devins.

BOIS. Vol de Bois dans les ventes. *Voy.*
Vols , n°. 10.

—— Taillis. Ceux qui y font ou laissent
passer des bestiaux , animaux de traits , de
charge ou de monture. *Voy.* Contraventions,
n°. 8 , §. X , et nᵒˢ. 11 et 16.

Incendie volontaire de Bois taillis. *Voy.* Incendie , n°. 1.

—— du Bois en tac ou en corde. *Voy. le
même* n°.

Incendie causé par des feux allumés dans
les champs à moins de cent mètres des Bois.
Voy. Destruction , nᵒˢ. 22 et 26.

Voy. Dispositions générales , n°. 2 , et la
note.

BOISSONS. Manœuvres pour la hausse ou la
baisse de leur prix. *Voy.* Commerce , n°. 2.

—— Pillées ou détruites. *Voy.* Destruction , nᵒˢ. 4 , 5 et 6.

Peines contre les Commandans des divisions
militaires, les Préfets et sous-Préfets qui en
font le commerce. *Voy.* Fonctionnaires publics,
n°. 6.

BOISSONS altérées par les voituriers , bateliers ou leurs préposés. *Voy.* Vols , n°. 19.

Marchands ou débitans de Boissons. *Voy.*
Cabaretiers.

BOISSONS FALSIFIÉES.

Vente ou débit de Boissons falsifiées contenant des mixtions nuisibles à la santé. *Voy.*
Blessures , n°. 10.

—— sans mixtions nuisibles. *Voy.* Contraventions , n°. 8 , §. VI ; nᵒˢ. 9 et 10 , §. II,
nᵒˢ. 11 et 16.

BOÎTES. L'enlèvement des Boîtes est compris
dans les effractions intérieures. *Voy.* Vols , n°. 18.

BONNETIER. *Voy.* Commerce.

BORNES. Leur déplacement. *Voy.* Destruction , nᵒˢ. 20 et 26.

Leur enlèvement ou déplacement pour commettre un vol. *Voy.* Vols , n°. 11.

BOTTIER. *Voy.* Commerce , n°. 5.

BOUC. *Voy.* Animaux. Bêtes.

BOUCHER. *Voy.* Commerce.

BOULANGER. *Voy.* Commerce.

BOULET. *Voy.* Peines, n°. 10.

BOURGEONS. *Voy.* Arbres.

BOURRELIER. *Voy.* Commerce.

---

du vin à des liquides déjà chargés d'une cou-
leur empruntée , et vendent en détail le poison
et la mort. »

« L'emprisonnement prononcé par l'ancienne
loi , ne pouvait excéder une année. »

« Ceux qui se contentent des mélanges plus
désagréables au goût que nuisibles à la santé ,
ne sont justiciables que des tribunaux de simple
police. » *Rapport de M. de Monseignat.*

BOURSES.

Bourses. *Voy.* Commerce. Dispositions générales , n°. 2 et la note.

Boutiques. Ceux qui auront contraint ou
empêché de les ouvrir ou de les fermer pendant certains jours. *Voy.* Cultes , n°. 1.

Ceux qui auront de faux poids ou de fausses
mesures dans leurs Boutiques. *Voy.* Contraventions , no. 12 , §. V et VI , n°. 13 , §. II
et III , n°. 14 , §. I , nos. 15 et 16.

Voy. Atelier. Commerce.

Bouvier. *Voy.* Gardien.

Brebis *Voy.* Bestiaux. Parc. Bêtes. Animaux. Bétail.

Brèche. *Voy.* Effraction.

Brelan. Jeu de hasard. *Voy.* Jeux de hasard.

Brelandier. *Voy.* Calomnie. nos. 9 et 10,
Contraventions , n°. 4 , §. XI, et nos. 7 et 16.

Breuvages. Avortement procuré par ce
moyen. *Voy.* Blessures , n°. 9.

Voy. Boissons.

Brigand. *Voy.* Brigandage. Calomnie.

Brigandage. Ceux qui , dans ce cas , refusent d'obéir aux réquisitions. *Voy.* Contraventions , n°. 8 , §. XII , nos. 11 et 16.

Logement ou lieu de retraite fourni aux
malfaiteurs exerçant des Brigandages. *Voy.*
Complices , n°. 3.

Voy. Malfaiteurs.

Bris de Prison. *Voy.* Evasion de détenus.

Bris de scelles. *Voy.* Scellés.

Bruits. Ceux injurieux ou nocturnes. *Voy.*
Contraventions , n°. 12 , §. VIII ; n°. 13 , §.
5 ; nos. 15 et 16.

Bruyères. Incendie causé par des feux allumés
dans les champs , à moins de cent mètres des
Bruyères. *Voy.* Destruction, nos. 22 et 26.

Bulletins. Ceux sans nom d'Auteur ou
d'Imprimeur. *Voy.* Ecrits.

Voy. Droits civiques.

But. Ceux qui , connaissant le But des bandes , leur auront sans contrainte , fourni des
logemens, etc. *Voy.* Etat , nos. 20 , 23 , 24 ,
25 , 26 , 27 , 28 et 29.

C A B.

Cabanes. Rupture de celles de gardiens. *Voy.*
Destruction, nos. 15 , 19 et 26.

Une cabane même mobile , qui , sans être actuellement habitée , est destinée à l'habitation,
est réputée maison habitée. *Voy.* Vols , n°. 12.

Les parcs mobiles qui y tiennent sont réputés dépendans de maison habitée. *Voy.*
Vols , n°. 14.

Cabaretiers. *Voy.* Dispositions générales ,
n°. 2 et la Note.

Cachet. *Voy.* Sceau.

Cadavre. Recèlement de celui d'une personne homicidée. *Voy.* Inhumation , n°. 2.

Voy. Suppliciés.

Cadenas. *Voy.* Fausses-clefs. Effraction.

Cafard. Imputation calomnieuse. *Voy.* Calomnie , nos. 9 et 10. Contraventions , n°. 4 ,
§. XI , nos. 7 et 16.

Cafetiers. *Voy.* Dispositions générales ,
n°. 2 et la Note.

Cagot. *Voy.* Calomnie , nos. 9 et 10. Contraventions , n°. 4. §. XI , nos. 7 et 16.

Caisses. L'enlèvement de Caisses est compris dans les effractions intérieures. *Voyez*
Vols , n°. 18.

Calamités. Ceux qui , dans ce cas , refusent d'obéir aux réquisitions. *Voy.* Contraventions , n°. 8 , §. XII , nos. 11 et 16.

Voy. Dispositions générales , n°. 2 et la Note.

Calcédoine. Pierre précieuse. *Voy.* Commerce , n°. 5.

Calomniateur. *Voy.* Calomnie.

CALOMNIE (*a*). 1°. Sera coupable du délit de calomnie, celui qui , soit dans des lieux ou réunions publics, soit dans un acte authentique et public, soit dans un écrit imprimé ou non , qui aura été affiché, vendu ou distribué, aura imputé à un individu quelconque des faits qui, s'ils existaient , exposeraient celui contre lequel ils sont articulés, à des poursuites criminelles ou correctionnelles , ou même l'exposeraient seulement au mépris ou à la haine des citoyens.

La présente disposition n'est point applicable aux faits dont la loi autorise la publicité, ni à ceux que l'auteur de l'imputation était , par la nature de ses fonctions ou de ses devoirs, obligé de révéler ou de réprimer. 367. (*b*)

(*a*) « Depuis long-temps, les personnes qui tiennent à leur réputation, qui sentent tout le prix de cette propriété morale , et celles qui sont jalouses des égards que se doivent réciproquement les hommes réunis en société , attendaient une loi répressive de l'imposture et de la diffamation ; une loi qui brisât dans la main des méchans et des lâches, le trait empoisonné dont la blessure ne peut être prévenue ni guérie. » *Rapport de M. de Monseignat.*

« Les anciennes lois ne prononçaient contre la calomnie que des peines arbitraires. »

« Les lois rendues depuis 1789 n'en ont point parlé : il est résulté de-là que la calomnie n'a pas été suffisamment réprimée , et que l'envie ou la haine n'ont pas craint d'attaquer la réputation des hommes les plus recommandables. Depuis long-temps, on désirait que le législateur mît un frein à de tels excès ; car, ou le fait qu'on s'est permis d'imputer à quelqu'un , est défendu par la loi , ou il ne l'est pas. S'il est défendu , c'est aux juges qu'il appartient de vérifier le fait et d'appliquer la peine. Tout bon citoyen doit le dénoncer ; et si , au lieu de le déclarer à la justice , il le répand dans le public , soit par ses propos, soit par ses écrits , il est évident que cette conduite est dirigée par la méchanceté plutôt que par l'amour du bien. La malignité qui saisit avidement ce qu'on lui présente comme ridicule ou odieux , convertit bientôt les allégations en preuves , et bientôt le poison de la calomnie a fait des ravages qui

souvent ne s'arrêtent pas à la personne calomniée , mais portent la désolation dans toute sa famille. C'est surtout , chez un peuple pour qui l'honneur est le plus grand des biens , que la calomnie doit être sévèrement réprimée. » *Motifs.*

(*b*) « Cette définition circonscrit, dans des termes connus et clairs , un délit dont le vague avait trop souvent servi l'impunité. »

« Ce ne seront plus la passion et l'irritabilité qui se constitueront juges de ce qu'il leur plaira de qualifier calomnie. La loi a parlé : elle a prononcé l'arrêt du téméraire qui se joue effrontément de l'honneur de ses concitoyens ; elle a fixé la limite que ne pourra dépasser la haine ou la méchanceté , sous le masque de la critique ou de la censure. »

« Rien de plus aisé à classer que les imputations qui donneraient lieu à des poursuites criminelles ou correctionnelles , si les faits imputés étaient vrais : le Code ne présente-t-il pas la nomenclature de tous les faits de ce genre ? »

« Mais la loi aurait été imparfaite , si elle s'était bornée à prévenir cette seule espèce d'imputations. Car alors , le calomniateur , au lieu de coarter un fait criminel , n'imputerait que les dispositions méprisables ou odieuses qui peuvent conduire à le commettre. Par exemple , au lieu d'accuser de parricide l'homme qu'il voudrait perdre dans l'opinion publique , le calomniateur se contenterait de le signaler comme assez immoral, assez pervers , assez dénaturé pour attenter à l'auteur de ses jours : cette imputation

2°. Est réputée fausse toute imputation à l'appui de laquelle la preuve légale n'est point rapportée. En conséquence, l'auteur de l'imputation ne sera pas admis, pour sa défense, à demander que la preuve en soit faite : il ne pourra pas non plus alléguer, comme moyen d'excuse, que les pièces ou les faits sont notoires, ou que les imputations qui donnent lieu à la poursuite, sont copiées ou extraites de papiers étrangers ou d'autres écrits imprimés. 368. (c)

3°. Les calomnies, mises au jour par la voie de papiers étrangers, pourront être poursuivies contre ceux qui auront envoyé les articles ou donné l'ordre de les insérer, ou contribué à l'introduction ou à la distribution de ces papiers en France. 369.

4°. Lorsque le fait imputé sera légalement prouvé vrai, l'auteur de l'imputation sera à l'abri de toute peine.

Ne sera considérée comme preuve légale, que celle qui résultera d'un jugement ou de tout autre acte authentique. 370. (d)

---

n'étant pas celle d'un fait qui, s'il était vrai, soumettrait le calomnié à des poursuites judiciaires, puisque c'est le crime seul qui est du ressort des tribunaux, l'auteur d'une pareille diffamation, qui l'aurait publiée, affichée, proclamée, ne pourrait être puni que des peines de police, et serait assimilé à l'auteur d'une simple injure. »

« Certes, la loi eût manqué son but, si elle eût laissé une aussi large porte à l'impunité ; mais elle atteint d'une peine correctionnelle les calomniateurs qui auraient exposé le calomnié au mépris ou à la haine des citoyens ; cette disposition embrassera, par sa généralité, la calomnie dont nous venons de parler, et toutes les autres de la même espèce. »

« On ne saurait toutefois se tromper sur le sens que la loi attache au mot *mépris* ou *haine* des citoyens ; il ne s'agit pas de cette sorte de mépris qui suit certaines manières ou accompagne certains ridicules. Le mépris que provoque la calomnie, doit prendre sa source dans la dépravation de l'ame ou la corruption du cœur ; alors, seulement, il appelle sur son objet un sentiment semblable à la haine des citoyens. »

« D'après l'ensemble de la loi, le mépris dont il s'agit dans cette partie, est étranger même à l'allégation d'un vice déterminé ; celle-ci est la matière d'une disposition postérieure (1). » *Rapport de M. de Monseignat.*

(c) « Le calomniateur cherchera en vain une excuse dans une prétendue notoriété publique, source trop féconde d'une erreur commune ; il ne saurait aussi trouver une garantie de ses assertions dans des gazettes, dans des écrits imprimés, qui ne sont que trop souvent des recueils de mensonges et de calomnies. » *Même rapport.* Voy. la note (d)

(d) « Quelles entraves, dira-t-on peut-être, va jeter dans la manifestation de ses pensées cette partie de la loi : ne pourra-t-on parler publiquement, écrire ou imprimer sur des citoyens, sans avoir consulté le greffe des tribunaux ou les dépôts des notaires ? »

« Mais est-il donc si indispensable de parler publiquement, d'imprimer et d'écrire sur les défauts, les vices ou les crimes des individus ; et leurs vertus ou leurs talens ne sont-ils pas

(1) Voy. le n°. 9 ci-après.

5°. Lorsque la preuve légale ne sera pas rapportée, le calomniateur sera puni des peines suivantes :

Si le fait imputé est de nature à mériter la peine de mort, les travaux forcés à perpétuité ou la déportation, le coupable sera puni d'un emprisonnement de deux à cinq ans, et d'une amende de deux cent francs à cinq mille francs.

Dans tous les autres cas, l'emprisonnement sera d'un mois à six mois, et l'amende de cinquante francs à deux mille francs. 371. (*e*)

Voy. Dispositions générales, n°. 1 et le n°. 8 (ci-après).

6°. Lorsque les faits imputés seront punissables suivant la loi, et que l'auteur de l'imputation les aura dénoncés, il sera, durant l'instruction sur ces faits, sursis à la poursuite et au jugement du délit de calomnie. 372. (*f*)

7°. Quiconque aura fait par écrit une dénonciation calomnieuse contre un ou plusieurs individus, aux officiers de justice ou de police administrative ou judiciaire, sera puni d'un emprisonnement d'un mois à un an et d'une amende de cent francs à trois mille francs. 373. (*g*)

Voy. Dispositions générales, n°. 1, et le n°. 8 (ci-après).

---

un texte plus fécond et plus satisfaisant à développer ? Quel si grand mal, d'ailleurs, pourrait-il donc résulter du silence de ceux qui ont besoin d'alimenter leurs discours ou leurs écrits par des calomnies ? »

« Tout fait qui présentera les caractères de la calomnie, et qui ne sera pas consacré par un jugement, ou consigné dans un acte authentique, sera par cela seul réputé faux et calomnieux, quand même il serait conforme à la vérité : il n'aurait pas la vérité *légale*, ou la seule que la loi veuille reconnaître. Ainsi ne s'élèveront jamais ces débats interminables qui tendraient à soutenir une diffamation par une autre, et qui ajouteraient le scandale de la preuve à celui de l'accusation. »

« Ce ne serait que dans le seul cas où les faits imputés et punissables, suivant la loi, auraient été dénoncés aux agens de l'autorité par l'auteur de l'imputation, que celui-ci pourrait invoquer la justification préalable de ces faits. »

« Le jugement du délit de calomnie serait alors suspendu, jusqu'à ce qu'il eût été prononcé sur l'accusation qui serait l'objet de la plainte ; le sort de l'une serait subordonné à celui de l'autre. » *Rapport de M. de Monseignat.*

(*e*) « Les juges trouveront dans cette latitude les moyens de proportionner au délit, le châtiment qui doit varier comme les circonstances sans nombre qui accompagnent la calomnie, et qui ne peuvent être saisies et appréciées justement que par les magistrats. L'utilité de ce pouvoir discrétionnaire se fait sentir à chaque nouvelle application. » *Même rapport.*

(*f*) Voyez les deux derniers alinéa de la Note (*d*).

(*g*) « Cette dénonciation, quoique privée, ac-

8°. Dans tous les cas, le calomniateur sera, à compter du jour où il aura subi sa peine, interdit pendant cinq ans au moins et dix ans au plus, des droits mentionnés en l'art. 42 du présent Code. 374. (Cet art. 42 se trouve au mot PEINES, n°. 37). (h)

9°. Quant aux injures ou aux expressions outrageantes qui ne renfermeraient l'imputation d'aucun fait précis, mais celle d'un vice déterminé; si elles ont été proférées dans des lieux ou réunions publiques, ou insérées dans des écrits imprimés ou non, qui auraient été répandus et distribués, la peine sera une amende de seize francs à cinq cent francs. 375. (i)

10°. Toutes autres injures ou expressions outrageantes qui n'auront pas eu ce double caractère de gravité et de publicité, ne donneront lieu qu'à des peines de simple police. 376.

Voy. Contraventions, n°. 4, §. XI et les n°s. 7 et 16.

11°. A l'égard des imputations et des injures qui seraient contenues dans les écrits relatifs à la défense des parties ou dans les plaidoyers, les juges saisis de la contestation pourront, en jugeant la cause, ou prononcer la suppression des injures ou des écrits injurieux, ou faire des injonctions aux auteurs du délit, ou les suspendre de leurs fonctions, et statuer sur les dommages-intérêts.

---

quiert un degré de gravité par sa clandestinité même, par le caractère des fonctionnaires auxquels elle est adressée, par la possibilité d'en faire un instrument de persécution ou de poursuites criminelles contre l'innocence; et c'est avec toute justice que la loi soumet à une peine particulière le dénonciateur qui, sans cette disposition, échapperait aux mesures générales contre la calomnie.» *Rapport de M. de Monseignat.*

(h) « Le calomniateur ne sera pas seulement puni d'un emprisonnement et d'une amende; il sera encore privé, pendant un temps déterminé, de la plupart des droits civiques, civils et de famille. Les Romains le marquaient au front de la lettre initiale de son délit; la nouvelle loi lui imprime le sceau d'une réprobation temporaire. » *Même rapport.*

(i) « Reprocher, par exemple, publiquement à quelqu'un un vice tel que l'ivrognerie ou la débauche, est un outrage qui ne doit pas être laissé impuni, si la personne offensée en demande réparation. Mais, l'injure n'est pas aussi grande que si quelques faits étaient précisés. Le vague de l'injure en atténue la force, et l'amende est une peine suffisante. »

« L'auteur de l'imputation n'a nul moyen de s'affranchir de la peine. Demanderait-il qu'on l'admît à la preuve? la loi ne le permet pas. Voudrait-il dénoncer? on ne dénonce que des faits précis et qualifiés crimes, délits ou contraventions. Cela ne peut s'appliquer à l'imputation d'un vice en général. » *Motifs.*

La durée de cette suspension ne pourra excéder six mois : en cas de récidive , elle sera d'un an au moins , et de cinq ans au plus.

Si les injures ou écrits injurieux portent le caractère de calomnie grave , et que les juges saisis de la contestation , ne puissent connaître du délit , ils ne pourront prononcer contre les prévenus qu'une suspension provisoire de leurs fonctions , et les renverront , pour le jugement du délit , devant les juges compétens. 377. (k)

Faits faux et calomnieux pour opérer la hausse ou la baisse du prix des denrées. *Voy.* Commerce , n°. 1.

CALVINISME. *Voy.* Ministre de culte. Cultes. Associations illicites.

CALVINISTE. *Voy.* Calvinisme.

CAMPAGNES. Négligence d'écheniller dans les campagnes ou jardins. *Voy.* Contraventions , n°. 4, §. VIII, et n°s. 7 et 16.

Les parcs mobiles destinés à contenir du bétail dans la campagne , sont réputés enclos. *Voy.* Vols , n°. 14.

Voy. Champs.

CANAUX. *Voy.* Dispositions générales , n°. 2 et la Note.

CANIF. *Voy.* Armes.

CANNES. Les simples cannes sont réputées armes , lorsqu'on en aura fait usage pour tuer , blesser ou frapper. *Voy.* Etat , n°. 22.

—— à stylet , à épée. Armes prohibées. *Voy.* Blessures , n°s. 6 et 7.

CANTON. Mendians arrêtés hors du canton de leur résidence. *Voy.* Mendicité , n°. 2.

CAPITAINE. *Voy.* Commandant de la force publique.

CARACTÈRE. Injures ou écrits injurieux qui portent le caractère de calomnie grave. *Voy.* Calomnie , n°. 11.

Ceux qui connaissant le caractère des bandes , leur auront fourni sans contrainte , des logemens , etc. *Voy.* Etat , n°s. 20 , 23 , 24 , 25 , 26 , 27 , 28 et 29.

Blessures qui portent le caractère de meurtre. *Voy.* Fonctionnaires publics , n°. 40.

Injures ou expressions outrageantes qui ne portent pas le double caractère de gravité et de publicité. *Voy.* Calomnie , n°. 10. Contraventions , n°. 4, §. XI, n°s. 7 et 16.

CARACTÈRES gros et lisibles. *Voy.* Ecriteau.

CARCAN. Peine infamante. *Voy.* Peines , n°. 3. §. I.

Quelle est cette peine ? *Voy.* Peines , n°s. 17 et 19.

(k) « Les tribunaux retentissent trop souvent d'imputations offensantes , de déclamations injurieuses. Beaucoup d'orateurs du barreau , épousant avec chaleur les intérêts de leurs cliens ; guidés par un zèle plus ardent qu'éclairé ; entraînés par une sensibilité plus honorable pour leur cœur que pour leur jugement , se persuadent trop facilement que les injures sont une partie obligée de leurs mémoires ou de leurs plaidoyers : et la plus noble des professions civiles connaît aussi des abus et des excès. »

« Déjà le Code de procédure avait , par sa disposition de l'article 1036, autorisé les tribunaux , dans les causes dont ils pourraient être saisis , à prononcer , même d'office , des injonctions , à supprimer des écrits , à les déclarer calomnieux , à ordonner l'impression et l'affiche de leurs jugemens. »

Sa durée. *Voy. le même* n°. 17.

Celui qui y aura été condamné, ne pourra être juré ni expert, ni témoin. *Voy.* Peines, n°. 23.

Il sera incapable de tutelle et de curatelle, si ce n'est de ses enfans : il sera déchu du droit de port d'armes, et de servir dans les armées. *Voy.* Peines, n°. 23.

Les arrêts qui portent cette peine seront imprimés par extrait, et affichés. *Voy.* Peines, n°. 31. Lieux où ils seront affichés. *Voy. le même* n°.

Peine contre celui qui, condamné pour crime, en aura commis un second emportant la peine du carcan. *Voy.* Peines, n°. 51.

Peine contre le mineur, âgé de moins de seize ans, qui a encouru celle du carcan, lorsqu'il est décidé qu'il a agi *avec discernement. Voy.* Peines, n°s. 56 et 57.

Crimes auxquels la peine du carcan est appliquée. *Voy.* Peines, n°s. 17 et 51. Droits civiques, n°. 3. Contrefaction, n°. 5. Fonctionnaires publics, n°s. 7, 9 et 35. Cultes, n°. 4.

Cardinal. *Voy.* Ministre de culte. Cultes.

Carogne. Femme débauchée. Imputation calomnieuse. *Voy.* Calomnie, n°s. 9 et 10. Contraventions, n°. 4, §. XI, n°s. 7 et 16.

Carrières. Vols de pierres qui y sont commis. *Voy.* Vols, n°. 10.

Cartes. Divination par le moyen de cartes. *Voy.* Devin.

Voy. Jeux de hasard.

Cas. Ceux de légitime défense. *Voy.* Homicide, n°s. 20 et 21.

Ceux où les tribunaux sont autorisés à réduire l'emprisonnement même au-dessous de six jours, et l'amende au-dessous de seize francs. *Voy.* Dispositions générales, n°. 1. Peines, n°. 64.

Cassation. *Voy.* Annulation.

Castration. *Voy.* Blessures, n°. 8.

———— Provoquée par un outrage violent à la pudeur, est considérée comme meurtre ou blessures excusables. *Voy.* Homicide, n°. 17.

Catholique. *Voy.* Ministre de culte. Cultes.

Catin. Imputation calomnieuse. *Voy.* Ca-

lomnie, n°s. 9 et 10. Contraventions, n°. 4, §. XI, n°s. 7 et 16.

Cause. Celui qui aura été involontairement la cause d'un homicide. *Voy.* Homicide, n°. 11. *Voy.* Contestation judiciaire.

Caution. Celle de bonne conduite à fournir par le condamné au renvoi sous la surveillance de la haute police. *Voy.* Peines, n°. 39.

Sort de ce condamné, si la caution n'est pas fournie. *Voy. le même* n°.

———— est contrainte par corps pour les adjudications rapportées contre le condamné pour crimes ou délits commis dans l'intervalle déterminé par l'acte de cautionnement. *Voy.* Peines, n°. 41.

A quoi les sommes recouvrées seront-elles affectées de préférence ? *Voy. le même* n°.

Un citoyen solvable peut se rendre caution des vagabonds nés en France. *Voy.* Vagabondage, n°. 5.

Cautionnement. *Voy.* Caution.

Deniers ou effets détournés ou soustraits, si leur valeur égale le cautionnement. *Voy.* Dépositaires publics, n°s. 2 et 3.

S'il s'agit d'une recette composée de rentrées successives et non sujettes à cautionnement. *Voy. les mêmes* n°s.

Cavagnole. Jeu de hasard. *Voy.* Jeux de hasard.

Célébration. Celle de certaines fêtes contrainte ou empêchée. *Voy.* Cultes.

———— religieuse d'un mariage. *Voy.* Cérémonies religieuses.

Censure. Celle du gouvernement, d'une loi, d'un décret impérial ou de tout autre acte de l'autorité publique. *Voy.* Ministre de culte, n°s. 3 et 6.

Cercles. *Voy.* Associations illicites.

Cérémonies. *Voy.* Dispositions générales, n°. 2 et la Note.

Cérémonies religieuses. Celles d'un mariage. *Voy.* Ministre de culte, n°s. 1 et 2. *Voy.* Cultes.

Certificats. De quelles peines les fabricateurs sont-ils exceptés ? *Voy.* Faux, n°. 8.

———— de bonne conduite, indigence ou autres circonstances propres à appeler la bienveillance du gouvernement ou des particuliers. Fabrication de pareils certificats sous le nom d'un fonctionnaire ou officier public. *Voy.* Faux, nᵒˢ. 17, 19 et 20.

.Falsification et emploi d'un certificat de cette espèce, originairement véritable. *Voy. les mêmes* nᵒˢ.

CERTIFICATS d'infirmité ou maladie. Fabrication de pareils certificats, sous le nom d'un médecin, chirurgien ou autre officier de santé, pour se rédimer ou en affranchir un autre d'un service public quelconque. *Voy.* Faux, nᵒˢ. 15, 19 et 20.

Si un médecin, chirurgien ou autre officier de santé, pour favoriser quelqu'un, certifie faussement des maladies ou infirmités propres à dispenser d'un service public. *Voy.* Faux, nᵒˢ. 16, 19 et 20.

—— de toute autre nature. S'ils sont faux, et s'il peut en résulter soit lésion envers des tiers, soit préjudice envers le trésor public. *Voy.* Faux, nᵒˢ. 18, 19, 20 et 21.

Peines à appliquer aux mendians et vagabonds, porteurs de faux certificats. *Voy.* Mendicité, nᵒˢ. 8 et 9.

Contrainte ou corruption pour obtenir un certificat d'un fonctionnaire public. *Voy.* Fonctionnaires publics, nᵒˢ. 9 et 10.

CESSATION DE SERVICE. *Voy.* Fournisseurs.

—— de travail. *Voy.* Ouvriers.

CHAÎNE. *Voy.* Peines, nᵒ. 10.

CHAMBRE. Vol commis dans celle habitée ou servant à l'habitation, ou ses dépendances. *Voy.* Vols, nᵒ. 3, §. IV.

Voy. Associations illicites. Appartement.

CHAMPS. Ceux qui y laissent des instrumens ou armes dont les malfaiteurs peuvent abuser. *Voy.* Contraventions, nᵒ. 4, §. VII, nᵒˢ. 5, 7 et 16.

Rupture ou Destruction d'instrumens d'agriculture, de parcs de bestiaux, de cabanes de gardiens. *Voy.* Destruction, nᵒˢ. 15, 19 et 26.

Glanage, râtelage ou grapillage dans les champs non encore entièrement dépouillés et vidés de leurs récoltes, ou avant le moment

du lever ou après celui du coucher du soleil. *Voy.* Contraventions, nᵒ. 4, §. X, nᵒˢ. 5, 6, 7 et 16.

Vols dans les champs, de chevaux, autres bêtes, instrumens d'agriculture, récoltes, meules de grains. *Voy.* Vols, nᵒ. 10.

Vols de bois dans les ventes ou de pierres dans les carrières, de poissons dans les étangs, viviers, réservoirs. *Voy. le même* nᵒ.

Enlèvement ou déplacement de bornes, pour commettre un vol. *Voy.* Vols, nᵒ. 11.

Voy. Fruits. Campagnes. Code rural.

CHANGE. *Voy.* Lettres de change. Banque. Agens de change.

CHANOINE. *Voy.* Ministre de culte. Cultes.

CHANSONS. Celles contraires aux bonnes mœurs. *Voy.* Ecrits, nᵒˢ. 5, 6, 7 et 8.

CHANTIERS. Leur incendie volontaire. *Voy.* Incendie, nᵒ. 1.

CHANVRE. *Voy.* Récolte.

CHAPELIER. *Voy.* Commerce, nᵒ. 5.

CHAPITRE. *Voy.* Ministre de culte. Cultes. Associations illicites.

CHARGE. *Voy.* Bêtes. Chargement.

CHARGEMENT. Ceux qui ont violé les réglemens contre le chargement des voitures. *Voy.* Contraventions, nᵒ. 8, §. IV, nᵒˢ. 9, 11 et 16.

Ceux qui, par le chargement excessif des voitures, chevaux, bêtes de trait, de charge ou de monture, ont occasionné la mort ou la blessure des animaux ou bestiaux appartenant à autrui. *Voy.* Contraventions, nᵒ. 12, §. II, et nᵒˢ. 15 et 16.

CHARIVARI. *Voy.* Bruits nocturnes.

CHARLATAN. *Voy.* Dispositions générales, nᵒ. 2 et la Note. Escroquerie.

CHARRETÉE. *Voy.* Charretier. Chargement.

CHARRETIERS. Leurs devoirs. *Voy.* Contraventions, nᵒ. 8, §. III et IV, nᵒˢ. 9, 11 et 16.

Voy. Vols, nᵒ. 8, §. IV.

CHARRONS. *Voy.* Commerce, nᵒ. 5.

CHARRUES. Ceux qui en laissent les contres. *Voy.* Contraventions, nᵒ. 4, §. VII, nᵒˢ. 5, 7 et 16.

Leur rupture. *Voy.* Destruction, nᵒˢ. 15, 19 et 26.

Leur

Leur vol dans les champs. *Voy.* Vols, n°. 16.

CHASSE. *Voy.* Dispositions générales, n°. 2 et la Note.

CHAT. *Voy.* Animaux domestiques.

CHAUDRONNIER. *Voy.* Commerce, n°. 5.

CHAUMIÈRE. *Voy.* Maison. Cabane.

CHAUSSÉES. Destruction de celles appartenant à autrui. *Voy.* Destruction, n°. 1.

Les charretiers et conducteurs de voiture doivent se détourner ou ranger devant toute autre voiture, et à son approche, lui laisser libre, au moins, la moitié des rues, chaussées, routes et chemins. *Voy.* Contraventions, n°. 8, §. III, n°ˢ. 9, 11 et 16.

CHEFS d'associations. *Voy.* Associations illicites, n°ˢ. 2 et 3.

—— de bandes de malfaiteurs. *Voy.* Malfaiteurs, n°. 3.

—— de coalition entre ouvriers. *Voy.* Ouvriers, n°ˢ. 2 et 3.

—— de pillage. *Voy.* Destruction, n°. 6.

—— de rebellion. *Voy.* Blessures, n°. 5. Rebellion, n°. 13.

CHEFS Militaires. Concert entre eux et les Autorités civiles, contre l'exécution des lois et les ordres du Gouvernement. *Voy.* Fonctionnaires publics, n°ˢ. 2, 3 et 4.

CHEMINÉES. Leur entretien, réparation et nettoyage. *Voy.* Contraventions, n°. 4, §. I, n°ˢ. 7 et 16;

Si, à défaut, elles causent quelque incendie. *Voy.* Destruction, n°ˢ. 22 et 26.

CHEMINS. Ceux qui les embarrassent. *Voy.* Contraventions, n°. 4, §. IV, n°ˢ. 7 et 16.

Ceux qui y laissent des instrumens ou armes dont les malfaiteurs peuvent abuser. *Voy.* Contraventions, n°. 4, §. VII, n°ˢ. 5, 7 et 16.

Ceux qui y établissent des loteries ou jeux de hasard. *Voy.* Contraventions, n°. 8, §. V, n°. 10, §. I, n°ˢ. 11 et 16.

Propriétaires, fermiers, ou usufruitiers de moulins, usines ou étangs, qui, par l'élévation du déversoir de leurs eaux au-dessus de la hauteur déterminée par l'Autorité compétente, auront inondé les chemins. *Voy.* Destruction, n°ˢ. 21 et 26.

Les charretiers, conducteurs de voitures ou de bêtes de charge, doivent occuper un seul côté des chemins. *Voy.* Contraventions, n°. 8, §. III, n°ˢ. 9, 11 et 16.

Ils doivent se détourner ou ranger devant toute autre voiture, et, à son approche, lui laisser libre, au moins, la moitié des rues, chaussées, routes et chemins. *Voy. les mêmes* n°ˢ.

Ceux qui auront occasionné la mort ou la blessure des animaux ou bestiaux appartenant à autrui, par l'encombrement ou l'excavation, ou telles autres œuvres, dans ou près les chemins. *Voy.* Contraventions, n°. 12, §. IV, n°ˢ. 15 et 16.

Vols commis sur les chemins publics. *Voy.* Vols, n°. 5.

Voy. Arbres.

CHEMISE. Le parricide sera conduit en chemise sur le lieu de l'exécution. *Voy.* Peines, n°. 8.

CHENAPAN. Bandit. Imputation calomnieuse. *Voy.* Calomnie.

CHENILLES. *Voy.* Echenillage.

CHEVAUX. Défense de les abandonner, faire ou laisser courir. *Voy.* Contraventions, n°. 8, §. III et IV, n°ˢ. 9, 11 et 16.

Leur empoisonnement, et s'ils sont tués sans nécessité. *Voy.* Destruction, n°ˢ. 16, 17, 18, 19 et 26.

Vol qu'on en fait dans les champs. *Voyez* Vols, n°. 10.

Mauvaise direction ou chargement excessif des chevaux, occasionnant la mort ou la blessure des animaux ou bestiaux appartenant à autrui. *Voy.* Contraventions, n°. 12, §. II, n°ˢ. 15 et 16.

Postes aux chevaux. *Voy.* Dispositions générales, n°. 2 et la note.

Voy. Animaux. Bêtes.

CHÈVRES. *Voy.* Bestiaux. Animaux. Bêtes.

CHEVRIER. *Voy.* Gardiens.

CHIENS. Ceux qui ne les auraient pas retenus, ou qui les auraient excités. *Voy.* Contraventions, n°. 8, §. VII, n°ˢ. 11 et 16.

Voy. Animaux domestiques.

CHIMÈRES. *Voy.* Escroquerie.

7

Chirurgiens. S'ils administrent ou indiquent des moyens d'avortement. *Voy.* Blessures , n°. 9.

S'ils délivrent de faux certificats. *Voy.* Faux, n°s. 16 , 19 et 20.

S'ils révèlent les secrets qui leur sont confiés. *Voy.* Secret.

Faux certificat de maladie ou d'infirmité, fabriqués sous le nom d'un chirurgien. *Voy.* Faux , n°s. 15 , 19 et 20.

Voy. Accouchement.

Chiromancie. Art chimérique de deviner les choses à venir , par l'inspection de la main. *Voy.* Devin.

Chiromancien. *Voy.* Chiromancie.

Choix. Le condamné à l'emprisonnement sera employé à l'un des travaux établis dans cette maison, selon son choix. *Voy.* Peines , n°. 35.

Chose. Celle soustraite frauduleusement. *Voy.* Vols , n°s. 1 et 2.

Choses mobilières ou immobilières. *Voyez* Meubles. Immeubles. Enchères.

Recélé des choses enlevées , détournées ou obtenues à l'aide d'un crime ou d'un délit. *Voy.* Complices , n°. 4.

Chose publique. Délits et crimes contre elle. *Voy.* Etat. Empereur.

Chrétien. *Voy.* Ministre de culte. Cultes.

Christianisme. *Voy.* Chrétien.

Chrysolithe. Pierre précieuse. *Voy.* Commerce , n°. 5.

Chrysoprase. Pierre précieuse. *Voy.* Commerce , n°. 5.

Chute. Choses qui peuvent nuire par leur chute , jetées ou exposées devant des édifices. *Voy.* Contraventions , n°. 4, §. VI, n°s. 7 et 16.

Cidre. *Voy.* Boissons.

Circonstances. *Voy.* Vols.

Celles fortuites ou indépendantes de la volonté. *Voy.* Dispositions préliminaires , n°. 2.

Les dommages-intérêts qui pourront être prononcés à raison des attentats à la liberté individuelle , aux droits civiques ou aux constitutions de l'Empire , seront réglés eu égard aux circonstances. *Voy.* Liberté individuelle , n°. 4.

Fonctionnaire ou officier public qui , en rédigeant des actes de son ministère , en aura frauduleusement dénaturé les circonstances. *Voy.* Faux , n°s. 2 , 4 , 19 et 20.

Révélation des circonstances de complots formés ou de crimes projetés contre la sureté intérieure ou extérieure de l'Etat. *Voy.* Révélation. Déclaration.

Recéleurs qui avaient , au temps du recélé , connaissance des circonstances auxquelles la loi attache les peines de mort , des travaux forcés à perpétuité , ou de la déportation. *Voy.* Complices , n°. 5.

Circonstances atténuantes. *Voy.* Dispositions générales , n°. 1.

Circonvention. *Voy.* Escroquerie.

Circulation. *Voy.* Monnaie. Contrefaçon.

Cirier. *Voy.* Commerce , n°. 5.

Ciseaux. Ceux de poche sont réputés armes, lorsqu'on en aura fait usage pour tuer , blesser ou frapper. *Voy.* Etat, n°. 22.

Citadelles. *Voy.* Forteresses.

Citation. *Voy.* Juges.

Citoyens. Discours des Ministres des cultes , tendant à soulever ou armer une partie des citoyens contre les autres. *Voy.* Ministre de culte , n°s. 4, 5 et 7.

Peines contre les personnes qui se sont mis à la tête de bandes armées , ou y auront exercé une fonction ou commandement pour envahir les propriétés d'une généralité de citoyens. *Voy.* Etat, n°s. 17, 23 , 24 , 25 , 26, 27, 28 et 29.

Officier public qui délivre un passe-port à une personne qu'il ne connaît pas personnellement , sans avoir fait attester les noms et qualités de cette personne , par deux citoyens à lui connus. *Voy.* Faux , n°s. 11 , 19 et 20.

Officier de justice ou de police qui se sera introduit dans le domicile d'un citoyen , hors les cas prévus par la loi , et sans les formalités qu'elle a prescrites. *Voy.* Fonctionnaires publics , n°. 14.

——— chargés d'un ministère de service public. *Voy.* Agens.

——— solvables peuvent cautionner les vagabonds nés en France. *Voy.* Vagabondage, n°. 5.

Attentat ou complot pour exciter les citoyens à s'armer contre l'Autorité impériale. *Voy.* EMPEREUR , n°. 2 ;

Pour armer les citoyens les uns contre les autres. *Voy.* Etat , n°⁵. 12 , 18, 23, 24 , 25, 26, 27, 28 et 29.

Ceux qui se sont mis à la tête de bandes armées, pour piller ou partager les propriétés d'une généralité de citoyens. *Voyez* Etat , n°⁵. 17 , 23 , 24 , 25 , 26 , 27 , 28 et 29.

Ceux qui , par des discours , placards ou écrits imprimés , ont excité les citoyens à des crimes et complots contre la sureté de l'Etat. *Voy.* Etat , n°. 23 et suivans.

Ceux qui , par attroupement , empêchent les citoyens d'exercer leurs droits civiques. *Voy.* Droits civiques , n°. 1.

Scrutateurs qui falsifient les suffrages des citoyens. *Voy.* Droits civiques , n°. 3.

Autres personnes coupables du même délit. *Voy.* Droits civiques , n°. 4.

CITOYENS qui , dans les élections , achètent ou vendent un suffrage. *Voy.* Droits civiques , n°. 5.

Droits de citoyen. *Voy.* Droits civiques.

—— qui seront traduits devant une Cour d'assises ou une Cour spéciale , sans qu'ils aient été préalablement mis légalement en accusation. *Voy.* Liberté individuelle , n°. 9.

Les Aubergistes doivent représenter leur registre aux citoyens commis pour se faire faire cette représentation. *Voy.* Contraventions , n°. 8 , §. II , n°⁵. 11 et 16.

Actes attentatoires à la liberté des citoyens. *Voy.* Liberté individuelle , n°. 1.

CLAIES. Tout terrain environné de claies est réputé *parc* ou *enclos. Voy.* Vols , n°. 13.

CLAIRE-VOIE. Porte à claire-voie. *Voy.* Vols, n°. 13.

CLAMEUR PUBLIQUE. Ceux qui , dans ce cas, refusent d'obéir aux réquisitions. *Voyez* Contraventions, n°. 8 , §. XII , n°⁵. 11 et 16.

Poursuite ou accusation , soit d'un Ministre , soit d'un membre du Sénat , du Conseil d'Etat

ou du Corps législatif , hors les cas de clameur publique. *Voy.* Liberté individuelle , n°. 8.

CLASSES. *Voy.* Contraventions.

CLAVEAU ou CLAVELÉE. *Voy.* Contagion.

CLAUSES. Addition ou altération de clauses. *Voy.* Faux , n°⁵. 1 , 3 , 4 , 19, 20 et 21.

CLEFS. Fausses-clefs. *Voy.* Vols , n°. 3 , §. IV et n°. 6.

Tout ce qui est qualifié fausse-clef. *Voyez* Vols , n°. 20.

Peine contre ceux qui ont contrefait ou altéré des clefs. *Voy.* Vols , n°. 21.

CLÔTURE. *Voy.* Destruction , n°⁵. 20 et 26.

Ceux qui jettent des pierres ou d'autres corps durs , ou des immondices contre les clôtures d'autrui. *Voy.* Contraventions, n°. 8 , §. VIII , n°⁵. 9 , 11 et 16.

Animal tué sans nécessité , s'il y a eu violation de clôture. *Voy.* Destruction , n°⁵. 17 , 18 , 19 et 26.

Le meurtre ainsi que les blessures et les coups sont excusables, s'ils ont été commis en repoussant , pendant le jour , l'escalade ou l'effraction des clôtures. *Voy.* Homicide , n°. 14.

Homicide commis , blessures faites ou coups portés , en repoussant pendant la nuit , l'escalade ou l'effraction des clôtures , sont compris dans les cas de nécessité actuelle de légitime défense. *Voy.* Homicide , n°. 21.

—— particulière dans la clôture ou enceinte générale. *Voy.* Vols , n°. 12.

Diverses espèces de clôtures. *Voy.* Vols , n°. 13.

Voy. Effraction. Escalade. Enclos. Parc.

Intercalation d'écritures sur des régistres ou autres actes publics , depuis leur clôture. *Voy.* Faux , n°⁵. 1 , 3 , 4 , 19, 20 et 21.

CLOUTIER. *Voy.* Commerce , n°. 5.

COALITION. Celle entre les principaux détenteurs d'une même marchandise. *Voy.* Commerce , n°. 1.

—— entre fonctionnaires. *Voy.* Fonctionnaires publics , n°⁵. 1 , 2, 3 et 4.

—— entre ouvriers. *Voy.* Ouvriers.

—— entre ceux qui les font travailler. *Voy.* Ouvriers.

Voy. Concert.

Cocher. *Voy.* Voiturier. Conducteur.

Coches. *Voy.* Dispositions générales , n°. 2 et la note.

Cochons. *Voy.* Bestiaux. Animaux.

Code de commerce. *Voy.* Banqueroute.

Code Napoléon. L'officier de l'état civil qui a reçu l'acte de mariage d'une femme ayant déjà été mariée , avant le terme prescrit par l'article 228 dudit code , sera puni d'une amende , sans préjudice des dispositions pénales du titre V du livre 1 du même Code. *Voy.* Fonctionnaires publics , n°s. 24 et 25.

Les père et mère qui auront facilité la débauche de leurs enfans , seront privés des droits et avantages à eux accordés par le Code Napoléon , liv. 1 , tit. IX : *De la puissance paternelle. Voy.* Mœurs , n°. 6.

Déclaration prescrite , lors d'un accouchement , par l'art. 56 du Code Napoléon , et dans le délai fixé par l'art. 55 du même Code. *Voy.* Enfant , n°. 2.

Toute personne qui trouve un enfant nouveau-né , doit le remettre à l'officier de l'état civil , d'après l'article 58 du même Code Napoléon. *Voy.* Enfant , n°. 3.

Le ravisseur qui a épousé la fille qu'il a enlevée , ne peut être poursuivi que sur la plainte des personnes qui , d'après le Code Napoléon , ont le droit de demander la nullité du mariage. *Voy.* Mineur , n°. 4.

Les Cours et Tribunaux doivent se conformer aux dispositions du Code Napoléon , liv. 3 , tit. IV , chap. 2 , dans les cas de responsabilité civile qui se présenteront dans les affaires criminelles , correctionnelles ou de police. *Voy.* Peines , n°. 63.

Code pénal. En tout ce qu'il ne règle pas ,

les lois et règlemens actuellement en vigueur seront exécutés. *Voy.* Dispositions générales , n°. 2.

Les dispositions de ce Code ne s'appliquent pas aux contraventions , délits et crimes *militaires. Voy.* Dispositions préliminaires , n°. 5.

Code rural. *Voy.* Dispositions générales , n°. 2 et la Note.

Coffre. L'enlèvement des coffres est compris dans la classe des effractions intérieures. *Voy.* Vols , n°. 18.

Collusion. Peine contre les officiers de l'état civil qui , lorsque le consentement des pères et mères et autres personnes est prescrit , pour la validité d'un mariage , ne se seront pas assurés de l'existence de ce consentement , lors même que la nullité de leurs actes n'aurait pas été demandée , ou aurait été couverte , le tout sans préjudice des peines plus fortes prononcées en cas de collusion. *Voy.* Fonctionnaires publics , n°s. 23 et 25.

Si ces officiers ont reçu l'acte de mariage d'une femme ayant déjà été mariée , avant le terme prescrit. *Voy.* Fonctionnaires publics , n°s. 24 et 25.

Colon. Animal tué sans nécessité dans les bâtimens , enclos et dépendances , ou sur les terres dont le maître de l'animal tué , était colon. *Voy.* Destruction , n°s. 17 , 18 , 19 et 26.

Colporteur. *Voy.* Écrits. Contrefaçon. Commerce.

Combat. *Voy.* État , n°s. 10 et 11.

Comédien. *Voy.* Directeur de spectacle.

Commandant de bandes de malfaiteurs. *Voy.* Malfaiteurs , n°. 3.

—— de bandes armées. *Voy.* Bandes.

COMMANDANT de la force publique. Tout commandant , tout officier ou sous officier de la force publique qui , après en avoir été légalement requis par l'Autorité civile , aura refusé de faire agir la force à ses ordres , sera puni d'un emprisonnement d'un mois à trois mois, sans préjudice des réparations civiles qui pourraient être dues aux termes de l'article 10 du présent Code. 234. (a)

Cet article 10 se trouve au mot PEINES, n°. 5.

Voy. Dispositions générales, n°. 1.

Commandant en chef. *Voy.* Evasion.

—— des divisions militaires, des départemens ou des places, qui font le commerce des grains ou boissons. *Voy.* Fonctionnaires publics, n°. 6.

Outrages par paroles ou par gestes, qui sont faits aux Commandans, dans l'exercice ou à l'occasion de leurs fonctions. *Voy.* Fonctionnaires publics, n°ˢ. 31, 32 et 34;

Par coups et blessures. *Voy.* Fonctionnaires publics, n°ˢ. 37, 38, 39 et 40.

Peines contre le commandant en chef ou en sous-ordre qui, sans motif légitime, a usé ou fait user de violences envers les personnes, dans l'exercice ou à l'occasion de l'exercice de ses fonctions. *Voy.* Fonctionnaires publics, n°. 16.

Peines contre le commandant qui tiendra son armée ou troupe rassemblée, après que le licenciement ou la séparation en auront été ordonnés. *Voy.* Etat, n°ˢ. 14, 23, 24, 25, 26, 27, 28 et 29.

Voy. Etat. Chef. Armée.

COMMANDEMENT. Ceux qui, sans droit ou motif légitimes, auront pris le commandement d'un corps d'armée. *Voy.* Etat, n°ˢ. 14, 23, 24, 25, 26, 27, 28 et 29.

—— de bandes armées. *Voy.* Bandes.

Ceux qui n'ont exercé dans ces bandes aucun commandement. *Voy.* Etat, n°. 21.

—— militaire. Ceux qui ont retenu, contre l'ordre du Gouvernement, un commandement militaire quelconque. *Voy.* Etat, n°ˢ. 14, 23, 24, 25, 26, 27, 28 et 29.

COMMENCEMENT D'EXÉCUTION. Celui qui manifeste une tentative de crime. *Voy.* Dispositions préliminaires, n°. 2.

Voy. Ouvriers, n°ˢ. 1 et 2. Tentatives.

~~~~~~~~~~~~~~~~~~~~~~~~~

COMMERCE. 1°. Tous ceux qui, par des faits faux ou calomnieux, semés à dessein dans le public, par des sur-offres faites aux prix que demandaient les vendeurs eux-mêmes, par réunions ou coalitions entre les principaux détenteurs d'une même marchandise ou denrée, tendant à ne la pas vendre ou à ne la vendre qu'à un certain prix; ou qui, par des voies ou moyens frauduleux quelconques, auront opéré la hausse ou la baisse du prix des denrées ou marchandises, ou des papiers et effets publics au-dessus ou au-dessous des prix qu'aurait déterminés la concurrence

---

(a) « La force publique est uniquement agissante. Elle n'a pas le droit d'examiner si elle était ou non nécessaire, lorsque les magistrats l'ont requise : et son devoir est d'obéir. » *Rapport par M. Noailles.*

naturelle et libre du commerce, seront punis d'un emprisonnement d'un mois au moins, d'un an au plus, et d'une amende de cinq cent francs à dix mille francs. Les coupables pourront, de plus, être mis, par l'arrêt ou le jugement, sous la surveillance de la haute police, pendant deux ans au moins et cinq ans au plus. 419. (a)

Voy. Dispositions générales, n°. 1.

2". La peine sera d'un emprisonnement de deux mois au moins, et de deux ans au plus, et d'une amende de mille francs à vingt mille francs, si ces manœuvres ont été pratiquées sur grains, grenailles, farines, substances farineuses, pain, vin, ou toute autre boisson.

La mise en surveillance qui pourra être prononcée, sera de cinq ans au moins, et dix ans au plus. 420. (b)

Voy. Dispositions générales, n°. 1.

3°. Les paris qui auront été faits sur la hausse ou sur la baisse des effets publics, seront punis des peines portées par l'article 419 (ci-dessus). 421.

4°. Sera réputée pari de ce genre, toute convention de vendre ou de livrer des effets publics, qui ne seront pas prouvés par le vendeur avoir existé à sa disposition, au temps de la convention, ou avoir dû s'y trouver au temps de la livraison. 422. (c)

(a) « Les accaparemens, les jeux à la hausse et à la baisse, dangereux dans tous les temps, le sont, peuvent le devenir plus particulièrement au milieu de circonstances données, quand le corps politique est menacé de quelque secousse ou seulement de quelques embarras. »

« Ces manœuvres de la cupidité, de l'intrigue, et quelquefois de la haine contre le gouvernement et la patrie, ne sont pas oubliées. » *Rapport de M. Louvet.*

« La disposition de l'article ne peut s'appliquer à ces spéculations franches et locales qui distinguent le vrai commerçant. Celles-ci, fondées sur des réalités, sont utiles à la société. Loin de créer tour à tour les baisses excessives et les hausses exagérées, elles tendent à les contenir dans les limites que comporte la nature

des circonstances, et par là servent le commerce, en le préservant des secousses qui lui sont toujours funestes. » *Motifs.*

(b) « Ici la peine est double, parce qu'il s'agit d'objets de première nécessité. » *Rapport de M. Louvet.*

(c) « Il résulte de cette définition que le but de la loi est de réprimer une foule de spéculateurs, qui, sans avoir aucune espèce de solvabilité, ne craignent point de tromper ceux avec lesquels ils traitent. La loi soumet le vendeur à la preuve qu'elle exige, parce que c'est lui qui promet de livrer la chose ; mais si la promesse de livrer existe de la part des deux contractans, la preuve est nécessaire pour l'un et pour l'autre : car tous deux sont respectivement vendeurs et acheteurs. »

5°. Quiconque aura trompé l'acheteur sur le titre des matières d'or ou d'argent ; sur la qualité d'une pierre fausse vendue pour fine; sur la nature de toutes marchandises ; quiconque, par usage de faux poids ou de fausse mesure, aura trompé sur la quantité des choses vendues, sera puni de l'emprisonnement pendant trois mois au moins, un an au plus, et d'une amende qui ne pourra excéder le quart des restitutions et dommages-intérêts, ni être au-dessous de cinquante francs.

Les objets du délit, ou leur valeur, s'ils appartiennent encore au vendeur, seront confisqués ; les faux poids et les fausses mesures seront aussi confisqués, et de plus seront brisés. 423.
Voy. Dispositions générales, n°. 1.

6°. Si le vendeur et l'acheteur se sont servis, dans leurs marchés, d'autres poids et mesures que ceux qui ont été établis par les lois de l'Etat, l'acheteur sera privé de toute action contre le vendeur qui l'aura trompé par l'usage de poids ou de mesures prohibés ; sans préjudice de l'action publique, pour la punition, tant de cette fraude que de l'emploi même des poids et mesures prohibés.

La peine, en cas de fraude, sera celle portée par l'article précédent.

La peine, pour l'emploi des mesures et poids prohibés, sera déterminée par le livre IV du présent Code, contenant les peines de simple police. 424. (*d*)
Voy. Contraventions, n°. 12, §. V et VI, n°. 13, §. II, n°. 14, §. I, n°s. 15 et 16.

« Ce moyen de répression, loin de nuire en aucune manière aux opérations des spéculateurs honnêtes et délicats, les rendra moins périlleuses, en les délivrant du concours de ceux qui, n'ayant rien à perdre, osent tout risquer. » *Motifs.*

(*d*) « L'usage de faux poids ou de fausses mesures comprend nécessairement une fraude. Il n'en est pas de même de l'usage des poids ou mesures anciens : celui-ci peut n'être pas accompagné de fraude ; et si la fraude n'existe pas, ce n'est point un délit, c'est une contravention. Sans doute, cette contravention doit être réprimée ; car, la loi sur l'uniformité des poids et mesures est d'une utilité qui ne peut être méconnue que par l'ignorance et les préjugés ; et ceux qui ne s'empressent pas de se conformer à cette loi, s'étonneront un jour d'avoir pu douter de sa sagesse. Au reste, lorsqu'ils sont trompés, ils ne peuvent pas prétendre que la loi doit venir à leur secours, comme s'ils l'avaient été par l'usage de faux poids ou de fausses mesures, ayant la forme légale. Dans ce dernier cas, la loi les considérerait comme victimes d'une fraude dont ils n'ont pas dû se défier. Mais, lorsqu'ils consentent à ce qu'on emploie à leur égard, des poids ou mesures que la loi pro-

Ceux qui abusent des faiblesses d'un mineur, pour lui faire souscrire des effets de
commerce. *Voy.* Confiance, n°. 1.

Altération d'écritures ou de signatures en
écritures de commerce. *Voy.* Faux, n°s. 1,
2, 3, 4, 19, 20 et 21.

Peines contre les commandans des divisions
militaires, des départemens ou des places et
villes, les Préfets ou sous-Préfets, qui font
le commerce des grains, grenailles, farines,
substances farineuses, vins ou boissons. *Voy.*
Fonctionnaires publics, n°. 6.

Commis d'une maison de commerce, qui
gâtent volontairement des marchandises ou
matières servant à fabrication. *Voy.* Destruction, n°s. 7 et 26.

Individus qui auront contrefait le sceau,
timbre ou marque d'une Autorité quelconque
ou d'un établissement particulier de commerce, ou qui auront fait usage des sceaux,
timbres, ou marques contrefaits. *Voy.* Contrefaction, n°. 4. Faux, n°s. 19, 20 et 21;

Ceux qui auront fait usage des vrais sceaux,
etc. pour porter préjudice à cet établissement.
Voy. Contrefaction, n°. 5. Faux, n°s. 19 et 20.

Effets de commerce, brûlés ou détruits
d'une manière quelconque. *Voy.* Destruction,
n°. 3.

Voy. Banqueroute. Dispositions générales,
n°. 2 et la Note.

* * *

COMMIS. *Voy.* Concussion. Dépositaires publics. Employés.

—— de Fabrique. Ceux qui communiquent à des étrangers, et même à des français résidant en France, les secrets d'une
Fabrique. *Voy.* Manufacture, n°. 3;

Qui gâtent volontairement des marchandises ou matières servant à fabrication. *Voy.*
Destruction, n°s. 7 et 26.

Peines contre les personnes qui, dans la
vue de nuire à l'industrie française, auront
fait passer en pays étranger des commis d'un
établissement. *Voy.* Manufacture, n°. 2.

COMMISSAIRES DE POLICE. *Voy.* Aubergistes. Officiers de police. Adjoints.

COMMODE. Meuble. L'enlèvement d'une commode est compris dans les effractions intérieures. *Voy.* Vols, n°. 18.

libe, ils se rendent complices d'une contravention; ils ont dû prévoir les risques auxquels ils
se sont exposés, et la loi leur refuse toute action, pour en obtenir la réparation. Ainsi, le
vendeur et même l'acheteur, quoique trompés,
seront punis; le premier, pour avoir commis

une fraude et une contravention, et on lui appliquera la peine relative à l'usage des faux poids
et mesures; quant au second, c'est-à-dire, à
l'acheteur, il sera condamné pour la contravention, à une peine de simple police. » *Motifs.*

COMMUNAUTÉS RELIGIEUSES.

COMMUNAUTÉS RELIGIEUSES. *Voy.* Associations illicites.

COMMUNE. Les amendes pour contravention seront appliquées au profit de la commune où la contravention aura été commise. *Voy.* Peines, n°. 67.

L'attentat ou le complot ayant pour but de porter la dévastation, le massacre et le pillage dans une ou plusieurs communes. *Voy.* Etat, n°s. 12, 18, 23, 24, 25, 26, 27, 28 et 29.

Envahissement des propriétés d'une généralité de citoyens. *Voy.* Etat, n°s. 17, 23, 24, 25, 26, 27, 28 et 29.

Communes où seront affichés les arrêts portant des peines afflictives et infamantes, ou seulement infamantes. *Voy.* Peines, n°. 31.

Négligence de nettoyer les rues ou passages dans les communes où ce soin est laissé à la charge des habitans. *Voy.* Contraventions, n°. 4, §. III, n°s. 7 et 16.

Avertissement à donner au maire de la commune par tout détenteur ou gardien d'animaux ou de bestiaux soupçonnés d'être in-

fectés de maladie contagieuse. *Voy.* Destruction, n°s. 23 et 26.

Les vagabonds peuvent être réclamés par délibération du conseil municipal de la commune où ils sont nés. *Voy.* Vagabondage, n°. 5.

Voy. Deniers communaux.

COMMUNICATION. *Voy.* Contagion.

—— des secrets d'une fabrique. *Voy.* Manufacture, n°. 3.

COMMUTATION DE PEINES. *Voy.* Peines, n°s. 56, 60 et 61. Ecrits, n°s. 2 et 6. Arrestations illégales, n°. 3. Homicide, n°. 18. Dispositions générales, Note (*a*).

COMPAGNIE. *Voy.* Fournisseurs. Associations illégales.

COMPAGNONS. *Voy.* Vols, n°. 8, §. III. Ouvriers. Coalition.

COMPLICITÉ. *Voy.* Complices.

Peines contre ceux qui, connaissant une fabrique ou un dépôt de fausse monnaie, n'auront pas révélé ce qu'ils savent, lors même qu'ils seraient exempts de toute complicité. *Voy.* Monnaie, n°s. 5 et 6.

~~~~~~~~~~~~~~~~~~~~~~~~

COMPLICES. 1°. Les complices d'un crime ou d'un délit seront punis de la même peine que les auteurs mêmes de ce crime ou de ce délit, sauf les cas où la loi en aurait disposé autrement. 59. (*a*)

2°. Seront punis comme complices d'une action qualifiée crime ou délit, ceux qui, par dons, promesses, menaces, abus d'autorité ou de pouvoir, machinations ou artifices coupables, auront provoqué à cette action ou

(*a*) « Tout individu, coupable d'une action qualifiée crime ou délit, est punissable de la peine que la loi prononce. »

« Mais ce n'est pas l'auteur seulement qu'elle frappe, elle doit atteindre ses complices, et ceux qui, *sciemment*, ont profité du résultat du crime ou délit. Jusqu'ici, la peine était la même pour tous. Le Code de 1791 porte, sans restriction, que *les complices seront punis de la même peine que les auteurs du crime* : le nouveau Code

ajoute : *sauf les cas où la loi en aurait disposé autrement.* Plusieurs cas de cette espèce sont indiqués dans différentes parties de ce dernier Code : on y trouve des dispositions pénales dont les nuances et les différences attestent qu'il est reconnu en principe que les peines à infliger aux complices et aux auteurs, peuvent souvent ne pas être semblables. Parmi les exemples qui peuvent en être cités, hors des dispositions qui se trouvent sous le mot COMPLICES, en remarquera

8

donné des instructions pour la commettre ;

Ceux qui auront procuré des armes , des instrumens , ou tout autre moyen qui aura servi à l'action , sachant qu'ils devaient y servir ;

Ceux qui auront , avec connaissance , aidé ou assisté l'auteur ou les auteurs de l'action , dans les faits qui l'auront préparée ou facilitée , ou dans ceux qui l'auront consommée , sans préjudice des peines qui seront spécialement portées par le présent Code , contre les auteurs de complots ou de provocations attentatoires à la sureté intérieure ou extérieure de l'Etat , même dans le cas où le crime qui était l'objet des conspirateurs ou des provocateurs n'aurait pas été commis. 6o. (*b*)

3°. Ceux qui , connaissant la conduite criminelle des malfaiteurs , exerçant des brigandages ou des violences contre la sureté de

---

l'article 98 (*1*) , où la peine encourue par les complices des séditions , n'est pas la même que celle des chefs ; l'article 148 (*2*) , énonçant que ceux qui ont fait *sciemment* usage d'une pièce fausse , fabriquée par un officier public , ne seront punis que des travaux forcés à temps , tandis que les auteurs y sont condamnés à perpétuité. On trouvera aussi des différences établies dans le paragraphe concernant les évasions de détenus , article 237 et suivans (*3*) ; dans les articles 267 et 268 , relatifs aux complices des bandes de vagabonds (*4*) ; dans les articles 415 (*5*) , 438 (*6*) et 441 (*7*) , concernant les coalitions d'ouvriers ; l'opposition , par voies de fait , à des ouvrages publics ; les pillages , dévastations et dégâts commis par des bandes ou réunions. Sans chercher les autres exemples que le Code peut fournir , ceux-ci , réunis à la disposition de l'article 59 (*8*) , suffisent pour prouver que la loi nouvelle contient une grande amélioration sur ce point. » *Rapport par M. Riboud.*

(1) Voy. Etat , n°. 19.
(2) Voy. Faux , n°. 4.
(3) Voy. Évasion de détenus.
(4) Voy. Malfaiteurs.
(5) Voy. Ouvriers.
(6) Voy. Destruction , n°. 2.
(7) Voy. Destruction , n°. 5.
(8) Voy. Complices , n°. 1.

(*b*) « Les provocations au crime , par dons , promesses , ordres ou menaces ; l'administration des moyens ou des armes ; l'aide et l'assistance dans les faits qui ont préparé ou facilité l'exécution , et dans ceux qui l'ont consommée , caractérisent dans le Code de 1791 , les divers genres de complicité : à la même énumération des moyens de participation , le nouveau Code ajoute *les abus d'autorité et de pouvoir* , *les machinations et artifices coupables* , dont les effets sont aussi dangereux que le concours personnel des agens directs du crime. »

« Le mot *ordres* , inséré dans la loi de 1791 , ne comprend point suffisamment les abus d'autorité et de pouvoir ; ceux-ci peuvent avoir lieu sans émaner d'ordres précis et être colorés sous des prétextes spécieux , dont il est possible de parvenir à découvrir et punir la connexité avec le crime commis. »

« Il en est de même des machinations et artifices coupables , trop indirectement compris dans la classe des faits par lesquels l'exécution a été préparée ou facilitée. Il est des combinaisons si éloignées , des machinations si compliquées , l'art et l'astuce ont tant de moyens de voiler leur action , que des juges et des jurés , quoique convaincus de leur existence , ne se permettraient pas de les prendre en considération , si la loi ne leur en fait un devoir spécial. » *Même rapport.*

l'Etat, la paix publique, les personnes ou les propriétés, leur fournissent habituellement logement, lieu de retraite ou de réunion, seront punis comme leurs complices. 61. (c)

4°. Ceux qui, sciemment, auront recélé, en tout ou en partie, des choses enlevées, détournées ou obtenues à l'aide d'un crime ou d'un délit, seront aussi punis comme complices de ce crime ou délit. 62. (d)

5°. Néanmoins, à l'égard des recéleurs désignés dans l'article précédent, la peine de mort, des travaux forcés à perpétuité, ou de la déportation, lorsqu'il y aura lieu, ne leur sera appliquée qu'autant qu'ils seront convaincus d'avoir eu, au temps du recélé, connaissance des circonstances auxquelles la loi attache les peines de ces trois genres ; sinon

(c) « Cet article remplit une lacune importante du Code de l'Assemblée Constituante. Désormais, la classe dangereuse des individus dont l'habitation sert d'asile à des malfaiteurs, et qui leur fournissent habituellement logement, retraite ou point de réunion, sera assimilée aux complices. Si les malfaiteurs épars ne trouvaient point les repaires où ils se rassemblent, se cachent, concertent leurs crimes, en déposent les fruits, la formation de leurs bandes et leurs associations seraient plus difficiles ou plus promptement découvertes : on ne peut les recevoir habituellement sans connaître leurs projets et leur conduite, et sans y participer. Une hospitalité qui entraîne la connivence, n'est point suffisamment comprise dans la disposition de la loi de 1791, qui désigne ceux qui ont facilité ou préparé l'exécution. Ces expressions ne doivent être considérées applicables qu'aux facilités directes de commettre l'acte criminel lui-même, et il importait de désigner positivement les individus dont il s'agit ici. »

« Il faut bien se garder de les confondre avec ceux qui ont recélé sciemment des prévenus de crime emportant peine afflictive et infamante dont il est fait mention dans l'art. 248. (1). Ceux-ci ne sont passibles que de peines correctionnelles, parce qu'il ne s'agit que du recèlement d'hommes qui cherchent à se soustraire aux poursui-

(1) Voy. Recèlement.

tes, tandis que l'article dont il est question, ne s'occupe que de ceux dont les maisons sont le foyer des malfaiteurs ; il ne concerne pas non plus diverses autres espèces de recèlement, mentionnées dans le cours du Code, tels que celui d'un enfant pour le soustraire ou en supposer un autre à sa place ; celui d'une fille au-dessous de seize ans, qui a été enlevée ; celui du cadavre de l'individu homicidé ou mort des suites de ses blessures ; celui d'un détenu évadé : et dans tous ces cas, il est prononcé des peines particulières qui n'ont aucun rapport avec celle du crime dont il s'agit. » Rapport par M. Riboud.

(d) « On a évité dans cette définition du recélé, les inconvéniens de celle de la loi de 1791, relativement au cas où les effets volés auraient été reçus gratuitement ou achetés par un individu instruit qu'ils provenaient d'un vol. Le besoin, le bon marché peuvent déterminer à un bénéfice illicite ; il est punissable, sans doute ; mais, la peine de l'auteur infligée par cette loi, a dû déterminer une nouvelle rédaction dans des termes généraux qui puissent embrasser tous les cas, et conduire, s'il y a lieu, à une graduation de peine. Dans les dispositions de l'article dont il s'agit, on enveloppe tout ce qui est compris dans la loi de 1791 ; on élague ce qui est vague, et l'on dit beaucoup plus, puisque l'on exprime tout ce qui peut avoir été détourné ou obtenu à l'aide d'un crime ou délit quelconque. » Même rapport.

ils ne subiront que la peine des travaux forcés à temps. 63. (*e*)

Complices de banqueroute. *Voy.* Banqueroute, n°. 2.

—— d'adultère. *Voy.* Mœurs, n°. 9. Homicide, n°. 16.

—— de bris de scellés. *Voy.* Scellés, n°. 3.

Ceux qui, ayant connaissance d'une fabrique ou d'un dépôt de monnaies d'or, d'argent, billon ou cuivre, n'ont pas révélé ce
qu'ils savent, lors même qu'ils seraient reconnus exempts de toute complicité. *Voy.* Monnaie, n°. 5.

Amende dont le *maximum* pourra être porté
jusqu'au quart du bénéfice illégitime que le
faux aura procuré ou était destiné à procurer
aux auteurs du crime ou à leurs complices.
Voy. Faux, n°. 20.

Cas où la peine de complicité restera applicable à ceux qui n'auront point fait connaître les personnes dont ils auront reçu un
écrit imprimé, contenant des provocations à
des crimes ou délits, pour le crier, afficher,
vendre et distribuer. *Voy.* Ecrits, n°. 3.

Voy. Bruits injurieux ou nocturnes. Etat.
Provocation. La Note (*a*) ci-devant.

~~~~~~~~~~~~~~~~~~

COMPLOT. Ce qui le constitue. *Voy.* Empereur, n°. 4.

Proposition de le former. *Voy.* Empereur,
n°. 5.

—— dont le but est d'exciter la guerre
civile, la dévastation, le massacre et le pillage. *Voy.* Etat, n°s. 12, 18, 23, 24, 25,
26, 27, 28 et 29.

Ceux qui ont eu connaissance de complots
contre la sureté intérieure ou extérieure de
l'Etat, et qui ne les ont pas révélés. *Voy.*
Etat, n°s. 24, 25, 26, 27, 28 et 29.

Concert de mesures qui aurait pour
objet ou résultat un complot attentatoire à
la sureté intérieure de l'Etat. *Voy.* Fonctionnaires publics, n°s. 3 et 4.

(*e*) « Il est établi une différence positive entre
la peine du recélé *sciemment* fait, mais sans connaissance des circonstances aggravantes et celle
du recélé qui a eu lieu avec cette connaissance,
auquel cas le recéleur adhère et s'incorpore com-
plètement aux aggravations du crime et de la
peine. » *Rapport par M. Riboud.*

« Il convient, pour condamner le recéleur à
la même peine que l'auteur du crime, qu'il y
ait certitude qu'en recevant la chose, il connais-
sait toute la gravité du crime dont elle était le
fruit. A défaut de cette certitude, la sévérité de
la loi se borne à prononcer contre lui la peine
la plus forte parmi les peines temporaires. L'absence de la distinction établie par l'article dont
il s'agit, a souvent été cause que des recéleurs
ont restés impunis. On a déclaré des recéleurs
non convaincus de complicité, pour ne pas leur
faire subir une peine dont l'excessive rigueur pa-
raissait injuste. » *Motifs.*

Les coupables de complots contre la sureté intérieure ou extérieure de l'Etat, qui les auront révélés avant toute exécution ou tentative, et avant le commencement des poursuites, ou qui, même depuis le commencement des poursuites, auront procuré l'arrestation des auteurs desdits complots ou des complices, seront exempts des peines prononcées contre lesdits auteurs ou complices ; ils pourront néanmoins être condamnés à rester pour la vie ou à temps, sous la surveillance spéciale de la haute police. *Voy.* Etat, n°. 29.

Ceux qui sont complices de complots contre la sureté intérieure ou extérieure de l'Etat. *Voy.* Etat, n°ˢ. 23, 24, 25, 26, 27, 28 et 29.

Voy. Attentat. EMPEREUR. Révélation. Complices.

COMPOSITION. Edition de composition musicale, de dessin, de peinture ou de toute autre production, au mépris des lois et réglemens relatifs à la propriété des auteurs. *Voy.* Contrefaçon.

COMPTABLE. *Voy.* Dépositaires publics.

COMPTE. Celui à rendre du produit des méfaits, établit l'association de malfaiteurs. *Voy.* Malfaiteurs.

COMTE. Ceux qui usurpent ce titre. *Voy.* Fonctions publiques, n°. 2.

CONCERT. Celui de mesures contraires aux lois, à leur exécution, aux ordres du Gouvernement, ou à la sureté intérieure de

l'Etat. *Voy.* Fonctionnaires publics, n°ˢ. 1, 2, 3 et 4.

Concert entre les Autorités civiles et militaires. *Voy.* Fonctionnaires publics, n°. 2.

—— qui constitue un fait d'espionnage. *Voy.* Etat, n°. 4.

—— pour empêcher les citoyens d'exercer leurs droits civiques, soit dans tout l'Empire, soit dans un ou plusieurs départemens, soit dans un ou plusieurs arrondissemens. *Voy.* Droits civiques, n°. 2.

Voy. Coalition.

CONCIERGES. *Voy.* Evasion. Liberté individuelle.

CONCLUSIONS. Celles du Ministère public pour jugement d'une affaire, avant la décision de l'Autorité supérieure, malgré la revendication de l'Autorité administrative. *Voy.* Empiétement, n°. 2 ;

Pour ordonnances ou mandats contre les agens ou préposés du Gouvernement, prévenus de crimes ou délits commis dans l'exercice de leurs fonctions, ces poursuites n'étant pas autorisées. *Voy.* Empiétement, n°. 3.

CONCUBINAGE. *Voy.* Concubine.

CONCUBINE. Peine contre le mari qui en entretient une dans sa maison. *Voy.* Mœurs, n°ˢ. 7 et 10.

CONCURRENCE. Celle de l'amende ou de la confiscation, avec les restitutions et les dommages-intérêts. *Voy.* Peines, n°. 49.

—— naturelle et libre du commerce. *Voy.* Commerce, n°. 1.

~~~~~~~~~~~~~~~~~~~~~~~~~~~

CONCUSSION (*a*). Tous fonctionnaires, tous officiers publics, leurs commis ou préposés, tous percepteurs des droits, taxes, contributions, deniers, revenus publics ou communaux, et leurs commis ou préposés, qui se seront rendus coupables du crime de concussion, en ordonnant de percevoir, ou

(*a*) « Ce crime existe toutes les fois qu'un fonctionnaire exige ou reçoit ce qu'il sait ne lui être pas dû, ou excéder ce qui lui est dû ; et l'on conçoit aisément que s'il importe de poser des barrières contre la cupidité, c'est surtout quand elle se trouve unie au pouvoir. » *Motifs.*

en exigeant ou recevant ce qu'ils savaient n'être pas dû, ou excéder ce qui était dû pour droits, taxes, contributions, deniers ou revenus, ou pour salaires ou traitemens, seront punis, savoir, les fonctionnaires ou les officiers publics, de la peine de la réclusion, et leurs commis ou préposés, d'un emprisonnement de deux ans au moins, et de cinq ans au plus.

Les coupables seront de plus condamnés à une amende, dont le *maximum* sera le quart des restitutions et des dommages-intérêts, et le *minimum*, le douzième. 174. (*b*)

Voy. Dispositions générales, n°. 1.

CONCUSSIONNAIRE. *Voy.* Concussion.

CONDAMNATION. Celle aux peines établies par la loi, est toujours prononcée sans préjudice des restitutions et dommages-intérêts. *Voy.* Peines, n°. 5.

Quel jour aucune condamnation ne pourra être exécutée. *Voy.* Peines, n°. 20.

En quel lieu se fera l'exécution. *Voy.* Peines, n°. 21.

Le mari est le maître d'arrêter l'effet de la condamnation de sa femme convaincue d'adultère, en consentant à la reprendre. *Voy.* Mœurs, n°. 8.

Les condamnations aux travaux forcés à perpétuité et à la déportation emportent mort civile. *Voy.* Peines, n°. 13.

L'exécution des condamnations à l'amende, aux restitutions, aux dommages-intérêts et aux frais, peut être poursuivie par la voie de la contrainte par corps. *Voy.* Peines, n°s. 47 et 68.

Condamnations qui peuvent être prononcées pour crimes ou délits. *Voy.* Peines, depuis le n°. 39 jusques au n°. 50 inclusivement. En cas de récidive. *Voy.* Peines, n°s. 51, 52 et 53.

La confiscation générale n'est la suite nécessaire d'aucune condamnation. *Voy.* Peines, n°. 32.

Durée de l'emprisonnement pour l'acquit des condamnations pécuniaires. *Voy.* Peines, n°s. 48 et 68.

Voy. Peines. Vieillards. Accusés. Arrêt. Condamnés. Durée.

CONDAMNÉS. Confiscation du corps du délit qui appartient aux condamnés. *Voy.* Peines, n°. 6.

—— à l'amende. *Voy.* Amende.

—— au bannissement. *Voyez* Bannissement.

—— au carcan. *Voy.* Carcan.

(*b*) « La différence qui existe dans la peine infligée au fonctionnaire, et celle infligée aux simples commis ou préposés, n'a pas besoin d'être justifiée. Le fonctionnaire, investi d'un plus haut caractère, doit aux autres citoyens l'exemple d'une conduite pure et sans tache, et est bien plus répréhensible, quand il tombe en faute. » *Motifs.*

« Le crime de concussion de la part des

fonctionnaires préposés pour la perception des impôts, est extrêmement grave, puisque, outre le vol commis envers le contribuable, vol qui mérite toute l'animadversion de la loi, on aigrit encore celui-ci contre le gouvernement le plus juste, en lui persuadant que c'est par son ordre qu'on exige de lui des impôts trop forts. » *Rapport par M. Noailles.*

Condamnés à la confiscation générale. *Voy.* Confiscation générale.

—— à la confiscation spéciale. *Voy.* Confiscation spéciale.

—— à la dégradation civique. *Voy.* Dégradation civique.

—— à la déportation. *Voy.* Déportation.

—— à l'emprisonnement. *Voy.* Emprisonnement.

—— à l'interdiction de certains droits civiques, civils ou de famille. *Voy.* Interdiction.

—— à la marque ou flétrissure. *Voyez* Marque.

—— à la mort. *Voy.* Mort.

—— à la réclusion. *Voy.* Réclusion.

—— à la surveillance de la haute police. *Voy.* Surveillance.

Cas où les condamnés subiront la flétrissure. *Voy.* Peines, n°. 15. Marque.

Cas où ils seront attachés au carcan. *Voy.* Peines, n°. 17. Carcan.

Si une femme condamnée se déclare enceinte. *Voy.* Peines, n°. 22.

Cas où les condamnés seront placés sous la surveillance de la haute police. *Voy.* Peines, n°s. 43, 44 et 45. Surveillance.

Insuffisance de leurs biens. *Voy.* Peines, n°. 49.

Leur solidarité. *Voy.* Peines, n°. 50.

Peines de la récidive à prononcer contre les condamnés. *Voy.* Peines, n°s. 51, 52 et 53.

Le condamné, âgé de moins de seize ans, ne subira pas l'exposition publique. *Voy.* Peines, n°. 57.

Condamné aux travaux forcés, qui a atteint sa soixante-dixième année. *Voy.* Peines, n°. 61.

Peine contre le condamné qui a enfreint l'ordre de s'éloigner du lieu où siège le magistrat qu'il a frappé. *Voy.* Fonctionnaires publics, n°. 36.

Réunion de condamnés avec ou sans armes, accompagnée de violence ou de menaces contre l'Autorité. *Voy.* Rebellion, n°. 11, §. III, n°s. 12 et 10.

Droits dont sont déchus les individus con-

damnés aux travaux forcés à temps, au bannissement, à la réclusion et au carcan. *Voy.* Peines, n°s. 23 et 24.

A quelle époque, les biens sont-ils remis aux condamnés qui, pendant la durée de leur peine, étaient en état d'interdiction légale ?

Compte à leur rendre par leur curateur. Il ne peut leur être remis, pendant la durée de la peine, aucune somme, ni provision, ni portion de revenus. *Voy.* Peines, n°s. 25 et 26.

Voy. Peines. Vieillard. Accusé. Condamnation.

CONDITIONS. Celles qu'il plaira à l'Autorité publique d'imposer à une association de plus de vingt personnes. *Voy.* Associations illicites, n°. 1.

Si ces conditions sont enfreintes. *Voy.* Associations illicites, n°. 2.

Menaces faites avec ordre de remplir une condition. *Voy.* Menaces, n°s. 1, 3 et 4.

Menaces qui ne sont accompagnées d'aucune condition. *Voy.* Menaces, n°. 2.

Voy. Homicide, n°. 2. Faux.

CONDUCTEURS. Devoir de ceux de voiture ou de bêtes de charge. *Voy.* Contraventions, n°. 8, §. III et IV, n°s. 9, 11 et 16.

—— de détenus. *Voy.* Evasion.

—— d'aveugles. *Voy.* Mendicité.

Ceux qui, n'étant pas conducteurs de détenus, en facilitent l'évasion. *Voy.* Evasion.

CONDUITE. Caution de bonne conduite à fournir par le condamné, renvoyé sous la surveillance de la haute police. *Voy.* Peines, n°. 39.

Ceux qui, connaissant la conduite des malfaiteurs exerçant des brigandages, etc. leur fournissent habituellement logement, lieu de retraite ou de réunion. *Voy.* Complices, n°. 3.

Préposés à la conduite des détenus, qui les laissent évader. *Voy.* Evasion.

Peines contre les personnes qui, n'étant pas chargées de la conduite des détenus, en facilitent l'évasion. *Voy.* Evasion.

Les vagabonds, après avoir subi leur peine,

demeureront à la disposition du Gouvernement, pendant le temps qu'il déterminera, eu égard à leur conduite. *Voy.* Vagabondage, n°. 3.

Voy. Certificats.

CONFECTION. Opposition à celle de tra-

vaux autorisés par le Gouvernement. *Voyez* Destruction, n°^s. 2 et 26.

Intercalation d'écritures sur des registres ou autres actes publics, après leur confection. *Voy.* Faux, n°^s. 1, 3, 4, 19, 20 et 21.

CONFÉDÉRÉS. *Voy.* Alliés.

~~~~~~~~~~~~~~~~~~~~~~~~~~~~~~~

CONFIANCE (ABUS DE). 1°. Quiconque aura abusé des besoins, des faiblesses ou des passions d'un mineur, pour lui faire souscrire à son préjudice, des obligations, quittances ou décharges, pour prêt d'argent ou de choses mobilières, ou d'effets de commerce, ou de tous autres effets obligatoires, sous quelque forme que cette négociation ait été faite ou déguisée, sera puni d'un emprisonnement de deux mois au moins, de deux ans au plus, et d'une amende qui ne pourra excéder le quart des restitutions et des dommages-intérêts qui seront dûs aux parties lésées, ni être moindre de vingt-cinq francs.

La disposition portée au second paragraphe du précédent article, pourra de plus être appliquée. 406. (Ce précédent article, qui est 405, se trouve au mot ESCROQUERIE). (*a*)

Voy. Dispositions générales, n°. 1.

2°. Quiconque, abusant d'un blanc-seing qui lui aura été confié, aura frauduleusement écrit au-dessus une obligation ou décharge,

---

(*a*) « On vient au secours de la faiblesse et de l'inexpérience des mineurs, contre les artifices des hommes corrompus et cupides qui entourent malheureusement, quelquefois, cet âge. » *Rapport par M. Louvet.*

« Depuis long-temps, on gémissait de voir que cette espèce de corrupteurs de la jeunesse, pouvait impunément ruiner les fils de famille. En vain le Code Napoléon déclare que la simple lésion donne lieu à rescision en faveur du mineur émancipé contre toutes sortes de conventions. Ces hommes sans pudeur se font payer plus cher leurs avances, à raison des risques qu'ils courent; ils prennent toutes leurs précautions pour éluder l'application de la loi civile. Mais la crainte d'une peine correctionnelle pourra

les retenir, et les jeunes gens ne trouveront plus autant de facilité à se procurer des ressources désastreuses pour leurs fortunes, et quelquefois plus funestes encore sous le rapport des mœurs. » *Motifs.*

« La punition infligée à un délit aussi répréhensible, pourrait, au premier coup-d'œil, paraître trop légère; mais, si l'on considère que le mineur a toujours la voie de la restitution contre les engagemens qu'il a pu souscrire, et que pour les faire annuller, il lui suffit de prouver qu'il a été lésé; on trouvera que la peine est suffisamment élevée, sur-tout au moyen des dommages-intérêts que le mineur aura droit de demander et d'obtenir. » *Rapport par M. Louvet.*

ou

ou tout autre acte pouvant compromettre la personne ou la fortune du signataire, sera puni des peines portées en l'article 405. (Cet article se trouve au mot ESCROQUERIE).

Dans le cas où le blanc-seing ne lui aurait pas été confié, il sera poursuivi comme faussaire, et puni comme tel. 407. (*b*)

Voy. Faux, nᵒˢ. 6, 7, 19, 20 et 21.

3°. Quiconque aura détourné ou dissipé, au préjudice du propriétaire, possesseur ou détenteur, des effets, deniers, marchandises, billets, quittances, ou tous autres écrits contenant ou opérant obligation ou décharge, qui ne lui auraient été remis qu'à titre de dépôt ou pour un travail salarié, à la charge de les rendre ou représenter, ou d'en faire un usage ou un emploi déterminé, sera puni des peines portées par l'art. 406 (ci-dessus).

Le tout, sans préjudice de ce qui est dit aux art. 254, 255 et 256, relativement aux soustractions et enlèvement de deniers, effets ou pièces, commis dans les dépôts publics. 408.

(Les articles 254, 255 et 256 se trouvent au mot SCELLÉS, nᵒˢ. 6, 7 et 8.

Voy. Enfant. Mineurs. Mœurs.

CONFIDENCE. *Voy.* Secret.

CONFISCATION GÉNÉRALE. Elle peut être prononcée concurremment avec une peine afflictive, dans les cas déterminés par la loi.

Voy. Peines, nᵒ. 2.

Sa définition. *Voy.* Peines, nᵒ. 32.

Elle n'a lieu que lorsque la loi la prononce. *Voy.* le *même* nᵒ.

(*b*) « Cette disposition, quoiqu'applicable à un fait rare, était sollicitée par l'expérience. Elle contient deux dispositions à la fois : Voici l'exemple. »

« Un blanc-seing est destiné à être rempli d'un mandat, si le besoin l'exige : il se trouve entre les mains d'un tiers. Celui-ci le remplit d'une obligation. Le signataire réclame : il prouve la fraude. Comment ce délit sera-t-il qualifié ? Ce sera, répond le Code, un abus de confiance, si le blanc-seing a été confié au tiers par le signataire qui l'a chargé d'écrire au-dessus de sa signature, non pas une obligation, mais un mandat. Dans ce cas, l'écriture est celle qui devait se trouver sur l'acte : seulement le tiers a fait ce qu'il ne lui était pas permis de faire. Cette fraude est une véritable escroquerie. Mais, c'est un faux, si le tiers n'a pas été chargé de remplir le blanc. Il n'y a point abus de confiance, puisque rien n'a été confié. Il y a faux, parce que la main qui a tracé l'écriture, n'est point celle par qui le blanc devait être rempli ; et qu'ainsi, le blanc contient un corps d'écriture qu'il ne devait pas contenir. » *Motifs.*

« Cette gradation est conforme à la nature des choses ; le fait est moins puni dans le premier que dans le second cas ; parce que celui qui a livré son blanc-seing doit s'imputer d'avoir si mal placé sa confiance. » *Rapport par M. Louvet.*

9

Elle demeure grevée de toute dette légitime. *Voy.* Peines, n°. 33.

L'EMPEREUR peut disposer des biens confisqués, en faveur des enfans et autres parens du condamné. *Voy.* Peines, n°. 34.

Les restitutions et les dommages-intérêts ont la préférence sur la confiscation, lorsque les biens des condamnés sont insuffisans. *Voy.* Peines, n°. 49.

Dans tous les cas où la peine du faux n'est point accompagnée de la confiscation des biens, il sera prononcé une amende contre les coupables. *Voy.* Faux, n°. 20.

Crimes auxquels on applique la confiscation générale. *Voy.* Etat, n°s. 1, 2, 3, 5, 6, 7, 8, 12, 13, 14, 15, 16, 17, 18 et 23. EMPEREUR, n°s. 1 et 2. Fonctionnaires publics, n°. 3. Monnaie, n°. 1. Contrefaction, n°. 1.

CONFISCATION SPÉCIALE. Objets sur lesquels elle frappe. Peine commune aux matières criminelle, correctionnelle et de police. *Voy.* Peines, n°s. 6, 65 et 71.

Les restitutions et les dommages-intérêts ont la préférence sur la confiscation, lorsque les biens des condamnés sont insuffisans. *Voy.* Peines, n°. 49.

Délits auxquels la confiscation spéciale est appliquée. *Voy.* Fonctionnaires publics, n°s. 6 et 10. Ecrits, n°s. 4 et 5. Témoignage, n°. 4. Jeux. Manufacture, n°. 1. Commerce, n°s. 5 et 6. Contrefaçon, n°s. 3 et 4. Contraventions, n°s. 5, 10 et 14. Blessures, n°s. 6 et 10.

CONFISEUR. *Voy.* Commerce, n°. 5.

CONFLIT. *Voy.* Empiétement.

CONFRÉRIE. *Voy.* Associations illicites.

CONGÉ. *Voy.* Licenciement.

CONGRÉGATIONS. *Voy.* Associations illicites.

CONJURATION. *Voy.* EMPEREUR. Etat.

CONNIVENCE. *Voy.* Evasion. Complicité.

CONNAISSANCE. Ceux qui auront, avec connaissance, aidé ou assisté l'auteur d'une action qualifiée crime ou délit. *Voy.* Complices, n°. 2 ;

Qui, avec connaissance et sans contrainte, auront fourni aux bandes, des logemens,

lieux de retraite ou de réunion. *Voy.* Etat, n°s. 20, 23, 24, 25, 26, 27, 28 et 29 ;

Ceux qui, ayant eu connaissance de complots formés ou de crimes projetés contre la sureté intérieure ou extérieure de l'Etat, n'en auront pas fait la déclaration, et n'en auront pas révélé les circonstances. *Voy.* Etat, n°s. 24, 25, 26, 27 et 28 ;

Qui, ayant eu connaissance d'une fabrique ou d'un dépôt de fausse monnaie, n'auront pas révélé ce qu'ils savent. *Voy.* Monnaie, n°s. 5 et 6.

Recéleurs qui ont eu connaissance, au temps du recélé, des circonstances auxquelles la loi attache les peines de mort, des travaux forcés à perpétuité ou de la déportation. *Voy.* Complices, n°. 5.

CONNAISSANCE OFFICIELLE. Fonctionnaire public, qui, après avoir eu connaissance officielle de sa révocation, destitution, suspension ou interdiction légale, aura continué l'exercice de ses fonctions, ou qui, étant électif ou temporaire, les aura exercées après avoir été remplacé. *Voy.* Fonctionnaires publics, n°. 27.

CONSCRIPTION MILITAIRE. Les lois pénales et réglemens relatifs à la conscription militaire continueront de recevoir leur exécution. 235.

CONSEIL MUNICIPAL. Celui de la Commune où les vagabonds sont nés, peut les réclamer par délibération. *Voy.* Vagabondage, n°. 5.

CONSEILLERS D'UNE COUR IMPÉRIALE. *Voy.* Juges.

CONSEILLERS D'UNE PRÉFECTURE. *Voy.* Administrateurs. Préfets.

CONSEILLERS D'ETAT. Ils ne peuvent être ni poursuivis ni arrêtés sans les autorisations prescrites par les Constitutions. *Voy.* Liberté individuelle.

CONSEILS. Ceux de famille. *Voy.* Délibérations. Famille.

Seront interdits de toute participation aux conseils de famille, ceux qui facilitent ou favorisent la débauche ou la corruption de la jeunesse de l'un ou de l'autre sexe, au-dessous de l'âge de vingt-un ans. *Voy.* Mœurs, n°. 6.

CONSENTEMENT. Celui requis pour le mariage. Peine contre l'officier public qui ne s'en est pas assuré. *Voy.* Fonctionnaires publics , n°ˢ. 23 et 25.

Celui d'une fille, au-dessous de seize ans , qui a été enlevée, ne garantit pas le ravisseur de la peine qu'il a encourue. *Voy.* Mineurs , n°. 3.

Celui de la partie ne peut pas autoriser la Cour ou le Tribunal à appliquer à une œuvre quelconque , les indemnités qui sont adjugées. *Voy.* Peines , n°. 46.

Effet du consentement du mari de reprendre sa femme adultère. *Voy.* Mœurs , n°. 8.

Consentement de la femme enceinte à son avortement. *Voy.* Blessures , n°. 9.

CONSERVATEURS DES HYPOTHÈQUES. *Voyez* Faux. Concussion. Dépositaires publics. Empiétement. Agens du Gouvernement.

CONSERVATION DES FORÊTS. *Voy.* Dispositions générales, n°. 2 et la Note.

CONSERVATION DES RUES. *Voy.* Dispositions générales, n°. 2 et la Note.

CONSIGNATION. *Voy.* Dépositaires publics.

CONSOMMATION. Ceux qui , avant la consommation du crime de fausse monnaie , et avant toutes poursuites, en ont donné connaissance, et révélé les auteurs. *Voy.* Monnaie , n°. 7.

CONSPIRATEURS. *Voy.* Complices. EMPEREUR. Etat.

CONSTITUTIONS. Les fonctionnaires qui attentent à celles de l'Empire. *Voy.* Liberté individuelle.

Actes qui leur sont contraires , faits d'après une fausse signature. *Voy.* Liberté individuelle, n°. 5.

Voy. Droits civiques. Liberté individuelle.

CONSTRUCTIONS. Ceux qui détruisent celles

appartenant à autrui. *Voy.* Destruction, n°ˢ. 1 et 26.

Voy. Dispositions générales , n°. 2 et la Note.

CONSULTATION. *Voy.* Avocats.

CONTAGION. *Voy.* Maladie contagieuse. Destruction , n°ˢ. 23 , 24 , 25 et 26.

Voy. Dispositions générales , n°. 2 et la Note.

CONTESTATION JUDICIAIRE. Soustraction de titre , pièce ou mémoire qui y sont produits. *Voy.* Soustraction.

Voy. Affaire. Avocats. Avoués.

CONTINUATION. Celle de l'exercice de ses fonctions par un fonctionnaire public révoqué , destitué ou suspendu. *Voy.* Fonctionnaires publics , n°. 27.

CONTRAINTE. Celle par voies de faits ou menaces , exercées envers des fonctionnaires publics. *Voy.* Fonctionnaires publics, n°. 9.

———— pour extorquer la signature ou la remise d'un écrit ou d'un acte opérant obligation , disposition ou décharge. *Voy.* Vols, n°. 22.

Ceux qui, sans contrainte , ont fourni des logemens , lieux de retraite ou de réunion aux bandes. *Voy.* Etat , n°ˢ. 20 , 23 , 24, 25 , 26 , 27 , 28 et 29.

———— relative aux cultes. *Voy.* Cultes.

Voy. Voies de faits. Menaces.

CONTRAINTE PAR CORPS. *Voy.* Restitutions. Frais. Insolvabilité. Amende. Caution. Offenseur.

CONTRAINTES. Attaque , résistance avec violence et voies de faits envers les porteurs de contraintes.

Voy. Rebellion.

CONTRAT. *Voy.* Faux , n°ˢ. 1 , 2 , 3 , 4 , 19, 20 et 21.

CONTRAVENTIONS (a). 1°. L'infraction que les lois punissent des peines de police, est une CONTRAVENTION. 1. (b)

2°. Nulle Contravention ne peut être punie de peines qui n'étaient pas prononcées par la loi, avant qu'elle fût commise. 4. (c)

3°. Les dispositions du présent Code ne s'appliquent pas aux Contraventions militaires. 5. (d)

Ire. CLASSE. (e)

4°. Seront punis d'amende, depuis un franc jusqu'à cinq francs inclusivement :

(a) « Quoique les simples contraventions soient d'un autre ordre que les grandes violations des lois, la police qui les réprime ne doit pas être assujettie à une marche moins régulière que celle de la justice criminelle : son action n'est pas violente, mais elle est continuelle, et s'exerce sur des choses qui reviennent tous les jours. Si les abus qu'elle fait naître ou qu'elle tolère ont peu de gravité par eux-mêmes, ils en acquièrent par leur multitude ; et c'est peut-être à quoi le législateur n'avait pas fait assez de réflexion, lorsqu'il avait mis la police hors du domaine de la loi, et qu'il ne lui avait donné pour guide que des usages ou des réglemens variables. »

« La loi qui réprime les infractions de police, semble plus particulièrement dirigée contre les classes inférieures des citoyens ; et l'on peut dire néanmoins qu'elle est leur plus sûre garantie ; car, à défaut d'une loi précise, ils étaient exposés à des mesures arbitraires que la nécessité de se préserver des effets de leur licence avait introduites ; et de là l'opinion qui s'était accréditée, que, dans les matières de police, c'est moins la loi qui punit que le magistrat ; de là encore, le droit accordé à des juges inférieurs de déterminer à leur gré la nature de la contravention et la mesure de la peine, et cette multitude d'abus obscurs qu'il était si facile de soustraire à la vigilance de l'Autorité supérieure. »

« Chez d'autres peuples où l'on croyait respecter la liberté, en la laissant dégénérer en licence, les contraventions de police restaient ordinairement impunies ; mais on se privait ainsi d'un des moyens les plus assurés de prévenir les délits : car les rixes et les querelles dont cette licence populaire a trop souvent été l'origine, peuvent entraîner à tous les excès ; et cet esprit d'animosité qu'elles fomentent sans cesse, n'a pas été la cause de moins de crimes que les inclinations perverses du cœur. Il faut même observer que la dépravation du cœur a ses degrés, et que ses premiers symptômes se manifestent d'ordinaire par les excès de la licence. De sages lois de police peuvent donc être d'un grand usage, pour diminuer le nombre de ces victimes de la justice que le magistrat frappe toujours à regret, mais qu'il condamnerait avec un sentiment plus pénible encore, s'il pouvait penser que l'impunité accordée à leurs premiers écarts, les a placés sur la pente qui conduit au vice et à tous les crimes. »

« Les lois pénales de simple police ont souvent un autre usage. Elles rendent les occasions du crime plus rares ; elles préviennent la tentation de le commettre, en écartant avec soin tous les moyens qui pourraient le favoriser. » Rapport de M. le baron de Fayet.

(b) Voy. Dispositions préliminaires, note (a).

(c) Voy. idem, note (d).

(d) Voy. idem, note (e).

(e) « C'est en établissant cette classification, c'est en accordant en même temps au juge le droit d'élever, dans la proportion autorisée par la classification, la quotité de l'amende, ou d'augmenter, dans les cas prévus, la durée de l'emprisonnement, qu'on a pu s'assurer que le texte de la loi ne serait ni éludé ni forcé, et que le juge jouirait cependant de l'indépendance raisonnable et suffisante dont il a besoin pour faire bonne justice. » Motifs.

§. I. Ceux qui auront négligé d'entretenir, réparer ou nettoyer les fours, cheminées ou usines où l'on fait usage du feu ;

Voy. les nᵒˢ. 7 et 16 ci-après, et Destruction , nᵒ. 22.

II. Ceux qui auront violé la défense de tirer, en certains lieux , des pièces d'artifice ;

Voy. les nᵒˢ, 5 , 6 , 7 et 16 ci-après , et Destruction, nᵒ. 22.

III. Les aubergistes et autres qui , obligés à l'éclairage , l'auront négligé ; ceux qui auront négligé de nettoyer les rues ou passages , dans les communes où ce soin est laissé à la charge des habitans ;

Voy. les nᵒˢ. 7 et 16 ci-après.

Les juges qui connaissent des matières qui se trouvent sous le mot CONTRAVENTIONS, sont les juges de paix et les maires des communes non chefs-lieux de canton. Voici les dispositions du Code d'Instruction criminelle , qui établissent leur compétence.

Art. 137 du Code d'Instruction criminelle. « Sont considérés comme contraventions de police simple , les faits qui , d'après les dispositions du quatrième livre du Code pénal (1) , peuvent donner lieu , soit à quinze francs d'amende ou au-dessous , soit à cinq jours d'emprisonnement ou au-dessous , qu'il y ait ou non confiscation des choses saisies , quelle qu'en soit la valeur. »

Art. 138. « La connaissance des contraventions de police est attribuée au juge de paix et au maire , suivant les règles et les distinctions qui seront ci-après établies. »

Art. 139. « Les juges de paix connaîtront exclusivement :

1ᵒ. Des contraventions commises dans l'étendue de la commune chef-lieu du canton ;

2ᵒ. Des contraventions dans les autres communes de leur arrondissement , lorsque , hors les cas où les coupables auront été pris en flagrant délit, les contraventions auront été commises par des personnes non domiciliées ou non présentes dans la commune ; ou lorsque les témoins qui doivent déposer n'y sont pas résidans ou présens ;

(1) Ce quatrième Livre se trouve sous le mot PEINES , depuis le nᵒ. 65 , jusqu'au nᵒ. 71 , et sous le mot CONTRAVENTIONS.

3ᵒ. Des contraventions à raison desquelles la partie qui réclame conclut , pour ses dommages-intérêts , à une somme indéterminée ou à une somme excédant quinze francs ;

4ᵒ. Des contraventions forestières poursuivies à la requête des particuliers ;

5ᵒ. Des injures verbales ;

6ᵒ. Des affiches , annonces , ventes , distributions ou débits d'ouvrages, écrits ou gravures contraires aux mœurs ;

7ᵒ. De l'action contre les gens qui font le métier de deviner et pronostiquer , ou d'expliquer les songes. »

Art. 140. « Les juges de paix connaîtront aussi , mais concurremment avec les maires , de toutes autres contraventions commises dans leur arrondissement. »

Art. 166. « Les maires des communes non chef-lieux de canton , connaîtront , concurremment avec les juges de paix , des contraventions commises dans l'étendue de leur commune , par les personnes prises en flagrant délit , ou par des personnes qui résident dans la commune , ou qui y sont présentes , lorsque les témoins y seront aussi résidans ou présens , et lorsque la partie réclamante conclura pour ses dommages-intérêts à une somme déterminée , qui n'excédera pas celle de quinze francs. »

« Ils ne pourront jamais connaître des contraventions attribuées exclusivement aux juges de paix par l'article 139 (ci-devant) , ni d'aucune des matières dont la connaissance est attribuée aux juges de paix considérés comme juges civils. »

§. IV. Ceux qui auront embarrassé la voie publique, en y déposant ou y laissant, sans nécessité, des matériaux ou des choses quelconques, qui empêchent ou diminuent la liberté ou la sureté du passage; ceux qui, en contravention aux lois et réglemens, auront négligé d'éclairer les matériaux par eux entreposés, ou les excavations par eux faites, dans les rues et places;

Voy. le §. VII, les nᵒˢ. 7 et 12, §. IV, et le nᵒ. 16 ci-après.

V. Ceux qui auront négligé ou refusé d'exécuter les réglemens ou arrêtés concernant la petite voirie, ou d'obéir à la sommation émanée de l'Autorité administrative, de réparer ou démolir les édifices menaçant ruine;

Voy. les nᵒˢ. 7 et 12, §. IV et le nᵒ. 16 ci-après.

VI. Ceux qui auront jeté ou exposé au-devant de leurs édifices, des choses de nature à nuire par leur chute ou par des exhalaisons insalubres;

Voy. le §. XII ci-après, les nᵒˢ. 7 et 8, §. VIII, nᵒˢ. 9 et 12, §. III et IV et le nᵒ. 16 ci-après.

VII. Ceux qui auront laissé dans les rues, chemins, places, lieux publics, ou dans les champs, des coutres de charrue, pinces, barres, barreaux, ou autres machines, ou instrumens, ou armes dont puissent abuser les voleurs et autres malfaiteurs;

Voy. le §. IV ci-devant, les nᵒˢ. 5, 7 et 12, §. IV et le nᵒ. 16 ci-après.

VIII. Ceux qui auront négligé d'écheniller dans les campagnes ou jardins, où ce soin est prescrit par la loi ou les réglemens;

Voy. les nᵒˢ. 7 et 16 ci-après.

IX. Ceux qui, sans autre circonstance prévue par les lois, auront cueilli ou mangé, sur le lieu même, des fruits appartenant à autrui;

Voy. les nᵒˢ. 7 et 8, §. IX, et le nᵒ. 16 ci-après.

X. Ceux qui, sans autre circonstance, auront glané, râtelé ou grapillé dans les champs non encore entièrement dépouillés et vidés de leurs récoltes, ou avant le moment du lever ou après celui du coucher du soleil ;

Voy. le §. IX ci-devant, les n°s. 6, 7 et 16 ci-après.

§. XI. Ceux qui, sans avoir été provoqués, auront proféré contre quelqu'un des injures, autres que celles prévues depuis l'art. 367, jusques et compris l'art. 378. (Ces art. se trouvent au mot CALOMNIE, n°. 5 et suivans, et au mot SECRET).

Voy. les n°s. 7 et 16 ci-après, et Calomnie, n°s. 9 et 10.

XII. Ceux qui, imprudemment auront jeté des immondices sur quelque personne ;

Voy. le §. VI ci-devant, les n°s. 7 et 8, §. VIII, et le n°. 16.

XIII. Ceux qui, n'étant ni propriétaires, ni usufruitiers, ni locataires, ni fermiers, ni jouissant d'un terrain ou d'un droit de passage, ou qui n'étant agens ni préposés d'aucune de ces personnes, seront entrés et auront passé sur ce terrain ou sur partie de ce terrain, s'il est préparé ou ensemencé ;

Voy. le §. XIV ci-dessous, les n°s. 7 et 8, §. IX et X, et le n°. 16.

XIV. Ceux qui auront laissé passer leurs bestiaux ou leurs bêtes de trait, de charge ou de monture, sur le terrain d'autrui, avant l'enlèvement de la récolte. 471.

Voy. les n°s. 7 et 8, §. IX et X, et le n°. 16 ci-après.

5°. Seront en outre confisqués les pièces d'artifice saisies dans le cas du paragraphe II de l'article 471 (ci-devant), les coutres, les instrumens et les armes mentionnés dans le paragraphe VII du même article. 472.

6°. La peine d'emprisonnement, pendant trois jours au plus, pourra de plus être prononcée, selon les circonstances, contre ceux qui auront tiré des pièces d'artifice ; contre ceux qui auront glané, râtelé ou grapillé, en contravention au paragraphe X de l'article 471. 473.

7°. La peine d'emprisonnement contre toutes les personnes mentionnées en l'article 471, aura toujours lieu en cas de réci-

dive, pendant trois jours au plus. 474. (*f*)
Voy. le n°. 16 ci-après.

IIe. CLASSE. (*g*)

8^b. Seront punis d'amende, depuis six francs jusques à dix francs, inclusivement :

§. I. Ceux qui auront contrevenu aux bans de vendanges, ou autres bans autorisés par les réglemens;
Voy. les n°s. 11 et 16 ci-après.

II. Les aubergistes, hôteliers, logeurs ou loueurs de maisons garnies, qui auront négligé d'inscrire de suite et sans aucun blanc, sur un registre tenu régulièrement, les noms, qualités, domicile habitué, dates d'entrée et de sortie de toute personne qui aurait couché ou passé une nuit dans leurs maisons; ceux d'entre eux qui auraient manqué à représenter ce registre aux époques déterminées par les réglemens, ou lorsqu'ils en auraient été requis, aux maires, adjoints, officiers ou commissaires de police, ou aux citoyens commis à cet effet; le tout sans préjudice des cas de responsabilité mentionnés en l'art. 73 du présent Code, relativement aux crimes ou aux délits de ceux qui, ayant logé ou séjourné chez eux, n'auraient pas été régulièrement inscrits; (cet article 73 se trouve au mot PEINES, n°. 62).
Voy. les n°s. 11 et 16 ci-après.

III. Les rouliers, charretiers, conducteurs de voitures quelconques ou de bêtes de charge, qui auraient contrevenu aux réglemens, par lesquels ils sont obligés de se tenir constamment à portée de leurs chevaux, bêtes de

---

(*f*) Les maires des communes non chef-lieux de canton, connaîtront, concurremment avec les juges de paix, de toutes les contraventions contenues dans la première Classe, dans les cas désignés par l'art. 166 du Code d'Instruction criminelle, qui se trouve à la fin de la note (*e*) ci-devant, à l'exception de la contravention qui se trouve au §. XI, qui est exclusivement de la compétence des juges de paix, d'après l'art. 139 dudit Code d'Instruction criminelle, n°. 5, qui est dans la même note (*e*).

(*g*) *Voy.* la note (*f*) ci-contre. Elle est applicable à toutes les matières de cette seconde Classe, à l'exception de la contravention portée par le §. XIII, qui est exclusivement de la compétence des juges de paix, d'après les dispositions de l'art. 139 du Code d'Instruction criminelle, n°. 6. Cet article 139 se trouve dans la note (*e*) ci-devant.

trait

trait ou de charge, et de leurs voitures, et en état de les guider et conduire, d'occuper un seul côté des rues, chemins ou voies publiques ; de se détourner ou ranger devant toutes autres voitures, et à leur approche ; de leur laisser libre au moins la moitié des rues, chaussées, routes et chemins ;

Voy. les n°s. 9, 11 et 12 , §. II, et le n°. 16 ci-après.

§. IV. Ceux qui auront fait ou laissé courir les chevaux, bêtes de trait, de charge, ou de monture, dans l'intérieur d'un lieu habité, ou violé les réglemens contre le chargement, la rapidité ou la mauvaise direction des voitures ;

Voy. les n°s. 9, 11 et 12, §. II et le n°. 16 ci-après.

V. Ceux qui auront établi ou tenu dans les rues, chemins, places ou lieux publics, des jeux de loterie ou d'autres jeux de hasard ;

Voy. les n°s. 10, 11 et 16 ci-après. Jeux de hasard.

VI. Ceux qui auront vendu ou débité des boissons falsifiées, sans préjudice des peines plus sévères qui seront prononcées par les tribunaux de police correctionnelle, dans le cas où elles contiendraient des mixtions nuisibles à la santé ;

Voy. les n°s. 9, 10, 11 et 16 ci-après. Blessures, n°. 10.

VII. Ceux qui auraient laissé divaguer des fous ou des furieux, étant sous leur garde, ou des animaux malfaisans ou féroces ; ceux qui auront excité ou n'auront pas retenu leurs chiens, lorsqu'ils attaquent ou poursuivent les passans, quand même il n'en serait résulté aucun mal ni dommage ;

Voy. les n°s. 11 et 12 , §. II et le n°. 16 ci-après. Destruction, n°s. 23, 24, 25 et 26.

VIII. Ceux qui auraient jeté des pierres, ou d'autres corps durs, ou des immondices contre les maisons, édifices ou clôtures d'autrui, ou dans les jardins ou enclos ; et ceux aussi qui auraient volontairement jeté des corps durs ou immondices sur quelqu'un ;

Voy. le n°. 4, §. VI et XII ci-devant, et les n°s. 9, 11 et 16 ci-après.

§. IX. Ceux qui , n'étant propriétaires, usufruitiers, ni jouissant d'un terrain ou d'un droit de passage , y sont entrés et y ont passé dans le temps où ce terrain était chargé de grains en tuyaux , de raisins ou autres fruits mûrs ou voisins de la maturité ;

Voy. le nº. 4, §. IX , XIII et XIV ci-devant, le §. X ci-dessous, et les nᵒˢ. 11 et 16 ci-après.

X. Ceux qui auraient fait ou laissé passer des bestiaux , animaux de trait , de charge ou de monture sur le terrain d'autrui , ensemencé ou chargé d'une récolte , en quelque saison que ce soit, ou dans un bois taillis , appartenant à autrui ;

Voy. le nº. 4 , §. XIV ci-devant, et les nᵒˢ. 11 et 16 ci-après.

XI. Ceux qui auraient refusé de recevoir les espèces et monnaies nationales , non fausses ni altérées , selon la valeur pour laquelle elles ont cours ;

Voy. les nᵒˢ. 11 et 16 ci-après.

XII. Ceux qui, le pouvant , auront refusé ou négligé de faire les travaux , le service , ou de prêter le secours dont ils auront été requis dans les circonstances d'accidens , tumultes , naufrages , inondation , incendie ou autres calamités , ainsi que dans le cas de brigandages , pillages , flagrant délit , clameur publique ou d'exécution judiciaire ;

Voy. les nᵒˢ. 11 et 16 ci-après.

XIII. Les personnes désignées aux articles 284 et 288 du présent Code ; 475. (*Voy.* ces articles au mot ÉCRITS , nᵒˢ. 2 et 6.)

Voy. les nᵒˢ. 10 , 11 et 16 ci-après.

9º. Pourra , suivant les circonstances, être prononcé , outre l'amende portée en l'article précédent, l'emprisonnement pendant trois jours au plus , contre les rouliers, charretiers , voituriers et conducteurs en contravention ; contre ceux qui auront contrevenu à la loi , par la rapidité , la mauvaise direction ou le chargement des voitures ou des animaux ; contre les vendeurs et débitans de boissons falsifiées ; contre ceux qui auraient jeté des corps durs ou des immondices. 476.

10º. Seront saisis et confisqués : I. les

tables, instrumens, appareils des jeux ou des loteries établies dans les rues, chemins et voies publiques, ainsi que les enjeux, les fonds, denrées, objets ou lots proposés aux joueurs, dans le cas de l'article 475. §. V. II. Les boissons falsifiées, trouvées appartenir au vendeur et débitant : ces boissons seront répandues. III. Les écrits ou gravures contraires aux mœurs : ces objets seront mis sous le pilon. 477.

11°. La peine de l'emprisonnement pendant cinq jours au plus, sera toujours prononcée en cas de récidive, contre toutes les personnes mentionnées dans l'article 475. 478.

Voy. le n°. 16 ci-après.

IIIᵉ. CLASSE. (h)

12°. Seront punis d'une amende de onze à quinze francs inclusivement :

§. I. Ceux qui, hors les cas prévus depuis l'article 434 jusques et compris l'art. 462, auront volontairement causé du dommage aux propriétés mobilières d'autrui ; (ces articles se trouvent aux mots INCENDIE et DESTRUCTION ;

Voy. les n°ˢ. 15 et 16 ci-après.

II. Ceux qui auront occasionné la mort ou la blessure des animaux ou bestiaux appartenant à autrui, par l'effet de la divagation des fous ou furieux, ou d'animaux malfaisans ou féroces, ou par la rapidité ou la mauvaise direction ou le chargement excessif des voitures, chevaux, bêtes de trait, de charge ou de monture ;

Voy. le n°. 8, §. III, IV et VII ci-devant, et les n°ˢ. 15 et 16 ci-après. Destruction, n°ˢ. 17, 18, 19, 23, 24, 25 et 26.

III. Ceux qui auront occasionné les mêmes dommages par l'emploi ou l'usage d'armes sans précaution ou avec maladresse, ou par jet de pierres ou d'autres corps durs ;

(h) *Voy.* la note (f) ci-devant. Dans cette troisième Classe, les juges de paix connaissent exclusivement de l'action contre les gens qui font le métier de deviner et pronostiquer, ou d'expliquer les songes, suivant les dispositions de l'art. 139 du Code d'Instruction criminelle, n°. 7. Cet art. se trouve dans la note (e) ci-devant. La contravention dont il s'agit est désignée au §. VII.

Voy. le n°. 4, §. VI , et le n°. 8 , §. VIII ci-devant , le n°. 13, §. I , et les n°ˢ. 15 et 16 ci-après. Destruction, n°ˢ. 17, 18, 19 et 26.

§. IV. Ceux qui auront causé les mêmes accidens par la vétusté, la dégradation , le défaut de réparation ou d'entretien des maisons ou édifices, ou par l'encombrement ou l'excavation , ou telles autres œuvres, dans ou près les rues, chemins , places ou voies publiques, sans les précautions ou signaux ordonnés ou d'usage ;

· *Voy.* le n°. 4 , §. IV et VII ci-devant , les n°ˢ. 15 et 16 ci-après. Destruction , n°ˢ. 17, 18, 19, 22 et 26.

V. Ceux qui auront de faux poids ou de fausses mesures dans leurs magasins , boutiques , ateliers ou maisons de commerce , ou dans les halles, foires ou marchés , sans préjudice des peines qui seront prononcées par les tribunaux de police correctionnelle contre ceux qui auraient fait usage de ces faux poids ou de ces fausses mesures ;

Voy. le n°. 13 , §. II , les n°ˢ. 14, 15 et 16 ci-après. Commerce, n°ˢ. 5 et 6.

VI. Ceux qui emploieront des poids ou des mesures différens de ceux qui sont établis par les lois en vigueur ;

Voy. le n°. 13 , §. III , les n°ˢ. 14 , 15 et 16 ci-après. Commerce, n°ˢ. 5 et 6.

VII. Les gens qui font le métier de deviner et pronostiquer ou d'expliquer les songes ;

Voy. le n°. 13 , '§. IV , les n°ˢ. 14 , 15 et 16 ci-après. Escroquerie.

VIII. Les auteurs ou complices de bruits ou tapages injurieux ou nocturnes, troublant la tranquillité des habitans. 479.

Voy. le n°. 13 , §. V , les n°ˢ. 14, 15 et 16 ci-après.

13°. Pourra, selon les circonstances, être prononcée la peine d'emprisonnement pendant cinq jours au plus :

I. Contre ceux qui auront occasionné la mort ou la blessure des animaux ou bestiaux appartenant à autrui, dans les cas prévus par le §. III du précédent article. II. Contre les possesseurs de faux poids et de fausses mesures. III. Contre ceux qui emploient des poids ou des mesures différens de ceux que la loi en vigueur a établis. IV. Contre les interprètes des songes. V. Contre les auteurs ou complices de bruits ou tapages injurieux ou nocturnes. 480.

14°. Seront de plus saisis et confisqués : I. Les faux poids, les fausses mesures, ainsi que les poids et les mesures différens de ceux que la loi a établis. II. Les instrumens, ustensiles et costumes servant ou destinés à l'exercice du métier de devin, pronostiqueur ou interprète de songes. 481.

15°. La peine d'emprisonnement pendant cinq jours aura toujours lieu, pour récidive, contre les personnes et dans les cas mentionnés en l'article 479. 482.

Voy. le n°. 16 ci-après.

16°. Il y a récidive dans tous les cas prévus par le présent livre, lorsqu'il a été rendu contre le contrevenant, dans les douze mois précédens, un premier jugement pour contravention de police, commise dans le ressort du même tribunal. 483.

Voy. les n°ˢ. 7, 11 et 15 ci-devant.

Voy. Peines, depuis le n°. 65 jusques au n°. 71 inclusivement.

~~~~~~~~~~~~~~~~~~~~~~~

CONTREFAÇON. 1°. Toute édition d'écrits, de composition musicale, de dessin, de peinture ou de toute autre production imprimée ou gravée en entier ou en partie, au mépris des lois et réglemens relatifs à la propriété des auteurs, est une contrefaçon ; et toute contrefaçon est un délit. 425. (a)

(a) « Ce délit offre un attentat à la propriété. Il exige une surveillance d'autant plus sévère, que son effet ne se borne pas à porter préjudice au propriétaire légitime ; l'impunité d'un tel délit nuirait, tout à la fois, aux arts et au commerce, par le découragement qu'il apporterait parmi les auteurs et les éditeurs, puisqu'il n'en est aucun qui ne dût craindre pour lui le même sort. Cette fraude rejaillirait sur l'Etat lui-même, qui tire son plus grand lustre de la prospérité des arts et du commerce. » *Motifs.*

« Le but des dispositions de la loi est d'assurer des propriétés d'autant plus chères à l'homme, qu'elles lui appartiennent plus immédiatement, et sont, en quelque sorte, une partie de lui-même. Ce sont les productions des arts, les fruits de l'esprit, de l'imagination et du génie, qui servent à l'utilité, à l'instruction, au charme, à l'ornement et à la gloire d'une nation. »

« Espérons que les larcins, ou plutôt les brigandages exercés trop souvent sur ces précieuses

2°. Le débit d'ouvrages contrefaits, l'introduction sur le territoire français d'ouvrages qui, après avoir été imprimés en France, ont été contrefaits chez l'étranger, sont un délit de la même espèce. 426.

3°. La peine contre le contrefacteur ou contre l'introducteur, sera une amende de cent francs au moins et de deux mille francs au plus, et contre le débitant, une amende de vingt-cinq francs au moins et de cinq cent francs au plus.

La confiscation de l'édition contrefaite sera prononcée tant contre le contrefacteur que contre l'introducteur et le débitant.

Les planches, moules ou matrices des objets contrefaits seront aussi confisqués. 427.

Voy. le n°. 5 ci-après.

4°. Tout directeur, tout entrepreneur de spectacle, toute association d'artistes qui aura fait représenter sur son théâtre des ouvrages dramatiques, au mépris des lois et réglemens relatifs à la propriété des auteurs, sera puni d'une amende de cinquante francs au moins, de cinq cent francs au plus, et de la confiscation des recettes. 428.

5°. Dans les cas prévus par les quatre articles précédens, le produit des confiscations ou les recettes confisquées, seront remis au propriétaire, pour l'indemniser d'autant du préjudice qu'il aura souffert ; le surplus de son indemnité, ou l'entière indemnité, s'il n'y a eu ni vente d'objets confisqués ni saisie de recettes, sera réglé par les voies ordinaires. 429.

Contrefaçon d'écritures ou de signatures. *Voy.* Faux, n°ˢ. 1, 3, 4, 6, 7, 19, 20 et 21.

~~~~~~~~~~~~~~~~~~~~~~~~

Contrefacteur. *Voy.* Contrefaçon. Contrefaction.

Imputation calomnieuse. *Voy.* Calomnie.

productions, ne se renouvelleront plus ; contribuons du moins à faire en sorte qu'ils se reproduisent rarement, et contribuons-y avec d'autant plus d'empressement, que ces fraudes, indépendamment du dommage particulier qui en résulte, n'ont ordinairement lieu qu'au détriment de l'ouvrage même, au détriment du goût et de l'instruction nationale. » *Rapport par M. Louvet.*

CONTREFACTION. 1°. Ceux qui auront contrefait le sceau de l'Etat, ou fait usage du sceau contrefait ; (a)

Ceux qui auront contrefait ou falsifié, soit des effets émis par le trésor public avec son timbre, soit des billets de banques autorisées par la loi, ou qui auront fait usage de ces effets et billets contrefaits ou falsifiés, ou qui les auront introduits sur le territoire français ; (b)

Seront punis de mort et leurs biens seront confisqués. 139.

Voy. Faux, n°. 19.

2°. Ceux qui auront contrefait ou falsifié, soit un ou plusieurs timbres nationaux, soit les marteaux de l'Etat, servant aux marques forestières, soit le poinçon ou les poinçons servant à marquer les matières d'or ou d'argent, ou qui auront fait usage des papiers, effets, timbres, marteaux ou poinçons falsifiés ou contrefaits, seront punis des travaux forcés à temps, dont le *maximum* sera toujours appliqué dans ce cas. 140.

Voy. Faux, n°ˢ. 19, 20 et 21.

3°. Sera puni de la réclusion, quiconque s'étant induement procuré les vrais timbres, marteaux ou poinçons ayant l'une des destinations exprimées en l'art. 140, en aura fait une application ou usage préjudiciable aux droits ou intérêts de l'Etat. 141.

Voy. Faux, n°ˢ. 19, 20 et 21.

4°. Ceux qui auront contrefait les marques destinées à être apposées, au nom du gouvernement, sur les diverses espèces de denrées ou de marchandises, ou qui auront fait usage de ces fausses marques ;

Ceux qui auront contrefait le sceau, timbre

(a) « Ce crime est un véritable crime de lèze-majesté, une usurpation de la souveraineté, et il mérite la plus rigoureuse de toutes les peines. » *Rapport par M. Noailles.*

(b) « Cette sorte de monnaie, qui supplée à l'autre, et qui ajoute des richesses fictives aux richesses qui les garantissent, qui multiplie à l'infini les moyens de l'industrie et du commerce, est un grand bienfait de nos modernes institutions ; mais elle a besoin que rien ne porte atteinte à la foi qu'on a dans sa valeur, et la sécurité de ceux qui la possèdent peut ê.re facilement détruite. »

« Les faussaires troublent cette sécurité ; leurs criminelles entreprises tendent non seulement à enlever une partie des riches trésors qu'ils convoitent, mais à en tarir irrévocablement la source. » *Même rapport.*

ou marque d'une Autorité quelconque, ou d'un établissement particulier de banque ou de commerce, ou qui auront fait usage des sceaux, timbres ou marques contrefaits,

Seront punis de la réclusion. 142.

Voy. Faux, n°s. 19, 20 et 21.

5°. Sera puni du carcan, quiconque s'étant indûment procuré les vrais sceaux, timbres ou marques ayant l'une des destinations exprimées en l'art. 142, en aura fait une application ou usage préjudiciable aux droits ou intérêts de l'Etat, d'une Autorité quelconque ou même d'un établissement particulier. 143. (c).

Voy. Faux, n°s. 19 et 20.

6°. Les dispositions des articles 136, 137 et 138, sont applicables aux crimes mentionnés dans l'art. 139 (ci-devant). 144.

(Les articles 136, 137 et 138 se trouvent au mot MONNAIE).

Contrefaction d'écritures ou de signatures. *Voy.* Faux, n°s. 1, 3, 4, 6, 7, 19, 20 et 21.

CONTRIBUTION. Fonctionnaire public qui a requis ou ordonné l'action ou l'emploi de la force publique contre la perception d'une contribution légitime. *Voy.* Fonctionnaires publics, n°s. 18, 19, 20 et 21.

Voy. Directeurs. Percepteurs. Receveurs.

Attaque, résistance avec violence et voies de fait envers les préposés à la perception des contributions. *Voy.* Rebellion.

Voy. Contrôleur. Dispositions générales, n°. 2 et la Note.

CONTRÔLEUR DES CONTRIBUTIONS. *Voyez* Agens du Gouvernement. Concussion. Dépositaires publics. Faux.

—— des Droits réunis. *Voy.* Agens du Gouvernement. Concussion. Dépositaires publics. Droits réunis. Faux.

CONTUSIONS. Si la violence à l'aide de laquelle il a été commis un vol, a laissé des traces de blessures ou de contusions. *Voyez* Vols, n°. 4. Si elle n'en a laissé aucune. *Voy.* Vols, n°. 7.

Voy. Blessures.

CONVENTIONS. *Voy.* Faux, n°s. 1, 2, 3, 4, 5, 6, 7, 19, 20 et 21. Actes. Titres.

—— tendant à rendre compte ou à faire distribution ou partage du produit des méfaits, établissent l'association de malfaiteurs. *Voy.* Malfaiteurs.

—— de vendre ou de livrer des effets publics qui n'existaient pas à la disposition du vendeur. *Voy.* Commerce, n°. 4.

—— brûlées ou détruites de quelque manière que ce soit. *Voy.* Destruction, n°s. 3 et 26.

CONVOIS DE SUBSISTANCES. Ceux qui en ont envoyé aux bandes armées. *Voy.* Etat, n°s. 17, 23, 24, 25, 26, 27, 28 et 29.

(c) « Nos lois n'avaient pas prévu ce genre de crime. » *Rapport par M. Noailles.*

Voy.

Voy. Fournisseurs.

COQUIN. Imputation calomnieuse. *Voy.* Calomnie.

COQUINE. Imputation calomnieuse. *Voyez* Calomnie.

—— femme qui se prostitue. Imputation calomnieuse. *Voy.* Calomnie, nᵒˢ. 9 et 10. Contraventions, n°. 4, §. XI, nᵒˢ. 7 et 16.

CORDE. Ballots sous corde. Leur enlèvement est compris dans la classe des effractions intérieures. *Voy.* Vols ; n°. 18.

CORDIER. *Voy.* Commerce, n°. 5.

CORDONNIER. *Voy.* Commerce, n°. 5.

CORNALINE. Pierre précieuse. *Voy.* Commerce, n°. 5.

CORPS. Ceux des suppliciés seront remis à leurs parens, s'ils les réclament. Mode de leur inhumation. *Voy.* Peines, n°. 9.

Voy. Contrainte.

CORPS. Ceux dépositaires d'une partie de l'Autorité publique, qui concertent des mesures contraires aux lois. *Voy.* Fonctionnaires publics, nᵒˢ. 1, 2, 3 et 4.

CORPS. Association. *Voy.* Associations illicites.

CORPS D'ARMÉE. Ceux qui, sans droit, en prennent le commandement. *Voy.* Etat, nᵒˢ. 14, 23, 24, 25, 26, 27, 28 et 29.

CORPS DU DÉLIT. Confiscation de celui qui appartient au condamné. *Voy.* Peines, n°. 6.

CORPS DURS. Ceux qui en jettent. *Voyez* Contraventions, n°. 8, §. VIII, nᵒˢ. 9, 11 et 16.

Ceux qui auront occasionné la mort ou la blessure des animaux ou bestiaux appartenant à autrui, par jet de corps durs. *Voy.* Contraventions, n°. 12, §. III, n°. 13, §. I, nᵒˢ. 15 et 16.

CORPS LÉGISLATIF. Ses membres ne peuvent être ni poursuivis ni arrêtés, sans les autorisations prescrites par les Constitutions. *Voy.* Liberté individuelle, n°. 8.

S'ils sont trouvés en flagrant délit. *Voyez* le même n°.

CORPS MILITAIRES. Concert de mesures contraires aux lois, entre les Autorités civiles et les corps militaires. *Voy.* Fonctionnaires

publics, nᵒˢ. 2, 3 et 4.

CORRECTION (MAISON DE). *Voy.* Peines, nᵒˢ. 35 et 36.

L'accusé qui aura moins de seize ans, s'il est décidé qu'il a agi *sans discernement*, sera acquitté ; mais il sera, selon les circonstances, remis à ses parens, ou conduit dans une maison de correction. *Voy.* Peines, n°. 55.

S'il est décidé qu'il a agi *avec discernement*, combien de temps sera-t-il enfermé dans une maison de correction ? *Voy.* Peines, n°. 56.

L'emprisonnement à temps dans un lieu de correction est une peine correctionnelle. *Voy.* Peines, n°. 4, §. I.

CORRESPONDANCE. Celle avec les ennemis de l'Etat. *Voy.* Etat, nᵒˢ. 2, 3 et 4.

—— qu'un ministre de culte entretient avec une Cour ou une Puissance étrangère sur des questions religieuses et faits contraires aux lois. *Voy.* Ministre de culte, nᵒˢ. 9 et 10.

—— entre Fonctionnaires publics, pour concerter des mesures contraires aux lois. *Voy.* Fonctionnaires publics, nᵒˢ. 1, 2, 3 et 4.

—— avec les directeurs de bandes. *Voy.* Etat, nᵒˢ. 17, 23, 24, 25, 26, 27, 28 et 29.

—— entre les bandes de malfaiteurs et leurs chefs ou commandans, établit leur association. *Voy.* Malfaiteurs.

Voy. Intelligences.

CORRUPTEURS. Ceux des médecins, chirurgiens ou autres officiers de santé, pour leur faire certifier faussement des maladies ou infirmités propres à dispenser d'un service public. *Voy.* Faux, nᵒˢ. 16, 19 et 20.

—— des Fonctionnaires publics. *Voyez* Fonctionnaires publics, nᵒˢ. 9 et 10.

Voy. Corruption.

CORRUPTION. *Voy.* Fonctionnaires publics ; nᵒˢ. 7, 8, 9, 10, 11, 12 et 13.

—— celle de la jeunesse de l'un ou de l'autre sexe, au-dessous de l'âge de vingt-un ans. *Voy.* Mœurs, nᵒˢ. 5, 6 et 7.

Ceux qui, par corruption, sont parvenus à soustraire des plans de fortification, etc. *Voy.* Etat, n°. 8.

Corruption de gardiens ou geôliers. *Voy.* Evasion, n°. 6.

Voy. Etat.

Costume. Ceux qui ont publiquement porté un costume qui ne leur appartenait pas. *Voy.* Fonctions publiques, n°. 2.

Voleurs qui se sont revêtus du costume de l'Autorité civile ou militaire. *Voy.* Vols, n°. 3, §. IV, n°. 6.

—— Faux costume. Arrestation exécutée avec un faux costume. *Voy.* Arrestations illégales, n°. 4.

Coucher du soleil. Glanage, râtelage ou grapillage après le moment du coucher du soleil. *Voy.* Contraventions, n°. 4, §. X, n°. 6, 7 et 16.

Coupable. *Voy.* Recèlement. Accusé. Délinquant. Vieillard. Peines. Complots. Excuse. Condamnés.

—— Condamné à mort pour parricide. *Voy.* Peines, n°. 8.

Coupe-jarret. Imputation calomnieuse. *Voy.* Calomnie.

Couperet. Arme prohibée. *Voy.* Blessures, n°. 6 et 7. *Voy.* Armes.

Coupoir. Arme prohibée. *Voy.* Blessures, n°. 6 et 7. *Voy.* Armes.

Cours. *Voy.* Blessures.

Voy. Fonctionnaires publics, n°. 35, 36, 37, 38, 39 et 40.

—— involontaires. *Voy.* Homicide, n°. 12.

—— excusables. *Voy.* Homicide, n°. 13 et 14.

Cas où les coups ne sont ni crime ni délit. *Voy.* Homicide, n°. 19, 20 et 21.

Recèlement du cadavre d'une personne morte des suites de coups. *Voy.* Inhumation, n°. 2.

Cour. *Voy.* Bâtiment. Cabane. Effraction extérieure. Escalade.

Coureuse. *Voy.* Prostituée.

Courrier. *Voy.* Feuilles périodiques.

Cours. Crime et délit commis pendant le cours d'une rebellion. *Voy.* Rebellion, n°. 8 et 10.

—— légal des monnaies. *Voy.* Monnaie.

Cours. Cas de responsabilité civile pour

lesquels les cours doivent se conformer aux dispositions du Code Napoléon. *Voy.* Peines, n°. 63.

En tout ce qui n'est pas réglé par le Code pénal, les cours continueront d'observer et de faire exécuter les dispositions des lois et des réglemens actuellement en vigueur. *Voy.* Dispositions générales, n°. 2.

Quand il y a lieu à restitution, le coupable est condamné en outre à des indemnités dont la détermination est laissée à la justice des cours ou tribunaux, lorsque la loi ne les aura pas réglées. *Voy.* Peines, n°. 46 ;

L'application de ces indemnités à une œuvre quelconque ne peut être prononcée par les cours ou tribunaux, même du consentement de la partie. *Voy.* le même n°.

Arrêtés généraux de la part des magistrats de l'ordre administratif, tendant à intimer à des cours des ordres ou des défenses quelconques. *Voy.* Empiétement, n°. 4.

Outrages, coups ou blessures qui ont eu lieu à l'audience d'une cour. *Voy.* Fonctionnaires publics, n°. 29, 30, 33, 35, 36, 38, 39 et 40.

Cours d'assises. Ceux qui n'ont pas été mis légalement en accusation ne peuvent pas y être traduits. *Voy.* Liberté individuelle, n°. 9.

Cours étrangères. Correspondance des ministres des cultes avec ces cours, sur des matières religieuses. *Voy.* Ministre de culte, n°. 9 et 10.

Voy. Correspondance.

Cours spéciales. Ceux qui n'ont pas été mis légalement en accusation, ne peuvent pas y être traduits. *Voy.* Liberté individuelle, n°. 9.

Courtiers. Ceux qui auront fait faillite. *Voy.* Banqueroute, n°. 3.

Voy. Agent de change.

Courtisane. Femme de mauvaise vie. Imputation calomnieuse. *Voy.* Calomnie, n°. 9 et 10. Contraventions, n°. 4, §. XI, n°. 7 et 16.

Couteaux. Ceux de poche sont réputés armes, lorsqu'on en aura fait usage pour tuer, blesser ou frapper. *Voy.* Etat, n°. 22.

COUTELAS. Arme prohibée. *Voy.* Blessures, n°⁵. 6 et 7. *Voy.* Armes.

COUTELIER. *Voy.* Commerce, n°. 5.

COUTRES DE CHARRUE. Ceux qui en ont laissé dans les rues, etc. ou dans les champs. *Voy.* Contraventions, n°. 4, §. VII, n°⁵. 5, 7 et 16.

Leur vol dans les champs. *Voy.* Vols, n°. 10.

COUVENT. *Voy.* Associations illicites.

CRAINTE. Celle d'un succès. *Voy.* Escroquerie.

CRAPULEUX. Imputation calomnieuse. *Voy.* Calomnie, n°⁵. 9 et 10. Contraventions, n°. 4, §. XI et n°⁵. 7 et 16.

CRÉDIT. Faux certificat sous le nom d'un fonctionnaire ou officier public, pour se procurer du crédit. *Voy.* Faux, n°⁵. 17, 19 et 20.

CRÉDIT IMAGINAIRE. *Voy.* Escroquerie.

CRÉDULITÉ. *Voy.* Escroquerie.

CRIEURS. Ceux d'écrits sur lesquels ne se trouve pas l'indication vraie des noms et demeure de l'auteur ou de l'imprimeur. *Voy.*

Ecrits, n°⁵. 1 et 4.

Réduction de la peine, s'ils font connaître la personne de laquelle ils tiennent l'écrit imprimé. *Voy.* Ecrits, n°⁵. 2 et 4. Contraventions, n°. 8, §. XIII, n°. 10, §. III et n°⁵. 11 et 16.

Peines qu'ils encourent, si les écrits contiennent quelques provocations à des crimes ou délits. *Voy.* Ecrits, n°. 3.

Réduction de cette peine, en cas de révélation. *Voy. le même* n°.

Peines contre eux, s'ils exposent ou distribuent des chansons, pamphlets, figures ou images contraires aux bonnes mœurs. *Voyez* Ecrits, n°. 5.

Cas où ces peines sont réduites. *Voyez* Ecrits, n°. 6. Contraventions, n°. 8, §. XIII, n°. 10, §. III et n°⁵. 11 et 16.

Les crieurs d'écrits imprimés, dessins ou gravures, même munis des noms de leurs auteurs, ne peuvent faire leur métier, sans être autorisés par la police. *Voy.* Ecrits, n°. 8.

* * *

CRIME. 1°. L'infraction que les lois punissent d'une peine afflictive ou infamante, est un CRIME. 1. (*a*)

2°. Toute tentative de crime, qui aura été manifestée par des actes extérieurs, et suivie d'un commencement d'exécution, si elle n'a été suspendue ou n'a manqué son effet que par des circonstances fortuites ou indépendantes de la volonté de l'auteur, est considérée comme le crime même. 2. (*b*)

3°. Nul crime ne peut être puni de peines qui n'étaient pas prononcées par la loi, avant qu'il fût commis. 4. (*c*)

4°. Les dispositions du présent Code ne s'appliquent pas aux crimes *militaires.* 5. (*d*)

5°. Les complices d'un crime seront punis de la même peine que les auteurs même de ce crime, sauf les cas où la loi en aurait disposé autrement. 59. (*e*)

(*a*) *Voy.* Dispositions préliminaires, note (*a*).
(*b*) *Voy.* Dispositions préliminaires, note (*b*).
(*c*) *Voy.* Dispositions préliminaires, note (*d*).

(*d*) *Voy.* Dispositions préliminaires, note (*e*).
(*e*) *Voy.* les notes qui se trouvent au mot COMPLICES.

6°. Il n'y a ni crime ni délit, lorsque le prévenu était en état de démence au temps de l'action, ou lorsqu'il a été contraint par une force à laquelle il n'a pu résister. 64. (*f*)

7°. Nul crime ou délit ne peut être excusé ni la peine mitigée, que dans les cas et dans les circonstances où la loi déclare le fait excusable, ou permet de lui appliquer une peine moins rigoureuse. 65. (*g*)

Voy. Excuse. Commutation de peines. Dispositions générales, note (*a*).

Crime de lèze-majesté. *Voy.* EMPEREUR.

Crime commis par un fonctionnaire public dans ses fonctions est une forfaiture. *Voyez* Forfaiture.

—— commis pendant le cours d'une rebellion. *Voy.* Rebellion.

—— auquel ont participé des fonctionnaires publics, chargés de le surveiller, hors les cas où la loi règle les peines encourues. *Voy.* Fonctionnaires publics, n°. 28.

Cas où l'homicide n'est pas un crime, *Voy.* Homicide, n°s. 19, 20 et 21.

Mendiant ou vagabond qui commet un crime. *Voy.* Mendicité, n°s. 7 et 9.

Peines contre celui qui, condamné pour un crime, en aura commis un second. *Voy.* Peines, n°. 51;

S'il a commis un délit. *Voy.* Peines, n°. 52.

Les condamnés pour un même crime seront tenus solidairement des amendes, des restitutions, des dommages-intérêts et des frais. *Voy.* Peines, n°. 50.

Recèlement de choses enlevées à l'aide d'un crime. *Voy.* Complices, n°. 4.

(*f*) « C'est une règle commune à tous les prévenus, soit du fait principal, soit de complicité. Tout crime ou délit se compose du fait et de l'intention : or, dans les deux cas dont il s'agit, aucune intention criminelle ne peut avoir existé de la part des prévenus, puisque l'un ne jouissait pas de ses qualités morales, et qu'à l'égard de l'autre, la contrainte seule a dirigé l'emploi de ses forces physiques. » *Motifs.*

(*g*) « Ces deux dispositions ont pour but de prévenir l'arbitraire qui substitue les passions toujours mobiles et souvent aveugles de l'homme, à la volonté ferme et constante de la loi. La disposition concernant l'excuse est déjà consacrée par l'art. 339 du Code d'Instruction criminelle. » *Mêmes motifs.*

Art. 339 du Code d'Instruction criminelle. « Lorsque l'accusé aura proposé pour excuse un fait admis comme tel par la loi, la question sera ainsi posée :

Tel fait est-il constant ? »

Ecrits qui contiennent quelques provocations à des crimes. *Voy.* Ecrits, n°. 3. Etat,
n°ˢ. 23 et 29.

Voy. Criminels. Complices. Complot. Peines. Récidive. Révélation.

~~~~~~~~~~~~~~~~~~~~~~

CRIMINELS. Leur recèlement. *Voy.* Recèlement.

Les cautions seront contraintes, même par
corps, au payement des sommes portées dans
l'acte de cautionnement, lorsque les criminels,
mis sous la surveillance spéciale du Gouvernement, ont commis un ou plusieurs crimes, un ou
plusieurs délits, etc. *Voy.* Peines, n°. 41.

A quoi les sommes recouvrées seront-elles
affectées ? *Voy. le même* n°.

Voy. Condamnation. Condamnés. Crimes.

CRITIQUE. Celle du Gouvernement, d'une
loi, d'un décret impérial ou de tout autre
acte de l'Autorité publique, par un ministre
de culte. *Voy.* Ministre de culte, n°ˢ. 3, 4,
5, 6, 7 et 8.

CROCHETS. Mendiant ou vagabond qui en
sera porteur. *Voy.* Mendicité, n°ˢ. 4 et 9.

Voy. Clef. Fausse-clef.

CRUAUTÉ. *Voy.* Barbarie.

CRUEL. Sans humanité. Imputation calomnieuse. *Voy.* Calomnie, n°ˢ. 9 et 10. Contraventions, n°. 4, §. XI, et n°ˢ. 7 et 16.

CUIVRE. Contrefaction ou altération de
monnaie de cuivre. *Voy.* Monnaie, n°. 2. Faux,
n°ˢ. 19 et 20.

Ceux qui ont eu connaissance d'une fabrique ou dépôt de monnaies de cuivre, contrefaites ou altérées. *Voy.* Monnaie, n°. 5.

Voy. Monnaie.

CULTIVATEURS. *Voy.* Ouvriers.

~~~~~~~~~~~~~~~~~~~~~~

CULTES. Tout particulier, qui, par des
voies de fait ou des menaces, aura contraint
ou empéché une ou plusieurs personnes d'exercer l'un des cultes autorisés, d'assister à
l'exercice de ce culte, de célébrer certaines
fêtes, d'observer certains jours de repos, et
en conséquence, d'ouvrir ou de fermer leurs
ateliers, boutiques ou magasins, et de faire
ou quitter certains travaux, sera puni, pour ce
seul fait, d'une amende de seize francs à deux
cent francs, et d'un emprisonnement de six
jours à deux mois. 260. (a)

Voy. Dispositions générales, n°. 1 et le n°.
5 ci-après.

2°. Ceux qui auront empéché, retardé ou

(a) « Ce libre exercice est l'une des propriétés les plus sacrées de l'homme en société, et
les atteintes qui y seraient portées ne sauraient
que troubler la paix publique. »

« Nulle religion, nulle secte n'a donc le droit
de prescrire à une autre le travail ou le repos,
l'observance ou l'inobservance d'une fête religieuse ; car nulle d'entre elles n'est dépositaire
de l'autorité ; et tout acte qui tend à faire ouvrir ou fermer des ateliers, s'il n'émane du magistrat même, est une voie de fait punissable. »
Motifs.

interrompu les exercices d'un culte par des troubles ou désordres causés dans le temple, ou autre lieu destiné ou servant actuellement à ces exercices, seront punis d'une amende de seize francs à trois cent francs, et d'un emprisonnement de six jours à trois mois. 261. (*b*)

Voy. Dispositions générales, n°. 1 et le n°. 5 ci-après.

3°. Toute personne qui aura, par paroles ou gestes, outragé les objets d'un culte dans les lieux destinés ou servant actuellement à son exercice, ou les ministres de ce culte dans leurs fonctions, sera punie d'une amende de seize francs à cinq cent francs, et d'un emprisonnement de quinze jours à six mois. 262. (*c*)

Voy. Dispositions générales, n°. 1 et le n°. 5 ci-après.

4°. Quiconque aura frappé le ministre d'un culte dans ses fonctions, sera puni du carcan. 263. *Voy.* le n°. 5 ci-après.

5°. Les dispositions du présent §. ne s'appliquent qu'aux troubles, outrages ou voies de fait dont la nature ou les circonstances ne donneront pas lieu à de plus fortes peines, d'après les autres dispositions du présent Code. 264. (1)

Voy. Blessures. Homicide. Menaces. Outrages. Rébellion. Voies de fait.

Peines contre tout individu, qui, sans l'autorisation du Gouvernement, aurait accordé sa maison pour l'exercice d'un culte. *Voy.* Associations illicites, n°. 4.

Voy. Ministre de culte. Associations illicites.

CURATELLE. *Voy.* Curateur.

Ceux qui favorisent ou facilitent la débauche ou la corruption de la jeunesse de l'un ou de l'autre sexe, au-dessous de l'âge de vingt-un ans, sont interdits de tout droit de curatelle. *Voy.* Mœurs, n°. 6.

(*b*) « Respect est dû à tous les cultes qui existent sous la protection de la loi. » *Motifs.*

(*c*) « Ces expressions indiquent la limite dans laquelle le législateur a cru devoir se renfermer : la juste protection due aux différens cultes pourrait perdre cet imposant caractère, et se tourner même en vexation ou tyrannie, si de simples outrages faits à des signes placés hors de l'enceinte consacrée pouvait devenir l'objet de recherches juridiques. Chacun de nous se rappelle la condamnation prononcée, dans le siècle dernier, contre le jeune et malheureux *Delabarre*; et nul ne voudra que le jet imprudent d'une pierre lancée au milieu des rues ou des champs, puisse fournir matière à une accusation de sacrilége. » *Motifs.*

... graphe dont il s'agit est en entier sous le mot CULTE.

Voy. Curateur.

CURATEUR. Il en est nommé un au condamné aux travaux forcés à temps ou à la réclusion. Forme de cette nomination. *Voy.* Peines, n°. 24.

Compte à rendre par ce curateur qui ne pourra remettre au condamné aucune portion de ses revenus, pendant la durée de la peine. *Voy.* Peines, n°s. 25 et 26.

Les tribunaux correctionnels peuvent interdire temporairement aux délinquans, le droit d'être curateurs, lorsqu'ils y seront autorisés par la loi. *Voy.* Peines, n°. 37, §. VI, et no. 38. Si ce n'est de leurs enfans. *Voy. le même* n°. 37, §. VI.

Les condamnés aux travaux forcés, au bannissement, à la réclusion ou au carcan, ne peuvent être curateurs, si ce n'est de leurs enfans. *Voy.* Peines, n°. 23.

Le curateur du mineur, renvoyé sous la surveillance de la haute police, peut être dans le cas de fournir caution solvable de bonne conduite dudit mineur. *Voy.* Peines, n°. 39.

Voy. Curatelle.

CURATRICE. *Voy.* Curateur.

CURÉ. *Voy.* Ministre de culte. Cultes.

DAG

DAGUE. Arme prohibée. *Voy.* Blessures, n°s. 6 et 7.

Voy. Armes.

DAMNATIONS. Ouvriers qui prononcent des proscriptions, sous le nom de damnations, contre les directeurs d'ateliers et entrepreneurs d'ouvrages. *Voy.* Ouvriers, n°. 3.

DANGER. *Voy.* Escroquerie. Accident.

DARD. Arme prohibée. *Voy.* Blessures, n°s. 6 et 7.

Voy. Armes.

DATE. Celle d'entrée et de sortie doit être inscrite sur le registre des aubergistes, etc. *Voy.* Contraventions, n°. 8, §. II, n°s. 11 et 16.

Voy. Faux.

DÉBAUCHE. Ceux qui la favorisent habituel-

lement ou corrompent la jeunesse de l'un ou de l'autre sexe, au-dessous de l'âge de vingt-un ans. *Voy* Mœurs, n°s. 5 et 6.

Voy. Débauché. Dispositions générales, n°. 2 et la Note.

DÉBAUCHÉ. Imputation calomnieuse. *Voy.* Calomnie, n°s. 9 et 10. Contraventions, n°. 4, §. XI, n°s. 7 et 16.

DÉBIT. *Voy.* Débitans.

DÉBITANS. Ceux d'armes prohibées. *Voy.* Blessures, n°s. 6 et 7.

——— d'ouvrages contrefaits. *Voy.* Contrefaçon, n°s. 3 et 5.

——— de boissons falsifiées ou altérées. *Voy.* Blessures, n°. 10. Contraventions, n°. 8, §. VI, n°s. 9, 10, §. II, n°s. 11 et 16.

——— d'autres boissons. *Voy.* Cabaretiers. Boissons.

——— d'autres denrées ou marchandises. *Voy.* Commerce.

DÉBORDÉ. *Voy.* Débauché.

DÉCÈS. *Voy.* Inhumation.

DÉCHARGE. *Voy.* Actes. Titres.

DÉCIMES. *Voy.* Monnaie.

DÉCISION. *Voy.* Autorité supérieure.

DÉCLARATION. Celle à faire par les personnes qui ont assisté à un accouchement. *Voy.* Enfant, n°. 2.

——— par celles qui voudront se charger d'un enfant nouveau-né. *Voy.* Enfant, n°. 3.

Les tribunaux correctionnels peuvent interdire temporairement tout témoignage en justice, autrement que pour y faire de simples déclarations, lorsqu'ils y sont autorisés par la loi. *Voy.* Peines, n°. 37, §. VIII et n°. 38.

Les personnes qui, ayant eu connaissance de complots formés ou de crimes projetés contre la sûreté intérieure ou extérieure de l'Etat, n'en auront pas fait la déclaration. *Voy.* Etat, n°s. 24, 25, 26, 27 et 28.

Addition ou altération de déclarations dans les actes. *Voy.* Faux, n°s. 1, 3, 4, 5, 6, 7, 19, 20 et 21.

Femme condamnée à mort qui se déclare enceinte. *Voy.* Peines, n°. 22.

Voy. Révélation. Renseignemens.

Déclaration de guerre. Ceux qui la provoquent par des actions hostiles. *Voy.* Etat, n°. 10.

Décoration. Ceux qui en portent une qui ne leur appartient pas. *Voy.* Fonctions publiques, n°. 2.

Décoration publique. Dégradation de monumens qui y sont destinés. *Voy.* Monumens.

Découverte. Recèlement des espions ou soldats ennemis envoyés à la découverte. *Voy.* Etat, n°. 9.

Décret impérial. Critique ou censure d'un décret impérial par les ministres de culte. *Voy.* Ministre de culte, n°s. 3 et 6.

Provocation directe de ces ministres à la désobéissance à un décret. *Voy.* Ministre de culte, n°s. 4, 5, 7 et 8.

Correspondance de ces ministres, suivie de faits contraires à un décret. *Voy.* Ministre de culte, n°. 10.

Voy. Loi.

Dedans. Les effractions intérieures sont celles faites aux portes ou clôture du dedans. *Voy.* Vols, n°. 18.

Défaut. *Voy.* Jurés. Témoins.

—— d'adresse. Homicide involontaire qui en résulte. *Voy.* Homicide, n°. 11 ;

S'il n'en est résulté que des blessures ou coups. *Voy.* Homicide, n°. 12.

—— soit de réparations, soit de nettoyage des fours, etc. causant un incendie. *Voy.* Destruction, n°s. 22 et 26.

—— de réparation ou d'entretien des maisons ou édifices, occasionnant la mort ou la blessure des animaux ou bestiaux appartenant à autrui. *Voy.* Contraventions, n°. 12, §. IV, n°s. 15 et 16.

Défense. Imputations et injures qui sont contenues dans celle des parties. *Voy.* Calomnie, n°. 11.

Il n'y a ni crime ni délit, lorsque l'on commet un homicide, que l'on fait des blessures, ou que l'on porte des coups, dans la nécessité actuelle de la légitime défense de soi-même ou d'autrui. *Voy.* Homicide, n°. 20.

Cas compris dans ceux de nécessité actuelle de défense. *Voy.* Homicide, n°. 21.

Ouvriers qui prononcent des défenses contre les directeurs d'ateliers et entrepreneurs d'ouvrages. *Voy.* Ouvriers, n°. 3.

Violation de la défense de tirer des feux d'artifice. *Voy.* Contraventions, n°. 4, §. II, n°s. 5, 6, 7 et 16.

Gardiens et concierges qui, sans justifier de la défense du Procureur impérial, refusent de représenter un prisonnier ou leurs registres à l'officier de police. *Voy.* Liberté individuelle, n°. 7.

Préfets, Sous-Préfets, etc. qui se sont ingérés à prendre des arrêtés généraux tendant à intimer des défenses quelconques à des cours ou tribunaux. *Voy.* Empiétement, n°. 4.

Défense que les calomniateurs ne peuvent pas employer. *Voy.* Calomnie, n°. 2.

Ceux qui, au mépris des défenses de l'Administration, ont laissé communiquer avec d'autres leurs animaux infectés de maladie contagieuse. *Voy.* Destruction, n°s. 24, 25 et 26.

Juges, etc. qui défendent d'exécuter les ordres de l'Administration. *Voy.* Empiétement, n°. 1, §. II.

Défloration. *Voy.* Mœurs.

Dégât. Celui de denrées ou marchandises, effets, propriétés mobilières, commis en réunion ou bande. *Voy.* Destruction, n°s. 4, 5 et 6.

Voy. Dommage. Destruction.

Dégradation. Quelle que soit la dégradation des clôtures, le terrain qui en est environné, est réputé *parc* ou *enclos. Voy.* Vols, n°. 13.

Celle de murs, toits, etc. est qualifiée *effraction. Voy.* Vols, n°s. 15, 16 et 17.

Celle provenant d'inondations occasionnées par la hauteur du déversoir des eaux d'un moulin, etc. *Voy.* Destruction, n°s. 21 et 26.

Ceux qui, par la dégradation des maisons ou édifices, ont occasionné la mort ou la blessure des animaux ou bestiaux appartenant à autrui. *Voy.* Contraventions, n°. 12, §. IV, n°s. 15 et 16.

Voy. Dommages. Destruction. Monumens.

Dégradation

DÉGRADATION CIVIQUE. Peine infamante. *Voy*. Peines , n°. 3 , §. III.

En quoi elle consiste. *Voy*. Peines, n°. 29.

Les arrêts qui portent cette peine seront imprimés par extrait et affichés. *Voy*. Peines, n°. 31. Lieu où ils le seront. *Voy. le même* n°.

Peine contre celui qui , condamné pour crime , en aura commis un second emportant la dégradation civique. *Voy*. Peines , n°. 51.

Crimes auxquels la dégradation civique est appliquée. *Voy*. Liberté individuelle , n°s. 1 , 6, 8 et 9. Fonctionnaires publics , n°s. 4 et 13. Empiétement , n°s. 1 et 4. Forfaiture , n°. 2. Témoignage , n°. 6.

DÉGUISEMENT. *Voy*. Travestissement.

DÉLAISSEMENT. *Voy*. Enfant.

DÉLATEUR. *Voy*. Dénonciateur.

DÉLATION. *Voy*. Dénonciation.

DÉLIBÉRATIONS. Les tribunaux correctionnels pourront interdire temporairement aux délinquans le droit de vote et de suffrage, dans les délibérations de famille , lorsqu'ils y seront autorisés par la loi. *Voy*. Peines, n°. 37 , §. V , et n°. 38.

Ceux qui facilitent ou favorisent la débauche de la jeunesse de l'un ou de l'autre sexe , au-dessous de l'âge de vingt-un ans , seront

interdits de toute participation aux conseils de famille. *Voy*. Mœurs , n°. 6.

Fonctionnaires publics qui auront, par délibérations , arrêté de donner leurs démissions. *Voy*. Fonctionnaires publics , n°. 4.

Juges, procureurs généraux, etc. qui délibèrent sur le point de savoir si les lois seront publiées ou exécutées. *Voy*. Empiétement , n°. 1 , §. I.

DÉLICATESSE. Outrages tendant à inculper la délicatesse des fonctionnaires publics. *Voy*. Fonctionnaires publics , n°s. 29 et 33.

DÉLINQUANT. Quelle peine subira le délinquant , âgé de moins de seize ans , lorsqu'il sera décidé qu'il a agi avec *discernement ?* *Voy*. Peines , n°s. 56 et 58.

Les cautions seront contraintes , même par corps , au paiement des sommes portées dans l'acte de cautionnement , lorsque les délinquans , mis sous la surveillance spéciale du Gouvernement , ont commis un ou plusieurs crimes, un ou plusieurs délits, dans l'intervalle déterminé par l'acte de cautionnement. *Voy*. Peines , n°. 41.

A quoi les sommes recouvrées seront-elles affectées ? *Voy. le même* n°.

Voy. Coupables. Délit.

~~~~~~~~~~~~~~~~~~~~~~~~~~~~~

DÉLIT. 1°. L'infraction que les lois punissent de peines correctionnelles est un DÉLIT. 1. (a)

2°. Les tentatives de délits ne sont considérées comme délits , que dans les cas déterminés par une disposition spéciale de la loi. 3. (b) (1)

3°. Nul délit ne peut être puni de peines qui n'étaient pas prononcées par la loi , avant qu'il fût commis. 4. (c)

4°. Les dispositions du présent Code ne

(a) *Voy*. Dispositions préliminaires , note (a).
(b) *Voy*. Dispositions préliminaires , note (c).
(1) La disposition spéciale dont il s'agit se trouve aux mots FONCTIONNAIRES PUBLICS, n°. 9 ;

ÉVASION , n°s. 5 , 9 et 10 ; VOLS , n°. 24 ; ESCROQUERIE ; OUVRIERS , n°s. 1 et 2.

(c) *Voy*. Dispositions préliminaires , note (d).

s'appliquent pas aux délits *militaires*. 5. (*d*)

Les complices d'un délit sont punis comme les auteurs, sauf les cas où la loi en aurait disposé autrement. *Voy.* Complices.

Cas où il n'y a point de délit, où il y a lieu à l'excuse ou à la mitigation de la peine. *Voy.* Crime, n°ˢ. 6 et 7.

Cas où les blessures et les coups ne sont pas un délit. *Voy.* Homicide, n°ˢ. 19, 20 et 21.

Droits civiques, civils et de famille que les tribunaux correctionnels peuvent interdire temporairemen t aux délinquans, lorsqu'ils y sont autorisés par une disposition expresse de la loi. *Voy.* Peines, n°ˢ. 37 et 38.

Peine contre celui qui, condamné pour un crime, aura commis un délit. *Voy.* Peines, n°. 52.

Peine contre ceux qui, condamnés à un emprisonnement de plus d'un an, se rendent coupables d'un nouveau délit. *Voy.* Peines, n°. 53.

Délit commis pendant le cours d'une rebellion. *Voy.* Rebellion.

—— auquel ont participé de fonctionnaires publics, chargés de le surveiller, hors les cas où la loi règle spécialement les peines encourues. *Voy.* Fonctionnaires publics, n°. 28.

Confiscations auxquelles le délit donne lieu. *Voy.* Peines, n°. 6.

Les condamnés pour un même délit sont tenus solidairement des amendes, des restitutions, des dommages-intérêts et des frais. *Voy.* Peines, n°. 50.

Voy. Délinquant.

Délivrance. La femme enceinte, condamnée à mort, ne subira sa peine qu'après sa délivrance. *Voy.* Peines, n°. 22.

Déloyauté. Perfidie. Imputation calomnieuse. *Voy.* Calomnie, n°ˢ. 9 et 10. Contraventions, n°. 4, §. XI, n°ˢ. 7 et 16.

Démence. Il n'y a ni crime, ni délit, lorsque le prévenu était en état de démence, au temps de l'action. *Voy.* Crime, n°. 6.

Demeure. Indication vraie de celle de l'auteur d'un ouvrage, etc. ou de l'imprimeur. *Voy.* Écrits.

Voy. Domicile.

Démissions. Fonctionnaires publics qui, par

(*d*) *Voy.* Dispositions préliminaires, note (*e*).

délibération, auront arrêté de donner des démissions, etc. *Voy.* Fonctionnaires publics, n°. 4.

DÉMOLITION. *Voy.* Destruction, n°s. 1 et 26.

—— des édifices menaçant ruine. Négligence ou refus d'obéir aux sommations de la faire. *Voy.* Contraventions, n°. 4, §. V, n°s. 7 et 16.

DÉNI DE JUSTICE. Peine contre le juge, le tribunal ou l'administrateur qui, après avertissement ou injonction de ses supérieurs, aura dénié de rendre la justice, sous quelque prétexte que ce soit, même du silence ou de l'obscurité de la loi. *Voy.* Fonctionnaires publics, n°. 15.

DÉNIGREMENT. *Voy.* Mépris.

DENIERS. Ceux qui ont dissipé ou détourné les deniers qui leur avaient été remis à titre de dépôt. *Voy.* Confiance, n°. 3. Dépositaires publics, n°s. 1 et 4.

—— publics. Ceux qui se mettent à la tête de bandes armées, pour les envahir. *Voy.* Etat, n°s. 17, 23, 24, 25, 26, 27, 28 et 29.

—— communaux. *Voy.* Concussion.

Voy. Argent. Dépositaires publics.

DÉNOMINATION. Quelle que soit celle des malfaiteurs, ils sont punis comme coupables d'assassinat, s'ils emploient des tortures ou commettent des actes de barbarie. *Voy.* Homicide, n°. 9.

DÉNONCIATEURS. *Voy.* Calomnie, n°s. 7 et 8.

Ceux qui, hors les cas où la loi les oblige de se porter dénonciateurs, ont révélé les secrets qu'on leur a confiés. *Voy.* Secrets.

—— Imputation calomnieuse. *Voy.* Calomnie.

DÉNONCIATION. La femme adultère ne peut être dénoncée que par son mari. *Voy.* Mœurs, n°. 7.

Les fournisseurs et leurs agens ne peuvent être poursuivis que sur la dénonciation du Gouvernement. *Voy.* Fournisseurs, n°. 4.

Les Ministres sont tenus de dénoncer ceux qui ont surpris leur signature, apposée sur un acte contraire aux Constitutions. *Voy.* Liberté individuelle, n°. 3.

DÉNONCIATION CALOMNIEUSE. *Voy.* Calomnie, n°s. 7 et 8.

DENRÉES. Leur dégât commis en réunion ou bande. *Voy.* Destruction, n°s. 4, 5 et 6.

Fonctionnaires publics qui en font le commerce. *Voy.* Fonctionnaires publics, n°. 6.

Confiscation de celles proposées aux joueurs, pour jeux de loterie ou d'autres jeux de hasard, établis dans les rues, etc. *Voy.* Contraventions, n°. 10.

Voy. Commerce. Marque. Dispositions générales, n°. 2 et la Note.

DÉPARTEMENT. Résidence continue de l'individu renvoyé sous la surveillance de la haute police, dans un lieu déterminé de l'un des Départemens de l'Empire. *Voy.* Peines, n°. 39.

Plan concerté pour empêcher l'exercice des droits civiques dans un Département. *Voy.* Droits civiques, n°. 2.

Arrêts qui seront affichés dans la ville centrale du Département. *Voy.* Peines, n°. 31.

DÉPENDANCES. Manœuvres pour faciliter l'entrée des ennemis sur les dépendances de l'Empire français. *Voy.* Etat, n°s. 3 et 5.

—— d'une maison. *Voy.* Vols, n°. 3, §. IV, n°s. 12, 14 et 17.

Chevaux, etc. tués dans les dépendances d'un bâtiment. *Voy.* Destruction, n°s. 17, 18 et 26.

DÉPENS. *Voy.* Frais.

DÉPENSES. Partie des produits du travail des détenus pour délits correctionnels, sera appliquée aux dépenses communes de la maison de correction. *Voy.* Peines, n°. 36.

DÉPLACEMENT DE BORNES. *Voy.* Destruction, n°s. 20 et 26.

—— pour commettre un vol. *Voy.* Vols, n°. XI.

DÉPORTATION. Peine afflictive et infamante. *Voy.* Peines, n°. 2, §. III.

Quelle est cette peine ? *Voy.* Peines, n°. 12.

Elle emporte la mort civile. *Voy.* Peines, n°. 13.

L'arrêt qui porte cette peine sera imprimé par extrait et affiché. *Voy.* Peines, n°. 31. Lieu où il sera affiché. *Voy. le même* n°.

Peine contre le mineur, âgé de moins de seize ans, qui a encouru celle de la déportation, lorsqu'il est décidé qu'il a agi *avec discernement. Voyez* Peines, n°s. 56, 57 et 58.

Peine contre celui qui , condamné pour un crime , en aura commis un second emportant la peine de la déportation. *Voy.* Peines , n°. 51.

Les fonctionnaires publics qui , hors les cas où la loi règle spécialement les peines par eux encourues , ont commis un crime emportant contre tout autre coupable , la peine de la déportation , seront punis des travaux forcés à perpétuité. *Voy.* Fonctionnaires publics , n°. 28.

La peine de la déportation ne peut être prononcée contre un individu , âgé de soixante-dix ans accomplis. *Voy.* Peines , n°. 59 ; Elle sera remplacée par celle de la réclusion. *Voy.* Peines , n°. 60.

Bris des scellés apposés sur des papiers et effets d'un individu prévenu ou accusé d'un crime emportant la peine de la déportation. *Voy.* Scellés, n°. 2.

Menaces d'un attentat contre les personnes , qui serait punissable de la peine de la déportation. *Voy.* Menaces , n°. 1.

En quel cas la peine de la déportation est-elle réduite à un emprisonnement ? *Voy.* Homicide , n°. 18.

Si le faux témoignage qui a été l'objet d'une subornation de témoins , emporte la peine de la déportation , le coupable sera condamné aux travaux forcés à perpétuité. *Voy.* Témoignage , n°. 5.

Calomniateur qui imputera un fait dont la peine est la déportation. *Voy.* Calomnie , n°s. 5 et 7.

Crimes auxquels la déportation est appliquée. *Voy.* Complices , n°. 5. Etat , n°s. 8 , 10 , 19 et 23. Fonctionnaires publics , n°s. 2 et 19. Ministre de culte , n°s. 2 et 7. Peines , n°. 28.

Les étrangers déclarés vagabonds par jugement , peuvent être conduits hors du territoire de l'Empire. *Voy.* Vagabondage , n°. 5.

DÉPORTÉ. S'il rentre sur le territoire de l'Empire. *Voy.* Peines , n°. 12.

S'il est saisi dans des pays occupés par les armées françaises. *Voy. le même* n°.

Faveurs qu'il peut recevoir du Gouvernement. *Voy.* Peines , n°. 13.

Voy. Déportation.

DÉPOSITAIRES. Ceux de l'Autorité et de la Force publique.

Outrages et violences envers eux. *Voyez* Fonctionnaires publics, depuis le n°. 29 jusques au n°. 40 inclusivement.

—— de secrets. *Voy.* Secrets.

Voy. Autorité publique. Force publique.

DÉPOSITAIRES PUBLICS (a). 1°.

Tout percepteur , tout commis à une perception, dépositaire ou comptable public , qui aura détourné ou soustrait des deniers publics ou privés , ou effets actifs en tenant lieu , ou des pièces , titres, actes, effets mobiliers qui étaient entre ses mains , en vertu de ses fonctions, sera puni des travaux forcés à temps , si les

(a) « Ceux à qui le Gouvernement confie la perception des deniers publics , les juges à qui l'on est obligé de remettre des pièces importantes pour les jugemens des procès , et qui souvent constituent la fortune des particuliers, leurs greffiers , les notaires sont des dépositaires publics ; les soustractions des deniers et des pièces qui leur sont confiés sont des crimes contre la paix publique ; ils trompent le Gouvernement et le public , et les peines qu'ils doivent subir ne peuvent être trop sévères. » *Rapport par M. Noailles.*

choses détournées ou soustraites sont d'une valeur de trois mille francs. 169. *Voy.* le n°. 4 ci-après.

2°. La peine des travaux forcés à temps aura lieu également, quelle que soit la valeur des deniers ou des effets détournés ou soustraits, si cette valeur égale ou excède, soit le tiers de la recette ou du dépôt, s'il s'agit de deniers ou effets une fois reçus ou déposés, soit le cautionnement, s'il s'agit d'une recette ou d'un dépôt attaché à une place sujette à cautionnement, soit enfin le tiers du produit commun de la recette pendant un mois, s'il s'agit d'une recette composée de rentrées successives et non sujette à cautionnement. 170. *Voy.* le n°. 4 ci-après.

3°. Si les valeurs détournées ou soustraites sont au-dessous de trois mille francs, et en outre inférieures aux mesures exprimées en l'article précédent, la peine sera un emprisonnement de deux ans au moins et de cinq ans au plus, et le condamné sera de plus déclaré à jamais incapable d'exercer aucune fonction publique. 171. (*b*) *Voy.* le n°. 4 ci-après et Dispositions générales, n°. 1.

4°. Dans les cas exprimés aux trois articles précédens, il sera toujours prononcé contre le condamné une amende dont le *maximum* sera le quart des restitutions et indemnités, et le *minimum* le douzième. 172.

5°. Tout juge, tout administrateur, fonction-

(*b*) « On a admis une modification pour le cas où la somme soustraite serait si modique, qu'il deviendrait vraisemblable que le percepteur avait le dessein de s'en servir, pendant quelque temps, plutôt que celui d'en frustrer le trésor public. »

« La peine est suffisante envers d'imprudens percepteurs qui sont coupables sans doute, mais pourtant beaucoup moins que ceux qui seraient partis avec le dépôt tout entier. »

« Rejeter toute distinction, dans cette conjoncture, et placer sur le même rang deux actes qui diffèrent dans leurs circonstances comme dans leurs résultats, ce n'eût pas été seulement blesser la justice, mais encore les vues saines d'une bonne administration. »

« Qu'arriverait-il, en effet, si un léger déficit et une soustraction totale étaient frappés de la même peine ? Ne serait-ce pas, dès que le dépôt serait entamé pour la plus légère partie, une invitation au percepteur de soustraire le tout, puisqu'il trouverait dans ce simple et funeste calcul de plus grands bénéfices, sans s'exposer à une plus grande peine ? Des dispositions pénales mal combinées seraient plus nuisibles qu'utiles à la société. » *Motifs.*

naire ou officier public qui aura détruit, supprimé, soustrait ou détourné les actes et titres dont il était dépositaire, en cette qualité, ou qui lui auront été remis ou communiqués à raison de ses fonctions, sera puni des travaux forcés à temps.

Tous agens, préposés ou commis, soit du Gouvernement, soit des dépositaires publics, qui se seront rendus coupables des mêmes soustractions, seront soumis à la même peine. 173. (c). *Voy.* Scellés, nᵒˢ. 6, 7 et 8.

Voy. Confiance, nᵒ. 3.

———

Déposition en Justice. Ceux qui auront été condamnés aux travaux forcés à temps, au bannissement, à la réclusion ou au carcan, ne pourront jamais déposer en justice autrement que pour y donner de simples renseignemens. *Voy.* Peines, nᵒ. 23.

Les Tribunaux jugeant correctionnellement pourront interdire temporairement le droit de déposer en justice. *Voy.* Peines, nᵒ. 37, §. VIII.

Ils ne prononceront cette interdiction que lorsqu'ils y seront autorisés par une disposition particulière de la loi. *Voy.* Peines, nᵒ. 38.

Voy. Témoignage.

Dépôt. Ceux qui auront détourné ou dissipé des effets, deniers, etc. qui ne leur avaient été remis qu'à titre de dépôt. *Voy.* Confiance, nᵒ. 3.

———— de fausse-monnaie. Révélation à en faire. *Voy.* Monnaie, nᵒˢ. 5 et 6.

———— de matières combustibles. Feux allumés dans les champs à moins de cent mètres de ce dépôt. *Voy.* Destruction, nᵒˢ. 22 et 26.

———— de matériaux ou de choses quelconques qui embarrassent la voie publique. *Voyez* Contraventions, nᵒ. 4, §. IV, nᵒˢ. 7 et 16.

Menaces faites avec ordre de déposer une somme d'argent. *Voy.* Menaces, nᵒ. 1ᵉʳ.

Dépôt. (Maison de) *Voy.* Geolier. Concierge.

Dépôt de Mendicité. *Voy.* Mendicité.

Dépôt public. Soustraction, destruction et enlèvement de ce qui y est contenu. *Voy.* Scellés, nᵒˢ. 6, 7 et 8. Dépositaires publics.

Députations. Celles entre fonctionnaires publics pour concerter des mesures contraires aux lois. *Voyez* Fonctionnaires publics, nᵒˢ. 1, 2 et 3.

Désastre. *Voy.* Accident. Calamités.

Descendans. *Voyez* Recèlement. Révélation.

La confiscation générale est grevée de l'obligation de fournir aux descendans une moitié de la portion dont le père n'aurait pu les priver. *Voy.* Peines, nᵒ. 33.

L'Empereur peut disposer en leur faveur des biens confisqués. *Voy.* Peines, nᵒ. 34.

Soustractions commises par des descendans au préjudice de leurs ascendans, et par ceux-ci, au préjudice de ceux-là. *Voy.* Vols, nᵒ. 2.

Déshonneur. *Voy.* Honte.

Désobéissance. Provocation directe de la part des ministres des cultes à la désobéissance aux lois ou autres actes de l'Autorité publique. *Voy.* Ministre de culte, nᵒˢ. 4, 5, 7 et 8.

Celle des individus renvoyés sous la surveillance de la haute police. *Voy.* Peines, nᵒ. 40.

Voy. Témoins. Jurés. Commandant de la force publique.

———

(c) *Voy.* la note (a) ci-devant.

DÉSOLATION. *Voy.* Dévastation.

DÉSORDRES. Ceux relatifs à l'exercice d'un culte. *Voy.* Cultes.

DESSEIN. Celui qui constitue la préméditation. *Voy.* Homicide, n°. 2.

Voy. EMPEREUR, note (*c*).

DESSIN. *Voy.* Contrefaçon. Écrits, n°s. 5, 6 et 7.

DESTITUTION. Celle de toutes fonctions ou emplois publics. *Voy.* Dégradation civique.

Fonctionnaire public destitué, qui continue l'exercice de ses fonctions. *Voy.* Fonctionnaires publics , n°. 27.

DESTRUCTION. (*a*) 1°. Quiconque aura volontairement détruit ou renversé, par quelque moyen que ce soit, en tout ou en partie, des édifices, des ponts, digues ou chaussées, ou autres constructions qu'il savait appartenir à autrui, sera puni de la réclusion et d'une amende qui ne pourra excéder le quart des restitutions et indemnités, ni être au-dessous de cent francs.

S'il y a eu homicide ou blessures, le coupable sera, dans le premier cas, puni de mort, et dans le second, puni de la peine des travaux forcés à temps. 437. (*b*).

Voy. Homicide, n°. 10.

2°. Quiconque, par des voies de fait, se sera opposé à la confection de travaux autorisés par le gouvernement, sera puni d'un emprisonnement de trois mois à deux ans, et d'une amende qui ne pourra excéder le quart des dommages-intérêts , ni être au-dessous de seize francs.

Les moteurs subiront *le maximum* de la peine. 438. (*c*).

Voy. Dispositions générales, n°. 1er.

3°. Quiconque aura volontairement brûlé ou détruit d'une manière quelconque, des registres, minutes ou actes originaux de l'Au-

---

(*a*) « La destruction n'a pour but que de satisfaire la vengeance ou la haine ; elle dérive uniquement de la méchanceté. Dans cette espèce de crimes ou délits, le coupable ne prend point une chose qui appartient à autrui, afin d'en jouir lui-même : mais il détruit cette chose pour qu'un autre n'en jouisse pas. » *Motifs.*

(*b*) « Celui par le fait duquel cet homicide ou ces blessures ont eu lieu, est considéré par la loi comme les ayant faits avec préméditation ; car en détruisant ou renversant un édi-fice , il savait que ces accidens pouvaient arriver, et l'acte de méchanceté dont il s'est rendu coupable, ayant en effet produit ces accidens , ils doivent lui être imputés , comme s'il les avoit occasionnés à dessein. » *Motifs.*

(*c*) « Si le Gouvernement a été induit en erreur , il faut recourir aux autorités compétentes. Les retards occasionnés par les voies de fait doivent d'autant moins rester impunis , qu'ils peuvent causer un grand préjudice à l'intérêt public. » *Motifs.*

torité publique, des titres, billets, lettres
de change, effets de commerce ou de banque,
contenant ou opérant obligation, disposition,
ou décharge, sera puni ainsi qu'il suit :

Si les pièces détruites sont des actes de
l'Autorité publique, ou des effets de commerce
ou de banque, la peine sera la réclusion.

S'il s'agit de toute autre pièce, le coupable
sera puni d'un emprisonnement de deux ans
à cinq ans, et d'une amende de cent francs
à trois cent francs. 439. (*d*).

Voy. Scellés, nos. 6, 7 et 8. Dépositaires
publics. Dispositions générales, no. 1er.

4°. Tout pillage, tout dégât de denrées ou
marchandises, effets, propriétés mobilières,
commis en réunion ou bande et à force
ouverte, sera puni des travaux forcés à temps ;
chacun des coupables sera de plus condamné
à une amende de deux cent francs à cinq
mille francs. 440. (*e*).

Voy. les nos. 5 et 6 ci-après. Etat nos. 17,
19, 20 et 21. Rebellion.

5°. Néanmoins, ceux qui prouveront avoir
été entraînés par des provocations ou sollicitations à prendre part à ces violences, pourront
n'être punis que de la peine de la réclusion. 441 (*f*).

6°, Si les denrées pillées ou détruites sont
des grains, grenailles ou farines, substances
farineuses, pain, vin, ou autres boissons, la
peine que subiront les chefs, instigateurs ou
provocateurs seulement, sera le *maximum* des
travaux forcés à temps, et celui de l'amende
prononcée par l'article 440 (ci-devant).
442. (*g*).

(*d*) « La loi punit plus sévèrement la destruction des actes authentiques ou des effets de
commerce ou de banque que celle de toute
autre pièce, parce que ces actes ou effets sont
bien plus précieux, à raison des priviléges particuliers que la loi leur attache, et que, dès-lors ,
leur perte produit un bien plus grand mal. » *Motifs.*

(*e*) « Ce cas présente deux crimes à la fois :
1°. l'action de piller ou dévaster ; 2°. une sorte
de rebellion qui a été employée pour en faciliter l'exécution. Cette complication demande une
peine plus rigoureuse. » *Motifs.*

(*f*) « La loi se relâche un peu de sa rigueur par la faculté qu'elle donne aux juges qui
se détermineront suivant les circonstances qui
sont variées à l'infini. » *Motifs.*

(*g*) « Ces crimes peuvent avoir les suites les
plus désastreuses. Ils peuvent amener la guerre
civile, et ceux qui s'en rendent coupables commettent le double crime de porter atteinte à la
propriété individuelle, et d'exposer l'Etat aux
plus grands dangers. » *Motifs.*

7°.

7°. Quiconque, à l'aide d'une liqueur corrosive, ou par tout autre moyen, aura volontairement gâté des marchandises ou matières servant à fabrication, sera puni d'un emprisonnement d'un mois à deux ans, et d'une amende qui ne pourra excéder le quart des dommages-intérêts, ni être moindre de seize francs ;

Si le délit a été commis par un ouvrier de la fabrique, ou par un commis de la maison de commerce, l'emprisonnement sera de deux à cinq ans, sans préjudice de l'amende, ainsi qu'il vient d'être dit. 443. (*h*).

Voy. le n°. 26 ci-après. Dispositions générales, n°. 1ᵉʳ.

8°. Quiconque aura dévasté des récoltes sur pied ou des plants venus naturellement, ou faits de main d'homme, sera puni d'un emprisonnement de deux ans au moins, de cinq ans au plus.

Les coupables pourront, de plus, être mis par l'arrêt ou le jugement, sous la surveillance de la haute police pendant cinq ans au moins, et dix ans au plus. 444.

Voy. les n°ˢ. 14, 19 et 26 ci-après. Dispositions générales, n°. 1ᵉʳ.

9°. Quiconque aura abattu un ou plusieurs arbres, qu'il savait appartenir à autrui, sera puni d'un emprisonnement qui ne sera pas au-dessous de six jours, ni au-dessus de six mois, à raison de chaque arbre, sans que la totalité puisse excéder cinq ans. 445. (*i*).

Voy. les n°ˢ. 12, 14, 19 et 26 ci-après. Dispositions générales, n°. 1ᵉʳ.

10°. Les peines seront les mêmes à raison de chaque arbre mutilé, coupé ou écorcé de manière à le faire périr. 446. (*k*)

(*h*) « Le Code a déjà consacré plusieurs dispositions (1) aux intérêts de nos manufactures, ces précieuses filles de l'Agriculture ; il y revient encore en cet endroit, pour instituer une peine contre celui, qui, à l'aide d'une liqueur corrosive ou par tout autre moyen, aurait *volontairement* gâté des marchandises ou matière servant à fabrication : il aggrave la peine dans le cas où le délit est commis par un ouvrier ou

(1) Voy. Commerce. Manufactures. Ouvriers.

employé de l'établissement. » *Rapport par* M. *Louvet.*

(*i*) « L'ordonnance de 1669 ne prononçait point l'emprisonnement dans le cas d'arbres abattus ou mutilés de manière à les faire périr ; l'amende qu'elle prononçait était insuffisante : delà tant d'abus auxquels le nouveau Code remédiera. » *Motifs.*

(*k*) *Voy.* la Note (*i*) ci-devant.

13

Voy. le n°. 9 ci-devant, les n°ˢ. 12, 14, 19 et 26 ci-après. Dispositions générales, n°. 1.

11°. S'il y a eu destruction d'une ou de plusieurs greffes, l'emprisonnement sera de six jours à deux mois, à raison de chaque greffe, sans que la totalité puisse excéder deux ans. 447.

Voy. les n°ˢ. 12, 14, 19 et 26 ci-après. Dispositions générales, n°. 1ᵉʳ.

12°. Le *minimum* de la peine sera de vingt jours dans les cas prévus par les articles 445 et 446, et de dix jours, dans les cas prévus par l'article 447, si les arbres étaient plantés sur les places, routes, chemins, rues ou voies publiques, ou vicinales ou de traverse. 448. (*l*).

Voy. les n°ˢ. 9 et 10 ci-devant, les n°ˢ. 14, 19 et 26 ci-après. Dispositions générales, n°. 1.

13°. Quiconque aura coupé des grains ou des fourrages qu'il savait appartenir à autrui, sera puni d'un emprisonnement qui ne sera pas au-dessous de six jours, ni au-dessus de deux mois. 449.

Voy. les n°ˢ. 14, 19 et 26 ci-après. Dispositions générales, n°. 1ᵉʳ. Vols, n°. 10.

14°. L'emprisonnement sera de vingt jours au moins, et de quatre mois au plus, s'il a été coupé du grain en vert (*m*).

Dans les cas prévus par le présent article et les six précédens, si le fait a été commis en haine d'un fonctionnaire public et à raison de ses fonctions, le coupable sera puni du *maximum* de la peine établie par l'article auquel le cas se référera.

Il en sera de même, quoique cette circonstance n'existe point, si le fait a été commis pendant la nuit. 450.

15°. Toute rupture, toute destruction d'instrumens d'agriculture, de parcs de bestiaux, de cabanes de gardiens, sera puni d'un emprisonnement d'un mois au moins, d'un an au plus. 451. (*n*).

(*l*) « Il y a aggravation, parce que les arbres dont il s'agit sont plus spécialement placés sous la garantie de la foi publique. » *Rapport par M. Louvet.*

(*m*). « Il y a aggravation, parce qu'il s'agit de grains coupés en *vert*, c'est-à-dire avant la maturité, ce qui ajoute une perte publique à un dommage privé. » *Même rapport.*

(*n*) « Cette disposition tend à prévenir la rupture ou la destruction des instrumens d'agricul-

Voy. les nᵒˢ. 19 et 26 ci - après. Disposi-tions générales, nᵒ. 1ᵉʳ. Vols, nᵒ. 10.

16ᵒ. Quiconque aura empoisonné des chevaux ou autres bêtes de voiture, de monture ou de charge, des bestiaux à cornes, des mou-tons., chèvres ou porcs, ou des poissons dans des étangs, viviers ou réservoirs, sera puni d'un emprisonnement d'un an à cinq ans, et d'une amende de seize francs à trois cent francs. Les coupables pourront être mis par l'arrêt ou le jugement, sous la surveillance de la haute police, pendant deux ans au moins et cinq ans au plus. 452. (*o*).

Voy. les nᵒˢ. 19 et 26 ci - après. Disposi-tions générales, nᵒ. 1ᵉʳ.

17ᵒ. Ceux qui, sans nécessité, auront tué l'un des animaux mentionnés au précédent article, seront punis ainsi qu'il suit :

Si le délit a été commis dans les bâtimens, enclos et dépendances, ou sur les terres dont le maître de l'animal tué était propriétaire, locataire, colon ou fermier, la peine sera un emprisonnement de deux mois à six mois.

S'il a été commis dans les lieux dont le coupable était propriétaire, locataire, colon ou fermier, l'emprisonnement sera de six jours à un mois.

S'il a été commis dans tout autre lieu, l'em-prisonnement sera de quinze jours à six semaines.

Le *maximum* de la peine sera toujours prononcé en cas de violation de clôture. 453.

Voy. les nᵒˢ. 19 et 26 ci-après. Dispositions générales, nᵒ. 1. Contraventions, nᵒ. 12, §. II, III et IV.

18ᵒ. Quiconque aura, sans nécessité, tué un animal domestique dans un lieu dont celui à qui cet animal appartient, est propriétaire, locataire, colon ou fermier, sera puni d'un emprisonnement de six jours au moins, et de six mois au plus.

S'il y a eu violation de clôture, le *maximum* de la peine sera prononcé. 454.

---

ture, etc. objets si utiles et si éminemment com-mis à la foi publique. » *Rapport par M. Louvet.*

(o) « Cette disposition tend à prévenir l'em-poisonnement ou la destruction des chevaux et autres animaux, les uns auxiliaires de l'homme dans ses travaux, les autres servant à sa nour-riture, à son vêtement, ou aux engrais qui fer-tilisent son terrain. » *Même rapport.*

Voy. les nᵒˢ. 19 et 26 ci-après. Dispositions générales, nᵒ. 1ᵉʳ. Contraventions nᵒ. 12, §. II, III et IV.

19ᵒ. Dans les cas prévus par les art. 444 et suivans, jusqu'au précédent article inclusivement, il sera prononcé une amende qui ne pourra excéder le quart des restitutions et dommages - intérêts, ni être au - dessous de seize francs. 455.

20ᵒ. Quiconque aura, en tout ou en partie, comblé des fossés, détruit des clôtures, de quelques matériaux qu'elles soient faites, coupé ou arraché des haies vives ou sèches ; quiconque aura déplacé ou supprimé des bornes, ou pieds corniers, ou autres arbres plantés ou reconnus pour établir les limites entre différens héritages, sera puni d'un emprisonnement qui ne pourra pas être au - dessous d'un mois, ni excéder une année, et d'une amende égale au quart des restitutions et des dommages-intérêts, qui, dans aucun cas, ne pourra être au - dessous de cinquante francs. 456.

Voy. le nᵒ. 26 ci-après. Dispositions générales, nᵒ. 1ᵉʳ. Vols, nᵒˢ. 11, 13, 15 et 17.

21ᵒ. Seront punis d'une amende qui ne pourra excéder le quart des restitutions et des dommages-intérêts, ni être au - dessous de cinquante francs, les propriétaires ou fermiers, ou toute personne jouissant de moulins, usines ou étangs, qui, par l'élévation du deversoir de leurs eaux, au - dessus de la hauteur déterminée par l'Autorité compétente, auront inondé les chemins ou les propriétés d'autrui.

S'il est résulté du fait quelques dégradations, la peine sera, outre l'amende, un emprisonnement de six jours à un mois. 457. *(p)*.

Voy. le nᵒ. 26 ci-après. Dispositions générales, nᵒ. 1ᵉʳ.

(p) « La loi n'avait jusqu'à présent parlé que des moulins et usines. Le nouveau Code parle aussi des étangs ; la raison est la même, et de nombreuses réclamations se sont élevées pour leur rendre commune la disposition de la loi. »

« La loi du 6 octobre 1791 ne distingue point lorsque l'inondation a causé des dégradations ou lorsqu'elle n'en a point occasionné. Ces deux cas sont trop différens pour que la peine doive être la même. Le nouveau Code établit la distinction. Si aucune dégradation n'a eu lieu ; si, par exemple, il n'est résulté de l'inondation

22°. L'incendie des propriétés mobilières ou immobilières d'autrui, qui aura été causé par la vétusté ou le défaut, soit de réparation, soit de nettoyage des fours, cheminées, forges, maisons ou usines prochaines, ou par des feux allumés dans les champs, à moins de cent mètres des maisons, édifices, forêts, bruyères, bois, vergers, plantations, haies, meules, tas de grains, pailles, foins, fourrages ou de tout autre dépôt de matières combustibles, ou par des feux ou lumières portés ou laissés sans précaution suffisante, ou par des pièces d'artifice allumées ou tirées par négligence ou imprudence, sera puni d'une amende de cinquante francs au moins et de cinq cent francs au plus. 458. (*q*).

Voy. le n°. 26 ci - après. Contraventions, n°. 4, §. I et II, n°. 12, §. IV. Incendie.

23°. Tout détenteur ou gardien d'animaux ou de bestiaux soupçonnés d'être infectés de maladie contagieuse, qui n'aura pas averti sur le champ, le maire de la commune où ils se trouvent, et qui, même avant que le maire ait répondu à l'avertissement, ne les aura pas tenus renfermés, sera puni d'un emprisonnement de six jours à deux mois, et d'une amende de seize francs à deux cent francs. 459.

Voy. le n°. 26 ci - après. Dispositions générales, n°. 1er. Contraventions, n°. 12, §. II.

24°. Seront également punis d'un emprisonnement de deux mois à six mois, et d'une

---

d'autre mal que d'avoir interrompu pendant quelque temps la communication par un chemin ou passage, une amende seule sera prononcée, ainsi que le veut la loi du 6 octobre. »

« Mais, s'il y a eu des dégradations, le mal étant plus considérable, la désobéissance à l'Autorité doit être plus sévèrement punie. Le Code porte un emprisonnement outre l'amende. Cet emprisonnement, quoique de courte durée, suffira pour l'efficacité de l'exemple. » *Motifs.*

(*q*) « On ne peut attribuer ces délits à la méchanceté ; ils sont l'effet de l'imprudence ou du défaut de précaution. »

De tout temps il a existé des ordonnances et des réglemens qui ont prescrit l'observation de différentes règles pour prévenir les incendies. Si l'une de ces règles avait été négligée, et qu'un incendie eût eu lieu, les contrevenans étaient condamnés à l'amende. Telle était entre autres l'ordonnance de police du 15 novembre 1781, concernant les incendies, réglement fait pour la ville de Paris. La loi du 6 octobre 1791 a depuis généralisé une partie des sages dispositions de cette ordonnance, et elles se retrouveront dans le nouveau Code. » *Motifs.*

« Puisse cette partie de la loi inspirer sur ce point une surveillance de tous les instans, et empêcher le retour de désastres trop fréquens, causés par une malheureuse et funeste prévoyance ! » *Rapport par M. Louvet.*

amende de cent francs à cinq cent francs,
ceux qui, au mépris des défenses de l'administration, auront laissé leurs animaux ou bestiaux infectés communiquer avec d'autres. 460.

Voy. les n°s. 25 et 26 ci-après. Dispositions générales, n°. 1er. Contraventions, n°. 12, §. II.

25°. Si de la communication mentionnée au précédent article, il est résulté une contagion parmi les autres animaux, ceux qui auront contrevenu aux défenses de l'Autorité administrative, seront punis d'un emprisonnement de deux ans à cinq ans, et d'une amende de cent francs à mille francs ; le tout sans préjudice de l'exécution des lois et réglemens relatifs aux maladies épizootiques et de l'application des peines y portées. 461.

Voy. le n°. 26 ci-après. Dispositions générales, n°. 1er. Contraventions, n°. 12, §. II.

26°. Si les délits de police correctionnelle dont il est parlé au présent chapitre (1) ont été commis par des gardes champêtres ou forestiers, ou des officiers de police, à quelque titre que ce soit, la peine d'emprisonnement sera d'un mois au moins et d'un tiers au plus, en sus de la peine la plus forte qui serait appliquée à un autre coupable du même délit. 462. (*r*).

Voy. Dispositions générales, n°. 1er.

Destruction de quelque propriété appartenant à l'Etat par l'explosion d'une mine. *Voy.* Etat, n°s. 16, 23, 24, 25, 26, 27, 28 et 29.

—— de la preuve de l'Etat civil. *Voy.* Enfant.

—— de Monumens. *Voy.* Monumens.

Dommage causé volontairement aux propriétés mobilières d'autrui, hors les cas prévus dans toutes les dispositions comprises sous les mots INCENDIE et DESTRUCTION. *Voy.* Contraventions, n°. 12, §. I, n°s. 15 et 16.

---

(1) Les délits dont il s'agit se trouvent sous les mots BANQUEROUTE. COMMERCE. CONFIANCE. CONTREFAÇON. ESCROQUERIE. ENCHÈRES. DESTRUCTION. FOURNISSEURS. JEUX DE HASARD. MANUFACTURES. OUVRIERS. PRÊT. VOLS.

(r) « Ceux qui sont chargés de faire exécuter une loi, sont, quand ils se permettent de la transgresser, beaucoup plus répréhensibles que les citoyens ordinaires. » *Rapport par M. Louvet.*

Détenteur. Divertissement à son préjudice d'effets, deniers, etc., par ceux à qui ces objets n'ont été remis qu'à titre de dépôt ou pour un travail salarié. *Voy.* Confiance, n°. 3.

Celui de bestiaux soupçonnés d'être infectés de maladie contagieuse. *Voy.* Destruction, n°s. 23 et 26.

Coalition entre les principaux détenteurs d'une même marchandise ou denrée. *Voy.* Commerce, n°s. 1 et 2.

Détention. Celle des individus renvoyés sous la surveillance de la haute police, qui désobéissent aux ordres du Gouvernement. Sa durée. *Voy.* Peines, n°. 40.

Celle de l'accusé, âgé de seize ans, s'il est décidé qu'il a agi *sans discernement.* *Voy.* Peines, n°. 55.

Voy. Détenus. Emprisonnement.

Voy. Dispositions générales, n°. 2 et la note.

Détention illégale et arbitraire. *Voy.* Arrestations illégales. Liberté individuelle.

Comment seront réglés les dommages-intérêts à raison de cette détention. *Voy.* Liberté individuelle, n°. 4.

Détenus. *Voy.* Evasion. Liberté individuelle.

Destination du produit de leur travail. *Voy.* Peines, n°. 36.

Détérioration. *Voy.* Dégât.

Détermination. Celle des indemnités est laissée à la justice de la Cour ou Tribunal, etc. *Voy.* Peines, n°. 46.

Dettes légitimes. La confiscation générale en demeure grevée. *Voy.* Peines, n°. 33.

Dévastations. Celles de récoltes ou de plants. *Voy.* Destruction, n°s. 8, 14, 19 et 26.

Attentat pour exciter la dévastation dans une ou plusieurs communes. *Voy.* Etat, n°s. 12, 18, 23, 24, 25, 26, 27, 28 et 29. *Voy.* Destruction.

Déversoir. Ceux qui, par l'élévation du déversoir de leurs eaux, inondent les chemins ou les propriétés d'autrui. *Voy.* Destruction, n°s. 21 et 26.

Devin. *Voy.* Contraventions, n°. 12, §. VII, n°. 14, §. II, n°s. 15 et 16.

Voy. Aëromancie. Chiromancie. Gyromancie. Rabdomancie. Escroquerie.

Devineresse. *Voy.* Devin.

Devoir. *Voy.* Désobéissance.

L'auteur d'une imputation de faits qu'il était, par la nature de ses devoirs, obligé de révéler ou de réprimer, ne peut pas être poursuivi comme calomniateur. *Voy.* Calomnie, n°. 1er.

Diamant. Pierre précieuse. *Voy.* Commerce, n°. 5.

Digues. Ceux qui détruisent les digues appartenant à autrui. *Voy.* Destruction n°. 1 et 26.

Dimanches. Aucune condamnation ne peut être exécutée les dimanches. *Voy.* Peines, n°. 20.

Voy. Cultes.

Dimensions. Violation des réglemens relatifs aux dimensions de la fabrication. *Voy.* Manufactures, n°. 1.

Diminution. Celle de la liberté ou de la sûreté d'un passage. *Voy.* Contraventions, n°. 4, §. IV, n°s. 7 et 16.

Directeur d'associations. *Voy.* Associations illicites, n°s. 2 et 3.

—— d'Ateliers. Ouvriers qui ont prononcé des amendes, etc. contre eux. *Voy.* Ouvriers, n°. 3.

—— de Bandes. *Voy.* Bandes. Malfaiteurs.

—— des Contributions. *Voy.* Agens du Gouvernement. Concussion. Dépositaires publics. Faux.

—— des Douanes. *Voy.* Agens du Gouvernement. Concussion. Dépositaires publics. Faux.

—— des Droits réunis. *Voy.* Agens du Gouvernement. Concussion. Dépositaires publics. Faux.

—— de l'Enregistrement. *Voy.* Agens du Gouvernement. Concussion. Dépositaires publics. Faux.

—— de Manufactures. Ceux qui communiquent les secrets de la fabrique qui leur est confiée, à des étrangers ou à des français résidant en pays étrangers. *Voy.* Manufactures, n°. 3.

S'ils communiquent ces secrets à des français résidant en France. *Voy. le même* n°.

Peines contre les personnes qui, dans la vue de nuire à l'industrie française, auront fait passer en pays étrangers des directeurs d'un établissement. *Voy.* Manufactures, n°. 2.

DIRECTION DE BANDES. *Voy.* Bandes.

—— des Voitures, Chevaux, Bêtes de charge, de trait, ou de monture. *Voy.* Voituriers. Charretiers. Bêtes. Chevaux.

DISCERNEMENT. Lorsqu'il est décidé que l'accusé, âgé de moins de seize ans, a agi *sans discernement. Voy.* Peines, n°. 55;

S'il est décidé qu'il a agi *avec discernement. Voy.* Peines, n°. 56.

DISCIPLINE DES HOSPICES, MAISONS SANITAIRES ET LAZARETS. *Voy.* Dispositions générales, n°. 2 et la note.

DISCOURS. Ceux portant provocation à des crimes, etc. *Voy.* Associations illicites, n°. 3.

S'ils portent censure ou critique du Gouvernement ou de tout acte de l'Autorité publique. *Voy.* Ministre de Culte, n°. 3.

S'ils portent provocation à la désobéissance, etc. *Voy.* Ministre de Culte, n°ˢ, 4 et 5.

Ceux tenus dans des lieux ou réunions publics, tendant à exciter les citoyens à commettre des crimes contre la sûreté de l'Etat. *Voy.* Etat, n°. 23;

Tendant à la rebellion. *Voy.* Rebellion, n°ˢ. 9 et 10.

DISETTE. *Voy.* Dispositions générales, n°. 2, et la note.

DISPENSE DE SERVICE PUBLIC. Faux certificat de maladie ou d'infirmité pour obtenir cette dispense. *Voy.* Faux, n°ˢ. 15, 19 et 20.

DISPOSITION. *Voy.* Actes. Titres.

Disposition du Gouvernement. Les vagabonds, après avoir subi leur peine, demeureront à la disposition du Gouvernement. *Voy.* Vagabondage, n°. 3.

Les condamnés qui seront mis sous la surveillance de la haute police de l'Etat, et qui ne fourniront pas une caution solvable de bonne conduite, demeureront à la disposition du Gouvernement. *Voyez* Peines, n°ˢ. 39 et 40.

DISPOSITIONS. *Voy.* Code Napoléon. Code Pénal.

Correspondance d'un Ministre de Culte avec une Cour étrangère, suivie d'autres faits contraires aux dispositions formelles d'une loi et d'un décret. *Voy.* Ministre de Culte, n°. 10.

DISPOSITIONS COMMUNES. Celle relative aux crimes contre la sûreté intérieure de l'Etat. *Voy.* Etat, n°. 23.

Celles relatives aux crimes de Faux. *Voy.* Faux, n°ˢ. 19, 20 et 21.

—— aux Mendians et Vagabonds. *Voy.* Mendicité, depuis le n°. 4 jusques au n°. 9 inclusivement.

—— aux Délits de Police correctionnelle dont il est parlé au chapitre 2, (1) tit. II, liv. 3 du présent Code. *Voy.* Destruction, n°. 26.

~~~~~~~~~~~~~~~~~~~~~~~

DISPOSITIONS GÉNÉRALES. Dans tous les cas où la peine d'emprisonnement est portée par le présent Code, si le préjudice causé n'excède pas vingt-cinq francs, et si les circonstances paraissent atténuantes, les Tribunaux sont autorisés à réduire l'empri-

---

(1) Le chapitre dont il s'agit se trouve sous les mots BANQUEROUTE. COMMERCE. CONFIANCE. CONTREFAÇON. DESTRUCTION. ENCHÈRES. ES-

CROQUERIE. FOURNISSEURS. JEUX DE HASARD. MANUFACTURES. OUVRIERS. PRÊT. SOUSTRACTION. VOLS.

sonnement

sonnement même au-dessous de six jours, et l'amende même au-dessous de seize francs. Ils pourront aussi prononcer séparément l'une ou l'autre de ces peines, sans qu'en aucun cas, elle puisse être au-dessous des peines de simple police. 463. (*a*).

2°. En tout ce qui n'a pas été réglé par le présent Code en matière de crimes, délits et contraventions, les Cours et Tribunaux continueront d'observer et de faire exécuter les dispositions des lois et des réglemens actuellement en vigueur. 484. (*b*).

Voy. Peines. Complices. Dispositions préliminaires.

(*a*) « Au milieu d'un si grand nombre de délits de police correctionnelle que le Code a prévus, il est facile de concevoir que plus d'une fois des actes qualifiés délits seront accompagnés de circonstances particulières, qui, loin de les aggraver, les atténueront sensiblement. La justice reconnaîtra peut-être en même temps que le dommage éprouvé par la personne lésée est extrêmement modique ; il pourrait dès-lors en résulter que le *minimum* de la peine déterminée par la loi pour le cas général serait trop fort, et que les juges se trouveraient placés dans l'alternative fâcheuse d'user envers le coupable d'une rigueur dont l'excès leur paraîtrait injuste, ou de le renvoyer absous, en sacrifiant le devoir du magistrat à un sentiment inspiré par l'humanité. »

« Au moyen de la précaution de la loi, la conscience du juge sera rassurée, et la peine sera proportionnée au délit. »

« Il n'était pas possible d'établir une règle semblable à l'égard des crimes. Tout crime emporte peine afflictive ou infamante ; mais tout crime n'emporte pas la même espèce de peine : tandis que en matière de délits de police correctionnelle, la peine est toujours soit l'emprisonnement, soit l'amende, soit l'une et l'autre ensemble. »

« Cela posé, la réduction des peines de police correctionnelle, ne frappe que sur la quotité de l'amende et sur la durée de l'emprisonnement. »

« Au contraire, les peines établis pour les crimes, étant de différentes espèces, il faudrait, lorsqu'un crime serait atténué par quelque circonstance qui porterait le juge à considérer la peine comme trop rigoureuse, quant à son espèce, il faudrait, disons-nous, que le juge fût autorisé à changer l'espèce de peine et à descendre du degré fixé par la loi à un degré inférieur ; par exemple, à prononcer la réclusion au lieu des travaux forcés à temps, ou bien à substituer le carcan à la réclusion. Ce changement, cette substitution ne serait pas une réduction de peine proprement dite, elle serait une véritable commutation de peine. Or, le droit de commutation de peine est placé par la Constitution dans les attributions du Souverain ; il fait partie du droit de faire grace : c'est au Souverain seul qu'il appartient de décider en matière de crimes, si telle circonstance vérifiée au procès est assez atténuante pour justifier une commutation. »

« La seule exception laissée au pouvoir judiciaire, est dans les cas d'excuse ; encore faut-il que le fait allégué pour excuse soit admis comme tel par la loi, avant qu'on puisse descendre, en cas de preuves, à une peine inférieure. »

« Il résulte de ces observations, qu'en fait de peine afflictive ou infamante, le juge doit se renfermer dans les limites que la loi lui a tracées ; qu'il ne peut dire que la faute est excusable que lorsque la loi a prévu formellement les circonstances sur lesquelles l'excuse est fondée, et que toute application d'une peine inférieure à celle fixée par la loi, est un acte de clémence qui ne peut émaner que du Prince, unique source de toutes les graces. » *Motifs.*

(*b*) « Cette disposition était d'absolue nécessité. Elle maintient les dispositions pénales, sans les-

14

DISPOSITIONS LÉGISLATIVES. Juges, etc.
qui ont fait des réglemens contenant de pareilles dispositions. *Voy.* Empiétement, n°. 1, §. I.

DISPOSITIONS PARTICULIÈRES. Celles de la loi, nécessaires pour placer les condamnés sous la surveillance de la haute Police de l'Etat. *Voy.* Peines, n°. 45 ;

Pour autoriser les Tribunaux, jugeant correctionnellement, à interdire temporairement en tout ou en partie, l'exercice des droits civi-

ques, civils et de famille. *Voy.* Peines, n°s. 37 et 38.

Celles relatives aux Fonctionnaires publics qui auront participé à des crimes ou délits qu'ils étaient chargés de surveiller ou de réprimer, lorsque la loi n'a pas spécialement réglé les peines qu'ils encourent. *Voy.* Fonctionnaires publics, n°. 28 ;

Aux Crieurs et Afficheurs d'écrits imprimés, etc. *Voy.* Ecrits, n°. 8.

Voy. Complices. Délits.

DISPOSITIONS PRÉLIMINAIRES. 1°. L'infraction que les lois punissent des peines de police est une *Contravention.*

L'infraction que les lois punissent de peines correctionnelles est un *Délit.*

L'infraction que les lois punissent d'une

---

quelles quelques lois, des codes entiers, des réglemens généraux d'une utilité reconnue resteraient sans exécution. »

« Ainsi cette dernière disposition maintient les lois et réglemens actuellement en vigueur, relatifs aux dispositions du Code rural, qui ne sont point entrées dans ce Code ;

Aux taxes, contributions directes ou indirectes, droits réunis, de douanes et d'octrois ;

Aux tarifs pour le prix de certaines denrées ou de certains salaires ;

Aux calamités publiques, comme épidémies, épizooties, contagions, disettes, inondations ;

Aux entreprises de services publics, comme coches, messageries, voitures publiques de terre et d'eau, voitures de place, numéros ou indication de noms sur voitures, postes aux lettres et postes aux chevaux ;

A la formation, entretien et conservation des rues, chemins, voies publiques, ponts et canaux ;

A la mer, à ses rades, rivages et ports, et aux pêcheries maritimes ;

A la navigation intérieure, à la police des eaux et aux pêcheries ;

A la chasse, aux bois, aux forêts ;

Aux matières générales de commerce, affaires et expéditions maritimes, bourses ou rassemble-

mens commerciaux, police des foires et marchés ;

Aux commerces particuliers d'orfévrerie, bijouterie, joaillerie, de serrurier et des gens de marteau ; de pharmacie et apothicairerie ; de poudres et salpêtres ; des arquebusiers et artificiers ; des cafetiers, restaurateurs, marchands et débitans de boissons ; de cabaretiers et aubergistes ;

A la garantie des matières d'or et d'argent ;

A la police des maisons de débauche et de jeu ;

A la police des fêtes, cérémonies et spectacles ;

A la construction, entretien, solidité, alignement des édifices, et aux matières de voiries ;

Aux lieux d'inhumation et sépulture ;

A l'administration, police et discipline des hospices, maisons sanitaires et lazarets ; aux écoles, aux maisons de dépôt, d'arrêt, de justice et de peine, de détention correctionnelle et de police ; aux maisons ou lieux de fabrique, manufactures ou ateliers ; à l'exploitation des mines et des usines ;

Au port-d'armes ;

Au service des Gardes nationales ;

A l'État civil, etc. etc. » *Motifs.*

peine afflictive ou infamante, est un *Crime.* Art. I. (*a*).

2°. Toute tentative de *Crime* qui aura été manifestée par des actes extérieurs et suivie d'un commencement d'exécution, si elle n'a été suspendue ou n'a manqué son effet que par des circonstances fortuites ou indépendantes de la volonté de l'Auteur, est considérée comme le *Crime* même. 2. (*b*).

3°. Les tentatives de *Délits* ne sont considérées comme délits, que dans les cas déterminés par une disposition spéciale de la loi. 3. (*c*). (1).

4°. Nulle contravention, nul délit, nul crime, ne peuvent être punis de peines qui n'étaient pas prononcées par la loi avant qu'ils fussent commis. 4. (*d*).

Voy. l'Art. 6 du Décret Impérial du 23 Juillet 1810. (2).

5°. Les dispositions du présent Code ne

(*a*) « Désormais le mot *Crime* désignera les attentats contre la société, qui doivent occuper les Cours criminelles ; le mot *Délit* sera affecté aux désordres moins graves qui sont du ressort de la police correctionnelle ; enfin le mot *Contravention* s'appliquera aux fautes contre la simple police. » *Motifs.*

(*b*) « Le coupable a commis le crime, autant qu'il était en lui de le commettre ; il a donc encouru la peine prononcée par la loi contre le crime. La sureté publique avait déjà provoqué cette disposition qui se trouve textuellement écrite dans une de nos lois, (celle du 22 prairial an 4). On peut même dire qu'elle est un développement nécessaire de deux articles du Code pénal de 1791, qui infligent aux tentatives d'assassinat et d'empoisonnement, les mêmes peines qu'au crime consommé. » *Motifs.*

(*c*) « Les caractères des délits ne sont pas aussi marqués que les caractères du crime ; leur exécution peut très-bien avoir été préparée et commencée par des circonstances et des démarches qui, en elles-mêmes, n'ont rien de répréhensible, et dont l'objet n'est bien connu, que lorsque le délit est consommé ; il a donc été sage de déclarer que les tentatives du délit ne seraient considérées et punies comme le délit même, que dans des cas particuliers, dé-

terminés par une disposition spéciale de la loi. »

(1) La disposition spéciale dont il s'agit se trouve sous les mots FONCTIONNAIRES PUBLICS, n°. 9. ÉVASION, n°s. 5, 9 et 10. VOLS, n°. 24. ESCROQUERIE. OUVRIERS, n°s. 1 et 2.

(*d*) « Ce principe est de tous les temps et de toutes les lois. » *Rapport par M. d'Haubersart.*

« Un citoyen ne doit être puni que d'une peine légale ; il ne doit pas être laissé dans l'incertitude sur ce qui est ou n'est pas punissable ; il ne peut être poursuivi pour un acte qu'il a pu, de bonne foi, supposer au moins indifférent, puisque la loi n'y attachait aucune peine. »

« On voit que si l'on s'est occupé efficacement de la recherche et de la poursuite des hommes qui se constituent en état de guerre avec la société, on n'a pas apporté moins de soin pour ne pas troubler la sécurité du citoyen paisible qui ne transgresse les dispositions d'aucune loi. » *Motifs.*

(2) Art. 6 du décret impérial du 23 juillet 1810.

« Les Cours et Tribunaux appliqueront aux crimes et aux délits les peines prononcées par les lois pénales existantes au moment où ils ont été commis. Néanmoins, si la nature de la peine prononcée par le nouveau Code pénal était moins forte que celle prononcée par le Code

s'appliquent pas aux Contraventions, Délits et
Crimes *militaires*. 5. (*e*).

~~~~~~~~~~~~~~~~~~~

DISSIPATEUR. Prodigue. Imputation calomnieuse. *Voy.* Calomnie. n°s. 9 et 10. Contraventions, n°. 4, §. XI, n°s. 7 et 16.

DISSOLUTION. *Voy.* Mariage.

DISSOLUTION. Débauche. Imputation calomnieuse. *Voy.* Calomnie, n°s. 9 et 10. Contraventions, n°. 4, §. XI, et n°s. 7 et 16.

DISSUASION. Celle de crimes ou complots
contre la sureté de l'Etat, non révélés, ne
sert point d'excuse. *Voy.* Etat, n°. 27.

DISTRIBUTEURS. Ceux d'écrits provocateurs.
Voy. Associations illicites, n°. 3. Ecrits.

—— d'écrits imprimés sans indication vraie
des noms, profession et demeure de l'Auteur
ou de l'Imprimeur. *Voy.* Ecrits. Contraventions, n°. 8, §. XIII, n°. 10, §. III, et
n°s. 11 et 16.

—— de fausse Monnaie. *Voy.* Monnaie,
n°s. 1, 2, 3 et 4. Faux, n°s. 20 et 21.

—— de Chansons, Figures, etc. contraires
aux bonnes mœurs. *Voy.* Ecrits, n°s. 5, 6
et 7. Contraventions, n°. 8, §. XIII, n°.
10, §. III, et n°s. 11 et 16.
Voy. Distribution.

DISTRIBUTION. Celle à faire du produit des
méfaits établit l'association de Malfaiteurs. *Voy.*
Malfaiteurs.

—— d'Ecrits imprimés ou non, portant
des faits calomnieux. *Voy.* Calomnie, n°. 1.

—— de Papiers étrangers, portant aussi des
faits calomnieux. *Voy.* Calomnie, n°. 3.

—— d'Ecrits imprimés ou non, portant
des injures ou des expressions outrageantes.
Voy. Calomnie, n°. 9.

Voyez Distributeurs.

DIVAGATION. *Voy.* Fous. Furieux. Animaux.

DIVINATION. *Voy.* Devin.

DIVISIONS. Ceux qui ont fourni des munitions, etc. aux bandes ou à leurs divisions.
Voyez Malfaiteurs, n°. 4.

DIVISIONS MILITAIRES. *Voy.* Commandant
de la force publique.

DIVORCÉS. *Voy.* Recèlement. Révélation.

DOMAINE DE L'ÉTAT. La confiscation générale est l'attribution des biens d'un condamné
au domaine de l'Etat. *Voy.* Peines, n°. 32.

DOMAINES PUBLICS. Ceux qui se mettent
à la tête de bandes armées, pour envahir les
domaines publics. *Voy.* Etat, n°s. 17, 23,
24, 25, 26, 27, 28 et 29.

DOMESTIQUE. *Voy.* Vols, n°. 8, §. III.

DOMICILE. Peine contre le Fonctionnaire
public qui se sera introduit dans celui d'un
Citoyen, hors les cas prévus par la loi et sans
les formalités qu'elle a prescrites. *Voy.* Fonctionnaires publics, n°. 14.

—— du condamné qui subira l'exposition
publique sera mis sur l'écriteau qui sera placé
sur sa tête. *Voy.* Peines, n°. 17. L'arrêt de
condamnation sera affiché au domicile du
condamné. *Voy.* Peines, n°. 31.

—— des Emprunteurs doit être inséré dans
les registres à tenir par ceux qui ont établi
des maisons de prêt sur gage. *Voy.* Prêt sur
gage.

—— d'une personne qui couche dans une
auberge doit être inscrit sur le registre de l'aubergiste. *Voy.* Contraventions, n°. 8, §. II,
n°s. 11 et 16.

Ceux qui n'ont point de domicile certain
sont des vagabonds. *Voy.* Vagabondage, n°. 1.

DOMMAGE. Celui causé volontairement aux

---

actuel, les Cours et Tribunaux appliqueront les
peines du nouveau Code. »

« Dans le concours de deux peines afflictives
temporaires, celle qui emportera la marque
sera toujours réputée la plus forte. »

(*e*) « Les contraventions, délits et crimes militaires, appartenant à un autre ordre de choses, doivent être régis par d'autres lois. » *Rapport par* **M.** *d'Haubersart.*

propriétés mobilières d'autrui. *Voy.* Contraventions, n°. 12, §. I, n°s. 15 et 16.

Ceux qui ne retiennent pas leurs chiens, lorsqu'ils attaquent ou poursuivent les passans, quand même il n'en serait résulté aucun dommage. *Voy.* Contraventions, n°. 8, §. VII, n°s. 11 et 16.

Cas auquel les Aubergistes et Hôteliers sont responsables du dommage causé par ceux qu'ils ont logés plus de vingt-quatre heures. *Voy.* Peines, n°. 62.

Voy. Préjudice. Destruction.

DOMMAGES-INTÉRÊTS. *Voy.* Peines, n°. 5. Restitutions.

Comment seront réglés ceux qui résulteront d'actes arbitraires et attentatoires à la liberté individuelle. *Voy.* Liberté individuelle , n°s. 4 et 6.

Ceux dûs à raison de connivence pour l'évasion d'un détenu. *Voy.* Evasion de détenus, n°. 8.

En prononçant la suppression des injures ou des écrits injurieux, ou faisant des injonctions aux auteurs du délit, ou les suspendant de leurs fonctions, les juges peuvent statuer sur les dommages-intérêts. *Voy.* Calomnie , n°. 11.

DONNATION. *Voy.* Faux. Escroquerie.

DONS. Ceux qui, par dons, ont provoqué à une action qualifiée crime ou délit, en sont complices. *Voy.* Complices, n°. 2.

Ceux qui, par les mêmes moyens, ont écarté les enchérisseurs. *Voyez* Enchères.

Faux certificat de maladie obtenu par dons, d'un médecin ou chirurgien. *Voy.* Faux, n°s. 16, 19 et 20.

DOUANES. Attaque ou résistance avec violence et voies de fait contre les préposés des douanes. *Voy.* Rebellion.

Voy. Directeur. Préposés. Dispositions générales , n°. 2 et la note.

DOUBLE. Dans quel cas les peines correctionnelles peuvent-elles être élevées jusqu'au

double ? *Voy.* Peines, n°s. 52 et 53.

DRAPIERS. *Voy.* Commerce, n°. 5.

DROIT. Celui de port-d'armes. *Voy.* Armes.

Droit de servir dans les armées de l'Empire. *Voy.* Armées.

Droit que donne au Gouvernement le renvoi sous la surveillance de la haute police. *Voy.* Peines , n°s. 39 et 40.

Ceux qui, sans droit, prennent le commandement d'un corps d'armée, etc. *Voy.* Etat , n°s. 14, 23, 24, 25, 26, 27, 28 et 29.

Ceux qui ont le droit de demander la nullité du mariage du ravisseur avec la fille enlevée, peuvent seuls poursuivre le ravisseur. *Voy.* Mineurs , n°. 4.

DROIT DE PASSAGE. Ceux qui, ne jouissant pas de ce droit sur un terrain, y ont passé, lorsqu'il est préparé ou ensemencé. *Voy.* Contraventions , n°. 4, §. XIII, n°s. 7 et 16 ;

Lorsqu'il est chargé de grains en tuyaux ou de fruits mûrs ou voisins de leur maturité. *Voy.* Contraventions, n°. 8, §. IX, n°s. 11 et 16.

DROITS. Usage des vrais timbres, marteaux ou poinçons, préjudiciable aux droits de l'Etat. *Voy.* Contrefaction , n°. 3.

Officiers publics ou Percepteurs qui perçoivent ce qu'ils savent n'être pas dû. *Voy.* Concussion.

Cas auquel les pères et mères sont privés des droits à eux accordés sur les biens de leurs enfans par le Code Napoléon. *Voy.* Mœurs, n°. 6.

Ceux que perdent les condamnés aux travaux forcés à temps , au bannissement, à la réclusion, au carcan ou à la dégradation civique. *Voy.* Peines, n°s. 23 et 29.

DROITS CIVILS. *Voy.* Interdiction. Dégradation civique.

L'exercice de ces droits peut être accordé au déporté, par le Gouvernement, dans le lieu de la déportation. *Voy.* Peines, n°. 13.

DROITS CIVIQUES. Lorsque, par attroupement, voies de fait ou menaces, on aura empêché un ou plusieurs Citoyens d'exercer leurs droits civiques, chacun des coupables sera puni d'un emprisonnement de six mois au moins et de deux ans au plus, et de l'interdiction du droit de voter et d'être éligible, pendant cinq ans au moins et dix ans au plus. 109. (*a*).

Voy. Dispositions générales, n°. 1.

2°. Si ce crime a été commis par suite d'un plan concerté pour être exécuté, soit dans tout l'Empire, soit dans un ou plusieurs Départemens, soit dans un ou plusieurs Arrondissemens communaux, la peine sera le bannissement. 110. (*b*).

3°. Tout Citoyen qui, étant chargé, dans un scrutin, du dépouillement des billets contenant les suffrages des Citoyens, sera surpris falsifiant ces billets ou en soustrayant de la masse, ou y en ajoutant, ou inscrivant sur les billets des votans non lettrés des noms autres que ceux qui lui auraient été déclarés, sera puni de la peine du carcan. 111. (*c*).

4°. Toutes autres personnes coupables des faits énoncés dans l'article précédent, seront punies d'un emprisonnement de six mois au moins et de deux ans au plus, et de l'interdiction du droit de voter et d'être éligibles, pendant cinq ans au moins et dix ans au plus. 112.

(*a*) « L'exercice de ces droits est une propriété sacrée. » *Motifs.*

(*b*) « Toutes personnes qui troublent ou empêchent l'exercice des droits dont il s'agit, se rendent coupables; mais leur délit s'aggrave et peut même s'élever au rang des crimes, s'il est le résultat d'un plan concerté pour être en même temps exécuté dans divers lieux : dans ce dernier cas, l'ordre public plus grièvement blessé réclame aussi une plus sévère punition.» *Motifs.*

(*c*) « Il y a délit toutes les fois que le vœu des citoyens est dénaturé par des falsifications, soustractions ou additions de billets; et ces coupables manœuvres acquièrent un nouveau degré de gravité, lorsqu'elles sont l'ouvrage des scrutateurs eux-mêmes, car il y a, dans ce cas, violation du dépôt et abus de confiance; mais malgré tout ce qu'a d'odieux une telle infraction, l'on a dû craindre d'ouvrir une issue trop facile à de tardives et téméraires recherches pour des faits qui ne laissent plus de traces, quand le scrutin est détruit et qu'on a terminé les opérations qui s'y rapportent. »

« Combien, dans cette matière sur-tout, les espérances trompées, les prétentions évanouies, et l'amour-propre blessé ne feraient-ils pas naître d'accusations hasardées, s'il était permis de les recevoir après coup, et hors les cas où le coupable est surpris, pour ainsi dire, en flagrant délit ! » *Motifs.*

5o. Tout Citoyen qui aura, dans les élections, acheté ou vendu un suffrage à un prix quelconque, sera puni d'interdiction des droits de Citoyen et de toute fonction ou emploi public, pendant cinq ans au moins et dix ans au plus.

Seront en outre le vendeur et l'acheteur du suffrage, condamnés chacun à une amende double de la valeur des choses reçues ou promises. 113. (d).

Acte arbitraire et attentatoire aux droits civiques. Voy. Liberté individuelle.

L'interdiction temporaire de certains droits civiques, civils et de famille peut être prononcée par les Tribunaux correctionnels, lorsqu'ils y sont autorisés par une disposition particulière de la loi. Voy. Peines, n°. 4, §. II, n°s. 37 et 38.

Voyez Dégradation civique. Interdiction.

~~~~~~~~~~~~~~~~~~~~

Droits de famille. Voy. Interdiction. Dégradation civique.

Droits privés. Magistrats de l'ordre Administratif qui s'ingèrent à connaître de ceux qui sont du ressort des Tribunaux. Voy. Empiétement, n°. 5.

Droits réunis. Attaque ou résistance avec violence et voies de fait contre les Préposés de l'Administration des droits réunis. Voy. Rebellion.

Voy. Directeurs. Préposés. Dispositions générales, n°. 2 et la note.

Drôlesse. Femme de mauvaise vie. Imputation calomnieuse. Voy. Calomnie, n°s. 9 et 10. Contraventions, n°. 4, §. XI, n°s. 7 et 16.

Duc. Usurpation de ce titre. Voy. Fonctions publiques, n°. 2.

Ducat. Voy. Monnaie.

Dupe. Voy. Escroquerie.

~~~~~~~~~~~~~~~~~~~~

DUEL. Si le Code n'a pas désigné particulièrement cet attentat aux personnes, c'est qu'il se trouve compris dans des dispositions générales. Nos Rois, en créant des Juges d'exception pour ce crime, l'avaient presque

---

(d) « Laissons aux Anglais le scandaleux privilège de briguer les suffrages de leurs concitoyens à prix d'argent et à force de dépenses ; l'honneur français repousse un tel moyen, et la peine qu'encourront chez nous ceux qui achètent ou vendent des suffrages, est tracée par la nature même de leur délit ; ils ont méconnu la dignité de leur caractère ; ils ont profané l'un de leurs plus beaux droits : que l'exercice de ces droits leur soit donc retiré pendant un temps snffisant, pour l'expiation d'un pacte honteux, et qu'il leur soit infligé une amende, comme supplément de peine due à l'esprit de corruption et de vénalité qui les a conduits. » Motifs.

ennobli ; ils avaient consacré les atteintes au point d'honneur , en voulant les graduer ou les prévenir, en outrant la sévérité des peines: ils avaient manqué le but qu'ils voulaient atteindre.

Le Code n'a pas dû particulariser une espèce qui est comprise dans un genre dont il donne les caractères.

Si la mort est le résultat de la défense à une irruption inopinée, à une provocation soudaine et à main armée, elle peut, suivant les circonstances et la vivacité de l'agression, être classée parmi les crimes légitimes ou excusables. (1).

Si le duel a suivi immédiatement des menaces , des jactances, des injures; si les combattans ont pu être entraînés par l'emportement de la passion ; s'ils ont agi dans l'ébullition de la colère; ils seront classés parmi les meurtriers. (2).

Mais si les coupables ont médité, projeté, arrêté à l'avance cet étrange combat ; si la raison a pu se faire entendre , et s'ils ont méconnu sa voix, et au mépris de l'Autorité, cherché dans une arme homicide , la punition qu'ils ne devaient attendre que du glaive de la loi, ils seront des assassins. (3).

En vain voudrait-on invoquer une convention entre les duellistes, et la réciprocité des chances qu'ils ont voulu courir dans une action, qui, le plus souvent, n'offre de la volonté que les apparences ? et comment, d'ailleurs, chercher un usage légitime de la liberté dans l'horrible alternative de se faire égorger ou de donner la mort ! Sans doute, une fausse opinion cerne et protége les coupables; elle les égare et les excite par une méprise d'idées sur la bravoure, l'honneur et la vengeance ; et cette fausse opinion parvient peut-être à leur persuader qu'il est ignoble d'attendre de la marche grave et lente de la justice , la réparation d'un outrage ; et qu'on ne doit porter aux Tribunaux que les contestations qui prennent leur source dans des intérêts pécuniaires.

---

(1) *Voy.* Homicide , nos. 13 et 18.
(2) *Voy.* Homicide , n°. 10.

(3) *Voy.* Homicide , n°. 8.

La

La loi ne saurait transiger avec un aussi absurde préjugé, et cependant l'extirpation de ce préjugé a depuis long-tems échappé à la puissance du Législateur.

Espérons que le moment est arrivé de faire disparaître de nos mœurs cette rouille de la barbarie de nos ancêtres, de sauver nos lois et nos usages d'une contradiction aussi choquante, et de ne plus placer les individus entre la honte et l'échafaud.

L'éloquence a préparé, et la raison a mûri depuis long-tems une réforme qu'il est digne de nos guerriers de consommer : c'est un triomphe d'un genre nouveau qui leur est réservé, et ils ne sauraient être étrangers à aucun.

Toute nouvelle preuve n'ajouterait rien à l'opinion qu'a donné de son courage un peuple qui a marqué de sa brillante valeur tous les points où il a porté ses pas. Un préjugé ne saurait être pour lui plus difficile à vaincre que l'Europe coalisée.

C'est aux braves qui ont fixé la victoire, à déterminer la direction et l'emploi de la bravoure. Ils peuvent se montrer avares d'un sang prodigué dans tant de combats, et qui ne doit couler que pour la Patrie.

Les vainqueurs qui ont illustré tant de champs de bataille, ne doivent voir que là le champ de l'honneur ; il leur appartient de proscrire et de flétrir les combats en champ clos.

Qui oserait se venger lui-même quand de tels hommes donneront l'exemple de déposer la vengeance au pied de la loi ? *Rapport par M. de Monssignat.*

~~~~~~~~~~~~~~~~~~~~~~~~~~~~~~~~

DURÉE. Celle des travaux forcés à tems. *Voy.* Peines, n°. 14.

—— de la réclusion. *Voy.* Peines, n°. 16.

De quel jour se comptera la durée de l'une et l'autre peine ? *Voy.* Peines, n°. 18.

Les condamnés à la peine des travaux forcés à tems ou de la réclusion, seront, pendant la durée de leur peine, dans un état d'interdiction légale. *Voy.* Peines, n°. 24.

Comment leurs biens seront-ils administrés ? *Voy.* Peines, n°s. 24, 25 et 26.

Durée du bannissement. De quel jour se compte-t-elle ? *Voy.* Peines, n°s. 27 et 28.

—— de l'emprisonnement. *Voyez* Peines, n°s. 35, 48 et 66.

—— de la détention de l'individu renvoyé sous la surveillance de la haute Police, qui

a désobéi aux ordres du Gouvernement. *Voy.*
Peines , n°. 40 ;

Durée de cette surveillance pour les condamnés aux travaux forcés à tems. *Voy.*
Peines , n°. 42 ;

Pour les condamnés au bannissement. *Voy.*
Peines , n". 43.

—— de la réclusion, remplaçant pour les
vieillards âgés de soixante-dix ans accomplis
au moment du jugement, les peines des travaux
forcés à perpétuité, de la déportation et des
travaux forcés à tems. *Voy.* Peines, n°. 60.

—— de la mise en surveillance des coupables d'attentat aux mœurs. *Voy.* Mœurs, n°. 6.

—— de la suspension que les Juges peuvent
prononcer contre les Avocats et Avoués. *Voy.*
Calomnie , n°. 11.

Le temps de l'emprisonnement prononcé
contre l'offenseur ne sera compté qu'à dater
du jour où la réparation à l'audience ou par
écrit aura eu lieu. *Voy.* Fonctionnaires publics,
n°. 33.

Dynastie. *Voy.* Empereur.

E A U.

Eau de vie falsifiée. *Voy.* Boissons falsifiées.

E A U

Eaux. *Voy.* Déversoir.

Eaux et forêts. *Voy.* Dispositions générales, n°. 2 et la note. Forêts.

Ébéniste. *Voy.* Commerce , n°. 5.

Ébranchement. *Voy.* Arbre.

Ecclésiastique. *Voy.* Ministre de Cultes.
Cultes.

Echafaud. Le Parricide y sera exposé ,
pendant qu'un Huissier fera lecture au peuple
de l'arrêt de sa condamnation. *Voy.* Peines,
n°. 8.

Echenillage. Ceux qui le négligent. *Voy.*
Contraventions , n°. 4, §. VIII, n°s. 7 et 16.

Eclairage. Aubergistes et autres qui y sont
obligés et qui le négligent. *Voy.* Contraventions, n°. 4, §. III et IV, n°s. 7 et 16.

Ecoles. *Voy.* Dispositions générales, n°. 2
et la note.

Ecorce. Enlèvement de celle des arbres.
Voy. Destruction, n°s. 10, 12, 14, 19
et 26.

Ecriteau. Que portera celui qui sera placé
sur la tête du condamné qui subira l'exposition
publique ? *Voy.* Peines, n°. 17.

Quels seront les caractères de cet écriteau ?
Voy. le même n°.

ECRITS. 1°. Toute publication ou distribution d'ouvrages , écrits , avis , bulletins ,
affiches , journaux , feuilles périodiques ou
autres imprimés dans lesquels ne se trouvera
pas l'indication vraie des noms, profession et
demeure de l'auteur ou de l'imprimeur , sera,
pour ce seul fait, punie d'un emprisonnement
de six jours à six mois, contre toute personne
qui aura sciemment contribué à la publication
ou distribution. 283. (*a*).

(*a*) « Il faut une garantie à la société contre
la publication des Écrits , sur-tout depuis que
l'Impression peut les multiplier à l'infini avec
la rapidité de l'éclair ; ainsi, leur auteur doit
être retrouvé, si leur publication est coupable ;
car que serait un ordre de choses où un homme
pourrait commettre des délits , sans en répondre devant la loi ? Au défaut de l'Auteur qui
peut échapper, l'Imprimeur sera garant de l'é-
crit , jusqu'à ce qu'il ait nommé l'homme coupable dont il n'a été que l'instrument : au défaut de celui-ci, le distributeur sera soumis à

Voy. les nᵒˢ. 2, 3, 4 et 7 ci-après. Dispositions générales, nᵒ. 1.

2ᵒ. Cette disposition sera réduite à des peines de simple police :

1ᵒ. A l'égard des crieurs, afficheurs, vendeurs ou distributeurs qui auront fait connaître la personne de laquelle ils tiennent l'écrit imprimé ;

2ᵒ. A l'égard de quiconque aura fait connaître l'imprimeur ;

3ᵒ. A l'égard même de l'imprimeur qui aura fait connaître l'auteur. 284.

Voy. Contraventions, nᵒ. 8, §. XIII, nᵒ. 10, §. III, et nᵒˢ. 11 et 16.

3ᵒ. Si l'écrit imprimé contient quelques

la même garantie. Cette dernière disposition est fort ancienne ; elle est du moins dans son principe antérieure à l'Imprimerie. Une ancienne loi porte en effet, que celui qui aura fait circuler un libelle injurieux, même quand il l'aurait trouvé par hasard, en sera réputé l'auteur, s'il n'indique pas le vrai coupable. »

« Cependant on ne peut forcer un auteur de se faire connaître ; et si son livre n'a rien de criminel, on n'a nul droit de savoir son nom ; son secret est sa propriété, elle est sacrée comme toutes les autres. Il n'en est pas de même de l'Imprimeur, dont le talent n'est que mécanique, qui n'a aucun intérêt de se cacher, si ce n'est pour abuser de son art ; aussi la loi prohibe-t-elle la publication des écrits qui ne porteraient pas le nom de l'auteur ou de l'Imprimeur. » *Rapport par M. Noailles.*

« Sans rien préjuger sur les mesures d'un autre ordre que l'on pourrait prendre contre certains ouvrages dont la circulation serait dangereuse, il est dès ce moment, et il a toujours été reconnu que l'émission d'un ouvrage entraîne une juste responsabilité, toutes les fois qu'il nuit, soit à l'ordre public, soit à des intérêts privés. »

« Mais l'on n'a pas jusqu'à présent tiré de ce principe toutes les conséquences qui en dérivaient naturellement ; la première sans doute est que celui qui imprime ou fait imprimer, doit se faire connaître ; car, que deviendrait, sans cela, la responsabilité, dans tous les cas où il pourrait échoir de l'appliquer ? »

« Dans tout système qui ne dégénérera point en licence, l'on ne saurait se plaindre d'une telle obligation. Si l'ouvrage est bon, ce n'est point une gêne sensible ; s'il est dangereux ou nuisible, cette obligation devient un frein utile. »

« La société a de justes et grandes raisons pour connaître celui qui est responsable ; si l'auteur timide ou modeste n'a pas voulu se nommer, le même motif n'existe pas pour l'Imprimeur. L'alternative laissée sur ce point répond à toutes les objections que l'on pourrait élever dans l'intérêt des Lettres. »

« Ce qui importe sur-tout ici, c'est qu'il y ait au moins une personne responsable ; qu'elle soit connue, et que, par ce moyen, l'on puisse, le cas échéant, exercer toutes les actions ou poursuites que réclamerait l'ordre public. »

« Ainsi, puisqu'il est utile que tout ouvrage littéraire porte le nom de son auteur ou de l'Imprimeur, la loi peut l'ordonner ; et, par une juste et immédiate conséquence de cette première disposition, elle peut prohiber la distribution de tous ouvrages qui ne seraient point revêtus de ce caractère. »

« Dans la combinaison des mesures présentées par la loi, il n'y a rien qui soit dirigé contre le sage emploi des Lettres, mais seulement contre les productions clandestines ; or, tout auteur qui veut porter ses coups dans l'ombre, mérite bien qu'on le suive à la trace : et si, comme nous l'espérons, la loi atteint ce but, elle aura beaucoup fait pour le maintien du bon ordre. » *Motifs.*

provocations à des crimes ou délits, les crieurs,
afficheurs, vendeurs et distributeurs seront
punis comme complices des provocateurs, à
moins qu'ils n'aient fait connaître ceux dont
ils tiennent l'écrit contenant la provocation.

En cas de révélation, ils n'encourront qu'un
emprisonnement de six jours à trois mois, et
la peine de complicité ne restera applicable
qu'à ceux qui n'auront point fait connaître
les personnes dont ils auront reçu l'écrit imprimé, et à l'imprimeur, s'il est connu. 285.

Voy. Etat, n°. 23. Associations illicites,
n°. 3. Rebellion, n°ˢ. 9 et 10. Complices.
Les n°ˢ: 4 et 7 ci-après. Dispositions générales, n°. 1.

4°. Dans tous les cas ci-dessus, il y aura
confiscation des exemplaires saisis. 286.

5°. Toute exposition ou distribution de
chansons, pamphlets, figures ou images
contraires aux bonnes mœurs, sera punie d'une
amende de seize francs à cinq cent francs,
d'un emprisonnement d'un mois à un an, et
de la confiscation des planches et des exemplaires imprimés ou gravés de chansons, figures
ou autres objets du délit. 287.

Voy. les n°ˢ. 6 et 7 ci-après. Dispositions
générales, n°. 1.

6°. La peine d'emprisonnement et l'amende
prononcées par l'article précédent, seront
réduites à des peines de simple police ;

1°. A l'égard des crieurs, vendeurs ou distributeurs qui auront fait connaître la personne
qui leur aura remis l'objet du délit ;

2°. A l'égard de quiconque aura fait connaître l'imprimeur ou le graveur ;

3°. A l'égard même de l'imprimeur ou du
graveur qui auront fait connaître l'auteur ou
la personne qui les aura chargés de l'impression ou de la gravure. 288.

Voy. Contraventions, n°. 8, §. XIII, n°.
10, §. III, et n°ˢ. 11 et 16.

7°. Dans tous les cas exprimés en la présente section (1) et où l'auteur sera connu,
il subira le *maximum* de la peine attachée à
l'espèce du délit. 289.

_____

(1) Cette Section est toute entière sous le mot Écrits.

8°. Tout individu qui, sans y avoir été autorisé par la police, fera le métier de crieur ou afficheur d'écrits imprimés, dessins ou gravures, même munis des noms d'Auteurs, Imprimeurs, Dessinateurs ou Graveurs, sera puni d'un emprisonnement de six jours à deux mois. 290.

Voy. Dispositions générales, n°. 1.

Ecrits calomnieux, injurieux. *Voy.* Calomnie.

—— portant obligation ou décharge. Ceux qui les ont en dépôt et qui les détournent au préjudice des propriétaires. *Voy.* Confiance, n°. 3.

Ceux qui ont fait usage d'Ecrits faux. *Voy.* Faux, n°ˢ. 4, 7, 19, 20 et 21.

Ecrits anonymes ou signés par lesquels on menace d'empoisonner ou de tout autre attentat. *Voy.* Menaces.

—— qui provoquent à des crimes ou délits. *Voy.* Associations illicites, n°. 3. Rebellion, n°ˢ. 9 et 10.

Ceux qui auront extorqué par force, violence ou contrainte la signature ou remise d'un écrit contenant ou opérant obligation, disposition ou décharge. *Voyez* Vols, n°. 23.

Ceux qui, par écrits imprimés auront excité à des crimes et complots contre la sureté de l'Etat. *Voyez* Etat, n°. 23.

Critique ou censure, soit du Gouvernement, soit de tout acte de l'Autorité publique dans un écrit contenant des Instructions pastorales. *Voy.* Ministre de cultes, n°ˢ. 6, 7 et 8.

L'offenseur pourra être condamné à faire réparation par écrit. *Voy.* Fonctionnaires publics, n°ˢ. 33 et 34.

Dénonciation par écrit. *Voy.* Calomnie, n°ˢ. 7 et 8.

Voy. Ecritures.

ÉCRITURES. Celles intercalées sur des registres ou autres actes publics, depuis leur confection ou clôture. *Voyez* Faux, n°ˢ. 1, 3, 20 et 21.

Ceux qui ont fait usage de la pièce fausse. *Voy.* Faux, n°ˢ. 4, 20 et 21; sans le savoir.

Voy. Faux n°. 19.

Écritures de Banque ou de Commerce. Faux qui y est commis par toute autre personne qu'un Fonctionnaire public, soit par contrefaçon, etc. *Voy.* Faux, n°ˢ. 3, 20 et 21.

Ceux qui ont fait usage de la pièce fausse.

Voy. Faux, n°s. 4, 20 et 21; sans le savoir.
Voy. Faux, n°. 19.

Ecritures privées. Faux qui y est commis. *Voy.*
Faux, n°s. 6, 20 et 21.

Ceux qui ont fait usage de la pièce fausse.
Voy. Faux, n°s. 7, 20 et 21; sans le savoir.
Voy. Faux, n°. 19.

—— publiques. Faux qui y est commis.
Voy. Faux, n°s. 1, 2, 3, 20 et 21.

Ceux qui ont fait usage de la pièce fausse.
Voy. Faux. n°s. 4, 20 et 21; sans le savoir.
Voy. Faux, n°. 19.

Ecu. *Voy.* Monnaie.

Ecuries. *Voy.* Dépendances. Vols. Edifices.

Edifices. Ceux qui menacent ruine. *Voy.*
Contraventions, n°. 4, §. V, n°s. 7 et 16.

Ne rien jeter, ne rien exposer au-devant
des édifices qui puisse nuire par sa chute ou
par des exhalaisons insalubres. *Voy.* Contraventions, n°. 4, §. VI, n°s. 7 et 16.

Peines contre les personnes qui les ont
détruits. *Voy.* Destruction, n°. 1;

Contre celles qui les ont incendiés. *Voyez*
Incendie, n°. 1;

Contre celles qui les auront détruits par
l'effet d'une mine. *Voy.* Incendie, n°. 2.

Vols commis dans les édifices non servant
à l'habitation et non dépendant des maisons
habitées. *Voy.* Vols, n°s. 6 et 8;

Dans ceux servant à l'habitation. *Voy.* Vols,
n°. 3, §. IV, et n°. 5.

Ceux qui jettent des pierres, des immondices ou d'autres corps durs contre les édifices
d'autrui. *Voy.* Contraventions, n°. 8, §. VIII,
n°s. 9, 11 et 16.

Ceux qui ont occasionné la mort ou la
blessure des animaux ou bestiaux appartenant
à autrui, par la vétusté, la dégradation, le
défaut de réparation ou d'entretien de leurs
édifices. *Voy.* Contraventions, n°. 12, §. IV,
n°s. 15 et 16.

Edifices enfermés dans des cours, basse-
cours, etc. *Voy.* Vols, n°. 12.

Feux allumés dans les champs à moins de
cent mètres des édifices, causant un incendie.
Voy. Destruction, n°s. 22 et 26.

Alignement des édifices. *Voy.* Dispositions

générales, n°. 2 et la note.

Voy. Appartement. Habitation. Escalade.
Effraction.

Edifices de l'Etat. Peines contre les personnes qui ont incendié ou détruit par l'explosion d'une mine, quelque édifice appartenant à l'Etat. *Voy.* Etat, n°s. 16, 23, 24,
25, 26, 27, 28 et 29.

Edition d'écrits, etc. *Voy.* Contrefaçon.

Effaçure. *Voy.* Faux.

Effet. Celui du renvoi sous la surveillance
de la haute police. *Voy.* Peines, n°. 39.

Provocation sans effet. *Voy.* Etat, n°. 23.
Rebellion, n°. 9.

Délibérations de Fonctionnaires publics,
dont l'effet serait d'empêcher ou de suspendre,
soit l'Administration de la justice, soit l'accomplissement d'un service quelconque. *Voy.*
Fonctionnaires publics, n°. 4.

Tentative de *crime* qui n'a manqué son effet
que par des circonstances fortuites et indépendantes de la volonté de l'auteur. *Voy.*
Dispositions préliminaires, n°. 2.

Si par l'effet de la corruption il y a eu
condamnation à une peine supérieure à celle
de la réclusion. *Voy.* Fonctionnaires publics,
n°. 12.

Si les tentatives de contrainte ou corruption n'ont eu aucun effet. *Voy.* Fonctionnaires publics, n°. 10.

Réquisition ou ordre pour l'emploi de la
Force publique contre l'exécution d'une loi,
suivis de leur effet. *Voy.* Fonctionnaires publics, n°s. 19, 20 et 21.

Le mari est le maître d'arrêter l'effet de
la condamnation prononcée contre sa femme
adultère. *Voy.* Mœurs, n°. 8.

Destruction par l'effet d'une mine, d'édifices, navires ou bateaux. *Voy.* Incendie,
n°. 2.

Actions hostiles qui ont eu la guerre
pour effet. *Voy.* Etat, n°. 10.

Effet rétroactif. *Voy.* Dispositions préliminaires, n°. 4.

Effets. Ceux qui ont détourné ou dissipé les effets qui leur avaient été remis à
titre de dépôt, etc. *Voy.* Confiance, n°. 3.

Soustraction , destruction et enlèvement des effets contenus dans des archives , greffes et dépôts publics. *Voy.* Scellés , nᵒˢ. 6 , 7 et 8.

Bris de scellés apposés sur les effets d'un individu prévenu ou accusé d'un crime emportant la peine de mort , des travaux forcés à perpétuité ou de la déportation , ou qui soit condamné à l'une de ces peines. *Voy.* Scellés , nᵒˢ. 2 et 3.

Mendians ou vagabonds , porteurs d'effets d'une valeur au-dessus de cent francs. *Voy.* Mendicité , nᵒˢ. 5 et 9.

Destruction d'effets en réunion ou bande. *Voy.* Destruction , nᵒˢ. 4 , 5 et 6.

Enlèvement des caisses , boîtes , ballots sous toile et corde , et autres meubles fermés , qui contiennent des effets quelconques. *Voy.* Vols , nᵒ. 18.

Confiscation des effets trouvés exposés au jeu ou mis à la loterie. *Voy.* Jeux de hasard.

Soustraction d'effets mobiliers par ceux qui en sont dépositaires , à raison de leurs fonctions. *Voy.* Dépositaires publics.

Pillage d'effets mobiliers. *Voy.* Destruction , nᵒˢ. 4 , 5 et 6.

Effets actifs , tenant lieu de deniers publics ou privés. Leur soustraction. *Voy.* Dépositaires publics.

Effets de banque ou de commerce , brûlés ou détruits. *Voy.* Destruction , nᵒ. 3.

Individus qui , abusant des besoins , des faiblesses ou des passions d'un mineur , lui font souscrire à son préjudice des effets de commerce ou d'autres effets obligatoires. *Voy.* Confiance , nᵒ. 1.

Paris sur la hausse ou la baisse des effets publics , ou manœuvres pour y parvenir. *Voy.* Commerce.

Effets du trésor public. Leur contrefaction ou falsification. Usage de ces effets contrefaits ou falsifiés. *Voy.* Contrefaction , nᵒˢ. 1 et 2. Faux , nᵒˢ. 19 , 20 et 21.

Voy. Billets. Lettres de change.

EFFRACTION EXTÉRIEURE. *Voy.* Vols , nᵒ. 3 , §. IV , nᵒˢ. 6 et 17.

—— intérieure. *Voy.* Vols , nᵒˢ. 6 et 18.

Tout ce qui est qualifié effraction. *Voy.* Vols , nᵒ. 15.

Ceux qui , en repoussant pendant le jour , l'effraction des clôtures ou murs , ont commis un meurtre , blessé ou donné des coups , sont excusables. *Voy.* Homicide , nᵒ. 14.

Si , en repoussant la même effraction , pendant la nuit , il a été commis un homicide , des blessures ont été faites ou des coups portés , il n'y a ni crime ni délit. *Voy.* Homicide , nᵒˢ. 20 et 21.

Vol commis à l'aide d'un bris de scellés , puni comme vol à l'aide d'effraction. *Voyez* Scellés , nᵒ. 5.

EFFUSION DE SANG. Si les violences exercées contre les Fonctionnaires publics ont été la cause d'effusion de sang. *Voy.* Fonctionnaires publics , nᵒ. 38.

ÉGLISE. *Voy.* Temple. Cultes.

ÉLECTIONS. *Voy.* Droits civiques. Vote.

Les Tribunaux correctionnels peuvent interdire temporairement aux délinquans le droit d'élection , lorsque la loi les y autorise. *Voy.* Peines , nᵒ. 37 , §. I et nᵒ. 38.

Voy. Interdiction.

ÉLÉVATION. Ceux qui , par l'élévation du déversoir des eaux de leurs moulins , usines , ou étangs , au-dessus de la hauteur déterminée par l'Autorité compétente , inondent les chemins ou les propriétés d'autrui. *Voy.* Destruction , nᵒˢ. 21 et 26.

ÉLIGIBILITÉ. Les Tribunaux correctionnels peuvent interdire temporairement aux délinquans , le droit d'éligibilité , lorsque la loi les y autorise. *Voy.* Peines , nᵒˢ. 37 , §. II et nᵒ. 38.

Voy. Interdiction.

ÉLOIGNEMENT. Celui d'un certain lieu , de l'individu renvoyé sous la surveillance de la haute police. *Voy.* Peines , nᵒ. 39.

EMBARRAS. *Voy.* Encombrement.

EMBRASEMENT. *Voy.* Incendie.

ÉMERAUDE. Pierre précieuse. *Voy.* Commerce , nᵒ. 5.

ÉMEUTE. *Voy.* Sédition. Rébellion. Bandes.

ÉMISSAIRES. *Voy.* Correspondance. État.

ÉMISSION. Ceux qui participent à celle de

la fausse monnaie. *Voy.* Monnaie , n°⁵. 1 ,
2 , 3 et 4. Faux, n°ˢ. 19 , 20 et 21.

ÉMOLUMENS. *Voy.* Concussion.

EMPÊCHEMENT. Celui apporté à l'exercice
d'un culte. *Voy.* Cultes ;

Aux travaux. *Voy.* Coalition entre ouvriers ;

Aux droits civiques. *Voy.* Droits civiques,

n°ˢ. 1 et 2 ;

A l'administration de la justice ou de l'accomplissement d'un service quelconque. *Voy.*
Fonctionnaires publics , n°. 4 ;

Aux travaux du Gouvernement. *Voy.* Destruction , n°ˢ. 2 et 26.

EMPEREUR. 1°. L'attentat ou le complot
contre la vie ou contre la personne de l'EMPEREUR , est crime de lèze-majesté ; ce crime
est puni comme parricide , et emporte de
plus la confiscation des biens. 86. (*a*).

Voy. Etat, n°ˢ. 18 , 23 , 24 , 25 , 26 ,
27 , 28 et 29. Homicide , n°. 8.

2°. L'attentat ou le complot contre la vie
ou la personne des membres de la Famille
impériale ;

L'attentat ou le complot dont le but sera :

Soit de détruire ou de changer le Gouvernement ou l'ordre de successibilité au trône ;

Soit d'exciter les citoyens ou les habitans
à s'armer contre l'Autorité impériale ,

Seront punis de la peine de mort et de
la confiscation des biens. 87. (*b*).

Voy. Etat, n°ˢ. 18 , 23 , jusques et compris le n°. 29.

3°. Il y a attentat dès qu'un acte est commis ou commencé pour parvenir à l'exécution
de ces crimes , quoiqu'ils n'aient pas été consommés. 88.

4°. Il y a complot , dès que la résolution d'agir est concertée et arrêtée entre
deux conspirateurs ou un plus grand nombre, quoiqu'il n'y ait pas eu d'attentat. 89. (*c*).

(*a*) « De tous les crimes qui tendent à troubler l'ordre social, le plus exécrable , sans doute,
est l'attentat ou complot dirigé contre l'EMPEREUR. La loi qualifie ce crime du nom de crime
de lèze-majesté , et propose de faire subir à ceux
qui s'en rendraient coupables , la peine décernée contre les parricides ; et certes , il est bien
affreusement parricide , le monstre qui ose attenter contre la vie ou contre la personne de
l'EMPEREUR ! La justice des hommes est insuffisante pour déterminer le supplice que mérite

un semblable forfait. Aussi , l'amputation de la
main sacrilège , immédiatement suivie de la mort
du coupable , sont-elles les seules peines prononcées contre les misérables qui n'auront pas
craint d'appeler sur leurs têtes toutes les vengeances, en attaquant un peuple entier dans la
personne du Chef auguste de l'État. » *Rapport par
M. Bruneau de Beaumez.*

(*b*) « Ces forfaits répandent la plus grande
alarme dans la société. » *Motifs.*

(*c*) « Ces mots *attentat* et *complot* n'avaient pas
5°.

5°. S'il n'y a pas eu de complot arrêté, mais une proposition faite et non agréée d'en former un, pour arriver au crime mentionné dans l'article 86, celui qui aura fait une telle proposition sera puni de la réclusion.

L'auteur de toute proposition non agréée, tendante à l'un des crimes énoncés dans l'art. 87, sera puni du bannissement. 90. (*d*).

Les crimes mentionnés aux articles 86 et 87 ci-devant, exécutés ou simplement tentés par une bande, sont punis sans distinction de grade des coupables. *Voy.* État, n°. 18.

Ceux qui, par des discours tenus dans des lieux ou réunions publics, soit par des placards affichés, soit par des écrits imprimés, auront excité à commettre les crimes mentionnés à tous les articles ci-dessus. *Voy.* État, n°. 23.

L'EMPEREUR peut disposer des biens confisqués, en faveur des père, mère, etc. du condamné. *Voy.* Peines, n°. 34.

Ceux qui ébranlent la fidélité des officiers, soldats, matelots et autres, envers l'EMPEREUR. *Voy.* État, n°s. 3 et 5.

Voy. Révélation. Confiscation générale.

EMPIÉTEMENT (*a*). 1°. Seront coupables de forfaiture, et punis de la dégradation civique :

---

un sens déterminé ; il était utile de les définir. Si les définitions ne conviennent point aux faits dont le caractère est vulgairement fixé, et si alors elles sont plus dangereuses qu'utiles, il n'en est pas ainsi, quand il s'agit d'imprimer un caractère spécial de crime à des projets qui, s'ils s'appliquaient à des délits ordinaires, seraient toujours odieux, mais ne seraient point alors considérés comme le délit même. »

« Deux hommes ont-ils le dessein de voler leur voisin ; cette horrible et funeste pensée ne sera pourtant pas réprimée comme le vol, si elle n'a été suivie d'aucun commencement d'exécution ; mais, dans les crimes d'État, le complot formé est assimilé à l'attentat et au crime même. »

« Ainsi, dans cette matière, le crime commence et existe déjà dans la seule résolution d'agir, arrêtée entre plusieurs coopérateurs : le suprême intérêt de l'État ne permet pas d'attendre ceux qui ont déjà agi. » *Motifs.*

(*d*) « La simple proposition non agréée de former un complot est punissable elle-même ; car, bien qu'il n'ait manqué à celui qui a fait la proposition, que de trouver des gens qui voulussent s'associer à ses desseins criminels, cependant le danger et l'alarme n'ont pas été portés au même point que si le complot eût réellement existé. » *Motifs.*

(*a*) « Lorsqu'une législation claire et précise a bien distingué et classé la nature et l'espèce des pouvoirs qu'elle départit aux premiers Fonc-

16

§. I. Les juges, les procureurs généraux ou impériaux, ou leurs substituts, les officiers de police, qui se seront immiscés dans l'exercice du pouvoir législatif, soit par des réglemens contenant des dispositions législatives, soit en arrêtant ou en suspendant l'exécution d'une ou de plusieurs lois, soit en délibérant sur le point de savoir si les lois seront publiées ou exécutées.

II. Les juges, les procureurs généraux ou impériaux, ou leurs substituts, les officiers de police judiciaire, qui auraient excédé leur pouvoir, en s'immisçant dans les matières attribuées aux Autorités administratives, soit en faisant des réglemens sur ces matières, soit en défendant d'exécuter les ordres émanés de l'Administration, ou qui, ayant permis ou ordonné de citer des Administrateurs, pour raison de l'exercice de leurs fonctions, auraient persisté dans l'exécution de leurs jugemens ou ordonnances, nonobstant l'annulation qui en aurait été prononcée, ou le conflit qui leur aurait été notifié. 127.

2°. Les juges qui, sur la revendication formellement faite par l'Autorité administrative, d'une affaire portée devant eux, auront néanmoins procédé au jugement, avant

---

tionnaires de l'Empire, les empiétemens de jurisdiction qui amènent des conflits souvent scandaleux et toujours nuisibles à l'ordre public, doivent être rigoureusement défendus. » *Rapport par M. Bruneau de Beaumez.*

« L'Autorité administrative et l'Autorité judiciaire existent avec des pouvoirs distincts et indépendans; si l'une empiète sur l'autre, l'ordre constitutionnel est troublé, et il ne l'est assurément pas moins, lorsque l'une ou l'autre de ces autorités ose s'arroger la puissance législative.»

« Ainsi ni les juges, ni les administrateurs ne peuvent suppléer par des réglemens, à des lois ou à des décrets. Ils ne sauraient non plus, sans devenir coupables, délibérer sur la question de savoir si les lois seront ou non publiées; le temps est passé où les Parlemens exerçaient cette prérogative; aujourd'hui, cette

prétention contraire à toute l'économie de nos Pouvoirs constitués, ne serait pas un simple blasphème politique, elle serait le renversement de tout le système constitutionnel. »

« Nos Constitutions et l'ordre public s'opposent aussi à ce qu'un Tribunal défende d'exécuter les ordres d'une Administration, ou à ce qu'une Administration intime des ordres ou défenses à un Tribunal. Il n'y aurait qu'anarchie dans un État où de pareilles prétentions seraient tolérées, et où chaque Autorité se croirait en droit de se faire ainsi justice à elle-même; c'est à un pouvoir supérieur, à un régulateur commun qu'il faut recourir, en cas de dissentiment sur les attributions respectives; et tout juge ou administrateur qui franchit cette limite, devient coupable, et encourt la dégradation civique. » *Motifs.*

la décision de l'Autorité supérieure, seront punis chacun d'une amende de seize francs au moins, et de cent cinquante francs au plus.

Les officiers du Ministère public qui auront fait des réquisitions ou donné des conclusions pour ledit jugement, seront punis de la même peine. 128.

3°. La peine sera d'une amende de cent francs au moins, et de cinq cent francs au plus, contre chacun des juges qui, après une réclamation légale des parties intéressées ou de l'Autorité administrative, auront, sans autorisation du Gouvernement, rendu des ordonnances ou décerné des mandats contre ses agens ou préposés, prévenus de crimes ou délits commis dans l'exercice de leurs fonctions.

La même peine sera appliquée aux officiers du Ministère public ou de police, qui auront requis lesdites ordonnances ou mandats. 129.

Voy. l'art. 75 de la Constitution de l'an VIII, et l'art. 3 du décret impérial du 9 août 1806. (1).

---

(1) Art. 75 de la Constitution de l'an VIII. « Les Agens du Gouvernement, autres que les « Ministres, ne peuvent être poursuivis pour des « faits relatifs à leurs fonctions, qu'en vertu « d'une décision du Conseil d'Etat ; en ce cas, « la poursuite a lieu devant les Tribunaux or-« dinaires. »

Art. 3 du décret impérial du 9 août 1806. « La disposition de l'art. 75 de la Constitution « de l'an VIII ne fait point d'obstacle à ce que « les magistrats chargés de la poursuite des dé-« lits informent et recueillent tous les rensei-« gnemens relatifs aux délits commis par nos « Agens, dans l'exercice de leurs fonctions ; mais « il ne peut être, dans ce cas, décerné aucun « mandat, ni subi aucun interrogatoire, sans « l'autorisation préalable juridique du Gouver-« nement. »

Tous les Fonctionnaires publics de l'ordre administratif jouissent de la garantie constitutionnelle dont il s'agit, lorsqu'ils sont dans le cas d'être poursuivis pour des crimes ou délits par eux commis dans l'exercice de leurs fonctions *administratives* seulement : mais, s'il doit être dirigé des poursuites contre eux pour des faits relatifs à leurs fonctions d'officiers de police judiciaire, ces poursuites doivent être faites immédiatement par le Procureur général. Cette dernière disposition concerne tous les officiers de police judiciaire. Les Préfets ne sont pas sous la surveillance du Procureur général.

Les officiers de l'état civil, quand bien même ils seraient Maires ou Adjoints, ne jouissent point de la garantie constitutionnelle, s'ils sont dans le cas d'être traduits en justice, pour faits dans leurs fonctions relatives à l'état civil. Un avis du Conseil d'Etat, du 28 juin 1806, et un arrêt de la Cour de Cassation, du 27 mai 1807, l'ont ainsi décidé.

La décision du Conseil d'Etat n'est plus nécessaire pour poursuivre les préposés des Administrations des Douanes, des Droits réunis, de l'Enregistrement, des Forêts et des Postes : une autorisation des Conseillers d'Etat, Directeurs généraux de ces Administrations suffit.

Pour ce qui concerne les Receveurs des Con-

4°. Les Préfets , Sous-Préfets , Maires et autres Administrateurs qui se seront immiscés dans l'exercice du pouvoir législatif, comme il est dit au §. I de l'art. 127', ou qui se seront ingérés de prendre des arrêtés généraux , tendant à intimer des ordres ou des défenses quelconques à des Cours ou Tribunaux , seront punis de la dégradation civique. 130.

5°. Lorsque ces Administrateurs entreprendront sur les fonctions judiciaires , en s'ingérant de connaître de droits et intérêts privés du ressort des Tribunaux , et qu'après la réclamation des parties ou de l'une d'elles , ils auront néanmoins décidé l'affaire , avant que l'Autorité supérieure ait prononcé, ils seront punis d'une amende de seize francs au moins , et de cent cinquante francs au plus. 131.

EMPIRE. *Voy.* Etat. Constitutions. Dépendances. Surveillance.

Ordres du Gouvernement , pour transporter les bannis hors du territoire de l'Empire. *Voy.* Peines , n°. 27 ;

S'ils y rentrent. *Voy.* Peines , n°. 28.

Résidence continue d'un individu , renvoyé sous la surveillance de la haute police , dans un lieu déterminé de l'un des Départemens de l'Empire. *Voy.* Peines , n°. 39.

Plan concerté pour empêcher l'exercice des droits civiques , dans tout l'Empire. *Voyez* Droits civiques , n°. 2.

Peine contre le déporté , rentré sur le territoire de l'Empire. *Voy.* Peines , n°. 12.

Le condamné aux travaux forcés à tems, etc. sera déchu du droit de servir dans les armées de l'Empire. *Voy.* Peines , n°. 23.

Ceux qui seront déclarés vagabonds , s'ils sont étrangers , pourront être conduits hors du territoire de l'Empire. *Voy.* Vagabondage , n°. 4.

EMPIRIQUE. *Voy.* Charlatan.

EMPLOI. Celui illégal de la Force armée. *Voy.* Etat, n°s. 13 , 14 , 15 , 23 , 24 , 25 , 26 , 27 , 28 et 29.

—— dans les bandes. *Voy.* Etat , n°s. 17, 18 , 23 , 24 , 25 , 26 , 27 , 28 et 29.

Individu qui n'a rempli aucun emploi dans les bandes. *Voy.* Etat , n°. 21. Rebellion , n°. 5.

—— de la Force publique , requis ou ordonné contre l'exécution d'une loi , ou contre la perception d'une contribution légale. *Voy.* Fonctionnaires publics , n°s. 18 , 19 , 20 et 21.

—— de manœuvres frauduleuses. *Voy.* Escroquerie. Commerce.

Ceux qui , par l'emploi d'armes sans précaution , ont occasionné la mort ou la bles-

---

tributions directes , il suffit qu'on ait une autorisation du Préfet de leur département. C'est le vœu d'un Arrêté du Gouvernement du 16 floréal an X.

D'après un Arrêt de la Cour de Cassation du 19 août 1808 , les Gardes champêtres peuvent être poursuivis sans autorisation , pour faits relatifs à leurs fonctions purement administratives.

sure des animaux ou bestiaux appartenant à autrui. *Voy.* Contraventions, n°. 12, §. III.

Emploi de mesures ou de poids prohibés. *Voy.* Contraventions, n°. 12, §. VI, n°. 13, §. III, n°s. 14, 15 et 16.

EMPLOIS. Ceux de l'Administration peuvent être interdits temporairement par les Tribunaux correctionnels, lorsqu'ils y sont autorisés par la loi. *Voy.* Peines, n°s. 37 et 38.

Destitution et exclusion de tous emplois publics. *Voy.* Dégradation civique.

Délits auxquels on applique l'interdiction de tout emploi public. *Voy.* Droits civiques, n°. 5. Fonctionnaires publics, n°s. 1 et 17.

Agens ou Fonctionnaires publics qui se laissent corrompre, pour faire un acte de leur emploi, ou pour s'en abstenir. *Voy.* Fonctionnaires publics, n°s. 7, 10 et 11.

Corruption pour obtenir des emplois. *Voy.* Fonctionnaires publics, n°s. 9, 10 et 11.

Voy. Fonctions publiques.

EMPLOYÉS. *Voy.* Droits réunis. Douanes. Enregistrement. Forêts. Postes. Concussion. Dépositaires publics. Agens du Gouvernement.

EMPOISONNEMENT. *Voy.* Homicide, n°s. 7 et 8. Bêtes. Bestiaux. Menaces.

—— de Poissons dans des étangs. *Voy.* Destruction, n°s. 16 et 26.

EMPREINTE. Application d'une empreinte avec un fer brûlant sur l'épaule droite. De quelles lettres sera marquée cette empreinte? *Voy.* Peines, n°. 15. Marque.

EMPRISONNEMENT. Peine commune aux matières correctionnelles et de simple police. *Voy.* Peines, n°. 4, §. I et n°s. 65 et 66.

En quoi cette peine consiste; sa durée. Le jour est de vingt-quatre heures, et le mois de trente jours. *Voy.* Peines, n°s. 35 et 66.

Durée de l'emprisonnement d'un condamné insolvable, après l'expiration de la peine. *Voy.* Peines, n°s. 48 et 68.

Cas où cette peine peut être réduite au-dessous de six jours par les Tribunaux. *Voy.* Peines, n°. 64.

Emprisonnement pour contravention de

police. Sa durée. *Voy.* Peines, n°s. 65 et 66. Le jour est de vingt-quatre heures. *Voy.* le *même* n°. 66. Sa durée en cas d'insolvabilité du contrevenant. *Voy.* Peines, n°. 68.

Peine contre les coupables qui, condamnés correctionnellement à un emprisonnement de plus d'une année, ont commis un nouveau délit. *Voy.* Peines, n°. 53.

Délits auxquels la peine de l'emprisonnement est appliquée. *Voy.* Peines, n°s. 52, 53, 55 et 56. Etat, n°s. 8 et 26. Droits civiques, n°s. 1 et 4. Liberté individuelle, n°. 7. Monnaie, n°. 5. Contrefaction, n°. 6. Faux, n°s. 9, 10, 11, 12, 13, 15, 16 et 17. Dépositaires publics, n°. 3. Concussions. Ministre de culte, n°s. 2, 3, 4 et 9. Rebellion, n°s. 3, 4, 9 et 10. Fonctionnaires publics, n°s. 1, 5, 9, 22, 23, 25, 27, 28, 29, 30, 32, 35 et 37. Commandant de la Force publique. Témoins. Evasion, n°s. 2, 3, 4, 5, 6, 9, 10 et 11. Recèlement. Scellés, n°s. 1, 2, 4 et 6. Monumens. Fonctions publiques, n°s. 1 et 2. Cultes, n°s. 1, 2 et 3. Mendicité, n°s. 1, 2, 3, 4, 5 et 8. Ecrits, n°s. 1, 2, 3, 5, 6, 7 et 8. Associations illicites, n°. 3. Homicide, n°s. 11, 12 et 18. Mœurs, n°s. 1, 5, 8 et 9. Arrestations illégales, n°. 3. Enfant, n°s. 2, 3, 4, 5, 6, 8 et 9. Mineurs, n°. 3. Inhumation, n°s. 1, 2 et 3. Calomnie, n°s. 5 et 7. Secrets. Vols, n°s. 9, 21 et 23. Banqueroute, n°. 1. Escroquerie. Confiance, n°s. 1, 2 et 3. Jeux. Prêt. Enchères. Manufactures, n°s. 2 et 3. Ouvriers, n°s. 1, 2 et 3. Commerce, n°s. 1, 2, 3, 5 et 6. Fournisseurs, n°. 4. Destruction, n°s. 2, 3, 7, 8, 9, 10, 11, 12, 13, 14, 15, 16, 17, 18, 20, 21, 23, 24, 25 et 26. Dispositions générales, n°. 1. Incendie, n°. 2. Contraventions, n°s. 6, 7, 9, 11, 13 et 15. Blessures, n°s. 2, 5 et 9. *Voy.* Blessures, n°. 4.

EMPRUNTEURS. *Voy.* Prêt sur gage.

ENCAN. *Voy.* Enchères.

ENCEINTE. *Voy.* Clôture.

ENCHANTEMENT. *Voy.* Devin. Escroquerie.

ENCHÈRES. Ceux qui, dans les adjudications de la propriété, de l'usufruit ou de la location de choses mobilières ou immobilières, d'une entreprise, d'une fourniture, d'une exploitation ou d'un service quelconque, auront entravé ou troublé la liberté des enchères ou des soumissions, par voies de fait, violences ou menaces, soit avant, soit pendant les enchères ou les soumissions, seront punis d'un emprisonnement de quinze jours au moins, de trois mois au plus, et d'une amende de cent francs au moins, et de cinq mille francs au plus.

La même peine aura lieu contre ceux qui, par dons ou promesses, auront écarté les enchérisseurs. 412. (a).

Voy. Dispositions générales, n°. 1.

ENCHÉRISSEMENT DES TRAVAUX. Voy. Ouvriers.

ENCHÉRISSEURS. Ceux qui les écartent par dons ou promesses. Voy. Enchères.

ENCLOS. Vols commis dans des enclos non servant à l'habitation, et non dépendant des maisons habitées. Voy. Vols, n°. 6.

Tout ce qui est réputé enclos. Voy. Vols, n°s. 13 et 14.

Cas où un enclos est réputé dépendant de maison habitée. Voy. Vols, n°. 14.

Ceux qui jettent des pierres ou autres corps durs dans un enclos. Voy. Contraventions, n°. 8, §. VIII, n°s. 9, 11 et 16.

Mendiant, même invalide, qui est entré dans un enclos dépendant d'une maison ou d'une habitation. Voy. Mendicité, n°. 3.

Ceux qui, sans nécessité, auront tué dans un enclos des chevaux, etc. Voy. Destruction, n°s. 17, 18, 19 et 26.

Voy. Effraction. Escalade.

ENCOMBREMENT. Voy. Contraventions, n°. 4, §. IV, les n°s. 7 et 12, §. IV, et le n°. 16.

Voy. Opposition.

ENFANT. 1°. Les coupables d'enlèvement, de recélé ou de suppression d'un enfant, de substitution d'un enfant à un autre, ou de supposition d'un enfant à une femme qui ne sera pas accouchée, seront punis de la réclusion;

La même peine aura lieu contre ceux qui, étant chargés d'un enfant, ne le représente-

---

(a) « Le fond de cet article a été puisé dans la loi correctionnelle de 1791, et dans la loi particulière du 24 avril 1793. La nouvelle rédaction est beaucoup plus complète et remplit plusieurs lacunes. » Motifs.

ront point aux personnes qui ont le droit de le réclamer. 345. (*a*).

2°. Toute personne qui, ayant assisté à un accouchement, n'aura pas fait la déclaration à elle prescrite par l'art. 56 du Code Napoléon, et dans le délai fixé par l'art. 55 du même Code, sera punie d'un emprisonnement de six jours à six mois, et d'une amende de seize francs à trois cent francs. 346. (*b*).

3°. Toute personne qui, ayant trouvé un enfant nouveau né, ne l'aura pas remis à l'officier de l'Etat civil, ainsi qu'il est prescrit par l'art. 58 du Code Napoléon, sera puni des peines portées au précédent art. (*c*).

La présente disposition n'est point applicable à celui qui aurait consenti à se charger de l'enfant, et qui aurait fait sa déclaration à cet égard, devant la Municipalité du lieu où l'enfant a été trouvé. 347.

4°. Ceux qui auront porté à un hospice un enfant au-dessous de l'âge de sept ans accomplis, qui leur aurait été confié, afin qu'ils en prissent soin, ou pour toute autre cause, seront punis d'un emprisonnement de

---

(*a*) « Les lois de 1791 avaient presque délaissé l'enfance ; il fallait compulser des volumes pour chercher quelques dispositions éparses sur l'enlèvement, le recélé, l'abandon, l'exposition d'un enfant, sa substitution à un autre ; ces crimes bouleversent l'ordre naturel et civil ; ils conduisent à une usurpation d'état, à un vol manifeste auquel ils associent la loi ; ils ne s'exercent pas seulement sur l'enfant qui en est la première victime, ils attaquent souvent les pères et les mères dans leurs plus chères affections. » *Rapport par M. de Monseignat.*

(*b*) « Pour assurer l'état d'un enfant, tout témoin de son entrée dans la vie est tenu de le déclarer à l'officier de l'état civil : le Code Napoléon avait prescrit cette déclaration ; le Code criminel, pour en assurer l'exécution, punit ses infracteurs. » *Même rapport.*

« Depuis le Code Napoléon, on a remarqué que, faute d'une loi pénale, quelques personnes s'étaient abstenues de faire la déclaration dont il s'agit. Cette conduite est d'autant plus blâmable, que ces personnes contreviennent à une loi sage, dont le but est de veiller à l'intérêt d'enfans qui ne peuvent pas y veiller eux-mêmes ; que la tendresse des parens eût dû être le garant de l'exécution de la loi ; qu'enfin, s'il était possible de croire que le motif de ce délit fût l'espoir de soustraire un jour ces mêmes enfans aux lois de la Conscription, ils peuvent être assurés qu'ils les exposent, au contraire, à être appelés souvent plutôt qu'ils ne le seraient, s'ils étaient en état de représenter leur acte de naissance. » *Motifs.*

(*c*) « L'officier public, après avoir constaté l'existence d'un enfant nouveau né, est chargé de le déposer dans ces asiles où le Gouvernement confie à la charité active, à la piété compatissante, le soin d'acquitter, au nom de la Patrie, la dette de la nature. » *Rapport par M. de Monseignat.*

six semaines à six mois, et d'une amende de
seize francs à cinquante francs. (d).

Toutefois aucune peine ne sera prononcée,
s'ils n'étaient pas tenus ou n'étaient pas obligés
de pourvoir gratuitement à la nourriture et à
l'entretien de l'enfant, et si personne n'y
avait pourvu. 348.

5°. Ceux qui auront exposé et délaissé en
un lieu solitaire, un enfant au-dessous de
l'âge de sept ans accomplis; ceux qui auront
donné l'ordre de l'exposer ainsi, si cet ordre
a été exécuté, seront, pour ce seul fait,
condamnés à un emprisonnement de six mois
à deux ans, et à une amende de seize francs
à deux cent francs. 349. (e).

Voy. le n°. 6 ci-après.

6°. La peine portée au précédent article
sera de deux ans à cinq ans, et l'amende de
cinquante francs à quatre cent francs, contre
les tuteurs ou tutrices, instituteurs et institutrices de l'enfant exposé et délaissé par
eux ou par leur ordre. 35o. (f).

Voy. les n°ˢ. 7 et 9 ci-après.

7°. Si par suite de l'exposition et du délaissement prévus par les art. 349 et 35o,
l'enfant est demeuré mutilé ou estropié, l'action sera considérée comme blessures volontaires à lui faites par la personne qui l'a exposé et délaissé; et si la mort s'en est ensuivie, l'action sera considérée comme meurtre : au premier cas, les coupables subiront
la peine applicable aux blessures volontaires;

(d) « Un pareil abandon a pu priver cet infortuné des secours qu'il eût pu recevoir de
l'humanité plus constante d'un autre bienfai-
teur. » *Rapport par M. de Monseignat.*

(e) « Il est une espèce de délaissement plus
coupable : c'est l'exposition d'un enfant au-dessous de sept ans, dans un lieu fréquenté; cette
exposition est plus criminelle encore, si l'enfant
est abandonné dans un lieu solitaire : dans le
premier cas, les auteurs de cet abandon ont
voulu moins ôter la vie à l'enfant délaissé, que
faire perdre la trace de sa naissance. Mais,

l'abandon dans un lieu isolé ou solitaire, fait
présumer l'intention de détruire jusqu'à l'existence de l'être infortuné, destiné à perdre la
vie par un crime, après l'avoir le plus souvent
reçue par une faute. » *Même rapport.*

(f) « Plus la loi les environne de pouvoirs
et de droits sur l'être impuissant et faible qu'elle
leur confie, plus elle doit punir en eux un délaissement qui réunit un abus de confiance à la
culpabilité qu'ils partagent avec ceux qui ne sont
pas liés par des obligations particulières. » *Même
rapport.*

et

et au second cas , celle du meurtre. 351. (*g*).
Voy. Blessures. Homicide.

8°. Ceux qui auront exposé et délaissé en
un lieu non solitaire, un enfant au-dessous de
l'âge de sept ans accomplis , seront punis d'un
emprisonnement de trois mois à un an , et
d'une amende de seize francs à cent francs.
352. (*h*).
Voy. le n°. 9 ci-après.

9°. Le délit prévu par le précédent article sera puni d'un emprisonnement de six
mois à deux ans , et d'une amende de vingt-
cinq francs à deux cent francs , s'il a été
commis par les tuteurs ou tutrices , instituteurs ou institutrices de l'enfant. 353. (*i*).

Infanticide. *Voy.* Homicide, n°s. 6 et 8.

Soustractions commises par des enfans ou
autres descendans, au préjudice de leurs pères
et mères , ou autres ascendans, et par ceux-
ci , au préjudice de ceux - là. *Voy.* Vols ,
n°. 2.

Viol commis envers un enfant au-dessous
de l'âge de quinze ans. *Voy.* Mœurs, n°s. 3
et 4.

Les Tribunaux correctionnels pourront interdire temporairement le droit d'être tuteur
et curateur, si ce n'est des enfans du condamné , lorsqu'ils y sont autorisés par la loi.
Voy. Peines , n°. 37 , §. VI et n°. 38.

La confiscation générale demeure grevée de
l'obligation de fournir aux enfans une moitié
de la portion dont le père n'aurait pu les
priver. *Voy.* Peines , n°. 33.

L'EMPEREUR peut disposer en leur faveur
des biens confisqués. *Voy.* Peines , n°. 34.

(*g*) « Le coupable ne pouvait se dissimuler
que la privation absolue, où il laissait l'enfant,
de toute espèce de secours, l'exposait à cet
évènement, et il ne tenait qu'à lui de l'en préserver ; dès qu'il ne l'a pas fait , la loi déclare
qu'il en est la cause volontaire , et le soumet
aux peines établies contre les auteurs de blessures ou d'homicides volontaires. » *Motifs.*

(*h*) « Les peines doivent être plus ou moins
fortes , suivant le danger qu'on a fait courir à
l'enfant ; et ce danger est plus ou moins grand ,
suivant que le lieu de l'exposition est ou n'est
pas solitaire. Il était impossible que la loi don-
nât une explication précise à cet égard ; elle
s'en rapporte aux juges : car le lieu le plus fréquenté peut quelquefois être solitaire , et le lieu
le plus solitaire être très-fréquenté. Cela dépend
des circonstances. » *Motifs.*

Voy. de plus la Note (*e*).

(*i*) *Voy.* la Note (*f*).

Le condamné aux travaux forcés à tems, au bannissement, à la réclusion ou au carcan, est incapable de tutelle et de curatelle, si ce n'est de ses enfans. *Voy.* Peines, n°. 23.

ENFANT LÉGITIME, NATUREL OU ADOPTIF. *Voy.* Pères. Mères. Mœurs. Parricide.

ENFONCEMENT. *Voy.* Effraction.

ENGAGEMENT DANS LES LIENS DU MARIAGE. *Voy.* Mariage.

ENGAGEMENS DE SOLDATS. Ceux faits sans autorisation du Pouvoir légitime. *Voy.* Etat, n°s. 13, 23, 24, 25, 26, 27, 28 et 29.

ENJEUX. Leur confiscation. *Voy.* Contraventions, n°. 10, §. I.

ENJÔLEUR. *Voy.* Escroc.

ENLÈVEMENT. *Voy.* Enfant, n°. 1. Mineurs.

—— de pièces ou de procédures criminelles, ou d'autres papiers, registres, actes et effets contenus dans des dépôts publics. *Voy.* Scellés, n°s. 6, 7 et 8.

—— de murs, toits, etc. est qualifié effraction. *Voy.* Vols, n°. 15.

—— de caisses, ballots, etc. compris dans les effractions intérieures. *Voy.* Vols, n°. 18.

Ceux qui auront glané, râtelé ou grapillé avant l'enlèvement des récoltes. *Voy.* Contraventions, n°. 4, §. X, n°s. 6, 7 et 16.

Ceux qui auront laissé passer leurs bestiaux, etc. sur le terrain d'autrui avant l'enlèvement de la récolte. *Voy.* Contraventions, n°. 4, §. XIV, n°s. 7 et 16.

ENLÈVEMENT OU DÉPLACEMENT DE BORNES. *Voy.* Vols, n°. 11. Destruction, n°s. 20 et 26.

ENNEMIS DE L'ETAT. Intelligences avec eux. *Voy.* Etat, n°s. 2, 3, 4, 5, 6, 7, 8 et 9.

ENREGISTREMENT. *Voy.* Préposés.

ENRÔLEMENT DE SOLDATS. Celui fait sans autorisation légitime. *Voy.* Etat, n°s. 13, 23, jusques et compris le n°. 29.

ENSEIGNE. *Voy.* Contraventions, n°. 4, §. VI, n°s. 7 et 16.

ENTASSEMENT. *Voy.* Encombrement.

ENTE. *Voy.* Greffe.

ENTERREMENT. *Voy.* Inhumation.

ENTRAVES. Celles au libre exercice des Cultes. *Voy.* Cultes.

—— à la liberté des enchères. *Voy.* Enchères.

ENTRÉE. Manœuvres pour faciliter l'entrée des ennemis sur le territoire et dépendances de l'Empire Français. *Voy.* Etat, n°s. 3 et 5.

Toute entrée dans les maisons, bâtimens, etc. exécutée par-dessus les murs, portes, etc. est qualifiée *escalade. Voy.* Vols, n°. 19.

—— par une ouverture souterraine, est une circonstance de même gravité que l'escalade. *Voy.* Vols, n°. 19.

Voy. Dates.

ENTREMETEUSE. *Voy.* Appareilleuse.

ENTREPRENEURS DE SPECTACLE. *Voy.* Contrefaçon, n°. 4.

—— d'ouvrages. *Voy.* Ouvriers.

ENTREPRISES. *Voy.* Fonctionnaires publics, n°s. 5, 9 et 10.

—— fausses. *Voy.* Escroquerie.

Contrainte ou corruption pour obtenir des entreprises. *Voy.* Fonctionnaires publics, n°s. 9 et 10.

Voy. Enchères. Fournisseurs. Dispositions générales, n°. 2, et la note.

ENTRETIEN. Ceux qui n'étaient pas obligés de pourvoir gratuitement à l'entretien d'un enfant, et qui l'ont exposé. *Voy.* Enfant, n°. 4.

—— des Fours, etc. Négligence à cet égard. *Voy.* Contraventions, n°. 4, §. I, n°s. 7 et 16.

Si, de cette négligence il survient un incendie. *Voy.* Destruction, n°s. 22 et 26.

Défaut d'entretien des édifices ou maisons, occasionnant la mort ou la blessure des animaux, ou bestiaux appartenant à autrui. *Voy.* Contraventions, n°. 12, §. IV, n°s. 15 et 16.

ENTRETIEN DES RUES. etc. *Voy.* Dispositions générales , n°. 2 et la note.

ENVOI. Celui de convois de subsistances à des bandes armées , pour envahir des domaines, etc. *Voy.* Etat, n°ˢ. 17, 23, jusques et compris le n°. 29.

—— d'articles calomnieux, pour être insérés dans un papier étranger. *Voy.* Calomnie, n°. 3.

EPAULE DROITE. La marque y sera appliquée. *Voy.* Peines , n°. 15.

EPEAUTRE. *Voy.* Grains.

EPÉE. *Voy.* Armes.

EPIDÉMIE. *Voyez* Dispositions générales , n°. 2 et la note.

EPIZOOTIE. *Voy.* Dispositions générales, n°. 2 et la note. Destruction , n°ˢ. 23 , 24, 25 et 26.

EPOQUE. Celle que ne pourra excéder la détention de l'accusé, âgé de moins de seize ans , s'il est décidé qu'il a agi *sans discernement. Voy.* Peines , n°. 55.

Défaut de représentation par les aubergistes , etc. aux époques déterminées , des registres par eux tenus. *Voyez* Contraventions, n°. 8, §. II, n°ˢ. 11 et 16.

EPOUSAILLE. *Voy.* Mariage.

EPOUSE. Homicide commis sur elle par son époux , et par elle sur ce dernier ; dans quel cas excusable ? *Voy.* Homicide , n°. 16.

Peines contre l'épouse qui aura contracté un autre mariage , avant la dissolution du précédent. *Voy.* Mœurs , n°. 11.

Soustraction commise par l'épouse au préjudice de l'époux. *Voy.* Vols , n°. 2.

Voy. Adultère. Mœurs. Recèlement. Révélation. Femme.

EPOUVANTE. *Voy.* Escroquerie.

EPOUX. Homicide commis par l'époux sur l'épouse , et par cette dernière sur son époux ; dans quel cas excusable ? *Voy.* Homicide , n°. 16.

—— peut seul dénoncer l'adultère de son épouse. *Voy.* Mœurs , n°. 7.

Il ne le peut pas , s'il entretient une concubine dans sa maison. *Voy.* Mœurs , n°ˢ. 7 et 10. Peine qu'il encourt dans ce cas. *Voy. le même* n°. 10.

Le mari qui consent à reprendre son épouse adultère , arrête l'effet de la condamnation. *Voy.* Mœurs , n°. 8.

Soustractions commises par l'époux , au préjudice de son épouse ; et par celle-ci , au préjudice de celui-là. *Voy.* Vols , n°. 2.

Peine contre celui qui aura contracté un autre mariage , avant la dissolution du précédent. *Voy.* Mœurs , n°. 11.

EPOUX DÉCÉDÉ. Soustractions commises par un veuf ou une veuve , quant aux choses qui avaient appartenues à l'époux décédé. *Voy.* Vols , n°. 2.

EPOUX DIVORCÉS. *Voy.* Révélation. Recèlement.

ESCADRE. Ceux qui en prennent le commandement , sans droit ou motif légitime. *Voy.* Etat, n°ˢ. 14, 23 , 24 , 25 , 26, 27 , 28 et 29.

ESCALADE. *Voy.* Vols , n°. 3 , §. IV , n°. 6.

Tout ce qui est qualifié escalade. *Voy.* Vols , n°. 20.

Ceux qui , en repoussant pendant le jour, l'escalade des clôtures ou murs , ont commis un meurtre , blessé ou donné des coups , sont excusables. *Voy.* Homicide , n°. 14.

Si , en repoussant la même escalade , pendant la nuit , il a été commis un homicide , des blessures ont été faites , et des coups portés , il n'y a ni crime ni délit. *Voy.* Homicide , n°ˢ. 20 et 21.

ESCORTE. *Voy.* Evasion de détenus.

ESCROC. Imputation calomnieuse. *Voy.* Calomnie.

Voy. Escroquerie.

ESPÈCES NATIONALES. Ceux qui refusent de les recevoir. *Voy.* Contraventions , n°. 8 , §. XI , n°ˢ. 11 et 16.

~~~~~~~~~~~~~~~~~~~~~~~~~

ESCROQUERIE. Quiconque , soit en faisant usage de faux noms ou de fausses qualités , soit en employant des manœuvres frauduleuses, pour persuader l'existence de fausses entreprises; d'un pouvoir ou d'un crédit imaginaire, ou pour faire naître l'espérance ou la crainte d'un succès; d'un accident ou de tout autre évènement chimérique, se sera fait remettre ou délivrer des fonds, des meubles ou des obligations, dispositions, billets, promesses, quittances ou décharges, et aura, par un de ces moyens, escroqué ou tenté d'escroquer la totalité ou partie de la fortune d'autrui, sera puni d'un emprisonnement d'un an au moins et de cinq ans au plus, et d'une amende de cinquante francs au moins et de trois mille francs au plus. (a).

Le coupable pourra être, en outre, à compter du jour où il aura subi sa peine, interdit, pendant cinq ans au moins et dix ans au plus, des droits mentionnés en l'art. 42 du présent Code : le tout, sauf les peines plus graves, s'il y a crime de faux. 405. (L'art. 42 se trouve au mot PEINES, n°. 37.) (b).

Voy. Dispositions générales, n°. 1.

⁂

ESPADON. *Voy.* Armes.

ESPÉRANCE. Celle d'un succès. *Voy.* Escroquerie.

ESPIONNAGE. *Voy.* État, n°ˢ. 2, 3, 4, 5, 6, 7, 8 et 9.

Voy. Espions.

(a) « On a tâché, dans la nouvelle définition de ce qui constitue ce délit, d'éviter les inconvéniens qui étaient résultés des rédactions précédentes. »

« Celle de la loi du 22 juillet 1791 était conçue de manière qu'on en a souvent abusé ; tantôt pour convertir les procès civils en procès correctionnels, et, par-là, procurer à la partie poursuivante, la preuve testimoniale et la contrainte par corps, au mépris de la loi générale ; tantôt pour éluder la poursuite de faux, en présentant l'affaire comme une simple escroquerie, et, par-là, procurer au coupable une espèce d'impunité, au grand préjudice de l'ordre public. »

« La loi du 2 frimaire, an II, ne remédia qu'à un seul de ces inconvéniens. Elle put bien empêcher la confusion du faux avec l'escroquerie, mais elle n'empêcha pas que la loi générale ne fût encore éludée. »

« Cet abus cessera sans doute après la rédaction du nouveau Code. La suppression du mot *Dol*, qui se trouvait dans les deux premières rédactions, ôtera tout prétexte de supposer qu'un délit d'escroquerie existe par la seule intention de tromper. En approfondissant les termes de la définition, on verra que la loi ne veut pas que la poursuite en escroquerie puisse avoir lieu, sans un concours de circonstances et d'actes antécédens, qui excluent toute idée d'une affaire purement civile. » *Motifs.*

(b) « Jusqu'ici, on avait quelquefois eu le scandale de voir un méprisable artisan d'escroqueries, au sortir de sa prison, et encore environné des souvenirs de sa bassesse et de sa condamnation, paraître insolemment au milieu des citoyens réunis à l'occasion de l'exercice de leurs droits civiques, et figurer aussi dans les assemblées de famille. » *Rapport par M. Louvet.*

ESPIONS. Ceux qui les recèlent ou font recéler. *Voy.* Etat, n°. 9.

ESTAMPES. *Voy.* Gravures.

ESTIMATIONS. Corruption pour obtenir des estimations contraires à la vérité. *Voy.* Fonctionnaires publics, n°s. 9 et 10.

ÉTABLE. *Voy.* Dépendances. Vols. Edifices.

ÉTABLISSEMENT DE BANQUE OU DE COMMERCE. Contrefaction de son sceau, timbre ou marques. Usage de ces sceaux, timbres ou marques contrefaits. *Voy.* Contrefaction, n°. 4. Faux, n°s. 19, 20 et 21.

Ceux qui se sont procurés induement les vrais sceaux, timbres ou marques, et en ont fait un usage préjudiciable aux intérêts de l'Etablissement. *Voy.* Contrefaction, n°. 5. Faux, n°s. 19 et 20.

Ceux qui auront fait passer en pays étran-

gers, des Directeurs, Commis, ou des Ouvriers d'un Etablissement. *Voy.* Manufactures, n°. 2.

ÉTABLISSEMENS. Ceux de jeux de hasard ou de loterie. *Voy.* Jeux de hasard.

—— de maisons de prêt sur gages. *Voy.* Prêt.

Voy. Mendicité.

ÉTANGS. Les propriétaires ou fermiers, ou jouissant de moulins, étangs ou usines, qui inondent par l'élévation du déversoir de leurs eaux. *Voy.* Destruction, n°s. 21 et 26.

Empoisonnement de poissons dans des étangs. *Voy.* Destruction, n°s. 16 et 26.

ÉTAT. Corruption pour obtenir des états contraires à la vérité. *Voy.* Fonctionnaires publics, n°s. 9 et 10.

~~~~~~~~~~~~~~~~~~~~~~~~

ÉTAT. 1°. Tout français qui aura porté les armes contre la France, sera puni de mort.

Ses biens seront confisqués. 75. (*a*).

Voy. le n°. 24, jusques et compris le n°. 29 ci-après.

2°. Quiconque aura pratiqué des machinations, ou entretenu des intelligences avec les Puissances étrangères, ou leurs Agens, pour les engager à commettre des hostilités, ou entreprendre la guerre contre la France, ou pour leur en procurer les moyens, sera puni de mort, et ses biens seront confisqués.

Cette disposition aura lieu dans le cas même où lesdites machinations ou intelligences n'auraient pas été suivies d'hostilités. 76. (*b*).

(*a*) « Si les hommes d'état, si les criminalistes de tous les tems et de tous les pays, ont sagement pensé que certains crimes devaient être punis de la peine capitale, elle doit être prononcée contre les hommes pervers qui osent s'armer contre leur patrie, ou diriger contre son sein le fer de ses ennemis. » *Rapport par M. Bruneau de Beaumez.*

(*b*) *Voy.* la Note (*a*).

« Il convenait de bien caractériser les intelligences criminelles, pour qu'elles ne fussent point confondues avec des correspondances imprudentes. » *Motifs.*

Voy. les nᵒˢ. 5 et 24 , jusques et compris le nᵒ. 29 ci-après.

3ᵒ. Sera également puni de mort et de la confiscation de ses biens , quiconque aura pratiqué des manœuvres , ou entretenu des intelligences avec les ennemis de l'Etat , à l'effet de faciliter leur entrée sur le territoire et dépendances de l'Empire français , ou de leur livrer des villes , forteresses , places , postes , ports , magasins , arsenaux , vaisseaux ou bâtimens appartenant à la France ; ou de fournir aux ennemis des secours en soldats , hommes , armes , vivres , argent ou munitions ; ou de seconder les progrès de leurs armes sur les possessions ou contre les forces françaises de terre ou de mer ; soit en ébranlant la fidélité des officiers , soldats , matelots ou autres , envers l'Empereur et l'Etat ; soit de toute autre manière. 77. (*c*).

Voy. les nᵒˢ. 5 et 24 , jusques et compris le nᵒ. 29 ci-après.

4ᵒ. Si la correspondance avec les sujets d'une Puissance ennemie , sans avoir pour objet l'un des crimes énoncés en l'article précédent , a néanmoins eu pour résultat de fournir aux ennemis des instructions nuisibles à la situation militaire ou politique de la France ou de ses alliés ; ceux qui auront entretenu cette correspondance seront punis du bannissement , sans préjudice de plus fortes peines , dans le cas où ces instructions auraient été la suite d'un concert constituant un fait d'espionnage. 78.

Voy. le nᵒ. 24 , jusques et compris le nᵒ. 29 ci-après.

5ᵒ. Les peines exprimées aux art. 76 et 77 seront les mêmes , soit que les machinations ou manœuvres énoncées en ces articles aient été commises envers la France , soit qu'elles l'aient été envers les alliés de la France , agissant contre l'ennemi commun. 79. (*d*).

(*c*) *Voy.* les Notes (*a*) et (*b*).

(*d*) *Voy.* la Note (*a*).

« La justice de cette disposition est évidente. En effet , les alliés de la France , combattant avec elle pour un intérêt commun , doivent être garantis et protégés par les mêmes lois qui poursuivent et atteignent , dans tout l'Empire , les traîtres et les perfides. » *Rapport par M. Bruneau de Beaumez.*

Voy. le n°. 24 , jusques et compris le n°. 29 ci-après.

6°. Sera puni des peines exprimées en l'article 76, tout fonctionnaire public, tout agent du Gouvernement, ou toute autre personne qui, chargée ou instruite officiellement ou à raison de son état, du secret d'une négociation ou d'une expédition, l'aura livré aux agens d'une Puissance étrangère ou de l'ennemi. 80.

Voy. le n°. 24 , jusques et compris le n°. 29 ci-après.

7°. Tout fonctionnaire public, tout agent, tout préposé du Gouvernement, chargé, à raison de ses fonctions, du dépôt des plans de fortifications, arsenaux, ports ou rades, qui aura livré ces plans ou l'un de ces plans à l'ennemi ou aux agens de l'ennemi, sera puni de mort, et ses biens seront confisqués.

Il sera puni du bannissement, s'il a livré ces plans aux agens d'une Puissance étrangère, neutre ou alliée. 81.

Voy. le n°. 24 , jusques et compris le n°. 29 ci-après.

8°. Toute autre personne, qui, étant parvenue par corruption, fraude ou violence, à soustraire lesdits plans, les aura livrés ou à l'ennemi, ou aux agens d'une Puissance étrangère, sera punie comme le fonctionnaire ou agent mentionné dans l'art. précédent, et selon les distinctions qui y sont établies.

Si lesdits plans se trouvaient, sans le préalable emploi de mauvaises voies, entre les mains de la personne qui les a livrés, la peine sera, au premier cas mentionné dans l'article 81, la déportation ;

Et au second cas du même article, un emprisonnement de deux à cinq ans. 82.

Voy. Peines, n°. 44 ; le n°. 24 , jusques et compris le n°. 29 ci-après.

9°. Quiconque aura recélé ou aura fait recéler les espions ou les soldats ennemis envoyés à la découverte, et qu'il aura connus pour tels, sera condamné à la peine de mort. 83.

Voy. le n°. 24 , jusques et compris le n°. 29 ci-après.

10°. Quiconque aura, par des actions hostiles, non approuvées par le Gouvernement, exposé l'Etat à une déclaration de guerre, sera puni du bannissement ; et, si la guerre s'en est suivie, de la déportation. 84. (e).

Voy. le n°. 24, jusques et compris le n°. 29 ci-après.

11°. Quiconque aura, par des actes non approuvés par le Gouvernement, exposé des français à éprouver des représailles, sera puni du bannissement. 85. (1).

Voy. le n°. 24, jusques et compris le n°. 29 ci-après.

12°. L'attentat ou le complot dont le but sera, soit d'exciter la guerre civile, en armant ou en portant les citoyens ou habitans à s'armer les uns contre les autres ;

Soit de porter la dévastation, le massacre et le pillage dans une ou plusieurs communes ;

Seront punis de la peine de mort, et les biens des coupables seront confisqués. 91.

Voy. les n°ˢ. 18 et 23, jusques et compris le n°. 29 ci-après.

13°. Seront punis de mort et de la confiscation de leurs biens, ceux qui auront levé ou fait lever des troupes armées, engagé ou enrôlé, fait engager ou enrôler des soldats, ou leur auront fourni ou procuré des armes ou munitions, sans ordre ou autorisation du Pouvoir légitime. 92.

Voy. le n°. 23, jusques et compris le n°. 29 ci-après.

14°. Ceux qui, sans droit ou motif légitime, auront pris le commandement d'un corps d'armée, d'une troupe, d'une flotte, d'une escadre, d'un bâtiment de guerre, d'une place forte, d'un poste, d'un port, d'une ville ;

(e) « Ceux qui compromettent ainsi l'Etat à une déclaration de guerre, compromettent sans doute la sûreté extérieure. »

« La loi les proclame coupables, bien que nul soupçon d'intelligence avec l'ennemi ne plane sur eux ; mais comme relativement à leurs actes, il n'est pas d'élémens susceptibles d'indiquer jusqu'à quel point les conséquences pouvaient en être connues de leurs auteurs, ceux-ci ne seront pas punis de la peine capitale, mais déportés ou bannis, selon les suites plus ou moins graves qu'auront eues leurs téméraires démarches. » *Motifs.*

(1) Les art. 86, 87, 88, 89 et 90 se trouvent sous le mot EMPEREUR.

Ceux

Ceux qui auront retenu , contre l'ordre du Gouvernement , un commandement militaire quelconque ;

Les Commandans qui auront tenu leur armée ou troupe rassemblée , après que le licenciement ou la séparation en auront été ordonnés ;

Seront punis de la peine de mort , et leurs biens seront confisqués. 93.

Voy. le n°. 23 , jusques et compris le n°. 29 ci-après.

15°. Toute personne qui , pouvant disposer de la Force publique , en aura requis ou ordonné , fait requérir ou ordonner l'action ou l'emploi contre la levée des gens de guerre légalement établie , sera punie de la déportation.

Si cette réquisition ou cet ordre ont été suivis de leur effet , le coupable sera puni de mort , et ses biens seront confisqués. 94.

Voy. le n°. 23 , jusques et compris le n°. 29 ci-après.

16°. Tout individu qui aura incendié ou détruit , par l'explosion d'une mine , des édifices , magasins , arsenaux , vaisseaux ou autres propriétés appartenant à l'État , sera puni de mort , et ses biens seront confisqués. 95.

Voy. Incendie , et le n°. 23 , jusques et compris le n°. 29 ci-après.

17°. Quiconque , soit pour envahir des domaines , propriétés ou deniers publics , places , villes , forteresses , postes , magasins , arsenaux , ports , vaisseaux ou bâtimens appartenant à l'État ; soit pour piller ou partager des propriétés publiques ou nationales , ou celles d'une généralité de citoyens ; soit enfin pour faire attaque ou résistance envers la Force publique agissant contre les auteurs de ces crimes , se sera mis à la tête de bandes armées , ou y aura exercé une fonction ou commandement quelconque , sera puni de mort , et ses biens seront confisqués.

Les mêmes peines seront appliquées à ceux qui auront dirigé l'association , levé ou fait lever , organisé ou fait organiser les bandes , ou leur auront sciemment et volontairement fourni ou procuré des armes , munitions et instrumens de crime, ou envoyé des convois de subsistances, ou qui auront de toute autre manière pratiqué des intelligences avec les Directeurs ou Commandans de bandes. 96. (*f*).

Voy. le n°. 23, jusques et compris le n°. 29 ci-après. Malfaiteurs. Rebellion. Blessures, n°. 5. Destruction, n°s. 4, 5 et 6.

18°. Dans le cas où l'un ou plusieurs des crimes mentionnés aux art. 86, 87 (2) et 91, auront été exécutés ou simplement tentés par une bande, la peine de mort avec confiscation des biens sera appliquée, sans distinction de grades, à tous les individus faisant partie de la bande, et qui auront été saisis sur le lieu de la réunion séditieuse.

Sera puni des mêmes peines, quoique non saisi sur le lieu, quiconque aura dirigé la sédition, ou aura exercé dans la bande un emploi ou commandement quelconque. 97.

Voy. les n°s. 19, 20, 21, 23, jusques et compris le n°. 29 ci-après.

19°. Hors le cas où la réunion séditieuse aurait eu pour objet ou résultat l'un ou plusieurs des crimes énoncés aux art. 86, 87 (3) et 91, les individus faisant partie des bandes dont il est parlé ci-dessus, sans y exercer aucun commandement ni emploi, et qui auront été saisis sur les lieux, seront punis de la déportation. 98.

Voy. les n°s. 20, 21, 23, jusques et compris le n°. 29 ci-après.

20°. Ceux qui, connaissant le but et le caractère desdites bandes, leur auront, sans contrainte, fourni des logemens, lieux de retraite ou de réunion, seront condamnés à la peine des travaux forcés à tems. 99.

Voy. Complices, n°. 3; les n°s. 21, 23, jusques et compris le n°. 29 ci-après.

21°. Il ne sera prononcé aucune peine pour

(*f*) « Les chefs et directeurs de ces bandes, toujours plus influens et plus coupables, ne sauraient être trop punis : en déportant les autres individus saisis sur les lieux, on satisfera aux besoins de la Société, sans alarmer l'humanité. » *Motifs.*

(2) Les art. 86 et 87 se trouvent sous le mot EMPEREUR.

(3) Ces articles se trouvent sous le mot EMPEREUR.

le fait de sédition , contre ceux qui , ayant fait partie de ces bandes , sans y exercer aucun commandement, et sans y remplir aucun emploi ni fonction , se seront retirés au premier avertissement des Autorités civiles ou militaires , ou même depuis , lorsqu'ils n'auront été saisis que hors des lieux de la réunion séditieuse , sans opposer de résistance , et sans armes.

Ils ne seront punis , dans ces cas , que des crimes particuliers qu'ils auraient personnellement commis ; et néanmoins ils pourront être renvoyés pour cinq ans , ou au plus jusqu'à dix , sous la surveillance spéciale de la haute police. 100. (*g*).

Voy. Rebellion , n°. 5. Destruction , n°ˢ. 4, 5 et 6.

22°. Sont compris dans le mot *armes* , toutes machines , tous instrumens ou ustensiles , tranchans , perçans ou contondans.

Les couteaux et ciseaux de poche , les cannes simples , ne seront réputés armes , qu'autant qu'il en aura été fait usage pour tuer , blesser ou frapper. 101.

23. Seront punis comme coupables des crimes et complots mentionnés dans la présente Section (4)., tous ceux qui , soit par des discours tenus dans des lieux ou réunions publics , soit par des placards affichés , soit par des écrits imprimés , auront excité directement les citoyens ou habitans à les commettre.

Néanmoins , dans le cas où lesdites provocations n'auraient été suivies d'aucun effet , leurs auteurs seront simplement punis du bannissement. 102. (*h*).

Voy. le n°. 29 ci-après. Rebellion , n°. 9. Ecrits , n°. 3. Associations illicites , n°. 3.

(*g*) « La peine de la sédition sera , sans inconvéniens , remise à ceux qui se seront retirés au premier avertissement de l'Autorité publique : ici , la politique s'allie à la justice ; car , s'il convient de punir les séditieux , il n'importe pas moins de dissoudre les séditions. » *Motifs*.

(4) Cette Section commence au n°. 12 ci-de-

vant , et finit au n°. 23 ci-dessus , inclusivement. Elle comprend encore toutes les dispositions qui se trouvent sous le mot EMPEREUR.

(*h*) « La provocation devra être directe. » « Ainsi , quelques vœux insensés ou quelques rèves criminels , couchés sur un papier manuscrit et non colporté , ne constitueront pas la

24°. Toutes personnes qui, ayant eu connaissance de complots formés ou de crimes projetés contre la sureté intérieure ou extérieure de l'Etat, n'auront pas fait la déclaration de ces complots ou crimes, et n'auront pas révélé au Gouvernement ou aux Autorités administratives ou de police judiciaire, les circonstances qui en seront venues à leur connaissance, le tout, dans les vingt-quatre heures qui auront suivi ladite connaissance, seront, lors même qu'elles seraient reconnues exemptes de toute complicité, punies, pour le seul fait de non révélation, de la manière et selon les distinctions qui suivent. 103. (*i*).

Voy. les n°s. 27 et 28 ci-après.

provocation que la loi assimile au crime même; et, s'ils sont découverts et de nature à appeler la surveillance de l'Autorité publique, ce sera, sans excéder les bornes posées par une sage prévoyance. Un Gouvernement fort et juste ne relevera ni l'échafaud de *Sidney*, ni celui de ce malheureux Syracusain qui, ayant rêvé qu'il avait tué *Denys* le tyran, fut condamné à mort, parce que ses juges trouvèrent, dans son rêve même, la preuve qu'il s'était occupé de cet objet pendant ses veilles : une telle extension du droit de punir est trop loin de nos mœurs et de la justice. » *Motifs.*

(*i*) « En matière de complots ou crimes contre l'Etat, remettra-t-on la peine à ceux d'entre les coupables qui révéleront ce qu'ils savent, ou qui procureront l'arrestation de leurs complices ? Infligera-t-on des peines à ceux qui, instruits d'un complot, même non approuvé par eux, ne l'auront point révélé ? »

« De ces deux questions, la première, quoique fort controversée dans les Assemblées législatives qui ont précédé la Constitution de l'an VIII, ne devait pas donner naissance à tant d'hésitation. Si les peines sont instituées dans l'intérêt de la Société, comment le même intérêt ne porterait-il pas à en faire la remise, quand la révélation peut procurer de grands avantages à l'Etat, ou le soustraire à de grands dangers ? »

« La deuxième question offrait plus de difficulté. »

« Elle ne saurait être résolue par la loi que le sombre et farouche Louis XI porta contre ceux qui, sachant qu'il existait une conspiration, ne la dénonçaient pas. »

« L'application qui fut faite de cette loi, dans le procès du Grand-Ecuyer d'*Effiat Cinq-Mars*, au malheureux *Augustin de Thou*, l'a depuis long-tems marquée d'un juste sceau de réprobation. »

« Tout le monde sait que, loin d'approuver le complot plus exactement tramé contre le cardinal de Richelieu, que contre le roi Louis XIII, *de Thou* avait cherché lui-même à en dissuader le Grand-Ecuyer ; l'instruction en fournissait la preuve : il n'y avait donc nulle complicité à lui imputer : mais il avait eu connaissance du complot, et ne l'avait point révélé : il fut pour cette réticence condamné à mort. »

« L'opinion publique, plus forte que les arrêts, s'est depuis long-tems prononcée contre cette terrible exécution : mais, qu'est-il arrivé ? Que l'énormité de la peine appliquée dans cette malheureuse circonstance n'en a plus laissé apercevoir d'applicable : des hommes éclairés ont même écrit qu'on ne pouvait obliger personne à devenir délateur, ni à s'exposer aux peines de la calomnie, en révélant des complots dont ils seraient rarement en état de fournir la preuve. »

« Ne nous laissons point aveugler par le prestige des mots : le délateur odieux est celui qui crée des complots imaginaires ; mais, puisque notre législation invite par-tout les citoyens à

25°. S'il s'agit du crime de lèze-majesté, tout individu qui, au cas de l'article précédent, n'aura point fait les déclarations qui y sont prescrites, sera puni de la réclusion. 104.

26°. A l'égard des autres crimes ou complots mentionnés au présent Chapitre (5), toute personne qui, en étant instruite, n'aura pas fait les déclarations prescrites par l'article 103, sera punie d'un emprisonnement de deux à cinq ans, et d'une amende de cinq cent francs à deux mille francs. 105.

Voy. Peines, n°. 44.

27°. Celui qui aura eu connaissance desdits crimes ou complots non révélés, ne sera point admis à excuse, sur le fondement qu'il ne les aurait point approuvés, ou même qu'il s'y serait opposé et aurait cherché à en dissuader leurs auteurs. 106.

Voy le n°. 28 ci-après.

28°. Néanmoins, si l'auteur du complot ou crime est époux, même divorcé, ascendant

---

faire connaître aux magistrats les délits et leurs auteurs, comment ne pourrait-elle point le leur prescrire sous de certaines peines, relativement aux crimes qui attaquent la sureté de l'Etat ? Si la Patrie n'est pas un vain mot, ceci ne saurait être un vain devoir. »

« Mais, si c'est un devoir, il faut le remplir, lors même qu'il en résulterait des embarras ou dangers personnels ; la loi, d'ailleurs, protégera toujours le révélateur véridique. »

« Qu'y a-t-il donc dans cette matière de sage et utile ? C'est, qu'en introduisant une peine contre la non révélation des crimes d'Etat, elle ne soit point effrayante par son énormité ; par-là, l'on servira mieux, non seulement l'Autorité publique, mais encore l'humanité, que par un silence absolu sur cette espèce de délit ; car, que pourrait-il arriver, sur-tout sous un Gouvernement qui serait faible et soupçonneux ? Qu'au lieu de peines justes et modérées, il porterait, dans son inquiétude, des lois de colère, et irait peut-être jusqu'à frapper la non révélation de propos simplement indiscrets ou vagues, aussi bien que celle d'un complot réel. » *Motifs.*

« La loi prescrit à toutes personnes qui auront eu connaissance de complots formés ou de crimes projetés contre la sureté intérieure ou extérieure de l'Etat, d'en faire la déclaration ; et elle punit, suivant la qualité et la nature des crimes dont la révélation est ordonnée, les individus qui, par une réticence coupable, ont exposé la grande famille de l'Etat ou la personne du Souverain à de parricides entreprises. »

« Il s'agit d'une connaissance véritable, d'une connaissance réelle, d'une connaissance enfin telle que la raison la conçoit, et que le juge peut l'exiger. »

« La conscience et le devoir avertissent les citoyens vertueux et les sujets fidèles qu'ils ont de grandes obligations à remplir envers le Prince et la Patrie ; ainsi donc, jamais le silence d'un français qui aura compromis l'intégrité du territoire de l'Empire, la personne sacrée de l'Empereur, ou celle des membres de son auguste famille, ne pourra paraître innocent. » *Rapport par M. Bruneau de Beaumez.*

(5) Le Chapitre dont il s'agit contient toutes les dispositions qui se trouvent sous les mots État et Empereur.

ou descendant, frère ou sœur, ou allié aux mêmes degrés, de la personne prévenue de réticence, celle-ci ne sera point sujette aux peines portées par les articles précédens ; mais elle pourra être mise, par l'Arrêt ou le Jugement, sous la surveillance spéciale de la haute police, pendant un tems qui n'excédera point dix ans. 107. (*k*).

29°. Seront exemptés des peines prononcées contre les auteurs de complots ou d'autres crimes attentatoires à la sureté intérieure ou extérieure de l'Etat, ceux des coupables qui, avant toute exécution ou tentative de ces complots ou de ces crimes, et avant toutes poursuites commencées, auront les premiers donné aux Autorités mentionnées en l'article 103, connaissance de ces complots ou crimes, et de leurs auteurs ou complices, ou qui, même depuis le commencement des poursuites, auront procuré l'arrestation desdits auteurs ou complices.

Les coupables qui auront donné ces connaissances ou procuré ces arrestations, pourront néanmoins être condamnés à rester, pour la vie ou à tems, sous la surveillance spéciale de la haute police. 108. (*l*).

Voy. Monnaie, n°. 7.

Concert de mesures qui auraient pour objet ou résultat un complot attentatoire à la sureté intérieure de l'Etat. *Voy.* Fonctionnaires publics, n°s. 3 et 4.

La confiscation générale est l'attribution des biens d'un condamné, au domaine de l'Etat. *Voy.* Peines, n°. 32.

Effet du renvoi sous la surveillance de la haute police de l'Etat. *Voy.* Peines, n°. 39. Surveillance.

(*k*) « Les auteurs de la loi, en consignant dans le Code cette exception toute morale, ont payé un nouveau tribut aux principes conservateurs de la dignité de l'homme et des sentimens de confiance et de paix qu'il est si nécessaire de maintenir dans les familles. » *Rapport par M. Bruneau de Beaumez.*

« Ils ont respecté les liens de la nature, en n'imposant pas aux proches parens l'obligation qu'elle a tracée pour les autres citoyens. L'intérêt qu'a l'Etat de connaître et de prévenir les complots dirigés contre lui, ne le portera jamais à exiger d'un père qu'il lui livre son fils, ou d'un frère, qu'il lui livre sa sœur. » *Motifs.*

Voy. au mot MONNAIE la Note (*f*).

(*l*) *Voy.* les deux premiers alinéa de la Note (*i*).

Les condamnés aux travaux forcés à tems , à la réclusion et au bannissement , seront de plein droit sous la surveillance de la haute police de l'Etat. *Voy.* Peines , nᵒˢ. 42 et 43.

Seront renvoyés sous cette surveillance les condamnés pour crimes ou délits qui intéressent la sureté intérieure ou extérieure de l'Etat. *Voy.* Peines , nᵒ. 44.

Les condamnés ne seront placés sous la surveillance de la haute police de l'Etat, que dans le cas où une disposition particulière de la loi l'aura prononcée. *Voy.* Peines , nᵒ. 45.

Logement , lieu de retraite ou de réunion, fournis à des malfaiteurs exerçant des brigandages contre la sureté de l'Etat. *Voy.* Complices, nᵒ. 3.

Contrefaction du sceau de l'Etat. *Voyez* Contrefaction , nᵒ. 1. Faux , nᵒ. 19.

Contrefaction d'un ou de plusieurs timbres nationaux , des marteaux de l'Etat, servant aux marques forestières, du poinçon ou des poinçons, servant à marquer les matières d'or ou d'argent. *Voy.* Contrefaction , nᵒ. 2. Faux , nᵒˢ. 19, 20 et 21.

Ceux qui se sont procuré les vrais timbres , marteaux ou poinçons , et en ont fait un usage préjudiciable aux droits ou intérêts de l'Etat. *Voy.* Contrefaction, nᵒ. 3. Faux , nᵒˢ. 19, 20 et 21.

Amendes et frais prononcés au profit de l'Etat. *Voy.* Amendes.

~~~~~~~~~~~~~~~~~~~~~~~~~~~~

ETAT (Suppression d'). *Voy.* Enfant.
—— de démence. *Voy.* Démence.

Ceux qui révèlent les secrets qu'on leur confie , à raison de leur état. *Voy.* Secrets.

ETAT CIVIL. *Voy.* Officier de l'Etat civil. Dispositions générales, nᵒ. 2 et la Note.

Empêchement ou destruction de la preuve de l'Etat civil d'un enfant. *Voy.* Enfant.

ETOFFES. *Voy.* Commerce. Manufactures.

ETRANGER. Violation des réglemens relatifs aux produits des manufactures qui s'exportent à l'étranger. *Voy.* Manufactures , nᵒ. 1.

Ceux qui ont fait passer à l'étranger des Directeurs , Commis ou des Ouvriers d'un Etablissement. *Voy.* Manufactures , nᵒ. 2.

Directeur , Commis ou Ouvrier qui a communiqué à des étrangers , des secrets de la fabrique où il est employé. *Voy.* Manufactures , nᵒ. 3.

Débit d'ouvrages contrefaits à l'étranger. *Voy.* Contrefaçon , nᵒˢ. 2 , 3 et 5.

EVADÉ. *Voy.* Evasion de détenus.

—— des prisons. Imputation calomnieuse. *Voy.* Calomnie.

ÉVASION DE DÉTENUS. 1°. Toutes les
fois qu'une évasion de détenus aura lieu , les
huissiers , les commandans en chef ou en
sous-ordre , soit de la Gendarmerie , soit de
la Force armée , servant d'escorte ou garnissant les postes , les concierges , gardiens ,
geoliers, et tous autres préposés à la conduite , au transport ou à la garde des détenus , seront punis ainsi qu'il suit : 237. (a).

2°. Si l'évadé était prévenu de délits de
police ou de crimes simplement infamans ,
ou s'il était prisonnier de guerre , les préposés à sa garde ou conduite seront punis ,
en cas de négligence , d'un emprisonnement
de six jours à deux mois ;

Et en cas de connivence , d'un emprisonnement de six mois à deux ans.

Ceux qui , n'étant pas chargés de la garde
ou de la conduite du détenu , auront procuré
ou facilité son évasion , seront punis de six
jours à trois mois d'emprisonnement. 238.

Voy. les n°s. 6 , 8 , 10 et 11 ci-après.
Dispositions générales , n°. 1.

3°. Si les détenus évadés , ou l'un d'eux ,
étaient prévenus ou accusés d'un crime de
nature à entraîner une peine afflictive à tems ,
ou condamnés pour l'un de ces crimes , la
peine sera contre les préposés à la garde ou
conduite , en cas de négligence , un emprisonnement de deux mois à six mois ;

En cas de connivence , la réclusion.

Les individus , non chargés de la garde

(a) « La simple évasion d'un détenu constitue ses gardiens en délit. Ce délit sera plus ou
moins grave , selon qu'il résultera de connivence ,
ou simplement de négligence. La gravité sera
aussi mesurée d'après celle du crime ou du délit pour lequel la détention avait eu lieu ; car ,
si la peine doit être proportionnée au préjudice
que reçoit la Société , il est certain que l'évasion
d'un homme détenu pour une rixe , ne répand
point le même degré d'alarme , que l'évasion
d'un incendiaire ou d'un assassin. » *Motifs.*

« Lorsque l'Autorité judiciaire a voulu s'assurer d'un individu , qu'elle le détient dans une

prison , ou qu'elle le fait conduire dans une autre , son évasion est criminelle ; elle est un
crime ou un délit , suivant la cause de sa détention , et les circonstances qui accompagnent
l'action qui vient l'y dérober. »

« Le Code prévoit toutes les manières dont
une évasion peut s'opérer , et les fait concorder ,
pour l'application de la peine , avec le genre de
prévention qui pesait sur le détenu ; il frappe
aussi , et d'une manière différente , le particulier qui , n'étant pas chargé de la garde ou de
la conduite du détenu , aurait procuré ou facilité son évasion. » *Rapport par M. Noailles.*

des

es détenus , qui auront procuré ou facilité
évasion , seront punis d'un emprisonnement
e trois mois à deux ans. 239.
Voy. les nᵒˢ. 6, 8 , 10 et 11 ci-après.

4°. Si les évadés , ou l'un d'eux , sont pré-
enus ou accusés de crimes de nature à en-
raîner la peine de mort ou des peines per-
étuelles, ou s'ils sont condamnés à l'une de
es peines , leurs conducteurs ou gardiens
eront punis d'un an à deux ans d'emprisonnement, en cas de négligence , et des travaux forcés à tems, en cas de connivence.

Les individus , non chargés de la conduite
ou de la garde, qui auront facilité ou procuré l'évasion , seront punis d'un emprisonnement d'un an au moins , et de cinq ans
au plus. 240.
Voy. les nᵒˢ. 6 , 8 , 10 et 11 ci-après.

5°. Si l'évasion a eu lieu ou a été tentée
avec violence ou bris de prison , les peines
contre ceux qui l'auront favorisée, en fournissant les instrumens propres à l'opérer , seront , au cas que l'évadé fût de la qualité
exprimée en l'art. 238 , trois mois à deux ans
d'emprisonnement ;

Au cas de l'article 239, deux à cinq ans
d'emprisonnement, et au cas de l'art. 240 ,
la réclusion. 241.
Voy. les nᵒˢ. 6, 7 , 8 et 10 ci-après.

6°. Dans tous les cas ci-dessus , lorsque
les tiers qui auront procuré ou facilité l'é-
vasion , y seront parvenus , en corrompant
les gardiens ou geoliers, ou de connivence
avec eux , ils seront punis des mêmes peines
que lesdits gardiens et geoliers. 242.
Voy. les nᵒˢ. 8 et 10 ci-après.

7°. Si l'évasion avec bris ou violence a été
favorisée par transmission d'armes , les gardiens et conducteurs qui y auront participé
seront punis des travaux forcés à perpétuité; les
autres personnes, des travaux forcés à tems. 243.
Voy. le nᵒ. 8 ci-après.

8°. Tous ceux qui auront connivé à l'évasion d'un détenu, seront solidairement condamnés , à titre de dommages-intérêts , à
tout ce que la partie civile du détenu aurait
eu droit d'obtenir contre lui. 244.

9°. A l'égard des détenus qui se seront évadés, ou qui auront tenté de s'évader par bris de prison ou par violence, ils seront, pour ce seul fait, punis de six mois à un an d'emprisonnement, et subiront cette peine immédiatement après l'expiration de celle qu'ils auront encourue pour le crime ou délit, à raison duquel ils étaient détenus, ou immédiatement après l'Arrêt ou Jugement qui les aura acquittés ou renvoyés absous dudit crime ou délit ; le tout, sans préjudice des plus fortes peines qu'ils auront pu encourir pour d'autres crimes qu'ils auraient commis dans leur violence. 245. (*b*).

10°. Quiconque sera condamné pour avoir favorisé une évasion, ou des tentatives d'évasion, à un emprisonnement de plus de six mois, pourra, en outre, être mis sous la surveillance spéciale de la haute police, pour un intervalle de cinq à dix ans. 246.

11°. Les peines d'emprisonnement ci-dessus établies contre les conducteurs ou les gardiens, en cas de négligence seulement, cesseront, lorsque les évadés seront repris ou représentés, pourvu que ce soit dans les quatre mois de l'évasion, et qu'ils ne soient pas arrêtés pour d'autres crimes ou délits commis postérieurement. 247. (*c*).

(*b*) « Le désir de la liberté est si naturel à l'homme, que l'on ne saurait prononcer que celui-là devient coupable, qui, trouvant la porte de sa prison ouverte, en franchit le seuil : le délit ne commence à son égard, que lorsqu'il a employé des moyens criminels, tels que le bris de prison ou la violence. » *Motifs.*

« Cette action n'est considérée que comme un délit. Toutefois l'amour de la liberté n'est pas une excuse suffisante : le détenu a dû se soumettre à la perte de la sienne, jusqu'à ce que les Tribunaux aient porté sur lui un jugement définitif, et la loi lui défend de se soustraire à une détention qu'elle prescrit. Pour ce qui le concerne, la loi ne fait point d'excep-

tion : qu'il soit innocent ou qu'il soit coupable du premier délit qu'on lui imputait, le second sera également puni ; il subira la peine pour son évasion, après son jugement, dans le cas où il serait reconnu innocent pour le fait qui l'avait fait détenir, comme il la subira, s'il est jugé coupable, après l'expiration de la peine à laquelle il sera condamné. » *Rapport par M. Noailles.*

(*c*) « Cette disposition bienfaisante abroge celles de l'article 13 de la loi de germinal an VI, qui avait réduit seulement de moitié la durée de la peine prononcée contre les préposés ou gardiens, si les évadés venaient à être repris. » *Même Rapport.*

Evènement chimérique. *Voy.* Escroquerie.

Evêque. *Voy.* Ministre de culte. Cultes.

Excavations. Ceux qui négligent d'éclairer les excavations par eux faites dans les rues et places. *Voy.* Contraventions, n°. 4, §. IV, n°s. 7 et 16.

Ceux qui , par les excavations par eux faites , sans les précautions ou signaux ordonnés ou d'usage , ont causé la mort ou la blessure des animaux ou bestiaux appartenant à autrui. *Voy.* Contraventions, n°. 12, §. IV, n°s. 15 et 16.

Excès de pouvoir. *Voy.* Empiétement.

Exclusion. Celle de toutes fonctions ou emplois publics. *Voy.* Dégradation civique.

Excuse. *Voy.* Crime , n°. 7. Homicide , n°s. 13 , 14, 15 , 16 , 17 et 18.

Celle de témoins et jurés reconnue fausse. *Voy.* Témoins.

Celui qui aura eu connaissance de crimes ou complots contre la sureté de l'Etat, non révélés , ne sera point admis à excuse. *Voy.* Etat, n°. 27;

Exception. *Voy.* Etat, n°. 28.

Excuse qui ne peut pas être alléguée par les calomniateurs. *Voy.* Calomnie , n°. 2.

Exécuteurs. Ceux des mandats de justice ou jugemens , qui , sans motif légitime , ont usé ou fait user de violence envers les personnes, dans l'exercice ou à l'occasion de l'exercice de leurs fonctions. *Voy.* Fonctionnaires publics , n°. 16.

Voy. Rebellion.

Exécution. *Voy.* Commencement d'exécution. Attentat.

—— de crimes contre la sureté intérieure ou extérieure de l'Etat. *Voy.* Etat, n°s. 18, 23, 24, 25 , 26, 27, 28 et 29.

Malfaiteurs qui , pour l'exécution de leurs crimes , emploient des tortures ou commettent des actes de barbarie. *Voy.* Homicide, n°. 9.

Ceux qui prêtent un lieu pour l'exécution d'une détention illégale. *Voy.* Arrestations illégales , n°s. 1 et 4.

Exécution d'une arrestation sous un faux costume, etc. *Voy.* Arrestations illégales, n°. 4.

Exécution. Celle des condamnés ne peut avoir lieu les jours de fêtes ni les dimanches. *Voy.* Peines , n°. 20.

Elle se fera sur une place publique du lieu indiqué par l'Arrêt de condamnation. *Voy.* Peines , n°. 21.

Ceux qui , dans ce cas, refusent d'obéir aux réquisitions. *Voy.* Contraventions, n°. 8 , §. XII , n°s. 11 et 16.

Il sera sursis à l'exécution de la femme reconnue enceinte , jusques après sa délivrance. *Voy.* Peines , n°. 22.

Celle du parricide. *Voy.* Peines , n°. 8.

Mode d'exécution de la condamnation au carcan. *Voy.* Peines , n°s. 17 et 19.

Exécution judiciaire. Ceux qui , dans ce cas, refusent d'obéir aux réquisitions. *Voy.* Contraventions, n°. 8 , §. XII , n°s. 11 et 16.

Celle des condamnations à l'amende , aux restitutions , aux dommages-intérêts et aux frais, pourra être poursuivie par la voie de la contrainte par corps. *Voy.* Peines , n°s. 47 et 68.

Juges , etc. qui , ayant permis ou ordonné de citer des administrateurs, persistent dans l'exécution de leur jugement ou ordonnance, nonobstant l'annulation qui en aurait été prononcée , ou le conflit qui leur aurait été notifié. *Voy.* Empiétement , n°. 1 , §. II.

Exécution des lois. Concert entre Fonctionnaires publics contre cette exécution. *Voy.* Fonctionnaires publics , n°s. 2 et 4.

Juges et Procureurs généraux qui l'arrêtent ou la suspendent. *Voy.* Empiétement , n°. 1 , §. I.

Attaque et résistance contre les officiers ou agens de la police, agissant pour l'exécution des lois. *Voy.* Rebellion.

Exécution des lois et réglemens relatifs à la conscription militaire. *Voy.* Conscription militaire.

—— des lois , réglemens et arrêtés relatifs à l'éclairage des matériaux entreposés , ou aux excavations faites dans les rues et places , et à la petite voirie. *Voy.* Contraventions, n°. 4, §. IV et V, n°s. 7 et 16.

—— des lois et des réglemens actuellement

en vigueur, en tout ce qui n'a pas été réglé par le présent Code. *Voy.* Dispositions générales , n°. 2.

EXEMPLAIRES. Ceux d'ouvrages contrefaits. *Voy.* Contrefaçon.

Ceux imprimés ou gravés de chansons, figures, etc. *Voy.* Ecrits, nᵒˢ. 5 , 6 et 7.

EXEMPTION DE PEINE. Elle a lieu en faveur du fonctionnaire public qui a fait quelque acte arbitraire et attentatoire aux Constitutions de l'Empire, lorsqu'il justifie qu'il a agi par ordre de ses supérieurs. *Voy.* Liberté individuelle , n°. 1.

EXERCICE. Interdiction temporaire de celui des droits civiques, civils et de famille. *Voy.* Peines, nᵒˢ. 37 et 38. *Voy.* Interdiction.

Crimes et délits relatifs à l'exercice des droits civiques. *Voy.* Droits civiques.

Juges, procureurs généraux, etc. qui se sont immiscés dans l'exercice du Pouvoir législatif. *Voy.* Empiétement, n°. 1 , §. I ;

Préfets , Sous-Préfets, etc. qui s'immiscent dans le même exercice. *Voy.* Empiétement , n°. 4.

Juges , Procureurs généraux , etc. qui, ayant permis ou ordonné de citer des Administrateurs, à raison de l'exercice de leurs fonctions , ont persisté dans l'exécution de leur jugement ou ordonnance , nonobstant l'annulation qui en aurait été prononcée. *Voy.* Empiétement, n°. 1 , §. II.

Fonctionnaire public qui est entré en exercice de ses fonctions , sans avoir prêté le serment. *Voy.* Fonctionnaires publics , n°. 26 ;

Qui , révoqué , destitué , suspendu ou interdit , aura continué l'exercice de ses fonctions, après avoir été remplacé. *Voy.* Fonctionnaires publics , n°. 27.

Ministre de culte qui , dans l'exercice de son ministère , et en assemblée publique , a prononcé un discours contenant la critique ou censure du Gouvernement , etc. *Voyez* Ministre de culte , nᵒˢ. 3 , 4 et 5.

Faux commis par un fonctionnaire ou officier public , dans l'exercice de ses fonctions. *Voy.* Faux , nᵒˢ. 1 , 2 , 4 , 19 et 20.

Fonctionnaire public qui use ou fait user

de violence , sans motif légitime , dans l'exercice ou à l'occasion de l'exercice de ses fonctions. *Voy.* Fonctionnaires publics, n°. 16.

Exercice de l'Autorité publique , illégalement anticipé ou prolongé. *Voy.* Fonctionnaires publics , nᵒˢ. 26 et 27.

Outrages et violences essuyés dans l'exercice des fonctions publiques, ou à l'occasion de cet exercice. *Voy.* Fonctionnaires publics , depuis le n°. 29 jusques au n°. 40 inclusivement.

Entraves au libre exercice des cultes. *Voy.* Cultes.

Ceux qui ont consenti l'usage de leur maison pour l'exercice d'un culte , même autorisé , sans la permission de l'Autorité municipale. *Voy.* Associations illicites , n°. 4.

L'exercice des droits civiques peut être accordé au déporté , par le Gouvernement. *Voy.* Peines , n°. 13.

Exercice d'une fonction ou commandement quelconque dans des bandes armées , pour envahir des domaines, etc. *Voy.* Etat, nᵒˢ. 17, 23, 24, 25, 26, 27, 28 et 29.

Ceux qui n'ont exercé dans les bandes ni fonction ni commandement. *Voy.* Etat, n°. 21.

Interdiction de l'exercice des fonctions publiques. *Voy.* Interdiction.

EXHALAISONS INSALUBRES. *Voy.* Contraventions, n°. 4 , §. VI , nᵒˢ. 7 et 16.

Voy. Ordures. Immondices. Fumier.

EXHORTATIONS A DES CRIMES. *Voy.* Associations illicites , n°. 3.

Voy. Ministre de culte.

EXISTENCE. *Voy.* Mariage.

Celle d'enfans compromise. *Voy.* Enfant.

Celle de fausses entreprises. *Voy.* Escroquerie.

EXPÉDITION. Celui qui en livre le secret aux agens d'une Puissance étrangère. *Voy.* Etat , n°. 6.

—— maritime. *Voy.* Dispositions générales , n°. 2 et la Note.

EXPERT. Celui qui aura été condamné aux travaux forcés , au bannissement, à la réclusion ou au carcan , ne pourra jamais être expert. *Voy.* Peines , n°. 23.

Les Tribunaux correctionnels peuvent interdire temporairement aux délinquans le droit d'être experts, lorsqu'ils y sont autorisés par la loi. *Voy.* Peines, n°, 37, §. VII, et n°. 38.

EXPIRATION. La détention des individus renvoyés sous la surveillance de la haute police, pourra s'étendre jusques à l'expiration du tems fixé pour cette surveillance. *Voy.* Peines, n°. 40.

Durée de l'emprisonnement après l'expiration de la peine afflictive ou infamante, en cas d'insolvabilité absolue. *Voy.* Peines, n°. 48;

S'il s'agit d'un délit. *Voy. le même.* n° ;

S'il s'agit d'une contravention. *Voy.* Peines, n°. 68.

Voy. Rebellion, n°s. 12 et 13. Evasion de détenus, n°. 9. Blessures, n°. 7. Ouvriers, n°. 3.

EXPLICATION. Celle des songes. *Voyez* Songes.

EXPLOSION. *Voy.* Mine.

EXPLOITATION. *Voy.* Enchères.

—— des mines et usines. *Voy.* Dispositions générales, n°. 2 et la Note.

EXPORTATIONS. *Voy.* Manufactures. Commerce.

EXPOSITION. Celle de chansons, pamphlets, figures ou images contraires aux bonnes mœurs. *Voy.* Ecrits, n°s. 5, 6 et 7.

—— d'un enfant au-dessous de l'âge de sept ans. *Voy.* Enfant, n°s. 5, 6, 7, 8 et 9.

—— de monnaies contrefaites ou altérées. *Voy.* Monnaie.

Exposition au-devant des édifices de choses de nature à nuire par leur chute ou par des exhalaisons insalubres. *Voy.* Contraventions, n°. 4, §. VI, n°s. 7 et 16.

EXPOSITION PUBLIQUE. Les condamnés à des peines afflictives ou infamantes, qui ont moins de seize ans, ne subissent point l'exposition publique. *Voy.* Peines, n°. 57.

Quels sont les condamnés qui la subiront ? *Voy.* Peines, n°. 17.

Voy. Carcan.

Exposition du parricide sur l'échafaud. *Voy.* Peines, n°. 8.

La durée de la peine des travaux forcés à tems et de la peine de la réclusion, se comptera du jour de l'exposition. *Voy.* Peines, n°. 18.

EXPRESSIONS OUTRAGEANTES. *Voy.* Calomnie, n°s. 9 et 10. Contraventions, n°. 4, §. XI, n°s. 7 et 16.

Voy. Outrages. Injures.

EXTORSION. Celle de signature ou de titre. *Voy.* Vols, n°. 22.

EXTRAIT. *Voy.* Arrêts.

F

F. Cette lettre sera ajoutée dans l'empreinte pour la marque, si le coupable est un faussaire. *Voy.* Peines, n°. 15.

FABRICANT. *Voy.* Manufactures. Ouvriers. Commerce.

FABRICATEURS. Ceux d'armes prohibées. *Voy.* Blessures, n°s. 6 et 7.

—— de fausse monnaie. *Voy.* Monnaie.

—— de faux actes. *Voy.* Faux.

—— de calomnie. *Voy.* Calomnie.

FABRICATION. Ceux qui gâtent volontairement les matières qui y sont propres. *Voy.* Destruction, n°s. 7 et 26.

Violation des réglemens qui ont pour objet de garantir la bonne qualité, les dimensions et la nature de la fabrication. *Voyez* Manufactures, n°. 1.

Fabrication de conventions, dispositions, obligations ou décharges, ou leur insertion après coup, dans des écritures authentiques et publiques, dans des écritures de commerce ou de banque, ou dans des écritures privées. *Voy.* Faux, n°s. 1, 2, 3, 4, 5, 6, 7, 8, 19, 20 et 21.

—— de fausse feuille de route. *Voy.* Faux, n°s. 5, 12, 19, 20 et 21.

—— de faux certificat de maladie. *Voy.* Faux, n°s. 8, 15, 19 et 20.

—— de faux certificat de bonne conduite. *Voy.* Faux, n°s. 8, 17, 19 et 20.

—— de faux passe-port. *Voy.* Faux, n°s. 5, 11, 19 et 20.

—— de stylets, tromblons, ou quelque

espèce que ce soit d'armes prohibées. *Voy.*
Blessures, n°s. 6 et 7.

FABRIQUE. *Voy.* Manufactures.

—— de fausse monnaie. Ceux qui en ont
connaissance. *Voy.* Monnaie , n°s. 5 et 6.

Commis d'une fabrique qui gâte volontairement des marchandises ou matières servant
à fabrication. *Voy.* Destruction , n°s. 7 et 26.

Voy. Dispositions générales , n°. 2 et la
Note.

FACILITÉS. Celles données aux auteurs
d'une action qualifiée crime ou délit. *Voy.*
Complices.

—— données aux ennemis de l'Etat pour
leur entrée sur le territoire et dépendances
de l'Empire. *Voy.* Etat , n°s. 3 et 5.

—— données aux détenus pour s'évader.
Voy. Evasion.

—— habituelles pour la débauche ou la
corruption de la jeunesse , de l'un ou de
l'autre sexe, au-dessous de l'âge de vingt-
un ans. *Voy.* Mœurs , n°s. 5 et 6.

FACTIEUX. Imputation calomnieuse. *Voy.*
Calomnie.

FACULTÉ. Quand cessera celle accordée au
mari de dénoncer l'adultère de sa femme ?
Voy. Mœurs , n°s. 7 et 10.

FAILLI. Imputation calomnieuse. *Voy.* Calomnie.

FAILLITE. *Voy.* Banqueroute.

FAINÉANT. Imputation calomnieuse. *Voy.*
Calomnie , n°s. 9 et 10. Contraventions , n°.
4 , §. XI , n°s. 7 et 16.

FAIT. Quel est celui qui rend les détenus punissables ? *Voy.* Evasion , n°. 9.

Quel est celui qui établit l'association de
malfaiteurs ? *Voy.* Malfaiteurs , n°. 2.

Voy. Voie de fait.

FAIT EXCUSABLE. *Voy.* Excuse.

FAIT D'ESPIONNAGE. *Voy.* Etat , n°s. 2 ,
3 , 4 , 5 , 6 , 7 , 8 et 9.

—— de sédition. *Voy.* Etat, n°s. 17 , 18 ,
19 , 20 , 21 , 23 , 24 , 25 , 26 , 27 , 28
et 29.

FAITS. Imputation de ceux qui, s'ils existaient , exposeraient la personne contre laquelle ils sont articulés , à des poursuites

criminelles ou correctionnelles , ou même
l'exposeraient seulement au mépris ou à la
haine des citoyens. *Voy.* Calomnie , n°. 1.

Peines contre ceux qui les ont imputés.
Voy. Calomnie , n°. 5.

Ceux qui , par des faits faux ou calomnieux semés à dessein , ont opéré la hausse
ou la baisse du prix des denrées ou marchandises , ou des papiers et effets publics.
Voy. Commerce , n°. 1.

Ceux qui ont , avec connaissance , aidé ou
assisté l'auteur ou les auteurs d'une action
qualifiée crime ou délit , dans les faits qui
l'auront préparée ou facilitée , ou dans ceux
qui l'auront consommée. *Voy.* Complices , n°. 2.

Fonctionnaire ou officier public qui cons-
tate pour avoués des faits qui ne le sont
pas , et pour vrais des faits faux. *Voy.* Faux,
n°s. 2 , 4 , 19 et 20.

Addition ou altération de faits dans des
actes. *Voy.* Faux, n°s. 1 , 2 , 3 , 4 , 5 , 6 , 7 ,
8 , 19 , 20 et 21.

Correspondance du ministre d'un culte ,
suivie de faits contraires à une loi ou à un
décret. *Voy.* Ministre de culte , n°. 10.

Corruption qui a pour objet des faits cri-
minels. *Voy.* Fonctionnaires publics , n°s. 8 ,
10 , 11 et 12.

Voy. Sédition. Espionnage.

FAIX. *Voy.* Charge.

FALSIFICATEUR. Imputation calomnieuse.
Voy. Calomnie.

Voy. Falsification.

FALSIFICATION. *Voy.* Contrefaction. Faux.

—— de billets contenant des suffrages
pour les élections. *Voy.* Droits civiques, n^{os}.
3 et 4.

—— de boissons. *Voy.* Blessures, n°. 10.

FAMILLE. Les Tribunaux correctionnels
pourront interdire temporairement aux délinquans le droit de vote et de suffrage dans
les délibérations de famille , lorsqu'ils y seront autorisés par la loi. *Voy.* Peines, n°.
37 , §. V , et n°. 38 ; d'être tuteurs , curateurs , si ce n'est de leurs enfans , et sur
l'avis seulement de la famille. *Voy.* Peines,
n°. 37 , §. VI , et n°. 38.

Voy. Délibérations. Interdiction.

Ceux qui auront été condamnés aux travaux forcés à tems, au bannissement, à la réclusion ou au carcan, seront incapables de tutelle et de curatelle, si ce n'est de leurs enfans, et sur l'avis seulement de la famille. *Voy.* Peines, n°. 23.

Les corps des suppliciés seront délivrés à leurs familles, si elles les réclament. *Voyez* Peines, n°. 9.

Ceux qui favorisent habituellement la débauche, etc. seront interdits de toute participation aux conseils de famille. *Voy.* Mœurs, n°ˢ. 5 et 6.

FAMILLE IMPÉRIALE. Attentat ou complot contre elle. *Voy.* EMPEREUR.

FANATIQUE. Imputation calomnieuse. *Voy.* Calomnie, n°ˢ. 9 et 10. Contraventions, n°. 4, §. XI, n°ˢ. 7 et 16.

FANFARON. Imputation injurieuse. *Voyez* Contraventions, n°. 4, §. XI, n°ˢ. 7 et 16.

FAQUIN. Imputation calomnieuse. *Voyez* Calomnie.

FARDEAU. *Voy.* Charge.

FARINES. Manœuvres pour la hausse ou la baisse de leur prix. *Voy.* Commerce, n°. 2.

Leur pillage ou dégât. *Voy.* Destruction, n°ˢ. 4, 5 et 6.

Peines contre les Commandans des divisions militaires et les Préfets qui en font le

commerce. *Voy.* Fonctionnaires publics, n°. 6.

FAT. Imputation injurieuse. *Voy.* Contraventions, n°. IV, §. XI, n°ˢ. 7 et 16.

FAUCILLE. *Voy.* Armes.

FAULX. *Voy.* Armes.

FAUSSAIRE. *Voy.* Faux.

Lorsqu'il n'y a pas confiscation de ses biens. *Voy.* Faux, n°. 20.

Dans quel cas la marque lui est infligée. *Voy.* Faux, n°. 21 ;

Quelle lettre ajoute-t-on à la marque ? *Voy.* Peines, n°. 15.

Dans quel cas celui qui abuse d'un blanc-seing sera-t-il poursuivi comme faussaire ? *Voy.* Confiance, n°. 2.

—— Imputation calomnieuse. *Voyez* Calomnie.

FAUSSE MONNAIE. *Voy.* Monnaie.

FAUSSE QUALITÉ. *Voy.* Escroquerie.

FAUSSE SIGNATURE. Celle apposée à un acte contraire aux Constitutions de l'Empire. *Voy.* Liberté individuelle, n°. 5.

Voy. Faux.

FAUSSES-CLEFS. *Voy.* Clefs.

FAUSSES ENTREPRISES. *Voy.* Escroquerie.

FAUSSES FEUILLES DE ROUTE. *Voy.* Feuilles de route.

FAUSSES MARQUES. *Voy.* Marques.

FAUSSES MESURES. *Voy.* Mesures.

FAUX (a) 1°. Tout fonctionnaire ou officier public qui, dans l'exercice de ses fonctions, aura commis un *faux* :

Soit par fausses signatures ;

Soit par altération des actes, écritures ou signatures ;

Soit par supposition de personnes ;

(a) « Les peines sont proportionnées à la qualité des faussaires, lorsqu'elle ajoute à leur culpabilité et aux objets sur lesquels ils font porter leur criminelle spéculation, mais surtout à l'intérêt de la Société blessée par leurs entreprises. Elles sont modérées, afin que l'in-

térêt de cette équité naturelle, antérieure à la justice sociale, ne leur dérobe pas le coupable ; car, comme l'a dit Montesquieu : *Lorsque la peine est sans mesure, on est souvent obligé de lui préférer l'impunité.* »

« Les peines ne peuvent pas être graduées

Soit par des écritures faites ou intercalées sur des registres ou d'autres actes publics, depuis leur confection ou clôture;

Sera puni des travaux forcés à perpétuité. 145. (*b*).

Voy. les nos. 4, 19 et 20 ci-après.

2°. Sera aussi puni des travaux forcés à perpétuité, tout fonctionnaire ou officier public qui, en rédigeant des actes de son ministère, en aura frauduleusement dénaturé la substance ou les circonstances, soit en écrivant des conventions autres que celles qui auraient été tracées ou dictées par les parties; soit en constatant comme vrais des faits faux, ou, comme avoués des faits qui ne l'étaient pas. 146. (*c*).

Voy. les nos. 4, 19 et 20 ci-après.

3°. Seront punies des travaux forcés à tems, toutes autres personnes qui auront commis un *faux* en écriture authentique et publique, ou en écriture de commerce ou de banque.

Soit par contrefaçon ou altération d'écritures ou de signatures;

Soit par la fabrication de conventions, dis-

---

avec autant de précision que les crimes, mais elles doivent être établies, de manière que les fautes qui ne nuisent pas dans la même proportion que les crimes, soient punies d'une manière moins forte. »

« On remarquera que la législation sur le *faux* est plus complète qu'aucune autre, jusqu'à nos jours. Elle a résolu un grand problème, en caractérisant tous les genres de *faux*, en graduant les peines suivant la gravité de ces crimes, et en les proportionnant aux effets plus ou moins dangereux qu'ils peuvent produire. » *Rapport par M. Noailles.*

(*b*) « Un fonctionnaire public connaît plus particulièrement ses devoirs qu'un simple citoyen; il jouit d'une confiance obligée, et les *faux* dont il se rend coupable présentent, outre cette offense portée à la loi, celle de l'autorité chargée de donner la certitude et l'authenticité aux actes. »

« Un avantage qu'a le nouveau Code sur celui de 1791, c'est qu'il détaille les divers genres de *faux* avec précision et justesse; le laconisme de la loi de 1791 a souvent embarrassé les juges et les jurés; et il en est résulté souvent aussi la scandaleuse impunité des faussaires. La sage prévoyance du Code actuel atteindra tous les coupables; cette même prévoyance apprendra aux fonctionnaires ou officiers publics assez audacieux pour manquer à leur devoir, qu'ils ne doivent plus attendre du silence même de la loi, une impunité qui serait funeste à la Société toute entière. » *Rapport par M. Noailles.*

(*c*) « Toutefois il faut prendre garde de réputer crime ce qui ne serait qu'un malentendu ou une méprise; le rédacteur d'un acte peut mal saisir la volonté des parties, et pourtant n'être pas criminel; il ne le sera, aux termes de la loi, que quand il aura *frauduleusement dénaturé la substance ou les circonstances de l'acte.* D'après ce caractère, il ne reste rien qui puisse alarmer l'innocence. » *Motifs.*

positions;

positions, obligations ou décharges, ou par leur insertion après coup dans ces actes ;

Soit par addition ou altération de clauses, de déclarations ou de faits que ces actes avaient pour objet de recevoir et de constater. 147. (d).

Voy. les nᵒˢ. 4, 5, 6, 7, 8, 19, 20 et 21 ci-après.

4°. Dans tous les cas exprimés au présent paragraphe (1), celui qui aura fait usage des actes faux, sera puni des travaux forcés à tems. 148.

5°. Sont exceptés des dispositions ci-dessus, les *faux* commis dans les passe-ports et feuilles de route, sur lesquels il sera particulièrement statué ci-après. 149.

Voy. les nᵒˢ. 9, 10, 11, 12, 13 et 14 ci-après.

6°. Tout individu qui aura, de l'une des manières exprimées en l'article 147, commis un *faux* en écriture privée, sera puni de la réclusion. 150.

Voy. le nᵒ. 3 ci-devant, les nᵒˢ. 7, 19, 20 et 21 ci-après.

7°. Sera puni de la même peine, celui qui aura fait usage de la pièce fausse. 151.

Voy le nᵒ. 6 ci-devant, les nᵒˢ. 19, 20 et 21 ci-après.

8°. Sont exceptés des dispositions ci-dessus les faux certificats de l'espèce dont il sera ci-après parlé. 152.

Voy. les nᵒˢ. 15, 16, 17 et 18 ci-après.

9°. Quiconque fabriquera un faux passeport, ou falsifiera un passe-port originairement véritable, ou fera usage d'un passeport fabriqué ou falsifié, sera puni d'un emprisonnement d'une année au moins et de cinq ans au plus. 153. (e).

Voy. les nᵒˢ. 19 et 20 ci-après.

(d) « La sureté et la confiance sont les bases du commerce, et ses actes présentent aussi de grands points de ressemblance dans leur importance et dans leur résultat, avec les actes publics ; la sureté de leur circulation, qui doit être nécessairement rapide, demande une protection particulière de la part du Gouvernement.

Ces motifs et la facilité de commettre des *faux* sur les effets de commerce, ont déterminé la gravité de la peine qui a pour objet leur altération. » *Rapport par M. Noailles.*

(1) Le paragraphe dont il s'agit finit au nᵒ. 5 ci-devant, inclusivement.

(e) « C'est un *faux* ; mais ce *faux* n'a pas

20

10°. Quiconque prendra, dans un passe-port, un nom supposé, ou aura concouru comme témoin à faire délivrer le passe-port sous le nom supposé, sera puni d'un emprisonnement de trois mois à un an.

Les logeurs et aubergistes qui, sciemment, inscriront sur leurs registres, sous des noms faux ou supposés, les personnes logées chez eux, seront punis d'un emprisonnement de six jours au moins et d'un mois au plus. 154. (*f*).

Voy. les n°s. 19 et 20 ci-après.

11°. Les officiers publics qui délivreront un passe-port à une personne qu'ils ne connaîtront pas personnellement, sans avoir fait attester ses noms et qualités par deux citoyens à eux connus, seront punis d'un emprisonnement d'un mois à six mois.

Si l'officier public, instruit de la supposition du nom, a néanmoins délivré le passe-port sous le nom supposé, il sera puni du bannissement. 155. (*g*).

Voy. les n°s. 19 et 20 ci-après.

12°. Quiconque fabriquera une fausse feuille de route, ou falsifiera une feuille de route originairement véritable, ou fera usage d'une feuille de route fabriquée ou falsifiée, sera puni, savoir :

D'un emprisonnement d'une année au moins et de cinq ans au plus, si la fausse feuille de route n'a eu pour objet que de tromper la surveillance de l'Autorité publique ;

Du bannissement, si le trésor public a payé au porteur de la fausse feuille, des frais de route qui ne lui étaient pas dûs, ou qui excédaient ceux auxquels il pouvait avoir droit ; le tout néanmoins au-dessous de cent francs ;

---

les mêmes conséquences, et ne suppose pas le même degré de perversité dans son auteur que ceux qui précèdent. » *Rapport par M. Noailles.*

« Cette espèce de *faux*, dans le silence des lois, a souvent embarrassé les Tribunaux. » *Motifs.*

(*f*) « Ce délit n'est pas sans conséquence pour la sûreté publique ; il peut tendre à faire perdre la trace d'un criminel, et à le soustraire aux poursuites de l'Autorité : il est indispensable de le prévenir. » *Rapport par M. Noailles.*

(*g*) « La simple négligence qui, pourtant, n'est pas exempte de blâme, doit obtenir plus d'indulgence que la prévarication des fonctionnaires toujours criminelle, lorsqu'ils certifient un fait qu'ils savent n'être pas vrai. » *Même rapport.*

Et de la réclusion, si les sommes indûment reçues par le porteur de la feuille,
s'élèvent à cent francs ou au-delà. 156.

Voy. les nᵒˢ. 19, 20 et 21 ci-après.

13°. Les peines portées en l'article précédent seront appliquées, selon les distinctions
qui y sont posées, à toute personne qui se
sera fait délivrer, par l'officier public, une
feuille de route sous un nom supposé. 157.

Voy. les nᵒˢ. 19, 20 et 21 ci-après.

14°. Si l'officier public était instruit de la
supposition de nom, lorsqu'il a délivré la
feuille, il sera puni, savoir :

Dans le premier cas posé par l'article 156,
du bannissement ;

Dans le second cas du même article, de
la réclusion ;

Et dans le troisième cas, des travaux forcés
à tems. 158.

Voy. le nᵒ. 12 ci-devant, les nᵒˢ. 19, 20
et 21 ci-après.

15°. Toute personne qui, pour se rédimer
elle-même, ou en affranchir une autre d'un
service public quelconque, fabriquera, sous
le nom d'un médecin, chirurgien, ou autre
officier de santé, un certificat de maladie ou
d'infirmité, sera punie d'un emprisonnement
de deux à cinq ans. 159.

Voy. les nᵒˢ. 19 et 20 ci-après.

16°. Tout médecin, chirurgien, ou autre
officier de santé, qui, pour favoriser quelqu'un, certifiera faussement des maladies ou
infirmités propres à dispenser d'un service
public, sera puni d'un emprisonnement de
deux à cinq ans.

S'il a été mu par dons ou promesses, il
sera puni du bannissement. Les corrupteurs seront, en ce cas, punis de la même peine. 160.

Voy. les nᵒˢ. 19 et 20 ci-après.

17°. Quiconque fabriquera, sous le nom
d'un fonctionnaire ou officier public, un certificat de bonne conduite, indigence, ou autres circonstances propres à appeler la bienveillance du Gouvernement ou des particuliers sur la personne y désignée, et à lui
procurer places, crédit ou secours, sera puni
d'un emprisonnement de six mois à deux ans.

La même peine sera appliquée , 1°. à celui qui falsifiera un certificat de cette espèce, originairement véritable , pour l'approprier à une personne autre que celle à laquelle il a été primitivement délivré ; 2°. à tout individu qui se sera servi du certificat ainsi fabriqué ou falsifié. 161.

Voy. les n°s. 19 et 20 ci-après.

18°. Les faux certificats de toute autre nature , et d'où il pourrait résulter, soit lésion envers des tiers , soit préjudice envers le trésor public , seront punis, selon qu'il y aura lieu , d'après les dispositions des paragraphes III et IV de la présente section. (2).

Voy. le n°. 1 , jusques au n°. 8 , inclusivement.

19°. L'application des peines portées contre ceux qui ont fait usage de monnaies , billets , sceaux , timbres , marteaux , poinçons, marques et écrits faux , contrefaits, fabriqués ou falsifiés , cessera toutes les fois que le *faux* n'aura pas été connu de la personne qui aura fait usage de la chose fausse. 163. (*h*).

Voy. tous les articles ci-devant. Contrefaction. Monnaie.

20°. Dans tous les cas où la peine du *faux* n'est point accompagnée de la confiscation des biens, il sera prononcé contre les coupables une amende dont le *maximum* pourra être porté jusqu'au quart du bénéfice illégitime que le *faux* aura procuré ou était destiné à procurer aux auteurs du crime , à leurs complices ou à ceux qui ont fait usage de la pièce fausse. Le *minimum* de cette amende ne pourra être inférieur à cent francs. 164. (*i*).

Voy. tous les articles ci-devant. Contrefaction , n°s. 2 , 3 , 4 et 5. Monnaie , n°s. 2 , 3 , 4, 5 , 6 et 7.

(2) « Le §. III commence au n°. 1 , et finit au n°. 5 , inclusivement ; et le §. IV commence au n°. 6 , et finit au n°. 8 , inclusivement.

(*h*) « L'usage d'une pièce fausse étant partout puni comme sa fabrication même , il convenait de dissiper toutes les inquiétudes , en exprimant que ce terrible anathème ne regarde que ceux qui ont eu connaissance du *faux*.» *Motifs.*

(*i*) « Il est raisonnable , il est utile que les crimes qui ont eu pour principe une vile cupidité , soient réprimés par des condamnations qui attaquent et affligent cette passion même par laquelle ils ont été inspirés. » *Motifs.*

21°. La marque sera infligée à tout faussaire condamné, soit aux travaux forcés à tems, soit même à la réclusion. 165.

Voy. les n°s. 3, 6, 7, 12, 13 et 14 ci-devant. Contrefaction, n°s. 2, 3 et 4. Monnaie, n°s. 3 et 4.

Apposition d'une fausse signature à des actes contraires aux Constitutions de l'Empire. *Voy.* Liberté individuelle, n°. 5.

Ceux qui, sciemment, ont fait usage de ces actes. *Voy. le même* n°.

Voy. Contrefaction. Monnaie.

~~~~~~~~~~~~~~~~~~~~

Faux costume. *Voy.* Costume.

Faux monnayeur. *Voy.* Monnaie.

—— Imputation calomnieuse. *Voy.* Calomnie.

Faux nom. *Voy.* Nom.

Faux ordre. *Voy.* Ordre.

Faux passe-ports. *Voy.* Passe-ports.

Faux poids. *Voy.* Commerce, n°. 6.

Faux serment. *Voy.* Serment.

Faux témoignage. *Voy.* Témoignage.

Faux témoins. *Voy.* Témoignage.

—— Imputation calomnieuse. *Voy.* Calomnie.

Faveur. Juge ou administrateur qui s'est décidé par faveur. *Voy.* Fonctionnaires publics, n°. 13.

L'Empereur peut disposer des biens confisqués en faveur des père, mère, etc. du condamné. *Voy.* Peines, n°. 34.

Certificat de médecin, chirurgien, ou de tout officier de santé, accordé par faveur. *Voy.* Faux, n°s. 16, 19 et 20.

Feinte. *Voy.* Artifice.

Femme. Condamnée aux travaux forcés. *Voy.* Peines, n°. 11; à mort, lorsqu'elle se déclare enceinte. *Voy.* Peines, n°. 22.

Lorsqu'elle se procure l'avortement à elle-même, ou qu'elle aura consenti à faire usage des moyens à elle indiqués ou administrés pour y parvenir. *Voy.* Blessures, n°. 9.

Supposition d'enfant à une femme qui ne serait pas accouchée. *Voyez* Enfant, n°. 1.

Soustractions commises par des maris, au préjudice de leurs femmes, ou par des femmes, au préjudice de leurs maris. *Voy.* Vols, n°. 2.

Peine contre l'officier de l'état civil qui reçoit, avant le terme prescrit par l'article 228 du Code Napoléon, l'acte de mariage d'une femme ayant déjà été mariée. *Voy.* Fonctionnaires publics, n°s. 24 et 25.

Peine contre le mari qui, sur la plainte de la femme, sera convaincu d'avoir entretenu une concubine dans la maison conjugale. *Voy.* Mœurs, n°. 10.

Voy. Adultère. Epouse. Mendicité, n°. 3.

Fenêtre. N'y rien exposer, ne rien jeter qui puisse nuire par sa chute. *Voy.* Contraventions, n°. 4, §. VI, n°s. 7 et 16.

Ceux qui jettent des immondices sur quelque personne. *Voy.* Contraventions, n°. 4, §. XII, n°s. 7 et 16.

Tout forcement, rupture, dégradation, démolition, enlèvement de fenêtres est qualifié *effraction. Voy.* Vols, n°. 15.

Ferblantier. *Voy.* Commerce, n°. 5.

Fer brulant. *Voy.* Marque.

Fermeture. *Voy.* Clefs. Vols, n°. 20.

Fermier. Chevaux, etc. tués dans les bâtimens, enclos et dépendances, ou sur les terres dont le maître de l'animal était fermier. *Voy.* Destruction, n°s. 17, 19 et 26.

S'il a été tué, sans nécessité, un animal domestique dans un lieu dont celui à qui cet animal appartient est fermier. *Voy.* Destruction, n°s. 18, 19 et 26.

Fermiers de moulins, qui, par l'élévation du déversoir de leurs eaux, inondent les chemins ou les propriétés d'autrui. *Voy.* Destruction, nᵒˢ. 21 et 26.

Ceux qui, n'étant pas fermiers d'un terrain, y auront passé, lorsqu'il était préparé ou ensemencé. *Voy.* Contraventions, nᵒ. 4, §. XIII, nᵒˢ. 7 et 16.

FÉROCE. Sans humanité. Imputation calomnieuse. *Voy.* Calomnie, nᵒˢ. 9 et 10. Contraventions, nᵒ. 4, §. XI, nᵒˢ. 7 et 16.

FÊTES. Il ne peut être fait aucune exécution les jours de fêtes nationales ou religieuses. *Voy.* Peines, nᵒ. 20.

Voies de fait ou menaces pour empêcher une ou plusieurs personnes de célébrer certaines fêtes. *Voy.* Cultes, nᵒˢ. 1 et 5.

Voy. Dispositions générales, nᵒ. 2 et la Note.

FEU. *Voy.* Incendie.

Ceux qui négligent d'entretenir, réparer ou nettoyer les fours, cheminées ou usines où l'on fait usage du feu. *Voy.* Contraventions, nᵒ. 4, §. I, nᵒˢ. 7 et 16.

FEU D'ARTIFICE. Violation à la défense d'en tirer en certains lieux. *Voy.* Contraventions, nᵒ. 4, §. II, nᵒˢ. 5, 6, 7 et 16.

Ceux qui, par négligence ou imprudence causent un incendie, en tirant des feux d'artifice. *Voy.* Destruction, nᵒˢ. 22 et 26.

FEUILLES PÉRIODIQUES. Celles où ne se trouvera pas l'indication vraie de l'Auteur ou de l'Imprimeur. *Voy.* Écrits, nᵒ. 1.

Voy. Papiers étrangers.

FEUILLES DE ROUTE. *Voy.* Faux, nᵒˢ. 5, 12, 13, 14, 19, 20 et 21.

Peines à infliger aux mendians et vagabonds, porteurs de fausses feuilles de route. *Voy.* Mendicité, nᵒˢ. 8 et 9.

FEUILLES VOLANTES. Officiers de l'état civil qui y inscrivent leurs actes. *Voy.* Fonctionnaires publics, nᵒˢ. 22 et 25.

FIDÉLITÉ. Ceux qui pratiquent des manœuvres pour ébranler celle des officiers, soldats, matelots ou autres. *Voy.* État, nᵒˢ. 3 et 5.

FIDÉLITÉ CONJUGALE. Époux qui y man-

quent. *Voy.* Mœurs, nᵒˢ. 7, 8, 9 et 10.

FIGURES. Celles contraires aux bonnes mœurs. *Voy.* Écrits, nᵒˢ. 5, 6 et 7.

FILLE DE JOIE. Imputation calomnieuse. *Voy.* Calomnie, nᵒˢ. 9 et 10. Contraventions, nᵒ. 4, §. XI, nᵒˢ. 7 et 16.

FILLES. Enlèvement de celles au-dessous de seize ans. *Voy.* Mineurs.

—— condamnées aux travaux forcés ; à quoi seront-elles employées ? *Voy.* Peines, nᵒ. 11.

Ceux qui facilitent habituellement la débauche ou la corruption des filles au-dessous de l'âge de vingt-un ans. *Voy.* Mœurs, nᵒˢ. 5 et 6.

Voy. Vols, nᵒ. 2. Recèlement. Révélation. Belle-fille. Petite-fille.

FILOU. Imputation calomnieuse. *Voy.* Calomnie.

FILOUTERIES. *Voy.* Vols, nᵒ. 23.

FILS. *Voy.* Recèlement. Révélation.

Voy. Vols, nᵒ. 2. Beau-fils. Petit-fils.

FIXATION. Celle des indemnités laissée à la justice de la Cour ou du Tribunal, lorsque la loi ne les aura pas réglées. *Voy.* Peines, nᵒ. 46.

Celle des dommages-intérêts pour actes contraires aux Constitutions de l'Empire. *Voy.* Liberté individuelle, nᵒˢ. 4 et 6.

FLAGRANT DÉLIT. Ceux qui, dans ce cas, refusent d'obéir aux réquisitions. *Voy.* Contraventions, nᵒ. 8, §. XII, nᵒˢ. 11 et 16.

Poursuite sur accusation, soit d'un Ministre, soit d'un membre du Sénat, du Conseil d'État ou du Corps législatif, hors les cas de flagrant délit. *Voy.* Liberté individuelle, nᵒ. 8.

Le meurtre commis par l'époux sur son épouse adultère et son complice, à l'instant où il les surprend en flagrant délit dans la maison conjugale, est excusable. *Voy.* Homicide, nᵒ. 16.

Le flagrant délit est une preuve contre le complice de la femme adultère. *Voyez* Mœurs, nᵒ. 9.

FLÈCHES. *Voy.* Armes.

FLÉTRISSURE. *Voy.* Marque.

FLOTTE. Ceux qui, sans droit ou motif légitime, en auront pris le commandement. *Voy.* Etat, n°s. 14, 23, 24, 25, 26, 27, 28 et 29.

FLUORS. Cristaux de différentes couleurs, imitant les pierres précieuses. Ceux qui ont trompé sur la qualité de ces cristaux, en les vendant pour pierres précieuses. *Voy.* Commerce, n°. 5.

FOI PUBLIQUE. Vol des objets qui y sont exposés. *Voy.* Vols, n°. 10.

FOIBLESSES. Ceux qui abusent de celles d'un mineur. *Voy.* Confiance, n°. 1.

FOIN. Feux allumés dans les champs, à moins de cent mètres des tas de foin. *Voy.* Destruction, n°s. 22 et 26.

Voy. Vols, n°. 10. Fourrages.

FOIRES. Ceux qui ont, dans les foires, de faux poids ou de fausses mesures. *Voy.* Contraventions, n°. 12, §. V, n°s. 15 et 16 ; Des poids ou des mesures prohibés. *Voy.* Contraventions, n°. 12, §. VI, n°s. 15 et 16.

Voy. Dispositions générales, n°. 2 et la Note.

FOL. *Voy.* Fou.

FOLIE. *Voy.* Démence.

FONCTIONNAIRES PUBLICS. 1°. Tout concert de mesures contraires aux lois, pratiqué, soit par la réunion d'individus ou de Corps dépositaires de quelque partie de l'Autorité publique, soit par députation ou correspondance entre eux, sera puni d'un emprisonnement de deux mois au moins et de six mois au plus, contre chaque coupable, qui pourra de plus être condamné à l'interdiction des droits civiques et de tout emploi public, pendant dix ans au plus. 123. (*a*).

Voy. les n°s. 2, 3 et 4.

2°. Si par l'un des moyens exprimés ci-dessus, il a été concerté des mesures contre l'exécution des lois ou contre les ordres du Gouvernement, la peine sera le bannissement.

Si ce concert a eu lieu entre les Autorités civiles et les Corps militaires, ou leurs chefs, ceux qui en seront les auteurs ou provocateurs seront punis de la déportation ; les autres coupables seront bannis. 124.

(*a*) « Ces coalitions inquiétantes de leur nature pourraient souvent devenir funestes ; elles sont toujours un mal, mais elles peuvent varier d'intensité, selon l'objet qu'elles ont. » *Motifs.*

« Dans l'ordre politique, les Fonctionnaires publics, créés pour le peuple, et plus immédiatement placés sous ses regards, lui doivent l'exemple du respect et de la soumission aux lois. »

« S'ils s'en écartent ou s'ils les enfreignent, ils seront punis suivant la nature et la gravité des faits qui les auront rendus passibles des peines établies par la loi. » *Rapport par M. Bruneau de Beaumez.*

Voy. la Note (*b*).

3°. Dans le cas où ce concert aurait eu pour objet ou résultat un complot attentatoire à la sureté intérieure de l'Etat, les coupables seront punis de mort, et leurs biens seront confisqués. 125.

Voy. Empereur. Etat, n°. 12, jusques et compris le n°. 29.

4°. Seront coupables de forfaiture, et punis de la dégradation civique :

Les Fonctionnaires publics qui auront, par délibération, arrêté de donner des démissions dont l'objet ou l'effet serait d'empêcher ou de suspendre, soit l'administration de la justice, soit l'accomplissement d'un service quelconque. 126. (*b*).

Voy. Forfaiture.

5°. Tout Fonctionnaire, tout officier public, tout agent du Gouvernement, qui, soit ouvertement, soit par actes simulés, soit par interpositions de personnes, aura pris ou reçu quelque intérêt que ce soit, dans les actes, adjudications, entreprises ou régies dont il a ou avait, au tems de l'acte, en tout ou en partie, l'administration ou la surveillance, sera puni d'un emprisonnement de six mois au moins et de deux ans au plus, et sera condamné à une amende qui ne pourra excéder le quart des restitutions et des indemnités, ni être au-dessous du douzième.

Il sera de plus déclaré à jamais incapable d'exercer aucune fonction publique.

La présente disposition est applicable à tout Fonctionnaire ou agent du Gouvernement qui aura pris un intérêt quelconque dans une affaire dont il était chargé d'or-

---

(*b*) « Les résultats de cette coalition qui se présente au premier aspect comme passive dans ses moyens d'exécution, troubleraient la Société à un haut degré. » *Motifs.*

« L'expérience nous a démontré que la puissance d'inertie qui paralyse l'action des lois, oblige la puissance gouvernante à franchir les limites qu'elle s'est imposées à elle-même, et à recourir à des actes de despotisme et de tyrannie. »

« De-là naissent les mécontentemens et les révoltes des peuples, présages certains des révolutions qui changent la face des Etats : de-là naissent enfin tous les crimes que peut commettre la licence la plus effrénée, jusques à l'époque toujours tardive où un pouvoir que j'oserai nommer surnaturel, vient fermer le gouffre ouvert par l'anarchie, pour engloutir les richesses, l'honneur, le sang et la morale des nations. » *Rapport par M. Bruneau de Beaumez.*

donnancer

donnancer le paiement ou de faire la liqui-
dation. 175. (*c*).

6°. Tout commandant des divisions militaires , des départemens ou des places et
villes , tout préfet ou sous-préfet qui aura ,
dans l'étendue des lieux où il a droit d'exercer son autorité , fait ouvertement ou par
des actes simulés , ou par interposition de
personnes , le commerce des grains , grenailles , farine , substances farineuses , vins ou
boissons , autres que ceux provenant de ses
propriétés , sera puni d'une amende de cinq
cent francs au moins , de dix mille francs au
plus , et de la confiscation des denrées appartenant à ce commerce. 176. (*d*).

7°. Tout Fonctionnaire public de l'ordre
administratif ou judiciaire , tout agent ou
préposé d'une Administration publique , qui
aura agréé des offres ou promesses , ou reçu
des dons ou présens , pour faire un acte
de sa fonction ou de son emploi , même
juste , mais non sujet à salaire , sera puni
du carcan , et condamné à une amende double de la valeur des promesses agréées ou
des choses reçues , sans que ladite amende
puisse être inférieure à deux cent francs.

(*c*) « Un Fonctionnaire devient coupable ,
lorsqu'il prend directement ou indirectement
intérêt dans les adjudications , entreprises ou
régies, dont sa place lui donne l'administration
ou la surveillance : que deviendrait en effet cette
surveillance , quand elle se trouverait en point
de contact avec l'intérêt personnel du surveil-
lant , et comment parviendrait-on , sans blesser
l'honneur et la morale , à concilier ce double
rôle de l'homme public et de l'homme privé ? »
Motifs.

« Il y a abus de confiance de la part du Fonctionnaire, quand il s'ingère par lui-même , ou
par interposition de personnes , dans une entreprise qu'il est obligé de surveiller. Par qui
l'intérêt public sera-t-il garanti , s'il ose lui associer les siens , s'il se joue ainsi de ses devoirs ? » *Rapport par M. Noailles.*

(*d*) « Si l'ordre public s'oppose à ce que
de tels Fonctionnaires puissent , à la faveur de
leur caractère , exercer , pour leur avantage particulier , une influence dangereuse sur le prix
des principaux comestibles , l'interdiction d'un
tel commerce est juste et convenable , même
envers les Administrateurs qui n'auraient pas la
criminelle pensée d'en abuser. »

« En effet, il faut écarter tout ce qui pourrait inspirer aux citoyens de justes sujets d'inquiétudes ou d'alarmes ; il serait fâcheux que la
masse des citoyens craignît l'abus , et encore
plus qu'elle y crût : la considération qui environne les Fonctionnaires naît principalement de
la confiance qu'ils inspirent , et tout ce qui peut
altérer cette confiance ou dégrader leur caractère , doit leur être interdit. » *Motifs.*

« Le commerce que feraient les Fonctionnaires qui ont droit d'exercer leur autorité dans
une partie de l'Empire , deviendrait bientôt un
monopole ; s'il portait sur quelques-uns des objets d'une nécessité absolue , ils pourraient alors ,
par leur autorité , renchérir ou enlever aux peuples leur subsistance nécessaire , et tout ce que
réclament impérieusement les premiers besoins
de la vie. » *Rapport par M. Noailles.*

21

La présente disposition est applicable à tout Fonctionnaire, agent ou préposé de la qualité ci-dessus exprimée, qui, par offres ou promesses agréées, dons ou présens reçus, se sera abstenu de faire un acte qui entrait dans l'ordre de ses devoirs. 177. (e).

Voy. les n°⁵. 8, 10, 11 et 12 ci-après.

8°. Dans le cas où la corruption aurait pour objet un fait criminel, emportant une peine plus forte que celle du carcan, cette peine plus forte sera appliquée au coupable. 178.

Voy. les n°⁵. 10, 11 et 12 ci-après et les Notes.

9°. Quiconque aura contraint ou tenté de contraindre par voies de fait ou menaces, corrompu ou tenté de corrompre par promesses, offres, dons ou présens, un Fonctionnaire, agent ou préposé, de la qualité exprimée en l'art. 177, pour obtenir, soit une opinion favorable, soit des procès-verbaux, états, certificats ou estimations contraires à la vérité, soit des places, emplois, adjudications, entreprises ou autres bénéfices quelconques, soit enfin tout autre acte du ministère du Fonctionnaire, agent ou préposé, sera puni des mêmes peines que le Fonctionnaire, agent ou préposé corrompu.

Toutefois, si les tentatives de contrainte ou corruption n'ont eu aucun effet, les auteurs de ces tentatives seront simplement punis d'un emprisonnement de trois mois au moins et de six mois au plus, et d'une amende de cent à trois cent francs. 179. (f).

Voy. le n°. 10 ci-après.

10°. Il ne sera jamais fait au corrupteur restitution des choses par lui livrées, ni de leur valeur : elles seront confisquées au profit des hospices des lieux où la corruption aura été commise. 180. (g).

(e) *Voy.* la Note (h) ci-après.

(f) « La loi punit le corrupteur de la même peine que celui qui a été corrompu : elle est moindre, si la corruption n'a pas été consommée ; mais la simple tentative est elle-même un véritable délit : elle est au moins une injure faite à la justice. » *Rapport par M. Noailles.*

(g) « Ainsi jamais le prix honteux de la corruption ne deviendra l'objet d'une restitution ; et ce qui était destiné à alimenter le crime,

11°. Si c'est un juge, prononçant en matière criminelle, ou un juré qui s'est laissé corrompre, soit en faveur, soit au préjudice de l'accusé, il sera puni de la réclusion, outre l'amende ordonnée par l'article 177. 181. (*h*).

Voy. l'art. 12 ci-après.

12°. Si par l'effet de la corruption, il y a eu condamnation à une peine supérieure à celle de la réclusion, cette peine, quelle qu'elle soit, sera appliquée au juge ou juré coupable de corruption. 182. (*i*).

13°. Tout juge ou administrateur qui se sera décidé par faveur pour une partie, ou par inimitié contre elle, sera coupable de forfaiture, et puni de la dégradation civique. 183.

Voy. Forfaiture.

14°. Tout juge, tout procureur général ou impérial, tout substitut, tout administrateur, ou tout autre officier de justice ou de police, qui se sera introduit dans le domicile d'un citoyen, hors les cas prévus par la loi,

tournera du moins au soulagement de l'humanité. » *Motifs.*

(*h*) « De tels hommes sont de vrais fléaux : et la Société serait bientôt dissoute, s'ils étaient nombreux. La République romaine était bien près de sa ruine, quand Cicéron se plaignait de ce qu'il y était passé en maxime, qu'un homme riche, quelque coupable qu'il fût, ne pouvait pas être condamné. » *Motifs.*

« Tout le monde connaît l'exemple donné aux juges prévaricateurs par *Cambyse* ; tous les législateurs ont puni sévèrement la corruption des magistrats. »

« Le crime de corruption dans un juge est, sans contredit, le plus vil dont il puisse se rendre coupable ; c'est aussi l'un des plus dangereux que la Société doive réprimer. *On peut, jusqu'à un certain point, se défendre des atteintes de l'assassin ou du voleur*, a dit un écrivain célèbre : *on ne le peut pas de celles d'un juge qui vous frappe avec le glaive des lois, et vous égorge de son cabinet*. Chargé de la distribution de la justice, de cette dette du ciel et des rois, il doit la rendre avec le plus grand

désintéressement, et sans acception de personne Il exerce un ministère auguste, une sorte de sacerdoce ; il remplit les plus nobles fonctions que la Société puisse confier, et elle attend de lui son repos. Mais s'il méconnaît ses obligations dont la première est l'impartialité ; s'il descend du rang éminent où l'a placé le choix du Prince, pour se rendre l'infâme complice de l'injustice qu'il doit proscrire ; s'il ouvre son cœur à la corruption et ses mains à la vénalité, il devient le dernier des hommes, et la Société doit s'empresser de le repousser de son sein. » *Rapport par M. Noailles.*

(*i*) « Jamais donc il ne sera, pour corruption pratiquée et commise dans les jugemens criminels, appliqué une peine moindre que la réclusion ; mais si la corruption a eu pour résultat de faire condamner un innocent à une peine plus forte, cette peine, quelle qu'elle puisse être, deviendra le juste châtiment du Fonctionnaire corrompu. La loi du talion ne fut jamais plus équitable ni plus exempte d'inconvéniens. » *Motifs.*

et sans les formalités qu'elle a prescrites, sera puni d'une amende de seize francs au moins , et de deux cent francs au plus. 184. (*k*).

15°. Tout juge ou tribunal , tout administrateur ou Autorité administrative , qui, sous quelque prétexte que ce soit , même du silence ou de l'obscurité de la loi, aura dénié de rendre la justice qu'il doit aux parties, après en avoir été requis , et qui aura persévéré dans son déni , après avertissement ou injonction de ses supérieurs , pourra être poursuivi , et sera puni d'une amende de deux cent francs au moins et de cinq cent francs au plus , et de l'interdiction de l'exercice des fonctions publiques , depuis cinq ans jusques à vingt. 185.

16°. Lorsqu'un Fonctionnaire ou un officier public , un administrateur , un agent ou un préposé du Gouvernement ou de la Police , un exécuteur des mandats de justice ou jugemens , un commandant en chef ou en sous-ordre de la Force publique aura , sans motif légitime , usé ou fait user de violence envers les personnes , dans l'exercice ou à l'occasion de l'exercice de ses fonctions , il sera puni selon la nature ou la gravité de ses violences , et en élevant la peine suivant la règle posée par l'art. 198. 186. (*l*).

Voy. le n°. 28 ci-après. Blessures, n°ˢ. 1, 2 , 3 et 7.

17°. Toute suppression , toute ouverture de lettres confiées à la poste, commise ou facilitée par un Fonctionnaire ou un agent du Gouvernement ou de l'administration des Postes, sera punie d'une amende de seize francs à trois cent francs. Le coupable sera, de plus, interdit de toute fonction ou emploi

---

(*k*) « Cette espèce de délit ne tire point sa source de passions viles et basses , comme les concussions ou la corruption ; un zèle faux ou mal entendu peut produire assez souvent des abus d'autorité , et il importe de les réprimer , mais avec modération, si l'on veut que ce soit avec succès. »

« Une amende a sa gravité relative aux personnes qui en sont l'objet ; un Fonctionnaire qui n'a point abdiqué tous les sentimens d'honneur , sera plus qu'un autre sensible à cette peine , et ne s'y exposera plus. » *Motifs.*

(*l*) « Cet abus d'autorité doit être puni d'après la nature des violences ; il n'y aurait plus de sûreté pour les citoyens, s'il en était autrement. » *Motifs.*

public, pendant cinq ans au moins, et dix ans au plus. 187.

18°. Tout Fonctionnaire public, agent ou préposé du Gouvernement, de quelque état et grade qu'il soit, qui aura requis ou ordonné, fait requérir ou ordonner l'action ou l'emploi de la Force publique contre l'exécution d'une loi ou contre la perception d'une contribution légale, ou contre l'exécution, soit d'une ordonnance ou mandat de justice, soit de tout autre ordre émané de l'Autorité légitime, sera puni de la réclusion. 188. (*m*).

Voy. les nos. 19, 20 et 21 ci-après.

19°. Si cette réquisition ou cet ordre ont été suivis de leur effet, la peine sera la déportation. 189.

Voy. les nos. 20 et 21 ci-après.

20°. Les peines énoncées aux articles 188 et 189 (ci-dessus), ne cesseront d'être applicables aux Fonctionnaires ou préposés qui auraient agi par ordre de leurs supérieurs, qu'autant que cet ordre aura été donné par ceux-ci pour des objets de leur ressort, et sur lesquels il leur était dû obéissance hiérarchique ; dans ce cas, les peines portées ci-dessus ne seront appliquées qu'aux supérieurs qui, les premiers, auront donné cet ordre. 190.

Voy. le n°. 21 ci-après.

21°. Si, par suite desdits ordres ou réquisitions, il survient d'autres crimes punissables de peines plus fortes que celles exprimées aux art. 188 et 189, ces peines plus fortes seront appliquées aux Fonctionnaires, agens ou préposés coupables d'avoir donné lesdits ordres ou fait lesdites réquisitions. 191.

22°. Les officiers de l'état civil qui auront inscrit leurs actes sur de simples feuilles volantes, seront punis d'un emprisonnement d'un mois au moins et de trois mois au plus,

---

(*m*) « Cet abus d'autorité est une espèce de révolte qui sera d'autant plus grave et susceptible de peines d'autant plus fortes, qu'elle aura eu plus de développement et d'effet. » *Motifs.*

et d'une amende de seize francs à deux cent francs. 192. (*n*).

Voy. le n°. 25 ci-après.

23°. Lorsque, pour la validité d'un mariage, la loi prescrit le consentement des pères, mères, ou autres personnes, et que l'officier de l'état civil ne se sera point assuré de l'existence de ce consentement, il sera puni d'une amende de seize francs à trois cent francs, et d'un emprisonnement de six mois au moins, et d'un an au plus. 193. (*o*).

Voy. le n°. 25 ci-après, et les art. 156 et 157 du Code Napoléon.

24°. L'officier de l'état civil sera aussi puni de seize francs à trois cent francs d'amende, lorsqu'il aura reçu avant le terme prescrit par l'art. 228 (1) du Code Napoléon, l'acte de mariage d'une femme ayant déjà été mariée. 194.

Voy. le n°. 25 ci-après.

25°. Les peines portées aux art. précédens contre les officiers de l'état civil, leur seront

---

(*n*) « Dans une matière d'une si grande importance, la moindre négligence peut compromettre l'état des citoyens » *Rapport par M. Noailles.*

(*o*) « Les peines portées par les art. 156 et 157 du Code Napoléon sont maintenues. » *Même rapport.*

Article 156 du Code Napoléon. « Les officiers » de l'état civil qui auraient procédé à la célé- » bration des mariages contractés par des fils, » n'ayant pas atteint l'âge de vingt-cinq ans » accomplis, ou par des filles, n'ayant pas at- » teint l'âge de vingt-un ans accomplis, sans » que le consentement des pères et mères, celui » des aïeuls et aïeules, et celui de la famille, » dans le cas où ils sont requis, soient énoncés » dans l'acte de mariage, seront, à la diligence » des parties intéressées et du Commissaire du » Gouvernement près le Tribunal de première » instance du lieu où le mariage aura été cé- » lébré, condamnés à l'amende portée par l'art. » 192, et en outre à un emprisonnement dont la

» durée ne pourra être moindre de six mois. »

Article 157. « Lorsqu'il n'y aura pas eu d'actes » respectueux dans les cas où ils sont pres- » crits, l'officier de l'état civil qui aurait célébré » le mariage, sera condamné à la même amende » et à un emprisonnement qui ne pourra être » moindre d'un mois. »

Article 192. « Si le mariage n'a point été » précédé des deux publications requises, ou » s'il n'a pas été obtenu des dispenses permises » par la loi, ou si les intervalles prescrits par » les publications et célébrations n'ont point été » observés, le Commissaire fera prononcer con- » tre l'officier public une amende qui ne pourra » excéder trois cent francs ; et, contre les par- » ties contractantes ou ceux sous la puissance » desquels elles ont agi, une amende propor- » tionnée à leur fortune. »

(1) Article 228 du Code Napoléon. « La « femme ne peut contracter un second mariage, « qu'après dix mois révolus depuis la dissolution « du mariage précédent. »

appliquées, lors même que la nullité de leurs actes n'aurait pas été demandée ou aurait été couverte ; le tout, sans préjudice des peines plus fortes prononcées en cas de collusion, et sans préjudice aussi des autres dispositions pénales du tit. V, liv. I du Code Napoléon. 195. (*p*).

Voy. Mœurs, n°. 11.

26°. Tout Fonctionnaire public qui sera entré en exercice de ses fonctions, sans avoir prêté le serment, pourra être poursuivi, et sera puni d'une amende de seize francs à cent cinquante francs. 196. (*q*).

27°. Tout Fonctionnaire public révoqué, destitué, suspendu ou interdit légalement, qui, après en avoir eu la connaissance officielle, aura continué l'exercice de ses fonctions, ou qui, étant électif ou temporaire, les aura exercées après avoir été remplacé, sera puni d'un emprisonnement de six mois au moins et de deux ans au plus, et d'une amende de cent francs à cinq cent francs. Il sera interdit de l'exercice de toute fonction publique pour cinq ans au moins et dix ans au plus, à compter du jour où il aura subi sa peine ; le tout, sans préjudice des plus fortes peines portées contre les officiers ou les com-

---

(*p*) « Les peines seront plus fortes, si le Fonctionnaire a colludé avec les parties ; jusqu'ici il ne s'agissait que de négligences, d'un défaut de précaution ; mais, dès qu'il y a connivence, il y a crime. »

« Ces diverses dispositions, concordantes en partie avec plusieurs de celles portées dans le Code Napoléon, ne dérogent point à celles de ce Code, qui ne sont pas rappelées dans le Code pénal : elles auront toujours leur exécution ; les unes sont de l'ordre civil, les autres de l'ordre pénal : elles tendent au même but, celui d'assurer l'ordre public, la paix et le repos des familles, et elles se garantissent les unes les autres par l'appui mutuel qu'elles se prêtent : on y remarque le même esprit, on y trouve la même sagesse, et on leur doit éga-

lement obéissance et soumission. » *Rapport par M. Noailles.*

(*q*) « Le Fonctionnaire, en acceptant une fonction qui lui est confiée par l'Autorité souveraine, doit lui donner une garantie de sa fidélité ; il devient suspect, lorsqu'il la diffère ; et, s'il exerce ses fonctions, sans avoir prêté serment, il commet une action punissable. » *Même rapport.*

« Ce délit peut être excusé par l'absence des Fonctionnaires entre les mains desquels le serment devait être prêté, et par le besoin de pourvoir au service. Les poursuites, dans ce cas, dépendront donc des circonstances, et il eût été imprudent de poser à cet égard une règle inflexible. » *Motifs.*

mandans militaires , par l'art. 93 (2) du présent Code. 197. (*r*).

28°. Hors les cas où la loi règle spécialement les peines encourues pour crimes ou délits commis par les Fonctionnaires ou officiers publics , ceux d'entre eux qui auront participé à d'autres crimes ou délits qu'ils étaient chargés de surveiller ou de réprimer, seront punis comme il suit :

S'il s'agit d'un délit de police correctionnelle , ils subiront toujours le *maximum* de la peine attachée à l'espèce de délit.

Et , s'il s'agit de crimes emportant peine afflictive , ils seront condamnés , savoir :

A la réclusion , si le crime emporte contre tout autre coupable la peine du bannissement ou du carcan ;

Aux travaux forcés à tems , si le crime emporte contre tout autre coupable la peine de la réclusion ;

Et aux travaux forcés à perpétuité , lorsque le crime emportera contre tout autre coupable la peine de la déportation ou celle des travaux forcés à tems.

Au-delà des cas qui viennent d'être exprimés , la peine commune sera appliquée sans aggravation. 198. (*s*).

---

(2) Cet art. se trouve au mot ETAT , n°. 14.

(*r*) « Ce délit est bien grave ; il n'est jamais susceptible d'excuse. » *Motifs.*

« Le Fonctionnaire commet un véritable attentat contre l'Autorité souveraine. » *Rapport par M. Noailles.*

(*s*) « Plus un homme est élevé en dignité , plus les crimes qu'il commet sont graves ; l'éducation qu'il a reçue , la connaissance plus familière des principes de la loi , des devoirs sacrés des citoyens , des bornes où la justice s'arrête , le rendent plus coupable que l'homme peu instruit , élevé d'une manière négligée , et dont souvent la pauvreté menaçait les mœurs et la vertu. »

« La rigueur de la loi est salutaire ; elle est conforme à tous les principes de la justice et de la politique. Sans doute , elle sera rarement nécessaire , mais la loi doit prévoir tout ce qui est possible , et le pays le plus heureux n'est pas celui où il y a le moins de lois pénales , c'est celui où elles sont le plus rarement appliquées. Les Magistrats , bien pénétrés de leur dignité , de l'importance de leurs fonctions , de l'étendue de leurs devoirs , ne mériteront jamais d'être frappés par cette loi ; et en proclamant d'avance comme un jour de calamité publique, celui où les Tribunaux retentiraient de pareils délits , il faut dire que si on n'a pas imité ce peuple qui n'avait pas prononcé de peines contre le parricide , parce qu'il le croyait impossible , on n'est pas moins fondé à annoncer que la sévérité qui est proclamée ne sera presque jamais déployée. » *Même rapport.*

29°.

29°. Lorsqu'un ou plusieurs magistrats de l'ordre administratif ou judiciaire auront reçu, dans l'exercice de leurs fonctions, ou à l'occasion de cet exercice, quelque outrage par paroles, tendant à inculper leur honneur ou leur délicatesse, celui qui les aura ainsi outragés, sera puni d'un emprisonnement d'un mois à deux ans.

Si l'outrage a eu lieu à l'audience d'une Cour ou d'un Tribunal, l'emprisonnement sera de deux ans à cinq ans. 222. (*t*).

Voy. le n°. 33 ci-après.

30°. L'outrage fait par gestes ou menaces à un magistrat, dans l'exercice ou à l'occasion de l'exercice de ses fonctions, sera puni d'un mois à six mois d'emprisonnement ; et si l'outrage a eu lieu à l'audience d'une Cour ou d'un Tribunal, il sera puni d'un emprisonnement d'un mois à deux ans. 223. (*u*).

Voy. le n°. 33 ci-après.

31°. L'outrage fait par paroles, gestes ou menaces à tout officier ministériel ou agent

---

(*t*) « Convenait-il de punir les outrages commis, même hors tout exercice de fonctions, de peines de différens ordres, graduées d'après la simple considération du rang plus ou moins élevé que les personnes outragées tiennent dans la Société ? »

« En agitant cette question, l'on n'a pas tardé à reconnaître que l'application d'une telle idée serait impraticable; qu'en tarifant les peines selon le rang de l'offensé, cela irait à l'infini; qu'il faudrait aussi prendre en considération le rang de l'offenseur ; enfin, l'on a reconnu que cela était moins utile que jamais, dans un système qui, assignant à chaque classe de peines temporaires un *maximum* et un *minimum*, laissait à la justice une suffisante latitude pour varier la punition des outrages privés, d'après la considération due aux personnes. »

« Il ne sera donc ici question que des seuls outrages qui compromettent la paix publique, c'est-à-dire, de ceux dirigés contre les Fonctionnaires ou agens publics, dans l'exercice ou à l'occasion de l'exercice de leurs fonctions ; dans ce cas, ce n'est plus seulement un particulier, c'est l'ordre public qui est blessé ; et, dans un grand intérêt, les peines peuvent changer de classe et de nature, parce que le délit en a changé lui-même, et que l'outrage dirigé contre l'homme de la loi, dans l'exercice de ses fonctions ou de son ministère, quoique conçu dans les mêmes paroles ou les mêmes gestes, est beaucoup plus grave que s'il était dirigé contre un simple citoyen. » *Motifs.*

« Un seul article du Code pénal de 1791 statuait sur les outrages et violences commis envers les dépositaires de l'Autorité ou de la Force publique. »

« Cette partie de notre législation présentait beaucoup de lacunes ; l'outrage par paroles, celui par gestes ou menaces, ceux faits à l'audience, n'étaient point caractérisés ; les outrages faits à un juge étaient punis comme ceux faits à un huissier ; le nouveau Code a prévu tous ces délits, et en a gradué la peine d'après leurs diverses circonstances. » *Rapport par M. Noailles.*

(*u*) « Les paroles outrageantes, qui ont ordinairement un sens plus précis et mieux déterminé que de simples gestes ou menaces, ont paru être un délit supérieur à celui-ci. » *Motifs.*

22

dépositaire de la Force publique , dans l'exercice ou à l'occasion de l'exercice de ses fonctions , sera puni d'une amende de seize francs à deux cent francs. 224. (*v*).

Voy. le n°. 34 ci après.

32°. La peine sera de six jours à un mois d'emprisonnement , si l'outrage mentionné en l'article précédent a été dirigé contre un commandant de la Force publique. 225.

Voy. le n°. 33 ci-après.

33°. Dans le cas des art. 222 , 223 et 225 , l'offenseur pourra être , outre l'emprisonnement , condamné à faire réparation, soit à la première audience , soit par écrit ; et le tems de l'emprisonnement prononcé contre lui ne sera compté qu'à dater du jour où la réparation aura eu lieu. 226.

34°. Dans le cas de l'article 224 , l'offenseur pourra de même , outre l'amende , être condamné à faire réparation à l'offensé ; et s'il retarde ou refuse , il y sera contraint par corps. 227.

35°. Tout individu qui , même sans armes , et sans qu'il en soit résulté des blessures , aura frappé un magistrat dans l'exercice de ses fonctions , ou à l'occasion de cet exercice , sera puni d'un emprisonnement de deux ans à cinq ans.

Si cette voie de fait a eu lieu à l'audience d'une Cour ou d'un Tribunal , le coupable sera puni du carcan. 228. (*x*).

Voy. les n°s. 36 , 37 , 38 , 39 et 40 ci-après.

36°. Dans l'un et l'autre des cas exprimés en l'article précédent , le coupable pourra, de plus , être condamné à s'éloigner , pendant cinq ans à dix ans , du lieu où siège le magistrat , et d'un rayon de deux myriamètres.

Cette disposition aura son exécution à

(*v*) « La hiérarchie politique est prise en considération ; celui qui se permet des outrages ou violences envers un officier ministériel , est coupable sans doute ; mais il commet un moindre scandale que lorsqu'il outrage un magistrat. » *Motifs.*

(*x*) « Les coups qui sont punissables envers tout citoyen , sont le comble de l'irrévérence envers les dépositaires de l'Autorité. » *Motifs.*

dater du jour où le condamné aura subi sa peine.

Si le condamné enfreint cet ordre, avant l'expiration du tems fixé, il sera puni du bannissement. 229.

37°. Les violences de l'espèce exprimée en l'article 228, dirigées contre un officier ministériel, un agent de la Force publique, ou un citoyen chargé d'un ministère de service public, si elles ont eu lieu pendant qu'ils exerçaient leur ministère, ou à cette occasion, seront punis d'un emprisonnement d'un mois à six mois. 230.

Voy. les nᵒˢ. 38, 39 et 40 ci-après.

38°. Si les violences exercées contre les Fonctionnaires et agens désignés aux articles 228 et 230 ont été la cause d'effusion de sang, blessures ou maladie, la peine sera la réclusion; si la mort s'en est suivie dans les quarante jours, le coupable sera puni de mort. 231.

39°. Dans le cas même où ces violences n'auraient pas causé d'effusion de sang, blessures ou maladie, les coups seront punis de la réclusion, s'ils ont été portés avec préméditation ou guet-à-pens. 232.

Voy. Homicide, nᵒˢ. 2 et 3.

40°. Si les blessures sont du nombre de celles qui portent le caractère de meurtre, le coupable sera puni de mort. 233.

Voy. Homicide, nᵒ. 1.

Soustraction de titres dont les Fonctionnaires publics sont dépositaires. *Voy.* Dépositaires publics, nᵒ. 5.

Dégâts, dévastations dans leurs récoltes et propriétés. *Voy.* Destruction, nᵒˢ. 14 et 26.

Fonctionnaires publics qui aident les fournisseurs à faire manquer le service. *Voyez* Fournisseurs, nᵒˢ. 3 et 4.

—— qui, instruits du secret d'une négociation ou d'une expédition, l'auront livré aux agens d'une Puissance étrangère. *Voy.* Etat, nᵒ. 6.

—— qui, chargés des plans des arsenaux, fortifications et ports, les auront livrés. *Voy.* Etat, nᵒ. 7.

—— qui ont fait quelque acte arbitraire

et attentatoire à la liberté individuelle , etc. *Voy.* Liberté individuelle.

Viol commis par eux sur un enfant au-dessous de quinze ans. *Voy.* Mœurs , nᵒˢ. 3 et 4.

Fausse signature d'un Fonctionnaire pu-blic apposée à un acte contraire aux Cons-titutions de l'Empire. *Voy.* Liberté indivi-duelle , nᵒ. 5.

Voleurs qui prennent le titre , l'uniforme ou costume d'un Fonctionnaire public. *Voy.* Vols , nᵒ. 3 , §. IV.

Arrestation faite sous le costume , le nom ou un faux ordre d'un Fonctionnaire public. *Voy.* Arrestations illégales , nᵒ. 4.

Fonctionnaires , chargés de la police admi-nistrative ou judiciaire , qui auront refusé ou négligé de déférer à une réclamation légale , tendant à constater les détentions illégales et arbitraires. *Voy.* Liberté individuelle , nᵒ. 6.

Faux certificat de bonne conduite , sous le nom d'un Fonctionnaire public, *Voy.* Faux , nᵒˢ. 17, 19 et 20.

Voy. Concussion. Faux. Forfaiture. Dé-positaires publics. Fonctions publiques.

~~~~~~~~~~~~~~~~~~~

FONCTIONS. Ceux qui , faisant partie de bandes armées, y auront exercé une fonc-tion quelconque. *Voy.* Etat, nᵒˢ. 17 , 23 , 24, 25 , 26, 27 , 28 et 29 ;

Qui n'y en auront exercé aucune. *Voyez* Etat , nᵒ. 21. Rebellion , nᵒ. 5.

FONCTIONS ADMINISTRATIVES. Magistrats de l'ordre judiciaire qui s'immiscent dans ces fonctions. *Voy.* Empiétement , nᵒ. 1 , §. II.

FONCTIONS JUDICIAIRES. Magistrats de l'or-dre administratif qui entreprennent sur ces fonctions. *Voy.* Empiétement , nᵒ. 5.

~~~~~~~~~~~~~~~~~~~

FONCTIONS PUBLIQUES. 1ᵒ. Qui-conque , sans titre , se sera immiscé dans des fonctions publiques , civiles ou militai-res , ou aura fait les actes d'une de ces fonc-tions , sera puni d'un emprisonnement de deux ans à cinq ans·, sans préjudice de la peine de faux , si l'acte porte le caractère de ce crime. 258. (a).

(a) « La loi du 16 septembre 1792 défend à tout citoyen de se revêtir d'une décoration décrétée pour les Fonctionnaires publics ; elle prononce la peine de deux ans de fers contre quiconque sera trouvé revêtu d'une décoration qu'il n'était pas autorisé à porter ; et s'il . est

Voy. Vols, n°. 3, §. IV. Arrestations illégales, n°. 4.

2°. Toute personne qui aura publiquement porté un costume, un uniforme ou une décoration qui ne lui appartenait pas, ou qui se serait attribué des titres impériaux qui ne lui auraient pas été légalement conférés, sera puni d'un emprisonnement de six mois à deux ans. 259. (*b*).

Les Tribunaux peuvent interdire temporairement les fonctions publiques aux délinquans, lorsqu'ils y sont autorisés par la loi. *Voy.* Peines, n°. 37, §. III et n°. 38.

Destitution et exclusion de toutes fonctions publiques. *Voy.* Dégradation civique.

Les fonctions de juré peuvent être interdites temporairement par les Tribunaux correctionnels. *Voy.* Peines, n°ˢ. 37 et 38.

Administrateurs cités pour raison de l'exercice de leurs fonctions. *Voy.* Empiétement, n°. 2.

Faux commis par un fonctionnaire ou officier public dans l'exercice de ses fonctions. *Voy.* Faux, n°. 1, 2, 19 et 20.

Soustraction d'effets ou deniers, etc. qui étaient entre les mains d'un dépositaire public, en vertu de ses fonctions. *Voy.* Dépositaires publics.

Fonctionnaire public qui se laisse corrompre pour faire un acte de ses fonctions ou pour s'en abstenir. *Voy.* Fonctionnaires publics, n°ˢ. 7, 8, 10, 11 et 12.

—— qui use ou fait user de violence, sans motif légitime, dans l'exercice ou à l'occasion de l'exercice de ses fonctions. *Voy.* Fonctionnaires publics, n°. 16.

___

convaincu d'avoir fait des actes d'autorité que l'officier public a seul droit de faire, il doit être puni de mort. »

« Nous l'avons déjà fait remarquer dans plusieurs occasions, et d'après l'immortel Montesquieu : *Quand la peine est sans mesure, on se trouve obligé de lui préférer l'impunité.* »

« Le délit dont il s'agit conduit au crime, mais il ne doit être puni que des peines relatives à son importance : ainsi, quiconque aura publiquement porté un costume, un uniforme, une décoration qui ne lui appartenait pas, sera puni d'un emprisonnement de six mois à deux ans » *Rapport par M. Noailles.*

(*b*) « Les Constitutions de l'Empire ont établi des titres ; ils sont la récompense des services rendus à l'Etat : personne ne peut se les attribuer, s'ils ne lui ont été conférés légalement. Ceux qui le feraient, manqueraient au respect dû à la loi, et seraient punis par elle. Un emprisonnement de six mois à deux ans est la peine déterminée pour ce délit. » *Même rapport.*

Fonctionnaire public qui est entré dans l'exercice de ses fonctions, sans avoir prêté le serment requis. *Voy.* Fonctionnaires publics, n°. 26.

—— qui, après avoir eu la connaissance officielle de sa révocation ou destitution, aura continué l'exercice de ses fonctions. *Voyez* Fonctionnaires publics, n°. 27.

—— qui a été outragé, par paroles, dans l'exercice de ses fonctions, ou à l'occasion de cet exercice. *Voy.* Fonctionnaires publics, n°ˢ. 29 et 33 ;

Par gestes ou menaces. *Voy.* Fonctionnaires publics, n°ˢ. 30 et 33 ; coups et blessures. *Voy.* Fonctionnaires publics, depuis le n°. 35 jusques au n°. 40, inclusivement.

Officier ministériel ou agent dépositaire de la Force publique, outragé dans l'exercice ou à l'occasion de l'exercice de ses fonctions. *Voy.* Fonctionnaires publics, n°ˢ. 31, 32, 34, 37, 38, 39 et 40.

Agens du Gouvernement poursuivis, sans autorisation, pour crimes ou délits commis dans l'exercice de leurs fonctions. *Voy.* Empiétement, n°. 3.

Ministre de culte, outragé ou frappé dans ses fonctions. *Voy.* Cultes, n°ˢ. 3, 4 et 5.

Cas où les avocats peuvent être suspendus de leurs fonctions. *Voy.* Calomnie, n°. 11.

L'auteur d'une imputation de faits qu'il était par la nature de ses fonctions obligé de révéler ou de réprimer, ne peut pas être poursuivi comme calomniateur. *Voy.* Calomnie, n°. 1.

Délits auxquels on applique l'interdiction de toute fonction publique. *Voy.* Droits civiques, n°. 5. Fonctionnaires publics, n°ˢ. 5, 15 et 27. Dépositaires publics, n°. 3. Dégradation civique.

Voy. Forfaiture.

Fonds. Celui de réserve formé de partie des produits du travail de chaque détenu. *Voy.* Peines, n°. 36.

Confiscation des fonds proposés aux joueurs par ceux qui ont établi des loteries ou d'autres jeux de hasard, dans les rues, etc. *Voy.* Contraventions, n°. 10, §. I.

Voy. Escroquerie.

Force. Il n'y a ni crime ni délit, lorsque le prévenu a été contraint par une force à laquelle il n'a pu résister. *Voy*. Crime, n°. 6.

Celui qui a extorqué par force la signature ou la remise d'un écrit, etc. *Voy*. Vols, n°. 22.

Force (MAISON DE). Tout condamné à la peine de la réclusion, de l'un ou de l'autre sexe, y sera renfermé. *Voy*. Peines, n°. 16.

Le vieillard, âgé de soixante-dix ans accomplis, sera relevé de la peine des travaux forcés à perpétuité ou à tems, et sera renfermé dans la Maison de Force, pour tout le tems à expirer de sa peine. *Voy*. Peines, n°. 61.

Les femmes et les filles condamnées aux travaux forcés n'y seront employées que dans l'intérieur d'une Maison de Force. *Voy*. Peines, n°. 11.

Force armée. *Voy*. Evasion. Commandant. Illégal emploi de la Force armée. *Voyez* Etat, n°s. 13, 14, 15, 23, 24, 25, 26, 27, 28 et 29.

Voy. Force publique. Levée.

Force majeure. *Voy*. Fournisseurs. Crime, n°. 6.

Force ouverte. Pillage commis en réunion ou bande, et à force ouverte. *Voyez* Destruction, n°. 4.

Force publique. Ceux qui, pouvant en disposer, en ont requis ou ordonné l'action ou l'emploi contre la levée des gens de guerre légalement établie. *Voy*. Etat, n°s. 15, 23,

jusques et compris le n°. 29; contre l'exécution d'une loi, etc. *Voy*. Fonctionnaires publics, n°s. 18, 19, 20 et 21.

Ceux qui se mettent à la tête de bandes armées; pour faire attaque ou résistance envers la Force publique. *Voy*. Etat, n°s. 17, 23, jusques et compris le n°. 29.

Attaque ou résistance envers la Force publique, avec violence et voies de fait. *Voy*. Rebellion.

Outrages et violences envers les Dépositaires de la Force publique. *Voy*. Fonctionnaires publics, n°s. 31, 32, 33, 34, 37, 38, 39 et 40.

Voy. Commandant.

Forces françaises. Manœuvres pour seconder les armes des ennemis contre les Forces françaises de terre ou de mer. *Voy*. Etat, n°s. 3 et 5.

Forces navales. *Voy*. Forces françaises. Fournisseurs.

Forcement. Tout forcement de murs, toits, etc. est qualifié *effraction*. *Voy*. Vols, n°. 15.

Forêts. Leur incendie volontaire. *Voyez* Incendie, n°. 1.

Feux allumés à moins de cent mètres des forêts, causant un incendie. *Voy*. Destruction, n°s. 22 et 26.

Voy. Dispositions générales, n°. 2 et la Note. Préposés. Gardes forestiers.

~~~~~~~~~~~~~~~~~~~~~~~~~~~~~~~

FORFAITURE. 1°. Tout crime commis par un Fonctionnaire public dans ses fonctions, est une forfaiture. 166.

2°. Toute forfaiture pour laquelle la loi ne prononce pas de peines plus graves, est punie de la dégradation civique. 167. (*a*).

3°. Les simples délits ne constituent pas les Fonctionnaires en forfaiture. 168.

Voy. Empiétement, n°. 1. Fonctionnaires

_____

(*a*) « Cette peine est la moindre ; la peine de la forfaiture peut s'élever selon la nature et l'intensité du crime. » *Motifs*.

publics, nᵒˢ. 4 et 13. Liberté individuelle, nᵒˢ. 8 et 9. Concussion. Dépositaires publics. Faux.

~~~~~~~~~~~~~~~~~~~~~~~~~~~

Forges. Incendie causé par leur vétusté ou le défaut, soit de réparation, soit de nettoyage. *Voy.* Destruction, nᵒˢ. 22 et 26. *Voy.* Usines.

Formalités. Celles prescrites par la loi doivent être suivies, lorsqu'il s'agit de s'introduire dans le domicile d'un citoyen. *Voy.* Fonctionnaires publics, nᵒ. 14.

Formation. Celle des rues, etc. *Voyez* Dispositions générales, nᵒ. 2 et la Note.

—— d'associations illicites. *Voy.* Associations illicites.

Formes. Celles prescrites pour la nomination des curateurs aux interdits, seront suivies pour la nomination d'un curateur aux condamnés à la peine des travaux forcés à tems ou de la réclusion. *Voy.* Peines, nᵒ. 24.

Écrit contenant des instructions pastorales, quelle que soit sa forme. *Voy.* Ministre de culte, nᵒˢ. 6, 7 et 8.

Quelle que soit la forme d'un effet souscrit par un mineur, lorsqu'on abuse de ses besoins, de ses faiblesses ou de ses passions. *Voy.* Confiance, nᵒ. 1.

Forteresses. Ceux qui pratiquent des manœuvres pour les livrer. *Voy.* Etat, nᵒˢ. 3 et 5 ;

Ceux qui tentent de s'en emparer. *Voy.*

Etat, nᵒˢ. 17, 23, 24, 25, 26, 27, 28 et 29.

Fortifications. Fonctionnaire public, agent ou préposé du Gouvernement, qui, chargé, à raison de ses fonctions, du dépôt des plans de fortifications, aura livré ces plans ou l'un de ces plans à l'ennemi. *Voy.* Etat, nᵒ. 7 ; aux agens d'une Puissance étrangère. *Voy. le même* nᵒ.

Fortune. Escroquerie de celle d'autrui. *Voy.* Escroquerie.

—— du signataire d'un blanc-seing compromise. *Voy.* Confiance, nᵒ. 2.

Ceux qui donnent la bonne fortune. *Voy.* Devin.

Fossés. Leur comblement. *Voy.* Destruction, nᵒˢ. 20 et 26.

Tout terrain, environné de fossés, est réputé *parc* ou *enclos*. *Voy.* Vols, nᵒ. 13.

Fou. Imputation injurieuse. *Voy.* Contraventions, nᵒ. 4, §. XI, nᵒˢ. 7 et 16. *Voy.* Furieux. Fous.

Four. *Voy.* Fours.

Fourbe. Imputation calomnieuse. *Voy.* Calomnie, nᵒˢ. 9 et 10. Contraventions, nᵒ. 4, §. XI, nᵒˢ. 7 et 16.

Fourche. *Voy.* Armes.

~~~~~~~~~~~~~~~~~~~~~~~~~~~

FOURNISSEURS. 1ᵒ. Tous individus chargés, comme membres de compagnie ou individuellement, de fournitures, d'entreprises ou régies, pour le compte des armées de terre et de mer, qui, sans y avoir été contraints par une force majeure, auront fait manquer le service dont ils sont chargés, seront punis de la peine de la réclusion et d'une amende qui ne pourra excéder le quart des dommages-intérêts, ni être au-dessous de cinq cent francs ; le tout, sans préjudice de peines plus fortes,

en

en cas d'intelligence avec l'ennemi. 430. (*a*).

Voy. les n°ˢ. 2, 3 et 4 ci-après. Etat, depuis le n°. 2, jusques au n°. 11, inclusivement. Crime, n°. 6.

2°. Lorsque la cessation du service proviendra du fait des agens des fournisseurs, les agens seront condamnés aux peines portées par le précédent article.

Les fournisseurs et leurs agens seront également condamnés, lorsque les uns et les autres auront participé au crime. 431.

Voy. les n°ˢ. 3 et 4 ci-après. Etat, depuis le n°. 2, jusques au n°. 11, inclusivement. Crime, n°. 6.

3°. Si des Fonctionnaires publics ou des agens, préposés ou salariés du Gouvernement ont aidé les coupables à faire manquer le service, ils seront punis de la peine des travaux forcés à tems, sans préjudice de peines plus fortes, en cas d'intelligence avec l'ennemi. 432. (*b*).

Voy. le n°. 4 ci-après. Etat, depuis le n°. 2, jusques au n°. 11, inclusivement. Crime, n°. 6.

4°. Quoique le service n'ait pas manqué, si, par négligence, les livraisons et les travaux ont été retardés, ou s'il y a eu fraude sur la nature, la qualité ou la quantité des travaux ou main-d'œuvres, ou des choses fournies, les coupables seront punis d'un emprisonnement de six mois au moins et de cinq ans au plus, et d'une amende qui ne pourra excéder le quart des dommages-intérêts, ni être moindre de cent francs. (*c*).

(*a*) « Il peut résulter les conséquences les plus fâcheuses de ce que le service n'a pas été fait au jour marqué. Le succès d'une bataille dépend quelquefois de l'exactitude la plus scrupuleuse à cet égard. Un moment perdu est souvent irréparable, ou ne peut se réparer que par de grands sacrifices. En un mot, il est impossible de calculer les suites d'une faute de cette espèce. La loi ajoute une amende à la peine de la réclusion : cet accessoire tient à la nature du délit, vû que les retards proviennent presque toujours de l'espoir d'augmenter les profits. » *Motifs.*

(*b*) « C'est un bien plus grand crime de participer au mal, lorsque, par état, on devait l'empêcher. » *Motifs.*

(*c*) « Quand l'infidélité, ou même si l'on veut, la simple inexactitude dans l'exécution des clauses de l'entreprise, n'aurait d'autre effet que de priver, durant quelques jours ou seulement durant vingt-quatre heures, un corps d'armée ou même un simple détachement, des choses né-

Dans les divers cas prévus par les articles composant le présent paragraphe, la poursuite ne pourra être faite que sur la dénonciation du Gouvernement. 433. (*d*).

Voy. Destruction, n°. 26.

Fournitures. *Voy.* Fournisseurs. Enchères. Fonctionnaires publics, n°. 5.

Fourrages. Coupés. *Voy.* Destruction, n°ˢ. 13, 14, 19 et 26.

Feux allumés, dans les champs, à moins de cent mètres de tas de fourrage. *Voy.* Destruction, n°ˢ. 22 et 26.

Voy. Vols, n°. 10.

Fours. Leur entretien, réparation ou nettoyage. *Voy.* Contraventions, n°. 4, §. I, n°ˢ. 7 et 16; si, à défaut, ils causent quelque incendie. *Voy.* Destruction, n°ˢ. 22 et 26.

Fous. Ceux qui les auront laissés divaguer. *Voy.* Contraventions, n°. 8, §. VII, n°ˢ. 11 et 16.

Ceux qui, par l'effet de cette divagation, auront occasionné la mort ou la blessure des animaux ou bestiaux appartenant à autrui. *Voy.* Contraventions, n°. 12, §. II, n°ˢ. 15 et 16.

Voy. Furieux. Démence.

Frais. *Voyez* Restitutions. Insolvable. Amendes.

Les sommes recouvrées de ceux qui ont cautionné des individus mis sous la surveillance spéciale du Gouvernement, seront af-fectées de préférence aux restitutions, aux dommages-intérêts et frais adjugés aux parties lésées. *Voy.* Peines, n°. 41.

Les Aubergistes et Hôteliers sont civilement responsables des restitutions, des indemnités et des frais adjugés à ceux qui ont souffert quelque dommage d'un crime ou d'un délit commis, pendant leur séjour, par des personnes qu'ils ont logées plus de vingt-quatre heures, faute par eux d'avoir inscrit sur leur registre le nom, la profession et le domicile du coupable. *Voy.* Peines, n°. 62.

Frais de route. Fausse feuille de route pour s'en procurer. *Voy.* Faux, n°ˢ. 12, 19 et 20.

Français. Peine contre les Français qui auront porté les armes contre la France. *Voy.* État, n°. 1.

—— exposés à éprouver des représailles. *Voy.* État, n°. 11.

Communication à des Français, résidant en pays étrangers, des secrets d'une fabrique, par les directeurs, etc. qui y sont employés. *Voy.* Manufactures, n°. 3;

A des Français résidant en France. *Voy.* le même n°.

France. *Voy.* État.

---

cessaires à sa nourriture ou à son habillement, ce délit serait encore éminemment reprehensible. Lorsqu'il s'agit de nos défenseurs, de ceux qui versent tous les jours leur sang pour le soutien et pour la gloire de l'Etat, les négligences sont sans excuse, et on ne peut plus se contenter des dispositions des lois sur les torts et tromperies entre particuliers. Le génie du Chef a tout prévu, non-seulement pour donner la victoire à ses braves phalanges, mais encore pour assurer leur subsistance et leur habillement par-tout où elles se trouveraient en masse ou isolées. Un fournisseur a trompé ses hautes vues de prévoyance, il faut qu'il soit puni, à moins qu'on ne puisse attribuer à une force majeure l'inexécution de ses engagemens. » *Rapport par M. Louvet.*

(*d*) « Cette dernière disposition est rassurante pour les fournisseurs pénétrés de leurs devoirs, et qui auront humainement fait tout ce qui dépendait d'eux pour les remplir : leur position, leurs efforts seront appréciés, et il leur en sera tenu compte. » *Même rapport.*

Contrefaction ou altération des monnaies ayant cours légal en France. *Voy.* Monnaie, n°ˢ. 1, 2 et 4.

Emission, exposition ou introduction de ces monnaies. *Voy. les mêmes* n°ˢ.

Contrefaction ou altération, émission, exposition ou introduction de monnaies étrangères. *Voy.* Monnaie, n°ˢ. 3 et 4.

Vagabonds nés en France. *Voy.* Vagabondage, n°. 4.

FRATRICIDE. *Voy.* Homicide.

FRAUDE. Celle exercée pour enlever des mineurs. *Voy.* Mineurs.

Soustraction avec fraude. *Voy.* Vols, n°. 1.

Ceux qui, par fraude, corruption ou violence, sont parvenus à soustraire des plans de fortifications, arsenaux, ports ou rades, etc. et les ont livrés à l'ennemi ou aux agens d'une Puissance étrangère. *Voy.* État, n°. 8.

Voy. Commerce. Banqueroute. Fournisseurs. Manufactures. Boissons.

FRELUQUET. Imputation injurieuse. *Voyez* Contraventions, n°. 4, §. XI, n°ˢ. 7 et 16.

FRÈRES. *Voy.* Recèlement. Révélation. Beaufrère.

FRIPIER. *Voy.* Commerce, n°. 5.

FRIPON. Imputation calomnieuse. *Voy.* Calomnie.

FROMENT. *Voy.* Blé. Grains.

FRUITS. Ceux qui en auront cueilli ou mangé sur le lieu même. *Voy.* Contraventions, n°. 4, §. IX, n°ˢ. 7 et 16.

Ceux qui passent sur un terrain chargé de fruits mûrs ou voisins de leur maturité. *Voy.* Contraventions, n°. 8, §. IX, n°ˢ. 11 et 16.

FUMIER. Défense d'en déposer devant les édifices. *Voy.* Contraventions, n°. 4, §. VI, n°ˢ. 7 et 16.

FURIEUX. Ceux qui les auront laissés divaguer. *Voy.* Contraventions, n°. 8, §. VII, n°ˢ. 11 et 16.

Ceux qui, par l'effet de cette divagation, auront occasionné la mort des animaux ou bestiaux appartenant à autrui. *Voy.* Contraventions, n°. 12, §. II, n°ˢ. 15 et 16.

FURIEUX. Imputation injurieuse. *Voy.* Contraventions, n°. 4, §. XI, n°ˢ. 7 et 16.

FUSÉES. *Voy.* Feux d'artifice.

FUSIL. *Voy.* Armes.

G A G

GAGE. Prêt sur gage. *Voy.* Prêt.

Homme de service à gages. *Voy.* Vols, n°. 8, §. III.

Viol ou tout autre attentat à la pudeur, commis sur une personne, par son serviteur à gages. *Voy.* Mœurs, n°ˢ. 2 et 4.

GAGEURE. *Voy.* Pari.

GALACTITE. Pierre fine. *Voy.* Commerce, n°. 5.

GARANTIE. Celle des matières d'or et d'argent. *Voy.* Dispositions générales, n°. 2 et la Note.

Violation des réglemens qui ont pour objet de garantir la bonne qualité, les dimensions et la nature de la fabrication. *Voyez* Manufactures, n°. 1.

GARCE. Imputation calomnieuse. *Voy.* Calomnie, n°ˢ. 9 et 10. Contraventions, n°. 4, §. XI, n°ˢ. 7 et 16.

GARDE. Préposés à la garde de détenus. *Voy.* Evasion de détenus. Liberté individuelle.

Ceux qui auront laissé divaguer des fous ou furieux, étant sous leur garde. *Voy.* Contraventions, n°. 8, §. VII, n°ˢ. 11 et 16;

—— qui, par l'effet de cette divagation, auront occasionné la mort ou la blessure d'animaux ou bestiaux appartenant à autrui. *Voy.* Contraventions, n°. 12, §. II, n°ˢ. 15 et 16.

GARDES CHAMPÊTRES ET FORESTIERS. Peines qu'ils encourent, s'ils commettent les délits de police correctionnelle qui se trouvent sous les mots BANQUEROUTE. COMMERCE. CONFIANCE. CONTREFAÇON. ESCROQUERIE. ENCHÈRES. DESTRUCTION. FOURNISSEURS. JEUX DE HASARD. MANUFACTURES. OUVRIERS. PRÊT. VOLS. *Voy.* Destruction, n°. 26.

Attaque, résistance envers eux avec violence et voies de fait. *Voy.* Rebellion.

Voy. Empiétement, n°. 3 et la Note. Préposés.

GARDES NATIONALES. *Voy.* Dispositions générales , n°. 2 et la Note.

Voy. Force armée.

GARDIENS. Rupture de leur cabane. *Voy.* Destruction, n°ˢ. 15 , 19 et 26. *Voy.* Bestiaux. Animaux.

——— de détenus. *Voy.* Évasion.. Liberté individuelle.

——— de scellés. *Voy.* Scellés.

——— d'animaux infectés de maladie contagieuse. *Voy.* Destruction , n°ˢ. 23 et 26.

Voy. Cabanes. Abris.

GAZETTES. *Voy.* Feuilles périodiques.

GENDARMERIE. *Voy.* Évasion. Commandant. Force publique. Exécuteurs de mandats de justice.

GENDRE. *Voy.* Alliés.

GÉNÉRAL. *Voy.* Commandant de la Force publique. Chef militaire.

GÉNÉRAUX D'ARMÉE. *Voy.* État.

GÉNÉRALITÉ DE CITOYENS. *Voy.* Citoyens. Pillage.

GENS. Ceux sans aveu. *Voy.* Vagabondage.

——— de guerre. Emploi de la Force publique contre la levée des gens de guerre. *Voy.* État , n°ˢ. 15 , 23 , 24 , 25 , 26 , 27 , 28 et 29.

——— de marteau. *Voy.* Dispositions générales , n°. 2 et la Note.

——— qui font le métier de deviner et pronostiquer ou d'expliquer les songes. *Voyez* Contraventions , n°. 12 , §. VII , n°ˢ. 13 , 14, 15 et 16.

GEOLIERS. *Voy.* Évasion de détenus. Liberté individuelle.

GÉOMANCE. C'est l'art de deviner par des points tracés au hasard sur le sable , sur la terre , etc. *Voy.* Devin.

GERBES. *Voy.* Vols , n°. 10.

GERBIÈRE. *Voy.* Meules.

GESTES. Outrages par gestes. *Voy.* Outrages.

GESTION. Celle des biens des condamnés. *Voy.* Biens. Administration.

GLAIVE. *Voy.* Armes.

GLANAGE. Peines contre les glaneurs. *Voy.* Contraventions , n°. 4 , §. X , n°ˢ. 6 , 7 et 16.

GOUINE. Prostituée. Imputation calomnieuse. *Voy.* Calomnie , n°ˢ. 9 et 10. Contraventions , n°. 4 , §. XI , n°ˢ. 7 et 16.

GOURGANDINE. Prostituée. Imputation calomnieuse. *Voy.* Calomnie , n°ˢ. 9 et 10. Contraventions , n°. 4 , §. XI , n°ˢ. 7 et 16.

GOUVERNEMENT. Son agrément pour les associations. *Voy.* Associations illicites , n°. 1.

Ses agens, commis ou préposés qui commettent des soustractions de titres. *Voy.* Dépositaires publics , n°. 5.

Opposition à ses travaux. *Voy.* Destruction , n°ˢ. 2 et 26.

Ceux qui veulent le changer ou détruire. *Voy.* EMPEREUR , n°. 2.

Critique ou censure du Gouvernement. *Voy.* Ministre de culte , n°ˢ. 3 et 6.

Provocation directe à la désobéissance aux lois, au soulèvement des citoyens et à la sédition. *Voy.* Ministre de culte , n°ˢ. 4 , 5 , 7 et 8.

Peine contre les juges qui , après une réclamation légale des parties intéressées ou de l'Autorité administrative , auront, sans autorisation du Gouvernement , rendu des ordonnances ou décerné des mandats contre ses agens ou préposés , prévenus de crimes ou délits commis dans l'exercice de leurs fonctions. *Voy.* Empiétement , n°. 3.

Concert de mesures contre les ordres du Gouvernement , de la part des Fonctionnaires publics. *Voy.* Fonctionnaires publics , n°. 2.

Ses agens qui auront pris ou reçu quelque intérêt que ce soit dans les affaires dont ils sont chargés , ou dont ils ont la surveillance. *Voy.* Fonctionnaires publics , n°. 5.

Maisons de prêt sur gage ou nantissement , établies sans son autorisation. *Voy.* Prêt.

Les déportés seront transportés dans un lieu déterminé par le Gouvernement. *Voy.* Peines , n°. 12 ; faveur qu'il pourra leur accorder. *Voy.* Peines , n°. 13.

Les vagabonds sont mis à sa disposition. *Voy.* Vagabondage , n°. 3. Mendicité , n°. 9.

L'emploi du produit des travaux des condamnés à la réclusion ou à l'emprisonnement , sera réglé par le Gouvernement. *Voy.* Peines, nᵒˢ. 16 et 36.

Droit que donne au Gouvernement le renvoi sous la surveillance de la haute police. *Voy.* Peines, nᵒˢ. 39 et 40 ;

Ceux qui, renvoyés sous cette surveillance, ne fournissent pas le cautionnement exigé, sont à la disposition du Gouvernement. *Voy. le même* nᵒ. 39.

Ordre du Gouvernement pour transporter les bannis hors du territoire de l'Empire. *Voy.* Peines, nᵒ. 27 ;

―――― pour détention provisoire. *Voy.* Liberté individuelle, nᵒ. 7.

Révélation à lui faire des circonstances de complots formés ou de crimes projetés contre la sûreté intérieure ou extérieure de l'État. *Voy.* État, nᵒˢ. 24, 25, 26, 27 et 28.

Agens du Gouvernement qui auront fait quelque acte arbitraire et attentatoire, soit à la liberté individuelle, soit aux droits civiques, soit aux Constitutions de l'Empire. *Voy.* Liberté individuelle.

On ne peut retenir personne hors des lieux déterminés par le Gouvernement. *Voy.* Liberté individuelle, nᵒ. 9.

Ceux qui ont contrefait les marques destinées à être apposées, au nom du Gouvernement, sur diverses espèces de denrées ou de marchandises. *Voy.* Contrefaction, nᵒ. 4. Faux, nᵒˢ. 19, 20 et 21 ;

Ceux qui auront fait usage de ces fausses marques. *Voy. les mêmes* nᵒˢ.

Faux certificat de bonne conduite, pour appeler la confiance du Gouvernement. *Voy.* Faux, nᵒˢ. 17, 19 et 20.

Ordres qui pourront être donnés par le Gouvernement, sur le sort des vagabonds étrangers. *Voy.* Vagabondage, nᵒ. 4 ;

Si les vagabonds sont nés en France. *Voy.* Vagabondage, nᵒ. 5.

Salariés du Gouvernement qui ont aidé les fournisseurs à faire manquer le service. *Voy.* Fournisseurs.

Les fournisseurs, etc. ne pourront être poursuivis que sur la dénonciation du Gouvernement. *Voy.* Fournisseurs, nᵒ. 4.

Actes non approuvés par le Gouvernement, qui exposent des Français à éprouver des représailles. *Voy.* État, nᵒ. 11.

Ceux qui ont retenu, contre l'ordre du Gouvernement, un commandement militaire quelconque. *Voy.* État, nᵒˢ. 14, 23, 24, 25, 26, 27, 28 et 29.

Concierges qui reçoivent un prisonnier sans mandat ou jugement, ou sans ordre provisoire du Gouvernement. *Voy.* Liberté individuelle, nᵒ. 7.

Bris de scellés apposés par ordre du Gouvernement. *Voy.* Scellés, nᵒ. 1.

Voy. Agens du Gouvernement. Autorité publique.

GRADE. Dans quel cas ceux qui font partie d'une bande, sont punis, sans distinction de grades. *Voy.* État, nᵒˢ. 18, 23, 24, 25, 26, 27, 28 et 29.

GRAINS. Manœuvres pour la hausse ou la baisse de leur prix. *Voy.* Commerce, nᵒ. 2.

Leur pillage ou dégât. *Voy.* Destruction, nᵒˢ. 4, 5 et 6.

―――― Coupés. *Voy.* Destruction, nᵒˢ. 13, 14, 19 et 26.

―――― Coupés en vert. *Voy.* Destruction, nᵒˢ. 14, 19 et 26.

Peines contre les Commandans des divisions militaires, Préfets et Sous-Préfets qui en font le commerce. *Voy.* Fonctionnaires publics, nᵒ. 6.

Vol de meules de grains dans les champs. *Voy.* Vols, nᵒ. 10.

Grains en tuyaux. Ceux qui passent sur un terrain qui en est chargé. *Voy.* Contraventions, nᵒ. 8, §. IX, nᵒˢ. 11 et 16.

Feux allumés dans les champs, à moins de cent mètres de tas ou meules de grains. *Voy.* Destruction, nᵒˢ. 22 et 26.

GRAND-MÈRE. *Voy.* Ascendans.

GRAND-PÈRE. *Voy.* Ascendans.

GRANGES. Elles sont réputées maisons habitées, si elles dépendent d'un bâtiment qui, sans être actuellement habité, est destiné à l'habitation. *Voy.* Vols, nᵒ. 12.

Voy. Dépendances.

GRAPILLAGE. Peines contre les grapilleurs.

Voy. Contraventions, n°. 4, §. X, n°ˢ. 6, 7 et 16.

GRAVEUR. Celui d'images ou figures contraires aux bnones mœurs. *Voy.* Écrits, n°ˢ. 5, 6 et 7.

Voy. Contrefaçon. Gravures.

GRAVITÉ. Celle des injures. *Voy.* Calomnie, n°ˢ. 11 et 12.

L'entrée par une ouverture souterraine, autre que celle établie pour servir d'entrée, est une circonstance de· même gravité que l'*escalade. Voy.* Vols, n°. 19.

GRAVURES. Ceux qui distribuent des gravures, sans nom d'auteur ou de graveur. *Voy.* Écrits.

Distribution de gravures contraires aux bonnes mœurs. *Voy.* Écrits, n°ˢ. 5, 6 et 7. Contraventions, n°. 8, §. XIII, n°. 10, §. III et n°ˢ. 11 et 16.

Le métier de crieur ou afficheur de gravures, même munies des noms de graveurs, ne peut être fait sans autorisation de la police. *Voy.* Écrits, n°. 8.

Voy. Contrefaçon.

GREFFE. Destruction d'une ou plusieurs greffes. *Voy.* Destruction, n°ˢ. 11, 14, 19 et 26.

GREFFES. Soustractions, destructions et enlèvement des papiers et effets qu'ils contiennent. *Voy.* Scellés, n°ˢ. 6, 7 et 8.

GREFFIERS. *Voy.* Dépositaires publics. Greffes. Faux. Fonctionnaires publics. Concussions.

CRENAILLES. Leur pillage ou dégât. *Voy.* Destruction, n°ˢ. 4, 5 et 6.

Voy. Grains.

GRENAT. Pierre précieuse. *Voyez* Commerce, n°. 5.

CRILLE. *Voy.* Porte à claire voie.

GROSSESSE. *Voy.* Femme.

GUENIPPE. Prostituée. Imputation calomnieuse. *Voy.* Calomnie, n°ˢ. 9 et 10. Contraventions, n°. 4, §. XI, n°ˢ. 7 et 16.

GUERRE. Machinations ou intelligences pour engager les Puissances étrangères à entreprendre la guerre contre la France. *Voy.* État, n°ˢ. 2 et 5.

Ceux qui, par des hostilités, exposent

l'État à une déclaration de guerre. *Voyez* État, n°. 10.

Voy. Gens de guerre.

GUERRE CIVILE. Attentat ou complot qui tend à l'exciter. *Voy.* État, n°ˢ. 12, 18, 23, 24, 25, 26, 27, 28 et 29.

GUET-A-PENS. Tout meurtre commis de guet-à-pens est qualifié *assassinat. Voy.* Homicide, n°. 2.

Définition du Guet-à-pens. *Voy.* Homicide, n°. 4.

Voy. Blessures, n°ˢ. 2 et 3. Fonctionnaires publics, n°. 39.

GUEUSE. Prostituée. Imputation calomnieuse. *Voy.* Calomnie, n°ˢ. 9 et 10. Contraventions, n°. 4, §. XI, n°ˢ. 7 et 16.

GYROMANCIE. C'est l'art de deviner, en marchant en rond. *Voy.* Devin.

HAB

HABITANS. Attentat ou complot pour exciter les habitans à s'armer contre l'Autorité impériale. *Voy.* EMPEREUR, n°. 2;

A s'armer les uns contre les autres. *Voy.* État, n°ˢ. 12, 18, 23, 24, 25, 26, 27, 28 et 29;

A commettre des crimes contre la sureté de l'État. *Voy.* État, n°. 23.

Négligence de nettoyer les rues ou passages, dans les Communes où ce soin est laissé à la charge des habitans. *Voy.* Contraventions, n°. 4, §. III, n°ˢ. 7 et 16.

Ceux qui, pendant la nuit, troublent la tranquillité des habitans. *Voy.* Contraventions, n°. 12, §. VIII, n°. 13, §. V, n°ˢ. 15 et 16.

HABITATION. Vols qui y sont commis. *Voy.* Vols, n°. 3, §. IV, n°ˢ. 4, 6, 8 et 12.

Tout ce qui est réputé habitation. *Voy.* Vols, n°ˢ. 12 et 14.

Menace d'incendier une habitation. *Voy.* Menaces, n°. 3.

Mendians qui sont entrés dans une habitation, sans la permission du propriétaire ou de quelqu'un de sa maison. *Voy.* Mendicité, n°ˢ. 3 et 9.

Voy. Demeure.

HABITUDE. Mendians d'habitude, valides. *Voy.* Mendicité.

HAIES. Celles vives ou sèches, coupées ou arrachées. *Voy.* Destruction, n°s. 20 et 26.

Est réputé *parc* ou *enclos* tout terrain environné de haies vives ou sèches. *Voy.* Vols, n°. 13.

Incendie causé par des feux allumés dans les champs, à moins de cent mètres des haies. *Voy.* Destruction, n°s. 22 et 26.

HAINE. Imputation de faits qui, s'ils existaient, exposeraient à la haine celui contre lequel ils sont articulés. *Voy.* Calomnie, n°. 1.

HALLES. Ceux qui auront de faux poids ou de fausses mesures dans les halles. *Voy.* Contraventions, n°. 12, §. V, n°. 13, §. II, n°s. 14, 15 et 16.

Ceux qui y employeront des poids ou des

mesures prohibés. *Voy.* Contraventions, n°. 12, §. VI, n°. 13, §. III, n°s. 14, 15 et 16.

HAPPELOURDE. Pierre fausse qui a l'apparence d'une vraie. *Voy.* Commerce, n°. 5.

HASARD. *Voy.* Jeux de hasard.

HAUSSE. Ceux qui, par coalition ou moyens frauduleux, ont opéré la hausse du prix des denrées ou marchandises, ou des papiers et effets publics. *Voy.* Commerce, n°s. 1, 2, 3 et 4.

HAUTE POLICE. *Voy.* Police. Surveillance.

HAUTEUR. Est réputé *parc* ou *enclos* tout terrain environné de fossés, de pieux, etc. quelle que soit la hauteur de ces diverses clôtures. *Voy.* Vols, n°. 13.

HÉLIOTROPE. Pierre précieuse. *Voy.* Commerce, n°. 5.

HOCA. Jeu de hasard. *Voy.* Jeux de hasard.

~~~~~~~~~~~~~~~~~~~~~~~~

HOMICIDE. 1°. L'homicide commis volontairement est qualifié meurtre. 295. (*a*).

Voy. les n°s. 10, 11 et 13, jusques au n°. 21 ci-après, inclusivement. Blessures, n°. 5.

2°. Tout meurtre commis avec préméditation ou de guet-à-pens est qualifié assassinat. 296.

Voy. les n°s. 3, 4, 8, 9, 10, 19, 20 et 21 ci-après. Blessures, n°. 5.

3°. La préméditation consiste dans le dessein formé, avant l'action, d'attenter à la personne d'un individu déterminé, ou même de celui qui sera trouvé ou rencontré, quand même ce dessein serait dépendant de quelque circonstance ou de quelque condition. 297.

4°. Le guet-à-pens consiste à attendre plus ou moins de tems, dans un ou divers lieux, un individu, soit pour lui donner la mort, soit pour exercer sur lui des actes de violence. 298.

5°. Est qualifié parricide le meurtre des pères ou mères légitimes, naturels ou adoptifs, ou de tout autre ascendant légitime. 299. (*b*).

(*a*) « Pour que l'homicide soit un crime, il faut qu'il soit volontaire. » *Motifs.*

(*b*) « En plaçant sur la même ligne le père légitime et le père adoptif, la loi rend hom-

Voy. Empereur , n°. 1 , et les n°ˢ. 8 , 11 et 15 ci-après. Blessures , n°. 5.

6°. Est qualifié infanticide le meurtre d'un enfant nouveau né. 300.

Voy. les n°ˢ. 8 et 11 ci-après. Blessures, n°. 5. Enfant , n°. 7.

7°. Est qualifié empoisonnement tout attentat à la vie d'une personne , par l'effet de substances qui peuvent donner la mort plus ou moins promptement , de quelque manière que ces substances aient été employées ou administrées , et quelles qu'en aient été les suites. 301. (*c*).

Voy. les n°ˢ. 8 et 11 ci-après.

---

mage à la paternité légale , consolante image de la paternité réelle ; il consacre cette grande et utile leçon de morale , que les liens de la reconnaissance ne doivent pas être moins sacrés que ceux de la nature. Peu importe , dans toute autre circonstance , la qualité de la personne : étranger ou français , allié ou ennemi , riche ou pauvre , élevé en dignité ou tombé dans l'abjection , la loi ne voit qu'un homme dans celui qui a perdu la vie par un crime ; et quelle que soit la victime , la même peine attend le coupable. » *Rapport par M. de Monseignat.*

« Le nouveau Code assimile les pères et mères adoptifs aux pères et mères légitimes. Le Code Napoléon a consacré cette assimilation dans ses diverses dispositions, suivant l'art. 340. « L'obli-» gation naturelle qui continuera d'exister entre » l'adopté et ses père et mère , de se fournir » des alimens , dans les cas déterminés par la » loi , sera considérée comme commune à l'adop-» tant et à l'adopté , l'un envers l'autre. »

« Ajoutons que l'art. 350 accorde à l'adopté , sur la succession de l'adoptant , les mêmes droits que ceux qui appartiennent à l'enfant né en mariage. » *Motifs.*

(*c*) « Cette définition est plus complète que celle adoptée par la loi de 1791 , en ce qu'elle comprend tout moyen dont on aurait fait usage pour commettre ce crime , et ne borne pas les tentatives au cas particulier où le poison aurait été présenté ou mêlé avec des alimens ou breuvages. Il est tant de moyens que la scélératesse peut inventer et dont l'histoire offre l'exemple , qu'il était indispensable de recourir à des termes généraux. »

« D'un autre côté , il était inutile d'ajouter la disposition de cette même loi de 1791 , qui porte que, si avant que l'empoisonnement ait été effectué , ou avant que l'empoisonnement des alimens et breuvages ait été découvert , l'empoisonneur arrêtait l'exécution du crime , soit en supprimant les alimens et breuvages , soit en empêchant qu'on en fasse usage , l'accusé sera acquitté. »

« Cette disposition était nécessaire , lorsqu'elle fut adoptée , parce qu'alors il n'existait aucune loi contre les tentatives de crime. Mais l'art. 2 (1) du nouveau Code qui les prévoit et les définit, annonce assez qu'aucune de ces tentatives ne sera considérée comme le crime même , lorsqu'elle aura été arrêtée par la volonté de l'auteur , et non par des circonstances fortuites et indépendantes de sa volonté. » *Motifs.*

« Il était inutile de rappeler dans l'espèce de l'empoisonnement un principe qui , par sa généralité , s'adapte à tous les crimes ; et toutes les fois que l'empoisonneur aura volontairement et librement prévenu l'effet du poison , la Société se félicitera de ne voir ni condamné , ni victime. »

« Sans doute , celui qui a conçu le dessein d'un empoisonnement , d'un parricide ou de tout autre attentat, n'est pas coupable aux yeux de la loi ; la morale l'accuse et le condamne ; la justice ne peut lui demander compte de sa pensée : mais si celle-ci se manifeste par des faits , la loi s'en saisit , elle les caractérise ; et cepen-

(1) *Voy.* Dispositions préliminaires , n°. 2.

8°.

8°. Tout coupable d'assassinat, de parricide, d'infanticide ou d'empoisonnement, sera puni de mort, sans préjudice de la disposition particulière contenue en l'art. 13 (1), relativement au parricide. 302. (d).

Voy. le n°. 9 ci-après.

dant, comme elle frappe à regret, et qu'elle aime mieux empêcher le crime que de le punir, les actes qui l'ont préparé ne sont, le plus souvent, passibles d'aucune peine, si leur auteur, par un sentiment libre et spontané, s'est arrêté sur le bord de l'abyme ; c'est un appel aux remords, une rémission, une grâce accordée au repentir volontaire. Puissent ces dispositions paternelles et bienfaisantes trouver souvent leur application ! » *Rapport par M. de Monseignat.*

(1) Cet article se trouve sous le mot PEINES, n°. 8.

(d) « La peine de l'assassinat est la mort : c'est celle du talion. Toute autre peine, quelque rigoureuse qu'elle fût, ne serait pas assez répressive, et le plus souvent produirait l'impunité. Sans cette peine, la haine ou la vengeance d'un lâche pourrait se satisfaire en jouant, si je puis parler ainsi, un jeu trop inégal contre le citoyen dont il méditerait la mort : l'un ne mettrait au jeu que sa liberté, et l'autre y mettrait sa vie. »

« Le crime d'empoisonnement est un véritable assassinat : car il suppose nécessairement un dessein antérieur. Il est d'ailleurs de tous les crimes le plus lâche parmi les plus atroces. » *Motifs.*

« Le Code assimile justement à l'assassinat le crime d'empoisonnement ; ce dernier est même plus redoutable dans ses effets, puisqu'il enveloppe souvent une famille dans les apprêts de mort dirigés contre un seul de ses membres ; il est plus dangereux dans ses moyens, par la multiplicité des combinaisons meurtrières que l'homme a inventées ou qu'il a dérobées à la nature, par la facilité de préparer, de consommer l'attentat et de cacher la trace de son auteur. Aussi, l'empoisonneur est toujours présumé avoir voulu donner la mort, alors même que le défaut de quantité ou de qualité des substances délétères, la force du tempérament, les secours de l'art ou d'autres circonstances étran-

gères au coupable, ont sauvé l'objet de son crime. » *Rapport par M. de Monseignat.*

« Le parricide même commis sans préméditation ni guet-à-pens révolte tellement la nature, que, loin de pouvoir être puni d'une peine moindre que l'assassinat, il mérite une peine plus forte. Avant d'être exécuté à mort, il aura le poing droit coupé. »

« La qualification d'assassinat est donnée à tout meurtre commis avec préméditation. Or, il est impossible que l'infanticide ne soit pas prémédité ; il est impossible qu'il soit l'effet subit de la colère ou de la haine, puisqu'un enfant, loin d'exciter de tels sentimens, ne peut inspirer que celui de pitié. Il est hors d'état de se défendre, hors d'état de demander du secours, et par cela seul, il est plus spécialement sous la protection de la loi. Des hospices sont établis pour recevoir ceux dont on ne peut prendre soin. L'infanticide est donc, sous tous les rapports, un acte de barbarie atroce, et quand il serait quelquefois le fruit du dérèglement des mœurs, une telle cause ne peut trouver d'indulgence dans une législation protectrice des mœurs. » *Motifs.*

« Ce forfait que le relâchement de nos mœurs a rendu si commun, a obtenu dans ces derniers tems une scandaleuse impunité ; une fausse philantropie, sans oser l'effacer de la liste des crimes, semblait lui accorder quelque excuse en faveur d'un sexe faible et dominé par l'opinion : comme si, quelle que soit la sévérité des jugemens qui prononcent sur la perte irréparable de l'honneur, on pouvait ne pas mettre au premier rang des crimes, celui qui étouffe l'amour des enfans et la sollicitude pour leur conservation, le plus universel des sentimens dont la nature ait favorisé tous les êtres. »

« La loi a donc justement placé dans la même cathégorie l'infanticide, l'empoisonnement et l'assassinat. Chez presque toutes les nations, ces grands forfaits ont été punis de la plus grande des peines. La loi ne s'est pas écartée, à cet

24

9°. Seront punis comme coupables d'assassinat tous malfaiteurs, quelle que soit leur dénomination, qui, pour l'exécution de leurs crimes, emploient des tortures ou commettent des actes de barbarie. 3o3. (*e*).

Voy. le n°. 8 ci-devant.

10°. Le meurtre emportera la peine de mort, lorsqu'il aura précédé, accompagné ou suivi un autre crime ou délit.

En tout autre cas, le coupable de meurtre sera puni de la peine des travaux forcés à perpétuité. 3o4. (*f*).

Voy. le n°. 1 ci-devant et les n°s. 11, 13, 14, 16, 18, 19, 20 et 21 ci-après. Blessures, n°. 5. Enfant, n°. 7.

11°. Quiconque, par maladresse, imprudence, inattention, négligence ou inobservation des réglemens, aura commis involontairement un homicide, ou en aura involontairement été la cause, sera puni d'un emprisonnement de trois mois à deux ans, et

---

égard, des dispositions généralement adoptées et consacrées par l'expérience des siècles. La plupart des législateurs, frappés de l'énormité de ces attentats, ont même imaginé de renchérir sur le dernier supplice; ils ont cherché des nuances jusques dans la mort, comme si la mort seule n'était pas toujours une assez grande expiation de l'abus du bienfait de la vie. »

« Le nouveau Code assigne des peines et non des tortures; et, s'il admet une seule exception contre le parricide, c'est que le parricide est lui-même une exception dans l'ordre des crimes; c'est que, pour punir la main qui a frappé le sein paternel, on peut mettre hors de la loi commune celui qui s'est placé hors de la nature. » » *Rapport par M. de Monseignat.*

(*e*) « Ces individus à qui les moyens les plus horribles ne coûtent rien, pourvu qu'ils arrivent à leurs fins, et qui portent la terreur et la désolation par-tout où ils existent, ne peuvent être retenus que par la crainte du dernier supplice. » *Motifs.*

Voy. le dernier alinéa de la Note (*f*).

(*f*) « Le meurtre suppose l'action de la volonté, mais il écarte les combinaisons de la haine, les projets de la vengeance et les complots de la scélératesse; presque toujours il est le produit d'un premier mouvement, l'effet d'un entraînement irréfléchi, le résultat de l'effervescence d'une grande passion; et la passion ne voit que l'objet qui l'anime, elle ne calcule pas les chances qu'elle court. »

« Quoique le meurtrier donne la mort ainsi que l'assassin, il présente moins de culpabilité dans ses motifs, moins d'atrocité dans ses moyens; il doit donc être placé au second degré de l'échelle des peines. »

« Mais si le meurtre est précédé, accompagné ou suivi d'un autre crime ou d'un autre délit, cette accumulation doit influer sur la peine du coupable qui sera condamné à la mort, ainsi que les malfaiteurs, quelle que soit leur dénomination, qui, pour l'exécution de leurs forfaits, emploient des tortures ou des violences atroces, et préludent au crime par des actes de barbarie. Cette disposition rappellera à quelques habitans de nos provinces, naguères dévastées, ces bandes féroces horriblement connues sous le nom de *chauffeurs* et de *garrotteurs*, noms affreux, mais heureusement relégués dans les annales de nos guerres civiles. » *Rapport par M. de Monseignat.*

d'une amende de cinquante francs à six cent francs. 319. (*g*).

Voy. les nᵒˢ. 1, 5, 6, 7 et 10 ci-devant, et le nᵒ. 12 ci-après.

12ᵒ. S'il n'est résulté du défaut d'adresse ou de précaution que des blessures ou coups, l'emprisonnement sera de six jours à deux mois, et l'amende sera de seize francs à cent francs. 320.

Voy. Blessures.

13ᵒ. Le meurtre, ainsi que les blessures et les coups sont excusables, s'ils ont été provoqués par des coups ou violences graves envers les personnes. 321. (*h*).

(*g*) « Tel est le prix que la loi attache à la vie des hommes, qu'elle punit l'homicide qu'elle déclare involontaire, et qui n'est pas exempt de faute, quoique étranger au crime. Quiconque, par inobservation des réglemens, maladresse, imprudence, inattention, méprise, négligence, aura commis ou occasionné involontairement un homicide ou des blessures, ne sera pas coupable d'un meurtre : il présentera à la justice une conscience pure du sang qu'il aura versé; mais, ce sang répandu, même involontairement, est celui d'un homme : s'il ne crie pas vengeance, il demande, il obtiendra une expiation. »

« La loi de 1791 fixait à un an le *maximum* de la peine de l'homicide involontaire; mais cette peine pouvait n'être pas appliquée; la loi n'en déterminait pas le *minimum*. Cette facilité était souvent un appel à une excessive indulgence, trop voisine de l'impunité. » *Rapport par M. de Monseignat.*

Voy. le dernier alinéa de la Note (*p*).

(*h*) « La loi n'admet point l'excuse sans une provocation violente, et d'une violence telle que le coupable n'ait pas eu, au moment même de l'action qui lui est reprochée, toute la liberté d'esprit nécessaire pour agir avec une mûre réflexion. Sans doute, il a commis une action blâmable, une action que la loi ne peut se dispenser de punir; mais il ne peut être, aux yeux de la loi, tout-à-fait aussi coupable que si la provocation qui l'a entraîné n'eût pas existé. »

« Cette provocation, nous ne pouvons trop le redire, doit être de nature à faire la plus vive impression sur l'esprit le plus fort. » *Motifs.*

« Les crimes et les délits sont seulement excusables, lorsqu'ils ont été commandés par une espèce de nécessité que Bacon qualifie ingénieusement de *nécessité coupable*, pour la distinguer de la nécessité absolue, qui ne présente aucun caractère de culpabilité. »

« Les blessures, les coups, l'homicide même peuvent être excusables, s'ils ont été provoqués par des violences capables d'effrayer un homme raisonnable, et de lui faire craindre pour sa vie. Il est difficile de déterminer avec précision ce moyen d'excuse : il doit varier suivant l'isolement, la position, les qualités physiques ou morales du coupable de ces violences et de la personne qui les éprouve. La loi donne pour exemple de l'excuse de l'homicide, les voies de fait employées pour repousser, pendant le jour, l'escalade, l'effraction, la violation du domicile. »

« Les injures ne sauraient, en général, être placées au nombre des provocations qui peuvent faire excuser un meurtre. Mais il est des aggressions contre l'honneur, plus irritantes que celles qui sont dirigées contre la vie. »

« Comment ne pas excuser, en effet, la pudeur révoltée qui punit l'audacieux dans la source même de ses provocations ? Comment ne pas excuser l'époux offensé dans l'objet le plus cher à son honneur et à ses affections, qui, au moment où il est outragé dans sa propre maison, immole dans les bras du crime et l'adultère et son complice. » *Rapport par M. de Monseignat.*

Voy. le nº. 1 ci-devant, les nºˢ. 14, 15, 16, 17 et 18 ci-après. Blessures.

14º. Les crimes et délits mentionnés au précédent article sont également excusables, s'ils ont été commis en repoussant, pendant le jour, l'escalade ou l'effraction des clôtures, murs ou entrée d'une maison ou d'un appartement habité ou de leurs dépendances.

Si le fait est arrivé pendant la nuit, ce cas est réglé par l'article 329 (ci-après). 322.

Voy. le nº. 1 ci-devant.

15º. Le parricide n'est jamais excusable. 323. (*i*).

16º. Le meurtre commis par l'époux sur l'épouse, ou par celle-ci sur son époux, n'est pas excusable, si la vie de l'époux ou de l'épouse qui a commis le meurtre n'a pas été mise en péril dans le moment même où le meurtre a eu lieu. (*k*).

Néanmoins, dans le cas d'adultère prévu par l'article 336 (2), le meurtre commis par l'époux sur son épouse ainsi que sur le complice, à l'instant où il les surprend en flagrant délit dans la maison conjugale, est excusable. 324. (*l*).

17º. Le crime de castration, s'il a été immédiatement provoqué par un outrage violent à la pudeur, sera considéré comme meurtre ou blessures excusables. 325. (*m*).

(*i*) « Aucune provocation, quelque violente qu'elle soit, ne peut excuser le parricide : le respect religieux qu'on doit à l'auteur de ses jours ou à celui que la loi place au même rang, impose le devoir de tout souffrir, plutôt que de porter sur eux une main sacrilège. » *Motifs*.

« Comment concevoir, en effet, la possibilité d'un motif excusable, pour donner la mort à celui auquel on est redevable du bienfait de la vie, et des soins non moins précieux, donnés à l'enfance et à l'éducation ? » *Rapport par M. de Monseignat*.

(*k*) « C'est la seule excuse qui puisse être admise à l'égard de personnes obligées, par état, de vivre ensemble, et de n'épargner aucun sacrifice pour maintenir entre eux une parfaite union. » *Motifs*.

(2) Cet art. se trouve au mot Mœurs, nº. 7.

(*l*) « Cet outrage fait au mari est une de ces provocations violentes qui appellent l'indulgence de la loi. On remarquera que la loi n'excuse ce meurtre que sous deux conditions : 1º. Si l'époux l'a commis au même instant où il a surpris l'adultère. Plus tard, il a eu le tems de réfléchir, et il a dû penser qu'il n'est permis à personne de se faire justice à soi-même. 2º. S'il a surpris l'adultère dans sa propre maison. Cette restriction a paru nécessaire. On a craint que si le meurtre commis dans tout autre lieu était également excusable, la tranquillité des familles ne fût troublée par des époux méfians et injustes qu'aveuglerait l'espoir de se venger des prétendus égaremens de leurs épouses. » *Motifs*.

(*m*) *Voy.* la Note (*h*) ci-devant.

Voy. le n°. 18 ci-après. Blessures , n°. 8.

18°. Lorsque le fait d'excuse sera prouvé :

S'il s'agit d'un crime emportant la peine de mort, ou celle des travaux forcés à perpétuité, ou celle de la déportation, la peine sera réduite à un emprisonnement d'un an à cinq ans ;

S'il s'agit de tout autre crime, elle sera réduite à un emprisonnement de six mois à deux ans ;

Dans ces deux premiers cas , les coupables pourront de plus être mis par l'arrêt ou le jugement sous la surveillance de la haute police , pendant cinq ans au moins et dix ans au plus.

S'il s'agit d'un délit, la peine sera réduite à un emprisonnement de six jours à six mois. 326. (*n*).

Voy. Dispositions générales , Note (*a*), 5e. alinéa.

(*n*) « Mais, où sera souvent la possibilité de se procurer des témoins, pour établir une excuse dont la cause fuit le grand jour et se dérobe aux regards ? »

« Qui garantira que la haine ne feindra jamais l'amour pour servir la vengeance ? »

« Ces questions seront résolues par les jurés. D'après le Code d'instruction criminelle (1), l'accusé ne peut proposer pour excuse un fait qui ne serait pas déclaré excusable par la loi. Il faut donc que le législateur embrasse dans sa prévoyance et spécifie les faits qu'il croit pouvoir être invoqués au secours de l'accusé. Et certes, il n'est pas un seul des faits qui ont été indiqués, dont l'existence ne puisse être quelquefois établie, et ne doive, dans ce cas, servir d'excuse à l'accusé ; si ce dernier ne peut donner la preuve du moyen justificatif que lui fournit la loi, ou s'il a tenté d'en abuser, l'existence de ce moyen ne saurait être reconnue par les jurés. Ils ne pourront trouver constant un fait qui n'aura pas été prouvé ; et , il n'y aura pas lieu à acquitter le coupable ; il n'y aura

(1) Art. 339 du Code d'instruction criminelle. « Lors-
» que l'accusé aura proposé pour excuse un fait admis
» comme tel par la loi , la question sera ainsi po-
» sée : Tel fait est-il constant ? »

pas lieu même à modifier la peine de son crime ; car il ne faut pas perdre de vue que tel est le danger de remettre aux individus le soin de leur vengeance , et de laisser tomber dans des mains privées le glaive de la justice publique , que lors même que le fait d'excuse est prouvé , les auteurs de l'homicide ou des violences excusables ne sont pas réputés entièrement innocens ; ils ne sont pas entièrement *justifiables* (pour se servir de l'expression consacrée en Angleterre) ils trouvent , dans la loi, l'adoucissement, la commutation , mais jamais l'entière rémission de la peine. »

« Le code de 1791 , quoiqu'il n'ait pas en général été taxé de sévérité , soumettait indistinctement et dans tous les cas , le meurtrier même déclaré excusable à la peine de dix ans de gêne , disposition bien rigoureuse , lorsque le condamné inspirait, sinon l'intérêt de la vertu , au moins celui du malheur. »

« Le Code proportionne la peine à la gravité des crimes et des délits susceptibles d'excuse : il laisse dans cette fixation même une grande latitude aux juges qui pourront mesurer tous les degrés de l'excuse , et suivre autant qu'il est possible toutes les nuances dont ce grand moyen de justification peut être susceptible :

19°. Il n'y a ni crime ni délit, lorsque l'homicide, les blessures et les coups étaient ordonnés par la loi et commandés par l'Autorité légitime. 327. (*o*).

Voy. le n°. 1 ci-devant, les n°ª. 20 et 21 ci-après. Blessures.

20°. Il n'y a ni crime ni délit, lorsque l'homicide, les blessures et les coups étaient commandés par la nécessité actuelle de la légitime défense de soi-même ou d'autrui. 328. (*p*).

---

et, dans cette partie encore, le nouveau Code offrira sur ceux qui l'ont précédés, une amélioration sollicitée par l'humanité et par la justice. »

« Lorsque la loi déclare un fait excusable, et que ce fait est prouvé, les juges ne peuvent prononcer des peines afflictives ou infamantes. Il y aurait de la contradiction à déclarer infâme, en vertu de la loi, celui qu'elle reconnaît digne d'excuse. Les peines de police correctionnelle sont donc les seules qui doivent être prononcées. Le Code établit sur ce point une échelle de proportion relative à la peine que le coupable eût dû subir, si l'excuse n'avait pas existé. » *Rapport par M. de Monseignat.*

(*o*) « L'homicide est *légal*, quand les agens de l'Autorité, dans l'exercice de leurs fonctions, repoussent par la force les personnes qui les attaquent ; quand une résistance ouverte ou une opposition à main armée constitue les opposans en état de rébellion, et que la mort ou les violences sont une suite de l'exercice des devoirs imposés par la loi. » *Rapport par M. de Monseignat.*

(*p*) « Ces mots *nécessité actuelle* prouvent qu'il ne s'agit que du moment où l'on est obligé de repousser la force par la force. Après avoir vu la loi défendre d'exercer des violences, on la voit ici permettre de les repousser. Elle veut que les hommes écoutent et respectent cette défense dans le commerce paisible qu'ils ont ensemble. Mais elle les en dispense, lorsque l'on commet contre eux des actes hostiles : elle ne leur commande pas d'attendre alors sa protection et son secours et de se reposer sur elle du soin de leur vengeance, parce que l'innocent souffrirait une mort injuste, avant qu'elle eût pu faire subir au coupable le juste châtiment qu'il aurait mérité. » *Motifs.*

« L'homicide est *légitime*, lorsqu'il a été commandé par la défense de soi-même, soit qu'on ait été frappé ou qu'on se trouve dans un pressant danger de l'être, et que ne pouvant attendre des secours de la loi, entraîné par l'instinct conservateur de son existence, on repousse la force par la force, ou que, voulant arracher un homme à un péril imminent, on ôte la vie à celui qui allait donner la mort : mais l'agresseur ne saurait invoquer cette exception pour justifier des voies de fait contre celui qui l'aurait réduit à la nécessité de se défendre. »

« La loi consent à regarder comme légitime l'action qui a pour objet de repousser la mort dont nous sommes menacés ; elle réduit l'usage de ce droit au seul cas où l'impérieuse nécessité nous en ferait un devoir ; sans doute, une personne attaquée subitement, ou maltraitée par un ou plusieurs assaillans, ne peut apprécier le danger ni calculer la mesure de sa défense ; mais, quand cette personne est rendue à la réflexion, quand sa conservation est assurée, elle ne peut, sans délit, ne pas laisser à la loi la vengeance du crime. » *Rapport par M. de Monseignat.*

« Si l'homicide a été commis, ou si les blessures ont été faites involontairement par l'effet de circonstances malheureuses ou fortuites, par une de ces causes impossibles à prévoir, qui ne tiennent à aucune négligence ou imprudence de la part de leurs auteurs, cet homicide *casuel* (s'il est permis de le qualifier ainsi) est un accident et non un attentat ; il est aussi étranger à la volonté qu'à la possibilité de la prévoyance : il ne présente ni crime ni délit. » *Même rapport.*

Voy. le n°. 1 ci-devant et le n°. 21 ci-après. Blessures.

21°. Sont compris dans les cas de nécessité actuelle de défense, les deux cas suivans:

1°. Si l'homicide a été commis, si les blessures ont été faites, ou si les coups ont été portés, en repoussant, pendant la nuit, l'escalade ou l'effraction des clôtures, murs ou entrée d'une maison, ou d'un appartement habité, ou de leurs dépendances;

2°. Si le fait a eu lieu en se défendant contre les auteurs de vols ou de pillages exécutés avec violence. 329.

Voy. le n°. 1 ci-devant. Blessures.

Homicide commis en détruisant ou renversant volontairement des édifices ou autres constructions appartenant à autrui. *Voy.* Destruction, n°. 1.

HOMICIDE CASUEL. *Voy.* au mot HOMICIDE le dernier alinéa de la Note (*p*).

HOMICIDE LÉGAL. *Voy.* Homicide, n°. 19.

HOMICIDE LÉGITIME. *Voy.* Homicide, n°s. 20 et 21.

HOMMES. Ceux condamnés aux travaux forcés. *Voy.* Peines, n°. 10.

Ceux qui fournissent des hommes aux ennemis de l'État. *Voy.* État, n°s. 3 et 5.

— de service à gage. *Voyez* Vols, n°. 8, §. III.

Dévastation de plants faits de main d'homme. *Voy.* Destruction, n°s. 8, 14, 19 et 26.

HONNÊTETÉ. *Voy.* Pudeur.

HONNEUR. Outrages tendant à inculper l'honneur des Fonctionnaires publics. *Voyez* Fonctionnaires publics, n°s. 29 et 33.

HÔPITAL. *Voy.* Hospices.

HORLOGER. *Voy.* Commerce, n°. 5.

HOROSCOPE. *Voy.* Devin.

HOSPICES. Ceux qui y portent un enfant au-dessous de l'âge de sept ans accomplis. *Voy.* Enfant, n°. 4.

Dans quel cas la réunion de ceux qui y sont reçus est-elle punie comme réunion de rebelles? *Voy.* Rebellion, n°. 11, §. II.

Confiscation au profit des hospices des choses livrées par celui qui a tenté de corrompre un Fonctionnaire public. *Voy.* Fonctionnaires publics, n°. 10.

Les Cours et Tribunaux ne peuvent prononcer l'application des indemnités au profit des hospices. *Voy.* Peines, n°. 46.

Voy. Dispositions générales, n°. 2 et la note.

HOSTILITÉS. Machinations ou intelligences pour engager les puissances étrangères à commettre des hostilités contre la France. *Voy.* État, n°s. 2 et 5.

Ceux qui, par des hostilités, auront exposé l'État à une déclaration de guerre. *Voy.* État, n°. 10.

HÔTELIERS. Obligés à tenir registre de ceux qu'ils logent. *Voy.* Contraventions, n°. 8, §. II, n°s. 11 et 16.

Leur responsabilité, faute d'inscription sur ce registre, si ceux qu'ils logent plus de vingt-quatre heures ont commis un crime ou un délit. *Voy.* Peines, n°. 62.

Peines contre ceux qui inscriront sciemment sur leurs registres, sous un nom faux ou supposé, les personnes logées chez eux. *Voy.* Faux, n°. 10;

S'ils volent les choses qui leur sont confiées. *Voyez* Vols, n°. 8, §. IV.

Hôtellerie. Vol commis par ceux qui y sont reçus. *Voy.* Vols, n°. 8, §. IV.

Huguenot. *Voy.* Ministre de Culte. Cultes.

Huissiers. *Voy.* Évasion de détenus. Dépositaires publics. Concussions. Faux. Officier ministériel. Outrages.

Un Huissier fera lecture au peuple de l'arrêt qui condamne le parricide. *Voy.* Peines, n°. 8.

Hypocrite. Imputation calomnieuse. *Voy.* Calomnie, n°s. 9 et 10. Contraventions, n°. 4, §. XI, n°s. 7 et 16.

I D E

Identité. Peine contre le déporté ou le banni rentré sur le territoire de l'Empire, sur la seule preuve de son identité. *Voy.* Peines, n°s. 12 et 28.

Idiot. Imputation injurieuse. *Voy.* Contraventions, n°. 4, §. XI, n°s. 7 et 16.

Ignorant. Imputation injurieuse. *Voyez* Contraventions, n°. 4, §. XI, n°s. 7 et 16.

Images. Exposition ou distribution des Images contraires aux bonnes mœurs. *Voy.* Écrits, n°s. 5, 6 et 7.

Imbécille. Imputation injurieuse. *Voy.* Contraventions, n°. 4, §. XI, n°s. 7 et 16.

Immondices. Ceux qui auront jeté ou exposé au-devant de leurs édifices des choses de nature à nuire par des exhalaisons insalubres. *Voy.* Contraventions, n°. 4, §. VI, n°s. 7 et 16;

Qui auront imprudemment jeté des immondices sur quelque personne. *Voy.* Contraventions, n°. 4, §. XII, n°s. 7 et 16;

Qui auront jeté des immondices contre les maisons, etc. et volontairement sur quelqu'un. *Voy.* Contraventions, n°. 8, §. VIII, n°s. 9, 11 et 16.

Impératrice. *Voy.* Empereur.

Impéritie. Imputation injurieuse. *Voy.*

Contraventions, n°. 4, §. XI, n°s. 7 et 16.

Impertinent. Imputation injurieuse. *Voy.* Contraventions, n°. 4, §. XI, n°s. 7 et 16.

Imposteur. Imputation calomnieuse. *Voy.* Calomnie.

Impression. *Voyez* Arrêts. Contrefaçon. Écrits.

Imprimés. *Voy.* Écrits. Calomnie. Contrefaçon.

Imprimeurs. Publication ou distribution d'ouvrages, écrits, etc. qui ne portent pas l'indication vraie des noms, profession et demeure de l'auteur ou de l'imprimeur. Si l'imprimeur fait connaître l'auteur, et si le distributeur fait connaître l'imprimeur. *Voy.* Écrits.

Voy. Contrefaçon.

Imprudence. Homicide commis ou causé involontairement par imprudence. *Voy.* Homicide, n°. 11.

Incendie causé par imprudence. *Voy.* Destruction, n°s. 22 et 26.

Impudent. Imputation calomnieuse. *Voy.* Calomnie, n°s. 9 et 10. Contraventions, n°. 4, §. XI, n°s. 7 et 16.

Impudique. Imputation calomnieuse. *Voy.* Calomnie, n°s. 9 et 10. Contraventions, n°. 4, §. XI, n°s. 7 et 16.

Imputation calomnieuse. *Voy.* Calomnie.

Injures qui ne renferment l'imputation d'aucun fait précis, mais celle d'un vice déterminé. *Voy.* Calomnie, n°s. 9 et 10. Contraventions, n°. 4, §. XI, n°s. 7 et 16.

Imputation calomnieuse contenue dans les plaidoyers ou la défense des parties. *Voy.* Calomnie, n°. 11.

Inattention. Homicide commis ou causé involontairement par inattention. *Voy.* Homicide, n°. 11.

Incendie causé par inattention. *Voy.* Destruction, n°s. 22 et 26.

Incapacité. Celle de travail personnel pendant plus de vingt jours, occasionnée par blessures ou coups. *Voy.* Blessures, n°. 1er.

INCENDIE.

INCENDIE. 1°. Quiconque aura volontairement mis le feu à des édifices, navires, bateaux, magasins, chantiers, forêts, bois taillis ou récoltes, soit sur pied, soit abattus, soit aussi que les bois soient en tas ou en cordes, et les récoltes en tas ou en meules, ou à des matières combustibles placées de manière à communiquer le feu à ces choses ou à l'une d'elles, sera puni de la peine de mort. 434. (*a*).

2°. La peine sera la même contre ceux qui auront détruit, par l'effet d'une mine, des édifices, navires ou bateaux. 435. (*b*).

Voy. État, n°. 16.

3°. La menace d'incendier une habitation ou toute autre propriété, sera punie de la peine portée contre la menace d'assassinat, et d'après les distinctions établies par les articles 305, 306 et 307. (1) 436 (*c*).

(*a*) « Ce crime, comme celui de l'empoisonnement, est l'acte qui caractérise la plus atroce lâcheté. Il n'en est point de plus effrayant, soit par la facilité des moyens, soit à cause de la rapidité des progrès, soit enfin par l'impossibilité de se tenir continuellement en garde contre le monstre capable d'un si grand forfait. L'empoisonnement même, sous certains rapports, semble n'être pas tout-à-fait aussi grave ; car il n'offense que la personne qui doit en être la victime, tandis que l'autre crime s'étend jusques aux propriétés de ceux à qui l'on n'a voulu faire aucun mal, et tend à envelopper plusieurs familles dans une ruine commune. Il expose même la vie des personnes qui se trouvent dans le lieu incendié, et qui peuvent n'avoir pas le tems d'échapper aux flammes ; ou si ce sont des récoltes qu'il incendie, le feu peut se communiquer d'un champ à l'autre, et plonger un canton tout entier dans un état de détresse absolu. » *Motifs.*

« La peine de mort, de tout tems infligée à l'incendiaire, et qui, même avant la révolution, avait lieu par le supplice du feu, n'est pas trop sévère pour un crime que la perversité trouve tant de facilité à commettre ; et qui, affreux en lui-même, enlève en peu d'heures, le plus souvent au milieu des ténèbres de la nuit, à des familles entières, même à des portions de population, leurs papiers, leurs effets mobiliers les plus chers, leurs bestiaux, les instrumens de leur profession, leurs asiles, leurs vêtemens, et quelquefois la vie, après les plus cruels tourmens. » *Rapport par M. Louvet.*

(*b*) « L'analogie entre ce crime et le précédent justifie l'application de la même peine. » *Même rapport.*

(1) Ces articles se trouvent sous le mot MENACES.

(*c*) « Si le crime d'incendie doit, à juste titre, être mis au même rang que l'assassinat, les menaces d'incendie doivent, par le même motif, être punies des mêmes peines que les menaces d'assassinat. » *Motifs.*

« La menace d'incendie assez fréquente, notamment dans plusieurs de nos départemens du Nord, où elle est connue sous le nom de *sommation*, attirait autrefois sur le coupable la peine de mort et même le supplice de la roue. »

« C'est en effet un crime atroce, puisqu'il porte le trouble dans la famille menacée, la retient pendant le tems indéterminé dans un état déchirant d'anxiété, et l'oblige à une surveillance aussi pénible que dispendieuse. »

« Les menaces de mort sont plus graves,

Ceux qui, dans le cas d'incendie, refusent d'obéir aux réquisitions. *Voy.* Contraventions, n°. 8, §. XII, n°s. 11 et 16.

Incendie causé par vétusté, défaut de réparation ou nettoyement des fours, etc. par feux allumés ou lumières. *Voy.* Destruction, n°s. 22 et 26.

Incendie d'une propriété de l'État par l'explosion d'une mine. *Voy.* État, n°s. 16, 23, 24, 25, 26, 27, 28 et 29.

INCESTUEUX. Imputation calomnieuse. *Voy.* Calomnie.

INCULPATION. *Voy.* Calomnie.

INDEMNITÉS. *Voy.* Restitutions. Dommages-Intérêts.

Celles accordées aux Propriétaires d'ouvrages contrefaits. *Voy.* Contrefaçon , n°. 5.

INDICATION. Celle de noms sur voitures. *Voy.* Dispositions générales, n°. 2 et la note.

—— du lieu où doit se faire l'exécution. *Voy.* Arrêt.

Ouvrages, Écrits, etc. qui ne portent pas l'indication vraie des noms, profession et demeure de l'auteur ou de l'imprimeur. *Voy.* Écrits.

Indication de moyens d'avortement. *Voy.* Blessures, n°. 9.

INDIGENCE. Fabrication , sous le nom d'un Fonctionnaire ou Officier public, d'un certificat d'indigence. *Voy.* Faux, n°s. 18, 19, et 20 ;

Falsification d'un pareil certificat originairement véritable. *Voy. les mêmes* n^{os}.

INDIVIDUS. Ceux de l'un ou de l'autre sexe condamnés à la réclusion. *Voy.* Peines n°. 16.

—— placés sous la surveillance de la haute Police. *Voy.* Surveillance.

—— faisant partie d'une bande et qui auront été saisis sur le lieu de la réunion séditieuse. *Voy.* État, n°s. 18, 19, 23, 24, 25, 26, 27, 28 et 29.

Individus lésés par un acte arbitraire. *Voy.* Liberté individuelle , n°. 4.

—— retenus hors des lieux déterminés par le Gouvernement ou par l'Administration publique. *Voyez* Liberté individuelle , n°. 9.

—— dépositaires de quelque partie de l'Autorité , qui concertent des mesures contraires aux lois. *Voy.* Fonctionnaires publics, n°s. 1, 2, 3 et 4.

—— admis dans les hospices, qui se révoltent. *Voy.* Rebellion, n°. 11, §. II et n°. 10.

—— porteurs de faux certificats , faux passe-ports ou fausses feuilles de route , s'ils sont vagabonds ou mendians. *Voy.* Mendicité, n°s. 8 et 9.

—— qui, sans la permission de l'Autorité municipale, auront accordé ou consenti l'usage de leur maison pour la réunion des membres d'une association même autorisée. *Voy.* Associations illicites, n°. 4 ;

—— arrêtés illégalement, détenus ou séquestrés. *Voy.* Arrestations illégales.

INDUSTRIE. Ceux qui nuisent à l'industrie française. *Voy.* Manufactures.

INEPTIE. Imputation injurieuse. *Voy.* Contraventions, n°. 4 , §. XI, n°s. 7 et 16.

INFAME. Imputation calomnieuse. *Voyez* Calomnie.

INFANTICIDE. *Voy.* Homicide, n°s. 6 et 8.

---

mais celles d'incendie sont d'une exécution plus facile ; il y a moins de moyens de se prémunir contre leur effet : et les considérations qui réclament contre l'incendie les mêmes peines que contre l'assassinat, semblent demander que les menaces de ces deux crimes reçoivent aussi une punition semblable. » *Rapport par M. Louvet.*

INFECTION. *Voy.* Maladie contagieuse. Exhalaisons insalubres.

INFIRMITÉ. Fabrication d'un certificat d'infirmité sous le nom d'un médecin, etc. ou délivrance par un médecin d'un faux certificat de cette nature. *Voy.* Faux. nᵒˢ. 16, 17, 19 et 20.

Mendians qui feindront des infirmités. *Voy.* Mendicité, nᵒˢ. 3 et 9.

INFRACTION. *Voy.* Dispositions préliminaires. Contraventions. Délit. Crime.

INGRAT. Imputation calomnieuse. *Voyez* Calomnie, nᵒˢ. 9 et 10. Contraventions, nᵒ. 4, §. XI, nᵒˢ. 7 et 16.

INHUMAIN. Imputation calomnieuse. *Voy.* Calomnie, nᵒˢ. 9 et 10. Contraventions, nᵒ. 4, §. XI, nᵒˢ. 7 et 16.

INHUMATIONS. 1ᵒ. Ceux qui, sans l'autorisation préalable de l'Officier public, dans le cas où elle est prescrite, auront fait inhumer un individu décédé, seront punis de six jours à deux mois d'emprisonnement et d'une amende de seize francs à cinquante francs, sans préjudice de la poursuite des crimes dont les auteurs de ce délit pourraient être prévenus dans cette circonstance.

La même peine aura lieu contre ceux qui auront contrevenu de quelque manière que ce soit, à la loi et aux réglemens relatifs aux inhumations précipitées. 358. (*a*).

2ᵒ. Quiconque aura recélé ou caché le cadavre d'une personne homicidée ou morte des suites de coups ou blessures, sera puni d'un emprisonnement de six mois à deux ans et d'une amende de cinquante francs à quatre cent francs, sans préjudice de peines plus graves, s'il a participé au crime. 359. (*b*).

Voy. Homicide. Blessures.

3ᵒ. Sera puni d'un emprisonnement de trois mois à un an, et de seize francs à deux cents

(*a*) « La loi qui protège l'homme depuis sa naissance jusques à sa mort, ne l'abandonne pas au moment où il semble avoir cessé de vivre, et quand il ne reste de lui que sa dépouille mortelle. Elle porte la répression des inhumations précipitées, source d'erreurs dont la possibilité seule ne peut être envisagée sans effroi. » *Rapport par M. de Monseignat.*

(*b*) « Le Code Napoléon a fixé des règles pour constater les décès, et la loi pénale (1)

(1) *Voy.* Dispositions générales, nᵒ. 2 et la Note.

prononce des peines contre ceux qui ne font point les déclarations nécessaires pour que les décès soient constatés. Il importe que les déclarations soient faites non-seulement afin de connaître les changemens qui arrivent dans les familles, et de mettre les héritiers à portée de réclamer leurs droits, mais encore afin de ne pas laisser échapper la trace des crimes qui auraient pu occasionner la mort d'une personne. Ceux à qui la loi impose le devoir de faire ces déclarations, ne doivent pas perdre de vue que, dans le cas où il s'élèverait quelques

francs d'amende, quiconque se sera rendu coupable de violation de tombeaux ou de sépultures, sans préjudice des peines contre les crimes ou les délits qui seraient joints à celui-ci. 360. (c).

Les inhumations des corps des suppliciés doivent avoir lieu sans appareil. *Voy.* Peines, n°. 9.

Voy. Dispositions générales, n°. 2 et la note.

INIMITIÉ. Tout Juge ou Administrateur qui s'est décidé par inimitié. *Voy.* Fonctionnaires publics, n°. 13.

INJONCTION. Persévérance dans un déni de justice, après injonction des supérieurs. *Voy.* Fonctionnaires publics, n°. 15.

INJURES. *Voy.* Calomnie.

—— qui ne renferment l'imputation d'aucun fait précis, mais celle d'un vice déterminé, proférées dans des lieux ou réunions publics, ou insérées dans des écrits imprimés ou non, répandus et distribués. *Voy.* Calomnie, n°. 9.

—— qui n'auront pas ce double caractère de gravité et de publicité. *Voy.* Calomnie, n°. 10.

—— contenues dans des écrits relatifs à la défense des parties ou dans des plaidoyers. *Voy.* Calomnie, n°. 11.

INJUSTICE. *Voy.* Faveur. Inimitié. Partialité.

INOBSERVATION DES RÉGLEMENS. Homicide commis ou causé involontairement par l'inob-servation des réglemens. *Voy.* Homicide, n°. 11.

INONDATIONS. Ceux qui, dans ce cas, refusent d'obéir aux réquisitions. *Voy.* Contraventions, n°. 8, §. XII, n°s. 7 et 16.

Les propriétaires ou fermiers, ou toute autre personne jouissant de moulins, usines ou étangs, qui, par l'élévation du déversoir de leurs eaux au-dessus de la hauteur déterminée par l'Autorité compétente, auront inondé les chemins ou les propriétés d'autrui. *Voy.* Destruction, n°s. 21 et 26.

Voy. Dispositions générales, n°. 2 et la note.

INSCRIPTION. *Voy.* Registre.

—— sur les billets des votans non lettrés, des noms autres que ceux qui auront été déclarés. *Voy.* Droits civiques, n°. 3.

INSERTION. Celle après coup dans les actes, de clauses, etc. *Voyez* Faux, n°s. 1, 3, 4, 5, 6, 7, 8, 19, 20 et 21.

présomptions de mort violente, leur négligence les exposerait à être poursuivis comme recéleurs du cadavre d'une personne homicidée. » *Motifs*.

« Ceux qui recèlent ou cachent le cadavre d'une personne homicidée, peuvent ainsi soustraire à la justice la connaissance ou la preuve d'un crime. » *Rapport par M. de Monseignat.*

(c) « Les anciens ont toujours montré le respect le plus religieux pour les cendres des morts. Il suffit, pour s'en convaincre, de jeter un coup-d'œil sur leur législation, particulièrement sur celle des Grecs et des Romains. Les Gaulois étaient animés du même esprit que ceux dont ils envahirent le territoire. *Une loi salique*, dit Montesquieu, *interdisait à celui qui avait dépouillé un cadavre, le commerce des hommes, jusques à ce que les parens, acceptant la satisfaction, eussent demandé qu'il pût vivre parmi les hommes.* Ce respect est si naturel, que le simple récit de telles violations inspire une horreur qu'on ne saurait contenir. Chez les Sauvages mêmes, le souvenir des morts enflamme leur imagination et produit en eux les émotions les plus vives. » *Motifs.*

Insolent. Imputation calomnieuse. *Voy.* Calomnie, n°⁵. 9 et 10. Contraventions, n°. 4, §. XI, n°⁵. 7 et 16.

Insolvable. Durée de l'emprisonnement d'un condamné insolvable, après l'expiration de la peine afflictive ou infamante, lorsque des amendes et des frais ont été prononcés au profit de l'Etat. *Voy.* Peines, n°. 48; s'il s'agit d'un délit. *Voy.* le même n°.; s'il s'agit d'une contravention. *Voy.* Peines, n°. 68.

Inspecteurs des contributions. *Voyez* Agens du Gouvernement. Concussion. Dépositaires publics. Faux.

—— des Douanes. *Voy.* Agens du Gouvernement. Concussion. Dépositaires publics. Faux.

—— des Droits réunis. *Voy.* Agens du Gouvernement. Concussion. Dépositaires publics. Faux.

—— de l'Enregistrement. *Voy.* Agens du Gouvernement. Concussion. Dépositaires publics. Faux.

—— des Forêts. *Voy.* Agens du Gouvernement. Concussion. Dépositaires publics. Faux.

Instigateurs. Crimes et délits imputables aux instigateurs de réunions séditieuses, rebellions ou pillages. *Voy.* Blessures, n°⁵. 5 et 7. Rebellion.

—— de destruction ou pillage de grains, etc. *Voy.* Destruction, n°. 6.

—— de crimes contre la sureté intérieure de l'Etat. *Voy.* Etat, n°. 23. Ministre de culte, n°⁵. 4, 5, 7 et 8.

Voy. Moteurs. Provocateurs.

Instituteurs. Ceux qui auront exposé un enfant au-dessous de l'âge de sept ans accomplis, qui leur était confié. *Voy.* Enfant, n°⁵. 6, 7 et 9.

Viol ou autre attentat à la pudeur par eux commis sur un enfant au-dessous de l'âge de quinze ans, sur lequel ils ont autorité. *Voy.* Mœurs, n°. 4.

Ceux qui prostituent les enfans au-dessous de l'âge de vingt-un ans, dont ils sont chargés. *Voy.* Mœurs, n°⁵. 5 et 6.

Institutrices. *Voy.* Instituteurs.

Instructions. Celles nuisibles à la situation militaire ou politique de la France ou de ses alliés, fournies par correspondance avec les sujets d'une Puissance ennemie. *Voy.* Etat, n°. 4.

Si ces instructions ont été la suite d'un concert constituant un fait d'espionnage. *Voy.* le même n°.

Voy. Intelligences.

Instructions pastorales. Celles contenant censure ou critique, soit du Gouvernement, soit de tout acte de l'Autorité publique. *Voy.* Ministre de culte, n°. 6.

—— contenant une provocation directe à la désobéissance aux lois ou autres actes de l'Autorité publique, ou si elles tendent à soulever ou armer une partie des citoyens contre les autres. *Voy.* Ministre de culte, n°⁵. 7 et 8.

Instrumens. Rupture de ceux d'agriculture. *Voy.* Destruction, n°⁵. 15, 19 et 26; leur vol dans les champs. *Voy.* Vols, n°. 10.

Mendiant ou vagabond, porteur d'instrumens qui peuvent servir à commettre des vols ou d'autres délits. *Voy.* Mendicité, n°⁵. 4 et 9.

Individus qui en laissent dans des endroits publics. *Voy.* Contraventions, n°. 4, §. VII, n°⁵. 5, 7 et 12, §. IV et le n°. 16.

Ceux qui ont procuré des instrumens qui ont servi à une action qualifiée crime ou délit, sachant qu'ils devaient y servir. *Voy.* Complices, n°. 2.

Ceux qui en fournissent aux bandes dont le but est de s'emparer des propriétés ou deniers publics. *Voy.* Etat, n°⁵. 17, 23, 24, 25, 26, 27, 28 et 29; aux bandes de malfaiteurs. *Voy.* Malfaiteurs, n°. 5.

Sont compris dans le mot *armes*, tous instrumens tranchans, perçans ou contondans. *Voy.* Etat, n°. 22.

Ceux qui auront favorisé l'évasion de détenus, en fournissant les instrumens propres à l'opérer. *Voy.* Evasion, n°⁵. 5, 6, 10 et 11.

Est qualifié *effraction* tout forcement, rupture, dégradation, démolition, enlèvement de

murs, etc. ou autres ustensiles, ou instrumens servant à fermer ou à empêcher le passage.
Voy. Vols, n°. 15.

Confiscation des instrumens employés ou
destinés au service des jeux ou des loteries.
Voy. Jeux de hasard.

Les Tribunaux de police pourront, dans
les cas déterminés par la loi, prononcer la
confiscation des instrumens qui ont servi ou
étaient destinés à commettre une contravention. *Voy.* Peines, n°. 71.

Confiscation des instrumens laissés dans les
rues, etc. *Voy.* Contraventions, n°. 5 ; de
ceux qui ont servi aux jeux de hasard établis dans les rues. *Voy.* Contraventions, n°.
10, §. I.

Insuffisance des biens d'un condamné.
Voy. Amende. Restitution. Frais. Confiscation générale. Confiscation spéciale.

Insulte. *Voy.* Injures. Outrages.

Intelligences. Celles entretenues avec les
Puissances étrangères ou leurs agens, ou
avec les ennemis de l'Etat. *Voy.* Etat, depuis le n°. 2 jusques au n°. 11, inclusivement. Fournisseurs.

——— avec les directeurs ou commandans
des bandes dont le but est de s'emparer
des propriétés ou deniers publics. *Voy.* Etat,
n°s. 17, 23, 24, 25, 26, 27, 28 et 29.
Voy. Correspondance. Instructions.

Intercalation de clauses, etc. Celle
après coup dans les actes. *Voy.* Faux, n°s.
1, 3, 4, 5, 6, 7, 8, 19, 20 et 21.

Intéressés. Ceux des Maisons de Jeux de
hasard. *Voy.* Jeux de hasard.

Intérêts. *Voy.* Dommages-Intérêts.

Préjudice causé aux intérêts d'une Autorité quelconque. *Voy.* Contrefaction, n°s. 4
et 5 ; d'un établissement particulier de Commerce. *Voy. les mêmes* n°s.

Intérêts de l'État. Celui qui, s'étant induement procuré les vrais timbres nationaux,
marteaux de l'Etat pour les marques forestières, et poinçons pour la marque de l'or
ou de l'argent, en a fait un usage préjudiciable aux intérêts de l'Etat. *Voy.* Contrefaction, n°s. 3 et 5.

Celui qui se sera induement procuré les
vrais sceaux, timbres ou marques destinés à
être apposés, au nom du Gouvernement, sur
les diverses espèces de denrées ou de marchandises, et en aura fait un usage préjudiciable aux intérêts de l'Etat. *Voy.* Contrefaction, n°s. 4 et 5.

Intérêts privés. Administrateurs qui entreprendront sur les fonctions judiciaires, en
s'ingérant à connaître de droits et intérêts
privés. *Voy.* Empiétement, n°. 5.

Fonctionnaire public, ou agent du Gouvernement qui prend ou reçoit quelque intérêt que ce soit dans les actes, adjudications, etc. *Voy.* Fonctionnaires publics, n°. 5.

Commandans des divisions militaires, etc.
qui font le commerce des grains, farines ou
boissons. *Voy.* Fonctionnaires publics, n°. 6.

Intérieur. Les femmes et les filles condamnées aux travaux forcés n'y seront employées que dans l'intérieur d'une Maison de
force. *Voy.* Peines, n°. 11.

Ceux qui auront laissé ou fait courir leurs
chevaux, etc. dans l'intérieur d'un lieu habité.
Voy. Contraventions, n°. 8, §. IV, n°s. 9, 11
et 16.

Interdiction. Celle à tems de certains
droits civiques, civils ou de famille est une
peine correctionnelle. *Voy.* Peines, n°. 4,
§. II.

L'interdiction des droits civiques, civils
ou de famille peut être prononcée temporairement par les Tribunaux correctionnels,
lorsqu'ils y sont autorisés par une disposition particulière de la loi. *Voy.* Peines, n°s.
37 et 38.

Ouvriers qui prononcent des interdictions
contre les directeurs d'ateliers et entrepreneurs d'ouvrages. *Voy.* Ouvriers, n°. 3.

Délits auxquels l'interdiction de certains
droits civiques, civils ou de famille est appliquée. *Voy.* Droits civiques, n°s. 1, 4 et
5. Fonctionnaires publics, n°s. 1, 5, 15,
17 et 27. Calomnie, n°. 8. Vols, n°. 23.
Escroquerie. Confiance, n°s. 1 et 2. Jeux
de hasard. Dépositaires publics, n°. 3. Mœurs,
n°. 6.

INTERDICTION LÉGALE. Celui qui aura été condamné aux travaux forcés à tems ou à la réclusion, sera, pendant la durée de sa peine, en état d'interdiction légale. *Voy.* Peines, nᵒˢ. 24, 25 et 26.

INTERDITS. *Voy.* Interdiction. Curateur. Interdiction légale.

INTERLIGNE. *Voy.* Intercalation.

INTERPOSITION DE PERSONNES. *Voy.* Fonctionnaires publics, nᵒˢ. 5 et 6.

INTERPRÈTES. Ceux de songes. *Voy.* Contraventions, nᵒ. 12, §. VII, nᵒ. 13, §. IV, nᵒ. 14, §. II, nᵒˢ. 15 et 16.

INTERRUPTION. Celle des exercices d'un culte dans le temple ou autre lieu destiné ou servant à ces exercices. *Voy.* Cultes, nᵒˢ. 2 et 5.

INTRODUCTION. Celle, sur le territoire français, de monnaies contrefaites ou altérées. *Voy.* Monnaie, nᵒˢ. 1, 2, 3 et 4. Faux, nᵒˢ. 19, 20 et 21.

—— d'effets émis par le trésor public, ou de billets de banques autorisées par la loi, contrefaits ou falsifiés. *Voy.* Contrefaction, nᵒ. 1.

—— d'ouvrages contrefaits. *Voy.* Contrefaçon, nᵒˢ. 2, 3 et 5.

Voy. Domicile.

INVECTIVES. *Voy.* Injures.

INVITATIONS. *Voy.* Ministres.

INVOCATION. Celles portant provocation à des crimes ou à des délits. *Voy.* Associations illicites, nᵒ. 3.

IVROGNE. Imputation calomnieuse. *Voy.* Calomnie, nᵒˢ. 9 et 10. Contraventions, nᵒ. 4, §. XI, nᵒˢ. 7 et 16.

IVROGNESSE. *Voy.* Ivrogne.

J A R

JARDINS. Ceux qui y jettent des pierres ou des corps durs. *Voy.* Contraventions, nᵒ. 8, §. VIII, nᵒˢ. 9, 11 et 16.

Toute entrée dans les jardins, exécutée par-dessus les murs, portes ou toute autre clôture, est qualifiée *escalade*. *Voy.* Vols, nᵒ. 19.

Ceux qui auront négligé d'écheniller dans les jardins. *Voy.* Contraventions, nᵒ. 4, §. VIII, nᵒˢ. 7 et 16.

JASPE. Pierre précieuse. *Voy.* Commerce, nᵒ. 5.

JAVELLES. Leur vol dans les champs. *Voy.* Vols, nᵒ. 10.

JET de pierres ou autres corps durs, ou immondices sur quelqu'un. *Voy.* Contraventions, nᵒ. 8, §. VIII, nᵒˢ. 9, 11 et 16.

Ceux qui ont occasionné la mort ou la blessure des animaux ou bestiaux appartenant à autrui, par jet de pierres ou autres corps durs. *Voy.* Contraventions, nᵒ. 12, §. III, nᵒ. 13, §. I, nᵒˢ. 15 et 16.

JEUNESSE. Ceux qui excitent, favorisent et facilitent habituellement la débauche ou la corruption de la jeunesse de l'un ou de l'autre sexe, au-dessous de l'âge de vingt-un ans. *Voy.* Mœurs, nᵒˢ. 5 et 6.

JEUNE FILLE. *Voy.* Jeunesse.

JEUNE HOMME. *Voy.* Jeunesse.

JOAILLERIE. *Voy.* Commerce, nᵒ. 5. Dispositions générales, nᵒ. 2 et la Note.

JOAILLIER. *Voy.* Joaillerie.

JEUX DE HASARD. Ceux qui auront tenu une Maison de Jeux de hasard, et y auront admis le public, soit librement, soit sur la présentation des intéressés ou affiliés, les Banquiers de cette Maison, tous ceux qui auront établi ou tenu des loteries, non autorisées par la loi, tous administrateurs, préposés ou agens de ces établissemens seront punis d'un emprisonnement de deux mois au moins et de six mois au plus , et d'une amende de cent francs à six mille francs.

Les coupables pourront être de plus , à compter du jour où ils auront subi leur peine , interdits pendant cinq ans au moins et dix ans au plus , des droits mentionnés en l'article 42 (1) du présent Code.

Dans tous les cas , seront confisqués tous les fonds ou effets qui seront trouvés exposés au jeu , ou mis à la loterie , les meubles , instrumens , ustensiles , appareils employés ou destinés au service des jeux ou des loteries , les meubles et les effets mobiliers dont les lieux seront garnis ou décorés. 410. (a).

Voy. Contraventions, n°. 8 , §. V , n°. 10 , §. I , n°ˢ. 15 et 16. Destruction, n°. 26.

Jeux de hasard établis dans les rues , chemins , places ou lieux publics. (b). *Voyez* Contraventions , n°. 8 , §. V , n°. 10 , §. I , n°ˢ. 15 et 16.

Voy. Dispositions générales , n°. 2 et la Note.

<hr>

Jour. Celui d'emprisonnement est de vingt-quatre heures. *Voy.* Peines, n°ˢ. 35 et 66.

Les dommages-intérêts qui pourront être dûs , à raison de quelque acte arbitraire et attentatoire à la liberté individuelle, etc. ne pourront être au-dessous de vingt-cinq francs pour chaque jour de détention illégale et pour chaque individu. *Voy.* Liberté individuelle , n°. 4.

L'emprisonnement , pour contravention de police , ne pourra être moindre d'un jour , ni en excéder cinq. *Voy.* Peines , n°. 66.

Liberté rendue à la personne illégalement

arrêtée , avant le dixième jour accompli depuis celui de l'arrestation. *Voy.* Arrestations illégales , n°ˢ. 3 et 4.

Vol commis pendant le jour. *Voy.* Vols, n°. 8, §. II.

Voy. Durée.

Jour de repos. Voies de fait ou menaces pour empêcher une ou plusieurs personnes d'observer certains jours de repos. *Voy.* Cultes , n°ˢ. 1 et 5.

Voy. Fêtes. Dimanches.

Journaliers. Dans quel cas leur réunion est punie comme réunion de rebelles. *Voy.*

<hr>

(1) Cet article se trouve sous le mot Peines , n°. 37.

(a) Désignation des Jeux de hasard. Barbacole , Bassette , Biribi , Brelan , Cavagnole , Dés , Grande-Peine , Hoca , Lansquenet , Loto , Marseillaise , Pharaon , Rouge-Noire , Trente et Quarante , Vendôme , Vingt-un , et généralement

tous les Jeux défendus par les Réglemens de l'Autorité publique.

(b) Les Jeux qu'on tient ordinairement dans les rues , chemins , places ou lieux publics , sont connus sous les noms de Blanque , Chevilles ou à tirer dans un livre , Cartes , Dés , Loterie , Tourniquet.

Rebellion ,

Rebellion, Numéro 11, Paragraphe I.

Vols par eux commis dans l'habitation où ils travaillent habituellement. *Voy.* Vols, n°. 8, §. III.

Voy. Ouvriers.

JOURNAUX. Publication ou distribution de ceux qui ne portent pas l'indication vraie des noms, profession et demeure de l'auteur ou de l'imprimeur. *Voy.* Ecrits.

JOURNÉE. *Voy.* Salaires.

JOYAUX. *Voy.* Commerce, n°. 5.

JUDAÏSME. *Voy.* Ministre de culte. Cultes.

JUGEMENT. Gardiens ou Concierges qui reçoivent un prisonnier sans mandat ou jugement. *Voy.* Liberté individuelle, n°. 7.

—— tendant à la poursuite personnelle ou accusation, soit d'un ministre, etc. *Voy.* Liberté individuelle, n°. 8.

Violence envers les personnes, de la part de l'exécuteur d'un jugement. *Voy.* Fonctionnaires publics, n°. 16.

Attaque, résistance avec violences et voies de fait envers les officiers, agissant pour l'exécution des jugemens. *Voy.* Rebellion.

La preuve d'un fait imputé, résultant d'un jugement, est légale. *Voy.* Calomnie, n°. 4.

Voy. Juges.

JUGES. Soustractions, par eux commises, de pièces dont ils sont dépositaires, à raison de leurs fonctions. *Voy.* Dépositaires publics, n°. 5.

Leur coalition, pour prendre des mesures contraires aux lois. *Voy.* Fonctionnaires publics, n°s. 1, 2, 3 et 4.

Ceux qui ont agréé des offres ou reçu des présens, pour faire un acte de leurs fonctions, ou s'en abstenir. *Voy.* Fonctionnaires publics, n°s. 7, 8 et 10.

Juges, prononçant en matière criminelle, qui se sont laissés corrompre. *Voy.* Fonctionnaires publics, n°s. 11 et 12.

—— qui se sont décidés par faveur ou par inimitié. *Voy.* Fonctionnaires publics, n°. 13.

—— qui se sont introduits illégalement dans le domicile d'un citoyen. *Voy.* Fonctionnaires publics, n°. 14.

Juges qui auront dénié de rendre la justice. *Voy.* Fonctionnaires publics, n°. 15.

—— qui, dans l'exercice ou à l'occasion de leurs fonctions, auront usé ou fait user de violence envers les personnes. *Voy.* Fonctionnaires publics, n°. 16.

—— qui auront facilité ou commis la suppression ou l'ouverture de lettres confiées à la poste. *Voy.* Fonctionnaires publics, n°. 17.

—— qui auront requis l'action de la Force publique contre l'exécution d'une loi, ou tout ordre émané de l'Autorité légitime. *Voyez* Fonctionnaires publics, n°s. 18, 19, 20 et 21.

—— qui seront entrés dans l'exercice de leurs fonctions, sans avoir prêté le serment. *Voy.* Fonctionnaires publics, n°. 26.

—— qui, révoqués, destitués, suspendus ou interdits, auront continué leurs fonctions. *Voy.* Fonctionnaires publics, n°. 27.

—— qui auront participé à des crimes ou délits qu'ils étaient chargés de surveiller. *Voy.* Fonctionnaires publics, n°. 28.

—— qui, dans l'exercice ou à l'occasion de leurs fonctions auront été outragés par paroles. *Voy.* Fonctionnaires publics, n°. 29;

Par gestes ou menaces. *Voy.* Fonctionnaires publics, n°s. 30 et 33;

Par coups. *Voy.* Fonctionnaires publics, n°s. 35, 36, 38, 39 et 40.

Ils sont coupables de forfaiture, s'ils poursuivent, soit un ministre, soit un membre du Sénat, du Conseil d'État, ou du Corps Législatif, sans les autorisations prescrites par les Constitutions, et s'ils les font arrêter sans ces autorisations, hors les cas de flagrant délit ou de clameur publique. *Voy.* Liberté individuelle, n°. 8.

Ceux qui retiennent ou font retenir un individu hors des lieux déterminés par le Gouvernement, ou qui auront traduit un citoyen devant une Cour d'assises ou une Cour Spéciale, sans qu'il ait été mis légalement en accusation. *Voy.* Liberté individuelle, n°. 9.

Peines contre les Juges qui, après une réclamation légale des parties intéressées ou de l'Autorité administrative, auront, sans autorisation du Gouvernement, rendu des

ordonnances ou décerné des mandats contre
ses Agens ou Préposés prévenus de crimes
ou délits commis dans l'exercice de leurs
fonctions. *Voy.* Empiétement, n°. 3.

Peines contre les Citoyens qui auront contraint ou tenté de contraindre un Juge, par
voies de fait ou menaces, l'auront corrompu
ou tenté de le corrompre par promesses,
offres, dons ou présens, pour obtenir une
opinion favorable ou quelque acte contraire
à la vérité. *Voyez* Fonctionnaires publics,
n°ˢ. 9 et 10.

Gardiens et Concierges qui refusent de
représenter à l'Officier de police un prisonnier, ou leurs registres, sans justifier de la
défense du Juge. *Voy.* Liberté individuelle,
n°. 7.

Juges qui s'immiscent dans l'exercice du
Pouvoir législatif. *Voy.* Empiétement, n°. 1,
§. I ;

Qui auraient excédé leur pouvoir, en s'immisçant dans les matières attribuées aux
Autorités administratives, soit en faisant des
réglemens sur ces matières, soit en défendant
d'exécuter les ordres de l'Administration, ou
qui, ayant permis ou ordonné de citer des
Administrateurs, pour raison de l'exercice de
leurs fonctions, auraient persisté dans l'exécution de leurs jugemens ou ordonnances,
nonobstant l'annulation qui en aurait été prononcée, ou le conflit qui leur aurait été notifié.
Voy. Empiétement, n°. 1, §. II ;

Qui, sur la revendication formellement faite
par l'Autorité administrative d'une affaire portée
devant eux, auront néanmoins procédé au
jugement, avant la décision de l'Autorité supérieure. *Voy.* Empiétement, n°. 2.

Voy. Empiétement. Fonctionnaires publics.
Forfaiture.

Juges de paix. *Voy.* Fonctionnaires publics.
Juges.

Juifs. *Voy.* Ministre de culte. Cultes.

Jumens. *Voy.* Animaux. Bêtes.

Juré. Le condamné à la peine des travaux
forcés, du bannissement, de la réclusion ou
du carcan, ne peut être Juré. *Voy.* Peines,
n°. 23.

Les Tribunaux correctionnels peuvent en
interdire temporairement les fonctions aux
délinquans, lorsque la loi les y autorise.
Voy. Peines, n°. 37, §. III, n°. 38.

Juré qui aura allégué une fausse excuse.
Voy. Témoins ;

— qui se sera laissé corrompre, soit en
faveur, soit au préjudice de l'accusé. *Voy.*
Fonctionnaires publics, n°ˢ. 11, 12 et 10.

Justice. Ceux qui ne peuvent déposer en
justice autrement que pour y donner de simples
renseignemens, ou y faire de simples déclarations. *Voyez* Peines, n°ˢ. 23 et 37, §. VIII
et n°. 38.

Déni de rendre la justice sous quelque
prétexte que ce soit, même du silence ou
de l'obscurité de la loi. *Voy.* Fonctionnaires
publics, n°. 15.

Fonctionnaires publics qui auront, par
délibération, arrêté de donner des démissions,
pour empêcher ou suspendre l'Administration
de la Justice. *Voy.* Fonctionnaires publics,
n°. 4.

Maisons de Justice. *Voy.* Maisons d'arrêt.

Gardiens. Concierges. Dispositions générales,
n°. 2 et la note.

Voy. Mandats. Scellés.

Justification. Celle à faire au Ministre
d'un culte avant les cérémonies religieuses
d'un mariage. *Voy.* Ministre de culte, n°ˢ. 1
et 2.

— de la défense du Procureur Impérial
ou du Juge, pour refuser de représenter un
Prisonnier à l'Officier de Police ou au porteur
de ses ordres. *Voy.* Liberté individuelle,
n°. 7.

L A C

Lacération. Celle de Minutes, Registres,
etc. *Voy.* Destruction, n°ˢ. 3 et 26.

Lance. *Voy.* Armes.

Lame. *Voy.* Armes.

Lancette. *Voy.* Armes.

Lansquenet. Jeu de hasard. *Voy.* Jeux de
hasard.

Laquais. *Voy.* Domestique.

Larcin. *Voy.* Vols, n°. 23.

LIBERTÉ INDIVIDUELLE. 1°. Lorsqu'un Fonctionnaire public, un Agent ou un Préposé du Gouvernement, aura ordonné ou fait quelque acte arbitraire et attentatoire, soit à la liberté individuelle, soit aux droits civiques d'un ou de plusieurs Citoyens, soit aux Constitutions de l'Empire, il sera condamné à la peine de la dégradation civique.

Si néanmoins il justifie qu'il a agi par ordre de ses supérieurs pour des objets du ressort de ceux-ci, et sur lesquels il leur était dû obéissance hiérarchique, il sera exempt de la peine, laquelle sera, dans ce cas, appliquée seulement aux supérieurs qui auront donné l'ordre. 114. (*a*).

(*a*) « La jouissance de la liberté individuelle est, pour l'homme vivant en société, le premier de tous les biens ; celui dont la conservation importe le plus essentiellement à son bonheur. »

Voy. Arrestations illégales.

2°. Si c'est un Ministre qui a ordonné ou fait les actes ou un des actes mentionnés en l'article précédent, et si, après les invitations mentionnées dans les articles 63 et 67 du Sénatus-Consulte du 28 floréal an XII, il a refusé, ou négligé de faire réparer ces actes dans les délais fixés par ledit Sénatus-Consulte, il sera puni du bannissement. 115.

Voy. le n°. 3 ci-après.

3°. Si les Ministres, prévenus d'avoir ordonné ou autorisé l'acte contraire aux Constitutions, prétendent que la signature à eux imputée leur a été surprise, ils seront tenus, en faisant cesser l'acte, de dénoncer celui qu'ils déclareront auteur de la surprise ; sinon, ils seront poursuivis personnellement. 116.

4°. Les dommages-intérêts qui pourraient être prononcés à raison des attentats exprimés dans l'article 114, seront demandés, soit sur la poursuite criminelle, soit par la voie civile, et seront réglés, eu égard aux personnes, aux circonstances et au préjudice souffert, sans qu'en aucun cas, et quel que soit l'individu lésé, lesdits dommages-intérêts puissent être au-dessous de vingt-cinq francs pour chaque jour de détention illégale et arbitraire et pour chaque individu. 117.

Voy. le n°. 6 ci-après.

5°. Si l'acte contraire aux Constitutions a été fait d'après une fausse signature du nom d'un Ministre ou d'un Fonctionnaire public, les auteurs du faux et ceux qui en auront sciemment fait usage, seront punis des travaux forcés à tems dont le *maximum* sera toujours appliqué dans ce cas. 118.

6°. Les Fonctionnaires publics chargés de la Police administrative ou judiciaire, qui auront refusé ou négligé de déférer à une réclamation légale tendant à constater les détentions illégales et arbitraires, soit dans les maisons destinées à la garde des détenus,

---

« Le Gouvernement et la loi doivent donc la protéger et la préserver avec une religieuse attention de tout acte arbitraire. » *Rapport par M Bruneau de Beaumez.*

soit par-tout ailleurs, et qui ne justifieront pas les avoir dénoncées à l'Autorité supérieure, seront punis de la dégradation civique et tenus des dommages-intérêts, lesquels seront réglés comme il est dit dans l'article 117. 119. (*b*).

Voy. le n°. 4 ci-devant.

7°. Les gardiens et concierges des Maisons de dépôt, d'arrêt, de justice ou de peine, qui auront reçu un prisonnier sans mandat ou jugement, ou sans ordre provisoire du Gouvernement; ceux qui l'auront retenu ou auront refusé de le représenter à l'Officier de police ou au porteur de ses ordres, sans justifier de la défense du Procureur Impérial ou du Juge ; ceux qui auront refusé d'exhiber leurs registres à l'Officier de police, seront, comme coupables de détention arbitraire, punis de six mois à deux ans d'emprisonnement et d'une amende de seize francs à deux cent francs. 120.

8°. Seront, comme coupables de forfaiture, punis de la dégradation civique, tous Officiers de police judiciaire, tous Procureurs Généraux ou Impériaux, tous Substituts, tous Juges, qui auront provoqué, donné ou signé un jugement, une ordonnance, ou un mandat, tendant à la poursuite personnelle ou accusation, soit d'un Ministre, soit d'un Membre du Sénat, du Conseil d'état, ou du Corps Législatif, sans les autorisations prescrites par les Constitutions, ou qui, hors les cas de flagrant délit ou de clameur publique, auront sans les mêmes autorisations, donné ou signé l'ordre ou le mandat de saisir ou arrêter un ou plusieurs Ministres, ou Membres du Sénat, du Conseil d'État ou du Corps Législatif. 121.

Voy. les art. 70 et 71 de la Constitution de l'an VIII. (1).

9°. Seront aussi punis de la dégradation civique, les Procureurs Généraux ou Impériaux, leurs Substituts, les Juges ou les

---

(*b*) « Protecteurs nés de la liberté civile, les magistrats qui, étant formellement requis de faire cesser ou de constater une détention illégale ou arbitraire, ne le font point, ne sont pas moins coupables que s'ils l'avaient ordonnée eux-mêmes. » *Motifs.*

(1) Art. 70 de la Constitution de l'an VIII. « Les délits personnels emportant peine afflic-

Officiers publics, qui auront retenu ou fait retenir un individu hors des lieux déterminés par le Gouvernement, ou par l'Administration publique, ou qui auront traduit un Citoyen devant une Cour d'assises ou une Cour spéciale, sans qu'il ait été préalablement mis légalement en accusation. 122.

Voy. Arrestations illégales.

ᴌɪʙᴇʀᴛᴇ́ ᴘʀᴏᴠɪsᴏɪʀᴇ. Dans quel cas le condamné insolvable peut-il l'obtenir ? *Voy.* Peines, u°. 48.

ᴌɪʙᴇʀᴛɪɴ. Imputation calomnieuse. *Voyez* Calomnie, n°ˢ. 9 et 10. Contraventions, n°. 4, §. XI, n°ˢ. 7 et 16.

ᴌɪʙʀᴀɪʀᴇ. *Voy.* Contrefaçon. Écrits.

ᴌɪᴄᴇɴᴄɪᴇᴍᴇɴᴛ. Peine contre le Commandant qui, après le licenciement, a tenu ses troupes rassemblées. *Voy.* État, n°ˢ. 14, 23, 24, 25, 26, 27, 28 et 29.

ᴌɪᴇᴜ. Celui de la déportation. *Voy.* Déporté.

—— de l'exécution. *Voy.* Exécution.

—— de la résidence continue de l'individu placé sous la surveillance de la haute Police, qui n'a pas fourni une caution solvable de bonne conduite. *Voy.* Peines, n°. 39.

Éloignement du même individu d'un certain lieu. *Voy.* le même n°.

Lieu de retraite ou de réunion fourni habituellement à des malfaiteurs. *Voy.* Complices, n°. 3.

Ceux qui, connaissant le but ou le caractère de bandes séditieuses, leur auront fourni, sans contrainte, des lieux de retraite ou de réunion. *Voy.* État, n°ˢ. 20, 23, 24, 25, 26, 27, 28 et 29.

Ceux qui ont été saisis sur le lieu de la réunion séditieuse. *Voy.* État, n°ˢ. 18 et 19; hors ce lieu. *Voy.* État, u°. 21.

Discours tenus dans des lieux ou réunions publics tendant à exciter les habitans à des crimes et complots contre la sureté de l'État. *Voy.* État, n°. 23. Rebellion, n°. 9. Associations illicites, n°. 3.

Procureurs généraux, etc. qui retiennent ou font retenir un individu hors des lieux déterminés par le Gouvernement, ou par l'Administration publique. *Voyez* Liberté individuelle, n°. 9.

Lieux où les Arrêts portant des peines afflictives ou infamantes seront affichés. *Voy.* Peines, n°. 31.

Commandant, Préfet ou Sous-Préfet qui aura, dans l'étendue des lieux où il a droit d'exercer son autorité, fait ouvertement le commerce des grains, etc. *Voy.* Fonctionnaires publics, n°. 6.

Les choses livrées par les corrupteurs seront confisquées au profit des hospices des lieux où la corruption aura été commise. *Voyez* Fonctionnaires publics, n°. 10.

Ceux qui auront outragé les objets d'un culte dans les lieux destinés ou servant actuellement à son exercice, ou les Ministres de ce culte dans leurs fonctions. *Voy.* Cultes, n°ˢ. 3 et 5.

ᴌɪᴇᴜ ᴅᴇ ᴄᴏʀʀᴇᴄᴛɪᴏɴ. *Voy.* Correction.

ᴌɪᴇᴜ ʜᴀʙɪᴛᴇ́. Ceux qui auront fait ou laissé courir les chevaux, etc. dans l'intérieur d'un lieu habité. *Voyez* Contraventions, n°. 8, §. IV, n°ˢ. 9, 11 et 16.

« tive ou infamante, commis par un Membre,
« soit du Sénat, soit du Tribunat, soit du Corps
« législatif, soit du Conseil d'État, sont pour-
« suivis devant les Tribunaux ordinaires, après
« qu'une délibération du Corps auquel le pré-

« venu appartient, a autorisé cette poursuite. »
71. « Les Ministres prévenus de délits pri-
« vés, emportant peine afflictive ou infamante,
« sont considérés comme membres du Conseil
« d'État. »

LIEU NON-SOLITAIRE. Ceux qui y ont exposé un Enfant au-dessous de l'âge de sept ans accomplis. *Voy.* Enfant, n°ˢ. 8 et 9.

LIEU SOLITAIRE. Ceux qui y ont exposé un Enfant au-dessous de l'âge de sept ans accomplis, ou qui auront donné l'ordre de cette exposition. *Voy.* les n°ˢ. 5 et 6.

LIEUX PUBLICS. Ceux qui y laissent des instrumens ou armes dont les malfaiteurs peuvent se servir. *Voy.* Contraventions, n°. 4, §. VII, n°ˢ. 5, 7 et 16.

Ceux qui y établissent des loteries ou des Jeux de hasard. *Voy.* Contraventions, n°. 8, §. V, n°. 10, §. I, n°ˢ. 11 et 16.

Imputations calomnieuses qui y ont lieu. *Voy.* Calomnie.

Voy. Arbres.

LIMES. Mendiant ou Vagabond qui en sera porteur. *Voy.* Mendicité, n°ˢ. 4 et 9.

— laissées dans les rues, lieux publics ou dans les champs. *Voy.* Contraventions, n°. 4, §. VII, n°ˢ. 5, 7 et 16.

LIMITES. Leur déplacement. *Voy.* Destruction, n°ˢ. 20 et 26.

Leur enlèvement ou déplacement pour commettre un vol. *Voy.* Vols, n°. 11.

Celles de l'emprisonnement. *Voy.* Peines, n°. 35.

LIQUEUR. *Voy.* Liquide.

LIQUEURS CORROSIVES. Ceux qui, par le moyen de liqueurs corrosives ont gâté volontairement des marchandises ou matières servant à fabrication. *Voy.* Destruction, n°ˢ. 7 et 26.

LIQUIDATEUR. Celui qui prend un intérêt quelconque dans une affaire dont il est chargé. *Voy.* Fonctionnaires publics, n°. 5.

LIQUIDE. Altéré par les voituriers, bateliers ou leurs préposés. *Voy.* Vols, n°. 9.

Voy. Boissons.

LITIGE. *Voy.* Contestation judiciaire.

LITTÉRATEURS. *Voy.* Associations illicites.

LIVRE. *Voy.* Contrefaçon.

LOCATAIRE. Animal tué sans nécessité, dans les bâtimens, enclos et dépendances, ou sur les terres, dont le maître de l'animal tué, était locataire. *Voy.* Destruction, n°ˢ. 17, 18, 19 et 26.

Si l'animal a été tué dans des lieux dont le coupable était locataire. *Voy.* Destruction, n°ˢ. 17, 19 et 26.

Ceux qui, n'étant pas locataires d'un terrain, y sont entrés et ont passé sur ce terrain, s'il est préparé ou ensemencé. *Voy.* Contraventions, n°. 4, §. XIII, n°ˢ. 7 et 16.

LOCATION. *Voy.* Enchères.

LOGE. Celle destinée à l'habitation est réputée maison habitée. *Voy.* Vols, n°. 12.

LOGEMENT. Vol commis dans celui habité ou servant à l'habitation ou ses dépendances. *Voy.* Vols, n°. 3, §. IV.

Ceux qui, connaissant la conduite des malfaiteurs, leur fournissent habituellement des logémens, sont leurs complices. *Voy.* Complices, n°. 3.

Ceux qui, connaissant le but et le caractère de bandes séditieuses, leur auront, sans contrainte, fourni des logemens. *Voy.* État, n°ˢ. 20, 23, 24, 25, 26, 27, 28 et 29.

Ceux qui auront sciemment et volontairement fourni des logemens aux bandes de malfaiteurs. *Voy.* Malfaiteurs, n°. 4.

LOGEURS. *Voy.* Aubergistes.

LOGIS. *Voy.* Hôtellerie.

LOIS. Celles actuellement en vigueur seront exécutées en tout ce qui n'est pas réglé par le Code. *Voy.* Dispositions générales, n°. 2.

Suspension de l'exécution des lois de la part des Juges, Procureurs généraux ou impériaux; délibération de leur part sur le point de savoir si les lois seront publiées. *Voyez* Empiétement, n°. 1.

Concert de mesures contraires aux lois. *Voy.* Fonctionnaires publics, n°ˢ. 1, 2, 3 et 4.

Les lois pénales, relatives à la conscription, continueront d'être exécutées. *Voy.* Conscription militaire.

Réquisition de la Force publique contre l'exécution des lois. *Voy.* Fonctionnaires publics, n°ˢ. 18, 19, 20 et 21.

Critique ou censure d'une loi par les ministres des cultes. *Voy.* Ministre de culte, n°ˢ. 3 et 6.

Provocation directe, de la part de ces ministres, à la désobéissance aux lois. *Voy.* Ministre de culte, nᵒˢ. 4, 5, 7 et 8.

Déni de justice, sous le prétexte du silence ou de l'obscurité de la loi. *Voy.* Fonctionnaires publics, nᵒ. 15.

Il n'y a crime ni délit, lorsque l'homicide, les blessures et les coups étaient ordonnés par la loi. *Voy.* Homicide, nᵒ. 19.

Voy. Infraction. Crime. Délit. Contraventions. Confiscation générale. Marque. Restitution.

Fonctionnaire public qui s'introduit dans le domicile d'un citoyen, hors les cas prévus par la loi. *Voy.* Fonctionnaires publics, nᵒ. 14.

Correspondance d'un ministre de culte avec une Cour ou Puissance étrangère, accompagnée ou suivie de faits contraires aux dispositions formelles d'une loi. *Voy.* Ministre de culte, nᵒ. 10.

Voy. Rebellion. Forfaiture.

LOTERIE. Ceux qui établissent une loterie dans les rues, chemins, places ou lieux publics. *Voy.* Contraventions, nᵒ. 8, §. V, nᵒ. 10, §. I, nᵒˢ. 11 et 16.

Celles non autorisées par la loi. *Voy.* Jeux de hasard.

LOTO. Jeu de hasard. *Voy.* Jeux de hasard.

LOTS. Confiscation des lots proposés aux joueurs par ceux qui ont établi des jeux ou des loteries non autorisées. *Voy.* Jeux de hasard. Contraventions, nᵒ. 10, §. I.

LOUAGE. *Voy.* Enchères.

LOUEURS. Ceux de maison garnie. *Voyez* Aubergistes. Logeurs.

LOUIS D'OR. *Voy.* Monnaie.

LUMIÈRE. Incendie causé par celle placée ou portée sans précaution. *Voy.* Destruction, nᵒˢ. 22 et 26.

LUTHÉRIEN. *Voy.* Ministre de culte. Cultes. Associations illégales.

LUTHIER. *Voy.* Commerce, nᵒ. 5.

LUXATION. *Voy.* Blessures.

MAC

MACHINATIONS. Celles pratiquées avec les Puissances étrangères. *Voy.* Etat, nᵒˢ. 2, 3 et 5.

Ceux qui, par machinations, ont provoqué à une action qualifiée crime ou délit, en sont complices. *Voy.* Complices, nᵒ. 2.

MACHINES. Sont comprises dans le mot *armes*, toutes machines tranchantes, perçantes ou contondantes. *Voy.* Etat, nᵒ. 22.

Ceux qui laissent dans les rues des machines dont les voleurs ou autres malfaiteurs peuvent abuser. *Voy.* Contraventions, nᵒ. 4, §. VII, nᵒˢ. 5, 7 et 16.

MAGASINS. Leur incendie volontaire. *Voy.* Incendie, nᵒ. 1.

Ceux qui auront empêché de les ouvrir ou de les fermer pendant certains jours. *Voy.* Cultes, nᵒ. 1.

Vols qui y sont commis par un ouvrier, compagnon ou apprenti. *Voy.* Vols, nᵒ. 8, §. III.

Voy. Boutiques. Commerce.

MAGASINS DE L'ÉTAT. Manœuvres pour les livrer. *Voy.* Etat, nᵒˢ. 3 et 5.

Ceux incendiés ou détruits par l'explosion d'une mine. *Voy.* Etat, nᵒˢ. 16, 23, 24, 25, 26, 27, 28 et 29.

Tentative pour s'en emparer. *Voy.* Etat, nᵒˢ. 17, 23, 24, 25, 26, 27, 28 et 29.

MAGISTRATS DE L'ORDRE ADMINISTRATIF OU JUDICIAIRE. Outrages qui leur sont faits dans l'exercice ou à l'occasion de l'exercice de leurs fonctions. *Voy.* Fonctionnaires publics, nᵒˢ. 29, 30, 33, 34, 35, 36, 38, 39 et 40.

Voy. Fonctionnaires publics. Préfets. Sous-Préfets. Maires. Juges. Procureurs Généraux Impériaux. Procureurs Impériaux. Substituts.

MAIN D'HOMME. Dévastation de plants faits de main d'homme. *Voy.* Destruction, nᵒˢ. 8, 14, 19 et 26.

MAIN-D'ŒUVRE. *Voy.* Ouvriers.

Fournisseurs qui fraudent sur la main-d'œuvre. *Voy.* Fournisseurs, nᵒ. 4.

MAINTIEN ÉHONTÉ. *Voy.* Mœurs.

MAIRE. *Voy.* Fonctionnaires publics. Faux. Préfets. Administrateurs.

—— doit être averti par les détenteurs ou gardiens de bestiaux soupçonnés d'être infectés de maladie contagieuse. *Voy.* Destruction, nᵒˢ. 23, 24, 25 et 26.

Les

Les Aubergistes, sont obligés de représenter aux Maires les registres qu'ils doivent tenir. *Voy.* Contraventions, n°. 8, §. II, n°ˢ. 11 et 16.

Maisons. Celles qui menacent ruine. *Voy.* Contraventions, n°. 4, §. V, n°ˢ. 7 et 16.

Ne rien jeter, ne rien exposer au-devant des maisons, qui puisse nuire par sa chute ou par des exhalaisons insalubres. *Voy.* Contraventions, n°. 4, §. VI, n°ˢ. 7 et 16.

Destruction en tout ou en partie des maisons d'autrui. *Voy.* Destruction, n°. 1.

Si, par défaut de réparations, elles causent quelque incendie. *Voy.* Destruction, n°ˢ. 22 et 26.

Mendians qui sont entrés dans une habitation sans la permission du propriétaire ou des personnes de sa maison. *Voy.* Mendicité. n°ˢ. 3 et 9.

Mendians munis de limes, crochets ou autres instrumens propres à leur procurer les moyens de pénétrer dans les maisons. *Voy.* Mendicité, n°ˢ. 4 et 9.

Vol commis par un Domestique ou Serviteur à gage, un Ouvrier, Compagnon ou Apprenti, dans la maison, l'atelier ou le magasin de son maître. *Voy.* Vols, n°. 8, §. III.

Incendie causé par des feux allumés dans les champs, à moins de cent mètres des maisons. *Voy.* Destruction, n°ˢ. 22 et 26.

Ceux qui jettent des pierres ou d'autres corps durs ou des immondices contre les maisons d'autrui. *Voy.* Contraventions, n°. 8, §. VIII, n°ˢ. 9, 11 et 16.

Ceux qui auront causé la mort ou la blessure des animaux ou bestiaux appartenant à autrui, par la vétusté, la dégradation, le défaut de réparation ou d'entretien de leurs maisons. *Voy.* Contraventions, n°. 12, §. IV, n°ˢ. 15 et 16.

Il n'y a ni crime ni délit, si un homicide a été commis, des blessures ont été faites ou des coups portés, en repoussant pendant la nuit l'escalade ou l'effraction des clôtures, murs ou entrée d'une maison. *Voy.* Homicide, n°ˢ. 20 et 21.

Voy. Effraction extérieure. Effraction intérieure. Escalade.

Maisons d'arrêt, de dépôt, de justice ou de peine. Refus ou négligence de constater les détentions illégales qui y ont lieu et défaut de dénonciation de ces détentions à l'Autorité supérieure. *Voy.* Liberté individuelle, n°. 6.

Les gardiens et concierges de ces maisons qui y auront reçu un prisonnier sans mandat, etc. *Voy.* Liberté individuelle, n°. 7.

Voy. Dispositions générales, n°. 2 et la note.

Maisons de commerce. Ceux qui gâtent volontairement des marchandises ou matières servant à fabrication. *Voy.* Destruction, n°ˢ. 7 et 26.

Voyez Commerce. Manufactures. Poids. Mesures. Vols, n°. 8, §. III.

Maisons conjugales. Concubines qui y sont entretenues par les maris. *Voy.* Mœurs, n°. 10.

Maisons de correction. Tout condamné à l'emprisonnement sera renfermé dans une maison de correction. *Voy.* Peines, n°. 35.

Application du travail de chaque détenu. *Voy.* Peines, n°. 36.

L'accusé âgé de moins de seize ans, s'il est décidé qu'il a agi *sans discernement*, sera remis à ses parens ou conduit dans une maison de correction. *Voy.* Peines, n°. 55.

S'il est décidé qu'il a agi *avec discernement*, dans quel cas sera-t-il enfermé dans une maison de correction ? *Voy.* Peines, n°. 56.

Maisons de débauche. *Voy.* Dispositions générales, n°. 2 et la note.

Maisons de dépôt. *Voy.* Maisons d'arrêt.

Maisons de force. Les femmes et les filles condamnées aux travaux forcés n'y seront employées que dans l'intérieur d'une maison de force. *Voy.* Peines, n°. 11.

Tout condamné à la réclusion, de l'un ou de l'autre sexe, sera renfermé dans une maison de force. *Voy.* Peines, n°. 16.

Le vieillard âgé de soixante-dix ans accomplis, est relevé de la peine des travaux forcés et renfermé dans une maison de force. *Voy.* Peines, n°. 61.

MAISONS GARNIES. Ceux qui les louent obligés à tenir registre. *Voy.* Contraventions, n°. 8, §. II, n°s. 11 et 16. *Voy.* Logeurs.

MAISONS HABITÉES OU SERVANT A HABITATION, ET LEURS DÉPENDANCES. Vols qui y sont commis. *Voy.* Vols, n°. 3, §. IV, n°s. 4, 6 et 8, §. I.

Tout ce qui est réputé maison habitée. *Voy.* Vols, n°. 12.

—— non habitées. Vols qui y sont commis. *Voy.* Vols, n°s. 6 et 8, §. II.

Voyez Effraction extérieure. Effraction intérieure. Escalade.

MAISONS DE JEU. *Voyez* Jeux de hasard. Dispositions générales, n°. 2 et la note.

MAISONS DE JUSTICE. *Voy.* Maisons d'arrêt.

MAISONS DE PEINE. *Voy.* Maisons d'arrêt. Maisons de force. Maisons de correction.

MAISONS DE PRÊT SUR GAGES. *Voy.* Prêt sur gages.

MAISONS SANITAIRES. *Voy.* Dispositions générales, n°. 2 et la note.

MAÎTRE. Vol commis par un domestique ou homme de service à gage, envers son maître ou envers tout autre, dans la maison du maître. *Voy.* Vols, n°. 8, §. III.

Vol commis par un ouvrier, compagnon ou apprenti, dans la maison, l'atelier ou le magasin de son maître. *Voy.* Vols, n°. 8, §. III.

Animal tué, sans nécessité, dans les bâtimens, enclos et dépendances, ou sur les terres dont le maître de l'animal tué était

propriétaire, locataire, colon ou fermier. *Voy.* Destruction, n°s. 17, 18, 19 et 26.

MAJESTÉ. *Vcy.* Lèse-Majesté.

MAJEURS. Celui de vingt-un ans et au-dessus qui enlève une fille au-dessous de seize ans. *Voy.* Mineurs, n°. 3.

MAL. Ceux qui laissent divaguer des fous, etc. quand même il n'en serait résulté aucun mal. *Voy.* Contraventions, n°. 8, §. VII.

MALADIE. Fabrication, sous le nom d'un médecin, etc. d'un certificat de maladie, ou délivrance par un médecin d'un certificat de cette nature. *Voy.* Faux, n°s. 16, 17, 18, 19 et 20.

—— procurée par blessures ou coups à des particuliers. *Voy.* Blessures ; à des Fonctionnaires publics ou Agens du Gouvernement. *Voy.* Fonctionnaires publics, n°. 38.

MALADIE CONTAGIEUSE. Obligations des détenteurs ou gardiens de bestiaux soupçonnés d'être attaqués de cette maladie. *Voy.* Destruction, n°s. 23, 24, 25 et 26.

MALADIE ÉPIZOOTIQUE. *Voy.* Maladie contagieuse.

MALADRESSE. Homicide commis ou causé involontairement par maladresse. *Voy.* Homicide, n°. 11.

S'il n'est résulté de la maladresse que de blessures ou coups. *Voy.* Homicide, n°. 12.

Ceux qui, par maladresse, occasionnent la mort des animaux ou bestiaux appartenant à autrui. *Voy.* Contraventions, n°. 12, §. III, n°. 13, §. I, n°s. 15 et 16.

MALFAITEURS. 1°. Toute association de malfaiteurs envers les personnes ou les propriétés est un crime contre la paix publique. 265. (*a*).

2°. Ce crime existe par le seul fait d'or-

(*a*) « Les malfaiteurs dont il s'agit en ce moment, ne sont pas ceux qui agissent isolément ou même de concert avec d'autres, pour la simple exécution d'un crime. Sous ce rapport, il est déjà beaucoup de malfaiteurs dont

la peine a été déterminée selon la nature de leurs crimes. »

« Ce que la loi considère plus particulièrement ici, ce sont les bandes ou associations de ces êtres pervers qui, faisant un métier du

ganisation de bandes ou de correspondance entre elles et leurs chefs ou commandans, ou de conventions tendant à rendre compte ou à faire distribution ou partage du produit des méfaits. 266.

3°. Quand ce crime n'aurait été accompagné ni suivi d'aucun autre, les auteurs, directeurs de l'association, et les commandans en chef ou en sous-ordre de ces bandes, seront punis des travaux forcés à tems. 267.

Voy. Blessures, n°. 5. Destruction, n°. 6. Etat, n°ˢ. 17, 18, 19, 20 et 21. Rebellion.

- 4°. Seront punis de la réclusion tous autres individus, chargés d'un service quelconque dans ces bandes, et ceux qui auront sciemment et volontairement fourni aux bandes ou à leurs divisions, des armes, munitions, instrumens de crime, logement, retraite ou lieu de réunion. 268. (*b*).

Voy. Complices, n°. 3. Etat, n°ˢ. 17, 18, 19, 20 et 21. Rebellion.

Malfaiteurs qui emploient des tortures ou commettent des actes de barbarie. *Voy.* Homicide, n°. 9.

Les personnes qui, connaissant leur conduite, leur fournissent habituellement logement, lieu de retraite ou de réunion, sont leurs complices. *Voy.* Complices, n°. 3.

Peine contre les individus qui auront laissé dans les rues, etc. des machines, ou instrumens ou armes dont les malfaiteurs peuvent abuser. *Voy.* Contraventions, n°. 4, §. VII, n°ˢ. 5, 7 et 16.

Voy. Bandes.

---

vol et du pillage, sont convenus de mettre en commun le produit de leurs méfaits. »

« Cette association est en soi-même un crime, qui, lorsqu'il n'aurait été accompagné ni suivi d'aucun autre, entraînera la peine des travaux forcés à tems contre les chefs, et celle de la réclusion contre tous les autres individus de la bande. » *Motifs.*

(*b*) « Cette dernière disposition ne contrarie pas celle de l'article 61 (1); cet article déclare

(1) *Voy.* Complices, n°. 3.

complices ceux qui donnent retraite habituellement aux malfaiteurs exerçant des brigandages; et l'article dont il s'agit se rapporte à celui qui le précède, lequel punit le fait seul de l'association des malfaiteurs, quand même elle n'aurait été accompagnée ni suivie d'aucun autre crime; et c'est dans ce sens que la peine de la réclusion doit être appliquée à ceux qui donnent retraite aux malfaiteurs. » *Rapport par M. Noailles.*

MANDAT DE JUSTICE. Fonctionnaire public qui a requis ou ordonné l'action ou l'emploi de la Force publique contre l'exécution d'un mandat de justice. *Voy.* Fonctionnaires publics, n°ˢ. 18, 19, 20 et 21.

Gardiens ou Concierges des Maisons de dépôt, etc. qui reçoivent un prisonnier sans mandat. *Voy.* Liberté individuelle, n°. 7.

Mandat tendant à la poursuite personnelle ou accusation d'un Ministre, etc. *Voy.* Liberté individuelle, n°. 8; à saisir ou arrêter un ou plusieurs Ministres, etc. *Voy le même* n°.

Juges qui, après une réclamation légale des parties intéressées ou de l'Autorité administrative, auront, sans autorisation du Gouvernement, rendu des ordonnances ou décerné des mandats contre ses agens ou préposés. *Voy.* Empiétement, n°. 3.

Voy. Exécuteurs. Rebellion. Juges.

MANDEMENS. Ceux de justice. *Voy.* Mandat.

——— à cri public. *Voy.* Ban.

MANIFESTATION. Celle de tentative de crime. *Voy.* Crime.

MANŒUVRES. Celles pratiquées avec les ennemis de l'Etat. *Voy.* Etat, n°ˢ. 2, 3 et 5.

MANŒUVRES FRAUDULEUSES. Escroquerie commise par ce moyen. *Voy.* Escroquerie.

——— pour opérer la hausse ou la baisse des denrées ou marchandises, ou effets publics. *Voy.* Commerce, n°ˢ. 1, 2, 3 et 4.

MANOUVRIER. *Voy.* Ouvriers.

MANQUEMENS. Ceux envers l'Autorité publique. *Voy.* Rebellion. Outrages. Jurés. Témoins. Evasion de détenus. Scellés. Monumens. Fonctions publiques. Cultes.

MANUFACTURES. 1°. Toute violation des réglemens d'administration publique, relatifs aux produits des Manufactures françaises qui s'exporteront à l'étranger, et qui ont pour objet de garantir la bonne qualité, les dimensions et la nature de la fabrication, sera punie d'une amende de deux cent francs au moins, de trois mille francs au plus, et de la confiscation des marchandises. Ces deux peines pourront être prononcées cumulativement ou séparément, selon les circonstances. 413. (*a*).

(*a*) « Plus les Gouvernemens ont senti combien la prospérité de l'Etat était intimement liée à celle du Commerce, plus ils ont pris de précaution pour prévenir les fraudes qui pouvaient y porter atteinte. Sans doute, ces fraudes réjaillissent tôt ou tard sur leurs auteurs, parce qu'elles leur font perdre le crédit nécessaire au succès de leurs opérations. Mais lorsqu'elles ont pour but de tromper sur la qualité, les dimensions ou la nature de la fabrication, à l'égard des produits de nos manufactures qui s'exportent à l'étranger, un si grand mal ne doit pas rester impuni. » *Motifs.*

« Il importe essentiellement à la réputation de nos fabriques, au crédit de notre commerce, à la gloire nationale, que tout ce qui s'exporte à l'étranger des produits de nos fabriques soit sans reproche, sous le rapport de la qualité, des dimensions et de la nature de la fabrication. Ces sages dispositions donnent une base de plus au crédit commercial, et portent auprès de l'étranger, qui ne tardera pas à connaître la loi, un gage nouveau et bien précieux de la sureté qu'il trouvera à traiter avec les fabricans et manufacturiers français. » *Rapport par M. Louvet.*

2°. Quiconque, dans la vue de nuire à l'industrie française, aura fait passer en pays étranger, des directeurs, commis ou des ouvriers d'un établissement, sera puni d'un emprisonnement de six mois à deux ans et d'une amende de cinquante francs à trois cent francs. 417. (*b*).

3°. Tout directeur, commis, ouvrier de fabrique, qui aura communiqué à des étrangers ou à des français résidant en pays étrangers, des secrets de la fabrique où il est employé, sera puni de la réclusion et d'une amende de cinq cent francs à vingt mille francs.

Si ces secrets ont été communiqués à des français résidant en France, la peine sera d'un emprisonnement de trois mois à deux ans et d'une amende de seize francs à deux cent francs. 418. (*c*).

Ceux qui, à l'aide d'une liqueur corrosive ou par tout autre moyen, auront gâté volontairement des marchandises ou matières servant à la fabrication. *Voy.* Destruction, nᵒˢ. 7 et 26.

Voy. Ouvriers. Commerce. Dispositions générales, n°. 2 et la Note.

~~~~~~~~~~~~~~~~~~~~~~~~~~~~~~~~~

MAQUEREAU. Imputation calomnieuse. *Voy.* Calomnie.

Voy. Mœurs, nᵒˢ. 5 et 6.

MAQUERELLE. *Voy.* Maquereau.

MARATRE. *Voy.* Belle-Mère.

MARCHANDISES. Manœuvres pour la hausse

(*b*) « La loi regarde comme coupable de délit celui qui, dans la vue de nuire à l'industrie française, fait passer en pays étranger des directeurs, des ouvriers ou commis d'un établissement. Si chacun doit être libre de faire valoir son industrie et ses talens, par-tout où il croit pouvoir en retirer le plus d'avantage, il convient de punir celui qui débauche des hommes nécessaires à un établissement, non pour procurer à ces hommes un plus grand bien souvent incertain, mais pour procurer la ruine de l'établissement même. » *Motifs.*

(*c*) « Celui qui communique à des français résidant en France, les secrets de la fabrique où il est employé, ne fait point tort aux fabriques nationales en général, mais il préjudicie en particulier à la fabrique à laquelle ce secret appartient ; il enlève à l'un le fruit de son invention, pour enrichir un autre à qui cette invention est étrangère ; il décourage l'industrie par la crainte d'être frustrée de sa légitime récompense. »

« Ce n'est plus à un ou plusieurs particuliers qu'il fait tort, celui qui communique de tels secrets à des étrangers ou à des français résidant en pays étrangers ; il nuit à la Nation entière, qu'il prive d'une source de richesses ; il contribue à diminuer la prospérité nationale, en contribuant à faire pencher la balance du commerce en faveur du pays étranger auquel il a sacrifié l'intérêt de la France. » *Motifs.*

ou baisse de leur prix. *Voy*. Commerce, n°. 1.

Ceux qui les auront volontairement gâtées. *Voy*. Destruction, n°ˢ. 7 et 26.

Ceux qui ont détourné ou dissipé , au préjudice du propriétaire ou détenteur , des marchandises qui ne leur auraient été remises qu'à titre de dépôt ou pour un travail salarié, à la charge de les rendre ou représenter , ou d'en faire un usage ou un emploi déterminé. *Voy*. Confiance , n°. 3.

Ceux qui trompent sur leur nature ou leur quantité. *Voy*. Commerce, n°. 5.

Voituriers, bateliers ou leurs préposés qui les altèrent. *Voy*. Vols , n°. 9.

Leur pillage ou dégât. *Voy*. Destruction , n°ˢ. 4, 5 et 6.

Contrefaction ou usage des marques destinées à être apposées , au nom du Gouvernement , sur les diverses espèces de marchandises. *Voy*. Contrefaction , n°, 3. Faux , n°ˢ. 19, 20 et 21 ;

Contrefaction ou usage des marques destinées à être apposées sur les marchandises d'un établissement de commerce. *Voyez les mêmes* n°ˢ.

Usage des véritables marques , au préjudice de l'Etat ou d'un établissement de commerce. *Voy*. Contrefaction , n°. 5.

MARCHANDS. *Voy*. Commerce. Poids. Mesures. Dispositions générales, n°. 2 et la Note.

MARCHÉ. *Voy*. Foires. Dispositions générales, n°. 2 et la Note.

MARCHÉS. Si le vendeur et l'acheteur se sont servis , dans leurs marchés , de poids prohibés, l'acheteur sera privé de toute action contre le vendeur qui l'aura trompé , sans préjudice de l'action publique. *Voy*. Commerce, n°. 6.

MARÉCHAL D'EMPIRE. Ceux qui en usurpent le titre et en portent publiquement le costume. *Voy*. Fonctions publiques , n°. 2.

MARI. L'adultère de la femme ne peut être dénoncé que par le mari. *Voy*. Mœurs, n°. 7.

Cas où il ne le peut pas. *Voy*. Mœurs, n°. 10.

Il peut arrêter l'effet de la condamnation portée contre sa femme adultère. *Voy*. Mœurs, n°. 8.

Soustractions commises par des maris au préjudice de leurs femmes , ou par celles-ci au préjudice de ceux-là. *Voy*. Vols, n°. 2.

Voy. Époux. Recèlement. Révélation.

MARIAGE. *Voy*. Officiers de l'État civil. Officiers publics.

Le ravisseur qui a épousé la fille qu'il a enlevée, ne peut être poursuivi que sur la plainte des personnes qui ont le droit de demander la nullité du mariage. *Voy*. Mineurs , n°. 4.

Les cérémonies d'un Ministre de culte pour un mariage ne peuvent avoir lieu qu'après justification de l'acte reçu par l'Officier de l'État civil. *Voy*. Ministre de culte , n°ˢ. 1 et 2.

Ceux qui en contractent un autre avant la dissolution du précédent. *Voy*. Mœurs, n°. 11.

Officiers de l'État civil qui ne se sont point assurés de l'existence du consentement requis pour la validité d'un mariage. *Voyez* Fonctionnaires publics , n°ˢ. 23 et 25 ;

Qui reçoivent avant le terme prescrit par l'art. 228 du Code Napoléon , l'acte de mariage d'une femme ayant déjà été mariée. *Voy*. Fonctionnaires publics, n°ˢ. 24 et 25 ;

Qui prêtent leur ministère pour le mariage d'une personne dont le précédent n'est pas encore dissous. *Voy*. Mœurs , n°. 12.

MARQUE. Elle peut être prononcée concurremment avec une peine afflictive dans les cas déterminés par la loi. *Voy*. Peines , n°. 2.

En quel cas cette peine sera-t-elle infligée aux faussaires ? *Voy*. Faux , n°. 21 ; aux Mendians ou Vagabonds ? *Voy*. Mendicité , n°. 7.

Les condamnés aux travaux forcés à perpétuité en seront flétris. Ceux condamnés à d'autres peines ne la subiront que dans le cas où la loi l'aura prononcée. En quoi consiste-t-elle ? Lettres qu'elle portera. *Voy*. Peines , n°. 15.

Crimes auxquels on applique la peine de la marque. *Voy*. Peines , n°. 51. Faux , n°. 21. Mendicité , n°. 7. Monnaie , n°. 2. Homicide , n°. 10. Faux , n°ˢ. 1 et 2. Fonctionnaires publics , n°. 28. Évasion de détenus , n°. 7.

Blessures, n⁰ˢ. 4 et 8. Arrestations illégales, n°. 2. Témoignage, n°. 5. Vols, n⁰ˢ. 4 et 5. Banqueroute, n°. 3.

MARQUES DU GOUVERNEMENT. Ceux qui ont contrefait ces marques, ou qui ont fait usage de ces marques contrefaites. *Voyez* Contrefaction, n⁰ˢ. 2 et 4. Faux, n⁰ˢ. 19, 20 et 21.

Ceux qui se sont induement procuré les vraies marques du Gouvernement, et en ont fait un usage préjudiciable à ses intérêts. *Voy.* Contrefaction, n⁰ˢ. 3 et 5. Faux, n⁰ˢ. 19, 20 et 21.

Voy. Poinçons. Marteaux.

MARQUES PARTICULIÈRES. Ceux qui ont contrefait les marques d'une Autorité quelconque ou d'un établissement particulier de banque ou de commerce, ou qui ont fait usage des marques contrefaites. *Voy.* Contrefaction, n°. 4. Faux, n⁰ˢ. 19, 20 et 21.

Ceux qui se sont procuré les vraies marques dont il s'agit, et en ont fait un usage préjudiciable aux intérêts de l'Autorité ou de l'établissement. *Voy.* Contrefaction, n°. 5. Faux, n⁰ˢ. 19 et 20.

MARSEILLAISE. *Voy.* Jeux de hasard.

MARTEAUX. Ceux servant aux marques forestières. *Voy.* Marques du Gouvernement.

MASSACRE. Attentat pour l'exciter. *Voyez* État, n⁰ˢ. 12, 18, 23, 24, 25, 26, 27, 28 et 29.

MATELOTS. Ceux qui ébranlent leur fidélité. *Voy.* État, n⁰ˢ. 3 et 5.

MATÉRIAUX. Ceux laissés, sans nécessité, qui embarrassent la voie publique. Ceux qu'on aura négligé d'éclairer. *Voy.* Contraventions, n°. 4, §. IV, n⁰ˢ. 7 et 16.

Tout terrain environné de quelque espèce de matériaux que ce soit est réputé *parc* ou *enclos. Voy.* Vols, n°. 13.

Destruction de clôtures de quelques matériaux qu'elles soient faites. *Voy.* Destruction, n⁰ˢ. 20 et 26.

MATIÈRE. Celle servant à fabrication. Ceux qui la détruisent volontairement. *Voy.* Destruction, n⁰ˢ. 7 et 26.

Les parcs mobiles destinés à contenir du

bétail dans la campagne, de quelque matière qu'ils soient faits, sont réputés enclos. *Voy.* Vols, n°. 14.

Confiscation des matières qui ont servi ou étaient destinées à commettre une contravention. *Voy.* Peines, n°. 71.

MATIÈRE ADMINISTRATIVE. Juges, etc. qui s'immiscent dans cette matière. *Voy.* Empiétement, n°. 1, §. II.

Voy. Administration.

MATIÈRE D'OR OU D'ARGENT. Contrefaction des poinçons servant à la marquer ou usage des poinçons contrefaits. *Voy.* Contrefaction, n°. 2. Faux, n⁰ˢ. 19, 20 et 21.

Ceux qui se sont induement procuré les vrais poinçons et en ont fait un usage préjudiciable aux intérêts de l'État. *Voy.* Contrefaction, n°. 2. Faux, n⁰ˢ. 19, 20 et 21.

Ceux qui trompent l'acheteur sur le titre des matières d'or ou d'argent. *Voy.* Commerce, n°. 5.

Voy. Dispositions générales, n°. 2 et la note.

MATIÈRE CIVILE. Peine contre le faux témoin en cette matière. *Voy.* Témoignage, n°. 3.

Faux serment en cette matière. *Voyez* Témoignage, n°. 6.

MATIÈRE CORRECTIONNELLE. Peines qu'on y prononce. Mode d'exécution. *Voy.* Peines, n⁰ˢ. 4, 5, 6, 35, 36, 37 et 38.

Peines contre le faux témoin en cette matière. *Voy.* Témoignage, n°. 2.

En tout ce qui n'a pas été réglé par le code, les dispositions des lois et des réglemens sur cette matière, actuellement en vigueur, seront observées et exécutées. *Voy.* Dispositions générales, n°. 2.

MATIÈRE CRIMINELLE. Peines qu'on y prononce et mode d'exécution. *Voy.* Peines, n⁰ˢ. 1, 2, 3, 5, 6, jusques et compris le n°. 34.

Peines contre le faux témoin en cette matière. *Voy.* Témoignage, n°. 1.

En tout ce qui n'a pas été réglé par le Code, les dispositions des lois et des réglemens sur cette matière, actuellement en vigueur, seront observées et exécutées. *Voy.* Dispositions générales , n°. 2.

Juge prononçant en matière criminelle, ou Juré qui s'est laissé corrompre. *Voy.* Fonctionnaires publics, n°s. 11 et 12.

MATIÈRE DE SIMPLE POLICE. Peines qu'on y prononce et mode d'exécution. *Voy.* Peines, n°. 65 , jusques au n°. 71 inclusivement.

Peine contre le faux témoin en cette matière. *Voy.* Témoignage, n°. 2.

En tout ce qui n'a pas été réglé par le Code , les dispositions des lois et des réglemens sur cette matière, actuellement en vigueur, seront observées et exécutées. *Voy.* Dispositions générales, n°. 2.

MATIÈRES COMBUSTIBLES. Feux allumés dans les champs à moins de cent mètres d'un dépôt de matières combustibles. *Voy.* Destruction, n°s. 22 et 26.

MATIÈRES RELIGIEUSES. Correspondance entretenue sur pareilles matières par un Ministre de culte avec une Puissance étrangère. *Voy.* Ministre de culte, n°. 9.

Si cette correspondance a été suivie d'autres faits contraires aux lois. *Voy.* Ministre de culte, n°. 10.

MATIÈRES DE VOIRIE. *Voy.* Dispositions générales, n°. 2 et la note.

MATRICES. Confiscation des matrices des objets contrefaits. *Voy.* Contrefaçon , n°s. 3 et 5.

MÉCHANT. Imputation calomnieuse. *Voyez*

MENACES. 1°. Quiconque aura menacé , par écrit anonyme ou signé , d'assassinat, d'empoisonnement ou de tout autre attentat contre les personnes qui serait punissable de la peine de mort, des travaux forcés à perpétuité ou de la déportation, sera puni de la peine des travaux forcés à tems, dans le cas où la menace aurait été faite avec ordre de déposer une somme d'argent dans un lieu indiqué ou de remplir toute autre condition. 305. (*a*).

Calomnie , n°s. 9 et 10. Contraventions , n°. 4, §. XI , n°s. 7 et 16.

MÉDECINS. Ceux qui indiquent ou administrent des moyens d'avortement. *Voy.* Blessures, n°. 9.

Ceux qui délivrent de faux certificats de maladie ou infirmité. *Voy.* Faux , n°s. 16 , 19 et 20.

Ceux qui révèlent les secrets qui leur sont confiés. *Voy.* Secret.

MÉDICAMENS. Avortement procuré par ce moyen. *Voy.* Blessures , n°. 9.

MÉDISANT. Imputation calomnieuse. *Voy.* Calomnie.

MÉFAIT. Les conventions tendant à rendre compte ou à faire distribution ou partage du produit des méfaits , établissent une association de malfaiteurs. *Voy.* Malfaiteurs , n°. 2.

MÉLANGE. Altération de vins , etc. par mélange de substances malfaisantes ou non malfaisantes , commise par des voituriers ou bateliers. *Voy.* Vols, n°. 9.

MEMBRES. Attentat ou complot contre la vie ou la personne des Membres de la Famille Impériale. *Voy.* EMPEREUR , n°. 2.

Voy. Associations illégales. Fournisseurs.

MÉMOIRE. Soustraction d'un mémoire produit dans une contestation judiciaire. *Voyez* Soustraction.

Injures qui y seraient contenues. *Voyez* Calomnie, n°. 11.

- (*a*) « Ce n'est pas assez d'environner la vie des citoyens de toutes les garanties que la loi peut offrir , il faut encore assurer leur sécurité , en prévenant les sommations menaçantes , signées *Voy.*

Voy. Incendie, n°. 3. Blessures, n°. 5.

2°. Si cette menace n'a été accompagnée d'aucun ordre ou condition, la peine sera d'un emprisonnement de deux ans au moins et de cinq ans au plus, et d'une amende de cent francs à six cent francs. 306. (*b*).

Voy. le n°. 4 ci-après. Blessures, n°. 5.

3°. Si la menace faite avec ordre ou sous condition a été verbale, le coupable sera puni d'un emprisonnement de six mois à deux ans et d'une amende de vingt-cinq francs à trois cent francs. 307. (*c*).

Voy. le n°. 4 ci-après. Blessures, n°. 5.

4°. Dans les cas prévus par les deux précédens articles, le coupable pourra de plus être mis, par l'arrêt ou le jugement, sous la surveillance de la haute police, pour cinq ans au moins et dix ans au plus. 308. (*d*).

---

ou anonymes, à l'aide desquelles des brigands, connus sous le nom de *sommeurs*, parviennent à terrifier l'homme paisible, qui, pour se rédimer de pareilles injonctions, se soumet aux conditions qui lui sont dictées, et dépose ce qui lui est demandé, pour racheter ses propriétés menacées ou sa vie mise en péril. »

« Les lois, jusqu'à ce jour, n'avaient prévu ce genre de crime que pour le seul cas d'incendie. Elles punissaient de la même peine la menace verbale et la menace écrite ; elles ne prévoyaient pas le cas où l'auteur de la menace y avait attaché des conditions ou des ordres. » *Rapport par M. de Monseignat.*

« La loi punit le crime dont il s'agit de la même peine que le vol avec violence. N'est-ce pas, en effet, un crime semblable ? La personne menacée est dans une situation d'autant plus critique, qu'elle ne peut pas se mettre continuellement en garde et qu'elle craint toujours que si elle n'obéit point à l'ordre, tôt ou tard et au moment où elle y songera le moins, elle ne finisse par être victime du crime dont elle est menacée. La terreur que ces menaces inspirent ne nuit pas seulement à la tranquillité de la personne qui en est l'objet, elle est partagée par beaucoup d'autres qui redoutent pour eux le même sort. »

« Si l'écrit, au lieu de contenir l'ordre de déposer une somme, contient celui de remplir

une condition quelconque, il y a toujours violence et violence préméditée avec dessein d'obtenir ce qu'on n'a pas le droit d'exiger. » *Motifs.*

(*b*) « Dans ce cas, on ne peut attribuer la menace qu'au désir de répandre l'effroi, sans aucun but de s'approprier le bien d'autrui. Ce délit est bien moins grave que le premier. » *Motifs.*

(*c*) « Une pareille menace doit être moins punie, parce que le coupable, agissant plus à découvert, il est moins difficile de se mettre en garde contre lui, que dès lors elle excite une crainte moins forte : que d'un autre côté, la préméditation n'est pas nécessairement attachée aux menaces verbales, comme elle l'est aux menaces écrites. »

« A l'égard des menaces verbales qu'aucun ordre ni condition n'auront accompagnées, nulle peine n'est établie. On a considéré qu'étant dénuées de tout intérêt, elles peuvent être le résultat d'un mouvement subit produit par la colère et dissipé bientôt par la réflexion. » *Motifs.*

« La menace verbale est regardée comme une jactance insignifiante, produit éphémère et sans conséquence de la vivacité ou de l'irréflexion. » *Rapport par M. de Monseignat.*

(*d*) « Cette faculté laissée aux juges leur impose le devoir d'examiner jusqu'à quel point les individus sont dangereux, soit par leur vie habituelle soit par leurs liaisons. » *Motifs.*

Menaces de la mort. *Voy.* Arrestations illégales, n°. 4.

Menaces tendant à empêcher l'exercice des droits civiques. *Voy.* Droits civiques, nᵒˢ. 1 et 2.

—— tendant à entraver ou troubler la liberté des enchères. *Voy.* Enchères ; de l'un des cultes autorisés. *Voy.* Cultes, nᵒˢ. 1 et 5.

——tendant à contraindre un Fonctionnaire public à faire un acte favorable. *Voy.* Fonctionnaires publics, nᵒˢ. 9 et 10.

—— d'incendier une habitation ou toute autre propriété. *Voy.* Incendie, n°. 3.

Ceux qui usent de menaces en mendiant. *Voy.* Mendicité, nᵒˢ. 3 et 9.

Ceux qui, par menaces, ont provoqué à une action qualifiée crime ou délit, en sont complices. *Voy.* Complices n°. 2.

Voy. Outrages. Rebellion, n°. 11. Vols, n°. 3, §. V.

~~~~~~~~~~~~~~~~

Mᴇɴᴅɪᴀɴᴛ. *Voy.* Mendicité.

—— Imputation calomnieuse. *Voy.* Calomnie.

~~~~~~~~~~~~~~~~

MENDICITÉ. 1°. Toute personne qui aura été trouvée mendiant dans un lieu pour lequel il existera un établissement public organisé afin d'obvier à la mendicité, sera punie de trois à six mois d'emprisonnement, et sera, après l'expiration de sa peine, conduite au dépôt de mendicité. 274. (*a*).

Voy. les art. 8 et 9 ci-après.

(*a*) « Les mendians ne sont pas dignes de beaucoup plus de faveur que les vagabonds, aujourd'hui sur-tout que la bienfaisante activité du Gouvernement réalise le vœu philantropique de tant d'écrivains distingués, et ouvre, sous le nom de dépôts de mendicité, des asiles où les pauvres infirmes sont nourris aux frais de l'Etat qui ne leur demandera d'ailleurs que le travail dont ils seront capables. » *Motifs.*

« Notre ancien Gouvernement avait tenté de détruire la mendicité ; ses essais n'eurent pas assez de développement ; ils furent infructueux. »

« La Convention Nationale, par la loi du 22 vendémiaire, an Il, avait pris des mesures pour la proscrire ; mais ces mesures qui se ressentaient de l'esprit qui dirigeait sa marche à cette époque, s'écroulèrent avec leurs auteurs : il ne resta dans la Nation que le désir de voir détruire ce fléau meurtrier et le sentiment décourageant de l'impuissance d'y parvenir. »

« Il était réservé à ce siècle d'être le témoin de la résolution de ce problème ; il était ré-

2°. Dans les lieux où il n'existe point encore de tels établissemens, les mendians d'habitude valides, seront punis d'un mois à trois mois d'emprisonnement.

S'ils ont été arrêtés hors du canton de leur résidence, ils seront punis d'un emprisonnement de six mois à deux ans. 275. (*b*).

Voy. les articles 8 et 9 ci-après.

3°. Tous mendians, même invalides, qui auront usé de menaces, ou seront entrés sans permission du propriétaire ou des personnes de sa maison, soit dans une habitation, soit dans un enclos en dépendant ;

Ou qui feindront des plaies ou infirmités ;

Ou qui mendieront en réunion, à moins que ce ne soient le mari et la femme, le père ou la mère et leurs jeunes enfans, l'aveugle et son conducteur ;

Seront punis d'un emprisonnement de six mois à deux ans. 276.

Voy. les articles 8 et 9 ci-après.

4°. Tout mendiant ou vagabond qui aura été saisi travesti d'une manière quelconque ;

Ou porteur d'armes, bien qu'il n'en ait usé ni menacé ;

Ou muni de limes, crochets ou autres instrumens propres, soit à commettre des vols ou d'autres délits, soit à lui procurer les moyens de pénétrer dans les maisons ;

Sera puni de deux à cinq ans d'emprisonnement. 277.

servé au Souverain qui gouverne la France d'ajouter à tous les genres de gloire qui l'environnent, celle de proscrire la mendicité, la source et l'occasion de tant de crimes. La France a reçu avec enthousiasme le décret bienfaisant du 5 juillet 1808 : *La mendicité sera défendue dans tout le territoire de l'Empire* ; elle s'est empressée d'applaudir aux dispositions salutaires prises pour son exécution : Dans tous les Départemens de l'Empire s'élèvent des asiles pour le pauvre, et des ressources sont assurées pour sa subsistance. Les dépôts de mendicité sont établis ; nos pas ne sont point arrêtés par l'importunité du mendiant, et nos yeux ne sont plus révoltés par l'image dégoûtante des infirmités et de la honteuse misère. Reconnaissance éternelle à la bienfaisance du héros qui assure à l'indigence une retraite, et des alimens à la pauvreté. L'enfance ne sera plus abandonnée ; les infirmités ne manqueront plus de ressources ni le travail d'encouragement et d'emploi ; quels moyens puissans pour prévenir les crimes et pour assurer le repos de la Société ! » *Rapport par M. Noailles.*

(*b*) « Quand de tels établissemens existeront par-tout, il ne restera plus de prétexte ni d'excuse à la mendicité ; mais, jusques là, la crainte de frapper le malheur et l'indigence exigera quelques ménagemens en faveur des mendians invalides. » *Motifs.*

Voy. les articles 8 et 9 ci-après.

5°. Tout mendiant ou vagabond qui sera trouvé porteur d'un ou de plusieurs effets d'une valeur supérieure à cent francs, et qui ne justifiera point d'où ils lui proviennent, sera puni de la peine portée en l'article 276. 278.

Voy. les articles 8 et 9 ci-après.

6°. Tout mendiant ou vagabond qui aura exercé quelque acte de violence que ce soit envers les personnes, sera puni de la réclusion, sans préjudice de peines plus fortes, s'il y a lieu, à raison du genre et des circonstances de la violence. 279. (*c*).

Voy. le n°. 9 ci-après.

7°. Tout vagabond ou mendiant qui aura commis un crime emportant la peine des travaux forcés à tems, sera en outre marqué. 280. (*d*).

Voy. le n°. 9 ci-après.

8°. Les peines établies par le présent Code contre les individus porteurs de faux certificats, faux passe-ports ou fausses feuilles de route, seront toujours dans leur espèce portées au *maximum*, quand elles seront appliquées à des vagabonds ou mendians. 281.

Voy. Faux, n°. 9 jusques au n°. 20, inclusivement, et le n°. 9 ci-après.

9°. Les vagabonds ou mendians qui auront subi les peines portées par les articles précédens, demeureront à la fin de ces peines à la disposition du Gouvernement. 282. (*e*).

Voy. Vagabondage.

~~~~~~~~~~~~~~~~~~~~~

Menteur. Imputation calomnieuse. *Voyez* Calomnie, n°ˢ. 9 et 10. Contraventions, n°. 4, §. XI, n°ˢ. 7 et 16.

Menuisier. *Voy.* Commerce, n°. 5.

Mépris. Imputation de faits qui, s'ils existaient, exposeraient au mépris celui contre

---

(*c*) « De la part de pareils hommes, il n'est aucun des signes indiqués qui ne soit propre à porter l'alarme, et n'atteste un délit consommé ou prêt à l'être. » *Motifs.*

(*d*) « L'ordre public doit s'armer plus fortement contre ceux qui le menacent davantage. » *Motifs.*

(*e*) « Toutes ces mesures de rigueur sont commandées par la qualité des personnes contre

qui elles sont exercées : leur sort n'est plus digne de pitié, maintenant que le Gouvernement leur offre tous les secours que réclamait leur indigence. Tout homme valide doit travailler, c'est la loi de la nature ; s'il se refuse au travail, c'est un être dangereux que l'Autorité doit surveiller et punir sévèrement. *Rapport par M. Noailles.*

lequel ils sont articulés. *Voy.* Calomnie, n°. 1.

MER. Machinations pour seconder les progrès des armes des ennemis de l'Etat sur les possessions ou contre les forces françaises de terre ou de mer. *Voy.* État, n°ˢ. 3 et 5.

Fournisseurs pour le compte des armées de mer, qui auront fait manquer le service ou qui auront fraudé. *Voy.* Fournisseurs.

MERCIER. *Voy.* Commerce, n°. 5.

MÈRE. Blessures faites ou coups donnés par un enfant à sa mère légitime, naturelle ou adoptive. *Voy.* Blessures, n°ˢ. 4 et 5.

—— qui prostitue ses enfans de l'un ou de l'autre sexe au-dessous de l'âge de vingt-un ans. *Voy.* Mœurs, n°ˢ. 5 et 6.

—— n'est pas obligée de dénoncer les complots formés par ses enfans contre l'Empereur ou contre la sureté de l'État. *Voy.* État, n°. 28 ;

Même dispense pour la fausse monnaie. *Voy.* Monnaie, n°. 6 ; pour les contrefactions du sceau de l'État, d'effets publics ou de billets de banques autorisées. *Voy.* Contrefaction, n°. 6.

Soustractions commises par des enfans au préjudice de leurs mères, et par ceux-ci au préjudice de celles-là. *Voy.* Vols, n°. 2.

Officier de l'état civil qui ne s'est pas assuré du consentement de la mère, requis pour la validité du mariage. *Voy.* Fonctionnaires publics, n°ˢ. 23 et 25.

Voy. Père. Parricide.

MESSAGERIES. *Voy.* Dispositions générales, n°. 2 et la note.

MESURES. Ceux qui en ont de fausses. *Voy.* Contraventions, n°. 12, §. V, n°. 13, §. II, n°. 14, §. I, n°ˢ. 15 et 16.

Ceux qui ne font pas usage de celles établies par les lois. *Voy.* Contraventions, n°. 12, §. VI, n°. 13, §. III, n°. 14, §. I, n°ˢ. 15 et 16.

Ceux qui auront trompé sur la quantité des choses vendues par l'usage de fausses mesures. *Voy.* Commerce, n°. 5.

L'acheteur est privé de toute action contre le vendeur qui l'aura trompé par l'usage de poids ou de mesures prohibés. *Voy.* Commerce, n°. 6 ;

Peine dans le cas de fraude. *Voyez* le même n°.

MESURES. Concert de mesures contraires aux lois et à leur exécution. *Voy.* Fonctionnaires publics, n°ˢ. 1, 2 et 4 ;

Contre les ordres du Gouvernement. *Voy.* le même n°. 2 ;

Contre la sureté intérieure de l'État. *Voy.* Fonctionnaires publics, n°. 3.

MÉTAIRIE. *Voy.* Bâtimens. Édifices.

MÉTEIL. *Voy.* Grains.

MÉTIERS. *Voy.* Manufactures. Ouvriers. Commerce.

Ceux qui n'exercent habituellement ni métier ni profession, qui n'ont ni domicile certain, ni moyen de subsistance, sont des vagabonds ou des gens sans aveu. *Voy.* Vagabondage, n°. 2.

Gens qui font le métier de deviner et pronostiquer ou d'expliquer les songes. *Voy.* Contraventions, n°. 12, §. VII, n°. 13, §. IV, n°. 14, §. II, n°ˢ. 15 et 16.

On ne peut faire le métier de crieur ou afficheur, sans l'autorisation de la police. *Voy.* Écrits, n°. 8.

MÈTRES. Feux allumés dans les champs, à moins de cent mètres des maisons, etc. *Voy.* Destruction, n°ˢ. 22 et 26.

MEUBLES. Ceux qui portent volontairement dommage aux meubles d'autrui. *Voy.* Contraventions, n°. 12, §. I, n°ˢ. 15 et 16.

—— pillés ou gâtés. *Voyez* Destruction, n°ˢ. 4, 5 et 6.

—— incendiés par défaut d'entretien de maisons et usines ou par imprudence. *Voy.* Destruction, n°ˢ. 22 et 26.

Confiscation des meubles destinés au service des jeux ou des loteries, des meubles et des effets mobiliers dont les lieux seront garnis ou décorés. *Voy.* Jeux de hasard.

Ceux qui auront détourné au préjudice du propriétaire, possesseur ou détenteur, des meubles, qui ne leur auraient été confiés qu'à titre de dépôt ou pour un travail salarié, à la charge de les rendre ou représenter ou d'en faire un usage ou emploi déterminé. *Voy.* Confiance, n°. 3.

Voyez Escroquerie.

MEUBLES FERMÉS. Les effractions faites aux meubles fermés, après l'introduction dans les maisons ou dépendances, sont des effractions intérieures. *Voy.* Vols, n°. 18.

Le simple enlèvement de ces meubles est aussi compris dans la classe des effractions intérieures. *Voyez le même* n°.

MEULES. Vols dans les champs de celles de grains. *Voy.* Vols, n°. 10.

Incendie causé par des feux allumés dans les champs, à moins de cent mètres des meules de grains, pailles, foins ou fourrages. *Voy.* Destruction, n°s. 22 et 26.

Ceux qui auront volontairement mis le feu à des récoltes en tas ou en meules. *Voyez* Incendie, n°. 1.

MEURTRE. *Voyez* Homicide, n°s. 1, 2,

5, 6, 8, 10, 13, 14 et 16. Enfant, n°. 7.

Blessures faites à des Fonctionnaires publics ou à des Agens du Gouvernement, portant le caractère de meurtre. *Voy.* Fonctionnaires publics, n°. 40.

MEURTRIER. Imputation calomnieuse. *Voy.* Calomnie.

MEURTRISSURE. *Voy.* Blessures.

MILITAIRES. Les contraventions, délits et crimes militaires ne sont pas compris dans les dispositions du présent code. *Voy.* Dispositions préliminaires, n°. 5.

MINE. Incendie ou destruction d'une propriété de l'État par son explosion. *Voy.* État, n°s. 16, 23, 24, 25, 26, 27, 28 et 29.

Destruction par son effet, d'édifices, navires ou bateaux. *Voy.* Incendie, n°. 2.

MINES. *Voy.* Dispositions générales, n°. 2 et la note.

MINEURS. 1°. Quiconque aura, par fraude ou violence enlevé ou fait enlever des mineurs, ou les aura entraînés, détournés ou déplacés des lieux où ils étaient mis par ceux à l'autorité ou à la direction desquels ils étaient soumis ou confiés, subira la peine de la réclusion. 354. (*a*).

Voy. les n°s. 2 et 3 ci-après.

2°. Si la personne ainsi enlevée ou détournée est une fille au-dessous de seize ans accomplis, la peine sera celle des travaux forcés à tems. 355. (*b*).

Voy. les n°s. 3 et 4 ci-après.

(*a*) « Ce crime, enfanté par la cupidité ou par le dérèglement des mœurs, souvent par l'un et par l'autre à la fois, présente un des plus dangereux attentats contre la faiblesse et l'inexpérience ; car l'enlèvement ne peut être fait que par violence ou par fraude, et en dérobant le mineur aux personnes qui le surveillaient. » *Motifs.*

« Le Code embrasse dans sa généralité les mineurs des deux sexes, et punit quiconque les

aura détournés, entraînés ou déplacés par violence ou par fraude, et par conséquent à l'aide de menaces, de philtres, de liqueurs enivrantes ou de tout autre moyen qui les aurait privés de l'usage de leur volonté. » *Rapport par M. de Monseignat.*

(*b*) « Le crime étant plus grave, la peine est plus forte. » *Motifs.*

« Peu importe, dans cette circonstance, que le ravisseur ait employé la violence, le dol, la

3°. Quand la fille au-dessous de seize ans aurait consenti à son enlèvement ou suivi volontairement le ravisseur, si celui-ci était majeur de vingt-un ans ou au-dessus, il sera condamné aux travaux forcés à tems.

Si le ravisseur n'avait pas encore vingt-un ans, il sera puni d'un emprisonnement de deux à cinq ans. 356. (*c*).

Voy. le n°. 4 ci-après.

4°. Dans le cas où le ravisseur aurait épousé la fille qu'il a enlevée, il ne pourra être poursuivi que sur la plainte des personnes qui, d'après le Code Napoléon, ont le droit de demander la nullité du mariage, ni condamné, qu'après que la nullité du mariage aura été prononcée. 357. (*d*).

---

fraude ou seulement la séduction : il est indifférent qu'il ait entraîné de force la victime loin de son asile, ou que celle-ci l'ait suivi sans contrainte. Le consentement donné par une fille au-dessous de seize ans n'a aucune influence sur la nature de la peine ; il est censé arraché à la timidité de ce sexe, ou être l'effet décevant des illusions et des prestiges dont il est si facile d'entourer l'inexpérience et la crédulité de cet âge, et le coupable est puni des travaux forcés à tems, s'il est majeur : s'il est mineur et qu'il ait atteint sa seizième année, il ne peut invoquer le défaut absolu de discernement ; mais, la loi suppose qu'entraîné, aveuglé par le délire d'une première passion, il n'a pu embrasser toutes les conséquences et calculer tous les résultats de sa téméraire entreprise ; il échappera aux travaux forcés. Cependant il a troublé la paix d'une famille, il a violé le sanctuaire domestique, il doit être puni correctionnellement. » *Rapport par M. de Monseignat.*

(*c*) « *Voy.* la Note (*b*) ci-devant.

(*d*) « Si le ravisseur épouse la personne enlevée, si celle-ci ne se plaint pas, si les ayant droit à demander la nullité du mariage se taisent, la loi ne saurait se montrer plus sévère ; elle se laisse fléchir, et l'offense qui lui avait été faite est censée remise, quand cette offense a reçu ainsi la meilleure des réparations dont elle était susceptible. » *Même rapport.*

« Le sort du coupable dépend du parti que prendront ceux qui ont droit de demander la nullité du mariage. S'ils ne la demandent point, la poursuite du crime ne peut avoir lieu ; autrement la peine qui serait prononcée contre le coupable, réjaillirait sur la personne dont il a abusé, et qui, victime innocente de la faute de son époux, serait réduite à partager sa honte. Il ne suffit pas même, pour que l'époux puisse être poursuivi criminellement, que la nullité du mariage ait été demandée, il faut encore que le mariage soit déclaré nul : car il serait possible qu'à l'époque où l'action en nullité serait intentée, il existât une fin de non recevoir contre les parens, soit parce qu'ils auraient expressément ou tacitement approuvé le mariage, soit parce qu'il se serait écoulé une année sans réclamation de leur part, depuis qu'ils ont eu connaissance du mariage. »

« Ces fins de non recevoir sont établies par l'article 183 du Code Napoléon, ainsi conçu : « L'action en nullité ne peut plus être intentée « ni par les époux ni par les parens dont le « consentement était requis, toutes les fois que « le mariage a été approuvé expressément ou « tacitement par ceux dont le consentement « était nécessaire, ou lorsqu'il s'est écoulé une « année, sans réclamation de leur part, depuis « qu'ils ont eu connaissance du mariage. Elle « ne peut être intentée non plus par l'époux, « lorsqu'il s'est écoulé une année sans réclama-« tion de sa part, depuis qu'il a atteint l'âge « compétent pour consentir par lui-même au « mariage. »

Abus des besoins, des faiblesses, ou des passions d'un mineur, pour lui faire souscrire à son préjudice des obligations, etc. *Voyez* Confiance, n°. 1.

Mineur, âgé de moins de seize ans, qui sera acquitté pour avoir agi *sans discernement*, sera remis à ses parens suivant les circonstances, ou conduit dans une maison de correction. *Voy.* Peines, n°. 55.

Peines qui seront prononcées contre lui, s'il est décidé qu'il a agi *avec discernement. Voy.* Peines, n°s. 56, 57 et 58.

Caution solvable de bonne conduite qui peut être exigée du tuteur ou curateur du mineur condamné au renvoi sous la surveillance de la haute police. *Voy.* Peines, n°. 39.

MINISTÈRE. *Voy.* Ministre de culte, n°. 3.
Violences dirigées contre un Citoyen chargé d'un ministère de service public. *Voy.* Fonc-tionnaires publics, n°s. 37, 38, 39 et 40.
Voy. Fonctions publiques.

MINISTRE. Celui qui a ordonné ou fait des

« En ce cas, dès que le mariage ne pourrait plus être attaqué, les considérations qu'on vient d'exposer ne permettraient pas que la conduite de l'époux fût recherchée ; et si l'intérêt de la Société est qu'aucun crime ne reste impuni, son plus grand intérêt, dans cette occasion, est de se montrer indulgente, et de ne pas sacrifier à une vengeance tardive le bonheur d'une famille entière. » *Motifs.*

OBSERVATION.

« On a remarqué le silence de la loi sur un genre de crime que les Romains avaient assimilé au rapt de violence, que nos ordonnances signalaient sous le nom de rapt de séduction, et punissaient de peines très-sévères. »

· « L'Assemblée Constituante dont on se plaît à invoquer l'imposante autorité, avait effacé de la liste des crimes l'enlèvement, effet de la séduction ; elle ne punissait que l'enlèvement d'une fille âgée de moins de quatorze ans, encore fallait-il qu'il fût commis avec violence et pour abuser de la personne enlevée, ou la prostituer. »

« Le nouveau Code place le crime dans le seul fait matériel de l'enlèvement ; il recule de deux ans l'époque jusqu'à laquelle les personnes du sexe sont mises sous la sauvegarde spéciale de la loi ; il atteint enfin non-seulement le ravisseur qui usera de violence, mais celui qui aura employé le dol et la fraude. »

« Il n'étend pas plus loin ces importantes additions. Le législateur a cru pouvoir abandonner, après seize ans, les jeunes personnes à la vigilance de leurs parens, à la garde de la Religion, aux principes de l'honneur, à la censure de l'opinion. Il a pensé qu'après seize ans, la séduction que la nature n'avait pas mise au rang des crimes ne pouvait y être placée par la Société. Il est si difficile à cette époque de la vie, vû la précocité du sexe et son excessive sensibilité, de démêler l'effet de la séduction de l'abandon volontaire. Quand les atteintes portées au cœur peuvent être réciproques, comment distinguer le trait qui l'a blessé ? et comment reconnaître l'aggresseur dans un combat où le vainqueur et le vaincu sont moins ennemis que complices ? » *Rapport par M. de Monseignat.*

actes

actes arbitraires et attentatoires à la liberté individuelle, aux droits civiques ou aux Constitutions de l'Empire. *Voy.* Liberté individuelle, n°⁵. 1 et 2.

Si ces actes sont faits d'après une fausse signature du nom d'un Ministre. *Voy.* Liberté individuelle, n°. 5.

S'il prétend que la signature qu'on lui impute lui a été surprise. *Voy.* Liberté individuelle, n°. 3.

Un Ministre ne peut être ni poursuivi ni arrêté sans les autorisations prescrites par les Constitutions. *Voy.* Liberté individuelle, n°. 8.

Celui chargé de la surveillance des cultes doit être informé de la correspondance de tout Ministre de culte avec une Cour ou Puissance étrangère, et cette correspondance ne peut avoir lieu sans son autorisation. *Voy.* Ministre de culte, n°. 9.

MINISTRE DE CULTE. (*a*). 1°. Tout Ministre d'un culte qui procédera aux cérémonies religieuses d'un mariage, sans qu'il lui ait été justifié d'un acte de mariage préalablement reçu par les Officiers de l'état civil, sera, pour la première fois, puni d'une amende de seize francs à cent francs. 199. (*b*).

(*a*) « En rapprochant les diverses dispositions qui concernent les cultes, on sera frappé tout-à-la-fois et de l'impartialité qui les a dictées et de la prévoyance de leur auteur : la Religion, grâces à elles, ne servira pas de prétexte à la désobéissance et à la sédition ; une Puissance ambitieuse et rivale ne s'élèvera pas à côté de l'autorité des lois, pour lui désobéir et la méconnaître ; et la soumission qui leur est due et au chef suprême de l'État sera irrévocablement maintenue. » *Rapport par M. Noailles.*

(*b*) « C'est compromettre évidemment l'état civil des gens simples, d'autant plus disposés à confondre la bénédiction nuptiale avec l'acte constitutif du mariage, que le droit d'imprimer au mariage le sceau de la loi était naguères dans les mains des ministres de cultes. »

« Il importe, sans doute, qu'une si funeste méprise ne se perpétue point, et ce motif est assez puissant pour punir d'une amende les ministres de cultes qui procèdent aux cérémonies religieuses d'un mariage, sans justification préalable de l'acte qui le constitue réellement. » *Motifs.*

« Ces dispositions sont plus particulièrement destinées à garantir l'état des citoyens, et à maintenir tout-à-la-fois l'ordre de la Société et celui des mœurs ; elles prononcent un juste châtiment contre les ministres de la Religion, qui, par une criminelle usurpation voudraient substituer leur ministère à celui des seuls officiers reconnus par l'Autorité publique, et remplacer par des cérémonies religieuses des actes qui, aux yeux de la loi, sont des actes purement civils. »

« Sans doute, il est aussi moral que pieux d'appeler la protection du Ciel sur des époux qui vont s'unir ; de lui demander leur bonheur et d'espérer que la Providence n'est pas insensible au tableau touchant de deux êtres jurant l'un à l'autre de se devoir une félicité commune, et scellant du sceau de la Religion leurs tendres et solennelles promesses. Mais, les pratiques religieuses sont étrangères aux formalités de l'ordre civil ; et vouloir les confondre ensemble, c'est s'exposer à faire dépendre l'exercice de la protection que la Société doit à tous ses membres, de leur soumission à tel ou tel culte, et de la croyance qu'ils professent. »

« Long-tems, la puissance religieuse et la puissance civile ont été ainsi réunies, et mille maux en sont résultés ; elles sont séparées maintenant, et elles le sont pour toujours : l'une ne doit rien envier à l'autre ; leur domaine respectif est assez vaste pour satisfaire chacune d'elles. Il ne faut donc point permettre aux ministres des cultes d'enlever à l'ordre civil ce qu'il importe si essentiellement qu'il conserve ; *et en laissant à Dieu ce qui est à Dieu, rendons à César ce qui est à César :* que les cérémonies qui peu-

29

2°. En cas de nouvelles contraventions de l'espèce exprimée en l'article précédent, le Ministre de culte qui les aura commises, sera puni, savoir :

Pour la première récidive, d'un emprisonnement de deux à cinq ans ;

Et pour la seconde, de la déportation. 200. (c).

3°. Les Ministres des cultes qui prononceront dans l'exercice de leur ministère et en assemblée publique, un discours contenant la critique ou censure du Gouvernement, d'une loi, d'un Décret Impérial ou de tout autre acte de l'Autorité publique, seront punis d'un emprisonnement de trois mois à deux ans. 201. (d).

4°. Si le discours contient une provocation directe à la désobéissance aux lois ou autres actes de l'Autorité publique, ou s'il tend à soulever ou armer une partie des citoyens contre les autres, le Ministre du culte qui l'aura prononcé sera puni d'un emprisonnement de deux à cinq ans, si la provocation n'a été suivie d'aucun effet; et du bannissement, si elle a donné lieu à désobéissance, autre toutefois que celle qui aurait dégénéré en sédition ou révolte. 202. (e).

---

vent suivre les mariages ne les précèdent jamais et ne les suppléent pas ; alors, ces actes de la Religion ne cesseront point d'être un bienfait, et ils en deviendront plus augustes. » *Rapport par M. Noailles.*

(c) « Celui qui a failli trois fois se place évidemment dans un état de désobéissance permanente et de révolte contre la loi. » *Motifs.*

Voy. la Note (b).

(d) « Trop souvent, et il faut le dire, des prédications insensées ont pris, dans les chaires de l'Évangile, la place du langage sacré de la morale et de la vertu ; et des hommes envoyés pour bénir se sont trop souvent permis de maudire. »

« Trop souvent, le fanatisme a fait entendre sa funeste voix là où la Religion seule devait parler, et la Société toute entière a été ébranlée dans ses fondemens et blessée dans ses plus précieux résultats. »

« Mais de tels excès, tous les jours plus rares, étaient trop contraires aux principes de la Religion, pour n'être pas désavoués par la plupart de ses ministres ; et à Dieu ne plaise que nous osions lui faire un reproche général d'une conduite particulière qu'elle ne cessa de repousser, lorsqu'elle fut fidèle à elle-même. Cependant la répression de ces délits était un devoir du législateur, et ils attaquaient trop cruellement la paix et la sécurité publiques, pour n'être pas mis au rang de ceux qu'une juste punition doit atteindre. *Il faut rendre à Dieu ce qui est à Dieu, et à César ce qui est à César :* telle est la déclaration solennelle qu'a proclamé de nouveau le Grand Homme qui a relevé les Autels, le Héros qui a rassemblé tous les débris de l'édifice social ; et ses paroles n'ont jamais été vaines. » *Rapport par M. Noailles.*

(e) « L'on a distingué la critique ou censure simple d'avec la provocation directe à la désobéissance ; dans ce dernier cas, la culpabilité plus forte entraîne une plus grande peine. » *Motifs.*

5°. Lorsque la provocation aura été suivie d'une sédition ou révolte dont la nature donnera lieu contre l'un ou plusieurs des coupables à une peine plus forte que celle du bannissement, cette peine, quelle qu'elle soit, sera appliquée au ministre coupable de la provocation. 203.

6°. Tout écrit contenant des instructions pastorales, en quelque forme que ce soit, et dans lequel un Ministre de culte se sera ingéré à critiquer ou censurer, soit le Gouvernement, soit tout acte de l'Autorité publique, emportera la peine du bannissement contre le Ministre qui l'aura publié. 204. (*f*).

7°. Si l'écrit mentionné en l'article précédent contient une provocation directe à la désobéissance aux lois ou autres actes de l'Autorité publique, ou s'il tend à soulever ou armer une partie des Citoyens contre les autres, le Ministre qui l'aura publié sera puni de la déportation. 205.

8°. Lorsque la provocation contenue dans l'écrit pastoral aura été suivie d'une sédition ou révolte dont la nature donnera lieu contre l'un ou plusieurs des coupables à une peine plus forte que celle de la déportation, cette peine, quelle qu'elle soit, sera appliquée au Ministre coupable de la provocation. 206.

9°. Tout Ministre d'un culte qui aura, sur des questions ou matières religieuses, entretenu une correspondance avec une Cour ou Puissance étrangère, sans en avoir préalablement informé le Ministre de l'Empereur, chargé de la surveillance des cultes, et sans avoir obtenu son autorisation, sera, pour ce seul fait, puni d'une amende de cent francs à cinq cent francs et d'un emprisonnement d'un mois à deux ans. 207. (*g*).

(*f*) « L'on a distingué aussi les censures et provocations faites dans un discours public d'avec celles consignées dans un écrit pastoral, et ces dernières sont punies davantage, comme étant le produit plus réfléchi de vues perverses, et comme susceptibles d'une circulation plus dangereuse. » *Motifs.*

(*g*) « Cette disposition d'une haute importance ne saurait alarmer que les artisans de troubles, et les hommes, s'il en est encore, assez insensés pour croire, ou assez audacieux pour dire que *l'Etat est dans l'Eglise, et non l'Eglise dans l'Etat.* »

« Cette maxime ultramontaine qui put prévaloir, lorsqu'un Pontife étranger disposait des

100. Si la correspondance mentionnée en l'article précédent a été accompagnée ou suivie d'autres faits contraires aux dispositions formelles d'une loi ou d'un décret de l'Empereur, le coupable sera puni du bannissement, à moins que la peine résultant de la nature de ces faits ne soit plus forte, auquel cas cette peine plus forte sera seule appliquée. 208.

Ceux qui outragent par paroles ou par gestes, et qui frappent le Ministre d'un culte dans l'exercice de ses fonctions. *Voyez* Cultes, n°s. 3, 4 et 5.

Viol commis par un Ministre de culte sur un enfant au-dessous de quinze ans. *Voy.* Mœurs, n°. 4.

Voy. Cultes.

∿∿∿∿∿∿∿∿∿∿∿∿∿

MINUTES. Destruction de minutes. *Voyez* Destruction, n°. 3.

Voy. Faux, n°s. 1, 2, 3, 4, 5, 6 et 7.

MISÉRABLE. *Voy.* Méchant.

MITIGATION DE PEINE. Dans quel cas la peine peut-elle être mitigée ? *Voy.* Peines,

n°s. 54, 56, 60 et 61. Écrits, n°s. 2 et 6. Arrestations illégales, n°. 3. Homicide, n°. 18. Dispositions générales, n°. 1 et la note.

MIXTIONS. Vente ou débit de boissons falsifiées, contenant des mixtions nuisibles à la santé. *Voy.* Blessures, n°. 10.

∿∿∿∿∿∿∿∿∿∿∿∿

MŒURS. 1°. (*a*). Toute personne qui aura commis un outrage public à la pudeur,

---

Empires et déposait les Rois, a été depuis long-tems reléguée dans la classe des erreurs qu'enfantèrent les siècles d'ignorance. »

« Il ne s'agit pas, au reste, de rompre les rapports légitimes d'aucun culte avec des chefs même étrangers ; il n'est question que de les connaître : et ce droit du Gouvernement, fondé sur le besoin de maintenir la tranquillité publique, impose aux ministres des cultes des devoirs que rempliront avec empressement tous ceux dont les cœurs sont purs et les vues honnêtes. Si cette obligation gêne les autres, son utilité n'en sera que mieux prouvée. » *Motifs.*

« De quelque fonction qu'on soit revêtu, on ne cesse point d'être sujet de son Prince et de l'Etat ; on ne s'affranchit point des devoirs que l'amour et nos sermens nous imposent ; on n'appartient point à une autre Puissance ; il n'y a en France que des Français et des sujets de

NAPOLÉON : et certes, ce titre est trop glorieux pour qu'on puisse l'abjurer sans crime. C'est un délit répréhensible et dangereux d'entretenir des relations avec une Puissance étrangère, contre le gré de son Souverain ; d'avoir une correspondance avec elle sur les fonctions que l'on exerce ; de se constituer son subordonné, et de faire dépendre l'exercice de ce qu'on doit à la Patrie, de ce qu'on croit devoir à une autre Puissance. » *Rapport par M. Noailles.*

(*a*) « *Les peines qui sont de la juridiction correctionnelle*, dit l'auteur de l'Esprit des lois, *suffisent pour réprimer ces sortes de délits. En effet, ils sont moins fondés sur la méchanceté que sur l'oubli ou le mépris de soi-même. Il n'est ici question*, ajoute-t-il, *que des crimes qui intéressent uniquement les mœurs, non de ceux qui choquent aussi la sûreté publique, tels que l'enlèvement et le viol.* »

sera punie d'un emprisonnement de trois mois à un an, et d'une amende de seize francs à deux cent francs. 330. (*b*).

2°. Quiconque aura commis le crime de viol ou sera coupable de tout autre attentat à la pudeur, consommé ou tenté avec violence contre des individus de l'un ou de l'autre sexe, sera puni de la réclusion. 331.(*c*).

Voy. les nos. 3 et 4 ci-après.

3°. Si le crime a été commis sur la personne d'un enfant au-dessous de l'âge de quinze ans accomplis, le coupable subira la peine des travaux forcés à tems. 332. (*d*).

Voy. le n°. 4 ci-après.

4°. La peine sera celle des travaux forcés à perpétuité, si les coupables sont de la classe de ceux qui ont autorité sur la personne envers laquelle ils ont commis l'attentat, s'ils sont ses instituteurs ou ses serviteurs à

« La distinction établie par Montesquieu a été suivie dans le Code. » *Motifs.*

(*b*) « Le nouveau Code montre une plus grande sévérité que la loi du 22 juillet 1791, qui punissait le délit dont il s'agit d'une amende et d'un emprisonnement qui ne pouvait excéder six mois, mais dont le *minimum* n'était ni obligatoire ni déterminé ; il fixe à trois mois le *minimum*, et porte à un an le *maximum* de la peine : cette augmentation est justifiée par la nature des délits qu'elle a pour objet de prévenir ou d'atteindre. Il est au moins superflu de signaler ces délits en détail ; n'est-il pas d'ailleurs facile de reconnaître les familiarités que la civilisation excuse, les discours que la galanterie tolère, les libertés que la mode autorise, de ne pas les confondre avec les expressions grossières, les attitudes éhontées et l'étalage de la corruption, l'absence ou la licence des vêtemens, l'oubli des principes et le but de la nature, et tous les autres outrages à la pudeur et à l'honnêteté publique ? » *Rapport par M. de Monseignat.*

(*c*) « Le plus grand des attentats qui puissent outrager les mœurs est celui qui emploie la force et l'audace contre la faiblesse et la pudeur, qui anéantit la liberté dans son plus doux exercice, qui imprime à la vertu la tache du déshonneur, et rend la personne complice bien que le cœur reste innocent. »

« Nos anciennes Ordonnances avaient prononcé la peine de mort contre ce crime ; l'Assemblée Constituante le punit de six ans de fers : le nouveau Code se rapproche beaucoup de cette dernière modification. Il était juste de s'écarter de l'excessive rigueur de nos pères, sur-tout par la difficulté de constater avec précision toute l'étendue de la résistance, dans un moment où seule elle provoque et constitue le crime. » *Même rapport.*

« La loi de 1791 n'a parlé que du viol : elle s'est tue sur d'autres crimes qui n'offensent pas moins les mœurs ; il convenait de remplir cette lacune. » *Motifs.*

« Le nouveau Code assimile justement au viol tout attentat aux mœurs consommé ou tenté avec violence contre les individus de l'un ou de l'autre sexe. » *Rapport par M. de Monseignat.*

(*d*) « L'innocence doit plus particulièrement commander le respect et faire taire jusqu'aux désirs : l'emploi de la force est alors d'autant plus révoltant, qu'il offre une violation de l'instinct même de la nature et un abus de l'ignorance autant que de la faiblesse de la victime. » *Même rapport.*

gages, ou s'ils sont fonctionnaires publics,
ou ministres d'un culte, ou si le coupable,
quel qu'il soit, a été aidé dans son crime
par une ou plusieurs personnes. 333. (*e*).

5°. Quiconque aura attenté aux mœurs,
en excitant, favorisant ou facilitant habituellement la débauche ou la corruption de la
jeunesse de l'un ou de l'autre sexe, au-
dessous de l'âge de vingt-un ans, sera puni
d'un emprisonnement de six mois à deux ans
et d'une amende de cinquante francs à cinq
cent francs. (*f*).

Si la prostitution ou la corruption a été
excitée, favorisée, ou facilitée par leurs
pères, mères, tuteurs ou autres personnes
chargées de leur surveillance, la peine sera
de deux ans à cinq ans d'emprisonnement et
de trois cent francs à mille francs d'amende.
334. (*g*).

Voy. le n°. 6 ci-après.

6°. Les coupables du délit mentionné au
précédent article seront interdits de toute
tutelle et curatelle et de toute participation

(*e*) « Ce caractère de gravité avait échappé
aux rédacteurs du Code de 1791 ; il s'applique
aux individus qui ont quelque autorité sur la
personne, comme ses maîtres, ses tuteurs, ses
curateurs ; ceux que des devoirs particuliers rapprochent d'elle, ses instituteurs, ses serviteurs
à gages ; ceux à qui leurs dignités ou leur rang
imposent plus de retenue dans leur conduite et
de sévérité dans leurs mœurs, les fonctionnaires
publics ou les ministres d'un culte. Les hommes
investis d'un caractère éminent doivent aux autres citoyens l'exemple d'une conduite pure et
sans tache. Plus répréhensibles quand ils tombent
en faute, plus coupables quand ils commettent
des crimes, ils doivent être punis davantage. »

« Quand le coupable a été aidé dans son crime
par une ou plusieurs personnes que la loi regarde comme complices, la barbarie vient alors
au secours de la brutalité, et cette association
ne peut avoir pour moteur que le plus vil intérêt ou le plus dégoûtant partage. » *Rapport
par M. de Monseignat.*

(*f*) « Comment ne pas signaler ces êtres qui
ne vivent que pour et par la débauche ; qui,

rebut des deux sexes, se font un état de leur
rapprochement mercenaire, et spéculent sur
l'âge, l'inexpérience et la misère, pour colpor-
ter le vice et alimenter la corruption. Des législateurs ne les ont punis que du mépris public ; mais, que peut le mépris sur des âmes
aussi avilies ? Comment punir par l'infamie des
personnes qui en font leur élément ? C'est par
des châtimens que la loi a cherché à atteindre
ces artisans habituels de prostitution. » *Même
rapport.*

(*g*) « Si l'on pouvait calculer des degrés de
bassesse dans un métier aussi bas, ceux-là, sans
doute, seraient les plus méprisables, qui servi-
raient ou exciteraient même la corruption des
personnes placées sous leur surveillance ou leur
tutelle, et notamment ces pères et ces mères
(s'il était possible qu'il pût s'en trouver) qui,
abusant du dépôt précieux que la nature et la
loi leur ont confié, spéculeraient sur l'innocence
qu'ils sont chargés de protéger et de défendre,
échangeraient contre de l'or la vertu de leurs
enfans, et se rendraient coupables d'un infanticide moral. » *Même rapport.*

aux conseils de famille , savoir, les individus auxquels s'applique le premier paragraphe de cet article , pendant deux ans au moins et cinq ans au plus , et ceux dont il est parlé au second paragraphe , pendant dix ans au moins et vingt ans au plus.

Si le délit a été commis par le père ou la mère , le coupable sera de plus privé des droits et avantages à lui accordés sur la personne et les biens de l'enfant par le Code Napoléon (1),

---

(1) Titre 9 du liv. I du Code Napoléon , intitulé : *De la puissance paternelle.* Art. 371 dudit Code. « L'enfant, à tout âge , doit honneur et respect à ses père et mère. »

Art. 372. « Il reste sous leur autorité jusqu'à sa majorité ou son émancipation. »

Art. 373. « Le père seul exerce cette autorité durant le mariage. »

Art. 374. « L'enfant ne peut quitter la maison paternelle sans la permission de son père , si ce n'est pour enrôlement volontaire, après l'âge de dix-huit ans révolus. »

Art. 375. « Le père qui aura des sujets de mécontentement très-graves sur la conduite d'un enfant , aura les moyens de correction suivans : »

Art. 376. « Si l'enfant est âgé de moins de seize ans commencés , le père pourra le faire détenir pendant un tems qui ne pourra excéder un mois ; et à cet effet , le président du Tribunal d'arrondissement devra , sur sa demande , délivrer l'ordre d'arrestation. »

Art. 377. « Depuis l'âge de seize ans commencés jusqu'à la majorité ou à l'émancipation, le père pourra seulement requérir la détention de son enfant pendant six mois au plus ; il s'adressera au président dudit Tribunal, qui , après en avoir conféré avec le commissaire du Gouvernement , délivrera l'ordre d'arrestation ou le refusera , et pourra , dans le premier cas , abréger le tems de la détention requis par le père. »

Art. 378. « Il n'y aura ; dans l'un et l'autre cas , aucune écriture ni formalité judiciaire , si ce n'est l'ordre même d'arrestation, dans lequel les motifs n'en seront pas énoncés. »

« Le père sera seulement tenu de souscrire une soumission de payer tous les frais et de fournir les alimens convenables. »

Art. 379. « Le père est toujours maître d'abréger la durée de la détention par lui ordonnée ou requise. Si , après sa sortie , l'enfant tombe dans de nouveaux écarts , la détention pourra être de nouveau ordonnée de la manière prescrite aux articles précédens. »

Art. 380. « Si le père est remarié , il sera tenu , pour faire détenir son enfant du premier lit , lors même qu'il serait âgé de moins de seize ans , de se conformer à l'art. 377. »

Art. 381. « La mère survivante et non remariée ne pourra faire détenir un enfant qu'avec le concours des deux plus proches parens paternels , et par voie de réquisition , conformément à l'art. 377. »

Art. 382. « Lorsque l'enfant aura des biens personnels , ou lorsqu'il exercera un état , sa détention ne pourra , même au-dessous de seize ans , avoir lieu que par voie de réquisition , en la forme prescrite par l'art. 377. »

« L'enfant détenu pourra adresser un mémoire au commissaire du Gouvernement près le Tribunal d'appel , qui , après en avoir donné avis au père , et après avoir recueilli tous les renseignemens , pourra révoquer ou modifier l'ordre délivré par le président du Tribunal de première instance. »

Art. 383. « Les art. 376 , 377 , 378 et 379 seront communs aux pères et mères des enfans naturels légalement reconnus. »

Art. 384. « Le père , durant le mariage , et après la dissolution du mariage , le survivant des père et mère , auront la jouissance des biens de leurs enfans , jusqu'à l'âge de dix-huit ans accomplis ou jusqu'à l'émancipation qui pourrait avoir lieu avant l'âge de dix-huit ans »

Art. 385. « Les charges de cette jouissance seront :

liv. I, tit. 9, *de la puissance paternelle.* (*h*).

Dans tous les cas, les coupables pourront de plus être mis, par l'arrêt ou le jugement, sous la surveillance de la haute Police, en observant pour la durée de la surveillance, ce qui vient d'être établi pour la durée de l'interdiction mentionnée au présent article. 335.

7°. L'adultère de la femme ne pourra être dénoncé que par le mari : cette faculté même cessera, s'il est dans le cas prévu par l'art. 339. 336. (*i*).

Voy. les n°s. 8, 9 et 10 ci-après.

8°. La femme convaincue d'adultère subira la peine de l'emprisonnement pendant trois mois au moins et deux ans au plus. (*k*).

1°. Celles auxquelles sont tenus les usufruitiers ;

2°. La nourriture, l'entretien et l'éducation des enfans, selon leur fortune ;

3°. Le paiement des arrérages ou intérêts des capitaux ;

4°. Les frais funéraires et ceux de dernière maladie. »

Art. 386. « Cette jouissance n'aura pas lieu au profit de celui des père et mère contre lequel le divorce aurait été prononcé ; et elle cessera, à l'égard de la mère, dans le cas d'un second mariage. »

Art. 387. « Elle ne s'étendra pas aux biens que les enfans pourront acquérir par un travail et une industrie séparés, ni à ceux qui leur seront donnés ou légués sous la condition expresse que le père et la mère n'en jouiront pas. »

(*h*) « Cette disposition vengera les mœurs outragées par ceux qui devaient en être les plus fidèles gardiens. » *Motifs.*

(*i*) « La loi de 1791 avait gardé le silence sur la violation de la foi conjugale de la part de l'époux ou de l'épouse. »

« La femme n'est coupable qu'envers le mari : lui seul est en droit de se plaindre ; l'action doit être interdite à tout autre, parce que tout autre est sans qualité et sans intérêt. *Motifs.*

« L'adultère a été placé dans tous les Codes au nombre des plus graves attentats aux mœurs ; et à la honte de la morale, l'opinion semble excuser ce que la loi doit punir : une espèce d'intérêt accompagne le coupable, les railleries poursuivent la victime. »

« Cette contradiction entre l'opinion et la loi a forcé le législateur à faire descendre dans la classe des délits ce qu'il n'était pas en sa puissance de mettre au rang des crimes. »

« Sans doute, ce délit porte atteinte à la sainteté du mariage que la loi doit protéger et garantir. Mais, sous tout autre rapport, l'adultère est moins un délit contre la Société que contre l'époux qu'il blesse dans son amour-propre, sa propriété et son amour. » *Rapport par M. de Monseignat.*

« Aussi, le mari a-t-il seul le droit de dénoncer ce délit, et le ministère public ne peut, d'office, s'immiscer dans sa poursuite ; mais, le magistrat est-il saisi de la plainte de l'époux outragé, la vindicte publique s'associe à celle du plaignant. » *Même rapport.*

« L'adultère de la femme est un délit plus grand, parce qu'il entraîne des conséquences plus graves, et qu'il peut faire entrer dans la famille légitime un enfant qui n'appartient point à celui que la loi regarde comme le père. »

(*k*) « Le Code pénal, en énonçant la peine qui doit être prononcée contre la femme, n'a fait que se conformer à l'art. 298 du Code Napoléon, de ce Code où l'on remarque partout le respect le plus religieux pour les mœurs. » *Motifs.*

Art. 298 du Code Napoléon. « Dans le cas de divorce admis en justice pour cause d'adultère, l'époux coupable ne pourra jamais se marier avec son complice. La femme adultère sera condamnée par le même jugement, et sur la réquisi-

Le

Le mari restera le maître d'arrêter l'effet de cette condamnation, en consentant à reprendre sa femme. 337. (*l*).

Voy. le n°. 9 ci-après, les art. 298 et 309 du Code Napoléon. (2).

9°. Le complice de la femme adultère sera puni de l'emprisonnement pendant le même espace de tems, et en outre, d'une amende de cent francs à deux mille francs. (*m*).

Les seules preuves qui pourront être admises contre le prévenu de complicité, seront, outre le flagrant délit, celles résultant de lettres ou autres pièces écrites par le prévenu. 338. (*n*).

10°. Le mari qui aura entretenu une concubine dans la maison conjugale, et qui aura été convaincu sur la plainte de la femme, sera puni d'une amende de cent francs à deux mille francs. 339. (*o*).

Voy. le n°. 7 ci-devant.

---

tion du Ministère public, à la réclusion dans une maison de correction, pour un tems déterminé qui ne pourra être moindre de trois mois, ni excéder deux années. »

(*l*) « Par la nature presque privée du délit dont il s'agit, ou plutôt par la puissance domestique dont est investi le mari, ce dernier restera toujours le maître d'arrêter l'effet de la condamnation prononcée contre son épouse. Il pourra, en la reprenant chez lui, se livrer au plaisir de lui pardonner ; il jouira, dans toute sa plénitude, du droit de faire grâce et de resserrer les liens de l'amour par ceux de la reconnaissance. » *Rapport par M. de Monseignat.*

« On a rappelé l'art. 309 du Code Napoléon qui laisse le mari maître d'arrêter l'effet de la condamnation prononcée contre sa femme, en consentant à la reprendre. En effet, la femme n'est coupable qu'envers son mari ; il doit donc avoir le droit de lui pardonner. » *Motifs.*

(2) L'article 298 du Code Napoléon se trouve à la note (*k*) ci-devant, et les dispositions de l'article 309 de ce même Code sont exactement conformes à celles du 2ᵈ. alinéa de l'article dont il s'agit.

(*m*) « La peine d'un délit dont l'existence ne peut se concevoir sans complice doit frapper sur ce dernier. Cette peine sera celle de la victime

de sa séduction, et en outre une amende. » *Rapport par M. de Monseignat.*

(*n*) « Il importait de fixer la nature des preuves qui pourront être admises pour établir une complicité que la malignité se plait trop souvent à chercher dans des indices frivoles, des conjectures hasardées ou des rapprochemens fortuits. Après les preuves du flagrant délit, de toutes les moins équivoques, les Tribunaux ne pourront admettre que celles qui résulteraient des lettres ou autres pièces écrites par le prévenu ; c'est dans ces lettres, en effet, que le séducteur dévoile sa passion et laisse échapper son secret. » *Même rapport.*

(*o*) « La poursuite contre le mari ne peut avoir lieu que sur la plainte de la femme, parce qu'elle seule est intéressée à réclamer contre l'infidélité de son époux. » *Motifs.*

« Après avoir assuré une garantie à l'époux, il était juste d'offrir à l'épouse délaissée, sinon une réciprocité entière, désavouée par la nature des choses et la différence des résultats de l'adultère dans les deux sexes, au moins, un moyen pour soustraire à ses regards la présence et le triomphe de sa rivale. Le mari, qui, après avoir oublié les sentimens dûs à son épouse, méconnaîtrait assez les égards dont elle doit être l'objet, pour entretenir une concubine dans sa maison,

11°. Quiconque étant engagé dans les liens du mariage en aura contracté un autre avant la dissolution du précédent, sera puni de la peine des travaux forcés à tems. (*p*).

L'Officier public qui aura prêté son ministère à ce mariage, connaissant l'existence du précédent, sera condamné à la même peine. 340. (*q*).

Voy. Fonctionnaires publics, n°. 24.

Ecrits et gravures contraires aux bonnes mœurs. *Voy.* Ecrits, n°ˢ. 5 et 6, et Contraventions, n°. 10, §. III.

~~~~~~~~~~~~~~~~~~~~~~~~~~~

Mois. Celui d'emprisonnement est de trente jours. *Voy.* Peines, n°. 35.

L'Evadé repris ou représenté dans les quatre mois de son évasion, l'emprisonnement prononcé contre les conducteurs ou les gardiens coupables seulement de négligence, cessera. *Voy.* Evasion, n°. 11.

Détention illégale qui a duré plus d'un mois. *Voy.* Arrestations illégales, n°ˢ. 2 et 4.

Moissonneurs. *Voy.* Ouvriers.

Moitié. La confiscation générale demeure grevée de l'obligation de fournir aux enfans ou autres descendans une moitié de la portion dont le père n'aurait pu les priver. *Voyez* Peines, n°. 33.

Si le coupable âgé de moins de seize ans n'a encouru qu'une peine correctionnelle, s'il est décidé qu'il a agi *avec discernement*, il pourra être condamné à telle peine correctionnelle qui sera jugée convenable, pourvu qu'elle soit au-dessous de la moitié de celle qu'il aurait subie, s'il avait eu seize ans. *Voy.* Peines, n°. 58.

Rouliers, charretiers, conducteurs de voi-

---

doit être puni. Toute action en adultère contre son épouse lui sera interdite. De quel droit le parjure pourrait-il invoquer la sainteté des sermens ? »

« Dans toute autre circonstance, la loi refuse à l'épouse accusée l'exception d'une récrimination trop souvent incertaine, trop difficile à établir, ou dont la preuve doublerait dans les Tribunaux le scandale inséparable de ce genre d'accusation. » *Rapport par M. de Monseignat.*

(*p*) « L'injure d'un second mariage contracté avant la dissolution du premier, n'est pas seulement concentrée dans l'enceinte domestique ; c'est un crime social, une atteinte à l'ordre établi dans les familles où de pareilles unions, d'après les lois qui nous régissent, porteraient le trouble, le désordre et la confusion. » *Même rapport.*

« Dans l'accusation de bigamie, le Code de 1791 admettait l'exception de la bonnefoi de celui qui contractait un second mariage avant la dissolution du premier : si les auteurs du nouveau Code n'ont pas cru devoir reproduire textuellement cette exception, c'est moins pour la défendre que parce qu'il est inutile de l'énoncer ; elle est de droit commun, elle est consignée dans ce principe antérieur à tous les Codes, que là où il n'y a point de volonté, il ne peut y avoir de crime. » *Même rapport.*

« Le crime de bigamie renferme tout-à-la fois l'adultère et le faux ; car le coupable a déclaré faussement devant l'officier de l'état civil, et même attesté par sa signature, qu'il n'était point engagé dans les liens du mariage. On ne parle point des conséquences qui résultent de ce crime pour la seconde femme et pour les enfans. » *Motifs.*

(*q*) « Cette disposition est une conséquence de l'évidence de la complicité de l'officier public. » *Rapport par M. de Monseignat.*

tures quelconques ou de bêtes de charge, qui ont contrevenu aux réglemens par lesquels ils sont obligés de laisser libre à toutes autres voitures et à leur approche, au moins la moitié des rues, chaussées, routes et chemins. *Voy.* Contraventions, n°. 8, §. III, n°ˢ. 9, 11 et 12, §. II et n°. 16.

Moment. Peines qu'on ne peut prononcer

contre un individu âgé de soixante-dix ans accomplis au moment du jugement. *Voyez* Peines, n°. 59.

Ceux qui, sans autre circonstance, auront glané, râtelé ou grapillé avant le moment du lever du soleil. *Voy.* Contraventions, n°. 4, §. X.

Monastère. *Voy.* Associations illicites.

Monopole. *Voy.* Commerce.

MONNAIE. (Fausse monnaie.)

1°. Quiconque aura contrefait ou altéré les monnaies d'or ou d'argent ayant cours légal en France, ou participé à l'émission ou exposition desdites monnaies contrefaites ou altérées, ou à leur introduction sur le territoire français, sera puni de mort et ses biens seront confisqués. 132. (*a*).

Voy. les n°ˢ. ci-après. Faux, n°ˢ. 19 et 20.

(*a*) « L'Assemblée Constituante réduisit aux fers la peine de ce crime, jusques là puni de mort ; l'on sait que cet essai philantropique ne fut point heureux, et que, peu après, il fallut rétablir la peine capitale. »

« Le nouveau Code a maintenu cette peine, et y assujettit également ceux qui contrefont ou altèrent les monnaies d'or et d'argent ayant cours légal dans l'Empire, et ceux qui les distribuent, exposent ou introduisent en France. »

« Cette disposition avait d'abord alarmé quelques esprits qui auraient désiré qu'on établît une distinction entre le fabricateur et le distributeur ; mais toute inquiétude à ce sujet était vaine, car, d'une part, le distributeur qui ignore le vice de la chose ne commet ni crime ni délit, et, d'un autre côté, ceux qui ont remis en circulation des pièces qu'ils savaient être fausses, mais qu'ils avaient reçues pour bonnes, ne seront punis que d'une amende, attendu que la loi doit compâtir à leur position, et ne voit en eux que des malheureux cherchant à rejeter sur la masse la perte dont ils étaient personnellement menacés. »

« Cela posé, qu'est-ce que peut être un distributeur ou introducteur qui connaît la fausseté des pièces et qui n'a pas pour lui l'excuse de les avoir reçues pour bonnes ? Qu'est-il, sinon

le facteur volontaire et conséquemment le complice du fabricateur ? il subira donc la même peine. »

« On ne sera pas étonné de trouver la confiscation générale unie à la peine capitale. C'est notre législation, et une explication bien simple vient la justifier. »

« Dans les crimes et délits ordinaires où il n'y a que peu de parties lésées, et où la mesure du dommage est connue ou susceptible de l'être, les réparations civiles suffisent à tout ce qui regarde l'intérêt privé ; mais peut-il en être ainsi quand le dommage est disséminé sur des milliers de personnes ? Et, si le fruit du crime devait, à défaut de parties civiles, passer nécessairement des mains du coupable à celles de ses enfans, ne serait-ce pas une espèce de prime accordée aux faux-monnayeurs sur tous les autres criminels ? »

« La confiscation, dans ce cas, n'a point l'odieux objet de dépouiller les familles, mais pour but unique de ne les point gratifier des dépouilles d'autrui : la justice et l'intérêt de l'Etat réclamaient cette disposition. » *Motifs.*

« L'Assemblée Constituante avait aboli généralement la confiscation ; elle fut bientôt rétablie pour le crime de fausse monnaie ; les lois des 1 brumaire an II, 14 floréal et 18 prairial an III,

2°. Celui qui aura contrefait ou altéré des monnaies de billon ou de cuivre ayant cours légal en France, ou participé à l'émission ou exposition desdites monnaies contrefaites ou altérées, ou à leur introduction sur le territoire français, sera puni des travaux forcés à perpétuité. 133. (*b*).

Voy. les n^os. ci-après. Faux, n°s. 19 et 20.

3°. Tout individu qui aura, en France, contrefait ou altéré des monnaies étrangères, ou participé à l'émission, exposition ou introduction en France de monnaies étrangères contrefaites ou altérées, sera puni des travaux forcés à tems. 134. (*c*).

Voy. le n°. 4 ci-après. Faux, n°s. 19, 20 et 21.

---

en contiennent la disposition expresse. On n'ignore pas tout ce qui a été dit contre cette peine ; mais les vues de la philosophie doivent céder à l'expérience du législateur ; le respect dû aux enfans et à la postérité du coupable ne doit pas faire oublier le respect dû à l'Etat entier qui a souffert du crime. » *Rapport par M. Noailles.*

Voy. Peines, note (*a*).

« La difficulté de reconnaître le crime de fausse monnaie, sa direction contre toutes les garanties sociales, qui tend à attaquer l'ordre public dans ses résultats les plus précieux, en font, sans doute, l'un des crimes qu'il importe le plus de réprimer : il n'y a rien de sacré pour lui, et, depuis la cabane du pauvre jusqu'au palais du monarque, il menace tout de ses entreprises ; il attaque également et la richesse publique et celle des particuliers. »

« Le faux-monnayeur viole la plus sacrée de toutes les garanties, celle du Prince, et anéantit d'avance dans les mains de son possesseur, la représentation de toutes les richesses, le prix de l'industrie et du travail, le salaire du pauvre, et attaque le crédit public dans ses bases les plus solides. »

« Une seule disposition dans le Code pénal de 1791 est relative au crime de fausse monnaie, et elle renferme la fabrication, l'exposition, l'introduction et l'altération. »

« Cette législation était incomplette : le fabri-

cateur des espèces de billon et de cuivre était puni comme celui des monnaies d'or et d'argent ; la fabrication et l'introduction des fausses monnaies étrangères, comme l'émission des fausses monnaies fabriquées au coin national ; celui qui en faisait usage, quand il les avait reçues pour bonnes, après en avoir vérifié ou fait vérifier les vices, était puni comme celui qui les introduisait ou les faisait circuler, après les avoir fabriquées. » *Même rapport.*

(*b*) « Il fallait une législation plus claire et plus juste que celle établie par le Code de 1791, une législation, qui, graduant les peines, à raison de l'intérêt qu'ont les coupables à commettre le crime, distinguât les fabricateurs des fausses monnaies d'or et d'argent, de celui qui n'en avait fabriqué que de cuivre ou de billon : le crime de ce dernier est aussi grave, sans doute, quant au faux et à l'usurpation de l'Autorité souveraine ; mais, il ne l'est pas autant, quant au tort qu'il peut faire à la société et à l'intérêt que le coupable a eu à le commettre ; il doit être puni moins sévèrement. » *Même rapport.*

(*c*) « La valeur purement commerciale de ces monnaies en rend la circulation moins dangereuse pour la multitude qui, le plus souvent, ne connaîtra point ces signes monétaires, et qui, d'ailleurs, ne sera pas tenue de les accepter. » *Motifs.*

4°. La participation énoncée aux précédens articles ne s'applique point à ceux qui, ayant reçu pour bonnes des pièces de monnaie contrefaites ou altérées, les ont remises en circulation.

Toutefois, celui qui aura fait usage desdites pièces, après en avoir vérifié ou fait vérifier les vices, sera puni d'une amende triple au moins et sextuple au plus de la somme représentée par les pièces qu'il aura rendues à la circulation, sans que cette amende puisse, en aucun cas, être inférieure à seize francs. 135. (d).

Voy. les nos. 1, 2 et 3 ci-devant.

5°. Ceux qui auront eu connaissance d'une fabrique ou d'un dépôt de monnaies d'or, d'argent, de billon ou cuivre ayant cours légal en France, contrefaites ou altérées, et qui n'auront pas, dans les vingt-quatre heures, révélé ce qu'ils savent aux Autorités administratives ou de police judiciaire, seront, pour le seul fait de non révélation, et lors même qu'ils seraient reconnus exempts de toute complicité, punis d'un emprisonnement d'un mois à deux ans. 136. (e).

Voy. le n°. 6 ci-après. Contrefaction, n°. 6. Etat, n°. 24.

6°. Sont néanmoins exceptés de la disposition précédente les ascendans et descendans, époux même divorcés, et les frères et sœurs des coupables ou les alliés de ceux-ci aux mêmes degrés. 137. (f).

Voy. Etat, n°. 28.

7°. Les personnes coupables des crimes mentionnés aux articles 132 et 133, seront exemptes de peines, si, avant la consommation de ces crimes et avant toutes pour-

---

(d) *Voy.* le 3e. alinéa de la note (a).

(e) « La nécessité de poursuivre ce genre de faux, jusques dans les ténèbres où il est réfugié, oblige ceux qui l'aperçoivent d'en instruire l'Autorité. » *Rapport par M. Noailles.*

(f) « La crainte de porter atteinte à la confiance des époux, des pères, des fils et des frères, et de flétrir ainsi le bonheur domestique dans ses plus douces jouissances, a dispensé ces proches parens des révélations que la loi impose à tous les autres individus. »

« Cette disposition est vraiment morale, et l'on y reconnaîtra le véritable caractère de notre législation criminelle dont le but est plutôt de prévenir les délits que de les punir. » *Même Rapport.*

Voy. au mot ÉTAT la note (k).

suites, elles en ont donné connaissance et révélé les auteurs aux Autorités constituées, ou si, même après les poursuites commencées, elles ont procuré l'arrestation des autres coupables.

Elles pourront néanmoins être mises pour la vie ou à tems, sous la surveillance spéciale de la haute police. 138.

Voy. Etat, n°. 29.

Monnaie nationale. Ceux qui la refusent selon la valeur pour laquelle elle a cours. *Voy.* Contraventions, n°. 8, §. XI, n°ˢ. 11 et 16.

Ceux qui auront fait usage de monnaie fausse sans la connaître. *Voy.* Faux, n°. 19.

Dans tous les cas où la peine du faux n'est point accompagnée de la confiscation des biens, il sera prononcé contre les coupables une amende qui est réglée par l'article 164 qui se trouve au mot Faux, n°. 20.

Monopole. *Voy.* Commerce.

Monture. Vols dans les champs des bêtes de monture. *Voy.* Vols, n°. 10.

Leur empoisonnement. *Voyez* Destruction, n°ˢ. 16, 19 et 26.

Ceux qui ont laissé passer leur monture sur le terrain d'autrui avant l'enlèvement de la récolte. *Voy.* Contraventions, n°. 4, §. XIV, n°ˢ. 7 et 16.

Ceux qui auront fait ou laissé passer leur monture sur le terrain d'autrui, ensemencé ou chargé d'une récolte, en quelque saison que ce soit, ou dans un bois taillis. *Voy.* Contraventions, n°. 8, §. X, n°ˢ. 11 et 16.

Ceux qui font ou laissent courir leur monture dans un lieu habité. *Voy.* Contraventions, n°. 8, §. IV, n°ˢ. 9, 11 et 16.

Ceux qui occasionnent la mort des bêtes de monture d'autrui. *Voy.* Contraventions, n°. 12, §. II, III et IV, n°. 13, §. I, n°ˢ. 15 et 16.

Voy. Animaux. Bêtes.

MONUMENS. Quiconque aura détruit, abattu, mutilé, ou dégradé des monumens, statues ou autres objets destinés à l'utilité publique ou avec son autorisation, sera puni d'un emprisonnement d'un mois à deux ans et d'une amende de cent francs à cinq cent francs. 257. (*a*).

(*a*) « Les monumens destinés à l'utilité et à la décoration publique, sont sous la sauvegarde de tous les Citoyens; ils sont l'embellissement de nos villes, ils rappellent la grandeur des peuples qui nous ont précédés, les grands talens de leurs artistes, la magnificence de leurs souverains; ils appartiennent aux siècles futurs, comme au tems présent, et ils sont la pro-

MORT. Peine afflictive et infamante. *Voy.* Peines, n°. 2, §. I.

Ceux qui y sont condamnés auront la tête tranchée. *Voy.* Peines, n°. 7.

Manière d'exécuter le parricide. *Voyez* Peines, n°. 8.

Femme condamnée à mort qui se déclare enceinte. *Voy.* Peines, n°. 22.

Les arrêts qui portent la peine de mort seront imprimés par extrait et affichés. *Voy.* Peines, n°. 31 ; lieux où ils seront affichés. *Voy. le même* n°.

Peine contre le mineur âgé de moins de seize ans qui a encouru celle de mort, lorsqu'il est décidé qu'il a agi *avec discernement. Voy.* Peines, n°s. 56 et 57.

Menaces de la mort. *Voy.* Menaces. Arrestations illégales, n°. 4.

Attentat à la vie d'une personne par l'effet de substances qui peuvent donner la mort. *Voy.* Homicide, n°. 7.

Menaces par écrit anonyme ou signé, d'attentat qui serait punissable de la peine de mort. *Voy.* Menaces.

Exposition et délaissement d'enfant dont la mort s'est ensuivie. *Voy.* Enfant, n°. 7.

Imputation calomnieuse qui a pour objet un fait qui mérite la peine de mort. *Voyez* Calomnie, n°s. 5 et 8.

Bris de scellés appliqués à des papiers et effets d'un individu prévenu ou accusé d'un crime emportant la peine de mort. *Voyez* Scellés, n°. 2.

Crimes auxquels on applique la peine de mort. *Voy.* Arrestations illégales, n°. 4. Blessures, n°. 8. Complices, n°. 5. Contrefaction, n°. 1. Destruction, n°. 1. EMPEREUR, n°s. 1 et 2. État, n°s. 1, 2, 3, 5, 6, 7, 9, 12, 13, 14, 15, 16, 17, 18 et 23. Fonctionnaires publics, n°s. 3, 38 et 40. Homicide, n°s. 8, 9, 10 et 16. Incendie, n°s. 1 et 2. Monnaie, n°. 1. Peines, n°. 51. Témoignage, n°. 5. Vols, n°. 3.

Ceux qui auront occasionné la mort des animaux ou bestiaux appartenant à autrui. *Voy.* Contraventions, n°. 12, §. II, III et IV, n°. 13. §. I, n°s. 15 et 16.

MORT CIVILE. Peines qui l'emportent. *Voy.* Peines, n°. 13.

MORVE. *Voy.* Maladie contagieuse.

MOTEURS. Ceux de voies de fait pour s'opposer à la confection de travaux autorisés par le Gouvernement. *Voy.* Destruction, n°s. 2 et 26.

—— de coalition entre ouvriers pour faire cesser en même tems le travail, etc. *Voyez* Ouvriers, n°s. 2 et 3.

Voy. Instigateurs. Provocateurs.

MOTIF. Ceux qui, sans droit ou motif légitime, ont pris le commandement d'un corps d'armée, etc. *Voy.* État, n°s. 14, 23, 24, 25, 26, 27, 28 et 29.

Tout Fonctionnaire public, etc. qui, sans motif légitime aura usé ou fait user de violence envers les personnes. *Voy.* Fonctionnaires publics, n°. 16.

---

priété de tous les âges. Ceux qui sont créés de nos jours doivent nous être plus chers encore ; ils attesteront à nos successeurs les faits glorieux du plus grand des monarques, et serviront à en éterniser la mémoire. Mais, quand les nombreuses cités qui composent ce vaste Empire s'empressent à l'envi de transmettre à la postérité, par des monumens pompeux, leurs sentimens d'amour et d'admiration pour sa personne auguste et sacrée ; quand nos artistes, animés par son génie, rivalisent avec les anciens pour éterniser son grand nom, la loi ne peut rester muette : elle doit déployer sa sévérité contre

les sacrilèges mains qui oseraient mutiler, dégrader ou détruire ces belles créations du génie ; défendre avec le même soin les restes précieux de l'antiquité et les produits des tems modernes, et empêcher que le vandalisme qui a si long-tems souillé nos contrées, y rapporte encore ses ravages. »

« La peine diffère de celle portée par la loi du 6 juin 1793, qui avait prononcé la peine de deux années de fers contre quiconque dégraderait les monumens nationaux. » *Rapport par M. Noailles.*

Moules. Les moules des objets contrefaits seront confisqués. *Voy.* Contrefaçon, n°s. 3 et 5.

Moulins. Propriétaires ou fermiers de moulins, qui inondent par l'élévation du déversoir de leurs eaux. *Voy.* Destruction, n°s. 21 et 26.

Mousquet, Mousqueton. *Voy.* Armes.

Moutons. *Voyez* Bestiaux. Parc. Bêtes. Animaux.

Moyen. Ceux qui ont procuré un moyen qui a servi à une action qualifiée crime ou délit sont complices de cette action. *Voyez* Complices, n°. 2.

Machinations et intelligences avec les Puissances étrangères, pour leur procurer les moyens de commettre des hostilités contre la France. *Voy.* État, n°s. 2 et 5.

Mendiant muni d'instrumens propres à lui procurer les moyens de pénétrer dans les maisons. *Voy.* Mendicité, n°s. 4 et 9.

Individus qui gâtent volontairement des marchandises ou matières servant à fabrication par quelque moyen que ce soit. *Voy.* Destruction, n°s. 7 et 26.

Moyen d'avortement. *Voyez* Blessures, n°. 9.

———— d'escroquerie. *Voy.* Escroquerie.

———— d'excuse. *Voy.* Excuse.

Moyen frauduleux. *Voy.* Commerce.

Moyen de solvabilité. S'il en survient au condamné insolvable. *Voy.* Peines, n°. 48.

Moyens de subsistance. Ceux qui en manquent, qui n'ont point de domicile certain, et qui n'exercent habituellement ni métier ni profession, sont des vagabonds ou des gens sans aveu. *Voy.* Vagabondage, n°. 2.

Mules. *Voy.* Bêtes. Bestiaux. Animaux.

Mulets. *Voy.* Bêtes. Bestiaux. Animaux.

Municipalité. Celui qui a trouvé un enfant nouveau né et qui s'en charge, doit faire sa déclaration à cet égard devant la municipalité du lieu où l'enfant a été trouvé. *Voy.* Enfant, n°. 3.

Voy. Conseil municipal.

Munitions. Ceux qui en ont fourni aux bandes levées pour envahir les propriétés

publiques ou nationales. *Voy.* État, n°. 17 et 23.

Ceux qui en fournissent aux ennemis de l'État. *Voy.* État, n°s. 3 et 5;

Aux troupes levées sans autorisation. *Voy.* État, n°s. 13 et 23;

Aux bandes dont le but est de s'emparer des domaines ou deniers publics, etc. *Voy.* État, n°s. 17 et 23;

Aux bandes de malfaiteurs. *Voy.* Malfaiteurs, n°. 4.

Murailles. *Voy.* Murs.

Murs. Ceux qui détruisent les murs appartenant à autrui. *Voy.* Destruction, n°s. 20 et 26.

Il n'y a ni crime ni délit, si un homicide a été commis, des blessures ont été faites ou des coups portés, en repoussant pendant la nuit l'escalade ou l'effraction des murs. *Voy.* Homicide, n°s. 20 et 21.

Voy. Effraction. Escalade.

Musique. Contrefaçon de composition musicale. *Voy.* Contrefaçon.

Mutilation. *Voy.* Monumens. Homicide. Blessures. Enfant, n°. 7. Arbres.

NAI

Naissance. *Voy.* Enfant. Officier de l'état civil.

Nantissement. Ceux qui établissent ou tiennent des maisons de prêt sur nantissement, sans autorisation légale. *Voy.* Prêt sur gages.

Nation. *Voy.* État.

Nature. Violation des réglemens qui ont pour objet la nature de la fabrication. *Voy.* Manufactures, n°. 1.

Vendeur qui trompe l'acheteur sur la nature de toutes marchandises. *Voy.* Commerce, n°. 5.

Fraude de la part des fournisseurs sur la nature des travaux ou des choses fournies. *Voy.* Fournisseurs, n°. 4.

Naufrages. Ceux qui, dans ce cas, refusent ou négligent d'obéir aux réquisitions. *Voy.* Contraventions, n°. 8, §. XII, n°s. 11 et 16.

Navigation

NAVIGATION INTÉRIEURE. *Voy.* Dispositions générales, n°. 2 et la note.

NAVIRES. Ceux qui y ont mis volontairement le feu ou qui les ont détruits par l'effet d'une mine. *Voy.* Incendie, n°s. 1 et 2.

—— de l'État. Ceux qui les ont incendiés ou détruits par l'effet d'une mine. *Voy.* État, n°s. 16, 23, 24, 25, 26, 27, 28 et 29.

NÉCESSITÉ. Ceux qui, sans nécessité, ont tué des chevaux, etc. *Voy.* Destruction, n°s. 17, 19 et 26.

Ceux qui, sans nécessité, ont embarrassé la voie publique. *Voy.* Contraventions, n°. 4, §. IV, n°s. 7 et 16.

Nécessité actuelle de la légitime défense de soi-même ou d'autrui. *Voy.* Homicide, n°s. 20 et 21.

NÉCROMANCE. Sorte de divination par l'évocation des morts. *Voy.* Devin.

NÉCROMANCIEN. *Voy.* Nécromance. Devin.

NÉGLIGENCE. Homicide commis ou causé involontairement par négligence. *Voy.* Homicide, n°. 11.

Fournisseurs qui, par négligence, ont retardé les livraisons ou les travaux. *Voyez* Fournisseurs, n°. 4.

Celle d'un Ministre, pour faire réparer les actes arbitraires qu'il a faits ou ordonnés. *Voy.* Liberté individuelle, n°. 2 ;

Des Fonctionnaires chargés de la police administrative ou judiciaire, pour déférer à une réclamation légale tendant à constater les détentions illégales et arbitraires. *Voy.* Liberté individuelle, n°. 6 ;

Des Préposés à la garde ou conduite de détenus. *Voy.* Évasion de détenus, n°s. 2, 3, 4 et 11 ;

Des gardiens de scellés. *Voy.* Scellés ;

Des dépositaires publics. *Voy.* Scellés, n°. 6.

Incendie causé par négligence. *Voy.* Destruction, n°s. 22 et 26.

Ceux qui négligent d'entretenir, réparer ou nettoyer les fours, cheminées, ou usines où l'on fait usage du feu. *Voy.* Contraventions, n°. 4, §. I, n°s. 7 et 16.

Négligence des Aubergistes et autres qui

sont obligés à l'éclairage. *Voy.* Contraventions, n°. 4, §. III, n°s. 7 et 16.

Ceux qui ont négligé de nettoyer les rues ou passages dans les communes où ce soin est laissé à la charge des habitans. *Voy.* Contraventions, n°. 4, §. III, n°s. 7 et 16.

Négligence d'éclairer les matériaux par eux entreposés, ou les excavations par eux faites dans les rues et places. *Voy.* Contraventions, n°s. 4, §. IV, n°s. 7 et 16 ;

D'exécuter les réglemens ou arrêtés concernant la petite voirie, ou d'obéir à la sommation de réparer ou démolir les édifices menaçant ruine. *Voyez* Contraventions, n°. 4, §. V, n°s. 7 et 16 ;

D'écheniller dans les campagnes ou jardins. *Voy.* Contraventions, n°. 4, §. VIII, n°s. 11 et 16.

Négligence des Aubergistes, etc. d'inscrire de suite et sans aucun blanc, sur un registre tenu régulièrement, les noms, qualités, domicile habituel, date d'entrée et de sortie de toute personne qui aura passé une nuit dans leurs maisons. *Voy.* Contraventions, n°. 8 ; §. II, n°s. 11 et 16 ;

De ceux qui, le pouvant, n'auront pas prêté le secours dont ils auront été requis dans les circonstances d'accidens, tumultes, naufrages, etc. *Voy.* Contraventions, n°. 8, §. XII, n°s. 11 et 16.

NÉGOCIATION. Celui qui en livre le secret aux Agens d'une Puissance étrangère. *Voy.* État, n°. 6.

NETTOYAGE. Incendie causé par défaut de nettoyage des fours, etc. *Voy.* Destruction, n°s. 22 et 26.

Ceux qui négligent de nettoyer les fours, cheminées ou usines où l'on fait usage du feu. *Voy.* Contraventions, n°. 4, §. I, n°s. 7 et 16.

NIGAUD. Imputation injurieuse. *Voy.* Contraventions, n°. 4, §. XI, n°s. 7 et 16.

NOM FAUX ET SUPPOSÉ. Arrestations illégales faites sous un faux nom. *Voyez* Arrestations illégales, n°. 4.

Acte contraire aux Constitutions fait d'après une fausse signature du nom d'un Ministre ou d'un Fonctionnaire public. *Voyez* Liberté individuelle, n°. 5.

Inscription sur le registre des Aubergistes et hôteliers de ceux qui logent chez eux sous un nom faux et supposé. *Voy.* Faux, n°ˢ. 10 et 20.

Celui qui prend un passe-port ou qui le fait délivrer sous un nom supposé. *Voy.* Faux, n°ˢ. 10, 19 et 20;

Si l'officier qui le délivre a connaissance de cette supposition. *Voy.* Faux, n°ˢ. 12, 19 et 20.

Délivrance par un Officier public d'une feuille de route sous un nom supposé, avec connaissance de cette supposition. *Voy.* Faux, n°ˢ. 14, 19 et 20;

Peine contre celui qui l'a demandée. *Voy.* Faux, n°ˢ. 13, 19 et 20.

Ceux qui, sous le nom d'un médecin, etc. fabriqueront un faux certificat. *Voy.* Faux, n°ˢ. 15, 19 et 20.

Ceux qui, sous le nom d'un Fonctionnaire public, fabriqueront un certificat de bonne conduite. *Voy.* Faux, n°ˢ. 17, 19 et 20.

Ceux qui, chargés dans un scrutin, du dépouillement des billets, inscriront sur les billets des votans non lettrés des noms autres que ceux qui leur auront été déclarés. *Voy.* Droits civiques, n°. 3.

Ceux qui prennent de faux noms, pour escroquer le bien d'autrui. *Voyez* Escroquerie.

Noms. Ceux des condamnés au carcan seront mis sur l'écriteau qui sera placé sur leur tête. *Voy.* Peines, n°. 17.

Ceux des personnes qui logent aux auberges et hôtels seront inscrits sur le registre des aubergistes et hôteliers. *Voy.* Contraventions, n°. 8, §. II, n°ˢ. 11 et 16. Peines, n°. 62.

Les Officiers publics doivent faire attester par deux citoyens à eux connus, les noms des personnes qu'ils ne connaissent pas, lorsqu'ils leur délivrent un passe-port. *Voyez* Faux, n°ˢ. 11, 19 et 20.

Nomination. Celle du curateur pour gérer et administrer les biens du condamné aux travaux forcés à tems ou à la réclusion, sera faite dans les formes prescrites pour la nomination du curateur aux interdits. *Voy.* Peines, n°. 24.

Notaires. *Voy.* Dépositaires publics. Faux, jusques au n°. 4, inclusivement. Concussion.

Nourrice. *Voyez* Enfant.

Nourriture. *Voy.* Enfant, n°. 4.

Nouveau né. Celui qui est trouvé doit être remis à l'Officier de l'état civil. *Voy.* Enfant, n°. 3.

Nudité. *Voy.* Mœurs.

Nuit. Vols commis la nuit. *Voy.* Vols, n°ˢ. 3, 4, 7 et 8.

Les Aubergistes, etc. sont tenus d'inscrire sur leur registre ceux qui ont couché ou passé une nuit dans leurs maisons. *Voy.* Contraventions, n°. 8, §. II, n°ˢ. 11 et 16.

Il n'y a ni crime ni délit, lorsque l'homicide a été commis, les blessures ont été faites et les coups portés, en repoussant pendant la nuit l'escalade ou l'effraction des clôtures, murs ou entrée d'une maison ou appartement habité ou de leurs dépendances. *Voy.* Homicide, n°ˢ. 20 et 21.

Nullité. *Voy.* Officiers de l'état civil.

Numéros sur voitures. *Voy.* Dispositions générales, n°. 2 et la note.

OBÉ

Obéissance hiérarchique. *Voy.* Supérieurs.

Objet. Concert entre les Autorités civiles et les Corps militaires qui aurait eu pour objet ou résultat un complot attentatoire à la sureté intérieure de l'Etat. *Voy.* Fonctionnaires publics, n°. 3.

Démissions des Fonctionnaires publics dont l'objet serait d'empêcher ou de suspendre, soit l'administration de la justice, soit l'accomplissement d'un service quelconque. *Voy.* Fonctionnaires publics, n°. 4.

Corruption qui aurait pour objet un fait criminel. *Voy.* Fonctionnaires publics, n°. 8.

Confiscation des objets proposés aux joueurs dans les rues, places ou lieux publics. *Voy.* Contraventions, n°. 10.

Voy. Confiscation spéciale.

Objets d'un culte. Outrages qui leur sont faits. *Voy.* Cultes, n°ˢ. 3 et 5.

Objets prêtés. *Voy.* Prêt sur gages.

Objets religieux, littéraires, politiques ou autres. *Voy.* Associations illicites.

Objets volés. *Voy.* Vols.

Observation. Celle de certains jours de repos, contrainte ou empêchée. *Voy.* Cultes, nᵒˢ. 1 et 5.

Octogénaire. *Voy.* Vieillard.

Obligation. *Voy.* Devoir.

Obligation. *Voy.* Écrits. Actes. Titres. Confiance. Extorsion. Escroquerie.

La confiscation générale demeure grevée de l'obligation de fournir aux enfans ou autres descendans, une moitié de la portion dont le père n'aurait pu les priver. *Voy.* Peines, nᵒ. 33.

Fabrication d'obligations. *Voy.* Faux.

Obscénité. *Voy.* Mœurs. Gravures. Images.

Obscurité de la loi. Déni de justice, sous le prétexte de cette obscurité. *Voy.* Fonctionnaires publics, nᵒ. 15.

Obstacle. *Voy.* Opposition.

Occasion. *Voyez* Exercice.

Octrois. *Voy.* Contributions. Dispositions générales, nᵒ. 2 et la note.

Odeur. Mauvaise odeur. *Voy.* Puanteur.

OEuvre. Les Cours et Tribunaux ne peuvent, du consentement même de la partie, prononcer l'application des indemnités à une OEuvre quelconque. *Voy.* Peines, nᵒ. 46.

OEuvres. Ceux qui auront occasionné la mort ou la blessure des animaux, appartenant à autrui, par des œuvres dans ou près les rues, chemins, places, ou voies publiques, sans les précautions ou signaux ordonnés ou d'usage. *Voy.* Contraventions, nᵒ. 12, §. IV.

Offenses. *Voy.* Injures. Outrages.

Offenseur. Dans quel cas pourra-t-il être condamné à faire réparation, soit à la première audience, soit par écrit ? *Voy.* Fonctionnaires publics, nᵒ. 33 ;

A faire réparation à l'offensé et y être contraint par corps, s'il retarde ou refuse ? *Voy.* Fonctionnaires publics, nᵒ. 34 ;

A s'éloigner pendant cinq à dix ans du lieu où siège le magistrat offensé, et d'un rayon de deux myriamètres ? *Voy.* Fonctionnaires publics, nᵒ. 36; peine qu'il encourt, s'il enfreint l'ordre qui lui sera donné pour cet éloignement. *Voy. le même* nᵒ.

Officiers civils. Voleurs qui en prennent le titre ou costume. *Voy.* Vols, nᵒ. 3, §. IV.

Voyez Officiers de l'état civil. Officiers publics.

Officiers de l'état civil. Ceux qui inscrivent leurs actes sur feuilles volantes. *Voy.* Fonctionnaires publics, nᵒˢ. 22 et 25.

S'ils ne se sont point assurés de l'existence du consentement requis pour la validité d'un mariage. *Voy.* Fonctionnaires publics, nᵒˢ. 23 et 25.

S'ils reçoivent, avant le terme prescrit par l'article 228 du Code Napoléon, l'acte de mariage d'une femme ayant déjà été mariée. *Voy.* Fonctionnaires publics, nᵒˢ. 24 et 25.

Peines qu'ils subiront, lors même que la nullité de leurs actes n'aurait pas été demandée ou aurait été couverte. *Voyez* Fonctionnaires publics, nᵒ. 25.

Ceux qui prêtent leur ministère pour le mariage d'une personne dont le précédent n'est pas encore dissous. *Voy.* Mœurs, nᵒ. 11.

Les personnes qui trouvent un enfant nouveau né sont tenus de le remettre à l'Officier de l'état civil, à moins qu'ils ne consentent à s'en charger ; ce qu'ils déclareront à la Municipalité où l'enfant aura été trouvé. *Voy.* Enfant, nᵒ. 3.

Justification à faire à un Ministre de culte de l'acte de mariage préalablement reçu par les Officiers de l'état civil. *Voy.* Ministre de culte, nᵒ. 1.

Officiers de gendarmerie. *Voy.* Commandant de la force armée. Évasion de détenus.

Officiers de justice. Ceux qui se seront introduits dans le domicile d'un Citoyen, hors les cas prévus par la loi et sans les formalités qu'elle a prescrites. *Voy.* Fonctionnaires publics, nᵒ. 14.

Voy. Officiers du ministère public. Officiers de police judiciaire. Officiers ministériels.

Officiers militaires. Voleurs qui en prennent le titre, ou l'uniforme. *Voy.* Vols, nᵒ. 3, §. IV.

Ceux qui ébranlent leur fidélité. *Voy.* Etat, nᵒˢ. 3 et 5.

Voy. Commandant de la force publique.

OFFICIERS DU MINISTÈRE PUBLIC. *Voyez* Procureurs généraux. Procureurs impériaux. Substituts.

OFFICIERS MINISTÉRIELS. Outrages par paroles, gestes ou menaces qui leur sont faits dans l'exercice ou à l'occasion de leurs fonctions. *Voy.* Fonctionnaires publics, n°s. 31 et 34 ;

Par coups. *Voy.* Fonctionnaires publics, n°s. 37, 38, 39 et 40.

Attaque, résistance envers eux avec violence et voies de fait. *Voy.* Rebellion.

Peines qu'ils encourent, s'ils usent ou font user de violence, sans motif légitime, contre les personnes, dans l'exercice ou à l'occasion de l'exercice de leurs fonctions. *Voy.* Fonctionnaires publics, n°. 16.

Voy. Officiers de justice.

OFFICIERS DE POLICE. Attaque, résistance envers eux, avec violence et voies de fait. *Voy.* Rebellion.

Ceux qui auront refusé ou négligé de déférer à une réclamation légale, tendant à constater les détentions illégales et arbitraires. *Voy.* Liberté individuelle, n°. 6.

Refus de leur représenter un prisonnier. *Voy.* Liberté individuelle, n°. 7; les registres de la maison de dépôt, etc. *Voy.* le même n°.

S'ils s'immiscent dans l'exercice du Pouvoir législatif. *Voy.* Empiétement, n°. 1, §. 1.

S'ils s'introduisent dans le domicile d'un Citoyen, hors les cas prévus par la loi, et sans les formalités qu'elle a prescrites. *Voy.* Fonctionnaires publics, n°. 14.

S'ils retiennent ou font retenir un individu hors des lieux déterminés par le Gouvernement. *Voy.* Liberté individuelle, n°. 9.

Les Aubergistes, etc. sont tenus de leur représenter leur registre. *Voyez* Contraventions, n°. 8, §. II, n°s. 11 et 16.

Aggravation de peines contre les Officiers de police, s'ils commettent les délits de police correctionnelle qui se trouvent sous les mots BANQUEROUTE. COMMERCE. CONFIANCE. CONTREFAÇON. ESCROQUERIE. ENCHÈRES. DESTRUCTION. FOURNISSEURS. JEUX DE HASARD. MANUFACTURES. OUVRIERS. PRÊT SUR GAGES. VOLS.

S'ils requièrent, sans autorisation du Gouvernement, des ordonnances ou mandats contre ses agens ou préposés prévenus de crimes ou délits commis dans l'exercice de leurs fonctions, malgré leur revendication ou celle de l'Autorité administrative. *Voy.* Empiétement, n°. 3.

S'ils usent ou font user de violence envers les personnes dans l'exercice ou à l'occasion de l'exercice de leurs fonctions. *Voy.* Fonctionnaires publics, n°. 16.

Voy. Officiers publics. Corruption. Outrages.

OFFICIERS DE POLICE ADMINISTRATIVE. *Voy.* Officiers de police.

OFFICIERS DE POLICE JUDICIAIRE. Sont coupables de forfaiture, s'ils provoquent, donnent ou signent une ordonnance ou un mandat tendant à la poursuite personnelle, soit d'un Ministre, soit d'un Membre du Sénat, du Conseil d'Etat ou du Corps législatif, sans les autorisations prescrites par les Constitutions, et s'ils les font arrêter, hors les cas de flagrant délit ou de clameur publique, sans les mêmes autorisations. *Voy.* Liberté individuelle, n°. 8.

Révélation à leur faire par ceux qui auront connaissance d'une fabrique ou d'un dépôt de monnaies d'or, d'argent, billon ou cuivre, contrefaites ou altérées. *Voy.* Monnaie, n°. 5.

S'ils excèdent leur pouvoir, en s'immisçant dans les matières attribuées aux Autorités administratives, etc. *Voy.* Empiétement, n°. 1, §. II.

Voy. Officiers de police. Forfaiture. Empiétement.

OFFICIERS PUBLICS. Ceux qui ont soustrait les pièces dont ils étaient dépositaires. *Voy.* Dépositaires publics, n°. 5.

—— qui délivrent un passe-port à une personne qu'ils ne connaissent pas, sans avoir fait attester ses noms et qualités. *Voy.* Faux, n°s. 11, 19 et 20.

—— qui délivrent un passe-port ou une feuille de route, sous un nom supposé, avec connaissance de cette supposition. *Voy.* Faux, n°s. 12, 15, 19 et 20.

Fabrication, sous le nom d'un officier

public , d'un certificat de bonne conduite. *Voy.* Faux , nᵒˢ. 17 , 19 et 20.

Ceux qui , sans l'autorisation préalable de l'officier public , auront fait inhumer un individu décédé. *Voy.* Inhumation , nᵒ. 1.

Voy. Concussion. Faux. Fonctionnaires publics. Officiers civils. Officiers de l'état civil. Officiers de police.

OFFICIERS DE SANTÉ. Ceux qui indiquent ou administrent des moyens d'avortement. *Voy.* Blessures , nᵒ. 9.

Ceux qui font de faux certificats. *Voyez* Faux , nᵒ. 16 , 19 et 20.

Ceux qui révèlent les secrets qui leur sont confiés. *Voy.* Secret.

OFFRES. *Voy.* Corruption. Sur-Offres.

OISIVETÉ. Imputation calomnieuse. *Voyez* Calomnie , nᵒˢ. 9 et 10. Contraventions , nᵒ. 4 , §. XI , nᵒˢ. 7 et 16.

ONIROCRITIE. Explication des songes. *Voy.* Songes.

ONIROCRITIQUE. Interprète des Songes. *Voy.* Songes.

ONYX. Espèce d'agate , pierre précieuse. *Voy.* Commerce , nᵒ. 5.

OPALE. Pierre précieuse. *Voy.* Commerce , nᵒ. 5.

OPINION FAVORABLE. Ceux qui , pour l'obtenir , ont contraint ou tenté de contraindre, corrompu ou tenté de corrompre un Fonctionnaire de l'ordre administratif ou judiciaire. *Voy.* Fonctionnaires publics , nᵒˢ. 9 et 10.

OPPOSITION. Celle à des crimes ou complots contre la sûreté intérieure ou extérieure de l'Etat , non révélés , ne peut servir d'excuse. *Voy.* Etat , nᵒ. 27.

—— aux travaux du Gouvernement. *Voy.* Destruction , nᵒˢ. 2 et 26.

Voy. Cultes.

OR. Contrefaction ou altération des monnaies d'or. *Voy.* Monnaie , nᵒˢ. 1 et 4. Faux , nᵒ. 19.

Ceux qui ont participé à l'émission ou exposition de ces monnaies. *Voy. les mêmes* nᵒˢ.

Ceux qui ont eu connaissance d'une fabrique ou dépôt de monnaies d'or , contrefaites ou altérées. *Voy.* Monnaie , nᵒˢ. 5 et 6. Faux , nᵒ. 20.

Ceux qui auront contrefait ou falsifié le poinçon ou les poinçons , servant à marquer les matières d'or. *Voy.* Contrefaction , nᵒ. 2. Faux , nᵒˢ. 20 et 21.

Ceux qui ont fait usage desdits poinçons. *Voy.* Contrefaction , nᵒ. 3. Faux , nᵒˢ. 19, 20 et 21.

Ceux qui trompent sur le titre de l'or. *Voy.* Commerce , nᵒ. 5.

Voy. Révélation.

ORDONNANCE DE JUSTICE. *Voy.* Mandat. Rebellion.

—— tendant à la poursuite personnelle ou accusation , soit d'un Ministre , soit d'un Membre du Sénat , du Conseil d'Etat ou du Corps Législatif , sans les autorisations prescrites par les Constitutions. *Voy.* Liberté individuelle , nᵒ. 8.

Juges , etc. qui , ayant ordonné de citer des administrateurs , pour raison de l'exercice de leurs fonctions , auraient persisté dans l'exécution de leur ordonnance , nonobstant l'annulation qui en aurait été prononcée ou le conflit qui leur aurait été notifié. *Voyez* Empiétement , nᵒ. 1 , §. II.

Ordonnance , sans autorisation du Gouvernement , contre ses agens ou préposés prévenus de crimes ou délits commis dans l'exercice de leurs fonctions , malgré leur réclamation ou celle de l'Autorité administrative. *Voy.* Liberté individuelle , nᵒ. 3.

Fonctionnaires publics ou agens du Gouvernement qui ont requis ou ordonné l'action ou l'emploi de la Force publique contre une ordonnance de justice. *Voy.* Fonctionnaires publics , nᵒˢ. 18 , 19 , 20 et 21.

Bris de scellés apposés par ordonnance de justice. *Voy.* Scellés.

ORDONNANCES DE L'AUTORITÉ PUBLIQUE. Attaque ou résistance contre les exécuteurs de ces ordonnances. *Voy.* Rebellion.

ORDRE. (FAUX ORDRE). Arrestation faite sous un faux ordre. *Voy.* Arrestations illégales , nᵒ. 4.

Voleurs qui allèguent un faux ordre de l'Autorité civile ou militaire. *Voy.* Vols, nᵒ. 3 , §. IV.

ORDRE. Ceux qui, contre l'ordre du Gouvernement, ont retenu un commandement militaire quelconque. *Voy.* Etat, nᵒˢ. 14, 23, 24, 25, 26, 27, 28 et 29.

Ordre pour l'action ou l'emploi de la Force publique contre la levée des gens de guerre. *Voy.* Etat, nᵒˢ. 15 et 23 ; contre l'exécution d'une loi, etc. *Voy.* Fonctionnaires publics, nᵒˢ. 18, 19, 20 et 21.

Si les fonctionnaires publics, préposés ou agens du Gouvernement, ayant fait quelque acte arbitraire et attentatoire à la liberté individuelle, etc. justifient qu'ils ont agi par ordre de leurs supérieurs, pour des objets sur lesquels ils leur doivent obéissance hiérarchique. *Voy.* Liberté individuelle, nᵒ. 1.

Si c'est un Ministre qui a donné l'ordre. *Voy.* Liberté individuelle, nᵒˢ. 2 et 3.

Attaque ou résistance contre les exécuteurs des ordres de l'Autorité publique. *Voy.* Rebellion.

Gardiens et concierges des maisons de dépôt, etc. qui ont reçu un prisonnier sans mandat ou jugement, ou sans ordre provisoire du Gouvernement. *Voy.* Liberté individuelle, nᵒ. 7.

Refus de représenter un prisonnier au porteur des ordres de l'officier de police. *Voy.* Liberté individuelle, nᵒ. 7.

Ceux qui, sans ordre des Autorités constituées, ont arrêté, détenu ou séquestré des personnes quelconques. *Voy.* Arrestations illégales.

Ordre de saisir ou arrêter un ou plusieurs Ministres, etc. *Voy.* Liberté individuelle, nᵒ. 8.

Concert de mesures contre les ordres du Gouvernement. *Voy.* Fonctionnaires publics, nᵒ. 2.

Juges, etc. qui excèdent leur pouvoir, en défendant d'exécuter les ordres émanés de l'Administration. *Voy.* Empiétement, nᵒ. 1, §. II.

Magistrats de l'ordre administratif qui ont pris des arrêtés généraux tendant à intimer des ordres quelconques à des Cours ou Tribunaux. *Voy.* Empiétement, nᵒ. 4.

Les bannis sont transportés, par ordre du Gouvernement, hors du territoire de l'Empire. *Voy.* Peines, nᵒ. 27.

Ordre que le Gouvernement a le droit de donner contre le condamné au renvoi sous la surveillance de la haute Police, et punition de la désobéissance à cet ordre. *Voy.* Peines, nᵒˢ. 39 et 40.

Les vagabonds étrangers pourront être conduits par les ordres du Gouvernement hors du territoire de l'Empire. *Voy.* Vagabondage, nᵒ. 4.

Ceux qui, sans ordre du Pouvoir légitime, ont levé ou fait lever des troupes armées, etc. *Voy.* Etat, nᵒ. 13.

Fonctionnaire public ou agent du Gouvernement qui a requis ou ordonné l'action ou l'emploi de la Force publique contre un ordre émané de l'Autorité légitime. *Voyez* Fonctionnaires publics, nᵒˢ. 18, 19, 20 et 21 ;

Si le fonctionnaire ou agent du Gouvernement a agi par ordre de ses supérieurs. *Voy.* Fonctionnaires publics, nᵒ. 20.

Menaces avec ordre de déposer une somme d'argent. *Voy.* Menaces.

Commandant de la Force publique qui refuse de faire agir la Force à ses ordres. *Voy.* Commandant de la Force publique.

Les calomnies mises au jour par la voie de papiers étrangers peuvent être poursuivies contre ceux qui ont donné l'ordre de les insérer. *Voy.* Calomnie, nᵒ. 3.

Ordre d'exposer un enfant au-dessous de l'âge de sept ans. *Voy.* Enfant, nᵒˢ. 5, 6 et 7.

ORDRE ADMINISTRATIF. *Voyez* Administrateurs. Maires. Préfets. Outrages.

ORDRE JUDICIAIRE. *Voy.* Juges. Procureurs généraux. Officiers de police judiciaire. Procureurs impériaux. Outrages.

ORDRES RELIGIEUX. *Voy.* Associations illicites.

ORDURES. *Voy.* Immondices.

ORFÈVRES. *Voy.* Commerce, nᵒ. 5. Dispositions générales, nᵒ. 2 et la Note.

ORGANISATION. Celle de bandes dont le but est d'envahir des domaines ou deniers publics, etc. *Voy.* Etat, nᵒˢ. 17 et 23.

L'organisation de bandes ou de correspondance entre elles établit l'association de malfaiteurs. *Voy.* Malfaiteurs.

ORGE. *Voy.* Grains.

OUTIL. *Voy.* Instrument.

OUTRAGES. Ceux qui ont outragé par paroles ou gestes les objets d'un culte dans les lieux destinés ou servant actuellement à son exercice, ou les ministres de ce culte dans leurs fonctions. *Voy.* Cultes, nᵒˢ. 3 et 5.

—— par paroles, reçus par un ou plusieurs magistrats de l'ordre administratif ou judiciaire, dans l'exercice de leurs fonctions, ou à l'occasion de cet exercice. *Voy.* Fonctionnaires publics, nᵒˢ. 29 et 33;

Si les outrages ont eu lieu à l'audience d'une Cour ou d'un Tribunal. *Voy. les mêmes* nᵒˢ. 29 et 33.

—— par gestes ou menaces, reçus par un magistrat, dans l'exercice ou à l'occasion de l'exercice de ses fonctions. *Voy.* Fonctionnaires publics, nᵒˢ. 30 et 33;

Si l'outrage a eu lieu à l'audience d'une Cour ou d'un Tribunal. *Voy. les mêmes* nᵒˢ. 30 et 33.

—— par paroles, gestes ou menaces reçus par un officier ministériel ou agent dépositaire de la Force publique, dans l'exercice ou à l'occasion de l'exercice de ses fonctions. *Voy.* Fonctionnaires publics, nᵒˢ. 31 et 34.

—— par paroles, gestes ou menaces reçus par un commandant de la Force publique.

OUVRIERS. 1ᵒ. Toute coalition entre ceux qui font travailler des ouvriers, tendant à forcer injustement et abusivement l'abaissement des salaires, suivie d'une tentative ou d'un commencement d'exécution, sera punie d'un emprisonnement de six jours à un mois et d'une amende de deux cents francs à trois mille francs. 414. (*a*).

Voy. Destruction, nᵒ. 26.

Voy. Fonctionnaires publics, nᵒˢ. 32 et 33.

Outrages par coups ou blessures reçus par un ou plusieurs magistrats de l'ordre administratif ou judiciaire, dans l'exercice de leurs fonctions, ou à l'occasion de cet exercice. *Voy.* Fonctionnaires publics, nᵒˢ. 35, 36, 38, 39 et 40.

—— par coups ou blessures reçus par un officier ministériel ou agent dépositaire de la Force publique, ou un citoyen chargé d'un ministère de service public. *Voy.* Fonctionnaires publics, nᵒˢ. 37, 38, 39 et 40.

Crime de castration provoqué par un outrage violent à la pudeur. *Voy.* Homicide, nᵒˢ. 17 et 18.

Voy. Offenseur. Injures. Expressions outrageantes.

OUTRAGES PUBLICS A LA PUDEUR. *Voyez* Mœurs, nᵒ. 1.

OUVERTURE. Celle de lettres confiées à la poste. *Voy.* Fonctionnaires publics, nᵒ. 17.

OUVERTURE SOUTERRAINE. L'entrée par une pareille ouverture, qui n'a pas été établie pour servir d'entrée, est une circonstance de même gravité que l'escalade. *Voy.* Vols, nᵒ. 19.

OUVRAGES. *Voy.* Écrits. Contrefaçon.

—— obscènes. *Voy.* Écrits.

OUVRAGES. (ENTREPRENEURS D') *Voy.* Manufactures. Ouvriers.

OUVRAGES. Opposition à la confection de ceux autorisés par le Gouvernement. *Voyez* Destruction, nᵒˢ. 2 et 26.

(*a*) « Si le salaire des ouvriers est trop modique, et qu'ils ne puissent subsister en France, ils iront chercher leurs moyens de subsistance au pays étranger. » *Motifs.*

« Ces utiles collaborateurs des chefs d'entreprise, privés d'une partie du prix raisonnable de leur travail, ne peuvent plus pourvoir à leur subsistance et à celle de leur famille, la pro-

2°. Toute coalition de la part des ouvriers, pour faire cesser en même tems de travailler, interdire le travail dans un atelier, empêcher de s'y rendre et d'y rester avant ou après de certaines heures, et en général, pour suspendre, empêcher, enchérir les travaux, s'il y a eu tentative ou commencement d'exécution, sera punie d'une emprisonnement d'un mois au moins et de trois mois au plus.

Les chefs ou moteurs seront punis d'un emprisonnement de deux ans à cinq ans. 415. (*b*).

Voy. le n°. 3 ci-après. Destruction, n°. 25.

3°. Seront aussi punis de la peine portée par l'article précédent et d'après les mêmes distinctions, les ouvriers qui auront prononcé des amendes, des défenses, des interdictions ou toutes proscriptions sous le nom de damnations et sous quelque qualification que ce puisse être, soit contre les directeurs d'ateliers et entrepreneurs d'ouvrages, soit les uns contre les autres.

Dans le cas du présent article et dans celui du précédent, les chefs ou moteurs du délit pourront, après l'expiration de leur peine, être mis sous la surveillance de la haute police pendant deux ans au moins et cinq ans au plus. 416.

Voy. Destruction, n°. 26.

Ouvriers de fabrique qui gâtent volontairement les marchandises ou les matières propres à

---

portion entre leurs gains et le taux des denrées étant détruite. De-là, mécontentement, dégoût; moins de soins donnés à des choses qui en exigent tant; détérioration dans la fabrication; enfin, peut-être, cessation partielle ou même totale de travail, résultat funeste pour les ouvriers, pour les maîtres eux-mêmes, et par contre-coup pour l'État dont la principale richesse consiste dans le travail, l'industrie, l'ardeur de perfectionner l'activité soutenue de tous ses membres, chacun dans sa profession. » *Rapport par M. Louvet.*

(*b*) « On a vu des exemples de pareils concerts, soit pour les ateliers de fabrique, soit pour des entreprises exécutées par le Gouvernement, soit pour des travaux nécessaires aux récoltes et à d'autres parties de l'Agriculture.

On doit sentir combien il est intéressant pour tous les genres d'entreprises et d'industrie, de les mettre à l'abri de semblables désordres. » *Même rapport.*

« Les ouvriers croient par-là servir leur intérêt, aux dépens de leurs maîtres, et ils ne nuisent pas moins à leur propre intérêt. »

« Si les maîtres sont obligés de donner aux ouvriers une paie trop forte, ils seront réduits à la triste nécessité ou de se ruiner, s'ils veulent soutenir la concurrence avec les autres établissemens du même genre, à qui les ouvriers ne font point la loi, ou de fermer les ateliers au grand préjudice des ouvriers eux-mêmes. » *Motifs.*

la

la fabrication. *Voy.* Destruction , nᵒˢ. 7 et 26;

Qui communiquent les secrets de la fabrique à des étrangers et même à des Français demeurant en France. *Voy.* Manufactures , nᵒ. 3.

Cas où leur réunion est punie comme réunion de rebelles. *Voyez* Rebellion , nᵒ. 11 , §. I.

Peines contre les personnes qui , dans la vue de nuire à l'industrie française , auront fait passer en pays étranger des ouvriers d'un établissement. *Voy.* Manufactures , nᵒ. 2.

Vol commis par un ouvrier dans la maison, l'atelier ou le magasin de son maître. *Voy.* Vols , nᵒ. 8 , §. III.

***

P A C

Pactes. *Voy.* Conventions.

Paiement. *Voyez* Amendes. Restitutions. Contrainte par corps.

Fonctionnaire ou Agent du Gouvernement qui aura pris un intérêt quelconque dans une affaire dont il était chargé d'ordonnancer le paiement. *Voy.* Fonctionnaires publics , nᵒ. 5.

Paille. Incendie causé par des feux allumés dans les champs, à moins de cent mètres des meules ou tas de paille. *Voy.* Destruction , nᵒˢ. 22 et 26.

Pain. Manœuvres pour la hausse ou la baisse de son prix. *Voy.* Commerce , nᵒ. 2.

Pillage de pain , commis en réunion ou bande, et à force ouverte. *Voy.* Destruction , nᵒˢ. 4, 5 et 6.

Païs. Ceux occupés par les armées françaises. Déporté qui y est saisi. *Voy.* Peines , nᵒ. 12.

Païs étranger. Ceux qui , pour nuire à l'industrie française , auront fait passer en païs étranger , des directeurs , commis ou des ouvriers d'un établissement. *Voy.* Manufactures , nᵒ. 2.

Communication à des étrangers ou à des Français résidant en païs étranger, des secrets d'une fabrique. *Voy.* Manufactures , nᵒ. 3.

Paix publique. Les crimes et délits contre la paix publique se trouvent sous les mots : Associations illicites. Concussion. Contrefaction. Cultes. Dépositaires publics. Écrits. Évasion de détenus. Faux. Fonctionnaires publics. Fonctions publiques. Malfaiteurs. Mendicité. Ministre de culte. Monnaie. Monument. Rebellion. Recèlement. Scellés. Vagabondage.

Pamphlets. Contraires aux bonnes mœurs. *Voy.* Écrits , nᵒˢ. 5 et 6.

Papiers. Soustractions , destructions et enlèvement de ceux contenus dans des archives, greffes et dépôts publics. *Voy.* Scellés , nᵒˢ. 6, 7 et 8.

Bris des scellés apposés sur les papiers et effets d'un individu prévenu ou accusé d'un crime , ou condamné. *Voy.* Scellés , nᵒ. 2.

Papiers et effets publics. Manœuvres pour la hausse ou la baisse de leur prix. *Voy.* Commerce , nᵒˢ. 1, 3 et 4.

Voy. Effets.

Papiers publics. Leur publication ou distribution sans noms d'auteur ou d'imprimeur. *Voyez* Écrits.

——— Étrangers. Calomnies mises au jour par leur voie. *Voy.* Calomnie , nᵒ. 3.

Parc. Rupture de ceux de bestiaux. *Voy.* Destruction , nᵒˢ. 15 , 19 et 26.

32

Vols commis dans des parcs non-servant à l'habitation et non dépendant des maisons habitées. *Voy.* Vols, n°. 3, §. IV, n°ˢ. 4 et 6.

Tout ce qui est réputé parc. *Voy.* Vols, n°ˢ. 13 et 14.

Les parcs mobiles, destinés à contenir du bétail dans la campagne, sont réputés enclos. *Voy.* Vols, n°. 14.

Est qualifiée *escalade*, toute entrée dans les maisons, parcs, etc. exécutée par-dessus les murs, portes, toiture ou toute autre clôture. *Voy.* Vols, n°. 19.

PARENS. *Voy.* Père. Mère. Ascendans. Descendans. Alliés.

L'Empereur pourra disposer des biens confisqués en faveur des parens du condamné. *Voy.* Peines, n°. 34.

S'il est décidé que l'accusé, âgé de moins de seize ans, a agi *sans discernement*, il sera acquitté; mais il sera, selon les circonstances, remis à ses parens. *Voy.* Peines, n°. 55.

PARESSEUX. Imputation calomnieuse. *Voy.* Calomnie, n°ˢ. 9 et 10. Contraventions, n°. 4, §. XI, n°ˢ. 7 et 16.

PARI. Ceux sur la hausse ou la baisse des effets publics. *Voy.* Commerce, n°ˢ. 3 et 4.

PARJURE. *Voy.* Témoignage.

—— imputation calomnieuse. *Voy.* Calomnie.

PAROLES. Ceux qui, par paroles, ont outragé les objets d'un culte. *Voy.* Cultes, n°ˢ. 3 et 5.

Voy. Outrages.

PARRICIDE. *Voy.* EMPEREUR, n°. 1. Homicide, n°ˢ. 5, 8 et 15. Peines, n°. 8.

PART. *Voy.* Nouveau né. Enfant.

PARTAGE. Ceux qui, pour partager des propriétés publiques ou nationales, se sont mis à la tête de bandes armées. *Voy.* Etat, n°ˢ. 17, 23, 24, 25, 26, 27, 28 et 29.

PARTIALITÉ. *Voy.* Injustice. Inimitié. Faveur.

PARTICIPATION. Celle à l'émission ou exposition de monnaies contrefaites ou altérées. *Voy.* Monnaie.

Celle à un bris de scellés. *Voyez* Scellés.

Interdiction de toute participation aux conseils de famille. *Voy.* Mœurs, n°. 6.

Voy. Complices.

PARTICULIERS. Fabrication de certificats propres à appeler la bienveillance des particuliers. *Voy.* Faux, n°ˢ. 17, 19 et 20.

Voy. Personnes. Propriétés.

PARTIES. La condamnation aux peines établies par la loi, est toujours prononcée, sans préjudice des restitutions et dommages-intérêts qui peuvent être dûs aux parties. *Voy.* Peines, n°. 5.

Quand il y aura lieu à restitution, le coupable sera condamné, en outre, à des indemnités envers la partie. *Voy.* Peines, n°. 46.

Préfets qui entreprennent sur les fonctions judiciaires, malgré la réclamation des parties. *Voy.* Empiétement, n°. 5.

Fonctionnaire ou officier public qui a écrit des conventions autres que celles qui auraient été tracées ou dictées par les parties. *Voy.* Faux, n°. 2.

Droits que donne aux parties le renvoi sous la surveillance de la haute Police. *Voy.* Peines, n°ˢ. 39 et 41.

Juge ou Administrateur qui se sera décidé par faveur pour une partie ou par inimitié contre elle. *Voyez* Fonctionnaires publics, n°. 14.

Voy. Déni de justice.

Imputations calomnieuses et injures contenues dans les écrits relatifs à la défense des parties. *Voy.* Calomnie, n°. 11.

PASSAGE. Ceux qui auront négligé de nettoyer les passages, dans les Communes où ce soin est laissé à la charge des habitans. *Voy.* Contraventions, n°. 4, §. III, n°ˢ. 7 et 16.

Ceux qui, en déposant sans nécessité, des matériaux sur la voie publique, empêchent ou diminuent la liberté ou la sûreté du passage. *Voy.* Contraventions, n°. 4, §. IV, n°ˢ. 7 et 16.

Ceux qui, ne jouissant d'aucun droit de passage, sont entrés ou auront passé sur le terrain d'autrui, s'il est préparé ou ensemencé. *Voy.* Contraventions, n°. 4, §. XIII, n°ˢ. 7 et 16.

Ceux qui auront laissé passer leurs bestiaux , etc. avant l'enlèvement de la récolte. *Voy.* Contraventions, n°. 4 , §. XIV, n°ˢ. 7 et 16.

Ceux qui , ne jouissant d'aucun droit de passage , sont ne entrés et ont passé sur le terrain d'autrui dans le tems où ce terrain était chargé de grains en tuyaux , de raisins ou autres fruits mûrs ou voisins de la maturité. *Voy.* Contraventions, n°. 8, §. IX, n°ˢ. 11 et 16.

Ceux qui auraient fait ou laissé passer des bestiaux , etc. sur le terrain d'autrui , ensemencé ou chargé d'une récolte en quelque saison que ce soit , ou dans un bois taillis appartenant à autrui. *Voy.* Contraventions , n°. 8 , §. X , n°ˢ. 11 et 16.

Est qualifié *effraction* tout forcement ; rupture, dégradation , démolition , enlèvement de murs , etc. ou autres ustensiles ou instrumens servant à fermer ou à empêcher le passage. *Voy.* Vols , n°. 15.

Passans. Ceux qui n'ont pas retenu leurs chiens , lorsqu'ils attaquent ou poursuivent les passans. *Voy.* Contraventions , n°. 8 , §. VII, n°ˢ. 11 et 16.

Voy. Voyageurs.

Passementiers. *Voy.* Commerce , no. 5.

Passe-partout. Sont qualifiés *fausses clefs* les passe-partout qui n'ont pas été destinés aux serrures auxquelles le coupable les aura employés. *Voy.* Vols , n°. 20.

Passe-port. *Voyez* Faux, n°ˢ. 5 , 9 , 10 , 11 , 19 et 20.

Peines à appliquer aux mendians et vagabonds porteurs de faux passe-ports. *Voyez* Mendicité , n°ˢ. 8 et 9.

Passions. Ceux qui abusent des passions d'un mineur, pour lui faire souscrire à son préjudice des obligations , etc. *Voy.* Confiance , n°. 1.

Patre. *Voyez* Gardiens.

Patrie. *Voy.* Etat.

Pécheries. *Voy.* Dispositions générales , n°. 2 et la note.

Pécheries maritimes. *Voy.* Dispositions générales , n°. 2 et la note.

Peine. (Maison de) *Voy.* Gardiens. Concierges.

~~~~~~~~~~~~~~~~~~~~~~~~~~~~~~

PEINES. 1°. Les peines, en matière criminelle , sont ou afflictives ou infamantes , ou seulement infamantes. 6.

2°. Les peines afflictives et infamantes sont :

§. Iᵉʳ. La mort ; (*a*).

IIᵉ. Les travaux forcés à perpétuité ; (*b*).

(*a*) « Peine terrible que le législateur n'inflige qu'avec regret ; mais , qui, selon les expressions de Montesquieu , *est comme le remède de la Société malade.* » *Motifs sur le 3ᵉ. Livre.*

(*b*) « Il est des coupables profondément corrompus que la Société doit tenir à jamais séparés d'elle ; le tempérament d'une peine temporaire , quelque éloigné qu'en fût le terme , ne lui eût pas donné une garantie suffisante contre le danger de leur retour, et l'on a senti le besoin de rendre ce retour impossible : d'ailleurs, la perpétuité était nécessaire dans le système de la gradation des peines, pour faire disparaître la trop grande distance que l'Assemblée Constituante avait laissée entre les travaux forcés à tems et la peine de mort. » *Rapport par M. Dhaubersart.*

« Pour peu qu'on veuille y réfléchir , on sera bientôt convaincu que la distance entre une peine temporaire et la mort est si immense , que pour la combler il faut nécessairement établir une peine perpétuelle ; sans elle, plus de gradation, et toute proportion entre la peine et certains crimes est absolument rompue. »

« On ne peut disconvenir , par exemple , qu'un fonctionnaire , coupable de faux en écriture authentique et dans l'exercice de ses fonctions , doit être puni beaucoup plus sévèrement qu'un particulier qui a commis le même crime ; et lorsque

§. III⁰. La déportation ; (*c*).

IV⁰. Les travaux forcés à tems ;

V⁰. La réclusion.

La marque et la confiscation générale peuvent être prononcées concurremment avec une peine afflictive, dans les cas déterminés par la loi. 7. (*d*).

Voy. Mort. Travaux forcés à perpétuité.

celui-ci subit une simple peine temporaire, si on ne prononce pas la peine de mort contre le premier, parce qu'il est dangereux de donner trop souvent au peuple le spectacle du sang versé, il mérite certainement de subir à perpétuité la peine prononcée temporairement contre l'autre. »

« Le faux-monnayeur qui a altéré ou fabriqué des espèces d'or ou d'argent est puni de mort ; convient-il d'appliquer la même peine à celui qui n'a altéré ou fabriqué que des espèces de cuivre ? Si la gravité du crime et ses funestes conséquences ne permettent pas de se borner en ce cas à une simple peine temporaire, n'est-il pas plus convenable, dans l'alternative de la peine de mort ou d'une peine perpétuelle, de se borner à cette dernière ? »

« La règle posée par l'Assemblée Constituante, que nulle peine ne serait perpétuelle, détruit donc les proportions qui doivent exister entre les peines et les crimes ; dans son système, on est souvent exposé ou à infliger au coupable une peine trop sévère, ou à lui faire grâce d'une partie de celle qu'il a encourue. » *Motifs.*

(*c*) « *Voy.* les Notes (*n*) et (*o*).

(*d*) « La peine de la marque avait été rejetée du Code de 1791; depuis, elle a été rétablie par la loi du 23 prairial an X, pour le crime de faux, et ceux qui sont commis par récidive ; le nouveau Code ne fait donc que l'appliquer à un plus grand nombre de cas, et une triste expérience en a fait sentir la nécessité ; en vain on opposerait que le criminel, pouvant revenir au bien, une flétrissure ineffaçable est trop rigoureuse ; les crimes auxquels s'inflige cette peine ne sont pas de la nature de ceux punis de la déportation ; il s'agit ici de crimes qui partent d'une morale dépravée et de la corruption du cœur, et le passé a prouvé qu'il est bien rare qu'un homme, repris de justice pour des crimes de cette nature, se corrige jamais : avant le Code de 1791, on a observé que la plûpart des condamnés à mort avaient déjà été flétris. Rien ne

peut donc balancer ici le grand intérêt qu'a la Société de prévenir le crime par la crainte d'une peine qui en impose aux hommes pervers, et les pénètre d'une salutaire terreur. » *Rapport par M. Dhaubersart.*

« Cette peine fut proscrite par l'Assemblée Constituante, parce qu'elle offre un caractère de perpétuité que l'opinion d'alors repoussait. On a déjà vu que la perpétuité de quelques peines était nécessaire pour la perfection du système pénal ; et l'on ne peut se dissimuler que l'apposition publique de la marque produit et sur le coupable et sur les spectateurs une impression qui ne peut être que vive et profonde. »

« On peut ajouter que la marque est un des moyens les plus efficaces pour constater les récidives dont il est si important de s'assurer. » *Motifs.*

« Dans une grande partie de la France, la confiscation générale était autrefois appliquée à tous les crimes capitaux ; quelques provinces seulement en étaient affranchies ; les unes, en vertu des capitulations sous la foi desquelles s'était opérée leur union à la France ; les autres, par l'effet de leurs coutumes, revêtues de l'homologation du Prince ; de-là, l'ancien axiôme du Droit français : *Qui confisque le corps confisque les biens.* L'Assemblée Constituante, par le motif, sans doute, que cette peine rendait des innocens victimes du crime de leurs auteurs, l'avait repoussée du Code de 1791 ; mais, par des lois postérieures dont on retrouve la substance dans celle du 18 floréal an III, la confiscation générale fut rétablie pour les crimes commis contre la sûreté de l'Etat et pour celui de la fabrication de fausse monnaie. C'est aussi pour ces deux cas, pour la dévastation et le pillage public par attroupement et à force armée, que le nouveau Code veut que la confiscation soit prononcée.

« Les crimes contre la sûreté de l'Etat et contre la personne du Souverain ont des conséquences désastreuses ; les dommages que peut occasionner

Déportation. Travaux forcés à tems. Réclusion.
Marque. Confiscation générale.

3°. Les peines infamantes sont :

---

la seule tentative de ces crimes sont incalculables : la législation doit donc déployer une légitime rigueur, et chercher à retenir l'ambitieux que la crainte du supplice n'effrayerait pas , par l'aspect des besoins qui , après lui , poursuivraient sa famille. Il faut bien distinguer les crimes qui attaquent l'existence politique d'un Empire d'avec ceux qui ne blessent que les intérêts particuliers. »

« Le législateur doit se servir contre les premiers de tous les remèdes convenables pour les empêcher , quand bien même ces remèdes blesseraient les intérêts d'un tiers , parce qu'en fait de législation , la conservation de l'Etat et de la Société est la loi suprême. »

« C'est d'après ces principes , que les plus sages législateurs des tems anciens et modernes ont cru nécessaire d'ajouter la confiscation des biens à la peine de mort , contre les coupables des crimes de lèze-majesté , de haute trahison et autres qui compromettent la sureté de l'Etat. »

« Ces crimes sont ordinairement suscités par l'ambition ; les ambitieux qui craindraient la mort seraient rarement des conspirateurs dangereux : la peine capitale ne suffirait donc pas pour arrêter l'exécution de leurs desseins pervers. »

« L'ambitieux qui se met en état de guerre contre son Prince ou contre le Gouvernement qu'il a adopté , ne pense pas seulement à son élévation personnelle , il croit travailler aussi pour sa postérité ; c'est pour sa famille qu'il s'expose : le danger de la mort ne suffit pas pour l'effrayer et le contenir. En sondant le cœur humain , on découvre que la crainte de réduire ses enfans à l'indigence par les suites de la confiscation , sera souvent un moyen plus efficace pour le détourner de l'exécution de ses projets et arrêter son bras parricide. »

« Au surplus , la peine de la confiscation dont le conspirateur est menacé par la loi , intéresse la famille elle-même à surveiller les démarches de son chef , et à le retirer du précipice , s'il se trouvait dans quelques trames ou complots contre son Prince , ou dans quelques projets de trahison contre la sureté de l'Etat. »

« Il est juste , d'ailleurs , que le trésor public trouve dans la fortune de ceux qui se sont rendus coupables des grands crimes auxquels s'applique la confiscation , une légère réparation des dommages qu'ils ont occasionnés à l'Etat. » *Rapport par M. Dhaubersart.*

« On a objecté que la peine de la confiscation réfléchit sur des enfans qui peuvent n'être pas complices du crime de leur père : mais , qui donc souffrira pour les fautes des pères , si ce ne sont les enfans ? Lorsqu'un homme a consumé tout son patrimoine par des spéculations insensées ou par des voies souvent plus répréhensibles , ses enfans ne supportent-ils pas la peine des égaremens de leur père ? »

« Lorsque des réparations civiles , prononcées en faveur d'une victime du crime , absorbent toute la fortune du coupable , peut-on se récrier contre sa condamnation , sous le frivole prétexte que sa succession est ruinée ? »

« Or , qu'est-ce que la confiscation prononcée pour des crimes qui ont pour but de renverser l'Etat, le Gouvernement et la fortune publique (car la confiscation n'est prononcée que pour des crimes de cette nature) , qu'est-ce que la confiscation , dans des cas de cette espèce ? C'est évidemment une indemnité légitime , toujours trop faible pour la réparation du tort que l'on a fait , et qui ne couvre jamais les dépenses qu'on a occasionnées. La confiscation qui doit être odieuse , quand on l'applique sans choix et sans discernement , n'aura rien que de convenable , rien que de juste , lorsqu'elle sera appliquée avec mesure et discrétion. »

« En rejetant la confiscation pour des crimes contre la sureté de l'Etat, il serait souvent fort à craindre qu'on ne laissât aux ennemis de la chose publique des moyens de lui nuire. Ces considérations secondaires ne sont pas nécessaires pour justifier une mesure toute fondée sur un principe de justice. » *Motifs.*

« Il faut observer qu'en admettant dans des cas peu nombreux et très-graves, la peine de la confiscation qui eût pu recevoir un autre nom , s'il s'en fût présenté un qui eût été jugé propre à ce remplacement , la loi se garde bien d'en étendre les effets au-delà des biens que le condamné possédait lors de sa condamnation , et ne consacre point

§. Ier. Le carcan ; (*e*).

IIe. Le bannissement ; (*f*).

IIIe. La dégradation civique. 8. (*g*).

Voy. Carcan. Bannissement. Dégradation civique.

4°. Les peines, en matière correctionnelle, sont : (*h*).

§. Ier. L'emprisonnement à tems dans un lieu de correction ;

IIe. L'interdiction à tems de certains droits civiques, civils ou de famille ; (*i*).

---

cette barbare fiction de la corruption du sang, qui rend, en Angleterre, le fils d'homme frappé de confiscation, inhabile à succéder à son aïeul. (1). »

« Une telle disposition, évidemment dirigée contre les descendans du coupable, ne pouvait trouver place dans notre législation ; et nous ne saurions admettre non plus cette loi romaine (2) qui vouait les enfans des criminels d'Etat à un tel degré d'abjection et de pauvreté, que la vie fût pour eux un supplice et la mort un bienfait : *Mors solatium et vita supplicium.* Leur condition est assez malheureuse pour ne pas l'aggraver par un tel anathème. Ah ! laissons-leur plutôt l'espoir de recouvrer comme un bienfait du Prince, ce qu'ils ont perdu par le crime de leurs pères. Cette expectative consolante pour eux deviendra aussi un moyen politique de les rattacher par la reconnaissance au Gouvernement de leur pays. » *Motifs sur le* 3e. *Livre.*

Voy. le n°. 34 ci-après, les Notes (*x*) et (*y*) ci-après.

(*e*) « La loi de 1791 en avait fait une peine principale ; maintenue comme telle par le nouveau Code, elle devient aussi accessoire, en certains cas, à d'autres condamnations afflictives : on en a rendu l'application plus fréquente, parce qu'on a reconnu son efficacité. Le carcan isole le condamné ; il le laisse seul avec son crime, exposé à toutes les atteintes de la honte, principal ressort de cette peine. L'Assemblée Constituante avait créé la peine de l'exposition ; et, dans l'esprit qui l'animait, elle devait en attendre d'utiles effets ; mais, l'expérience a frustré cette attente : on a vu fréquemment plusieurs criminels réunis sur un même échafaud, au lieu de montrer une contenance abattue,

s'encourager réciproquement à l'impudence ; on a dû abolir une peine qui a perdu son action. » *Rapport par M. Dhaubersart.*

(*f*) « Le bannissement avait été aboli par l'Assemblée Constituante ; et il faut convenir qu'appliqué comme il l'était alors aux délits de toute nature, cette suppression était politique et sage : le bannissement, à cette époque, était un échange de malfaiteurs entre les Gouvernemens ; aussi, n'est-il rétabli que pour les crimes politiques ; ainsi modifiée, cette peine devient sans inconvéniens. Un homme, en effet, peut être mauvais citoyen dans un pays et ne l'être pas dans un autre : la présence du coupable d'un délit politique, n'a ordinairement qu'un danger local, qui peut disparaître dans le Gouvernement sous lequel se fixe le banni. » *Même rapport.*

« Les crimes politiques, ne supposant pas toujours un dernier degré de perversité, ne doivent pas être punis des peines réservées aux hommes profondément corrompus. » *Motifs.*

(*g*) « Une longue expérience a démontré les motifs et l'utilité de cette peine qui a été puisée dans le Code de 1791. » *Rapport par M. Dhaubersart.*

(*h*) « Les délits auxquels s'appliquent ces peines, quoiqu'ils ne fassent à la Société que des offenses moins graves, n'en appellent pas moins toute la prévoyance du législateur. De légers délits, qu'une sage sévérité ne réprimerait pas, produiraient, en se multipliant, de grands désordres, et frapperaient le corps social d'une langueur dangereuse ; c'est d'ailleurs par les délits que les malfaiteurs s'essayent au crime : cette partie du Code n'est donc pas sans une grande importance pour la Société et la morale publique. » *Même rapport.*

(*i*) « C'est une peine d'institution nouvelle. Il est des délits qui présentent, avec l'exercice des

---

(1) Des lois de police et criminelles de l'Angleterre, ouvrage de Blackstone, traduit par Ludot. Ch. XII.

(2) *Leg. Quisquis V, Cod. ad leg. Jul. Majest.*

§. IIIᵉ. L'amende. 9.

Voy. Emprisonnement. Interdiction. Amende.

5°. La condamnation aux peines établies par la loi est toujours prononcée, sans préjudice des restitutions et dommages - intérêts qui peuvent être dûs aux parties. 10.

Voy. les nᵒˢ. 46, 47, 49 et 50 ci-après. Restitution.

6°. Le renvoi sous la surveillance spéciale de la haute Police, l'amende et la confiscation spéciale, soit du corps du délit, quand la propriété en appartient au condamné, soit des choses produites par le délit, soit de celles qui ont servi ou qui ont été destinées à le commettre, sont des peines communes aux matières criminelle et correctionnelle. 11. (*k*).

Voy. le nᵒ. 39 ci - après. Surveillance. Confiscation spéciale.

7°. Tout condamné à mort aura la tête tranchée. 12. (*l*).

droits dont il s'agit, une alliance offensante, et que repousse le noble caractère des uns, l'intérêt grave et touchant des autres. »

« Les plus belles fonctions du citoyen ne doivent pas être confiées à l'homme qui vient de porter atteinte aux principes et aux vertus, sans lesquels l'exercice en devient dangereux ; et, si l'offense n'a pas été assez grande pour l'en priver sans retour, il faut du moins un intervalle entre le délit et l'entier oubli que la Société en pourra faire ; il faut un tems d'épreuve qui servira de garantie pour l'avenir. Il faut espérer que ce sera au frein nouveau pour l'homme sur qui l'honneur n'aura pas encore perdu ses droits ; il sentira, sans doute, combien est grave pour l'honneur l'affront attaché à cette peine. » *Rapport par M. Dhaubersart*.

(*k*) « Dans un petit état, tout le monde est surveillé, parce qu'on est, pour ainsi dire, réuni sur un même point, et que personne ne peut se soustraire à l'œil vigilant de ses concitoyens ; dans un Empire immense, il est nécessaire qu'une institution sage et active remplace cette surveillance respective qui ne peut pas y exister ; il faut que les hommes pervers ne soient jamais perdus de vue : or, quelle dénonciation plus pressante que celle qui résulte d'un arrêt de condamnation ? » *Motifs*.

« Il a paru essentiel que l'Autorité suprême fût mise à portée d'exercer une surveillance spéciale sur ces hommes, qui, après avoir subi déjà des condamnations, ne reportent souvent dans la Société que plus de perversité et de disposition aux méfaits ; ils ne doivent y être admis qu'avec de sages précautions qui les contiennent dans la ligne du devoir. » *Rapport par M. Dhaubersart*.

« En insérant dans son Code ce moyen puissant d'ordre et de sûreté publique, le législateur ne hasarde point une théorie nouvelle dont les resultats soient incertains. Ce moyen, la force des choses l'avait créé ; et, en l'adoptant, en lui donnant enfin une existence légale, le législateur n'a fait autre chose que consacrer une mesure dont une longue expérience avait proclamé l'efficacité. En la légalisant, il lui imprime une nouvelle force ; il la dépouille de tout ce qu'elle pouvait offrir d'inquiétant et d'irrégulier, en intéressant les Tribunaux à son maintien, en les associant à son exécution. » *Motifs*.

(*l*) « Suivant le nouveau Code, comme suivant celui de 1791, la peine de mort ne sera encore que

Voy. le n°. 2 ci-devant, les n°⁵. 8, 9, 20, 21, 22 et 31 ci-après.

8°. Le coupable condamné à mort pour parricide sera conduit sur le lieu de l'exécution, en chemise, nu-pieds et la tête couverte d'un voile noir.

Il sera exposé sur l'échafaud, pendant qu'un huissier fera au peuple lecture de l'arrêt de condamnation : il aura ensuite le poing droit coupé, et sera immédiatement exécuté à mort. 13. (*m*).

Voy. le n°. 9 ci-après. Parricide.

9°. Les corps des suppliciés seront délivrés à leurs familles, si elles les réclament, à la charge par elles de les faire inhumer sans aucun appareil. 14.

10°. Les hommes condamnés aux travaux forcés, seront employés aux travaux les plus pénibles ; ils traîneront à leurs pieds un boulet, ou seront attachés deux à deux avec une chaîne, lorsque la nature du travail auquel ils seront employés le permettra. 15.

Voy. les n°⁵. 11, 13, 15, 17, 18 et 20 ci-après.

11°. Les femmes et les filles condamnées aux travaux forcés n'y seront employées que dans l'intérieur d'une maison de force. 16.

Voy. les n°⁵. 18 et 20 ci-après.

12°. La peine de la déportation consistera à être transporté et à demeurer à perpétuité dans un lieu déterminé par le Gouvernement, hors du territoire continental de l'Empire.

Si le déporté rentre sur le territoire de l'Empire, il sera, sur la seule preuve de son identité, condamné aux travaux forcés à perpétuité.

Le déporté qui ne sera pas rentré sur le territoire de l'Empire, mais qui sera saisi

la simple privation de la vie. Il rejette aussi les tortures autrefois employées dans l'exécution des condamnations à mort, et dont l'humanité gémissait, sans avantage pour la Société, toujours satisfaite, dès qu'elle s'est purgée du coupable. » *Rapport par M. Dhaubersort.*

« La plupart des législateurs ont imaginé de renchérir sur le dernier supplice ; ils ont cherché des nuances jusques dans la mort, comme si la mort seule n'était pas toujours une assez grande expiation de l'abus du bienfait de la vie. » *Rapport par M. de Monseignat.*

(*m*) « Puisqu'une funeste expérience a forcé le législateur à prévoir ce crime, il a fallu en entourer la punition de tout l'effroi propre à en augmenter l'horreur. » *Rapport par M. Dhaubersart.*

dans

dans des pays occupés par les armées françaises,
sera reconduit dans le lieu de sa déportation. 17. (*n*).

Voy. le n°. 2 ci-devant, les n°ˢ. 13 et 31
ci-après. Déportation.

13°. Les condamnations aux travaux forcés
à perpétuité et à la déportation, emporteront
la mort civile.

Néanmoins, le Gouvernement pourra accorder
au déporté, dans le lieu de la déportation,
l'exercice des droits civils, ou de quelques-
uns de ces droits. 18. (*o*).

Voy. les n°ˢ. 2 et 12 ci-devant, les n°ˢ. 15,
17 et 31 ci-après, les articles 22, 23, 24,
25, 26 et 27 du Code Napoléon. (1).

(*n*) « La peine de la déportation étant particulièrement réservée aux crimes politiques, plus
ils sont graves et susceptibles d'un résultat funeste,
plus il importe que ceux qui s'en sont rendus coupables ne soient pas tentés de reparaître sur le
territoire dont ils pourraient encore troubler le
repos par leur présence. » *Rapport par M. Dhaubersart.*

(*o*) « Par cette disposition d'une politique bienfaisante, le déporté sera provoqué à mériter par
une conduite sage et laborieuse, de récupérer la
vie civile et d'acquérir l'état de colon ; ce sera
l'encourager à devenir meilleur, et ce ressort ne
sera pas moins utile au bien de la colonie, qui est
intéressée à compter des citoyens plutôt que des
captifs, et à les fixer dans son sein, par l'attrait
de la propriété et les liens de la vie civile. »

« Des motifs du même ordre ont fait excepter
de la flétrissure les condamnés à la déportation :
les délits politiques que la déportation atteint ne
supposent point toujours la renonciation entière à
tous principes d'honneur et de morale ; ils n'ont
pas, comme les autres crimes, leur cause nécessaire dans la dépravation du cœur ; aussi, ces considérations n'ont-elles pas été étrangères à la disposition qui permet au déporté l'espoir d'être res-
titué dans ses droits de citoyen, dans le lieu de
son exil ; mais on se fût exposé à détruire à l'avance
l'effet de cette disposition, si on eût puni le déporté d'une flétrissure, qui, en imprimant sur lui
une marque ineffaçable d'infamie, eût pu l'éloigner
sans retour des principes et de la conduite qui
peuvent en faire un citoyen utile dans la colonie
qu'il doit habiter. » *Même rapport.*

(1) Article 22 du Code Napoléon. « Les condamnations à des peines dont l'effet est de priver
celui qui est condamné de toute participation aux
droits civils ci-après exprimés, emporteront la
mort civile. »

Art. 23. « La condamnation à la mort naturelle
emportera la mort civile. »

Art. 24. « Les autres peines afflictives perpétuel-
les n'emporteront la mort civile, qu'autant que la
loi y aurait attaché cet effet. »

Art. 25. « Par la mort civile, le condamné perd
la propriété de tous les biens qu'il possédait. Sa
succession est ouverte au profit de ses héritiers
auxquels ses biens sont dévolus, de la même manière que s'il était mort naturellement et sans testament. »

« Il ne peut plus recueillir aucune succession,
ni transmettre, à ce titre, les biens qu'il a acquis
par la suite. »

« Il ne peut ni disposer de ses biens, en tout
ou en partie, soit par donation entre-vifs, soit par
testament, ni recevoir à ce titre, si ce n'est pour
cause d'alimens. »

« Il ne peut être nommé tuteur, ni concourir
aux opérations relatives à la tutelle. »

« Il ne peut être témoin dans un acte solennel
ou authentique, ni être admis à porter témoignage en justice. »

« Il ne peut procéder en justice, ni en défendant, ni en demandant, que sous le nom et par le
ministère d'un curateur spécial qui lui est nommé
par le Tribunal où l'action est portée. »

33

14°. La condamnation à la peine des travaux forcés à tems sera prononcée pour cinq ans au moins et vingt ans au plus. 19. (*p*).

Voy. les n°ˢ. 2, 10 et 11 ci-devant, les n°ˢ. 17, 18, 23, 31 et 42 ci-après. Travaux forcés à tems.

15°. Quiconque aura été condamné à la peine des travaux forcés à perpétuité, sera flétri sur la place publique, par l'application d'une empreinte avec un fer brûlant, sur l'épaule droite.

Les condamnés à d'autres peines ne subiront la flétrissure que dans les cas où la loi l'aurait attachée à la peine qui leur est infligée.

Cette empreinte sera des lettres T. P. pour les coupables condamnés aux travaux forcés à perpétuité; de la lettre T., pour les coupables condamnés aux travaux forcés à tems, lorsqu'ils devront être flétris.

La lettre F. sera ajoutée dans l'empreinte, si le coupable est un faussaire. 20.

« Il est incapable de contracter un mariage qui produise aucun effet civil. »

« Le mariage qu'il avait contracté précédemment est dissous, quant à tous ses effets civils. »

« Son époux et ses héritiers peuvent exercer respectivement les droits et les actions auxquels sa mort naturelle donnerait ouverture. »

Art. 26. « Les condamnations contradictoires n'emportent la mort civile, qu'à compter du jour de leur exécution, soit réelle, soit par effigie. »

Art. 27. « Les condamnations par contumace n'emporteront la mort civile, qu'après les cinq années qui suivront l'exécution du jugement par effigie, et pendant lesquelles le condamné peut se représenter. »

(*p*) « Vivement frappée de quelques erreurs graves reprochées aux Tribunaux, l'Assemblée Constituante ne crut pas pouvoir resserrer dans des bornes trop étroites la délégation de pouvoir faite à la magistrature; elle régla, en conséquence, avec une exacte précision, la durée de la peine qui devait être appliquée à chaque fait particulier, et elle voulut qu'après la déclaration du jury, la fonction du juge fût bornée à l'application mécanique du texte de la loi. »

« Sans doute, le magistrat ne doit et ne peut prononcer que la peine de la loi; mais n'y a-t-il pas quelque distinction à faire entre deux hommes convaincus du même crime? Doit-on placer sur la même ligne le jeune homme séduit, que des conseils désastreux et son inexpérience ont précipité dans l'abîme, et l'homme dont la profonde corruption est manifeste, et dont toute la vie est souillée de crimes. »

« Ici, nous avons pensé qu'une saine politique et la justice bien entendue appelaient sur la magistrature une marque honorable de confiance, non que les Cours puissent changer la nature de la peine indiquée par la loi; mais la loi veut que chaque espèce de peine puisse être prononcée pour un tems qui ne doit être moindre ni excéder les limites qu'elle prescrit. C'est dans cette latitude que les magistrats, après avoir présidé à toute l'instruction, pesant le degré de perversité de chaque accusé, connaissant parfaitement toutes les circonstances qui peuvent aggraver ou atténuer le fait, c'est, disons-nous, dans cette latitude, que les magistrats fixeront la durée de la peine légale qu'ils doivent appliquer. » *Motifs.*

Voy. le n°. 2 ci-devant, les n°ˢ. 20, 21 et 31 ci-après. Marque. Travaux forcés à perpétuité.

16°. Tout individu de l'un ou de l'autre sexe, condamné à la peine de la réclusion, sera renfermé dans une maison de force et employé à des travaux dont le produit pourra être en partie, appliqué à son profit, ainsi qu'il sera réglé par le Gouvernement.

La durée de cette peine sera au moins de cinq années, et de dix ans au plus. 21. (*q*).

Voy. le n°. 2 ci-devant, les n°ˢ. 17, 18, 23, 31 et 42 ci-après. Réclusion.

17°. Quiconque aura été condamné à l'une des peines des travaux forcés à perpétuité, des travaux forcés à tems, ou de la réclusion, avant de subir sa peine, sera attaché au carcan sur la place publique : il y demeurera exposé aux regards du peuple durant une heure ; au-dessus de sa tête sera placé un écriteau portant, en caractères gros et lisibles, ses noms, sa profession, son domicile, sa peine et la cause de sa condamnation. 22. (*r*).

Voy. les n°ˢ. 18, 19, 20 et 21 ci-après.

18°. La durée de la peine des travaux forcés à tems et de la peine de la réclusion se comptera du jour de l'exposition. 23.

Voy. les n°ˢ. 24, 25 et 26 ci-après.

19°. La condamnation à la peine du carcan sera exécutée de la manière prescrite par l'article 22. 24.

Voy. les n°ˢ. 3 et 17 ci-devant, les n°ˢ. 20, 21, 23 et 31 ci-après. Carcan.

20°. Aucune condamnation ne pourra être exécutée les jours de fêtes nationales ou religieuses, ni les dimanches. 25.

Voy. le n°. 21 ci-après.

21°. L'exécution se fera sur une des places publiques du lieu qui sera indiqué par l'arrêt de condamnation. 26. (*s*).

(*q*) « Par la loi de 1791, la réclusion était particulière aux femmes ; mais cette peine existait par le fait, à l'égard des hommes, sous le nom de *détention*. Le nouveau Code a supprimé cette différence qui n'existait que dans les termes ; il prononce que la réclusion est commune aux deux sexes. » *Rapport par M. Dhaubersart.*

Voy. la Note (*p*) ci-devant.

(*r*) *Voy.* la Note (*e*) ci-devant.

(*s*) « C'est dans les lieux qui ont été témoins du crime ; c'est sur les personnes qui se sont entretenues de ses détails et qui ont connu le coupable, que l'impression, conduite par l'exécution, est profonde et inspire une terreur utile ; c'est

22°. Si une femme condamnée à mort se déclare, et s'il est vérifié qu'elle est enceinte, elle ne subira la peine qu'après sa délivrance. 27.

Voy. le n°. 7 ci-devant.

23°. Quiconque aura été condamné à la peine des travaux forcés à tems, du bannissement, de la réclusion ou du carcan, ne pourra jamais être juré, ni expert, ni être employé comme témoin dans les actes, ni déposer en justice, autrement que pour y donner de simples renseignemens.

Il sera incapable de tutelle et de curatelle, si ce n'est de ses enfans et sur l'avis seulement de sa famille ; il sera déchu du droit de port-d'armes et du droit de servir dans les armées de l'Empire. 28. (*t*).

Voy. les n°ˢ. 29, 42 et 43 ci-après.

24°. Quiconque aura été condamné à la peine des travaux forcés à tems, du bannissement, de la réclusion ou du carcan, sera de plus, pendant la durée de sa peine, en état d'interdiction légale : il lui sera nommé un curateur pour gérer et administrer ses biens, dans les formes prescrites pour la nomination des curateurs aux interdits. 29.

Voy. les n°ˢ. 25 et 26 ci-après.

25°. Les biens du condamné lui seront remis après qu'il aura subi sa peine, et le curateur lui rendra compte de son administration. 30.

Voy. le n°. 26 ci-après.

26°. Pendant la durée de la peine, il ne pourra lui être remis aucune somme, aucune provision, aucune portion de ses revenus. 31. (*u*).

27°. Quiconque aura été condamné au

---

aussi là qu'est plus puissant l'effet de la honte et du remords sur celui qui est frappé de la peine. En laissant aux juges la faculté de fixer le lieu de l'exécution, la loi a donc atteint le but auquel doit tendre l'application des peines, celui de lui donner toute l'action dont elles sont susceptibles, pour la répression des crimes et le maintien de l'ordre public. » *Rapport par M. Dhaubersart.*

(*t*) « La tache d'infamie ne permet pas que

leur témoignage soit admis en justice ; et sur-tout leur présence ne doit jamais souiller les rangs des braves qui ont porté si loin la gloire du nom français. » *Même rapport.*

(*u*) « Il ne faut pas, comme il est trop souvent arrivé, que des profusions scandaleuses fassent d'un séjour d'humiliation et de deuil, un théâtre de joie et de debauche. » *Motifs.*

bannissement, sera transporté, par ordre du Gouvernement, hors du territoire de l'Empire.

La durée du bannissement sera au moins de cinq années et de dix ans au plus. 32. (2).

Voy. les nᵒˢ. 3 et 23 ci-devant, les nᵒˢ. 28, 30, 31 et 43 ci-après. Bannissement.

28°. Si le banni, durant le tems de son bannissement, rentre sur le territoire de l'Empire, il sera, sur la seule preuve de son identité, condamné à la peine de la déportation. 33.

Voy. le n°. 12 ci-devant.

29°. La dégradation civique consiste dans la destitution et l'exclusion du condamné de toutes fonctions ou emplois publics et dans la privation de tous les droits énoncés en l'article 28. 34.

Voy. les nᵒˢ. 3 et 23 ci-devant, le n°. 31 ci-après. Dégradation civique.

30°. La durée du bannissement se comptera du jour où l'arrêt sera devenu irrévocable. 35.

31°. Tous arrêts qui porteront la peine de mort, des travaux forcés à perpétuité ou à tems, la déportation, la réclusion, la peine du carcan, le bannissement et la dégradation civique, seront imprimés par extrait.

Ils seront affichés dans la ville centrale du département, dans celle où l'arrêt aura été rendu, dans la commune du lieu où le délit aura été commis, dans celle où se fera l'exécution et dans celle du domicile du condamné. 36.

32°. La confiscation générale est l'attribution des biens d'un condamné au domaine de l'Etat.

Elle ne sera la suite nécessaire d'aucune condamnation ; elle n'aura lieu que dans les cas où la loi la prononce expressément. 37. (*v*).

Voy. le n°. 2 ci-devant, les nᵒˢ. 33 et 34 ci-après. Confiscation générale.

33°. La confiscation générale demeure

---

(2) *Voy.* la Note (*p*) ci-devant.

(*v*) *Voy.* le 4ᵉ. alinéa de la Note (*d*) ci-devant et tout ce qui suit dans cette Note.

grevée de toutes les dettes légitimes, jusqu'à concurrence de la valeur des biens confisqués, de l'obligation de fournir aux enfans ou autres descendans, une moitié de la portion dont le père n'aurait pu les priver.

De plus, la confiscation générale demeure grevée de la prestation des alimens à qui il en est dû de droit. 38. (*x*).

Voy. le n°. 34 ci-après.

34°. L'Empereur pourra disposer des biens confisqués, en faveur soit des père, mère ou autres ascendans, soit de la veuve, soit des enfans ou autres descendans légitimes, naturels ou adoptifs, soit des autres parens du condamné. 39. (*y*).

35°. Quiconque aura été condamné à la peine d'emprisonnement, sera renfermé dans une maison de correction : il y sera employé à l'un des travaux établis dans cette maison, selon son choix.

La durée de cette peine sera au moins de six jours et de cinq années au plus, sauf les cas de récidive ou autres où la loi aura déterminé d'autres limites.

(*x*) « D'après nos Ordonnances, dans tous les cas où la confiscation des biens était prononcée, elle appartenait au Roi, exempte *de toutes dettes, douaires et substitutions,* parce que, disait le célèbre d'Aguesseau, *la vengeance publique absorbe tellement tous les biens confisqués, qu'il n'y reste plus aucun vestige du domaine particulier de ceux qui les ont possédés.* »

« Ces principes s'appliquaient, à plus forte raison, aux créanciers du condamné, leurs droits étant moins puissans que ceux des substitués, puisque ceux-ci avaient la propriété des biens auxquels ils étaient appelés, tandis que ceux-là n'avaient qu'une action pour créance à exercer. La sévérité du législateur qui immolait aux droits du fisc l'intérêt des femmes, des héritiers et des créanciers, était, disait-on, fondée sur des motifs prépondérans, devant lesquels tout intérêt particulier devait se taire, sur le bien de l'Etat et sur le salut du peuple, qui est toujours regardé comme la loi suprême. »

« La légitime n'était pas due aux enfans sur les biens confisqués, d'après la maxime : *qui confisque le corps, confisque le bien,* et, parce qu'il ne peut y avoir de légitime, quand il n'existe plus de succession. »

« La confiscation était bien loin d'être aussi rigoureuse chez les Romains qu'elle l'était parmi nous. Cette mesure leur a toujours paru excessive ; aussi, voyons-nous leurs jurisconsultes préférer souvent la voix du sang et de la nature à la sévérité de la loi, et s'appliquer constamment à en adoucir la rigueur. »

« L'ancien droit romain retranchait un tiers des biens confisqués au bénéfice des enfans. L'Empereur Justinien a fait plus dans ses Novelles, il leur en a réservé la totalité. »

« Cet aperçu rapide éclaire sur le mérite du nouveau système adopté en cette matière. » *Rapport par M. Bruneau de Beaumez.*

(*y*) « C'est ainsi qu'après avoir assuré la punition du coupable, la loi prépare le moyen de récompenser la bonne conduite des membres de sa famille. » *Motifs.*

Voy. la Note (*x*) ci-devant.

La peine à un jour d'emprisonnement est
de vingt - quatre heures.

Celle à un mois est de trente jours. 4o.

Voy. les n°ˢ. 52 et 53 ci-après. Emprisonnement. Dispositions générales, n°. 1.

36°. Les produits du travail de chaque
détenu pour délit correctionnel , seront appliqués , partie aux dépenses communes de la
maison , partie à lui procurer quelques adoucissemens , s'il les mérite , partie à former
pour lui , au tems de sa sortie , un fonds de
réserve ; le tout, ainsi qu'il sera ordonné par
des réglemens d'administration publique. 41.

37°. Les tribunaux , jugeant correctionnellement , pourront, dans certains cas , interdire , en tout ou en partie, l'exercice des
droits civiques, civils et de famille suivans :

§. Iᵉʳ. De vote et d'élection ;

IIᵉ. D'éligibilité ;

IIIᵉ. D'être appelé ou nommé aux fonctions de Juré ou autres fonctions publiques ,
ou aux emplois de l'Administration, ou d'exercer
ces fonctions ou emplois ;

IVᵉ. De port - d'armes ;

Vᵉ. De vote et de suffrage dans les délibérations de famille ;

VIᵉ. D'être tuteur , curateur , si ce n'est
de ses enfans , et sur l'avis seulement de la
famille ;

VIIᵉ. D'être expert ou employé comme
témoin dans les actes ;

VIIIᵉ. De témoignage en justice , autrement que pour y faire de simples déclarations. 42.

Voy. le n°. 4 ci-devant, le n°. 38 ci-après.
Interdiction.

38°. Les tribunaux ne prononceront l'interdiction mentionnée dans l'article précédent ,
que lorsqu'elle aura été autorisée ou ordonnée
par une disposition particulière de la loi. 43.

Voy. le n°. 4 ci-devant. Interdiction.

39°. L'effet du renvoi sous la surveillance
de la haute Police de l'Etat, sera de donner
au Gouvernement ainsi qu'à la partie intéressée , le droit d'exiger , soit de l'individu
placé dans cet état , après qu'il aura subi sa
peine , soit de ses père et mère , tuteur ou

curateur, s'il est en àge de minorité, une caution solvable de bonne conduite, jusqu'à la somme qui sera fixée par l'arrêt ou le jugement : toute personne pourra être admise à fournir cette caution.

Faute de fournir ce cautionnement, le condamné demeure à la disposition du Gouvernement, qui a le droit d'ordonner, soit l'éloignement de l'individu d'un certain lieu, soit sa résidence continue dans un lieu déterminé de l'un des départemens de l'Empire. 44.

Voy. le n°. 6 ci-devant, les n°ˢ. 40, 41, 42, 43, 44 et 45 ci-après.

40°. En cas de désobéissance à cet ordre, le Gouvernement aura le droit de faire arrêter et détenir le condamné, durant un intervalle de tems qui pourra s'étendre jusqu'à l'expiration du tems fixé pour l'état de la surveillance spéciale. 45.

41°. Lorsque la personne mise sous la surveillance spéciale du Gouvernement, et ayant obtenu sa liberté sous caution, aura été condamnée par un arrêt ou jugement devenu irrévocable, pour un ou plusieurs crimes, ou pour un ou plusieurs délits commis dans l'intervalle déterminé par l'acte de cautionnement, les cautions seront contraintes, même par corps, au paiement des sommes portées dans cet acte. (ζ).

Les sommes recouvrées seront affectées de préférence aux restitutions, aux dommages-intérêts et frais adjugés aux parties lésées par ces crimes ou ces délits. 46. (*aa*).

42°. Les coupables condamnés aux travaux forcés à tems et à la réclusion, seront de plein droit, après qu'ils auront subi leur peine, et pendant toute la vie, sous la surveillance de la haute Police de l'Etat. 47.

(ζ) « Cette mesure aura le double avantage de donner une garantie de plus contre de nouveaux délits, et d'intéresser les personnes par qui le cautionnement aura été fourni à les prévenir par leur surveillance et leur autorité. » *Rapport par M. Dhaubersart.*

(aa) « Il est juste que la réparation du dommage soit préférée au fisc qui n'a pas été lésé ; mais, les frais de la procédure, avancés par le Gouvernement, ne sont pas soumis à la même préférence, par la double raison que la partie civile étant personnellement tenue du remboursement des frais, cette préférence eût été illusoire, et que, dans tous les cas, il s'agit ici d'avances faites dans l'intérêt des parties civiles, et dont le paiement doit être, avant tout, assuré. » *Même rapport.*

43°.

43°. Les coupables condamnés au bannissement seront, de plein droit, sous la même surveillance, pendant un tems égal à la durée de la peine qu'ils auront subie. 48.

44°. Devront être renvoyés sous la même surveillance, ceux qui auront été condamnés pour crimes ou délits qui intéressent la sureté intérieure ou extérieure de l'État. 49.

45°. Hors les cas déterminés par les articles précédens, les condamnés ne seront placés sous la surveillance de la haute Police de l'État que dans le cas où une disposition particulière de la loi l'aura permis. 5o.

Voy. Surveillance.

46°. Quand il y aura lieu à restitution, le coupable sera condamné en outre envers la partie, à des indemnités dont la détermination est laissée à la justice de la Cour ou du Tribunal, lorsque la loi ne les aura pas réglées, sans qu'elles puissent jamais être au-dessous du quart des restitutions, et sans que la Cour ou le Tribunal puisse, du consentement même de la partie, en prononcer l'application à une œuvre quelconque. 51.

Voy. le n°. 5 ci-devant, les n°ˢ. 47, 49 et 5o ci-après. Restitutions.

47°. L'exécution des condamnations à l'amende, aux restitutions, aux dommages-intérêts et aux frais, pourra être poursuivie par la voie de la contrainte par corps. 52.

Voy. le n°. 6 ci-devant, les n°ˢ. 48, 49 et 5o ci-après. Amende.

48°. Lorsque des amendes et des frais seront prononcés au profit de l'Etat, si après l'expiration de la peine afflictive ou infamante, l'emprisonnement du condamné, pour l'acquit de ces condamnations pécuniaires, a duré une année complette, il pourra, sur la preuve acquise par les voies de droit, de son absolue insolvabilité, obtenir sa liberté provisoire.

La durée de l'emprisonnement sera réduite à six mois, s'il s'agit d'un délit; sauf, dans tous les cas, à reprendre la contrainte par corps, s'il survient au condamné quelque moyen de solvabilité. 53.

Voy. les nᵒˢ. 49 et 50 ci-après.

49°. En cas de concurrence de l'amende ou de la confiscation avec les restitutions et les dommages-intérêts , sur les biens insuffisans du condamné , ces dernières condamnations obtiendront la préférence. 54.

Voy. le nᵒ. 50 ci-après.

50°. Tous les individus condamnés pour un même crime ou pour un même délit , sont tenus solidairement des amendes , des restitutions, des dommages-intérêts et des frais. 55.

51°. Quiconque ayant été condamné pour crime, aura commis un second crime, emportant la dégradation civique , sera condamné à la peine du carcan.

Si le second crime emporte la peine du carcan ou le bannissement, il sera condamné à la peine de la réclusion.

Si le second crime entraîne la peine de la réclusion , il sera condamné à la peine des travaux forcés à tems et à la marque.

Si le second crime entraîne la peine des travaux forcés à tems , ou la déportation, il sera condamné à la peine des travaux forcés à perpétuité.

Si le second crime entraîne la peine des travaux forcés à perpétuité , il sera condamné à la peine de mort. 56. (*b b*).

Voy. les nᵒˢ. 52 et 53 ci-après. Récidive.

52°. Quiconque ayant été condamné pour un crime , aura commis un délit de nature à être puni correctionnellement, sera condamné *au maximum* de la peine portée par la loi ,

---

(*bb*) « Un premier crime ne suppose pas toujours nécessairement l'entière dépravation de celui qui s'en est rendu coupable ; mais, la récidive annonce des habitudes vicieuses et un fonds de perversité ou au moins de faiblesse non moins dangereuse pour le Corps social que la perversité. »

« Un second crime doit donc être réprimé avec plus de sévérité que le premier. »

« L'Assemblée Constituante n'avait établi contre le second crime que la peine prononcée par la loi, sans distinction de la récidive, mais elle voulait qu'après la peine subie , les condamnés pour récidive fussent déportés ; disposition qui ne paraît

pas conforme aux règles d'une justice exacte , puisqu'elle ne fait aucune différence entre celui dont le second crime entraîne la peine de la réclusion et celui dont le second crime emporte la peine de vingt-quatre années de fers , la plus grave du Code de 1791, après celle de mort. »

« Le nouveau Code a établi une autre rège plus compatible avec les proportions qui doivent exister entre les peines et les crimes , en appliquant au crime , en cas de récidive , la peine immédiatement supérieure à celle qui devrait être infligée au coupable , s'il était condamné pour la première fois. » *Motifs.*

et cette peine pourra être élevée jusqu'au double. 57.

Voy. le nº. 53 ci-après.

53º. Les coupables condamnés correctionnellement à un emprisonnement de plus d'une année, seront aussi, en cas d'un nouveau délit, condamnés au *maximum* de la peine portée par la loi, et cette peine pourra être élevée jusqu'au double : ils seront de plus mis sous la surveillance spéciale du Gouvernement, pendant au moins cinq années et dix ans au plus. 58.

Voy. Récidive.

54º. Nul crime ou délit ne peut être excusé, ni la peine mitigée, que dans les cas et dans les circonstances où la loi déclare le fait excusable, ou permet de lui appliquer une peine moins rigoureuse. 65. (*c c*).

Voy. Mitigation de peine. Excuse. Les nºˢ. 55, 56, 57, 58, 59 et 60 ci-après.

(*cc*) « Ces deux dispositions ont pour but de prévenir l'arbitraire qui substitue les passions toujours mobiles et souvent aveugles de l'homme, à la volonté ferme et constante de la loi. Celle concernant l'excuse est déjà consacrée par l'art. 339 du Code d'instruction criminelle. » *Motifs.*

Article 339 du Code d'instruction criminelle. « Lorsque l'accusé aura proposé pour excuse un fait admis comme tel par la loi, la question sera ainsi posée :

Tel fait est-il constant ? »

« Excuser un tort, c'est le regarder comme le résultat de circonstances qui le rendent moins blâmable dans son principe, quoique ses effets aient été aussi préjudiciables à des tiers, que si ces circonstances n'eussent pas existé. »

« Celles-ci peuvent être telles, que le fait, quoique préjudiciable à des tiers ou à la Société, ne présente ni crime, ni délit, comme dans le cas de force extérieure irrésistible (1), de démence (2), d'obéissance à la loi ou à un ordre de l'Autorité légitime (3), de défaut de connaissance ou d'intention du crime. »

« Cette intention pouvant seule rendre l'acte

(1) Voy. Homicide, numéros 20 et 21.
(2) Voy. Crime, numéro 6.
(3) Voy. Homicide, numéro 19.

criminel, les lois des 14 brumaire an III et 4 brumaire an IV ont fait un devoir aux juges de poser la question intentionnelle ; mais l'expérience a tellement démontré les abus et les dangers de la proposer formellement aux jurés, qu'elle n'est plus requise par le Code d'instruction. La moralité du fait doit s'établir par le fait lui-même et par ses circonstances ; elle doit sortir de la procédure et des débats, et nous ne devons point perdre de vue que ne point proposer de question expresse sur l'intention, ce n'est pas écarter l'examen et l'appréciation de cette intention. L'influence qu'elle doit avoir sur le jugement est établie dans le Code nouveau par les nombreux articles où vous verrez qu'elle est désignée comme condition intégrante, par l'insertion des mots, *avoir agi sciemment*, *avoir agi volontairement*, à la suite desquels la peine est prononcée. »

« Il arrive quelquefois que quoique l'intention soit évidente, la loi ne prononce point de peines. On en trouvera des exemples dans les articles où les proches parens et alliés des personnes prévenues de complot contre la sûreté de l'État (4), de fabrication de fausse monnaie (5), de recèlement de personnes accusées de crime, n'en auraient

(4) Voy. État, nº. 28.
(5) Voy. Monnaie, nº. 6.

55°. Lorsque l'accusé aura moins de seize ans, s'il est décidé qu'il a agi *sans discernement*, il sera acquitté, mais il sera, selon les circonstances, remis à ses parens ou conduit dans une maison de correction, pour y être élevé et détenu pendant tel nombre d'années que le jugement déterminera, et qui toutefois ne pourra excéder l'époque où il aura accompli sa vingtième année. 66. (*dd*).

Voy. les n°s. 56, 57 et 58 ci-après.

56°. S'il est décidé qu'il a agi *avec discernement*, les peines seront prononcées ainsi qu'il suit :

S'il a encouru la peine de mort, des travaux

pas fait la révélation (1). Ces exceptions sont un hommage rendu aux lois de la nature ; elles assimilent ces cas à ceux où l'on n'a pu résister à une force majeure, et constituent une véritable excuse.»

« Enfin, il se présente souvent des cas, tels que celui du meurtre occasionné par une provocation violente, où ce crime est entouré de circonstances qui l'atténuent et le rendent excusable aux yeux de la loi. L'excuse de cette espèce est la principale dont elle s'occupe ; mais, en admettant que la peine doit être mitigée ou commuée, elle se réserve néanmoins le droit d'infliger une punition quelconque. »

« A cette énumération des divers genres d'excuse, il en dérive véritablement un autre des circonstances et considérations qui peuvent décider les juges à réduire la peine de l'un des accusés du même crime, au *minimum*, tandis qu'ils punissent l'autre du *maximum*. »

« En résumant ces détails, il s'ensuit que les diverses excuses directes ou indirectes. forment deux classes ; la première, des excuses *absolues* ou *péremptoires* (2), lesquelles. effacent le crime ou délit ; la seconde, des excuses *atténuantes* (3).

(1) Voy. Recélement.

(2). Voy. Calomnie, n°. 4. Contrefaction, n°. 6. Crime, n°. 6. Enfant, n°. 4. Etat, numéros 21, 28 et 29. Evasion de détenus, n°. 11. Faux, n°. 19. Homicide, numéros 19, 20 et 21. Liberté individuelle, numéros 1 et 3. Monnaie, numéros 4, 6 et 7. Peines, n°. 55. Rebellion, n°. 5. Vols, n°. 2.

(3). Voy. Arrestations illégales, n°. 3. Destruction, n°. 5. Dispositions générales, n°. 1. Ecrits, numéros 2, 3 et 6. Homicide, numéros 11, 12, 13, 14, 16, 17 et 18. Peines, numéros 56, 57, 58, 59 et 60.

Celle-ci peut se subdiviser en deux espèces, savoir : l'excuse dérivant de l'influence de l'âge des condamnés, et l'*excuse légale* dans laquelle les circonstances antérieures, identiques ou postérieures au crime ou délit affaiblissent sa gravité, libèrent de la peine portée par la loi pour le crime ou délit, et n'en exigent qu'une autre d'une nature inférieure. »

(*dd*) « L'art. 340 du Code d'instruction criminelle a décidé qu'à l'égard de l'accusé qui n'a pas encore atteint sa seizième année, la question de savoir s'il a agi *avec discernement* serait examinée. Cet article s'exprime ainsi : « Si l'accusé a moins de seize ans, le Président posera cette question : »

« L'accusé a-t-il agi *avec discernement ? »

« Les dispositions actuelles règlent ce qui doit être ordonné d'après le résultat de l'examen. Si la décision est négative, l'accusé doit nécessairement être acquitté ; car il serait contradictoire de le déclarer coupable d'un crime et de dire en même tems que ce dont il est accusé a été fait par lui sans discernement. » *Motifs.*

« L'accusé acquitté sera remis à ses parens ou conduit dans une maison de correction. Cette disposition facultative porte l'empreinte de la prévoyance publique qui doit prévenir le retour des excès, et celle d'une vigilance paternelle qui ne permettroit pas de priver totalement la jeunesse des premiers principes d'éducation nécessaires au commun des hommes, quelle que soit leur position, et de ne pas l'abandonner à une communication dangereuse avec les individus immoraux qui peuplent la maison de correction. » *Rapport par* M. Riboud.

forcés à perpétuité, ou de la déportation, il sera condamné à la peine de dix à vingt ans d'emprisonnement dans une maison de correction ;

S'il a encouru la peine des travaux forcés à tems, ou de la réclusion, il sera condamné à être renfermé dans une maison de correction pour un tems égal au tiers au moins et à la moitié au plus de celui auquel il aurait pu être condamné à l'une de ces peines.

Dans tous ces cas, il pourra être mis par l'arrêt ou le jugement, sous la surveillance de la haute Police, pendant cinq ans au moins et dix ans au plus.

S'il a encouru la peine du carcan ou du bannissement, il sera condamné à être enfermé d'un an à cinq ans dans une maison de correction. 67. (*e e*).

Voy. les n°s. 57 et 58 ci-après.

57°. Dans aucun des cas prévus par l'article précédent, le condamné ne subira l'exposition publique. 68. (*ff*).

58°. Si le coupable n'a encouru qu'une peine correctionnelle, il pourra être condamné à telle peine correctionnelle qui sera jugée convenable, pourvu qu'elle soit au-dessous de la moitié de celle qu'il aurait subie, s'il avait eu seize ans. 69.

59°. Les peines des travaux forcés à perpétuité, de la déportation et des travaux forcés à tems, ne seront prononcées contre aucun individu âgé de soixante-dix ans accomplis au moment du jugement. 70.

Voy. les n°s. 60 et 61 ci-après.

(*ee*) « Le discernement ayant dirigé l'action, le crime reste et est punissable ; mais, la peine ne sera point assimilée à celle des coupables qui ont atteint l'âge où l'homme est capable de connaître ce qui est bien ou ce qui est mal, et où rien ne peut atténuer ses égaremens aux yeux de la loi. » *Rapport par M. Riboud.*

« La loi suppose que le coupable, quoique sachant bien qu'il faisait mal, n'était pas encore en état de sentir toute l'étendue de la faute qu'il commettait, ni de concevoir toute la rigueur de la peine qu'il allait encourir. Elle ne veut point le flétrir, dans l'espoir qu'il pourra devenir un ci-

toyen utile ; elle commue, en sa faveur, les peines afflictives en peines de police correctionnelle ; elle ne soumet point à l'exposition aux regards du peuple : enfin, elle consent, par égard pour son âge, à le traiter avec indulgence, et ose se confier à ses remords. » *Motifs.*

(*ff*) « Flétrir par l'infamie un enfant au-dessous de seize ans, c'est l'y dévouer à jamais ; c'est le constituer ennemi de la Société, en l'en séparant, et le placer en quelque sorte dans la carrière du crime. Le garantir de cet anathème, c'est ouvrir son ame au repentir et ne pas l'empêcher de devenir meilleur. » *Rapport par M. Riboud.*

60°. Ces peines seront remplacées à leur égard, par celle de la réclusion, soit à perpétuité, soit à tems, et selon la durée de la peine qu'elle remplacera. 71. (*g g*).

61°. Tout condamné à la peine des travaux forcés à perpétuité ou à tems, dès qu'il aura atteint l'âge de soixante - dix ans accomplis, en sera relevé et sera renfermé dans la maison de force pour tout le tems à expirer de sa peine, comme s'il n'eût été condamné qu'à la réclusion. 72. (*h h*).

62°. Les aubergistes et hôteliers convaincus d'avoir logé plus de 24 heures quelqu'un qui, pendant son séjour, aurait commis un crime ou un délit, seront civilement responsables des restitutions, des indemnités et des frais adjugés à ceux à qui ce crime ou ce délit aurait causé quelque dommage, faute par eux d'avoir inscrit sur leur registre, le nom, la profession et le domicile du coupable, sans préjudice de leur responsabilité dans le cas des articles 1952 et 1953 du Code Napoléon. 73. (*ii*).

Voy. les nᵒˢ. 5 et 46 ci-devant. Contraventions, nᵒ. 8, §. II, nᵒˢ. 11 et 16.

(*gg*) « Quant à l'influence de l'âge des condamnés, relativement aux vieillards, elle n'est et ne pouvait être dans les diverses législations, rangée sur la même ligne, avec celle des mineurs au-dessous de seize ans. En effet, les uns ont contre eux les leçons méprisées d'une longue expérience ; les autres n'ont pu les recevoir : bien loin de changer ou modérer les peines pour les premiers, la loi les aggraverait peut-être, si le respect pour la vieillesse et les infirmités qui l'entourent ordinairement ne lui faisaient un devoir de ne la punir que comme l'âge mûr, et d'adoucir le mode de la peine à cette époque reculée de la vie de l'homme, où la nature ouvre la tombe devant lui. » *Rapport par M. Riboud.*

« Suivant la loi de 1791, il fallait, pour que le sort du septuagénaire fût adouci, qu'il eût atteint l'âge de soixante-quinze ans : alors la durée de la peine était réduite à cinq années ; la commutation n'était que pour la durée ; il ne s'en opérait aucune dans la nature du châtiment. Si le crime emportait les fers, le coupable devait subir cette peine, quel que fût son âge, sauf la réduction du tems. »

« Le nouveau Code n'a rien changé à la durée de la peine : il y a substitué la réclusion comme mieux appropriée à l'état d'un vieillard. » *Motifs.*

« Deux améliorations se trouvent dans les dispositions du nouveau Code : l'une, d'avancer de plusieurs années l'adoucissement dont il s'agit ; l'autre, d'éviter l'inconvénient de faire rentrer un octogénaire pervers au milieu de la Société qu'il a outragée par ses crimes. » *Rapport par M. Riboud.*

(*hh*) *Voy.* la Note (*gg*) ci-devant.

(*ii*) « Les aubergistes devront s'imputer d'avoir négligé de prendre les précautions salutaires qu'une sage police a prescrites dans tous les tems. On ne doit pas perdre de vue qu'ils ne seront soumis à la responsabilité dont il s'agit, que lorsque le coupable qu'ils ont reçu dans leur maison, y aura passé plus de vingt-quatre heures. Il eût été trop rigoureux et même injuste de leur appliquer la peine, quelque courte qu'eût été la durée de son séjour. Lorsqu'un voyageur ne s'arrête que pendant quelques heures dans une hôtellerie, et disparaît pour faire place à d'autres qui n'y restent

63°. Dans les autres cas de responsabilité civile qui pourront se présenter dans les affaires criminelles, correctionnelles ou de police, les Cours et Tribunaux devant qui ces affaires seront portées, se conformeront aux dispositions du Code Napoléon, livre III, tit. IV, chap. II. 74. (*k k*).

64°. Dans tous les cas où la peine d'emprisonnement est portée par le présent Code, si le préjudice causé n'excède pas vingt-cinq

---

pas plus long-tems, il serait le plus souvent impossible de remplir à l'égard du premier comme à l'égard de ceux qui lui succèdent, toutes les formalités exigées par la loi. L'hôtelier ne doit répondre que de celui qu'il a été à portée de voir; mais il est inexcusable de ne s'être pas mis en règle, lorsque la personne qu'il a logée n'a quitté sa maison qu'après les vingt-quatre heures. » *Motifs.*

« La sévérité de la responsabilité dont il s'agit, qui peut frapper au premier abord, disparaît, lorsque l'on considère :

« 1°. Que faute par les aubergistes et hôteliers de remplir une formalité facile et simple, ils fournissent à des coupables les moyens de se dérober plus aisément aux recherches; qu'ainsi, leur négligence favorise l'impunité, par le défaut de notions propres à faire découvrir les traces du crime ou délit. »

« 2°. Que dans les villes, ils n'ont point d'excuses qui puissent les justifier; et que, dans les campagnes, ceux qui logent des voyageurs pendant plus de vingt-quatre heures, ne manquent pas de moyens, lors même qu'ils ne savent pas écrire, de se conformer à la règle pour cette inscription, par le secours de quelqu'un de leur maison, ou par celui de leurs voisins ou des officiers publics. » *Rapport par M. Riboud.*

Article 1952 du Code Napoléon. « Les aubergistes ou hôteliers sont responsables, comme dépositaires, des effets apportés par le voyageur qui loge chez eux : le dépôt de ces sortes d'effets doit être regardé comme dépôt nécessaire. »

Art. 1953 du même Code. « Ils sont responsables du vol ou du dommage des effets du voyageur, soit que le vol ait été fait ou que le dommage ait été causé par les domestiques et préposés de l'hôtellerie, ou par des étrangers allant et venant dans l'hôtellerie. »

(*kk*) « Les cas spécifiés dans les articles du

chapitre II, titre IV, livre III du Code Napoléon, serviront d'appendice à cette partie du Code pénal. » *Motifs.*

Dispositions des articles du Code Napoléon, dont il s'agit :

Art. 1952. « Tout fait quelconque de l'homme, qui cause à autrui un dommage, oblige celui par la faute duquel il est arrivé, à le réparer. »

Art. 1383. « Chacun est responsable du dommage qu'il a causé non-seulement par son fait, mais encore par sa négligence ou par son imprudence. »

Art. 1384. « On est responsable non-seulement du dommage que l'on cause par son propre fait, mais encore de celui qui est causé par le fait des personnes dont on doit répondre, ou des choses que l'on a sous sa garde. »

« Le père et la mère, après le décès du mari, sont responsables du dommage causé par leurs enfans mineurs, habitant avec eux; »

« Les maîtres et les commettans, du dommage causé par leurs domestiques et préposés, dans les fonctions auxquelles ils les ont employés; »

« Les instituteurs et les artisans, des dommages causés par leurs élèves et apprentifs, pendant le tems qu'ils sont sous leur surveillance. »

« La responsabilité ci-dessus a lieu, à moins que les père et mère, instituteurs et artisans, ne prouvent qu'ils n'ont pu empêcher le fait qui donne lieu à cette responsabilité. »

Art. 1385. « Le propriétaire d'un animal ou celui qui s'en sert, pendant qu'il est à son usage, est responsable du dommage que l'animal a causé, soit que l'animal fût sous sa garde, soit qu'il fût égaré ou échappé. »

Art. 1386. « Le propriétaire d'un bâtiment est responsable du dommage causé par sa ruine, lorsqu'elle est arrivée par une suite du défaut d'entretien ou par le vice de sa construction. »

francs, et si les circonstances paraissent atténuantes, les Tribunaux sont autorisés à réduire
l'emprisonnement même au-dessous de six
jours, et l'amende même au-dessous de
seize francs. Ils pourront aussi prononcer
séparément l'une ou l'autre de ces peines,
sans qu'en aucun cas, elle puisse être au-
dessous des peines de simple police. 463.

Voy. Dispositions générales, n°. 1 et la
note.

65°. Les peines de police sont :
L'emprisonnement,
L'amende,
Et la confiscation de certains objets saisis. 464.
Voy. les n°s. ci-après. Contraventions.

66°. L'emprisonnement, pour contravention
de police, ne pourra être moindre d'un jour,
ni excéder cinq jours, selon les classes, distinctions et cas spécifiés.

Les jours d'emprisonnement sont des jours
complets de vingt-quatre heures. 465.

67°. Les amendes pour contravention pourront être prononcées depuis un franc jusques
à quinze francs inclusivement, selon les distinctions et classes qui seront spécifiées, et seront appliquées au profit de la Commune où la
contravention aura été commise. 466.

Voy. les art. 68 et 69 ci-après. Contraventions.

68°. La contrainte par corps a lieu pour le
paiement de l'amende ; néanmoins, le condamné ne pourra être, pour cet objet, détenu
plus de quinze jours, s'il justifie de son insolvabilité. 467.

69°. En cas d'insuffisance des biens, les
restitutions et les indemnités dûes à la partie
lésée sont préférées à l'amende. 468.

70°. Les restitutions, indemnités et frais
entraîneront la contrainte par corps, et le condamné gardera prison jusqu'à parfait paiement ;
néanmoins, si ces condamnations sont prononcées au profit de l'Etat, les condamnés pourront jouir de la faculté accordée par l'art. 467,
dans le cas d'insolvabilité prévu par cet
article. 469.

71°. Les Tribunaux de police pourront
aussi, dans les cas déterminés par la loi,

prononcer

prononcer la confiscation, soit des choses saisies en contravention, soit des choses produites par la contravention, soit des matières ou des instrumens qui ont servi ou étaient destinés à la commettre. 470.

Peine contre les fonctionnaires ou officiers publics qui ont participé à un délit ou crime qu'ils étaient chargés de surveiller, hors les cas où la loi règle spécialement celles encourues. *Voyez* Fonctionnaires publics, n°. 28.

Nulle contravention, nul délit, nul crime ne peuvent être punis de peines qui n'étaient pas prononcées par la loi, avant qu'ils fussent commis. *Voy.* Dispositions préliminaires, n°. 4.

~~~~~~~~~~~~~~~~~~~~~~~~~~~~~~~

PEINES AFFLICTIVES ET INFAMANTES. *Voy.* Peines, n°ˢ. 1 et 6.

PEINES CORRECTIONNELLES. *Voy.* Peines, n°ˢ. 4 et 6.

PEINES SEULEMENT INFAMANTES. *Voy.* Peines, n°ˢ. 3 et 6.

PEINES DE POLICE. *Voy.* Peines, n°. 65.

PEINTURE. Contrefaçon de composition de peinture. *Voy.* Contrefaçon.

Confiscation des exemplaires des peintures contraires aux bonnes mœurs. *Voy.* Ecrits, n°. 5. Contraventions, n°. 10, §. III.

PÉNITENS. Espèce de confrérie. *Voy.* Associations illicites.

PERCEPTEURS. S'ils exigent ou reçoivent ce qu'ils savaient n'être pas dû. *Voy.* Concussion.

S'ils détournent des deniers publics ou privés, ou des effets actifs en tenant lieu. *Voy.* Dépositaires publics.

Rebellion envers les percepteurs. *Voy.* Rebellion.

Ils ne peuvent être poursuivis sans autorisation. *Voy.* Empiétement, n°. 3 et la Note.

PERCEPTION de ce que l'on sait n'être pas dû. *Voy.* Concussion.

—— d'une contribution légale. Fonctionnaire public ou agent du Gouvernement qui a requis l'action ou l'emploi de la Force publique contre cette perception. *Voy.* Fonc-

tionnaires publics, n°ˢ. 18, 19, 20 et 21.

PÈRE. Blessures faites ou coups donnés par un enfant à son père légitime, naturel ou adoptif. *Voy.* Blessures, n°ˢ. 4 et 5.

—— qui prostitue ses enfans de l'un ou de l'autre sexe, au-dessous de l'âge de vingt-un ans. *Voy.* Mœurs, n°ˢ. 5 et 6.

Soustractions commises par des enfans ou autres descendans, au préjudice de leurs pères et mères ou autres ascendans, et par ceux-ci au préjudice de ceux-là. *Voy.* Vols, n°. 2.

La confiscation générale demeure grevée de l'obligation de fournir aux enfans ou autres descendans une moitié de la portion dont le père n'aurait pu les priver. *Voy.* Peines, n°. 33.

L'Empereur pourra disposer des biens confisqués en faveur des pères, etc. du condamné. *Voy.* Peines, n°. 34.

Caution solvable de bonne conduite qui peut être exigée du père du condamné au renvoi sous la surveillance de la haute Police. *Voy.* Peines, n°. 39.

Le meurtre des pères ou mères légitimes, naturels ou adoptifs, ou de tout autre ascendant légitime, est qualifié parricide. *Voy.* Homicide, n°. 5.

Un père n'est pas obligé de dénoncer les

complots formés par ses enfans contre l'Empereur ou contre la sureté de l'Etat. *Voy.* Etat , n°. 28 ;

Même dispense pour la fausse monnaie. *Voy.* Monnaie, n°. 6 ; pour la contrefaction du sceau de l'Etat, d'effets publics ou de billets de banques autorisées. *Voy.* Contrefaction , n°. 6.

Les pères et les mères sont exceptés des dispositions pénales prononcées contre les recéleurs de criminels. *Voy.* Recèlement.

PERFIDE. Imputation calomnieuse. *Voy.* Calomnie , n°s. 9 et 10. Contraventions , n°. 4 , §. XI , n°s. 7 et 16.

PÉRIL. *Voy.* Escroquerie. Accident.

Le meurtre commis par l'un des époux sur l'autre , est excusable, si la vie de celui qui a commis le meurtre a été mise en péril , au moment que le meurtre a eu lieu. *Voyez* Homicide , n°s. 16 et 18.

PERMISSION. Mendiant qui sera entré sans permission du propriétaire ou des personnes de sa maison , soit dans une habitation , soit dans un enclos en dépendant. *Voyez* Mendicité , n°s. 3 , 8 et 9.

On ne peut accorder l'usage de sa maison pour la réunion des membres d'une association , ou pour l'exercice d'un culte , sans la permission de l'Autorité municipale. *Voy.* Associations illicites , n°. 4.

PERPÉTUITÉ. *Voyez* Travaux forcés. Déportation.

PERSÉCUTEUR. Imputation calomnieuse. *Voy.* Calomnie , n°s. 9 et 10. Contraventions , n°. 4 , §. XI , n°s. 7 et 16.

PERSÉVÉRANCE. Celle dans un déni de justice. *Voy.* Fonctionnaires publics , n°. 15.

PERSONNES. *Vol* commis par une ou plusieurs personnes. *Voy.* Vols , n°s. 3 , 4 , 7 et 8.

—— punissables, excusables ou responsables pour crimes ou pour délits. *Voy.* Complices. Crimes, n°s. 6 et 7. Peines , n°. 55 , jusques au n°. 63 , inclusivement.

Arrestation, détention ou séquestration des personnes , hors les cas autorisés. *Voy.* Arrestations illégales.

Personnes qui ont eu connaissance de complots formés ou de crimes projetés contre la

sureté intérieure ou extérieure de l'Etat. *Voy.* Etat , n°s. 24 , 25 , 26 , 27 et 28 ; d'une fabrique ou d'un dépôt de monnaies d'or , d'argent , billon ou cuivre , ayant cours légal en France , contrefaites ou altérées. *Voyez* Monnaie , n°s. 5 et 6 ; d'une fabrique ou d'un dépôt de sceaux de l'Etat contrefaits , d'effets émis par le trésor public avec son timbre , ou de billets de banques autorisées par la loi , contrefaits ou falsifiés. *Voyez* Contrefaction , n°. 6.

Fonctionnaires ou officiers publics , etc. qui, sans motif légitime , usent ou font user de violence envers les personnes , dans l'exercice ou à l'occasion de l'exercice de leurs fonctions. *Voy.* Fonctionnaires publics , n°. 16.

Association de malfaiteurs envers les personnes. *Voy.* Malfaiteurs.

Une association de plus de vingt personnes ne peut avoir lieu sans autorisation du Gouvernement. *Voy.* Associations illicites , n°. 1.

Crimes et délits envers les personnes. *Voy.* Arrestations illégales. Blessures. Calomnie. Enfant. Homicide. Menaces. Mineurs. Mœurs. Secret. Témoignage.

Les dommages-intérêts qui pourront être prononcés à raison d'actes arbitraires et attentatoires à la liberté individuelle , seront réglés en égard aux personnes , etc. *Voy.* Liberté individuelle , n°. 4.

Supposition de personnes. *Voy.* Faux, n°. 1.

Personnes autres que les fonctionnaires ou officiers publics , qui auront commis un faux en écriture authentique et publique, ou en écriture de commerce ou de banque. *Voy.* Faux, n°. 3.

PERTE. *Voy.* Dommage.

PERVERS. *Voy.* Méchant.

PETIT-FILS. *Voy.* Recèlement. Révélation. Vols , n°. 2.

PETITE-FILLE. *Voy.* Recèlement. Révélation. Vols , n°. 2.

PETIT-MAÎTRE. Imputation injurieuse. *Voy.* Calomnie , n°. 4 , §. XI , n°s. 7 et 16.

PEUPLE. Lecture de l'arrêt de condamnation du parricide est faite au peuple par un huissier. *Voy.* Peines , n°. 8.

Ceux qui seront attachés au carcan demeureront exposés pendant une heure aux regards du peuple. *Voy.* Peines, n°. 17.

PEUR. *Voy.* Crainte.

PHARAON. Jeu de hasard. *Voyez* Jeux de hasard.

PHARMACIE. *Voy.* Dispositions générales, n°. 2 et la Note.

PHARMACIENS qui indiquent ou administrent des moyens d'avortement. *Voy.* Blessures, n°. 9.

—— qui révèlent les secrets qui leur sont confiés. *Voy.* Secret.

Voy. Dispositions générales, n°. 2 et la Note.

PIÈCES. Bris de scellés, soustraction, enlèvement ou destruction de pièces avec violence. *Voy.* Scellés, n°⁵. 6, 7 et 8.

Soustraction d'une pièce produite dans une contestation judiciaire. *Voy.* Soustraction.

Dépositaire public qui aura détourné ou soustrait des pièces qui étaient entre ses mains, à raison de ses fonctions. *Voy.* Dépositaires publics, n°. 1.

Les seules preuves admises contre le prévenu de complicité d'adultère seront celles résultant de pièces par lui écrites. *Voyez* Mœurs, n°. 9.

Pièces détruites qui sont des actes de l'Autorité publique, ou des effets de commerce ou de banque. *Voy.* Destruction, n°. 3 ;

S'il s'agit de toute autre pièce. *Voy.* Destruction, n°⁵. 3 et 26.

PIÈCES D'ARTIFICE. Violation de la défense d'en tirer en certains lieux. *Voy.* Contraventions, n°. 4, §. II, n°⁵. 5, 6, 7 et 16.

Négligence ou imprudence causant un incendie. *Voy.* Destruction, n°⁵. 22 et 26.

PIÈCES FAUSSES. Ceux qui en font usage. *Voy.* Faux, n°⁵. 4, 7 et 19.

PIÈCES DE MONNAIE. *Voy.* Monnaie.

Ceux qui refusent les pièces de monnaie nationale, selon la valeur pour laquelle elles ont cours. *Voy.* Contraventions, n°. 8, §. XI, n°⁵. 11 et 16.

PIED. Incendie de bois taillis ou récoltes sur pied. *Voy.* Incendie, n°. 1.

Dévastation de récoltes sur pied. *Voy.* Destruction, n°⁵. 8, 14, 19 et 26.

PIEDS. Le parricide sera conduit sur le

lieu de l'exécution, nu-pieds. *Voy.* Peines, n°. 8.

Les hommes condamnés aux travaux forcés traîneront à leurs pieds un boulet. *Voyez* Peines, n°. 10.

PIEDS CORNIERS. Leur déplacement. *Voy.* Destruction, n°⁵. 20 et 26.

Leur déplacement pour commettre un vol. *Voy.* Vols, n°. 11.

PIERRERIES. *Voy.* Commerce, n°. 5.

PIERRES. Ceux qui ont jeté des pierres ou autres corps durs contre les maisons, édifices ou clôtures d'autrui, ou dans les jardins ou enclos, et ceux aussi qui en auraient jeté sur quelqu'un. *Voy.* Contraventions, n°. 8, §. VIII, n°⁵. 9, 11 et 16.

Ceux qui occasionnent la mort ou la blessure des animaux ou bestiaux appartenant à autrui, par jet de pierres. *Voy.* Contraventions, n°. 12, §. III, n°⁵. 13, §. I, n°⁵. 15 et 16.

Vols de pierres qui sont dans les carrières. *Voy.* Vols, n°. 11.

PIEUX. Est réputé *parc* ou *enclos* tout terrain environné de pieux, etc. *Voy.* Vols, n°. 13.

Voy. Digues.

PIERRES FAUSSES. Celles vendues pour fines. *Voy.* Commerce, n°. 5.

PILLAGE. Les homicides, blessures, coups et menaces qui ont lieu en réunions séditieuses, avec pillage, sont imputables aux chefs. *Voy.* Blessures, n°. 5.

Ceux qui, dans le cas de pillage, refusent d'obéir aux réquisitions. *Voy.* Contraventions, n°. 8, §. XII, n°⁵. 11 et 16.

Pillage de denrées ou marchandises commis en réunion ou bande. *Voy.* Destruction, n°⁵. 4, 5 et 6.

Attentat pour l'exciter dans une ou plusieurs Communes. *Voy.* État, n°⁵. 12, 18, 23, 24, 25, 26, 27, 28 et 29.

Ceux qui, pour piller des propriétés publiques ou nationales, se mettent à la tête de bandes armées. *Voy.* État, n°⁵. 17, 18, 19, 20, 21, 22, 23, 24, 25, 26, 27, 28 et 29.

Il n'y a ni crime ni délit, lorsque l'homicide,

les blessures et les coups ont eu lieu en se défendant contre les auteurs de pillages exécutés avec violence. *Voy.* Homicide , n°s. 20 et 21.

PILLARD. Imputation calomnieuse. *Voy.* Calomnie.

PINCES. Ceux qui les laissent dans les lieux publics ou dans les champs. *Voy.* Contraventions , n°. 4 , §. VII , n°s. 5 , 7 et 16.

PIOCHE. *Voy.* Instrumens.

PIPEUR. Celui qui trompe au jeu. Imputation calomnieuse. *Voy.* Calomnie.

PIQUE. *Voy.* Armes.

PISTOLET. *Voy.* Armes.

PISTOLET DE POCHE. Arme prohibée. *Voy.* Armes. Blessures , n°s. 6 et 7.

PLACARDS. Ceux affichés pour provoquer à la rebellion. *Voy.* Rebellion , n°. 9 ;

——— pour exciter les citoyens à commettre des crimes contre la sureté de l'Etat. *Voy.* Etat , n°. 23 ;

——— pour provoquer à des crimes ou délits. *Voy.* Ecrits , n°. 3.

Voy. Affiches. Calomnie. Ecrits.

PLACES. Fabrication , sous le nom d'un fonctionnaire ou officier public, d'un certificat de bonne conduite , ou autres circonstances propres à procurer des places. *Voy.* Faux , n°s. 17 , 19 et 20.

——— sujettes à cautionnement. *Voy.* Dépositaires publics.

Contrainte ou corruption pour obtenir des places. *Voyez* Fonctionnaires publics , n°s. 9 et 10.

PLACES FORTES. Ceux qui pratiquent des manœuvres pour les livrer. *Voy.* Etat , n°s. 3 et 5.

Ceux qui tentent de s'en emparer. *Voy.* Etat , n°s. 17 , 23 , 24 , 25 , 26 , 27 , 28 et 29.

Ceux qui , sans droit ou motif légitime , auront pris le commandement d'une place forte. *Voy.* Etat , n°s. 14 , 23 , 24 , 25 , 26 , 27 , 28 et 29.

Commandans des places , qui font le commerce des grains , etc. *Voy.* Fonctionnaires publics , n°. 6.

PLACES PUBLIQUES. Ceux qui les embar-

rassent. *Voy.* Contraventions , n°. 4 , §. IV ;

Qui y font des excavations, sans les éclairer. *Voy le même* n° ;

Qui y laissent des instrumens ou armes dont les malfaiteurs peuvent abuser. *Voyez* Contraventions , n°. 4 , §. VII , n°s. 5 , 7 et 16 ;

Qui y établissent des loteries ou d'autres jeux de hasard. *Voy.* Contraventions , n°. 8 , §. V , n°. 10 , §. I , n°s. 11 et 16 ;

Qui auront occasionné la mort ou la blessure des animaux ou bestiaux appartenant à autrui , par encombrement , excavations , ou telles autres œuvres dans ou près les places publiques. *Voy.* Contraventions , n°. 12 , §. IV , n°s. 15 et 16.

Les condamnés aux travaux forcés à perpétuité seront marqués sur la place publique. *Voy.* Peines , n°. 15.

Les condamnés à une des peines des travaux forcés à perpétuité , des travaux forcés à tems , et de la réclusion , avant de subir leur peine , seront attachés au carcan , sur la place publique. *Voy.* Peines , n°. 17.

L'exécution doit se faire sur l'une des places publiques du lieu qui sera indiqué par l'arrêt de condamnation. *Voy.* Peines , n°. 21.

Ceux qui ont abattu des arbres plantés sur une place publique. *Voy.* Destruction , n°s. 12 , 14 , 19 et 26.

PLAIDOYERS. Imputations calomnieuses et injures qui y sont contenues. *Voy.* Calomnie , n°. 11.

PLAIES. Mendians qui feindront des plaies. *Voy.* Mendicité , n°s. 3 , 8 et 9.

PLAINTE. Le mari peut seul porter plainte de l'adultère de sa femme ; cas où il perd cette faculté. *Voy.* Mœurs , n°s. 7 et 10.

Peines contre le mari convaincu d'adultère , sur la plainte de sa femme. *Voy.* Mœurs , n°s. 7 et 10.

Le ravisseur qui a épousé la fille qu'il a enlevée ne peut être poursuivi que sur la plainte des personnes qui , d'après le Code Napoléon , ont le droit de demander la nullité du mariage. *Voy.* Mineurs , n°. 4.

PLAN. Celui concerté pour empêcher l'exercice des droits civiques. *Voy.* Droits civiques, n°. 2.

PLANCHERS. Est qualifié *effraction* tout forcement, rupture, dégradation, démolition des murs, planchers, etc. *Voy*. Vols, n°. 15.

PLANCHES. Confiscation de celles d'édition contrefaite. *Voy*. Contrefaçon, n°. 3; de celles d'images ou figures contraires aux bonnes mœurs. *Voy*. Écrits, n°. 5.

PLANCHES. Est réputé parc ou enclos tout terrain environné de fossés, planches, etc. *Voy*. Vols, n°. 13.

PLANÇONS. *Voy*. Plants.

PLANS DE FORTIFICATIONS, etc. Ceux qui les ont livrés ou qui les ont soustraits pour les livrer à l'ennemi. *Voy*. État, n°s. 7 et 8.

PLANTATIONS. Incendie causé par des feux allumés dans les champs, à moins de cent mètres des plantations. *Voy*. Destruction, n°s. 22 et 26.

Voy. Arbres.

PLANTS. Dévastation de ceux venus naturellement, ou faits de main d'homme. *Voy*. Destruction, n°s. 8, 14, 19 et 26.

POIDS. Ceux qui en ont de faux. *Voyez* Contraventions, n°. 12, §. V, n°. 13, §. II, n°. 14, §. I, n°s. 15 et 16.

Ceux qui ne font pas usage des poids établis par les lois. *Voy*. Contraventions, n°. 12, §. VI, n°. 13, §. III, n°. 14, §. I, n°s. 15 et 16.

Ceux qui auront trompé sur la quantité des choses vendues, par l'usage de faux poids. *Voy*. Commerce, n°. 5.

L'acheteur est privé de toute action contre le vendeur qui l'aura trompé par l'usage de poids ou de mesures prohibés. *Voy*. Commerce, n°. 6;

Peine dans le cas de fraude. *Voy. le même* n°.

POIGNARD. Arme prohibée. *Voy*. Armes.

POINÇONS. Ceux qui auront contrefait ou falsifié le poinçon ou les poinçons servant à marquer les matières d'or ou d'argent, ou qui auront fait usage de ces poinçons falsifiés ou contrefaits. *Voy*. Contrefaction, n°s. 2 et 4. Faux, n°s. 19, 20 et 21.

Ceux qui se sont indûment procuré les vrais poinçons, et en ont fait un usage préjudiciable à l'intérêt du Gouvernement. *Voy*.

Contrefaction, n°s. 3 et 5. Faux, n°s. 19, 20 et 21.

POING. Le parricide aura le poing droit coupé. *Voy*. Peines, n°. 8.

POISON. *Voy*. Empoisonnement.

POISSARDE. Imputation injurieuse. *Voyez* Contraventions, n°. 4, §. XI, n°s. 7 et 16.

POISSONS. Leur empoisonnement dans des étangs, viviers ou réservoirs. *Voy*. Destruction, n°s. 16, 19 et 26.

Ceux qui les ont tués sans nécessité. *Voy*. Destruction, n°s. 17, 19 et 26.

Vol de poissons qui sont dans les étangs, viviers et réservoirs. *Voy*. Vols, n°. 11.

Voy. Animaux.

POLICE. Celle des eaux et pêcheries, des foires et marchés, des maisons de débauche et de jeu, des fêtes, cérémonies et spectacles, des hospices et lazarets. *Voy*. Dispositions générales, n°. 2 et la Note.

POLICE ADMINISTRATIVE. *Voy*. Officiers de police.

Le métier de crieur ou d'afficheur ne peut être fait sans l'autorisation de la police. *Voy*. Écrits, n°. 8.

POLICE CORRECTIONNELLE. Peines qu'on y prononce. *Voy*. Peines, n°s. 4 et 6.

Aggravation de peines contre les officiers de police, s'ils commettent les délits de police correctionnelle qui se trouvent sous les mots : BANQUEROUTE. COMMERCE. CONFIANCE. CONTREFAÇON. ESCROQUERIE. ENCHÈRES. DESTRUCTION. FOURNISSEURS. JEUX DE HASARD. MANUFACTURES. OUVRIERS. PRÊT SUR GAGES. VOLS.

POLICE. (HAUTE) *Voy*. Surveillance.

POLICE JUDICIAIRE. *Voy*. Officiers de police judiciaire.

Révélation à faire à la police judiciaire des complots contre la sureté intérieure ou extérieure de l'État. *Voy*. État, n°s. 24, 25, 26, 27 et 28;

D'une fabrique ou d'un dépôt de monnaies d'or, d'argent, billon ou cuivre, ayant cours légal en France, contrefaites ou altérées. *Voy*. Monnaie, n°s. 5 et 6;

D'une fabrique ou d'un dépôt de sceaux de l'État, contrefaits, d'effets émis par le trésor public, avec son timbre, ou de billets de banques autorisées par la loi, contrefaits ou falsifiés. *Voy.* Contrefaction, n°. 6.

POLICE (SIMPLE). Peines qu'on y prononce. *Voy.* Peines, n°. 65.

Voy. Contraventions.

POLISSON. Imputation injurieuse. *Voy.* Contraventions, n°. 4, §. XI, n°s. 7 et 16.

PONTS. Destruction de ceux appartenant à autrui. *Voy.* Destruction, n°. 1.

Leur construction, entretien et conserva-

tion. *Voy.* Dispositions générales, n°. 2 et la Note.

PORCHER. *Voy.* Gardiens.

PORCS. Leur empoisonnement. *Voy.* Destruction, n°s. 16, 19 et 26.

Ceux qui les ont tués sans nécessité. *Voy.* Destruction, n°s. 17, 19 et 26.

Leur vol dans les champs. *Voyez* Vols, n°. 10.

Voy. Bestiaux. Animaux.

PORT-D'ARMES. Il peut être interdit temporairement aux délinquans par les Tribunaux correctionnels, lorsqu'ils y seront autorisés par la loi. *Voy.* Peines, n°. 37, §. IV et n°. 38.

Celui qui a été condamné aux travaux forcés, au bannissement, à la réclusion ou au carcan, est déchu du droit de Port-d'armes. *Voy.* Peines, n°. 23.

Rebellion où il n'y a pas eu Port d'armes. *Voy.* Rebellion, n°. 3.

Port d'armes prohibées. *Voyez* Blessures, n°s. 6 et 7. (1).

Voy. Dispositions générales, n°. 2 et la Note. (2).

---

(1) Désignation des armes prohibées, d'après la Déclaration du Roi, du 23 mars 1728.

Baïonnettes. Bâtons à ferremens, autres que ceux qui sont ferrés par le bout. Cannes à stylet. Couteaux, en forme de poignard, soit de poche, soit de fusil. Coutelas. Dague. Epées en bâton. Pistolets de poche. Poignards. Stylets et autres armes offensives, cachées ou secrètes.

(2) *SECTION LÉGISLATIVE.*   *Enregistré F°.* 45, *V°.*

ARCHIVES DE L'EMPIRE.

DE PAR LE ROI,

ORDONNANCE DE SA MAJESTÉ qui défend à tous ses sujets, notamment à ceux qui habitent les frontières, et qui ne sont pas enrôlés pour les milices entretenues, de porter armes de quelque espèce qu'elles puissent être, à l'exception des Gentilshommes et autres y dénommés.

Du 14 Juillet 1716.

« SA MAJESTÉ étant informée que la plus grande partie des habitans du plat pays de tout son royaume, et particulièrement ceux d'entre eux qui ont servi dans les Troupes, et qui ont été congédiés par les différentes réformes qui ont été faites, ne sortaient de leurs villages et des endroits où ils se sont retirés qu'avec des armes, abusant de la tolérance que l'on a eue de leur en laisser chez eux ; ce qui cause plusieurs désordres et est très-contraire à la sureté publique, favorisant de

POR

PORTEURS. *Voy.* Contraintes.

Gardiens et Concierges qui refusent de représenter un prisonnier à l'officier de police

POR 267

ou au porteur de ses ordres. *Voy.* Liberté individuelle, n°. 7.

Porteurs de fausse feuille de route. *Voyez*

plus la contrebande et le faux-saunage ; à quoi étant nécessaire de pourvoir : SA MAJESTÉ , de l'avis de Monsieur le Duc d'Orléans son oncle, Régent, a ordonné et ordonne que tous les habitans de son royaume , notamment ceux des frontières , qui ne sont pas enrôlés pour les milices entretenues , à l'exception des Gentilshommes, Gens vivant noblement, Officiers de justice royale , Gens de guerre et Compagnies d'arquebusiers autorisées par Lettres-patentes , ne pourront plus porter des armes de quelque espèce qu'elles puissent être et pour quelque raison que ce soit , après le terme d'un mois du jour de la publication de la présente Ordonnance , à peine de dix livres d'amende pour la première contravention , de cinquante livres pour la seconde , un mois de prison , et plus grande peine , si le cas y échet ; les amendes applicables aux hôpitaux les plus voisins , outre la confiscation desdites armes qui seront portées chez le Maire ou Syndic du lieu , et gardées par lui soigneusement jusqu'à nouvel ordre , pour être ensuite transportées à la Maison de Ville des lieux qui seront indiqués par les sieurs Intendans et Commissaires départis dans l'étendue des Gouvernemens , chacun dans leur département : MANDE ET ORDONNE SA MAJESTÉ aux Gouverneurs , Lieutenans généraux ou Commandans en ses provinces, Intendans ou Commissaires départis en icelles, Gouverneurs ou Commandans particuliers des villes et places, Maires et Echevins desdites villes, Baillifs , Sénéchaux, Prévôts , Juges , leurs Lieutenans et tous autres qu'il appartiendra , de tenir la main , chacun à son égard , à l'exécution de la présente Ordonnance , et de la faire publier et afficher par-tout où besoin sera , afin que personne n'en prétende cause d'ignorance. Fait à Paris , le quatorze juillet, mil sept cent seize. *Signé* LOUIS , *et plus bas* PHELYPEAUX.

COLLATIONNÉ par Nous , Garde des Archives de l'Empire , Membre de l'Institut et de la Légion d'Honneur , sur l'imprimé déposé à la Section législative : en foi de quoi avons signé et fait apposer le sceau desdites Archives.

Délivré à Paris , au Palais des Archives de l'Empire , le neuf décembre mil huit cent onze. *Signé* DAUÑOU. »

A côté est le sceau des Archives de l'Empire.

N. B. Cette Ordonnance porte les peines du Port-d'armes. C'est la jurisprudence de la Cour de Cassation ; établie par ses arrêts des 15 mars , 4 mai 1810 et 23 février 1811.

Article 12 du Décret impérial du 11 juillet 1810. « Les permis de Port-d'armes de chasse ne seront valables que pour un an , à dater du jour de leur délivrance. »

EXTRAIT *des Minutes de la Secrétairerie d'État.*

AVIS du Conseil d'État relatif à la faculté de porter des armes en voyage (Séance du 10 mai 1811.)

« LE CONSEIL D'ÉTAT , qui, d'après le renvoi ordonné par SA MAJESTÉ, a entendu le rapport du Ministre de la Police, tendant à établir qu'il est nécessaire de se pourvoir de Permis pour exercer la faculté de porter en voyage des armes pour sa défense personnelle :

EST D'AVIS qu'il n'y a lieu à statuer sur la proposition du Ministre de la Police ;

Que les gens non domiciliés , vagabonds et sans aveu , doivent seuls être examinés et poursuivis par la Gendarmerie et tous officiers de police , lorsqu'ils sont porteurs d'armes , à l'effet d'être désarmés et même traduits devant les Tribunaux , pour être condamnés suivant les cas , aux peines portées par les lois et réglemens ;

Que le présent avis doit être inséré au Bulletin des lois.

Pour extrait conforme . Le Secrétaire général du Conseil d'État. *Signé* J. G. LOCRÉ.

Approuvé au Palais de Rambouillet, le 17 mai 1811. *Signé* NAPOLÉON.

Par L'EMPEREUR.

Le Ministre Secrétaire d'État. *Signé* Le comte DARU. »

Faux , n°ˢ. 13 et 14 ; s'ils sont mendians.
Voy. Mendicité , n°ˢ. 8 et 9.

Porteurs de limes ou d'effets d'une valeur
supérieure à cent francs. *Voy.* Mendicité ,
n°ˢ. 4 , 5 , 8 et 9.

—— de faux passe-port. *Voy.* Faux , n°ˢ.
9 , 19 et 20.

—— d'armes prohibées. *Voy.* Blessures ,
n°ˢ. 6 et 7.

Coupables de vol , porteurs d'armes apparentes ou cachées. *Voy.* Vols , n°. 3 , §. III ,
n°. 7 , §. III , n°. 8 , §. II.

PORTION. Celui qui est en état d'interdiction légale ne peut recevoir aucune portion
de ses revenus. *Voy.* Peines , n°. 26.

La confiscation générale est grevée de
l'obligation de fournir aux enfans ou autres
descendans , une moitié de la portion dont
le père n'aurait pu les priver. *Voy.* Peines ,
n°. 33.

PORTS. Ceux qui pratiquent des manœuvres
pour les livrer. *Voy.* Etat , n°ˢ. 3 et 5.

Ceux qui tentent de s'en emparer. *Voy.*
Etat , n°ˢ. 17 , 23 , 24 , 25 , 26 , 27 et
28.

Préposés du Gouvernement qui en livrent
les plans à l'ennemi. *Voy.* Etat , n°. 7.

Ceux qui , sans droit ou motif légitime ,
auront pris le commandement d'un port. *Voy.*
Etat , n°ˢ. 14 , 23 , 24 , 25 , 26 , 27 et 28.

Voy. Dispositions générales , n°. 2 et la
Note.

POSSESSEURS. Ceux qui détournent ou dissipent au préjudice des possesseurs , des effets , etc. qui n'avaient été confiés qu'à titre
de dépôt , ou pour un travail salarié. *Voy.*
Confiance , n°. 3.

Voy. Poids. Mesures.

POSSESSIONS. Manœuvres avec les ennemis
de l'Etat , pour seconder les progrès de leurs
armes sur ses possessions. *Voy.* Etat , n°ˢ.
3 et 5.

Voy. Propriété.

POSTE. Suppression ou ouverture de lettres
confiées à la poste , commise ou facilitée par
un agent de l'Administration des postes. *Voy.*
Fonctionnaires publics , n°. 17.

Poste aux lettres et aux chevaux. *Voy.* Dispositions générales , n°. 2 et la Note.

POSTES. Ceux qui pratiquent des manœuvres pour les livrer. *Voy.* Etat , n°ˢ. 3 et 5 ;
ceux qui tentent de s'en emparer. *Voy.* Etat ,
n°. 17.

Ceux qui , sans droit ou motif légitime ,
auront pris le commandement d'un poste.
Voy. Etat , n°. 14.

Peines contre le commandant en chef de
la Force armée garnissant les postes , lorsqu'une évasion de détenus aura lieu. *Voy.*
Evasion de détenus.

POUDRES. *Voy.* Dispositions générales , n°.
2 et la Note.

POURSUITE. *Voy.* Amendes. Restitutions.
Contrainte par corps.

Les auteurs de complots ou d'autres crimes
attentatoires à la sureté intérieure ou extérieure de l'Etat , qui , avant toutes poursuites , ont dénoncé ces complots ou crimes,
ou qui , même depuis le commencement des
poursuites , auront procuré l'arrestation des
auteurs ou complices. *Voy.* Etat , n°. 29.

Même disposition pour les crimes de fausse-
monnaie , de contrefaction du sceau de l'Etat ,
de contrefaction ou falsification d'effets émis
par le trésor public avec son timbre , et de
billets de banques autorisées. *Voy.* Monnaie ,
n°. 7. Contrefaction , n°. 6.

Lorsque l'auteur d'une imputation aura
dénoncé les faits imputés , il sera sursis à la
poursuite du délit de calomnie. *Voy.* Calomnie , n°. 6.

Les fournisseurs ne pourront être poursuivis que sur la dénonciation du Gouvernement. *Voy.* Fournisseurs , n°. 4.

POURSUITE PERSONNELLE. Celle dirigée
contre un Ministre , un Membre du Sénat ,
du Conseil d'Etat ou du Corps Législatif ,
sans les autorisations prescrites par les Constitutions. *Voy.* Liberté individuelle , n°. 8.

POURSUITES CRIMINELLES. Imputation de
faits qui , s'ils existaient , exposeraient à des
poursuites criminelles. *Voy.* Calomnie , n°. 1.

POUVOIR. Ceux qui , par abus de pouvoir,
ont provoqué à une action qualifiée crime

ou

ou délit, en sont complices. *Voy.* Complices, n°. 2.

Juges, etc. qui excèdent leur pouvoir, en s'immisçant dans les matières attribuées aux Autorités administratives. *Voy.* Empiétement, n°. 1, §. II.

Abus de pouvoir contre les particuliers. *Voy.* Fonctionnaires publics, depuis le n°. 14 jusques au n°. 17 inclusivement;

Contre la chose publique. *Voy.* Fonctionnaires publics, depuis le n°. 18 jusques au n°. 21 inclusivement.

Pouvoir imaginaire. *Voy.* Escroquerie.

Pouvoir législatif. Juges, Procureurs généraux ou impériaux, etc. qui se seront immiscés dans l'exercice du Pouvoir législatif. *Voy.* Empiétement, n°. 1, §. I.

Préfets qui auront commis le même crime. *Voy.* Empiétement, n°. 4.

Pouvoir légitime. Ceux qui, sans son ordre ou son autorisation, auront levé ou fait lever des troupes armées, etc. *Voy.* État, n°s. 13, 23, 24, 25, 26, 27, 28 et 29.

Pré. *Voy.* Champs. Foin. Fourrage.

Précepteurs. *Voy.* Instituteurs.

Précaution. (défaut de) *Voy.* Imprudence. Inattention.

Ceux qui auront occasionné la mort ou la blessure des animaux ou bestiaux appartenant à autrui, par l'emploi ou l'usage d'armes, sans précaution. *Voy.* Contraventions, n°. 12, §. III, n°. 13, §. I, n°s. 15 et 16.

Prédicateur. *Voy.* Ministre de culte. Cultes.

Prédiction. *Voy.* Devin.

Préférence. Les restitutions et dommages-intérêts ont la préférence sur l'amende ou la confiscation. *Voy.* Peines, n°s. 49 et 69. *Voy.* Restitutions.

Préfets. Les Préfets, etc. ne peuvent s'immiscer dans l'exercice du Pouvoir législatif, ni s'ingérer de prendre des arrêtés généraux tendant à intimer des ordres ou des défenses à des Cours ou Tribunaux. *Voy.* Empiétement, n°. 4.

Ils ne peuvent point entreprendre sur les fonctions judiciaires. *Voy.* Empiétement, n°. 5.

Ceux qui prennent quelque intérêt dans les affaires qui leur sont confiées. *Voy.* Fonctionnaires publics, n°. 5.

Ceux qui font le commerce des grains et boissons. *Voy.* Fonctionnaires publics, n°. 6.

Ceux qui ont agréé des offres ou reçu des présens pour faire un acte de leurs fonctions, ou s'en abstenir. *Voy.* Fonctionnaires publics, n°s. 7 et 8.

Ceux qui se sont décidés par faveur ou par inimitié. *Voy.* Fonctionnaires publics, n°. 13;

Qui se sont introduits illégalement dans le domicile d'un citoyen. *Voy.* Fonctionnaires publics, n°. 14;

Qui auront dénié de rendre la justice. *Voy.* Fonctionnaires publics, n°. 15;

Qui, dans l'exercice ou à l'occasion de leurs fonctions, auront usé ou fait user de violence envers les personnes. *Voy.* Fonctionnaires publics, n°. 16;

Qui auront facilité ou commis la suppression ou l'ouverture de lettres confiées à la poste. *Voy.* Fonctionnaires publics, n°. 17;

Qui auront requis l'action de la Force publique contre l'exécution d'une loi ou tout ordre émané de l'Autorité légitime. *Voy.* Fonctionnaires publics, n°s. 18, 19, 20 et 21;

Qui seront entrés dans l'exercice de leurs fonctions, sans avoir prêté le serment. *Voy.* Fonctionnaires publics, n°. 26;

Qui, révoqués, destitués, suspendus ou interdits, auront continué leurs fonctions. *Voy.* Fonctionnaires publics, n°. 27;

Qui auront participé à des crimes ou délits qu'ils étaient chargés de surveiller. *Voy.* Fonctionnaires publics, n°. 28;

Qui, dans l'exercice ou à l'occasion de leurs fonctions, auront été outragés par paroles. *Voy.* Fonctionnaires publics, n°. 29;

Par gestes ou menaces. *Voy.* Fonctionnaires publics, n°s. 30 et 33;

Par coups. *Voy.* Fonctionnaires publics, n°s. 35, 36, 38, 39 et 40.

Peines contre les citoyens qui auront contraint ou tenté de contraindre un Préfet, par voies de fait ou menaces, l'auront corrompu

36

ou tenté de le corrompre par promesses, offres, dons ou présens, pour obtenir une opinion favorable, quelque acte contraire à la vérité, des places, emplois, adjudications, entreprises ou autres bénéfices quelconques. *Voy.* Fonctionnaires publics, n°. 9.

Préjudice. Lorsqu'il n'excède pas vingt-cinq francs, si les circonstances sont atténuantes, les Tribunaux sont autorisés à réduire les peines. *Voy.* Peines, n°. 64.

Les dommages-intérêts qui pourront être prononcés à raison d'actes arbitraires et attentatoires à la liberté individuelle, seront réglés en égard au préjudice souffert, etc. *Voy.* Liberté individuelle, n°. 4.

Faux certificats d'où il peut résulter, soit lésion envers des tiers, soit préjudice envers le trésor public. *Voy.* Faux, n°. 18.

Juge ou Juré qui s'est laissé corrompre au préjudice de l'accusé. *Voy.* Fonctionnaires publics, n°s. 11 et 12.

Vols commis par des maris au préjudice de leurs femmes, etc. *Voy.* Vols, n°. 2.

Ceux qui font souscrire aux mineurs des obligations à leur préjudice. *Voy.* Confiance, n°. 1.

Réparation du préjudice souffert par un Auteur dont les ouvrages ont été contrefaits. *Voy.* Contrefaçon, n°. 5.

Préméditation. *Voy.* Homicide, n°s. 2 et 3. Blessures.

Coups portés avec préméditation sur des fonctionnaires publics. *Voy.* Fonctionnaires publics, n°. 39.

Préposés d'aubergistes, d'hôteliers, de voituriers, ou de bateliers, qui ont volé tout ou partie des choses qui leur étaient confiées à ce titre. *Voy.* Vols, n°. 8, §. IV.

—— de bateliers, de voituriers, qui auront altéré toute espèce de liquide et de marchandises, par le mélange de substances malfaisantes. *Voy.* Vols, n°. 9;

S'il n'y a pas eu mélange de substances malfaisantes. *Voy. le même* n°.

Préposés des contributions. *Voy.* Agens du Gouvernement. Concussion. Empiétement, n°. 3 et la note. Dépositaires publics. Faux.

Préposés des douanes. *Voy.* Agens du Gouvernement. Concussion. Empiétement, n°. 3 et la note. Dépositaires publics. Faux.

—— des Droits réunis. *Voy.* Agens du Gouvernement. Concussion. Empiétement, n°. 3 et la note. Dépositaires publics. Faux.

—— de l'Enregistrement. *Voy.* Agens du Gouvernement. Concussion. Empiétement, n°. 3 et la note. Dépositaires publics. Faux.

—— des fonctionnaires publics. *Voy.* Concussion. Dépositaires publics. Faux.

—— des Forêts. *Voy.* Agens du Gouvernement. Concussion. Empiétement, n°. 3 et la note. Dépositaires publics. Faux.

—— à la garde des détenus. *Voy.* Evasion de détenus.

—— de la Police. *Voy.* Rebellion. Violence.

Présens. *Voy.* Dons. Corruption. Témoignage, n°s. 4 et 5.

Présentation. Ceux qui tiennent une maison de Jeux de hasard, et y admettent le public sur la présentation des intéressés ou affiliés. *Voy.* Jeux de hasard.

Président d'une Cour, d'un Tribunal. *Voy.* Juges.

Prestation. La confiscation générale est grevée de la prestation des alimens à qui il en est dû de droit. *Voy.* Peines, n°. 33.

PRÊT SUR GAGES. Ceux qui auront établi ou tenu des maisons de prêt sur gages ou nantissement, sans autorisation légale, ou qui, ayant une autorisation, n'auront pas tenu un registre conforme aux réglemens, contenant de suite, sans aucun blanc ni interligne, les sommes ou les objets prêtés, les noms, domicile et profession des emprunteurs, la nature, la qualité, la valeur des objets mis en nantissement, seront punis d'un emprisonnement de quinze jours au moins, de trois mois au plus, et d'une amende de cent francs à deux mille francs. 411.

Prêtres. *Voy.* Ministre de culte. Cultes.

Preuve. *Voy.* Identité. Insolvable.

Preuve légale. Est réputée fausse toute imputation à l'appui de laquelle la preuve légale n'est point rapportée. *Voy.* Calomnie, n°. 2.

La preuve légale ne pourra résulter, en fait de calomnie, que d'un jugement ou de tout autre acte authentique. *Voy.* Calomnie, n°. 4.

Peine contre le calomniateur qui ne la rapportera pas. *Voy.* Calomnie, n°s. 5 et 8.

Preuve légale contre le complice d'adultère. *Voy.* Mœurs, n°. 9.

Crimes et délits tendant à empêcher ou détruire la preuve de l'état civil d'un enfant. *Voy.* Enfant.

PRÉVARICATION. *Voy.* Fonctionnaires publics. Juges. Préfets.

PRÉVENU. Bris de scellés apposés à des papiers et effets d'un individu, prévenu ou accusé d'un crime, ou condamné. *Voy.* Scellés, n°. 2.

Preuves qui pourront être admises contre le prévenu de complicité d'adultère. *Voy.* Mœurs, n°. 9.

Coupable de faux témoignage en matière correctionnelle ou de police, soit contre le prévenu, soit en sa faveur. *Voy.* Témoignage, n°s. 2 et 4.

Prévenu qui est en état de démence. *Voy.* Crime, n°. 6.

Voy. Evasion de détenus. Prisonniers.

PRÉVOYANCE. *Voy.* Précaution.

PRIÈRES portant provocations à des crimes. *Voy.* Associations illicites, n°. 3.

PRIME. Grande Prime. Jeu de hasard. *Voy.* Jeux de hasard.

PRINCE DU SANG. *Voy.* EMPEREUR, n°. 2.

PRINCESSE DU SANG. *Voy.* EMPEREUR, n°. 2.

PRISON. Evasion de détenus qui a eu lieu ou qui a été tentée avec bris de prison. *Voy.* Evasion de détenus, n°s. 5, 6, 7 et 8.

Détenus qui se seront évadés ou qui auront tenté de s'évader par bris de prison. *Voy.* Evasion de détenus, n°. 9.

Voy. Maisons de justice. Geolier. Concierge.

PRISONNIERS. Dans quel cas leur réunion est-elle punie comme réunion de rebelles ? *Voy.* Rebellion, n°. 11, §. III.

Epoque à laquelle ils subiront la peine qui leur sera appliquée pour rebellion. *Voy.* Rebellion, n°. 12.

Gardiens et Concierges qui reçoivent un prisonnier sans mandat ou jugement, ou sans ordre provisoire du Gouvernement. *Voyez* Liberté individuelle, n°. 7.

Voy. Evasion de détenus. Liberté individuelle.

PRIVATION. Celle de certains droits. *Voy.* Peines, n°. 29.

PRIX. Manœuvres pour la hausse ou la baisse de celui des denrées, marchandises et effets publics. *Voy.* Commerce, n°s. 1, 2, 3 et 4.

Suffrage acheté ou vendu à un prix quelconque. *Voy.* Droits civiques, n°. 5.

Tarifs pour le prix de certaines denrées. *Voy.* Dispositions générales, n°. 2 et la Note.

PROCÉDURES CRIMINELLES. Leur destruction, soustraction et enlèvement. *Voy.* Scellés, n°s. 6, 7 et 8.

PROCÈS. Soustraction de quelque pièce, titre ou mémoire qui aura été produit dans un procès ou contestation judiciaire. *Voy.* Soustraction.

PROCÈS-VERBAUX. Corruption ou tentative de corruption, contrainte ou tentative de contrainte, pour obtenir d'un fonctionnaire public des procès-verbaux contraires à la vérité. *Voy.* Fonctionnaires publics, n°s. 9 et 10.

PROCURATION. *Voy.* Faux.

PROCUREURS GÉNÉRAUX IMPÉRIAUX. Soustractions par eux commises des pièces dont ils sont dépositaires à raison de leurs fonctions. *Voy.* Dépositaires publics, n°. 5.

Leur coalition pour prendre des mesures contraires aux lois. *Voy.* Fonctionnaires publics, n°s. 1, 2, 3 et 4.

Ceux qui ont agréé des offres ou reçu des présens pour faire un acte de leurs fonctions, ou s'en abstenir. *Voy.* Fonctionnaires publics, n°s. 7, 8 et 10 ;

Qui se sont introduits illégalement dans le domicile d'un citoyen. *Voy.* Fonctionnaires publics, n°. 14 ;

Qui, dans l'exercice ou à l'occasion de leurs fonctions, auront usé ou fait user de violence envers les personnes. *Voy.* Fonctionnaires publics, n°. 16 ;

Qui auront facilité ou commis la suppression ou l'ouverture de lettres confiées à la poste. *Voy.* Fonctionnaires publics , nᵒ. 17 ;

Qui auront requis l'action de la Force publique contre l'exécution d'une loi, ou tout ordre émané de l'Autorité légitime. *Voyez* Fonctionnaires publics , nᵒˢ. 18 , 19 , 20 et 21 ;

Qui seront entrés dans l'exercice de leurs fonctions sans avoir prêté le serment. *Voyez* Fonctionnaires publics , nᵒ. 26 ;

Qui, révoqués, destitués, suspendus ou interdits, auront continué leurs fonctions. *Voy.* Fonctionnaires publics , nᵒ. 27 ;

Qui auront participé à des crimes ou délits qu'ils étaient chargés de surveiller. *Voyez* Fonctionnaires publics , nᵒ. 28 ;

Qui, dans l'exercice ou à l'occasion de leurs fonctions, auront été outragés par paroles. *Voy.* Fonctionnaires publics , nᵒ. 29 ;

Par gestes ou menaces. *Voy.* Fonctionnaires publics , nᵒˢ. 30 et 33 ;

Par coups. *Voy.* Fonctionnaires publics , nᵒˢ. 35, 36, 38, 39 et 40.

Ils sont coupables de forfaiture , s'ils poursuivent, soit un Ministre, soit un Membre du Sénat, du Conseil d'État, ou du Corps Législatif, sans les autorisations prescrites par les Constitutions, et s'ils les font arrêter sans ces autorisations , hors les cas de flagrant délit ou de clameur publique. *Voy.* Liberté individuelle, nᵒ. 8 ;

S'ils retiennent ou font retenir un individu hors des lieux déterminés par le Gouvernement , ou s'ils traduisent un Citoyen devant une Cour d'assises ou une Cour spéciale , sans qu'il ait été mis légalement en accusation. *Voy.* Liberté individuelle, nᵒ. 9.

Peines contre les Procureurs généraux qui se seront immiscés dans l'exercice du Pouvoir Législatif. *Voy.* Empiétement, nᵒ. 1, §. I ;

Qui auront excédé leur pouvoir en s'immisçant dans les matières attribuées aux Autorités Administratives , ou qui auront requis de citer des Administrateurs pour raison de l'exercice de leurs fonctions et y auront persisté. *Voyez* Empiétement, nᵒ. 1, §. II ;

Qui auront fait des réquisitions ou donné des conclusions pour le jugement d'une affaire revendiquée par l'Autorité administrative , avant la décision de l'Autorité supérieure. *Voy.* Empiétement, nᵒ. 2 ;

Qui, sans autorisation du Gouvernement, auront requis des ordonnances ou mandats contre ses Agens ou Préposés, prévenus de crimes ou délits commis dans l'exercice de leurs fonctions, malgré une réclamation légale des parties intéressées ou de l'Autorité administrative. *Voyez* Empiétement, nᵒ. 3.

Voy. Empiétement. Fonctionnaires publics. Forfaiture. Liberté individuelle.

PROCUREURS IMPÉRIAUX. *Voyez* Procureurs généraux impériaux.

PRODUCTION DU GÉNIE. *Voy.* Écrits. Contrefaçon.

PRODUCTION DE LA TERRE. *Voy.* Récoltes.

PRODUIT. Application de celui du travail des condamnés à la réclusion. *Voy.* Peines, nᵒ. 16.

Application de celui des détenus pour délits correctionnels. *Voy.* Peines , nᵒ. 36.

Le produit des confiscations qui ont lieu dans le cas de contrefaçon, sera remis au Propriétaire de l'ouvrage contrefait. *Voyez* Contrefaction , nᵒ. 5.

PRODUIT COMMUN. Soustraction du tiers du produit commun de la recette pendant un mois. *Voy.* Dépositaires publics , nᵒˢ. 2, 3 et 4.

PROFESSION. Celle du condamné qui sera attaché au carcan , sera mise sur l'écriteau placé au-dessus de sa tête. *Voy.* Peines , nᵒ. 17.

Les Aubergistes et Hôteliers sont tenus d'inscrire sur leur registre la profession de ceux qu'ils logent. *Voy.* Contraventions, nᵒ. 8, §. II , nᵒˢ. 11 et 16. Peines, nᵒ. 62.

Révélation des secrets confiés à raison de la profession. *Voy.* Secret.

Voy. Prêt sur gages.

PROFESSEURS. *Voy.* Instituteurs.

PROFIT. Partie du produit du travail des condamnés à la réclusion peut être appliquée à leur profit. *Voy.* Peines , nᵒ. 16.

Amendes et frais prononcés au profit de l'Etat , lorsque le condamné est insolvable. *Voy.* Peines , nᵒˢ. 48 et 70.

Peines contre ceux qui auraient recélé ou appliqué à leur profit tout ou partie des objets volés par des maris au préjudice de leur femme , etc. *Voy.* Vols , nᵒ. 2.

Pᴿᴼᶠᴼᴺᴰᴱᵁᴿ. Est réputé *parc* ou *enclos* tout terrain environné de fossés , de pieux , etc. quelle que soit la profondeur de ces diverses clôtures. *Voy.* Vols , nᵒ. 13.

Pᴿᴼᴳᴿᴱˢ. Ceux qui pratiquent des intelligences avec les ennemis de l'Etat pour seconder les progrès de leurs armes. *Voy.* Etat , nᵒˢ. 3 et 5.

Pᴿᴼᴸᴼᴺᴳᴬᵀᴵᴼᴺ. Celle de fonctions publiques au - delà du tems où elles devaient cesser. *Voy.* Fonctionnaires publics , nᵒ. 27.

Pᴿᴼᴹᴱˢˢᴱˢ. Ceux qui , par promesses , ont provoqué à une action qualifiée crime ou délit , en sont complices. *Voy.* Complices , nᵒ. 2.

Voy. Corruption.

Faux témoin en matière correctionnelle , de Police ou Civile , qui aura reçu des promesses. *Voy.* Témoignage , nᵒ. 4.

Voyez Escroquerie.

Pᴿᴼᴺᴱ. *Voy.* Ministre de culte. Cultes.

PᴿᴼᴺᴼˢᵀᴵQᵁᴱᵁᴿˢ ᴰᴱ ˢᴼᴺᴳᴱˢ. *Voy.* Contraventions , nᵒ. 12 , §. VII , nᵒ. 13 , §. IV , nᵒ. 14 , §. II , nᵒˢ. 15 et 16.

Pᴿᴼᴾᴴᴱᵀᴱ. *Voy.* Devin.

Pᴿᴼᴾᴼˢᴵᵀᴵᴼᴺ. Celle faite et non agréée pour l'attentat ou complot contre la vie de l'Empereur. *Voy.* Eᴹᴾᴱᴿᴱᵁᴿ , nᵒ. 5.

—— pour l'attentat ou complot contre la vie ou la personne des Membres de la Famille Impériale ; pour l'attentat ou complot dont le but sera , soit de détruire ou de changer le Gouvernement ou l'ordre de successibilité au Trône , soit d'exciter les Citoyens à s'armer contre l'Autorité Impériale. *Voy.* Eᴹᴾᴱᴿᴱᵁᴿ , nᵒ. 5.

Pᴿᴼᴾᴿᴵᴱᵀᴬᴵᴿᴱˢ. Ceux qui louent leurs maisons en tout ou en partie pour la réunion des membres d'une association même autorisée. *Voy.* Associations illicites , nᵒ. 4.

Ceux qui jettent ou exposent devant leurs édifices des choses nuisibles , soit par leur chute , soit par des exhalaisons insalubres. *Voy.* Contraventions , nᵒ. 4 , §. VI , nᵒˢ. 7 et 16.

Mendiant qui sera entré sans permission du Propriétaire ou des personnes de sa maison , soit dans une habitation , soit dans un enclos en dépendant. *Voy.* Mendicité , nᵒ. 3.

Sont qualifiés *fausses-clefs* , tous crochets , passe-partout , etc. qui n'ont pas été destinés par le Propriétaire aux serrures auxquelles les coupables les ont employés. *Voy.* Vols , nᵒ. 20.

Ceux qui ont dissipé ou détourné au préjudice du Propriétaire , des effets , etc. qui ne lui auraient été remis qu'à titre de dépôt ou pour un travail salarié. *Voy.* Confiance , nᵒ. 3.

Animal tué sans nécessité dans des lieux dont le maître de cet animal était propriétaire , ou dans des lieux dont le coupable était propriétaire , locataire , colon ou fermier. *Voy.* Destruction , nᵒˢ. 18 , 19 et 26.

Propriétaire jouissant de moulins , usines ou étangs , qui a inondé les chemins ou les propriétés d'autrui , par l'élévation du déversoir de leurs eaux. *Voy.* Destruction , nᵒ. 21 et 26.

Obligation du Propriétaire de bestiaux infectés de maladie contagieuse. *Voy.* Destruction , nᵒˢ. 23 , 24 , 25 et 26.

Pᴿᴼᴾᴿᴵᴱᵀᴱ. Ceux qui passent sur la propriété d'autrui lorsqu'elle est préparée ou ensemencée , qu'elle est chargée de grains en tuyaux , raisins ou autres fruits mûrs. *Voy.* Contraventions , nᵒ. 4 , §. XIII , nᵒ. 8 , §. IX , nᵒˢ. 11 et 16.

Ceux qui y laissent passer leurs bestiaux ou bêtes. *Voy.* Contraventions , nᵒ. 4 , §. XIV , nᵒ. 8 , §. X , nᵒˢ. 11 et 16.

Confiscation spéciale du corps du délit , quand la propriété en appartient au condamné. *Voy.* Peines , nᵒ. 6.

Commandans , Préfets ou Sous-Préfets qui font le commerce des grains , etc. autres que ceux provenans de leurs propriétés. *Voyez* Fonctionnaires publics , nᵒ. 6.

Association de malfaiteurs envers les propriétés. *Voy.* Malfaiteurs.

Enlèvement ou déplacement de bornes servant de séparation aux propriétés. *Voyez* Destruction, n°s. 20 et 26 ;.

Enlèvement ou déplacement de ces bornes pour commettre un vol. *Voyez* Vols, n°. 11.

Mépris des lois et réglemens relatifs à la propriété des Auteurs. *Voy.* Contrefaçon.

Menace d'incendier une propriété. *Voyez* Incendie, n°. 3.

Voy. Complices, n°. 3. Enchères.

Crimes et délits contre les propriétés. *Voy.* Banqueroute. Commerce. Confiance. Contrefaçon. Destruction. Enchères. Escroquerie. Fournisseurs. Jeux de hasard. Manufactures. Ouvriers. Prêt sur gages. Vols.

Voy. Propriétés immobilières. Propriétés mobilières. Propriétés Nationales. Propriétés publiques. Complices, n°. 3. Enchères.

Propriétés immobilières. Incendie de propriétés immobilières causé par le défaut de réparation ou de nettoyage des fours, etc. *Voy.* Destruction, n°s. 22 et 26.

Voy. Incendie.

Propriétés mobilières. Leur pillage ou dégât. *Voy.* Destruction, n°s. 4, 5 et 6.

Dommage volontaire qui leur est causé. *Voy.* Contraventions, n°. 12, §. I, n°s. 15 et 16.

Incendie de propriétés mobilières causé par le défaut de réparation ou nettoyage des fours, etc. *Voy.* Destruction, n°s. 22 et 26.

Voyez Incendie.

Propriétés nationales. Ceux qui veulent les piller ou partager. *Voy.* État, n°s. 17, 23, 24, 25, 26, 27, 28 et 29.

Leur incendie ou destruction par l'effet d'une mine. *Voyez* État, n°s. 16, 23, 24, 25, 26, 27, 28 et 29.

Propriétés publiques. Ceux qui se sont mis à la tête de bandes armées pour les envahir. *Voy.* État, n°s. 17, 23, 24, 25, 26, 27, 28 et 29.

Proscriptions. Peines contre les ouvriers qui prononcent des proscriptions sous le nom de damnations et sous quelque qualification

que ce puisse être, contre les Directeurs d'ateliers et entrepreneurs d'ouvrages. *Voy.* Ouvriers, n°. 3.

Prospectus. *Voy.* Écrits.

Prostituée. Imputation calomnieuse. *Voy.* Calomnie, n°s. 9 et 10. Contraventions, n°. 4, §. XI, n°s. 7 et 16.

Prostitution. Ceux qui excitent ou favorisent habituellement la prostitution de la jeunesse de l'un ou de l'autre sexe, au-dessous de l'âge de vingt-un ans. *Voy.* Mœurs, n°s. 5 et 6.

Protestant. *Voy.* Ministre de culte. Cultes. Associations illicites.

Protestantisme. *Voy.* Cultes. Associations illicites.

Provision. Ceux qui sont en état d'interdiction légale ne peuvent recevoir aucune provision, aucune portion de leurs revenus. *Voy.* Peines, n°. 3.

Provocateurs. Peines contre les provocateurs dans le cas de pillage de grains, grenailles ou farines, substances farineuses, pain, vin ou autres boissons. *Voy.* Destruction, n°. 6.

—— de crimes contre l'Etat, même dans le cas où leurs provocations seraient sans effet. *Voy.* Etat, n°. 23 ;

—— de rebellion. *Voy.* Rebellion, n°s. 9 et 13 ;

—— de voies de fait pour s'opposer à la confection des travaux autorisés par le Gouvernement. *Voy.* Destruction, n°s. 2 et 26;

—— d'une action qualifiée crime, par dons, promesses, etc. en sont complices. *Voy.* Complices, n°. 2 ;

—— de concert entre les Autorités civiles et les corps militaires ou leurs chefs, pour prendre des mesures contre l'exécution des lois ou contre les ordres du Gouvernement, etc. *Voy.* Fonctionnaires publics, n°s. 2 et 3.

Les crimes et délits qui se trouvent sous les mots Homicide, Menaces, s'ils sont commis en réunion séditieuse avec rebellion ou pillage, sont imputables aux provocateurs de ces réunions, rebellions ou pillages. *Voy.* Blessures, n°. 5.

PROVOCATIONS. Les crieurs, afficheurs, vendeurs et distributeurs d'écrits imprimés, contenant des provocations à des crimes ou délits, sont punis comme complices de provocateurs. *Voy.* Ecrits, n°. 3.

—— à la désobéissance aux lois ou autres actes de l'Autorité publique ou à la révolte. *Voy.* Ministre de culte., n°s. 4, 5, 7 et 8;

—— à des crimes ou à des délits dans une assemblée. *Voy.* Associations illicites, n°. 3;

—— à la débauche. *Voy.* Mœurs, n°s. 5 et 6.

Les provocations par des coups ou des violences graves envers les personnes rendent le meurtre, ainsi que les blessures et les coups excusables. *Voy.* Homicide, n°s. 13, 15 et 18.

Crime de castration provoqué par un outrage violent à la pudeur. *Voy.* Homicide, n°s. 17 et 18.

Ceux qui prouveront avoir été entraînés par des provocations à prendre part à un pillage ou dégât de denrées ou marchandises, effets, propriétés mobilières. *Voy.* Destruction, n°. 5.

Ceux qui, sans avoir été provoqués, auront proféré contre quelqu'un des injures autres que celles prévues sous les mots CALOMNIE et SECRET. *Voy.* Contraventions, n°. 4, §. XI, n°s. 7 et 16.

Procureurs Généraux ou Impériaux, etc. qui provoquent une ordonnance ou un mandat tendant à la poursuite personnelle ou accusation, soit d'un Ministre, soit d'un Membre du Sénat, du Conseil d'Etat ou du Corps législatif, sans les autorisations prescrites par les Constitutions. *Voy.* Liberté individuelle, n°. 8.

PRUDE (UNE). Imputation injurieuse. *Voy.* Contraventions, n°. 4, §. XI, n°s. 7 et 16.

PUANTEUR. *Voy.* Exhalaisons insalubres.

PUBLIC. Ceux qui tiennent des maisons de jeux de hasard et y admettent le public. *Voy.* Jeux de hasard.

PUBLICATION. *Voy.* Ban.

PUBLICATION. Celle d'écrits provocateurs. *Voy.* Associations illicites, n°. 3. Ecrits, n°. 3.

—— d'ouvrages, etc. dans lesquels on ne trouvera pas l'indication vraie des noms, profession et demeure de l'Auteur ou de l'Imprimeur. *Voy.* Ecrits.

PUBLICITÉ. Disposition concernant la calomnie, qui n'est point applicable aux faits dont la loi autorise la publicité. *Voy.* Calomnie, n°. 1.

Injures ou expressions outrageantes qui ont un caractère de publicité. *Voy.* Calomnie, n°. 9;

Celles qui n'ont pas ce caractère. *Voy.* Calomnie, n°. 4, §. XI, n°s. 7 et 16.

PUDEUR. Outrages commis contre elle. *Voy.* Mœurs, n°s. 1, 2 et 3.

Un outrage violent à la pudeur rend le crime de castration excusable. *Voy.* Homicide, n°s. 17 et 18.

PUISSANCES ÉTRANGÈRES. Ceux qui entretiennent des intelligences avec elles. *Voy.* Etat, n°s. 2 et 5.

Ministre d'un culte qui entretient sur des matières religieuses une correspondance avec une Puissance étrangère. *Voy.* Ministre de culte, n°s. 9 et 10.

Individus qui livrent des plans de fortification, etc. aux Agens d'une Puissance étrangère. *Voy.* Etat, n°s. 7 et 8.

PUISSANCE PATERNELLE. Les pères et mères qui excitent, favorisent ou facilitent la corruption ou la débauche de leurs enfans, de l'un ou de l'autre sexe, au-dessous de l'âge de vingt-un ans, sont privés des droits et avantages à eux accordés sur la personne et les biens de leurs enfans. *Voy.* Mœurs, n°. 6.

PUTAIN. Imputation calomnieuse. *Voyez* Calomnie, n°s. 9 et 10. Contraventions, n°. 4, §. XI, n°s. 7 et 16.

PUTASSIER. Imputation calomnieuse. *Voy.* Calomnie, n°s. 9 et 10. Contraventions, n°. 4, §. XI, n°s. 7 et 16.

QUALIFICATION. *Voy.* Titres impériaux.

. Ouvriers qui prononcent des proscriptions, sous quelque qualification que ce puisse être. *Voy.* Ouvriers, n°. 3.

. QUALITÉ. Celle des objets mis en nantissement doit être exprimée sur le registre de ceux qui tiennent des maisons de prêt sur gages ou nantissement. *Voy.* Prêt sur gages.

Violation des réglemens qui ont pour objet de garantir la bonne qualité de la fabrication. *Voy.* Manufactures, n°. 1.

Ceux qui ont trompé l'acheteur sur la qualité d'une pierre fausse vendue pour fine, ou de toutes autres marchandises. *Voy.* Commerce, n°. 5.

Fraude de la part des fournisseurs sur la qualité des travaux ou des choses livrées. *Voy.* Fournisseurs, n°. 4.

. QUALITÉ. Fausse qualité. *Voy.* Escroquerie.

QUAKERS. *Voy.* Ministre de culte. Cultes. Associations illicites.

QUANTITÉ. Ceux qui, par l'usage de faux poids ou de fausses mesures, ont trompé sur la quantité des choses vendues. *Voy.* Commerce, n°. 5 ;

Si c'est par l'usage de poids ou de mesures prohibés. *Voy.* Commerce, n°. 6.

Fraude de la part des fournisseurs sur la quantité des choses livrées ou des travaux. *Voy.* Fournisseurs, n°. 4.

QUESTIONS RELIGIEUSES. Ministre de culte qui entretient une correspondance sur de pareilles questions avec une Cour ou Puissance étrangère. *Voy.* Ministre de culte, n°s. 9 et 10.

QUINCAILLER. *Voy.* Commerce, n°. 5.

QUITTANCES. *Voy.* Ecrits. Actes. Titres.

RABBIN. *Voy.* Ministre de culte. Cultes.

RABDOMANCE ou RABDOMANCIE. Prétendue divination par la baguette. *Voy.* Devin.

RADEAU. *Voy.* Bateau.

RADELIER. *Voy.* Batelier.

RADES. *Voy.* Dispositions générales, n°. 2 et la Note.

Fonctionnaire public ou agent du Gouvernement qui en aura livré les plans à l'ennemi. *Voy.* Etat, n°. 7.

RADOTEUR. Imputation injurieuse. *Voyez* Contraventions, n°. 4, §. XI, n°s. 7 et 16.

RAISINS. *Voy.* Fruits. Récoltes.

RAMONAGE. *Voy.* Cheminées.

RAPIDITÉ. Ceux qui ont violé les réglemens contre la rapidité des voitures. *Voy.* Contraventions, n°. 8, §. IV, n°s. 11 et 12, §. II et le n°. 16 ;

Qui ont occasionné la mort ou la blessure des animaux ou bestiaux appartenant à autrui, par la rapidité des voitures, chevaux, bêtes de trait, de charge ou de monture. *Voy.* Contraventions, n°. 12, §. II, n°s. 15 et 16.

RAPT. *Voy.* Mineurs.

RASSEMBLEMENT. Ceux qui, dans ce cas, refusent d'obéir aux réquisitions. *Voy.* Contraventions, n°. 8, §. XII, n°s. 11 et 16.

Voy. Rebellion. Réunion. Sédition.

RATELAGE. Ceux qui, sans autre circonstance, auront râtelé dans les champs, non encore entièrement dépouillés et vidés de leurs récoltes. *Voy.* Contraventions, n°. 4, §. X, n°s. 6, 7 et 16.

RATURE. *Voy.* Faux.

RAVAGE. *Voy.* Dégât. Dommage.

RAVISSEURS. *Voy.* Mineurs.

Imputation calomnieuse. *Voy.* Calomnie.

REBELLE. *Voy.* Rebellion.

Imputation calomnieuse. *Voy.* Calomnie.

REBELLION. 1°. Toute attaque, toute résistance avec violence et voies de fait envers les officiers ministériels, les gardes champêtres ou forestiers, la Force publique, les préposés à la perception des taxes et des

contributions,

contributions, leurs porteurs de contraintes, les préposés des douanes, les séquestres, les officiers ou agens de la police administrative ou judiciaire, agissant pour l'exécution des lois, des ordres ou ordonnances de l'Autorité publique, des mandats de justice ou jugement, est qualifiée, selon les circonstances, crime ou délit de rebellion. 209. (a).

Voy. tous les nᵒˢ. qui suivent. Blessures, nᵒ. 5. Etat, nᵒˢ. 18, 19, 20 et 21. Destruction, nᵒˢ. 4, 5 et 6. Malfaiteurs.

2ᵒ. Si elle a été commise par plus de vingt personnes armées, les coupables seront punis des travaux forcés à tems, et s'il n'y a pas eu port d'armes, ils seront punis de la réclusion. 210.

Voy. tous les nᵒˢ. qui suivent. Etat, nᵒ. 22.

3ᵒ. Si la rebellion a été commise par une réunion armée de trois personnes ou plus, jusqu'à vingt inclusivement, la peine sera la réclusion; s'il n'y a pas eu port d'armes, la peine sera un emprisonnement de six mois au moins, et de deux ans au plus. 211.

Voy. tous les nᵒˢ. qui suivent. Etat, nᵒ. 22.

4ᵒ. Si la rebellion n'a été commise que par une ou deux personnes, avec armes, elle sera punie d'un emprisonnement de six mois à deux ans; et si elle a eu lieu sans armes, d'un emprisonnement de six jours à six mois. 212.

Voy. tous les nᵒˢ. qui suivent. Etat, nᵒ. 22.

(a) « Les personnes constituées en dignité, tous les agens du Gouvernement, doivent être investis du respect des autres citoyens : ils parlent, ils agissent au nom du Souverain qui est chargé par la loi d'en être le régulateur, et qui, ne pouvant pas agir par lui-même, leur a délégué une partie de l'exercice de sa Puissance ; ils participent donc au respect et à la soumission qui lui sont dûs. »

« Un des crimes qui attaquent plus fortement la paix publique, c'est la désobéissance à la loi : cette désobéissance devient plus criminelle quand elle est active, et qu'elle se change en résistance. »

« Ainsi, il y a résistance, aussitôt que les agens de l'Autorité sont empêchés d'exécuter ses mandemens, par la violence ou par la force : mais, lorsque l'empêchement arrive par le concert de plusieurs personnes, la résistance est plus criminelle encore ; c'est alors une rebellion que la loi considère comme un crime ou comme un délit, suivant les circonstances qui l'accompagnent. » *Rapport par M. Noailles.*

« Le Code de 1791 avait puni la rebellion, mais il n'avait pas fait les distinctions que l'on trouve dans le nouveau Code ; et ces distinctions ont amené une graduation dans les peines, sous le rapport du crime ou du délit : c'est là une des nombreuses améliorations qui résultent du nouveau système. » *Même rapport.*

37.

5°. En cas de rebellion avec bande ou attroupement , l'article 100 (1) du présent Code , sera applicable aux rebelles sans fonctions ni emplois dans la bande , qui se seront retirés au premier avertissement de l'Autorité publique, ou même depuis , s'ils n'ont été saisis que hors du lieu de la rebellion, et sans nouvelle résistance et sans armes. 213.

Voy. Etat, n°. 21. Destruction, n°s. 4, 5 et 6.

6°. Toute réunion d'individus pour un crime ou un délit , est réputée réunion armée, lorsque plus de deux personnes portent des armes ostensibles. 214. (*b*).

Voy. Etat , n°. 22.

7°. Les personnes qui se trouveraient munies d'armes cachées , et qui auraient fait partie d'une troupe ou réunion non réputée armée, seront individuellement punies , comme si elles avaient fait partie d'une troupe ou réunion armée. 215.

Voy. Etat , n°. 22.

8°. Les auteurs des crimes et délits commis pendant le cours et à l'occasion d'une rebellion , seront punis des peines prononcées contre chacun de ces crimes , si elles sont plus fortes que celles de la rebellion. 216. (*c*).

9°. Sera puni comme coupable de la rebellion , quiconque y aura provoqué , soit par des discours tenus dans des lieux ou réunions publics, soit par placards affichés, soit par écrits imprimés..

Dans le cas où la rebellion n'aurait pas eu lieu , le provocateur sera puni d'un emprisonnement de six jours au moins , et d'un an au plus. 217. (*d*).

Voy. Etat , n°. 23. Ecrits, n°. 3. Associations illicites , n°. 3, et le n°. 13 ci-après.

---

(1) L'article 100 se trouve sous le mot ÉTAT, n°. 21.

(*b*) « Cette règle est juste , et les individus non armés ont au moins à s'imputer de s'être placés sous la protection ou la bannière de ceux qui avaient des armes. » *Motifs.*

(*c*) « Si, dans le tumulte qui accompagne ordinairement de telles scènes, il s'est commis sur l'un des points un crime plus grave que celui

de la rebellion même , ne serait-ce pas une rigueur poussée jusqu'à l'injustice , que d'en appliquer sans distinction la peine à tous les rebelles ? »

« Sans doute , ils doivent tous être punis : mais le crime de rebellion est le seul qui soit commun à tous ; et ceux qui n'ont pas pris part à d'autres crimes spéciaux n'en sauraient être considérés comme complices. » *Motifs.*

(*d*) « Ceux qui agissent dans une rebellion

10°. Dans tous les cas où il sera prononcé, pour fait de rebellion, une simple peine d'emprisonnement, les coupables pourront être condamnés en outre à une amende de seize francs à deux cent francs. 218.

Voy. les nᵒˢ. 3, 4 et 9 ci-devant, et les nᵒˢ. 11, 12 et 13 ci-après.

11°. Seront punies comme réunions de rebelles, celles qui auront été formées avec ou sans armes, et accompagnées de violence ou de menaces contre l'Autorité administrative, les officiers et les agens de police, ou contre la Force publique.

§. I. Par les ouvriers ou journaliers, dans les ateliers publics ou manufactures;

II. Par les individus admis dans les hospices;

III. Par les prisonniers, prévenus, accusés ou condamnés. 219. (*e*).

Voy. tous les articles ci-devant, les nᵒˢ. 12 et 13 ci-après.

12°. La peine appliquée pour rebellion à des prisonniers prévenus, accusés ou condamnés relativement à d'autres crimes ou délits, sera par eux subie, savoir:

Par ceux qui, à raison de crimes ou délits qui ont causé leur détention, sont ou seraient condamnés à une peine non capitale ni perpétuelle, immédiatement après l'expiration de cette peine;

Et par les autres, immédiatement après l'arrêt ou jugement en dernier ressort, qui les aura acquittés ou renvoyés absous du fait pour lequel ils étaient détenus. 220.

13°. Les chefs d'une rebellion et ceux qui l'auront provoquée pourront être condamnés à rester, après l'expiration de leur peine, sous la surveillance spéciale de la haute Police, pendant cinq ans au moins, et dix ans au plus. 221.

---

sont bien coupables, sans doute; mais ceux qui la provoquent par des discours, par des placards ou par des écrits imprimés, ne le sont pas moins; sans cette provocation, le crime n'eut pas été commis: la loi punit les provocateurs de la même peine que ceux qui ont agi dans une rebellion; si elle n'a pas été effectuée, ils sont punis correctionnellement. » *Rapport par M. Noailles.*

(*e*) « Entre personnes de cette espèce, les rebellions ont un caractère d'autant plus dangereux, qu'il y a plus de tendance et d'occasions pour s'y livrer. » *Motifs.*

RECÉLÉ. *Voyez* Recèlement. Recéleurs.

RECÈLEMENT. Ceux qui auront recélé ou fait recéler des personnes qu'ils savaient avoir commis des crimes emportant peines afflictives, seront punis de trois mois d'emprisonnement au moins, et de deux ans au plus.

Sont exceptés de la présente disposition les ascendans ou descendans, époux ou épouse même divorcés, frères ou sœurs des criminels recélés, ou leurs alliés au même degré. 248. (*a*).

Recèlement d'enfant. *Voy.* Enfant, n°. 1.

——— de cadavre. *Voy.* Inhumation, n°. 2.

——— de choses enlevées, détournées ou obtenues à l'aide d'un crime ou délit. *Voy.* Complices, n°ˢ. 4 et 5.

——— d'espions ou soldats ennemis envoyés à la découverte. *Voy.* Etat, n°. 9.

——— d'objets soustraits par des maris au préjudice de leur femme, etc. *Voy.* Vols, n°. 2.

Recéleur. *Voy:* Recèlement.

Imputation calomnieuse. *Voy.* Calomnie.

Recette. *Voy.* Dépositaires publics. Concussion.

(*a*) « Ni le Code pénal de 1791, ni aucune des lois promulguées depuis, n'ont prévu le délit commis en recélant les coupables de crimes : cependant, nos lois anciennes n'avaient pas négligé de le caractériser et de le punir. »

« Les recéleurs des voleurs, d'après deux Capitulaires de Dagobert et de Charlemagne, devaient être condamnés à la même peine que les voleurs. »

« Par les ordonnances de Moulins et de Blois, il était défendu de recevoir ni recéler aucun accusé et décrété, sous peine de semblable peine qu'aurait mérité l'accusé. »

« Le nouveau Code prévoit les divers cas de recèlement des prévenus de crimes. »

« L'art. 61 (1) déclare complices des malfaiteurs exerçant des brigandages ou des violences contre la sûreté de l'Etat, les personnes et les propriétés, ceux qui, connaissant leur conduite criminelle, leur

(1) Cet article est sous le mot Complices, n°. 3.

fournissent habituellement logement, lieu de retraite ou de réunion. »

« Cette disposition sévère doit être appliquée dans toute sa rigueur, aux cas qui y sont exprimés ; mais la loi distingue ici le simple recèlement des individus accusés de crimes emportant peine afflictive. »

« Dans le premier cas, on punit l'habitude du recèlement des malfaiteurs exerçant le brigandage ; cette habitude est qualifiée de complicité : dans le second cas, on punit la faute qui n'est devenue un délit qu'à raison du crime de l'individu recélé. »

« On applaudira à l'exception qui est portée en faveur des proches parens : ils ne sont point coupables pour avoir obéi au sentiment de la nature, qui leur prescrit le devoir de l'hospitalité envers le malheureux qui tient à eux par des liens toujours respectables, et que la Société a trop d'intérêt de resserrer de plus en plus, pour pouvoir jamais les méconnaître. » *Rapport par* M. Noailles.

Confiscation des recettes faites par la vente d'ouvrages contrefaits. *Voy.* Contrefaçon, n°. 5.

RECEVEURS DES CONTRIBUTIONS. *Voy.* Agens du Gouvernement. Concussion. Dépositaires publics. Faux.

—— des Douanes. *Voy.* Agens du Gouvernement. Concussion. Dépositaires publics. Faux.

—— des Droits réunis. *Voy.* Agens du Gouvernement. Concussion. Dépositaires publics. Faux.

—— de l'Enregistrement. *Voy.* Agens du Gouvernement. Concussion. Dépositaires publics. Faux.

—— des Forêts. *Voy.* Agens du Gouvernement. Concussion. Dépositaires publics. Faux.

RÉCIDIVE. En quel cas la récidive a-t-elle lieu en matière de simple police ? *Voy.* Contraventions, n°. 16.

Peines de cette récidive. *Voy.* Contraventions, n°⁵. 7, 11 et 15.

La durée de l'emprisonnement, en matière correctionnelle, sera au moins de six jours et de cinq années au plus, sauf les cas de récidive, etc. *Voy.* Peines, n°. 35.

Peines de la récidive pour crimes et délits. *Voy.* Peines, n°⁵. 51, 52 et 53';

Pour les imputations et injures contenues dans les écrits relatifs à la défense des Parties ou dans les plaidoyers. *Voy.* Calomnie, n°. 11 ;

Pour contravention des ministres de cultes qui procèdent aux cérémonies religieuses d'un mariage, sans qu'il leur ait été justifié d'un acte de mariage reçu par l'officier de l'état civil. *Voy.* Ministre de culte, n°⁵. 1 et 2.

Effet de la récidive contre les cautions de l'individu mis sous la surveillance de la haute Police. *Voy.* Peines, n°. 41.

RÉCLAMATION LÉGALE. Peine contre les Juges qui, après une réclamation légale des Parties intéressées ou de l'Autorité administrative, auront, sans autorisation du Gouvernement, rendu des ordonnances ou décerné des mandats contre ses agens ou préposés. *Voy.* Empiétement, n°. 3 ;

Contre les officiers du ministère public qui auront requis lesdites ordonnances ou mandats. *Voy.* Empiétement, n°. 3.

Administrateurs qui entreprendront sur les fonctions judiciaires, malgré la réclamation des parties intéressées. *Voy.* Empiétement, n°. 5.

Les vagabonds nés en France pourront être réclamés par délibération du Conseil municipal de la Commune où ils sont nés. *Voy.* Vagabondage, n°. 5.

RÉCLUSION. Peine afflictive et infamante. *Voy.* Peines, n°. 2, §. V.

En quoi consiste-t-elle ? quelle est sa durée et de quel jour se comptera-t-elle ? *Voy.* Peines, n°⁵. 16 et 18.

Ceux qui y seront condamnés seront attachés au carcan. *Voy.* Peines, n°. 17.

Ils ne pourront jamais être jurés, ni experts, ni être employés comme témoins. *Voy.* Peines, n°. 23.

Ils seront incapables de tutelle et de curatelle, si ce n'est de leurs enfans ;

Ils seront déchus du droit de port-d'armes et de servir dans les armées. *Voy.* Peines, n°. 23.

Ils seront, pendant la durée de la peine, dans un état d'interdiction légale, et il ne leur sera remis aucune portion de leurs revenus. *Voy.* Peines, n°⁵. 24 et 26.

Leurs biens ne leur seront remis qu'après qu'ils auront subi leur peine, et alors le curateur leur rendra compte de sa gestion. *Voy.* Peines, n°. 25.

Les arrêts qui portent cette peine seront imprimés par extrait et affichés. *Voy.* Peines, n°. 31 ; lieux où ils seront affichés. *Voyez le même* n°.

Les condamnés à la réclusion sont, de plein droit, pendant toute leur vie, sous la surveillance de la haute Police. *Voy.* Peines, n°. 42.

Peine contre celui qui, condamné pour crime, en a commis un second emportant la réclusion. *Voy.* Peines, n°. 51.

Peine contre le mineur âgé de moins de seize ans, qui a encouru celle de la réclusion, lorsqu'il est décidé qu'il a agi *avec discernement*. *Voy.* Peines , n°s. 56 et 57.

La marque sera infligée à tout faussaire condamné à la réclusion. *Voy.* Faux , n°. 21.

La réclusion remplace la déportation et les travaux forcés à l'égard des septuagénaires. *Voy.* Peines , n°s. 59 , 60 et 61.

Crimes auxquels la peine de la réclusion est appliquée. *Voy.* Blessures , n°s. 1 , 4 , 5 et 9. Concussion. Contrefaction , n°s. 3 et 4. Destruction , n°s. 1 , 3 et 5. EMPEREUR , n°. 5. Enfant , n°. 1. État , n°. 25. Évasion , n°s. 3 et 6. Faux , n°s. 6 , 7 , 12 , 13 , 14 et 18. Fonctionnaires publics , n°s. 11 , 18 , 28 , 38 et 39. Fournisseurs , n°s. 1 et 2. Malfaiteurs , n°. 4. Manufactures , n°. 3. Mendicité , n°s. 6 et 8. Mineurs , n°. 1. Mœurs , n°. 2. Peines , n°s. 51 , 59 , 60 et 61. Rebellion , n°s. 2 et 3. Scellés , n°s. 3 et 7. Témoignage , n°s. 2 et 3. Vols , n°s. 8 , 9 , 10 , 11 et 21.

RÉCOLTES. Dévastation des récoltes sur pied. *Voy.* Destruction , n°s. 8 , 14 , 19 et 26.

Vol de celles qui sont dans les champs. *Voy.* Vols , n°. 10.

Incendie volontaire des récoltes sur pied ou abattues , en tas ou en meules. *Voy.* Incendie , n°. 1.

Ceux qui ont glané , râtelé ou grapillé dans les champs , non encore entièrement dépouillés et vidés de leurs récoltes. *Voyez* Contraventions , n°. 4 , §. X , n°s. 6 , 7 et 16.

Ceux qui ont laissé passer leurs bestiaux ou leurs bêtes sur le terrain d'autrui , avant l'enlèvement de la récolte. *Voy.* Contraventions , n°. 4 , §. XIV , n°s. 7 et 16.

Ceux qui ont fait ou laissé passer des bestiaux ou animaux sur le terrain d'autrui , chargé d'une récolte , en quelque saison que ce soit. *Voy.* Contraventions , n°. 8 , §. X , n°s. 11 et 16.

Ceux qui , sans aucun droit , ont passé sur le terrain d'autrui , dans le tems où il était chargé de grains en tuyaux , de raisins ou autres fruits mûrs , ou voisins de leur maturité. *Voy.* Contraventions , n°. 8 , §. IX , n°s. 11 et 16,

RÉFRACTAIRES. *Voy.* Conscrits.

RECTEURS. *Voy.* Ministre de culte. Cultes.

RÉDACTION. Faux commis en rédigeant des actes. *Voy.* Faux , n°. 2.

RÉDUCTION DE PEINE. *Voy.* Mitigation de peine.

REFUS. Celui de la part des Ministres de réparer les actes arbitraires et attentatoires à la liberté , qu'ils ont faits ou ordonnés. *Voy.* Liberté individuelle , n°. 2.

———— de la part des fonctionnaires publics chargés de la police administrative ou judiciaire , de déférer à une réclamation légale , tendant à constater les détentions illégales et arbitraires. *Voy.* Liberté individuelle , n°. 6.

———— de la part des gardiens et concierges des maisons de dépôt , etc. de représenter un prisonnier , ou d'exhiber leurs registres. *Voy.* Liberté individuelle , n°. 7.

———— de la part des commandans de la Force publique , de faire agir la Force à leurs ordres. *Voy.* Commandant de la Force publique.

———— de la part des témoins et jurés , de remplir les devoirs que la Société leur impose. *Voy.* Témoins.

Ceux qui refusent d'exécuter les réglemens relatifs à la petite voirie. *Voy.* Contraventions , n°. 4 , §. V , n°s. 7 et 16;

De recevoir les espèces de monnaies nationales, non fausses ni altérées. *Voy.* Contraventions , n°. 8 , §. XI , n°s. 11 et 16;

De faire les travaux , le service , ou de prêter le secours dont ils auront été requis dans les circonstances d'accident , etc. *Voy.* Contraventions , n°. 8 , §. XII , n°s. 11 et 16.

RÉGIES. Fonctionnaire public ou agent du Gouvernement qui a pris ou reçu quelque intérêt que ce soit dans les régies dont il a l'administration ou la surveillance. *Voy.* Fonctionnaires publics , n°. 5.

Individus chargés de régies pour les armées de terre et de mer , qui font manquer le service. *Voy.* Fournisseurs.

REGISTRES. Ceux qui ont brûlé ou détruit des registres de l'Autorité publique. *Voy.* Destruction , n°. 3.

Soustraction , destruction et enlèvement des registres contenus dans des archives, greffes et dépôts publics. *Voy.* Scellés, nᵒˢ. 6 , 7 et 8.

Intercalation d'écritures sur des registres. *Voy.* Faux , nᵒ. 1.

Voy. Aubergistes. Prêt sur gages.

RÉGLEMENS. Ceux actuellement en vigueur seront exécutés en tout ce qui n'est pas réglé par le Code. *Voy.* Dispositions générales , nᵒ. 2.

Ceux faits par les Juges , etc. contenant des dispositions législatives. *Voy.* Empiétement , nᵒ. 1 , §. I.

Ceux faits par les mêmes sur des matières administratives. *Voy.* Empiétement , nᵒ. 1 , §. II.

Ceux à faire par l'Administration publique , sur le produit du travail des détenus. *Voy.* Peines , nᵒ. 36.

Homicide commis ou causé involontairement par inobservation des réglemens. *Voy.* Homicide , nᵒ. 11.

Armes prohibées par la loi ou par des réglemens d'administration publique. *Voyez* Blessures , nᵒ. 6.

Contravention aux réglemens relatifs aux inhumations. *Voy.* Inhumations , nᵒ. 1.

Edition d'écrits , etc. faite au mépris des réglemens relatifs à la propriété des auteurs. *Voy.* Contrefaçon.

Violation des réglemens relatifs aux produits des manufactures françaises. *Voy.* Manufactures, nᵒ. 1.

Ceux qui ont négligé ou refusé d'obéir aux réglemens relatifs à la petite voirie. *Voy.* Contraventions, nᵒ. 4 , §. V , nᵒˢ. 7 et 16.

Ceux qui contreviennent aux bans autorisés par les réglemens. *Voy.* Contraventions, nᵒ. 8 , §. I , nᵒˢ. 11 et 16 ;

Qui violent les réglemens contre le chargement , la rapidité ou la mauvaise direction des voitures. *Voyez* Contraventions , nᵒ. 8 , §. IV , nᵒˢ. 9 , 11 et 16.

Rouliers , charretiers , conducteurs de voitures quelconques ou de bêtes de charge , qui contreviennent aux réglemens par lesquels

ils sont obligés de se tenir constamment à portée de leurs chevaux , etc. *Voy.* Contraventions, nᵒ. 8 , §. III , nᵒˢ. 9 , 11 et 16.

RELIGION. *Voy.* Ministre de culte. Cultes.

RELIGIONNAIRE. *Voy.* Protestant.

REMISE. Ceux qui auront extorqué par force , violence ou contrainte, la remise d'un écrit , d'un acte, d'un titre, d'une pièce quelconque , contenant ou opérant obligation , disposition ou décharge. *Voy.* Vols, nᵒ. 22.

RENCHÉRISSEMENT DES TRAVAUX. *Voyez* Ouvriers.

RENVERSEMENT d'édifices , de ponts , digues ou chaussées , ou autres constructions. *Voy.* Destruction , nᵒ. 1.

RENVOI. *Voy.* Surveillance. Haute Police.

Dans quel cas les prévenus d'injures , portant le caractère de calomnie grave , insérées dans des plaidoyers, seront-ils renvoyés devant les Juges compétens ? *Voy.* Calomnie , nᵒ. 11.

REPAIRE. *Voy.* Retraite.

RÉPARATION. Refus ou négligence de la part des Ministres , de réparer les actes arbitraires et attentatoires à la liberté individuelle , qu'ils ont faits ou ordonnés. *Voyez* Liberté individuelle , nᵒ. 2.

Dans quel cas l'offenseur peut-il être condamné à faire réparation à l'offensé ? *Voy.* Fonctionnaires publics , nᵒˢ. 33 et 34.

Ceux qui négligent de réparer les fours , cheminées ou usines où l'on fait usage du feu. *Voy.* Contraventions, nᵒ. 4 , §. I , nᵒˢ. 7 et 16 ;

Qui négligent ou refusent de réparer les édifices menaçant ruine. *Voy.* Contraventions, nᵒ. 4 , §. V , nᵒˢ. 7 et 16.

Incendie causé par défaut de réparation des fours , cheminées , forges , maisons ou usines. *Voy.* Destruction , nᵒˢ. 22 et 26.

Ceux qui auront occasionné la mort ou la blessure des animaux ou bestiaux appartenant à autrui , par le défaut de réparation des maisons ou édifices. *Voy.* Contraventions , nᵒ. 12 , §. IV , nᵒˢ. 15 et 16.

RÉPARATIONS CIVILES. *Voy.* Responsabilité civile. Restitutions.

Les soustractions commises par des maris,

au préjudice de leurs femmes, etc. ne pourront donner lieu qu'à des réparations civiles.
Voy. Vols , n°. 2.

REPOS. *Voy.* Jour de repos.

REPRÉSAILLES. Celles éprouvées par suite
d'actes non approuvés. *Voy.* Etat , n°. 11.

REPRÉSENTATION. Celle d'ouvrages dramatiques , au mépris des lois et réglemens relatifs à la propriété des Auteurs. *Voy.* Contrefaçon , n°. 4.

RÉPRESSION. Ceux qui , par la nature de
leurs fonctions ou de leurs devoirs, sont obligés de réprimer les crimes et délits , ne peuvent être poursuivis comme calomniateurs.
Voy. Calomnie , n°. 1.

Fonctionnaires publics qui auront participé
à des crimes ou délits qu'ils étaient chargés
de réprimer, hors les cas où la loi règle spécialement les peines encourues. *Voy.* Fonctionnaires publics, n°. 28.

RÉQUISITION. Ceux qui , pouvant disposer
de la Force publique , en ont requis l'action
ou l'emploi contre la levée des gens de guerre.
Voy. Etat, n°s. 15, 23, 24, 25, 26, 27, 28 et 29;

Contre l'exécution d'une loi , etc. *Voyez*
Fonctionnaires publics, n°s. 18 , 19 , 20 et 21.

RÉSERVE. Fonds de réserve à former des
produits du travail de chaque détenu, pour
lui être remis au tems de sa sortie, s'il le
mérite. *Voy.* Peines , n°. 36.

RÉSERVOIRS. Vol de poissons dans des réservoirs. *Voy.* Vols , n°. 10.

RÉSIDENCE. Mendians qui sont arrêtés hors
du canton de leur résidence. *Voy.* Mendicité , n°s. 2 , 8 et 9.

RÉSISTANCE. Celle avec violence et voies
de fait envers les personnes qui agissent pour
l'exécution des lois , des ordres ou ordonnances de l'Autorité publique , est qualifiée ,
selon les circonstances , crime ou délit de
rebellion. *Voy.* Rebellion.

Ceux qui se sont mis à la tête de bandes
armées , pour faire résistance envers la Force
publique , agissant pour arrêter le pillage des
propriétés publiques, etc. *Voy.* Etat , n°s. 17 ,
23 , 24 , 25 , 26 , 27 , 28 et 29.

RÉSOLUTION D'AGIR. Il y a complot, dès

que la résolution d'agir est concertée et arrêtée entre deux ou plusieurs conspirateurs.
Voy. Empereur, n°. 4.

RESPONSABILITÉ CIVILE. Les Cours et Tribunaux se conformeront aux dispositions du
Code Napoléon , dans les cas de responsabilité civile qui pourront se présenter dans
les affaires criminelles, correctionnelles ou de
police. *Voy.* Peines, n°. 63.

Voy. Aubergistes.

RESSORT. Administrateurs qui décident des
affaires du ressort des Tribunaux. *Voy.* Empiétement, n°. 5.

RESTAURATEURS. *Voy.* Dispositions générales , n°. 2 et la Note.

RESTITUTION. Il ne sera jamais fait au corrupteur restitution des choses par lui livrées.
Voy. Fonctionnaires publics, n°. 10.

RESTITUTIONS. La condamnation aux peines
établies par la loi , est toujours prononcée
sans préjudice des restitutions et dommages-
intérêts qui peuvent être dûs aux Parties.
Voy. Peines , n°. 5.

Les sommes recouvrées des cautions de
ceux qui sont mis sous la surveillance de la
haute Police , sont affectées de préférence
aux restitutions , dommages-intérêts et frais.
Voy. Peines, n°. 41.

Avec les restitutions on prononce toujours
des indemnités. Règle de ces indemnités. *Voy.*
Peines , n°. 46.

L'exécution des condamnations à l'amende ,
aux restitutions, aux dommages-intérêts et aux
frais, peut être poursuivie par la contrainte
par corps. *Voy.* Peines, n°s. 47 et 70.

Les restitutions et les dommages-intérêts ont
la préférence sur l'amende , si les biens du
condamné sont insuffisans. *Voy.* Peines , n°s.
49 et 69.

Les condamnés pour un même crime ou
délit sont tenus solidairement des amendes ,
des restitutions, des dommages-intérêts et des
frais. *Voy.* Peines, n°. 50.

Les restitutions, indemnités et frais , en
matière de contravention , entraînent la contrainte par corps. Durée de l'emprisonnement.
Voy. Peines, n°. 70.

Voy.

Voy. Amende. Aubergistes.

Résultat. Correspondance qui a eu pour résultat de fournir aux ennemis des instructions nuisibles à la situation militaire ou politique de la France ou de ses alliés. *Voy.* Etat, n°. 4.

Concert entre fonctionnaires publics qui aurait eu pour résultat un complot attentatoire à la sureté intérieure de l'Etat. *Voy.* Fonctionnaires publics , n°. 3.

Retard. Ceux qui ont occasionné le retard des exercices d'un culte , par des troubles ou désordres causés dans le temple ou autre lieu destiné ou servant actuellement à ces exercices. *Voy.* Cultes , n°s. 2 et 5.

Réticence. Ceux qui , ayant eu connaissance de complots formés ou de crimes projetés contre la sureté intérieure ou extérieure de l'Etat , n'en auront pas donné connaissance , sont coupables de réticence. *Voy.* Etat , n°s. 24 , 25 , 26 , 27 et 29.

Exception en faveur des époux même divorcés , ascendans ou descendans , frères ou sœurs , ou alliés aux mêmes degrés. *Voy.* Etat , n°. 28.

Coupables de réticence pour ce qui concerne une fabrique ou un dépôt de monnaies d'or , d'argent , billon ou cuivre , contrefaites ou altérées , des sceaux de l'Etat contrefaits , d'effets émis par le trésor public , de billets de banques autorisées par la loi , contrefaits ou altérés. *Voy.* Monnaie , n°. 5. Contrefaction , n°. 6.

Exception. *Voy.* Monnaie , n°. 6. Contrefaction , n°. 6.

Retraite. Ceux qui , connaissant la conduite des malfaiteurs , leur fournissent habituellement un lieu de retraite , sont leurs complices. *Voy.* Complices , n°. 3.

Ceux qui , connaissant le but et le caractère des bandes armées pour commettre des crimes contre la sureté intérieure de l'Etat , leur ont fourni sans contrainte des lieux de retraite. *Voy.* Etat , n°. 20.

Ceux qui auront sciemment et volontairement fourni retraite aux bandes de malfaiteurs ou à leurs divisions. *Voy.* Malfaiteurs , n°4.

Rétribution. *Voy.* Salaires. Concussion.

Rétroactivité. *Voy.* Dispositions préliminaires , n°. 4.

Réunions. *Voy.* Associations illicites.

Réunions armées. Quand deux personnes portent des armes ostensibles , toute réunion pour un crime ou un délit est réputée réunion armée. *Voy.* Rebellion , n°. 6.

Ceux qui , connaissant le but et le caractère des bandes armées pour commettre des crimes contre la sureté intérieure de l'Etat , leur ont fourni sans contrainte des lieux de réunion. *Voy.* Etat , n°s. 20 , 21 , 23 , 24 , 25 , 26 , 27 , 28 et 29.

Réunions de détenteurs d'une même marchandise ou denrée , pour la hausse ou la baisse du prix. *Voy.* Commerce , n°s. 1 et 2.

—— d'individus ou de Corps dépositaires de quelque partie de l'Autorité publique , pour concerter des mesures contre les lois , leur exécution , les ordres du Gouvernement , la sureté intérieure de l'Etat , ou l'exercice de l'administration de la Justice. *Voy.* Fonctionnaires publics , n°s. 1 , 2 , 3 et 4.

Réunions de malfaiteurs. Ceux qui , connaissant la conduite des malfaiteurs , leur fournissent habituellement un lieu de réunion , sont leurs complices. *Voy.* Complices , n°. 3.

Ceux qui auront sciemment et volontairement fourni un lieu de réunion aux bandes de malfaiteurs ou à leurs divisions. *Voy.* Malfaiteurs , n°. 4.

Réunions de mendians. *Voy.* Mendicité , n°. 3.

—— d'ouvriers ou journaliers dans les ateliers publics ou manufactures , d'individus admis dans les hospices , de prisonniers prévenus , accusés ou condamnés , avec violence ou menaces. *Voy.* Rebellion , n°. 11.

Réunions publiques. Ceux qui y provoquent à la rebellion. *Voy.* Rebellion , n°s. 9 et 13.

Voy. Calomnie.

Réunions de rebelles , ou séditieuses. *Voy.* Rebellion. Blessures , n°. 5. Destruction , n°s. 4 , 5 et 6. Etat , n°s. 17 , 18 , 19 , 20 , 21 , 23 , 24 , 25 , 26 , 27 , 28 et 29. Sédition.

Révélation. Ceux qui ont connaissance d'une fabrique ou dépôt de fausse monnaie , de faux billets de banque , de faux effets du trésor public , ou faux sceau de l'Etat, sont tenus d'en faire la révélation. *Voy.* Monnaie , nᵒˢ. 5 et 7. Contrefaction , nᵒ. 6.

Exceptions. *Voy.* Monnaie , nᵒ. 6. Contrefaction , nᵒ. 6.

Révélation à faire de complots formés ou de crimes projetés contre la sureté intérieure ou extérieure de l'Etat. *Voy.* Etat, nᵒˢ. 24, 25 , 26 , 27 et 29.

Exceptions. *Voy.* Etat ,. nᵒ. 28.

Révélation des Auteurs d'écrits portant provocation à des crimes ou délits. *Voy.* Ecrits , nᵒ. 3.

Ceux qui , par la nature de leurs fonctions ou de leurs devoirs , sont obligés de révéler les crimes et délits , ne peuvent être poursuivis comme calomniateurs. *Voy.* Calomnie, nᵒ. 1. ;

Qui révèlent les secrets qui leur sont confiés. *Voy.* Secret.

Revendeur. *Voy.* Commerce , nᵒ. 5.

Revendication. Juges qui n'auront pas fait droit à la revendication formellement faite par l'Autorité administrative. *Voy.* Empiétement , nᵒ. 2.

Revenus. Pendant la durée de la peine des travaux forcés à tems , ou de la réclusion , il ne pourra être remis à ceux qui y seront condamnés aucune portion de leurs revenus. *Voy.* Peines , nᵒ. 26.

—— publics ou communaux. *Voy.* Concussion. Dépositaires publics.

Révocation. Fonctionnaires publics qui , après leur révocation , ont continué l'exercice de leurs fonctions. *Voy.* Fonctionnaires publics , nᵒ. 27.

Révolte. Ministre de culte qui a provoqué à la révolte. *Voy.* Ministre de culte , nᵒˢ. 4, 5 , 7 et 8. Rebellion. Sédition.

Rivages. *Voy.* Dispositions générales , nᵒ. 2 et la Note.

Rossignols. Dans quel cas sont-ils qualifiés *fausses-clefs ? Voy.* Vols , nᵒ. 20.

Rouge-Noire. Jeu de hasard. *Voy.* Jeux de hasard.

Rouliers. Leurs devoirs. *Voy.* Contraven-

tions , nᵒ. 8 , §. III et IV , nᵒˢ. 9 , 11 et 16.

Voy. Vols , nᵒ. 8 , §. IV.

Route. *Voy.* Chemins. Feuilles de route.

Rubis. Pierre précieuse. *Voy.* Commerce , nᵒ. 5.

Rues. Ceux qui auront négligé d'éclairer ou de nettoyer les rues. *Voy.* Contraventions , nᵒ. 4 , §. III , nᵒˢ. 7 et 16.

Négligence d'éclairer les matériaux qu'on y dépose ou les excavations qu'on y fait. *Voy.* Contraventions , nᵒ. 4 , §. IV , nᵒˢ. 7 et 16.

Ceux qui y laissent des instrumens ou armes dont les malfaiteurs peuvent abuser. *Voy.* Contraventions , nᵒ. 4 , §. VII , nᵒˢ. 7 et 16.

Ceux qui y établissent des loteries ou jeux de hasard. *Voy.* Contraventions , nᵒ. 8 , §. V , nᵒ. 10 , §. I , nᵒˢ. 11 et 16.

Ceux qui ont abattu , mutilé ou écorcé des arbres plantés sur les rues. *Voy.* Destruction , nᵒˢ. 12 , 14 , 19 et 26.

Ceux qui ont occasionné la mort ou la blessure des animaux ou bestiaux appartenant à autrui , par encombrement ou excavation, ou telles autres œuvres dans ou près les rues. *Voy.* Contraventions , nᵒ. 12 , §. IV , nᵒˢ. 15 et 16.

Ruine. *Voy.* Destruction.

Rupture. Celle d'instrumens d'agriculture , de parcs de bestiaux , de cabanes de gardiens. *Voy.* Destruction, nᵒˢ. 15 , 19 et 26.

Voy. Effraction.

SAB

Sabre. *Voy.* Armes.

Sages - femmes. Celles qui révèlent les secrets qui leur sont confiés. *Voy.* Secret ;

Qui procurent l'avortement d'une femme enceinte. *Voy.* Blessures , nᵒ. 9.

Saison. Défense de faire ou de laisser passer des bestiaux ou animaux sur le terrain d'autrui , en quelque saison que ce soit. *Voy.* Contraventions , nᵒ. 8 , §. X , nᵒˢ. 11 et 16.

Salaires. Coalition de ceux qui font travailler des ouvriers , pour l'abaissement injuste et abusif de leurs salaires. *Voy.* Ouvriers , nᵒ. 1.

Coalition des ouvriers pour enchérir les travaux. *Voy.* Ouvriers , nᵒ. 2.

Tarifs pour le prix de certains salaires. *Voy.* Dispositions générales , n° 2 et la Note.

Fonctionnaire public , commis , préposé ou percepteur qui ordonne de percevoir , qui exige ou qui reçoit ce qu'il savait n'être pas dû. *Voy.* Concussion.

SALPÊTRES. *Voy.* Dispositions générales , n°. 2 et la Note.

SANG. Violences exercées avec effusion de sang , contre les magistrats , officiers ministériels , agens de la Force publique , ou citoyens chargés d'un ministère de service public. *Voy.* Fonctionnaires publics , n°. 38 ; S'il n'y a pas eu effusion de sang. *Voy.* Fonctionnaires publics , n°. 39.

SAPHIR. Pierre précieuse. *Voy.* Commerce, n°. 5.

SARCASME. *Voy.* Insulte. Outrage.

SARDOINE. Pierre précieuse. *Voy.* Commerce , n°. 5.

SCEAU DE L'ÉTAT. Contrefaction du sceau de l'État ou usage du sceau contrefait. *Voy.* Contrefaction , n°. 1. Faux , n°. 19.

Ceux qui ont connaissance de cette contrefaction doivent la révéler. *Voy.* Contrefaction , n°. 6.

Exceptions. *Voy. le même* n°.

SCEAUX PARTICULIERS. Ceux qui auront contrefait le sceau d'une Autorité quelconque ou d'un établissement particulier de banque ou de commerce , ou qui auront fait usage des sceaux contrefaits. *Voy.* Contrefaction , n°. 4. Faux , n°s. 19 , 20 et 21.

SCÉLÉRAT. Imputation calomnieuse. *Voyez* Calomnie.

ᴧᴧᴧᴧᴧᴧᴧᴧᴧᴧᴧᴧᴧᴧ

SCELLÉS (*a*). Lorsque des scellés apposés , soit par ordre du Gouvernement , soit par suite d'une ordonnance de justice rendue en quelque matière que ce soit , auront été brisés , les gardiens seront punis, pour simple négligence, de six jours à six mois d'emprisonnement. 249.

2°. Si le bris de scellés s'applique à des papiers et effets d'un individu prévenu ou accusé d'un crime emportant la peine de mort, des travaux forcés à perpétuité , ou de la déportation , ou qui soit condamné à l'une de

(*a*) « La peine du bris de scellés est graduée sur l'importance des objets qui étaient sous le scellé , et d'après les caractères auxquels la loi attache plus ou moins d'importance. » *Motifs.*

« Le Code pénal de 1791 n'avait pas prévu ce genre de délit provenant du bris de scellés : une loi du 20 nivose an II avait rempli cette lacune ; mais cette loi avait porté la sévérité si loin , que son application devenait impossible. Les peines étaient hors de toute proportion avec le délit, et l'impunité en était la suite. Le nouveau Code , en appliquant des peines analogues au délit et en classifiant ces peines relativement aux diverses espèces de délit , présente une

grande amélioration dans cette partie du système pénal. »

« Un gardien de scellés est un dépositaire , et son dépôt devient plus précieux , si la cause qui a nécessité le scellé est un crime commis par celui sur les effets de qui ces scellés ont été apposés. D'ailleurs , le bris de scellés a souvent pour motif le vol ou la soustraction des effets que l'on a intérêt de conserver ; au surplus , quel qu'en ait été le motif, les scellés étant apposés par un ordre légal , leur bris est une atteinte portée au respect dû à la loi , et elle doit être réprimée. » *Rapport par M. Noailles.*

ces peines, le gardien négligent sera puni de six mois à deux ans d'emprisonnement. 250.

3°. Quiconque aura, à dessein, brisé des scellés apposés sur des papiers ou effets de la qualité énoncée en l'article précédent, ou participé au bris des scellés, sera puni de la réclusion ; et si c'est le gardien lui-même, il sera puni des travaux forcés à tems. 251.

4°. A l'égard de tous autres bris de scellés, les coupables seront punis de six mois à deux ans d'emprisonnement ; et si c'est le gardien lui-même, il sera puni de deux ans à cinq ans de la même peine. 252.

5°. Tout vol commis à l'aide d'un bris de scellés sera puni comme vol commis à l'aide d'effraction. 253.

Voy. Vols, n°⁵. 6, 15 et 18.

6°. Quant aux soustractions, destructions et enlèvement de pièces et de procédures criminelles, ou d'autres papiers, registres, actes et effets contenus dans des archives, greffes ou dépôts publics, ou remis à un dépositaire public en cette qualité, les peines seront contre les greffiers, archivistes, notaires ou autres dépositaires négligens, de trois mois à un an d'emprisonnement, et d'une amende de cent francs à trois cent francs. 254. (*b*).

Voy. Confiance, n°. 3. Dépositaires publics, et le n°. 7 ci-après.

7°. Quiconque se sera rendu coupable des soustractions, enlèvemens ou destructions mentionnés en l'article précédent, sera puni de la réclusion ;

Si le crime est l'ouvrage du dépositaire lui-même, il sera puni des travaux forcés à tems. 255.

8°. Si le bris de scellés, les soustractions, enlèvemens ou destructions de pièces ont été

(*b*) « Un dépôt public est un asile sacré, et tout enlèvement qui y est commis est une véritable atteinte à la propriété particulière ; c'est une violation de la garantie sociale, un attentat contre la foi publique. Les dépositaires doivent veiller avec soin à la conservation de leur dépôt ; ils en sont responsables, sans doute, mais il ne suffit pas qu'ils puissent être atteints par des condamnations pécuniaires, résultant des dommages qu'ils peuvent occasionner ; ils doivent être punis, même pour leur seule négligence. » *Rapport par M. Noailles.*

commis avec violence envers les personnes,
la peine sera, contre toute personne, celle
des travaux forcés à tems, sans préjudice de
peines plus fortes, s'il y a lieu, d'après la
nature des violences et des autres crimes
qui y seraient joints. 256.

Voy. Blessures. Menaces. Homicide.

Scrutateurs. *Voy.* Scrutin.

Scrutin. Ceux qui, chargés du dépouillement d'un scrutin, ont falsifié les billets des
votans, ou en ont soustraits de la masse. *Voy.*
Droits civiques, n°. 3;

Toutes autres personnes qui auront commis
ces délits. *Voy.* Droits civiques, n°. 4.

Sculpteur. *Voy.* Commerce, n°. 5.

Séance. *Voy.* Audience.

Secours. Ceux qui en fournissent aux ennemis, en hommes, armes, vivres, argent
ou munitions. *Voyez* Etat, numéros 3 et 5.

Fabrication, sous le nom d'un fonctionnaire ou officier public, d'un certificat de
bonne conduite, indigence, ou autres circonstances propres à procurer des secours à
la personne y désignée. *Voy.* Faux, n°s. 17,
19 et 20.

Ceux qui refusent ou négligent de prêter
secours, lorsqu'ils en sont requis. *Voy.* Contraventions, n°. 8, §. XII, n°s. 11 et 16.

SECRET. Les médecins, chirurgiens et
autres officiers de santé, ainsi que les pharmaciens, les sages-femmes et toutes autres
personnes, dépositaires par état ou profession des secrets qu'on leur confie, qui, hors
le cas où la loi les oblige à se porter dénonciateurs, auront révélé ces secrets, seront
punis d'un emprisonnement d'un mois à six
mois, et d'une amende de cent francs à cinq
cent francs. 378. (a).

(a) « Cette disposition est nouvelle dans nos
lois ; sans doute, il serait à désirer que la délicatesse la rendît inutile ; mais, combien ne voit-
on pas de personnes dépositaires des secrets dûs
à leur état, sacrifier leur devoir à leur causticité,
se jouer des sujets les plus graves, alimenter la
malignité par des révélations indécentes, des
anecdotes scandaleuses, et déverser ainsi la honte
sur les individus, en portant la désolation dans
les familles ? » *Rapport par M. de Monseignat.*

« A l'exception de certaines révélations que
la loi exige, parce qu'elles importent au salut
public, tout dépositaire par état ou profession,
des secrets qu'on lui confie, ne peut les révéler
sans encourir des peines. Ne doit-on pas considérer comme un délit grave, des révélations
qui, souvent, ne tendent à rien moins qu'à
compromettre la réputation de la personne dont
le secret est trahi ; à détruire en elle une confiance plus nuisible qu'utile ; à déterminer ceux
qui se trouvent dans la même situation à mieux
aimer être victimes de leur silence que de l'in-
discrétion d'autrui ; enfin, à ne montrer que des
traîtres dans ceux dont l'état semble ne devoir
offrir que des êtres bienfaisans et de vrais con-
solateurs ? » *Motifs.*

SECRET des fabriques révélé. *Voy.* Manufactures, n°. 3.

SECRET d'une négociation ou d'une expédition, livré aux agens d'une Puissance étrangère ou de l'ennemi. *Voy.* Etat, n°. 6.

SÉDITION excitée ou formée contre l'Empereur, sa famille, ou son Autorité, ou pour détruire le Gouvernement ou l'ordre de successibilité au trône. *Voy.* Etat, n°. 18. EMPEREUR, n°s. 1 et 2.

—— pour exciter la guerre civile, la dévastation, le pillage ou le massacre. *Voy.* Etat, n°s. 12, 18, 23, 24, 25, 26, 27, 28 et 29.

Dans les autres cas, peines contre ceux qui font partie des bandes séditieuses. *Voy.* Etat, n°. 19.

Ceux qui, connaissant le but et le caractère des bandes, leur auront sans contrainte, fourni des logemens, lieux de retraite ou de réunion. *Voy.* Etat, n°. 20.

Ceux qui, ayant fait partie des mêmes bandes, sans y exercer aucun commandement et sans y remplir aucun emploi ni fonction, se seront retirés au premier avertissement des Autorités civiles ou militaires, etc. *Voy.* Etat, n°. 21.

Seront punis comme coupables de sédition, ceux qui y auront excité par discours tenus dans des lieux ou réunions publics, par affiches ou écrits imprimés. *Voy.* Etat, n°. 23.

Ministre de culte qui provoquera à la sédition. *Voy.* Ministre de culte, n°s. 3, 4, 5, 6, 7 et 8.

Pillage ou dégât de denrées ou marchandises, etc. commis en réunion ou bande. *Voy.* Destruction, n°s. 4, 5 et 6.

Les crimes et les délits désignés sous les mots BLESSURES, HOMICIDE, MENACES, s'ils sont commis en réunion séditieuse avec rebellion ou pillage, seront imputables aux chefs, auteurs, instigateurs et provocateurs de ces séditions. *Voy.* Blessures, n°. 5.

SÉDUCTION. *Voy.* Complices, n°. 2. Corruption. Dons.

Voy. Mineurs.

SÉJOUR. *Voy.* Aubergistes. Hôteliers.

SELLIER. *Voy.* Commerce, n°. 5.

SÉMINAIRE. *Voy.* Associations illicites.

SÉNATEURS. Ils ne peuvent être ni poursuivis ni arrêtés sans les autorisations prescrites par les Constitutions. *Voy.* Liberté individuelle, n°. 8.

SÉNATUS-CONSULTE. Invitations portées par les art. 63 et 67 du Sénatus-Consulte du 28 floréal an XII, lesquelles concernent un Ministre qui a ordonné ou fait quelque acte arbitraire et attentatoire à la liberté individuelle. *Voy.* Liberté individuelle, n°. 2.

SÉPARATION. Commandans qui ont tenu leur troupe rassemblée après que la séparation en a été ordonnée. *Voy.* Etat, n°s. 14, 23, 24, 25, 26, 27, 28 et 29.

SÉPARATION DES PROPRIÉTÉS. Déplacement ou suppression de bornes servant de séparation aux propriétés. *Voy.* Destruction, n°s. 20 et 26.

Si ces bornes sont enlevées ou déplacées pour commettre un vol. *Voy.* Vols, n°. 11.

SEPTUAGÉNAIRES. Ils ne peuvent être condamnés ni à la déportation, ni aux travaux forcés. *Voy.* Peines, n°. 59.

Ces peines sont remplacées à leur égard par celle de la réclusion. *Voy.* Peines, n°. 60.

Les condamnés aux travaux forcés en seront relevés dès qu'ils auront atteint l'âge de soixante-dix ans accomplis, et seront renfermés jusqu'à la fin de la durée de leur peine. *Voy.* Peines, n°. 61.

SÉPULTURE. *Voy.* Inhumation.

Voy. Dispositions générales, n°. 2 et la note.

SÉQUESTRE. Attaque, résistance envers lui avec violence et voies de fait. *Voy.* Rebellion.

SERMENT. Peine contre celui à qui le serment aura été déféré ou référé, et qui aura fait un faux serment. *Voy.* Témoignage, n°. 6.

Peine contre le Fonctionnaire qui sera entré dans l'exercice de ses fonctions, sans avoir prêté le serment. *Voy.* Fonctionnaires publics, n°. 26.

SERMON. *Voy.* Discours. Ministre de Culte.

SERPE. *Voy.* Armes.

SERPENTEAU. *Voy.* Feux d'artifice.

SERPENTINE. Pierre fine. *Voy.* Commerce, n°. 5.

Serrures. *Voy.* Clefs.

Serruriers. S'ils font de fausses-clefs. *Voy.* Vols, n°. 21.

Voy. Dispositions générales, n°. 2 et la note.

Servantes. *Voyez* Serviteurs à gages.

Service. Ceux qui, dans des circonstances calamiteuses, refusent le service dont ils sont requis. *Voy.* Contraventions, n°. 8, §. XII, n°ˢ. 11 et 16.

Ceux qui sont chargés d'un service quelconque dans les bandes de malfaiteurs. *Voy.* Malfaiteurs, n°. 4.

Ceux qui, dans les adjudications d'un service quelconque, ont troublé la liberté des enchères. *Voy.* Enchères.

Service des armées, lorsqu'il manque. *Voy.* Fournisseurs.

———— des Gardes Nationales. *Voy.* Dispositions générales, n°. 2 et la note.

———— militaire. Ceux qui sont déchus de ce service. *Voy.* Peines, n°. 23.

———— public. Empêchement ou suspension de l'accomplissement d'un service quelconque, par l'effet de démissions données par des Fonctionnaires publics. *Voy.* Fonctionnaires publics, n°. 4.

Ceux qui, pour se rédimer ou en affranchir un autre d'un service public quelconque, fabriqueront sous le nom d'un médecin, chirurgien, ou autre officier de santé, un certificat de maladie ou d'infirmité. *Voy.* Faux, n°ˢ. 15, 19 et 20.

Médecin, chirurgien ou autre officier de santé, qui certifiera faussement des maladies ou infirmités propres à dispenser d'un service public. *Voy.* Faux, n°ˢ. 16, 19 et 20.

Individu qui ont frappé un Citoyen chargé d'un ministère de service public. *Voy.* Fonctionnaires publics, n°ˢ. 37, 38, 39 et 40.

Serviteurs a gages. Ceux qui auront commis le crime de viol sur un enfant au-dessous de l'âge de quinze ans, confié à leurs soins. *Voy.* Mœurs, n°. 4.

Ceux qui prostituent les enfans au-dessous de l'âge de vingt-un ans, dont ils sont chargés. *Voy.* Mœurs, n°ˢ. 5 et 6.

Vols par eux commis dans la maison de leurs maîtres. *Voy.* Vols, n°. 8, §. III.

Sexe. *Voy.* Mœurs.

Individu de l'un ou de l'autre sexe condamné à la réclusion. *Voy.* Peines, n°. 16.

Signataire. Abus d'un blanc-seing pour compromettre la personne ou la fortune du signataire. *Voy.* Confiance, n°. 2.

Signature. Ceux qui auront extorqué la signature d'un titre quelconque. *Voy.* Vols, n°. 22.

Actes contraires aux Constitutions faits d'après une fausse signature du nom d'un Ministre ou d'un Fonctionnaire public. *Voy.* Liberté individuelle, n°. 5.

Signature surprise à un Ministre. *Voyez* Liberté individuelle, n°. 3. Contrefaçon ou altération de signatures. *Voy.* Faux, n°ˢ. 1, 3, 4, 6, 7, 19, 20 et 21.

Silence. Déni de justice, sous prétexte du silence de la loi. *Voy.* Fonctionnaires publics, n°. 15.

Situation militaire ou politique de la France ou de ses alliés. Correspondance avec les sujets d'une Puissance ennemie, qui a eu pour résultat de fournir aux ennemis des instructions nuisibles à cette situation. *Voy.* Etat, n°. 4.

Soc. *Voy.* Instrumens.

Sociétés littéraires, religieuses, politiques ou autres. *Voyez* Associations illicites.

Sœurs. *Voy.* Recèlement. Révélation.

Soleil. Glanage, râtelage ou grapillage avant le moment du lever ou après celui du coucher du soleil. *Voy.* Contraventions, n°. 4, §. X, n°ˢ. 6, 7 et 16.

Soldats. Individus qui pratiquent des manœuvres pour fournir des soldats aux ennemis, ou pour ébranler la fidélité de ceux de l'Etat. *Voy.* Etat, n°ˢ. 3 et 5.

Ceux qui recèlent les soldats envoyés à la découverte. *Voy.* Etat, n°. 9.

Enrôlement illégitime de soldats. *Voy.* Etat, n°ˢ. 13, 23, 24, 25, 26, 27, 28 et 29.

Solennité. *Voy.* Cérémonies.

Solidarité. Celle des condamnés pour un même crime ou un même délit. *Voy.* Peines, n°. 50.

Solidité des édifices. *Voy.* Contraventions, n°. 4, §. V, n°ˢ. 7 et 16. Dispositions générales, n°. 2 et la note.

Sollicitations. *Voy.* Provocations.

Solvabilité. Reprise de la contrainte par corps contre le condamné insolvable, s'il lui survient quelque moyen de solvabilité. *Voy.* Peines, n°. 48.

Sommation. Celle relative aux édifices menaçant ruine. *Voy.* Contraventions, n°. 4, §. V, n°ˢ. 7 et 16.

Somme d'argent. Menace d'attentat contre les personnes, avec ordre de déposer une somme d'argent. *Voy.* Menaces, n°. 1.

Le Registre des personnes qui tiennent des maisons de prêt sur gages ou nantissement, doivent contenir les sommes prêtées. *Voy.* Prêt sur gages.

Songes. Ceux qui les expliquent. *Voyez* Contraventions, n°. 12, §. VII, n°. 13, §. IV, n°. 14, §. II, n°ˢ. 15 et 16.

Sorcier. Imputation injurieuse. *Voy.* Contraventions, n°. 4, §. XI, n°ˢ. 7 et 16.

Sortie. Fonds de réserve à former pour chaque détenu condamné correctionnellement, au tems de sa sortie, de partie du produit de son travail. *Voy.* Peines, n°. 36.

Sot. Imputation injurieuse. *Voy.* Contraventions, n°. 4, §. XI, n°ˢ. 7 et 16.

Soufflet. *Voy.* Blessures, n°ˢ. 3, 4 et 7. Fonctionnaires publics, n°ˢ. 35, 36, 37, 38, 39 et 40.

Soulèvement. *Voy.* Rebellion. Sédition.

Soumission. *Voy.* Enchères.

Souscription. Abus des besoins, des faiblesses ou des passions d'un mineur, pour lui faire souscrire, à son préjudice, des obligations, etc. *Voyez* Confiance, n°. 1.

Sous-Officier. *Voy.* Commandant de la force publique. Evasion de détenus.

Sous-Préfets. *Voy.* Préfets.

SOUSTRACTION. Quiconque, après avoir produit dans une contestation judiciaire, quelque titre, pièce ou mémoire, l'aura soustrait de quelque manière que ce soit, sera puni d'une amende de vingt-cinq francs à trois cent francs.

Cette peine sera prononcée par le Tribunal saisi de la contestation. 409.

Voy. Confiance, n°. 3. Dépositaires publics. Scellés, n°ˢ. 6, 7 et 8.

Soustractions frauduleuses. *Voy.* Vols.

Spectacle. Représentation d'ouvrages dramatiques contre la propriété des Auteurs. *Voy.* Contrefaçon, n°. 4.

Voy. Dispositions générales, n°. 2 et la note.

Statues. Leur destruction ou mutilation. *Voy.* Monumens.

Stupide. Imputation injurieuse. *Voy.* Contraventions, n°. 4, §. XI, n°ˢ. 7 et 16.

Stylet. Arme prohibée. *Voy.* Blessures, n°ˢ. 6 et 7.

Subornation. *Voy.* Complices, n°. 2. Corruption. Dons. Présens.

—— de témoins. *Voy.* Témoignage, n°. 5.

Suborneur. Imputation calomnieuse. *Voy.* Calomnie.

Subsistances. Ceux qui en fournissent aux bandes organisées pour s'emparer des propriétés publiques ou nationales. *Voy.* Etat, n°. 17.

Ceux qui n'ont aucun domicile certain, ni moyens de subsistance, et qui n'exercent habituellement ni métier, ni profession, sont des vagabonds. *Voy.* Vagabondage, n°. 2.

Substance. Officier public qui, en rédigeant des actes de son ministère, en a dénaturé la substance. *Voy.* Faux, n°. 2.

Substances. Celles qui peuvent donner la mort plus ou moins promptement. *Voy.* Empoisonnement.

Substances farineuses. Manœuvres pour la hausse ou la baisse de leur prix. *Voyez* Commerce, n°. 2.

—— pillées. *Voy.* Destruction, n°ˢ. 4, 5 et 6.

Voyez Farines.

Substances malfaisantes ou non. Leur mélange dans les liquides et autres marchandises par les voituriers, bateliers ou leurs préposés. *Voy.* Vols, n°. 9.

Substitution d'enfant. *Voy.* Enfant, n°. 1.

Substituts. Ceux des Procureurs généraux

ou

ou Impériaux. *Voyez* Procureurs généraux.

SUCCESSIBILITÉ AU TRÔNE. Ceux qui veulent en détruire ou en changer l'ordre. *Voyez* EMPEREUR, n°. 2.

SUCCURSAL. *Voy.* Ministre de culte. Cultes.

SUFFRAGES. *Voy.* Droits civiques.

Les Tribunaux correctionnels pourront interdire temporairement aux délinquans le droit de suffrage dans les élections et dans les délibérations de famille, lorsqu'ils y seront autorisés par la loi. *Voy.* Peines, n°. 37, §. I et V, et n°. 38.

SUGGESTIONS. *Voy.* Provocations.

SUJETS. Correspondance avec les sujets d'une Puissance ennemie. *Voyez* Etat, n°. 4.

SUPERCHERIE. *Voyez* Escroquerie.

SUPÉRIEURS. Fonctionnaire public, Agent ou Préposé du Gouvernement, qui a ordonné ou fait quelque acte arbitraire et attentatoire à la liberté individuelle, s'il justifie qu'il a agi par ordre de ses supérieurs, pour des objets du ressort de ceux-ci et sur lesquels il leur étoit dû obéissance hiérarchique. *Voy.* Liberté individuelle, n°. 1.

Fonctionnaire public, Agent ou Préposé du Gouvernement qui a requis ou ordonné l'action ou l'emploi de la force publique contre l'exécution d'une loi, etc. s'il justifie qu'il a agi par ordre de ses supérieurs. *Voyez* Fonctionnaires publics, n°ˢ. 20 et 21.

Déni de justice après avertissement ou injonction des supérieurs. *Voyez* Fonctionnaires publics, n°. 15.

Voy. Autorité supérieure.

SUPERSTITIEUX. Imputation calomnieuse. *Voy.* Calomnie, n°ˢ. 9 et 10. Contraventions, n°. 4, §. XI, n°ˢ. 7 et 16.

SUPPLICE. *Voy.* Peines, n°ˢ. 7 et 8.

SUPPLICIÉS. Leurs corps seront remis à leurs familles, si elles les réclament. *Voy.* Peines, n°. 9.

Mode de leur inhumation. *Voy. le même* n°.

SUPPOSITION D'ENFANT. *Voyez* Enfant, n°. 1.

—— de personnes. *Voy.* Faux, n°ˢ. 1ʳ, 4, 19 et 20.

—— de noms dans un passe-port et feuille

de route. *Voy.* Faux, n°ˢ. 10, 11, 13, 14, 19, 20 et 21.

Logeurs et Aubergistes qui sciemment inscriront sur leurs registres, sous des noms supposés, les personnes logées chez eux. *Voy.* Faux, n°ˢ. 10, 19 et 20.

SUPPRESSION d'actes et titres confiés à un Fonctionnaire public ou Agent du Gouvernement, à raison de ses fonctions. *Voyez* Dépositaires publics, n°. 5.

—— de bornes. *Voy.* Destruction, n°ˢ. 20 et 26. Leur enlèvement ou déplacement pour commettre un vol. *Voyez* Vols, n°. 11.

—— d'Enfant. *Voy.* Enfant.

—— d'Etat. *Voy.* Enfant.

—— de lettres confiées à la poste. *Voy.* Fonctionnaires publics, n°. 17.

Voy. Soustraction.

SURETÉ intérieure ou extérieure de l'Etat. *Voy.* Etat.

Ceux qui seront condamnés pour crimes ou délits qui intéressent la sureté intérieure ou extérieure de l'Etat, doivent être renvoyés sous la surveillance de la haute Police. *Voy.* Peines, n°. 44.

Concert entre Fonctionnaires publics qui aurait eu pour objet ou résultat un complot attentatoire à la sureté intérieure de l'Etat. *Voy.* Fonctionnaires publics, n°. 3.

SUR-OFFRES. Celles faites aux prix que demandaient les vendeurs eux-mêmes, pour opérer la hausse du prix des denrées ou marchandises, ou des papiers et effets publics. *Voy.* Commerce, n°ˢ. 1 et 2.

SURSÉANCE. Cas où il y a lieu de surseoir à la poursuite au jugement du délit de calomnie. *Voy.* Calomnie, n°. 6.

SURVEILLANCE. Fonctionnaire public ou Agent du Gouvernement qui a pris ou reçu quelque intérêt que ce soit, dans les actes, adjudications, entreprises ou régies, dont il a la surveillance. *Voy.* Fonctionnaires publics, n°. 5.

Fonctionnaires publics qui auraient participé à des crimes ou délits qu'ils étaient chargés de surveiller, hors les cas où la loi règle

39

spécialement les peines encourues. *Voyez*
Fonctionnaires publics , n°. 28.

SURVEILLANCE. Le renvoi sous celle de la
haute Police est une peine commune aux
matières criminelle et correctionnelle. *Voy.*
Peines , n°. 6.

Effet de ce renvoi. *Voy.* Peines , n°ˢ. 39 ,
40 et 41.

Les condamnés aux travaux forcés à tems
et à la réclusion sont , de plein droit , pendant
toute leur vie , sous la surveillance de la
haute Police. *Voy.* Peines , n°. 42.

Pendant quel tems les condamnés au
bannissement sont-ils ; de plein droit , sous
la même surveillance ? *Voy.* Peines , n°. 43.

Les condamnés pour crimes ou délits qui
intéressent la sureté de l'Etat , doivent y être
renvoyés. *Voy.* Peines , n°. 44.

Hors les cas ci-dessus , les condamnés n'y
seront placés que d'après une disposition
expresse de la loi. *Voy.* Peines , n°. 45.

Dispositions expresses de la loi , qui mettent
les condamnés sous la surveillance de la
haute Police. *Voyez* Arrestations illégales ,
n°. 3. Blessures , n°ˢ. 3 , 6 et 7. Commerce ,
n°ˢ. 1 , 2 et 3. Destruction , n°ˢ. 8 et 16.
Etat , n°ˢ. 20 , 23 , 28 et 29. Evasion ,
n°. 10. Homicide , n°. 18. Incendie , n°. 3.
Menaces , n°. 4. Mendicité , n°. 9. Ouvriers ,
n°. 3. Peines , n°ˢ. 55 et 56. Rebellion ,
n°. 13. Vagabondage , n°. 2.

SURVEILLANCE DES CULTES. Autorisation du
Ministre de l'Empereur chargé de cette surveillance , pour que le Ministre d'un culte
puisse entretenir une correspondance avec
une Cour ou Puissance étrangère. *Voyez*
Ministre de culte , n°ˢ. 9 et 10.

SUSPENSION. Dans quel cas les Juges sont-ils
autorisés à prononcer celle des Avocats et
Avoués ? *Voy.* Calomnie , n°. 11.

Suspension de l'exécution des lois. *Voy.*
Empiétement , n°. 1 , §. I.

———— de l'administration de la justice. *Voy.*
Fonctionnaires publics , n°. 4.

Fonctionnaire public suspendu légalement ,
qui continue l'exercice de ses fonctions. *Voy.*
Fonctionnaires publics , n°. 27.

Coalition de la part des ouvriers pour
suspendre les travaux. *Voy.* Ouvriers , n°ˢ. 1.
et 2.

T.

T. La marque portera la lettre T pour les
coupables condamnés aux travaux forcés à
tems , lorsqu'ils devront être flétris. *Voy.*
Peines. n°. 15 ; si le coupable est un faussaire , la lettre F sera ajoutée. *Voy.* Peines ,
n°. 15.

TABLES. Confiscation de celles qui servent
aux jeux de loteries établis dans les rues , etc.
Voy. Contraventions , n°. 10 , §. I.

TABLEAU. *Voy.* Peinture.

TAC. Maladie contagieuse qui attaque les
brebis et les moutons. *Voy.* Destruction ,
n°ˢ. 23 , 24 , 25 et 26.

TAFIA. *Voy.* Boissons. Liquides.

TAILLANDIER. *Voy.* Commerce , n°. 5.

TAILLIS. *Voy.* Bois.

TALION. Peine du Talion. *Voy.* Blessures ,
n°. 8 , 2°. alinéa. Fonctionnaires publics ,
n°. 12. Homicide , n°. 8. Témoignage , n°. 1 ,
2°. alinéa.

TANNEUR. *Voy.* Commerce , n°. 5.

TAPAGES injurieux ou nocturnes. *Voyez*
Contraventions , n°. 12 , §. VIII , n°. 13 ,
§. V , n°ˢ. 15 et 16.

TANTES. *Voy.* Dispositions générales , n°. 2
et la note.

TARTUFFE. Imputation calomnieuse. *Voy.*
Calomnie , n°ˢ. 9 et 10. Contraventions ,
n°. 4 , §. XI , n°ˢ. 7 et 16.

TAS. Ceux qui mettent le feu à des bois
ou à des récoltes en tas. *Voy.* Incendie , n°. 1.

Incendie causé par des feux allumés dans
les champs , à moins de cent mètres des tas
de grains , pailles , foins , ou fourrages. *Voy.*
Destruction , n°ˢ. 22 et 26.

TAVERNES. *Voy.* Cabaret.

TAXES. *Voy.* Concussion. Dispositions générales , n°. 2 et la note.

Attaque ou résistance avec violence et voies
de fait envers les Percepteurs des taxes. *Voy.*
Rebellion.

TEINTURIER. *Voy.* Commerce , n°. 5.

TÉMOIGNAGE. 1°. Quiconque sera coupable de faux témoignage en matière criminelle, soit contre l'accusé, soit en sa faveur, sera puni de la peine des travaux forcés à tems. Si néanmoins l'accusé a été condamné à une peine plus forte que celle des travaux forcés à tems, le faux-témoin qui a déposé contre lui subira la même peine. 361. (a).

(a) « Le faux témoignage ne peut avoir lieu que de ceux qui sont interpellés en justice ou en vertu de ses ordonnances. »

« Toute déclaration extrajudiciaire, si elle n'est pas conforme à la vérité, est une assertion fausse, mais n'est pas un faux témoignage. »

« Comme les personnes peuvent être interpellées en justice, en matière civile, criminelle, correctionnelle ou de police, elles peuvent, dans ces diverses circonstances, se rendre coupables de ce genre de crime. »

« En matière criminelle, le témoin, d'après l'ordonnance de 1670, pouvait varier et corriger sa déposition au récolement ; ce n'était qu'à sa confrontation avec l'accusé que sa persévérance dans le mensonge pouvait motiver contre lui une accusation. »

« La formalité du récolement des témoins n'existe pas dans notre nouvelle instruction criminelle. C'est le débat public qui tient lieu de confrontation ; c'est la déposition orale des témoins qui peut seule servir aux jurés ; c'est aussi la seule qui peut être arguée de fausseté et donner ouverture à l'action en faux témoignage. Il est puni, en matière criminelle, des travaux forcés à tems, soit qu'il ait été dirigé en faveur de l'accusé ou contre lui, si ce dernier est acquitté, ou s'il n'est condamné qu'à la réclusion ou aux travaux forcés à tems. On ne trouvera pas cette peine trop sévère, quand on la comparera à celle qui est portée par la législation antérieure, et qu'on considèrera les suites effrayantes d'une déclaration mensongère faite en justice. »

« Il semblerait, au premier aperçu, que celui qui tromperait les magistrats, pour arracher un criminel au supplice, serait moins coupable que celui qui mentirait aux Tribunaux pour charger un innocent des apparences du crime, et livrer le juste à la mort ou à l'infamie. »

« Le nouveau Code défère en partie à ce sentiment général, et prononce la peine de mort ou celle des travaux forcés à perpétuité, dans le cas seulement où la déposition fausse aurait été dirigée contre un accusé condamné à une de ces deux peines : mais, si l'accusé est acquitté, le faux-témoin, quoique ayant déposé contre lui, ne sera puni que de la peine ordinaire du faux témoignage ou des travaux forcés à tems. A cette seule exception près, la peine ne varie pas, soit que le faux-témoin ait déposé en faveur de l'accusé ou contre lui. En convenant que les deux crimes ne présentent pas la même atrocité dans leur résultat, il faut reconnaître aussi qu'ils tendent au même but, qu'ils induisent également la justice en erreur, et qu'ils renferment le même parjure. »

« A l'exemple de l'Assemblée Constituante, on a dû se montrer également sévère dans les deux cas, pour tenir une juste balance entre l'intérêt de la Société et celui des individus, et pour prévenir aussi les effets d'une trop commune tendance à sauver un accusé aux dépens de la vérité, et redresser par la crainte des châtimens cette fausse direction d'une sensibilité aussi déplacée que dangereuse. » Rapport par M. de Monseignat.

« Le faux témoignage est un crime qui, dans tous les tems, a été puni des peines les plus sévères. L'Édit de 1531, qui portait la peine de mort contre toute espèce de faux, comprenait en termes exprès le faux témoignage commis en justice. Cet Édit fut modifié par celui de 1680, qui n'ordonna la peine de mort que pour les faux commis dans l'exercice d'une fonction publique, et autorisa les juges pour les autres cas où il s'agirait de faux, à prononcer telle peine qu'ils jugeraient convenable, même celle de mort, suivant les circonstances. Les rédacteurs de la loi de 1791 ne voulurent pas abandonner à l'arbitraire la faculté de disposer ainsi de la vie des accusés. »

« Un des articles du Code de 1791 porte que

2°. Quiconque sera coupable de faux témoignage en matière correctionnelle ou de police, soit contre le prévenu, soit en sa faveur, sera puni de la réclusion. 362.

3°. Le coupable de faux témoignage en matière civile, sera puni de la peine portée au précédent article. 363.

4°. Le faux-témoin en matière correctionnelle, de police ou civile, qui aura reçu de l'argent, une récompense quelconque ou des promesses, sera puni des travaux forcés à tems.

Dans tous les cas, ce que le faux-témoin aura reçu, sera confisqué. 364. (*b*).

5°. Le coupable de subornation de témoins sera condamné à la peine des travaux forcés à tems, si le faux témoignage qui en a été l'objet emporte la peine de la réclusion; aux travaux forcés à perpétuité, lorsque le faux témoignage emportera la peine des travaux forcés à tems ou celle de la déportation; et à la peine de mort, lorsqu'il emportera celle des travaux forcés à perpétuité ou la peine capitale. 365. (*c*.).

le faux-témoin en matière criminelle sera puni de la peine de vingt ans de fers, et qu'il sera puni, s'il est intervenu condamnation à mort contre l'accusé, dans le procès duquel aura été entendu le faux-témoin. »

« Le nouveau Code s'est conformé à l'esprit qui a dicté cette disposition, et n'a fait d'autre changement que celui qui était nécessité par le nouvel ordre de peines; il ne distingue pas non plus si le faux-témoin a été corrompu par argent; c'est un crime extrêmement grave, quelqu'en ait été le motif, que de faire perdre à un innocent l'honneur et la liberté, quelquefois même la vie, ou de faire rentrer dans la Société un coupable qui, enhardi par l'impunité même, commettra de nouveaux forfaits : ainsi, en matière criminelle, la loi n'a nul égard aux ressorts qui ont pu faire mouvoir le faux-témoin. » *Motifs.*

(*b*). « Le faux témoignage, en matière civile, correctionnelle et de police, tient à-peu-près aux mêmes causes; il produit les mêmes effets, il doit être soumis à la même peine. » *Rapport par M. de Monseignet.*

(*c*) « Le suborneur est une autre espèce de coupable, artisan secret et moteur ordinaire du faux témoignage. Il n'était pas signalé d'une manière spéciale dans le Code de 1791. Dans le nouveau Code, il est frappé d'une peine d'un degré plus élevé que le faux-témoin qui a été l'objet de la subornation. Cette aggravation est motivée sur le rôle même du suborneur, qui est plus qu'un complice ordinaire, puisque c'est pour son intérêt seul que le crime est ourdi et consommé : dans sa main, le faux-témoin n'est qu'un instrument docile et corrompu. Mais, pour que la subornation puisse être punie, il est nécessaire que le faux témoignage qui en est l'objet ait été réalisé; le suborneur peut, jusqu'à la déclaration, arrêter ou désavouer le faux-témoin. »

« D'ailleurs, la provocation au faux témoignage ne peut être confondue avec la tentative de ce crime : celle-ci est toujours personnelle au témoin; et quand ce dernier est innocent, le suborneur n'est coupable que d'un projet criminel sans commencement d'exécution. Condamné par sa conscience, il ne saurait l'être par les Tribunaux. » *Même rapport.*

6°. Celui à qui le serment aura été déféré ou référé en matière civile et qui aura fait un faux serment, sera puni de la dégradation civique. 366. (*d*).

Les Tribunaux correctionnels peuvent interdire aux délinquans le droit de témoignage en justice, autrement que pour y faire de simples déclarations, lorsqu'ils y sont autorisés par la loi. *Voy.* Peines, n°s. 37 et 38.

Les condamnés aux travaux forcés à tems, au banuissement, à la réclusion ou au carcan, ne pourront déposer en justice autrement que pour y donner de simples renseignemens. *Voy.* Peines, n°. 23.

(*d*) « C'est une disposition nouvelle. La peine infamante convient à des êtres vils et sans honneur, qui, constitués juges dans leur propre cause, ne répondent que par un parjure à cet honorable appel fait à leur probité. »

« Cette disposition ne saurait détruire ou changer l'article 1363 du Code Napoléon qui porte que « Lorsque le serment déféré ou référé aura « été fait, l'adversaire n'est pas recevable à en « prouver la fausseté. » On ne saurait non plus abuser de cette disposition, pour éluder l'art. 1341 de ce même Code, qui prohibe toute preuve par témoin de toutes choses excédant la somme ou la valeur de cent cinquante francs, pour faire recevoir à l'appui d'une accusation criminelle une preuve irrecevable devant les Tribunaux civils, et faire ainsi revivre, sous une autre forme, une action justement éteinte ou proscrite. »

« Tel n'est pas et ne saurait être le but et le sens de la disposition dont il s'agit ; elle n'ouvre aucune nouvelle action au condamné. Le Code Napoléon a irrévocablement réglé tout ce qui était relatif aux intérêts privés et à la partie civile ; c'est le ministère public qui pourra, dans le seul intérêt de la Société, poursuivre le parjure. Celui qui aura fait un faux serment pour s'affranchir du paiement d'une dette contractée, mais dont la preuve n'aurait pas été présentée ou admise dans les Tribunaux civils, ne jouira pas en paix du fruit de son impos-

ture ; elle pourra être dévoilée au grand jour de la justice criminelle. Puisse cette crainte salutaire arrêter la cupidité, retenir la mauvaise foi et mettre un terme aux scandaleux abus des sermens dans le sanctuaire de la justice ! » *Rapport par M. de Monseignat.*

« La poursuite de ce crime appartient sur-tout au ministère public. Quant à la partie, ou le serment a été déféré par elle ou il l'a été d'office. Dans le premier cas, la partie est repoussée par l'article 1363 du Code Napoléon. La disposition de cet article a pour but d'empêcher que la partie qui est condamnée par l'effet d'une déclaration à laquelle elle a consenti, ne cherche à recommencer le procès, sous prétexte que la déclaration est fausse, ce qui ne manquerait presque jamais d'arriver. Dans le second cas, qui est celui où le serment a été déféré d'office par le juge, la partie intéressée peut être admise à prouver la fausseté de la déclaration ; mais elle doit se conformer aux règles prescrites par le Code de procédure civile. »

« A l'égard du ministère public, la question de savoir si la partie est ou non recevable à prétendre que le serment est faux, lui est étrangère. L'intérêt de la Société demande que le crime de faux serment ne reste pas impuni ; et, quoique la partie ne puisse agir pour son intérêt privé, la peine due au crime ne doit pas moins être provoquée par le ministère public. » *Motifs.*

TÉMOINS. Les témoins et jurés qui auront allégué une excuse reconnue fausse, seront condamnés, outre les amendes prononcées pour la non-comparution, à un emprisonnement de six jours à deux mois. 236. (a).

Celui qui aura été condamné aux travaux forcés, au bannissement, à la réclusion ou au carcan, ne pourra pas être témoin. Voy. Peines, n°. 23.

Les Tribunaux correctionnels peuvent interdire temporairement aux délinquans le droit d'être employés comme témoins, lorsqu'ils y sont autorisés par la loi. Voy. Peines, n°. 37, §. VII et VIII et n°. 38.

Voy. Témoignage.

Leur subornation. Voy. Témoignage, n°. 5.

TEMPLE. Voy. Cultes. Ministre de culte.

TENTATIVE pour l'abaissement des salaires des ouvriers. Voy. Ouvriers, n°. 1.

—— par une bande, d'attentat ou complot contre la vie ou la personne de l'Empereur, etc. Voy. EMPEREUR, n°s. 1 et 2.

—— d'attentat ou complot dont le but sera d'exciter la guerre civile, etc. Voy. Etat, n°. 12.

—— de contrainte ou de corruption envers les fonctionnaires publics. Voy. Fonctionnaires publics, n°s. 9 et 10.

—— de crime. Dans quel cas la tentative de crime est-elle considérée comme le crime même ? Voy. Crime, n°. 2. Dispositions préliminaires, n°. 2.

—— de délit. Dans quel cas la tentative de délit est-elle considérée comme délit ? Voy. Délit, n°. 2. Dispositions préliminaires, n°. 3.

—— d'escroquerie. Voy. Escroquerie.

—— pour opérer l'évasion de détenus avec violence ou bris de prison. Détenus qui tentent de s'évader par le même moyen. Voy. Evasion de détenus, n°s. 5 et 9.

Tentative de vol non spécifié dans le Code, de larcin et filouterie. Voy. Vols, n°. 23.

TERRAIN. Voy. Passage. Récoltes.

Est réputé parc ou enclos tout terrain environné de fossés, etc. Voy. Vols, n°. 13.

TERREUR. Voy. Escroquerie.

TERRITOIRE DE L'EMPIRE. Le condamné à la déportation sera transporté hors du territoire continental de l'Empire. Voy. Peines, n°. 12 ;

S'il rentre sur ce territoire. Voy. le même n°.

Le condamné au bannissement sera transporté hors du territoire de l'Empire. Voyez Peines, n°. 27 ;

S'il y rentre. Voy. Peines, n°. 28.

Ceux qui facilitent l'entrée des ennemis sur le territoire de l'Empire français. Voy. Etat, n°. 3.

Introduction sur le territoire français de

(a) « Il y a désobéissance à la loi ; il peut en résulter une suspension dangereuse de l'exercice de la justice ; il peut en résulter, sur-tout, le dépérissement des preuves qui doivent fonder la condamnation du coupable ou la justification de l'innocent. Enfin, nul n'a le droit de se soustraire aux devoirs que la Société lui impose, et il se rend coupable, s'il le fait. » Rapport par M. Neailles.

monnaies contrefaites ou altérées. *Voy.* Monnaie, n°s. 1, 2, 3 et 4.

Les vagabonds, s'ils sont étrangers, peuvent être conduits par les ordres du Gouvernement, hors du territoire de l'Empire. *Voy.* Vagabondage, n°. 4.

Introduction sur le territoire français, d'ouvrages qui, après avoir été imprimés en France, ont été contrefaits chez l'étranger. *Voy.* Contrefaçon, n°. 2.

TÊTE. Tout condamné à mort aura la tête tranchée. *Voy.* Peines, n°. 7.

Le parricide sera conduit au supplice, la tête couverte d'un voile noir. *Voy.* Peines, n°. 8.

Ecriteau placé sur la tête du condamné au carcan. *Voy.* Peines, n°s. 17 et 19.

THÉATRE. *Voy.* Spectacle.

TIERS. Soustraction du tiers d'une recette. *Voy.* Dépositaires publics, n°s. 2, 3 et 4.

TIERS qui auront procuré ou facilité l'évasion de détenus, en corrompant les gardiens ou geoliers, ou de connivence avec eux. *Voy.* Evasion de détenus, n°. 6.

TIMBRES NATIONAUX. Contrefaction ou falsification des timbres nationaux, ou usage de ces timbres contrefaits ou falsifiés. *Voy.* Contrefaction, n°. 2. Faux, n°s. 19, 20 et 21.

Ceux qui auront fait des vrais timbres un usage préjudiciable aux intérêts de l'Etat. *Voy.* Contrefaction, n°. 3. Faux, n°s. 19, 20 et 21.

TIMBRES PARTICULIERS. Contrefaction du timbre d'une Autorité quelconque ou d'un établissement particulier de banque ou de commerce, ou usage de ce timbre. *Voy.* Contrefaction, n°. 4. Faux, n°s. 19, 20 et 21.

Usage du vrai timbre, préjudiciable aux intérêts de l'Etat, de l'Autorité ou de l'Etablissement. *Voy.* Contrefaction, n°. 5. Faux, n°s. 19 et 20.

TISSERAND. *Voy.* Commerce, n°. 5.

TISSUTIER. *Voy.* Commerce, n°. 5.

TITRE des matières d'or ou d'argent. Peine contre ceux qui trompent sur ce titre. *Voy.* Commerce, n°. 5.

TITRE. Vol commis, en prenant le titre d'un fonctionnaire public ou d'un officier civil ou militaire. *Voy.* Vols, n°. 3, §. IV.

Ceux qui, sans titre, se seront immiscés dans des fonctions publiques, civiles ou militaires, ou auront fait les actes d'une de ces fonctions. *Voy.* Fonctions publiques, n°. 1.

TITRES. Leur soustraction. *Voy.* Dépositaires publics. Soustraction.

Leur destruction. *Voy.* Destruction, n°s. 3 et 26.

Ceux qui auront extorqué la signature d'un titre quelconque. *Voy.* Vols, n°. 22.

Voy. Escroquerie. Confiance.

TITRES IMPÉRIAUX. Leur usurpation. *Voy.* Fonctions publiques, n°. 2.

TOITS. Est qualifié *effraction*, tout forcement, rupture, dégradation, démolition, enlèvement de murs, toits, etc. *Voy.* Vols, n°. 15.

Voy. Toitures.

TOITURES. Est qualifiée *escalade*, toute entrée dans les maisons, etc. exécutée par-dessus les toitures. *Voy.* Vols, n°. 19.

TOMBEAUX. Leur violation. *Voy.* Inhumation, n°. 3.

TOPAZE. Pierre précieuse. *Voy.* Commerce, n°. 5.

TORT. *Voy.* Dommage.

TORTURES CORPORELLES. *Voy.* Arrestations illégales, n°. 4. Homicide, n°. 9.

TOUSELLE. *Voy.* Grains.

T. P. La marque portera les lettres T. P. pour les coupables condamnés aux travaux forcés à perpétuité. *Voy.* Peines, n°. 15 ; si le coupable est un faussaire, la lettre F. sera ajoutée à la marque. *Voyez* Peines, n°. 15.

TRACE. Vol commis avec violence : s'il est résulté des traces de blessures ou de contusions. *Voy.* Vols, n°. 4 ;

S'il n'est résulté aucune trace de blessure ou de contusion. *Voy.* Vols, n°. 7.

TRADUCTION d'un citoyen devant une Cour d'Assises ou une Cour spéciale, sans qu'il ait été préalablement mis légalement en accusation. *Voy.* Liberté individuelle, n°. 9.

TRAFIC. *Voy.* Commerce.

Trahison. *Voy*. Etat.

Imputation calomnieuse. *Voy*. Calomnie.

Trait. Bêtes de trait. *Voy*. Bêtes.

Traitement. *Voy*. Concussion.

Traître. Imputation calomnieuse. *Voyez* Calomnie, n°s. 9 et 10. Contraventions, n°. 4, §. XI, n°s. 7 et 16.

Tranquillité publique. Ceux qui la troublent pendant la nuit. *Voy*. Contraventions, n°. 12, §. VIII, n°. 13, §. V, n°s. 15 et 16.

Transaction. *Voy*. Faux.

Transmission d'armes. Evasion de détenus avec bris ou violence, favorisée par transmission d'armes. *Voy*. Evasion de détenus, n°s. 7 et 8.

Transport de détenus. *Voy*. Evasion de détenus.

Transport de marchandises, etc. *Voyez* Voiturier. Batelier.

Travail. Destination du produit de celui de chaque détenu. *Voy*. Peines, n°. 36.

Coalition pour faire cesser le travail dans un atelier, le suspendre ou l'enchérir. *Voy*. Ouvriers, n°. 2.

Travail personnel. Incapacité de ce travail procurée par des blessures ou des coups. *Voy*. Blessures, n°s. 1, 2, 3 et 4.

Travail salarié. Ceux qui détournent ou dissipent des effets, etc. qui ne leur avaient été remis que pour un travail salarié, à la charge de les rendre ou représenter. *Voyez* Confiance, n°. 3.

Travailleurs. *Voy*. Journaliers. Ouvriers.

Travaux. Opposition à ceux autorisés par le Gouvernement. *Voy*. Destruction, n°s. 2 et 26.

Le condamné à l'emprisonnement sera employé à l'un des travaux établis dans la maison de correction, selon son choix. *Voy*. Peines, n°. 35.

Fournisseurs qui trompent sur la nature, la qualité ou la quantité des travaux. *Voyez* Fournisseurs, n°. 4.

Individus qui refusent ou négligent de faire les travaux dont ils auront été requis dans les circonstances d'accidens, etc. *Voy*. Contraventions, n°. 8, §. XII, n°s. 11 et 16;

Qui empêcheront de faire ou de ne pas faire certains travaux, les jours de fête. *Voy*. Cultes, n°. 1.

Travaux forcés. Peine afflictive et infamante.

Quelle est cette peine pour les hommes ? *Voy*. Peines, n°. 10; pour les femmes et les filles ? *Voy*. Peines, n°. 11.

Les condamnés aux travaux forcés seront attachés au carcan. *Voy*. Peines, n°. 17.

Les arrêts qui porteront cette peine seront imprimés par extrait et affichés. *Voy*. Peines, n°. 31; lieux où ils seront affichés. *Voyez le même* n°.

Les septuagénaires ne peuvent pas y être condamnés. Remplacement de cette peine à leur égard. *Voy*. Peines, n°s. 59, 60 et 61.

Travaux forcés a perpétuité (les) emportent la mort civile. *Voy*. Peines, n°. 13.

Les condamnés subiront la marque. *Voyez* Peines, n°. 15.

Peine contre celui qui, condamné pour crime, en commet un second emportant les travaux forcés à perpétuité. *Voyez* Peines, n°. 51;

Contre le mineur, âgé de moins de seize ans, qui a encouru les travaux forcés à perpétuité, lorsqu'il est décidé qu'il a agi *avec discernement*. *Voy*. Peines, n°s. 56 et 57.

Crimes auxquels on applique la peine des travaux forcés à perpétuité. *Voy*. Arrestations illégales, n°. 2. Banqueroute, n°. 3. Blessures, n°s. 4 et 8. Complices, n°. 5. Evasion, n°. 7. Faux, n°s. 1, 2 et 18. Fonctionnaires publics, n°. 28. Homicide, n°. 10. Monnaie, n°. 2. Peines, n°. 51. Témoignage, n°. 5. Vols, n°s. 4 et 5.

Voy. Travaux forcés.

Travaux forcés a tems. Leur durée. De quel jour se comptera-t-elle ? *Voy*. Peines, n°s. 14 et 18.

Droits civils dont les condamnés aux travaux forcés à tems seront privés. *Voy*. Peines, n°s. 23, 24, 25 et 26;

Ils seront de plein droit et pendant toute leur vie sous la surveillance de la haute Police. *Voy*. Peines, n°. 42.

Peines

Peines contre celui qui, condamné pour crime, en commet un second emportant les travaux forcés à tems. *Voy.* Peines, n°. 51;

Contre le mineur, âgé de moins de seize ans, qui a encouru les travaux forcés à tems. *Voy.* Peines, n°s. 56 et 57.

Crimes auxquels on applique la peine des travaux forcés à tems. *Voy.* Arrestations illégales, n°. 1. Banqueroute, n°s. 1, 2 et 3. Blessures, n°s. 1, 2, 4, 5 et 9. Complices, n°. 5. Contrefaction, n°. 2. Dépositaires publics, n°s. 1, 2 et 5. Destruction, n°s. 1, 4 et 6. Etat, n°s. 20 et 23. Evasion de détenus, n°s. 4, 6 et 7. Faux, n°s. 3, 4, 14 et 18. Fonctionnaires publics, n°. 28. Fournisseurs, n°. 3. Incendie, n°. 3. Liberté individuelle, n°. 5. Malfaiteurs, n°. 3. Menaces, n°. 1. Mineurs, n°s. 2 et 3. Mœurs, n°s. 3 et 11. Monnaie, n°. 3. Peines, n°. 51. Rebellion, n°. 2. Scellés, n°s. 3, 5, 7 et 8. Témoignage, n°s. 1, 4 et 5. Vols, n°s. 6, 7 et 22.

Voy. Travaux forcés.

TRAVESTISSEMENT. Mendiant ou vagabond saisi sous un travestissement quelconque. *Voy.* Mendicité, n°s. 4, 8 et 9.

TRENTE ET QUARANTE. Jeu de hasard. *Voy.* Jeux de hasard.

TRÉSOR PUBLIC. Contrefaction des effets par lui émis. *Voyez* Contrefaction, n°. 1. Faux, n°. 19.

Obligation de dénoncer ce crime. *Voyez* Contrefaction, n°. 6.

Exceptions. *Voy.* Contrefaction, n°. 6.

Exemption de peine en faveur des coupables qui dénonceront ou feront arrêter leurs complices. *Voy.* Contrefaction, n°. 6.

Si le trésor public a payé au porteur d'une fausse feuille de route des frais de route qui ne lui étaient pas dûs. *Voyez* Faux, n°s. 12, 19, 20 et 21.

TRIBUNAUX. Outrages, coups ou blessures qui ont eu lieu à l'audience d'un tribunal. *Voyez* Fonctionnaires publics, n°s. 29, 30, 33, 35, 36, 38, 39 et 40.

TRIBUNAUX CORRECTIONNELS, autorisés à réduire l'emprisonnement même au-dessous

de six jours, et l'amende même au-dessous de seize francs. *Voy.* Dispositions générales, n°. 1.

En tout ce qui n'est pas réglé par le Code, ils continueront d'observer les anciennes lois et réglemens. *Voy.* Dispositions générales, n°. 2.

Droits civiques, civils et de famille qu'ils pourront interdire temporairement aux délinquans, lorsque la loi les y aura autorisés. *Voy.* Peines, n°s. 37 et 38.

Cas de responsabilité civile pour lesquels les Tribunaux doivent se conformer aux dispositions du Code Napoléon. *Voyez* Peines, n°. 63.

La détermination des indemnités est laissée à la justice des Tribunaux, lorsque la loi ne les aura pas réglées, et ils ne peuvent en prononcer l'application à une œuvre quelconque, du consentement même de la partie. *Voy.* Peines, n°. 46.

Administrateurs qui s'ingèrent à connaître de droits et intérêts privés du ressort des Tribunaux. *Voy.* Empiétement, n°. 5.

Voy. Déni de justice. Juges.

TRIBUNAUX DE SIMPLE POLICE. Cas de responsabilité civile pour lesquels ces Tribunaux doivent se conformer aux dispositions du Code Napoléon. *Voy.* Peines, n°. 63.

Peines qu'ils prononcent. *Voy.* Peines, n°. 65.

En tout ce qui n'est pas réglé par le Code, ils continueront d'observer les anciennes lois et réglemens. *Voy.* Dispositions générales, n°. 2.

Voy. Contraventions.

TRICHEUR. Imputation calomnieuse. *Voy.* Calomnie.

TROMBLONS. Fabricateur ou débitant de ces armes prohibées. *Voy.* Blessures, n°s. 6 et 7; ceux qui en sont porteurs. *Voy. les mêmes* n°s.

TROMPERIE. *Voy.* Fraude.

TROMPEUR. Imputation calomnieuse. *Voy.* Calomnie.

TRÔNE. Ceux qui veulent détruire ou changer l'ordre de successibilité au trône. *Voy.* EMPEREUR, n°. 2.

TROUBLES. Ceux relatifs à l'exercice d'un culte. *Voy.* Cultes.

———injurieux ou nocturnes. *Voy.* Contraventions, n°. 12, §. VIII, n°. 13, §. V, n°ˢ. 15 et 16.

TROUPE ARMÉE. *Voy.* Bande. Rebellion. Sédition.

Ceux qui auront des armes cachées et qui auront fait partie d'une troupe non réputée armée. *Voy.* Rebellion.

TROUPES. Leur levée illégitime. *Voy.* Etat, n°ˢ. 13, 23, 24, 25, 26, 27, 28 et 29.

Ceux qui les commandent sans motif légitime. *Voy.* Etat, n°ˢ. 14, 23, 24, 25, 26, 27, 28 et 29.

Troupes de terre ou de mer. Ceux qui secondent les progrès des armes des ennemis contre ces troupes. *Voy.* Etat, n°ˢ. 3 et 5.

TRUIE. *Voy.* Animaux. Bêtes.

TUMULTES. Ceux qui, dans ce cas, refusent d'obéir aux réquisitions. *Voy.* Contraventions, n°. 8, §. XII, n°ˢ. 11 et 16.

TURQUOISE. Pierre précieuse. *Voy.* Commerce, n°. 5.

TUTELLE. Condamnés qui sont incapables de tutelle, si ce n'est de leurs enfans. *Voy.* Peines, n°. 23.

Les Tribunaux correctionnels peuvent en interdire temporairement l'exercice, aux délinquans, lorsqu'ils y sont autorisés par la loi. *Voy.* Peines, n°. 37, §. VI, et n°. 38.

Les personnes qui corrompent habituellement la jeunesse au-dessous de l'âge de vingt-un ans, sont interdites de toute tutelle. *Voy.* Mœurs, n°ˢ. 5 et 6.

TUTEURS. Exposition de l'enfant à leur charge, au-dessous de sept ans. *Voy.* Enfant, n°ˢ. 6, 7 et 9.

S'ils violent leur pupille au-dessous de quinze ans. *Voy.* Mœurs, n°ˢ. 3 et 4.

S'ils prostituent les enfans au-dessous de l'âge de vingt-un ans, dont ils sont chargés. *Voy.* Mœurs, n°ˢ. 5 et 6.

Caution solvable de bonne conduite qu'on peut exiger du tuteur du mineur mis sous la surveillance de la haute Police. *Voyez* Peines, n°. 39.

TUTRICES. *Voy.* Tuteurs.

UNI

UNIFORME, qui n'appartient pas à la personne qui le porte. *Voyez* Fonctions publiques, n°. 2.

UNIVERSALITÉ DES CITOYENS. *Voy.* Citoyens. Pillage.

UNIVERSITÉ. *Voy.* Associations illicites.

USAGE. *Voy.* Contrefaction. Faux.

USINES. Celles où l'on fait usage du feu. Leur entretien, réparation ou nettoyage. *Voy.* Contraventions, n°. 4, §. I, n°ˢ. 7 et 16.

Propriétaires d'usines qui inondent les chemins ou les propriétés par l'élévation du déversoir de leurs eaux. *Voy.* Destruction, n°ˢ. 21 et 26.

Incendie causé par la vétusté ou le défaut, soit de réparation, soit de nettoyage des usines. *Voy.* Destruction, n°ˢ. 22 et 26.

Voy. Dispositions générales, n°. 2 et la note.

USTENSILES. Est qualifié *effraction*, tout forcement, rupture, dégradation, démolition, enlèvement de murs, cadenas, etc. et autres ustensiles servant à fermer ou à empêcher le passage. *Voy.* Vols, n°ˢ. 15, 16 et 17.

USUFRUIT. *Voy.* Enchères.

USURPATION DE FONCTIONS PUBLIQUES. *Voy.* Fonctions publiques, n°. 1.

——— de titres Impériaux ou décorations. *Voy.* Fonctions publiques, n°. 2.

UTILITÉ PUBLIQUE. Destruction ou dégradation d'objets d'utilité publique. *Voyez* Monumens.

VAGABONDAGE. 1°. Le vagabondage est un délit. 269.

2°. Les vagabonds ou gens sans aveu sont ceux qui n'ont ni domicile certain, ni moyens de subsistance, et qui n'exercent habituellement ni métier ni profession. 270.

3°. Les vagabonds ou gens sans aveu qui auront été légalement déclarés tels, seront, pour ce seul fait, punis de trois mois à six mois d'emprisonnement, et demeureront après avoir subi leur peine à la disposition du Gouvernement, pendant le tems qu'il déterminera, eu égard à leur conduite. 271.

Voy. les n°s. 4 et 5 ci-après.

4°. Les individus déclarés vagabonds par jugement pourront, s'ils sont étrangers, être conduits par les ordres du Gouvernement hors du territoire de l'Empire. 272.

5°. Les vagabonds nés en France pourront, après un jugement, même passé en force de chose jugée, être réclamés par délibération du Conseil municipal de la Commune où ils sont nés, ou cautionnés par un citoyen solvable.

Si le Gouvernement accueille la réclamation ou agrée la caution, les individus ainsi réclamés ou cautionnés seront, par ses ordres, renvoyés ou conduits dans la Commune qui les a réclamés, ou dans celle qui leur sera assignée pour résidence, sur la demande de la caution. 273. (*a*).

Voy. Peines, n°. 46.

Voy. Mendicité.

VAGABONDS. *Voy.* Vagabondage. Mendicité.
—— imputation calomnieuse. *Voy.* Calomnie.

VAISSEAUX DE L'ÉTAT. Ceux qui pratiquent des manœuvres pour les livrer. *Voy.* Etat, n°s. 3 et 5.

Incendie ou destruction d'un vaisseau de l'Etat par l'explosion d'une mine. *Voy.* Etat, n°s. 16, 23, 24, 25, 26, 27, 28 et 29.

Ceux qui tentent de s'en emparer. *Voy.* Etat, n°s. 17, 23, 24, 25, 26, 27, 28 et 29.

(*a*) « Celui qui n'a ni domicile, ni moyens de subsistance, ni profession ou métier, n'est point en effet membre de la Cité : elle peut le rejeter ou le laisser à la disposition du Gouvernement qui pourra, dans sa prudence, ou l'admettre à caution, si un citoyen honnête et solvable veut bien en répondre, ou le placer dans une maison de travail, jusqu'à ce qu'il ait appris à subvenir à ses besoins, ou enfin le détenir comme un être nuisible ou dangereux, s'il n'y a aucun amendement à espérer. » *Motifs.*

Valeurs. Celles au-dessus ou au-dessous de trois mille francs, détournées ou soustraites par ceux qui les ont entre les mains, en vertu de leurs fonctions. *Voy.* Dépositaires publics.

La confiscation générale demeure grevée de toutes les dettes légitimes, jusqu'à concurrence de la valeur des biens confisqués. *Voy.* Peines, n°. 33.

Il ne sera jamais fait au corrupteur restitution des choses par lui livrées ni de leur valeur. *Voyez* Fonctionnaires publics, n°. 10.

Mendiant ou vagabond porteur d'un ou de plusieurs effets d'une valeur supérieure à cent francs. *Voyez* Mendicité, n°s. 5, 8 et 9.

Individus qui refusent les monnaies nationales, selon la valeur pour laquelle elles ont cours. *Voy.* Contraventions, n°. 8, §. XI, n°s. 11 et 16.

Validité. *Voy.* Mariage.

Vendanges. Contraventions aux bans de vendanges. *Voy.* Contraventions, n°. 8, §. I, n°s. 11 et 16.

Vendeurs de boissons falsifiées. *Voyez* Blessures, n°. 10. Contraventions, n°. 8, §. VI, n°s. 9 et 10, §. II, n°s. 11 et 16.

Vendeurs d'un écrit sans nom d'Auteur ou d'Imprimeur, de chansons, etc. contraires aux bonnes mœurs. *Voy.* Contraventions, n°. 8, §. XIII, n°. 10, §. III, n°s. 11 et 16.

Voy. Écrits.

—— de suffrages. *Voy.* Droits civiques, n°. 5.

Voy. Commerce. Débitant. Mesures. Poids.

Vendôme. Jeu de hasard. *Voy.* Jeux de hasard.

Vente. *Voy.* Enchères. Commerce.

Vol de bois dans les ventes. *Voy.* Vols, n°. 10.

Vergers. Incendie causé dans les champs à moins de cent mètres des vergers. *Voy.* Destruction, n°s. 22 et 26.

Vérificateurs. *Voy.* Inspecteurs.

Vétusté. Est réputé *parc* ou *enclos* tout terrain environné de fossés, de pieux, etc.

quelle que soit la vétusté de ces diverses clôtures. *Voy.* Vols, n°. 13.

Incendie causé par la vétusté des fours, etc. *Voy.* Destruction, n°s. 22 et 26.

Ceux qui auront occasionné la mort ou la blessure des animaux ou bestiaux appartenant à autrui, par la vétusté des maisons et édifices. *Voy.* Contraventions, n°. 12, §. II et IV, n°s. 15 et 16.

Veuve. L'Empereur pourra disposer des biens confisqués en faveur de la veuve du condamné. *Voy.* Peines, n°. 34.

Soustractions commises par une veuve ou un vœuf, quant aux choses qui avaient appartenu à l'époux décédé. *Voy.* Vols, n°s. 2.

Vicaires. *Voy.* Ministre de culte. Cultes.

Vices. Peine contre celui qui, après avoir fait vérifier les vices des pièces de monnaie contrefaites ou altérées qu'il avait reçues pour bonnes, les a remises en circulation. *Voy.* Monnaie, n°. 4.

Imputation d'un vice déterminé. *Voyez* Calomnie, n°s. 9 et 10. Contraventions, n°. 4, §. XI, n°s. 7 et 16.

Vie. Attentat ou complot contre la vie de l'Empereur ou des Membres de la Famille Impériale. *Voy.* Empereur, n°s. 1 et 2.

L'attentat à la vie d'une personne par l'effet des substances qui peuvent donner la mort, est qualifié empoisonnement. *Voyez* Homicide, n°. 7.

Voy. Homicide.

Vieillards. *Voy.* Septuagénaires.

Villes. Ceux qui pratiquent des manœuvres pour les livrer. *Voy.* État, n°s. 3 et 5 ; ceux qui tentent de s'en emparer. *Voy.* État, n°s. 17, 23, 24, 25, 26, 27, 28 et 29.

Dans quelles villes les arrêts de condamnation seront-ils affichés ? *Voy.* Peines, n°. 31.

Voy. Commandant de la Force publique.

Vin. Manœuvres pour la hausse ou la baisse de son prix. *Voy.* Commerce, n°. 2.

—— pillé ou détruit. *Voy.* Destruction, n°s. 4, 5 et 6.

—— altéré par les voituriers, bateliers ou leurs préposés. *Voy.* Vols, n°. 9.

Peines contre les commandans des divisions

militaires, Préfets ou Sous-Préfets, qui en
font le commerce. *Voy.* Fonctionnaires publics,
n°. 6.

VIN FALSIFIÉ. *Voy.* Blessures, n°. 10.
Contraventions, n°. 8, §. VI, n°s. 9 et 10,
§. II, n°s. 11 et 16.

VINGT-UN. Jeu de hasard. *Voy.* Jeux de
hasard.

VIOL. *Voy.* Mœurs, n°s. 2, 3 et 4.

VIOLATION de clôtures. *Voy.* Clôtures.

—— de la défense de tirer, en certains
lieux, des feux d'artifice. *Voy.* Contraventions,
n°. 4, §. II, n°s. 6, 7 et 16.

—— de domicile par un Fonctionnaire
public. *Voy.* Fonctionnaires publics.

—— des réglemens. *Voy.* Réglemens.

—— de tombeaux ou de sépultures. *Voy.*
Inhumations, n°. 3.

VIOLENCES tendant à empêcher la liberté
des enchères. *Voy.* Enchères.

—— exercées par un mendiant ou vagabond.
Voy. Mendicité, n°s. 6, 8 et 9.

—— pour enlever des mineurs. *Voyez*
Mineurs, n°s. 1 et 2.

Avortement procuré par des violences.
Voy. Blessures, n°. 9.

Peines contre les Fonctionnaires publics,
etc. qui ont usé ou fait user de violence
envers les personnes. *Voyez* Fonctionnaires
publics, n°. 16.

Attentat à la pudeur consommé ou tenté
avec violence. *Voy.* Mœurs, n°s. 2, 3 et 4.

Bris de scellés, soustractions, enlèvemens
ou destructions de pièces, commis avec violence envers les personnes. *Voyez* Scellés,
n°. 8.

Attaque, résistance avec violence et voies
de fait envers les Officiers ou Agens de la
Police administrative ou judiciaire. *Voyez*
Rebellion.

Les réunions formées par des ouvriers, etc.
accompagnées de violences, sont punies
comme réunions de rebelles. *Voy.* Rebellion,
n°. 11.

Violences exercées envers les Magistrats
de l'ordre administratif ou judiciaire, Officiers ministériels, etc. *Voy.* Fonctionnaires

publics, n°s. 35, 36, 37, 38, 39 et 40.

Le meurtre, ainsi que les blessures et les
coups sont excusables, s'ils ont été provoqués
par des violences graves. *Voy.* Homicide,
n°s. 13, 14, 15, 16, 17 et 18.

Vol commis avec violence. *Voyez* Vols,
n°s. 3, 4 et 7.

L'homicide commis, les blessures faites ou
les coups portés en repoussant les auteurs de
vols exécutés avec violence, ne sont ni
crime ni délit. *Voy.* Homicide, n°s. 20 et 21.

Extorsion par violence de la signature d'un
titre quelconque. *Voy.* Vols, n°. 22.

Voy. Blessures. Enchères. Evasion de détenus. Guet-à-pens. Malfaiteurs. Plans. Voies
de fait.

VIVIERS. *Voy.* Poissons.

VIVRES. Ceux qui pratiquent des manœuvres
pour en fournir aux ennemis. *Voyez* Etat,
n°s. 3 et 5.

Ceux qui en ont fourni sciemment et volontairement aux bandes armées. *Voy.* Etat,
n°s. 17, 23, 24, 25, 26, 27, 28 et 29.

VŒUF. Soustraction commise par un vœuf
ou une veuve, quant aux choses qui avaient
appartenues à l'époux décédé. *Voy.* Vols,
n°. 2.

VOIE de la contrainte par corps. *Voyez*
Amende. Dommages-intérêts. Frais. Restitutions.

VOIE CIVILE. Les dommages-intérêts peuvent
être demandés par la voie civile. *Voy.* Liberté
individuelle, n°s. 4 et 6. Contrefaçon, n°. 5.

VOIE PUBLIQUE. Ceux qui l'embarrassent.
Voy. Contraventions, n°. 4, §. IV, n°s. 7
et 16.

Ceux qui abattent, mutilent ou écorcent
des arbres plantés sur la voie publique ou
vicinale ou de traverse. *Voy.* Destruction,
n°s. 9, 10, 11 et 12.

Ceux qui établissent dans les voies publiques des jeux de loterie ou d'autres jeux de
hasard. *Voy.* Contraventions, n°. 8, §. V,
n°s. 9 et 10, §. I, n°s. 11 et 16.

Voy. Dispositions générales, n°. 2 et la
note.

VOIE DE TRAVERSE. *Voy.* Voie publique.

VOIE VICINALE. *Voy.* Voie publique.

VOIES DE FAIT, tendant à empêcher l'exercice des droits civiques. *Voy.* Droits civiques, n°^s. 1 et 2.

—— tendant à entraver la liberté des enchères ou des soumissions. *Voyez* Enchères; l'un des cultes autorisés. *Voy.* Cultes, n°^s. 1 et 5.

—— pour contraindre un Fonctionnaire public à faire un acte favorable. *Voy.* Fonctionnaires publics , n°^s. 9 et 10. .

—— pour s'opposer à la confection de travaux autorisés par le Gouvernement. *Voy.* Destruction , n°^s. 2 et 26.

—— excusables. *Voy.* Homicide , n°^s. 13 , 14 , 15 , 16 , 17 et 18.

—— tendant à empêcher le libre exercice d'un culte. *Voy.* Cultes , n°. 1.

—— envers le Ministre d'un culte. *Voy.* Cultes , n°^s. 4 et 5.

VOILE NOIR. Le parricide sera conduit sur le lieu de l'exécution, la tête couverte d'un voile noir. *Voyez* Peines , n°. 8.

VOIRIE. Refus d'exécuter les réglemens de la petite voirie. *Voy.* Contraventions , n°. 4, §. V, n°^s. 7 et 16.

Voyez Dispositions générales, n°. 2 et la note.

VOITURES. Vol de bêtes de voiture. *Voy.* Vols , n°. 10.

Empoisonnement de ces bêtes. *Voyez* Destruction , n°^s. 16 , 19 et 26.

Si on les tue sans nécessité. *Voy.* Destruction , n°^s. 17 , 19 et 26.

Violation des réglemens relatifs aux conducteurs des voitures. *Voy.* Contraventions, n°. 8, §. III et IV, n°^s. 9 , 11 et 16.

VOITURIERS. Leurs devoirs. *Voy.* Contraventions, n°. 8, §. III et IV, n°^s. 9 , 11 et 16.

Voiturier qui vole tout ou partie des choses qui lui sont confiées à ce titre. *Voy.* Vols , n°. 8, §. IV.

Ceux qui auront altéré par le mélange de substances malfaisantes toute espèce de liquide et de marchandises dont le transport leur était confié. *Voy.* Vols , n°. 9 ; s'il n'y a pas eu mélange des mêmes substances. *Voy. le même* n°.

VOLEUR. Imputation calomnieuse. *Voyez* Calomnie.

Individus qui laissent dans des lieux publics ou dans les champs, des instrumens ou armes dont les voleurs peuvent abuser. *Voy.* Contraventions , n°. 4 , §. VII , n°^s. 5 , 7 et 16.

VOLONTÉ. Tentative de crime qui n'a été suspendu ou n'a manqué son effet que par des circonstances fortuites ou indépendantes de la volonté de l'auteur. *Voy.* Dispositions préliminaires , n°. 2.

VOLS. 1°. Quiconque a soustrait frauduleusement une chose qui ne lui appartient pas , est coupable de vol. 379. (*a*).

2°. Les soustractions commises par des maris au préjudice de leurs femmes ; par des femmes

---

(*a*) « Jusqu'ici, le mot *frauduleusement* n'avait pas été compris dans la définition ; et on avait été obligé de recourir à un article secondaire , pour expliquer que la soustraction de la chose d'autrui , faite par celui qui s'en croyait propriétaire, n'était pas un vol. Le mot *frauduleusement*, ajouté à la nouvelle définition, rend inutile cette disposition auxiliaire qui compliquait l'ancienne ; et qui a quelquefois causé de l'embarras dans la marche des jugemens. » *Rapport par M. Louvet.*

« Le mot *frauduleusement* prouve qu'il faut aussi pour qu'il y ait vol , que la chose soustraite appartienne à autrui. Si elle n'appartient à personne , il ne peut y avoir de fraude ; car l'expression est corrélative , et suppose que quelqu'un peut être trompé et dépouillé. » *Motifs.*

au préjudice de leurs maris ; par un vœuf ou une veuve, quant aux choses qui avaient appartenu à l'époux décédé ; par des enfans ou autres descendans, au préjudice de leurs pères ou mères ou autres ascendans ; par des pères et mères ou autres ascendans, au préjudice de leurs enfans ou autres descendans, ou par des alliés aux mêmes degrés, ne pourront donner lieu qu'à des réparations civiles.

A l'égard de tous autres individus qui auraient recélé ou appliqué à leur profit tout ou partie des objets volés, ils seront punis comme coupables de vol. 380. (*b*).

3°. Seront punis de la peine de mort les individus coupables de vols commis avec la réunion des cinq circonstances suivantes :

§. I. Si le vol a été commis la nuit ;

II. S'il a été commis par deux ou plusieurs personnes ;

(*b*) « Les rapports entre ces personnes sont trop intimes pour qu'il convienne, à l'occasion d'intérêts pécuniaires, de charger le ministère public de scruter des secrets de famille, qui, peut-être ne devraient jamais être dévoilés ; pour qu'il ne soit pas extrêmement dangereux qu'une accusation puisse être poursuivie dans des affaires où la ligne qui sépare le manque de délicatesse du véritable délit, est souvent très-difficile à saisir ; enfin, pour que le ministère public puisse provoquer des peines dont l'effet ne se bornerait pas à répandre la consternation parmi tous les membres de la famille, mais qui pourraient encore être une source éternelle de divisions et de haines. »

« Loin que le silence du ministère public préjudicie à la partie privée, il ne pourra que lui être utile, puisque son action en réparations civiles lui est réservée, et qu'elle n'aura point à craindre, en la formant, que ses répétitions ne soient absorbées par les frais privilégiés d'une procédure criminelle. »

« Mais, comme une telle exception doit être renfermée dans le cercle auquel elle appartient, il en résulte que toute autre personne qui aurait recélé ou appliqué à son profit des objets provenans d'un vol dont le principal auteur serait compris dans l'exception, subirait la même peine que si elle-même eût commis le vol. »

« Souvent ces sortes de vols n'auraient pas lieu, si quelques étrangers ne les conseillaient ou ne les facilitaient. »

« La peine au surplus ne s'appliquera point à ceux qui auraient reçu les objets volés, ou qui en auraient profité sans savoir qu'ils fussent volés. »

« Il résulte des articles 6o et 62 du Code (1) qu'on ne peut être puni pour avoir aidé, assisté ou facilité une action défendue par la loi, ou recélé une chose volée, que lorsqu'on l'a fait avec connaissance. » *Motifs.*

« Les liens de la nature, ceux du sang, la qualité en un mot des individus les rapprochent et semblent même, si l'on peut parler ainsi, les identifier à un tel point, que la morale, je dirai plus, la pudeur publique auraient trop à souffrir, si les soustractions domestiques pouvaient devenir l'objet d'une procédure criminelle, et montrer à un auditoire étonné, l'époux accusateur de son épouse, le père poursuivant son fils, ou même le ministère public exerçant cette poursuite en leur nom. » *Rapport par M. Louvet.*

(1) Ces articles se trouvent sous le mot COMPLICES, numéros 2 et 4.

§. III. Si les coupables ou l'un d'eux étaient porteurs d'armes apparentes ou cachées ;

IV. S'ils ont commis le crime, soit à l'aide d'effraction extérieure ou d'escalade, ou de fausses-clefs, dans une maison, appartement, chambre ou logement habités ou servant à l'habitation, ou leurs dépendances, soit en prenant le titre d'un fonctionnaire public ou d'un officier civil ou militaire, ou après s'être revêtus de l'uniforme ou du costume du fonctionnaire ou de l'officier, ou en alléguant un faux ordre de l'Autorité civile ou militaire ;

V. S'ils ont commis le crime avec violence ou menace de faire usage de leurs armes. 381. (c).

Voy. État, n°. 22, et les n°s. 6, 15, 16, 17, 19, 20 et 21 ci-après.

4°. Sera puni de la peine des travaux forcés à perpétuité, tout individu coupable de vol commis à l'aide de violence, et de plus avec deux des quatre premières circonstances prévues par le précédent article.

Si même la violence à l'aide de laquelle le vol a été commis, a laissé des traces de blessures ou de contusions, cette circonstance seule suffira pour que la peine des travaux forcés à perpétuité soit prononcée. 382.

5°. Les vols commis dans les chemins publics emporteront également la peine des travaux forcés à perpétuité. 383. (d).

6o. Sera puni des travaux forcés à tems, tout individu coupable de vols commis à l'aide d'un des moyens énoncés dans le §. IV de l'article 381, même quoique l'effraction, l'escalade et l'usage des fausses-clefs aient eu

---

(c) « Toutes ces circonstances réunies forment un corps de délit si grave, que la loi punit les coupables de la même peine que celui qui a commis un assassinat. »

« Il n'est pas nécessaire, lorsque ce concours de circonstances existe, que les coupables aient commencé à exercer des violences ; il suffit qu'ils aient menacé de faire usage de leurs armes. »

« La circonstance qui aggrave le plus le vol est la violence ; parce qu'alors le crime offre tout-à-la-fois un attentat contre la personne et un attentat contre la propriété. » *Motifs.*

(d) « Ces sortes de crimes portent toujours un caractère de violence, et menacent la sûreté individuelle. Ici, on suppose qu'il n'y a de la part du coupable aucune attaque à dessein de tuer ; autrement, il subirait la peine due aux assassins. » *Motifs.*

Voy. Blessures, Note (c), 3e. alinéa.

lieu

lieu dans des édifices, parcs ou enclos non servant à l'habitation et non dépendant des maisons habitées, et lors même que l'effraction n'aurait été qu'intérieure. 384.

Voy. le n°. 3, §. IV ci-devant, et les n°ˢ. 13, 15, 16, 17, 18, 19, 20 et 21 ci-après.

7°. Sera également puni de la peine des travaux forcés à tems, tout individu coupable de vols commis, soit avec violence, lorsqu'elle n'aura laissé aucune trace de blessure ou de contusion, et qu'elle ne sera accompagnée d'aucune autre circonstance, soit sans violence, mais avec la réunion des trois circonstances suivantes :

§. I. Si le vol a été commis la nuit ;

II. S'il a été commis par deux ou plusieurs personnes ;

III. Si le coupable ou l'un des coupables était porteur d'armes apparentes ou cachées. 385.

Voy. Etat, n°. 22.

8°. Sera puni de la peine de la réclusion, tout individu coupable de vols commis dans l'un des cas ci-après :

§. I. Si le vol a été commis la nuit, et par deux ou plusieurs personnes, ou s'il a été commis avec une de ces deux circonstances seulement, mais en même tems dans un lieu habité ou servant à l'habitation ;

II. Si le coupable ou l'un des coupables était porteur d'armes apparentes ou cachées, même quoique le lieu où le vol a été commis ne fût ni habité ni servant à l'habitation ; et encore, quoique le vol ait été commis le jour et par une seule personne ;

III. Si le voleur est un domestique ou un homme de service à gages, même lorsqu'il aura commis le vol envers des personnes qu'il ne servait pas, mais qui se trouvaient soit dans la maison de son maître, soit dans celle où il l'accompagnait : ou si c'est un ouvrier, compagnon ou apprentif dans la maison, l'atelier ou le magasin de son maître, ou un individu travaillant habituellement dans l'habitation où il aura volé.

IV. Si le vol a été commis par un aubergiste, un hôtelier, un voiturier, un batelier ou un de leurs préposés , lorsqu'ils auront volé tout ou partie des choses qui leur étaient confiées à ce titre : ou enfin , si le coupable a commis le vol dans l'auberge ou l'hôtellerie dans laquelle il était reçu. 386. (*e*).

Voy. Etat , n°. 22.

9°. Les voituriers, bateliers ou leurs préposés , qui auront altéré des vins ou toute autre espèce de liquide ou de marchandises dont le transport leur était confié , et qui auront commis cette altération par le mélange de substances malfaisantes , seront punis de la peine portée au précédent article.

S'il n'y a pas eu mélange de substances malfaisantes , la peine sera un emprisonnement d'un mois à un an et une amende de seize francs à cent francs. 387.

10°. Quiconque aura volé dans les champs des chevaux ou bêtes de charge , de voiture ou de monture , gros et menus bestiaux , des instrumens d'agriculture , des récoltes ou meules de grains faisant partie de récoltes , sera puni de la réclusion. Il en sera de même à l'égard des vols de bois dans les ventes et de pierres dans les carrières , ainsi qu'à l'égard du vol de poisson en étang , vivier ou réservoir. 388. (*f*).

(*e*) « Le vol désigné aux paragraphes 3 et 4 est puni plus rigoureusement que le vol simple , à raison de la qualité de l'auteur du vol et de la confiance nécessaire qu'a dû avoir en lui la personne volée. Ce vol sera puni de la réclusion. Une peine plus forte empêcherait souvent qu'il ne fût dénoncé : c'est ce dont l'expérience n'a fourni que trop d'exemples. » *Motifs.*

(*f*) « La loi du 1791 punissait indistinctement d'une peine afflictive tous les vols d'objets exposés à la foi publique. Beaucoup de ces crimes restèrent impunis , parce que la peine était trouvée trop forte , et que l'on aimait mieux acquitter les coupables que de leur faire subir un châtiment qui excédait celui qu'ils paraissaient avoir mérité. La loi du 25 frimaire an VIII parut ; et la connaissance de tous ces délits indistinctement fut attribuée aux Tribunaux de police correctionnelle. Alors , un nouvel inconvénient se fit apercevoir. La peine était insuffisante en plusieurs cas ; et l'insuffisance de la

peine produisit le même effet que l'impunité. Dès-lors , ces sortes de délits se renouvelèrent fréquemment , et les Tribunaux ont élevé de justes plaintes à cet égard. »

« La distinction que le nouveau Code établit apportera un remède efficace au mal. »

« Ou le vol aura été commis à l'égard d'objets qu'on ne pouvait se dispenser de confier à la foi publique , tels que les vols de bestiaux , d'instrumens d'agriculture , de récoltes ou de parties de récoltes qui se trouvaient dans les champs , en un mot , de choses qu'il est impossible de surveiller soi-même ou de faire surveiller. En ce cas , les coupables seront punis d'une peine afflictive. »

« Ou les objets volés pouvaient être gardés , de sorte que c'est volontairement qu'on les aura confiés à la foi publique. Dans ce dernier cas , ce n'est plus qu'un vol simple , qui dès-lors sera puni de peines de police correctionnelle. » *Motifs.*

11°. La même peine aura lieu, si pour commettre un vol, il y a eu enlèvement ou déplacement de bornes servant de séparation aux propriétés. 389.

Voy. Destruction, n°. 20.

12°. Est réputé maison habitée, tout bâtiment, logement, loge, cabane même mobile qui, sans être actuellement habitée, est destinée à l'habitation, et tout ce qui en dépend, comme cours, basse-cours, granges, écuries, édifices qui y sont enfermés, quel qu'en soit l'usage; et quand même ils auraient une clôture particulière dans la clôture ou enceinte générale. 390.

13°. Est réputé *parc* ou *enclos*, tout terrain environné de fossés, de pieux, de claies, de planches, de haies vives ou sèches, ou de murs, de quelque espèce de matériaux que ce soit, quelles que soient la hauteur, la profondeur, la vétusté, la dégradation de ces diverses clôtures, quand il n'y aurait pas de porte fermant à clef ou autrement, ou quand la porte serait à claire voie et ouverte habituellement. 391.

Voy. Destruction, n°. 20.

14°. Les parcs mobiles destinés à contenir du bétail dans la campagne, de quelque matière qu'ils soient faits, sont aussi réputés enclos; et lorsqu'ils tiennent aux cabanes mobiles ou autres abris destinés aux gardiens, ils sont réputés dépendans de maison habitée. 392.

15°. Est qualifié *effraction* tout forcement, rupture, dégradation, démolition, enlèvement de murs, toits, planchers, portes, fenêtres, serrures, cadenas, ou autres ustensiles ou instrumens servant à fermer ou à empêcher le passage, et de toute espèce de clôture quelle qu'elle soit. 393.

Voy. Destruction, n°. 20.

16°. Les effractions sont extérieures ou intérieures. 394.

17°. Les effractions extérieures sont celles à l'aide desquelles on peut s'introduire dans les maisons, cours, basse-cours, enclos ou dépendances , ou dans les appartemens ou logemens particuliers. 395. (*g*).

18º. Les effractions intérieures sont celles qui , après l'introduction dans les lieux mentionnés en l'article précédent , sont faites aux portes ou clôtures du dedans , ainsi qu'aux armoires ou antres meubles fermés.

Est compris dans la classe des effractions intérieures , le simple enlèvement des caisses , boîtes , ballots sous toile et corde , et autres meubles fermés qui contiennent des effets quelconques , bien que l'effraction n'ait pas été faite sur le lieu. 3g6.

19º. Est qualifiée *escalade* toute entrée dans les maisons, bâtimens, cours, basse-cours, édifices quelconques, jardins, parcs et enclos, exécutée par-dessus les murs , portes , toitures ou toute autre clôture.

L'entrée par une ouverture souterraine , autre que celle qui a été établie pour servir d'entrée, est une circonstance de même gravité que l'escalade. 397.

20º. Sont qualifiés *fausses-clefs* tous crochets, rossignols , passe-partout , clefs imitées , contrefaites, altérées, ou qui n'ont pas été destinées par le propriétaire , locataire , aubergiste ou logeur, aux serrures, cadenas , ou aux fermetures quelconques auxquelles le coupable les aura employées. 398. (*h*).

(*g*) « Jusqu'à présent on avait regretté que des circonstances qui influaient sur la gravité du délit ne fussent pas définies ; des interprétations arbitraires suppléaient à l'absence des définitions , ce qui était un grand mal , sur-tout en matière criminelle. »

« Le remède se trouvera dans le nouveau Code. Ainsi , par exemple , on s'est demandé sans cesse si l'effraction, pour être qualifiée extérieure, devait nécessairement être faite à l'entrée de la porte principale de la maison, ou si cette qualification appartenait également à l'effraction à l'aide de laquelle on s'était introduit dans les appartemens ou logemens particuliers. Le Code répond que l'effraction extérieure existe aussi , dans ce dernier cas, parce que l'appartement particulier qu'on occupe dans une maison est , pour celui qui l'habite , sa maison même , et que beaucoup de maisons sont trop considéra-

bles , sur-tout dans les grandes villes , pour que la porte principale de l'édifice puisse rester fermée constamment, et que l'édifice entier puisse être habité par la même famille. » *Motifs*.

(*h*) « Les Cours criminelles n'étaient pas d'accord sur la question de savoir s'il fallait considérer comme vol fait à l'aide de fausses-clefs , celui qu'on aurait commis avec des clefs non imitées, ni contrefaites , ni altérées, mais qui n'avaient pas été destinées aux fermetures auxquelles elles ont été employées. »

« Le Code décide cette question et prononce l'affirmative. En effet , détourner une clef de sa destination pour l'employer à commettre un crime , n'est autre chose que convertir une clef véritable en une fausse-clef. En un mot , toute clef n'est véritable que relativement à sa destination. »

« La seule différence que la loi admet entre

21°. Quiconque aura contrefait ou altéré des clefs, sera condamné à un emprisonnement de trois mois à deux ans et à une amende de vingt-cinq francs à cent cinquante francs.

Si le coupable est un serrurier de profession, il sera puni de la réclusion ; (*i*).

Le tout, sans préjudice de plus fortes peines, s'il y échet, en cas de complicité de crime. 399.

22°. Quiconque aura extorqué par force, violence ou contrainte, la signature ou la remise d'un écrit, d'un acte, d'un titre, d'une pièce quelconque, contenant ou opérant obligation, disposition ou décharge, sera puni de la peine des travaux forcés à tems. 400.

23°. Les autres vols non spécifiés dans la présente section, les larcins et filouteries, ainsi que les tentatives de ces mêmes délits, seront punis d'un emprisonnement d'un an au moins et de cinq ans au plus, et pourront même l'être d'une amende qui sera de seize francs au moins et de cinq cent francs au plus.

Les coupables pourront encore être interdits des droits mentionnés en l'article 42 (1) du présent Code, pendant cinq ans au moins et dix ans au plus, à compter du jour où ils auront subi leur peine.

Ils pourront aussi être mis par l'arrêt ou le jugement, sous la surveillance de la haute Police, pendant le même nombre d'années. 401. (*k*).

Voy. Dispositions préliminaires, n°. 3. Dispositions générales, n°. 1. Destruction, n°. 26.

Vol à l'aide d'un bris de scellés. *Voyez* Scellés, n°. 5.

Voy. Code rural.

---

cette clef dont il y a eu abus et une clef contrefaite ou altérée, est que celle-ci est toujours fausse-clef, et que la première ne le devient qu'au moment qu'on l'emploie comme on aurait fait d'une clef contrefaite. » *Motifs.*

(*i*) « La faute doit être punie plus rigoureusement à raison de la facilité qu'on a eue de la commettre, et la confiance nécessairement attachée à l'état de serrurier exige d'autant plus de précautions. » *Motifs.*

(1) Cet article se trouve sous le mot PEINES, n°. 37.

(*k*) « Comme il se rencontre toujours une foule de nuances qui varient et qui modifient ces actes à l'infini, on a adopté l'utile habitude d'un an à cinq ans, pour que chaque faute pût être punie d'une manière appropriée à ses circonstances. » *Rapport par M. Louvet.*

L'homicide commis, les blessures faites ou les coups portés, en repoussant les auteurs de vols exécutés avec violence, ne sont ni crime ni délit. *Voy.* Homicide, nᵒˢ. 20 et 21.

~~~~~~~~~~~~~~~~~~~~~~~~~

VOTANS. *Voy.* Droits civiques.

VOTE. Les Tribunaux correctionnels peuvent interdire temporairement aux délinquans, le droit de vote dans les élections et dans les délibérations de famille, lorsqu'ils y sont autorisés par la loi. *Voy.* Peines, nᵒ. 37, §. I et V, et nᵒ. 38.

VOYAGEURS. *Voy.* Auberges. Aubergistes.

FIN.

INDICATION

De la série des Articles du Code, dans l'ordre établi dans cet Ouvrage.

ADDITIONS ET CORRECTIONS.

Page 3, 1re. colonne, ligne 6, à la place du point, *mettez* un point et une virgule.

A la même page et à la même colonne, 7e. ligne, *effacez* ACTION.

Page 6, 1re. colonne, entre la 3e. et la 4e. ligne, *placez :* Altération en écriture privée. *Voy.* Faux, nos. 3, 6, 7, 19, 20 et 21.

Page 7, 2e. colonne, entre la 6e. et la 7e. ligne, *placez :* ANTICIPATION de fonctions publiques. *Voy.* Fonctionnaires publics, no. 26.

A la même page et à la même colonne, entre la 10e. et 11e. ligne, *placez : Voy.* Mœurs, nos. 5 et 6.

Page 8, 1re. colonne, entre la 12e. et la 13e. ligne, *placez :* S'il y a eu destruction de greffes. *Voy.* Destruction, nos. 11, 12, 14, 19 et 26.

Page 9, 1re. colonne, ligne 22, *ajoutez* Peines. *Ce mot doit commencer la ligne.*

Page 11, 1re. colonne, 1re. ligne, *remplacez* 22 *par* 21 ; et à la 3e. ligne, 5 *par* 8.

Page 13, 1re. colonne, ligne 22, *après* ateliers, *ajoutez :* des poids ou des mesures prohibés.

Page 18, 1re. colonne, entre la 11e. et la 12e. ligne, *placez :* BALAYAGE. Ceux qui le négligent dans les communes où ce soin est laissé à la charge des habitans. *Voy.* Contraventions, no. 4, §. III, nos 7 et 16.

Page 20, 1re. colonne, entre la 5e. et la 6e. ligne, *ajoutez : Voy.* Destruction, no. 26.

Page 22, 1re. colonne, ligne 38, *après* bâtimens, *ajoutez :* ou par défaut d'entretien de ces bâtimens.

Page 22, 2e. colonne, ligne 33, *après* 15, *ajoutez* et 16 ; et à la ligne 36, *après* corne, *ajoutez* etc.

Page 23, 1re. colonne, ligne 8, *remplacez* semé *par* chargé.

A la même page et à la même colonne, entre la 26e. ligne et la 27e., *ajoutez :* Ceux qui laissent courir des bêtes de charge ou de monture dans un lieu habité. *Voy.* Contraventions, no. 8, §. IV, nos. 7 et 16.

A la même page et à la même colonne, et à la ligne 34, *remplacez* semé *par* chargé.

A la même page, à la 2e. colonne et à la ligne 9, *effacez* et 12 ; et à la ligne 26 de la même colonne, *remplacez* liquides *par* civiques.

Page 25, 1re. colonne, ligne 15, *remplacez* ou *par* et.

A la même page, 2e. colonne des Notes, ligne 19, *après* MENACES *ajoutez* HOMICIDE.

Page 26, 2e. colonne des Notes, ligne 15, *après* excusables *ajoutez : Même rapport.*

Page 28, 1re. colonne, ligne 24, *remplacez le tiret par le mot* Incendie ; *au lieu de* tac *mettez* tas.

A la même page, 2e. colonne, ligne 2, *remplacez* 19 *par* 9.

A la même page et à la même colonne, entre la 13e. et la 14e. ligne, *placez* BONNE CONDUITE. *Voy.* Conduite. BONNE FORTUNE. *Voy.* Devin.

Page 29, 1re. colonne, ligne 7, *après* boutiques *ajoutez :* des poids ou des mesures prohibés.

A la même page et à la même co-

lonne , ligne 21 , *après* Brigandage *ajou-*
tez Imputation calomnieuse. *Voy.*

Page 30 , 1ʳᵉ. colonne , ligne 11 , *après*
mépris , *à la place d'*au *mettez* ou.

Page 36 , 2ᵉ. colonne , ligne 3 , *effa-*
cez 5.

A la même page et à la même co-
lonne , ligne 34 , *après* Bruits *ajoutez :*
injurieux ou.

Pages 40 , 41 et 42 , *ajoutez :* *Voyez*
Destruction , nᵒ. 26 , *entre tous les arti-*
cles du Code qui se trouvent sous le mot
Commerce.

Page 47 , 1ʳᵉ. colonne , entre la 4ᵉ. et
la 5ᵉ. ligne , *mettez : Voyez* Malfaiteurs ,
nᵒ. 4.

Pages 52 et 53 , *ajoutez :* *Voyez* Destruction , nᵒ. 26 , *entre tous les articles*
du Code qui se trouvent sous le mot
Confiance.

Page 54 , 2ᵉ. colonne , entre la 25ᵉ. ligne
et la 26ᵉ. , *placez :* Connivence. Gardiens
de prisonniers qui sont coupables de
connivence de leur évasion. *Voy.* Evasion de détenus , nᵒˢ. 2 et 8.

A la même page et à la même colonne , entre la 29ᵉ. ligne et la 30ᵉ. ,
placez : Peines contre ceux qui , pouvant
disposer de la Force publique , l'ont employée contre la levée des gens de guerre.
Voy. État , nᵒ. 15.

Page 55 , 2ᵉ. colonne , ligne 2 , *effacez*
et 26 ; *ajoutez :* État , nᵒˢ. 16 et 17. Ceux
qui s'opposent aux constructions autorisées par le Gouvernement. *Voy.* Destruction , nᵒˢ. 2 et 26.

Page 66 , 1ʳᵉ. colonne , *ajoutez :* *Voy.*
Destruction , nᵒ. 26 , *entre tous les ar-*
ticles du Code qui se trouvent sous le
mot Contrefaçon.

Page 70 , 1ʳᵉ. colonne , 3ᵉ. ligne , *après*
État , *ajoutez :* Dons. Témoignages.

Page 72 , 1ʳᵉ. colonne, ligne 11 , *après*

(*a*) *ajoutez :* la note (*cc*) sous le mot
Peines.

Page 75 , 2ᵉ. colonne , entre la 20ᵉ.
ligne et la 21ᵉ. *placez : Voy.* Vendeurs.

Page 83 , 1ʳᵉ. colonne , ligne 30 , *après*
nᵒ. 1 *ajoutez :* le nᵒ. 26 ci-après.

Page 84 , 1ʳᵉ. colonne , ligne 13 , *après*
nᵒ. 1 *ajoutez :* le nᵒ. 26 ci-après.

Page 91 , 2ᵉ. colonne , ligne 1 , *après*
Gyromancie *ajoutez :* Géomence , Nécro-
mence.

A la même page , même colonne , ligne
14 , *effacez* et 26.

Page 92 , 1ʳᵉ. colonne , entre la 6ᵉ. et
la 7ᵉ. ligne , *placez :* Directeurs de spectacle qui , au mépris des lois et réglemens relatifs à la propriété des Auteurs ,
auront fait représenter sur leur théâtre
des ouvrages dramatiques. *Voy.* Contrefaçon , nᵒ. 4.

Page 97 , 1ʳᵉ. colonne , entre la 36ᵉ.
ligne et la 37ᵉ. *placez : Voy.* Corruption.
Témoignage.

Page 105 , 1ʳᵉ. colonne , ligne 26 , *rem-*
placez 23 *par* 22.

Page 106 , 2ᵉ. colonne , ligne 30 , *rem-*
placez 10 *par* 9.

Page 114 , 1ʳᵉ. colonne , ligne 17 , *après*
nᵒ. 1 , *ajoutez :* Destruction , nᵒ. 26.

Page 120 , 1ʳᵉ. colonne , ligne 22 , *ajou-*
tez : Destruction , nᵒ. 26.

Page 124 , 1ʳᵉ. colonne , ligne 23 , *ajou-*
tez : Fonctionnaires publics , nᵒ. 3.

Page 167 , 1ʳᵉ. colonne , entre la 10ᵉ.
ligne et la 11ᵉ. *placez :* Francs-Maçons.
Voy. Associations illicites.

Page 182 , 1ʳᵉ. colonne , ligne 29 , *rem-*
placez 10 *par* 17.

Page 188 , 1ʳᵉ. colonne , ligne 17 , *rem-*
placez 15 *par* 11.

A la même page et à la même colonne , ligne 21 , *remplacez* 15 *par* 11.

Page 191, 2e. colonne, ligne 13, *remplacez* LEVÉE *par* LEVER.

Page 200, 1re. colonne, ligne 30, *ajoutez : Voy.* Destruction, n°. 26.

Page 201, 1re. colonne, entre la 7e. ligne et la 8e., *ajoutez : Voyez* Destruction, n°. 26.

Page 230, 1re. colonne, ligne 10, *remplacez* 12 *par* 11.

Page 238, 1re. colonne, ligne 12, *remplacez* 25 *par* 28.

Page 296, 2e. colonne, ligne 5, *ajoutez : Voyez* Peines, n°. 2.

1 Yd 234c ½ in grey cord

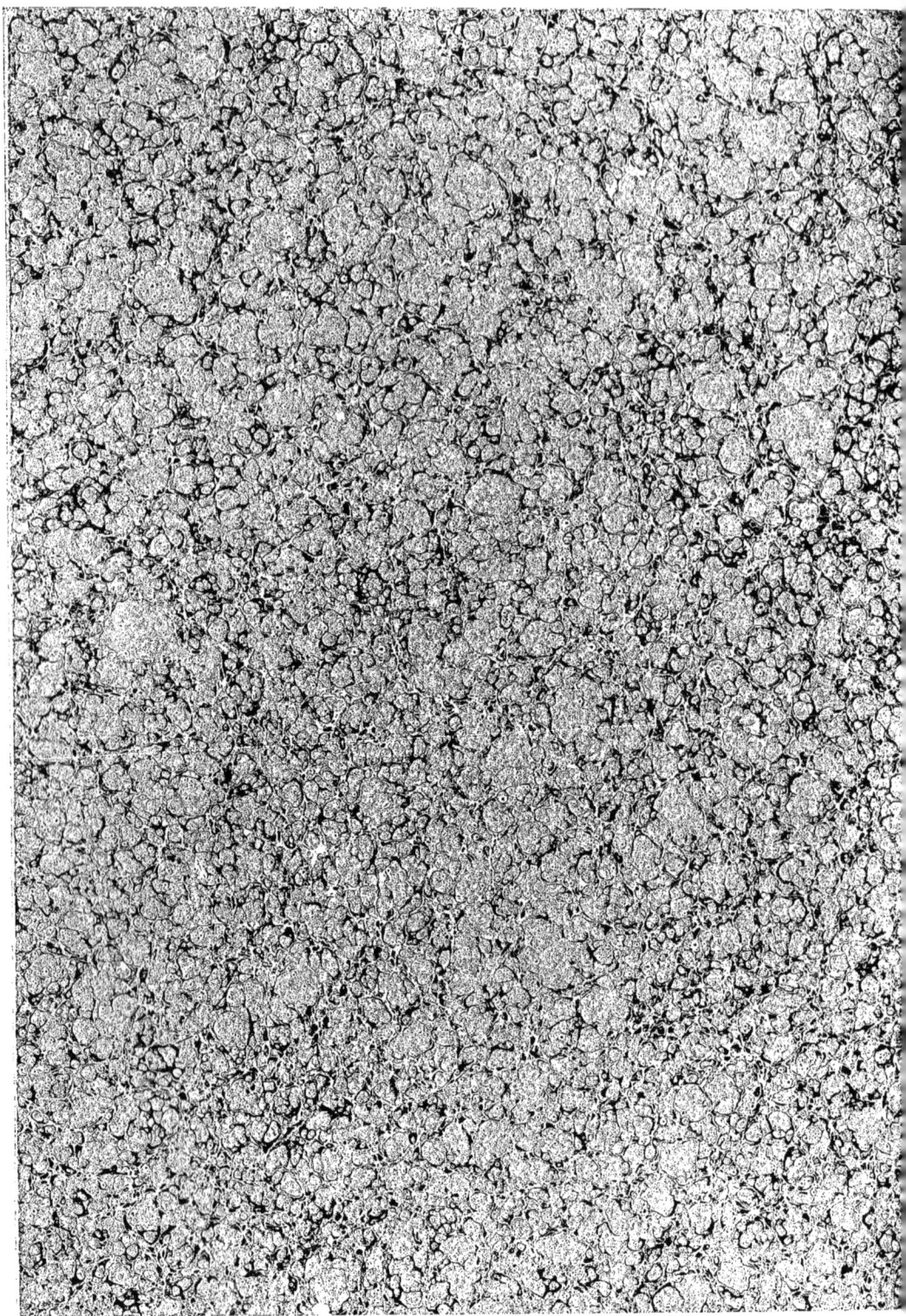

www.ingramcontent.com/pod-product-compliance
Lightning Source LLC
Chambersburg PA
CBHW060135200326
41518CB00008B/1036